『正法眼蔵』『永平広録』用語辞典

大谷哲夫［編著］

大法輪閣

刊行にあたり

このほど、大法輪閣から、修訂『祖山本　永平広録　考注集成』（上下二巻）を上梓することになり、同社ではこれを機会に、要望の多い衛藤即応先生の岩波文庫本『正法眼蔵』（全三巻・以下『衛藤本』と略称）を拡大版（B５判）にし、合わせて刊行したい、ついては、この機会に一般的な禅学辞典ではなく、道元禅師の『正法眼蔵』と『永平広録』の二大書に限定し、一般の方々も正伝の仏法の内容を理解できるように、分かりやすく註釈した簡便な辞典ができないものかと、相談を受けました。私自身は、両書に深く関わり、特に『永平広録』については、『祖山本　永平広録　考注集成』（以下『祖山本　永平広録』と略称）の修訂版の再版にともない、曾て同本に註釈した用語に修正も加えた小辞典的なものを準備もしていたので、『正法眼蔵』は『衛藤本』の『正法眼蔵字彙』の用語を中心とすることを条件にして、多少の躊躇を憶えながらもこの申し出をお引き受けした次第です。

多少の躊躇というのは、こういうことです。私が曹洞宗宗学研究所（現曹洞宗総合研究センター）の幹事・講師をしていた際、当時、『正法眼蔵』に悪戦苦闘していた私は、駒澤大学図書館長であった加藤宗厚先生をお訪ねし、何の話のはずみだったか、「岸澤惟安老師が中止され、衛藤先生も大成されなかったという『正法眼蔵大辞典』の構想はどうなったのでしょうか。先生、私どものためにも、先生の要語索引をもとに眼蔵の辞典を何としても作って下さい」と不遜にも申し上げたのです。すると、先生は微笑され「それは大変だよ」と一言云われ、傍にあった『正法眼蔵要語索引』（上下二巻、理想社、昭和三十七年刊、以下『要語索引』と略称）にサインして下さり、それを手渡して下さったのです。その時にずしりとした重さからも『正法眼蔵』の辞典はこの索引の倍、いや三倍にもなる非常に大部な辞典となるに違いないということを肌で感じたことを思い出していたからなのです。それは、昭和四十七年（一九七二）六月のことでした。

最近年の道元禅師研究は、先人先学の真摯な参究により飛躍的な進展を遂げています。とくに、道元禅師の関係の書、著書の現代語訳は夥しく、その益するところは極めて大きく道元禅師がより身近になった感さえ受けます。そして、今や道元禅師は日本曹洞宗の始祖としての枠を超えて、むしろ日本思想史上においても、偉大な思想家としてもその評価が定着しているといっても過言ではありません。しかし、道元禅師は、自己の正伝した仏法を、みだりに禅宗と称せず、釈尊以来の仏法が、インド二十八代を経て、達磨大師によって中国にもたらされ、面壁九年の後、さらに中国二十三代を経て先師如浄禅師に単伝された仏法の真の継承者であり真摯な実践者であることを見失ってはならないのです。

我々の生きる現代社会の時代様相は、道元禅師の生きた鎌倉時代の閉塞感と不透明感に覆われた混迷した社会状況によく似ていると言われます。道元禅師は、あの混沌とした時代に、あくなき求道の精神のもとで、人間の生きるべき真実を徹底して探求し、生死を極め、「浮生の名利は刹那にあり」として名利を嫌い、権勢から離れ、山居に徹し一箇半箇を接得されたのです。その凛乎として清冽な風姿は孤高の美さえ醸し出しています。その確として揺るぎない精神は、同じく混沌とした現代に生き迷う我々に、安易で一時しのぎ的な「癒し」ではなく、真実の「魂のやすらぎ」「魂の安心《あんじん》」を与え、新たな生き方を示しています。ですから、『正法眼蔵』そして語録である『永平広録』の現代語訳や提唱本があってもなお、原本拝読への憧憬には強く切なるものがあるのです。しかしながら、実際にこの二大著書を机上に揃え、なおかつそれを読むための手引き書が無いとの声もしばしば耳にするのが現実です。

もっとも、『正法眼蔵』『永平広録』に、テキストを兼ねた註解書が無いわけではありません。前者には『正法眼蔵註解全書』（全十巻、神保如天・安藤文英、昭和三十一年、中山書房刊）があり、後者には『永平広録註解全書』（全三巻、伊藤俊光、昭和四十二年、鴻盟社刊）があります。それは、従来の注釈書を網羅したもので、『正法眼蔵』『永平広録』を拝読するものには不可欠の書であり必携の書でもあります。が、その二書は現代ではもはや入手困難な状況にあります。また、禅語辞典の類には、禅語辞典・禅語小辞典・禅語入門、禅宗辞典、道元辞典等々が次々に出版され、それぞれに特色があり極めて示唆に富みます。なかでも禅学辞典としては、『禅学大辞典』（全三巻、駒澤大学禅学大辞典編纂所編、一九七七年、後に新版一冊本、一九八五年、大修館書店刊）があり、それはインド・中国・韓国・日本における禅の歴史、思想、および禅文化全般にわたる現代においては最も勝れた禅学辞典といえますが、非常に大部なもので簡便ではありません。そのような背景を思いますと、本企画の『正法眼蔵』『永平広録』の原典とそれに限定した簡便な用語辞典の刊行は時宜を得たものではないかと思います。

この辞典の基本となった『正法眼蔵』は、『衛藤本』です。この書は、上中下の三巻が昭和十四年六月三日から、十八年九月十日の五年をかけて上梓されました。同書は、『本山版　正法眼蔵』（九十五巻）を底本として、第一弁道話から、第九十五八大人覚にいたる九十五巻本の形式を踏襲し、十余種の異本を参照校合されたものです。しかし、すでに『本山版　正法眼蔵』が開版されてから二世紀近くの年月が経過し、『衛藤本』が刊行されてからも七十年を過ぎました。この書が刊行されて以来、宗門人はもとより広くわが国一般の方々に迎えられ、その滲透した功績は測り知れないものがあります。しかしながら、同書は絶版となってしまいましたが、その使い易さとそれを元にした関連書も多いため幾度となく復刻出版されてきているのです。

また、『祖山本　永平広録』は、大本山永平寺の宝蔵に所蔵される『（永平）道元和尚広録』全十巻の影印・翻刻・訓読・異本対校・語義注釈・出典考証を集大成し、上下二巻とし昭和六十三年に一穂社から刊行したものです。『永平広録』は、道元禅師が深草に興聖寺を開かれてから越前の永平寺に移られて、遷化される前年まで、法座から修行僧たちに正伝の仏法を説く上堂（説法）に集約され、小参・法語・頌古・偈頌等が収録されているのですが、本文が漢文で書かれ、しかも、所謂語録であるために、当時はまだ一般にはあまり知られていなかったものでした。その出版もすでに四半世紀の月日を経ています。

本辞典の刊行計画は、修訂版『祖山本　永平広録』の再版とそれに合わせての『永平広録用語小辞典』の出版計画がその最初でした。したがって、初めは一穂社の古谷先男氏と沢株正始氏とが中心となり、『祖山本　永平広録』に私が付した註釈の語義・註釈・出典を全て抽出し、その取るべき用語の吟味に当たりました。しかし、一穂社が『衛藤本』の出版権を獲得したときから、両書の出版とそれに合わせた簡便な辞典作りへと展開しました。その時点で大法輪閣の石原大道社長の真摯な慫慂により、同社の谷村英治氏が加わったのです。そこで、『正法眼蔵』の用語は、その全てとなると膨大なものとなり収拾がつかないので、衛藤先生の註釈を付した『正法眼蔵字彙』の用語に限定し、その註釈を言葉遣いに注意を払いながら現代表現に改め、両書に共通する用語を余すところなく、原文に忠実に再録する作業から始め直しました。その後、両書に繁出する用語の語義・註釈を点検割愛する作業にかかりました。その際、用語の選定には、先の加藤宗厚先生編纂の『要語索引』を参考としました。この『要語索引』は『衛藤本』に準拠したもので、『正法眼蔵』の参究者にとっては極めて便利な索引であり、私自身も多くの学恩を蒙った書でもあり、『衛藤本』とこの『要語索引』は未だに用いているものです。両書に付された用語の検索・並べ替え等は、谷村氏の参加によってその作業は一気に進展し、とくに従来の逐次型の辞典作りによって生じる語義・註釈の不整合な部分を整理することができたと思います。

本書には、両書中の難解と思われる仏教用語、禅語、および公案、故事、成語、人名等々およよそ四三〇〇項目を選択して、それにできうる限り分かりやすい註釈を施しました。が、禅語の一語一語には、禅僧が全生命を賭して、時には二十年・三十年と取り組んで得た結果としての活きた言語であるという厳とした背景があります。ですから、その言語は単なる知識上の面のみではなく、信仰とそれに基づく実践と悟りの体験が加味されています。それを理論的に文字面だけでも理解するにしても、そこには何らかの体験が要求されましょう。また体験や悟りの境地を示した用語は同一用語ではあっても場合によってはその概念内容に天と地ほどに相違があります。このような用語は、どのように平易な現代的表現を用いても言葉では表現しえない困難さがあります。とくに、道元禅師の日本語表現は、禅師が「仏祖の心に同ずるを詮（最高のこと）」と認識し、はじめて「文筆詩歌等、詮なきこと」と自覚し、仏法を表現する言語の虚しさを実感したとき、人智の及ばない仏法を表現する言葉の力を最高度に発揮する緊密で凝縮され彫琢された全く無駄の無い言語、そして詩的ですらある美しい表現となっているのです。ですからその言葉は、道元禅師が今、あたかも私たちの目の前に現われ、私たちに直に説法しているかのような臨場感をともない、仏法に対する熱い息吹となり、時には鋭い語気となって私たちに迫ってきます。言葉の一詞が人の肺腑をえぐり、心に輝き、内なる真実を照らし出すのです。とくに『広録』の上堂語はそうです。原典拝読の希求もそこにあります。ですが、筆者は今、浅学非才のなさしめるところから、道元禅師の真実の言葉を平易な言葉で解説しきれず、また禅語や公案や仏教用語を現代的表詮にするのに急で却って難しくしたり、無意識の中に過誤を犯し、仏法を誤って説けば「眉鬚堕落」し「面目破顔」するという恐惶の場におります。そうした不全な点は徐々に改善していくつもりですが、『正法眼蔵』『永平広録』を参究される方々が、本書を、道元禅師の正伝の仏法の、今なお活きて躍動する真実を理解する一助、一応の指針として、原典前後の文意を案じ、随所にその用語の真意を会得していただくことを切に望むものです。

本書の完成の最後まで温かい激励を続けて下さった大法輪閣の石原大道社長、そしてこの完成まで種々のご荷担を戴いた同社の谷村英治氏、一穂社の古谷先男社長、同社の沢株正始氏の諸氏に衷心より深甚なる感謝を申し上げます。また最終段階おいては、普段から私の様々な研究会に出席してくれていた、竹村宗倫（長野・源真寺住職）・菅原研州（曹洞宗総合研究センター専任研究員）・清野宏道（同所・研究員）の三師には校正の面で大変なご苦労を戴きました。ここに深く謝意を表します。私自身は、未だ祖風を扇揚する道光はありませんが、幸いに道元禅師の冥鑑を冀い、もって三宝の深恩に供養させていただくものであります。

平成二十四（二〇一二）年二月二十九日

大谷　哲夫　誌す

凡例

一、『正法眼蔵』『永平広録』の中に繁出し難解と思われる仏教用語、禅語、および公案、故事、成語、人名等々およそ四三〇〇項目ほどを選択して、それにできうる限り註釈を施した。その際、底本としたのは『正法眼蔵』は『衞藤本』の『正法眼蔵事彙』と『祖山本　永平広録』に施した校注である。また、『正法眼蔵』は『正法眼蔵註解全書』（全十巻）、『永平広録』は『永平広録註解全書』（全三巻）に編纂されている註解を参考とし、人名等の年代表記等々は『禅学大辞典』等々を参照した。

『正法眼蔵』『永平広録』そのもの、とくに『正法眼蔵』と各巻の内容については本書の構成上から少なからず制約を受けたためにそこに及ばなかったことは極めて遺憾とするが、『正法眼蔵』については、『衞藤本』の「凡例」「改訂例言」「彫刻永平正法眼蔵縁由」「彫刻永平正法眼蔵凡例」をも参照されたい。また、『永平広録』の「祖山本」は『祖山本　永平広録　考注集成』、『永平広録』の「卍山本」は『卍山本　永平広録　祖山本対校』の解説を参照されたい。

一、原典の漢字は底本の字体を尊重したが、旧字体と異体の文字は原則として常用漢字あるいは通用の字体とした。

一、見出し用語の項目は、現代仮名遣いによって発音のまま、五十音の順に配列した。

一、特殊な慣用音は、本文中に振り仮名を附し配列したが、特に紛らわしいものは普通の読み方としてこれを出し、慣用音を指示して検出の便とした。例えば「行者」を〈ぎょうじゃ〉として「き」の部に出し、⇩「あんじゃ」（「あんじゃ」を見よ）とした。ただし「香厳」

を「きょうげん」と読むように、同行の音に転ずるものが多いため、このような場合にはこれを再出する煩を避けた。

一、用語の読み仮名の下には、その用語等が『正法眼蔵』『永平広録』のどちらに使われているかを (眼) (広) の記号で示した。両方に使われている場合は (眼広) と示した。

一、主要な事項については、『正法眼蔵』は該当巻の他、『衛藤本　正法眼蔵』の巻・頁を、また『永平広録』は上堂・小参・法語・頌古・真賛・自賛・偈頌の分類の別に従い通し番号でその所在を示した。

(岩)上・240 ……『衛藤本　正法眼蔵』上巻・二四〇頁

『広録』上堂282 ……『永平広録』上堂・通し番号282

一、禅林特有な語句・用語・公案の類についてはできうる限り註釈をした。また、その事項の引用原典が明らかな場合は示した。その際、原典が『大正新脩大蔵経』に収録されている場合は、巻数・頁・段を表示した。

((大)5・265c) ……『大正新脩大蔵経』第五巻・二六五頁下段

一、用語の中に引用した漢訳仏典は必要に応じて訓読し、語註を加えた。

一、伝記の項の年号下の数字は、全て西暦で示した。

一、本辞典中で使用した略称を以下に示す通りである。

『正法眼蔵』……『眼蔵』

摩訶般若波羅蜜巻 …… 般若波羅蜜巻

法華転法華巻 …… 転法華巻

菩提薩埵四摂法巻 …… 四摂法巻

三昧王三昧巻 …… 王三昧巻

三十七品菩提分法巻 …… 菩提分法巻

王索仙陀婆巻 …… 仙陀婆巻

『永平道元和尚広録』(『永平広録』)……『広録』

『永平広録』「祖山本」……『祖山本』

『永平広録』「卍山本」……『卍山本』

『永平元禅師語録』……『略録』
『正法眼蔵随聞記』……『随聞記』
真字『正法眼蔵』……『真字』
『泗洲普照覚和尚頌古』……『宏智頌古』
『雲門匡真禅師広録』……『雲門広録』
『潙山霊祐禅師語録』……『潙山霊祐語録』
『圜悟仏果禅師語録』……『圜悟語録』
『如浄和尚語録』……『如浄語録』
『仏果圜悟禅師碧巌録』……『碧巌録』
『景徳伝灯録』……『伝灯』
『建中靖国続灯録』……『続灯』
『宗門聯灯会要』……『会要』
『嘉泰普灯録』……『普灯』
『天聖広灯録』……『広灯』
『趙州真際禅師語録』……『趙州録』
『大般涅槃経』……『涅槃経』
『摩訶止観』……『止観』
『止観輔行伝弘決』……『輔行』

一、なお、巻末には参考のために『祖山本　永平広録考注集成』の巻末に付した「『永平広録』搭載仏祖師略法系図」に新たに祖師の年代を明記し、「中国禅宗略地図」には「道元禅師諸山歴遊の行実」を付し、さらに「道元禅師総年表」を付した。

（以上）

あ

【啊】〈あ〉(広) さあ、説いてみよ、の意。

【嗚呼】〈ああ〉(広) 嘆息。

【阿育王】〈あいくおう〉(眼) 梵語 Aśoka（阿輸迦・阿恕伽）。無憂王と訳す。紀元前三世紀の頃、全インドを統一した大王。深く仏教に帰依し、仏陀の霊跡に大塔を建立し、正法を興隆して国内教化の実績を挙げ、さらに四方の国外にも布教師を派遣して広く仏教を流布した仏教保護の国王。『阿育王経』、『阿育王伝』を参照。

【阿育王山広利禅寺】〈あいくおうさんこうりぜんじ〉(眼) 育王山または阿育王寺ともいう。中国五山の一。浙江省寧波府にある。西晋の太康三年（二八二）并州の人劉薩訶が、阿育王塔をこの山に発見し、後に劉宋の時代に寺塔を建立したことを起源とし、梁武帝をはじめ歴朝の帰依と保護を得た名刹（『眼蔵』仏性巻、(岩)上・331）。

【啞漢】〈あかん〉(眼)(広) 師の問いに対して一句も答えることができないものの意から、転じて一生不離叢林で兀坐を行ずることで悟りの世界を体現する人。なお、道元は文脈上この語を、仏道とは弁道工夫に徹することとの積極的な意味に重きを置いて用いている。

【秋の露】〈あきのつゆ〉(広) 跡を残さない、消え去るもの。無根無実（『広録』偈頌57）。

【阿笈摩教】〈あぎゅうまきょう〉(眼)(広) 阿含経の教え。

【下語】〈あぎょ〉(眼)(広) 師家から学人に示す語。または師家の法語に対して学人が自己の見識を述べる語。あるいは著語・一転語の意にも用いる。⇩「著語」「一転語」

【悪道】〈あくどう〉(眼) 悪趣ともいう。悪業の報いとして往くべき道途の意味で、地獄・餓鬼・畜生を三悪道という。

【握土成金】〈あくどじょうきん〉(眼) 一切がおのおのの分に随ってその真価を発揚するという意。瓦礫光を生ずともいう。

【明くるを遅つ】〈あくるをまつ〉(広) 夜明けを待つこと。慧可の立雪断臂の故事を連想している（『広録』偈頌117）。

【阿含】〈あごん〉(眼) 梵語 āgama（阿笈摩・阿伽摩）。法本・法蔵・伝教等と訳す。万法がこれに帰趣して漏れることがないということ。広くは聖教一般をいうが、通常は原始経典を総称する。漢訳仏典では四部に分けて増一・長・中・雑の四阿含経とするが、パーリ仏典では五部に類別される。

【下載】〈あさい〉（広） 荷物を目的地に運び降ろすこと（『広録』法語6）。

【阿師】〈あし〉（眼） 阿は助字、単に師というのと同じ。

【屙屎送尿】〈あしそうにょう〉（広） 大小便の排泄行為。人の立場に様々な違いをつけたところで言葉が変わるのみで、人間の所作には変わりはない（『広録』上堂221、275）。

【阿湿鞞（卑）】〈あしっび〉（眼）（広） 梵語 Aśvajit または Aśvaka（阿説示・阿説多）。釈尊が苦行ののち成道された後、最初に弟子になった五比丘の一人（『眼蔵』陀羅尼巻、（岩）中・291）。⇩「頞鞞」

【阿闍梨】〈あじゃり〉（眼） 梵語 ācārya（阿闍黎・阿遮利耶）。教授師・軌範師・正行等と訳す。弟子を指導し教授して、その師範となるべき有徳の高僧をいう。授戒においては特に羯磨師をいう（『眼蔵』受戒巻、（岩）下・248）。

【阿閦国】〈あしゅくこく〉（広） 過去においての大日如来のもとで無瞋恚の願を発し、その修行で阿閦仏となった仏陀が、現に説法している東方世界（『広録』法語384）。

【阿閦仏】〈あしゅくぶつ〉（眼）（広） 梵語 Akṣobhyabuddha（阿閦婆・阿閦鞞）。不動・無動・無怒仏等と訳す。阿閦は過去世に東方の阿比羅提国に出現して発願、修行を成就し、阿閦仏となり、その国で現在も説法を続けているという。その国土を妙喜・善快・歓喜等という。

【阿修羅】〈あしゅら〉（眼）（広） 梵語 asura（阿素洛・阿須羅）。非天・不端正等と訳す。六道の一で、戦闘を好む鬼神をいう。

【下情】〈あじょう〉（眼）（広） 下は卑下の意で、自己の衷情を表す語。

【阿頭摩国】〈あずまこく〉（広）『大智度論』二十一（（大）25・220a-b）に出るがその国の所在は不詳（『広録』上堂372）。

【阿僧祇劫】〈あそうぎこう〉（眼）（広） 阿僧祇は梵語 asaṃkhya（阿僧企耶）。インドの数の単位で無数・無央数と訳す。略して単に僧祇ともいう。劫は梵語 kalpa で、気の遠くなるような長時間。

【阿那箇頭】〈あなことう〉（眼）（広） どちらに。頭は接尾語。

【阿那含果】〈あなごんか〉（眼）（『眼蔵』四禅比丘巻、（岩）下・209）⇩「四果」

【阿那跋達多龍王】〈あなばだったりゅうおう〉㊊ 梵語 Anavatapta-nāga-rāja（阿那婆達多・阿耨達）。八大龍王の一。阿耨達池に住み、四大河を分出して、閻浮洲を潤す。一切馬形の龍王で、その徳、最も勝れ、菩薩の化身として尊崇される（『眼蔵』伝衣巻、㊐上・197）。

【阿那婆達池】〈あなばだっち〉㊊ 梵語 ānavatapta 普通には阿耨達池と音写し、無熱悩、清涼等と訳す。無熱悩の池は大雪山の北にあって龍王が住んでおり、インドの四大河の源泉をなすという（『眼蔵』洗面巻、㊐中・299）。

【阿那律】〈あなりつ〉㊊㊋ 梵語 Aniruddha（阿㝹（菟）楼駄）。釈尊十大弟子の一人。仏前に在って坐睡し、仏陀の叱責を受けたために不眠の誓を立て、徹宵眠らず修行し、ついに失明したが、後に天眼通を得て、天眼第一と称される（『眼蔵』出家功徳巻、㊐下・165）。

【阿難】〈あなん〉㊊㊋ 梵語 Ānanda（阿難陀）。慶喜・歓喜等と訳す。釈尊十大弟子の一人。一般に、釈尊の従弟といわれる。出家後は二十五年の間、常に釈尊のそばに随侍し、その説法を聴聞することが多かったので、多聞第一と称され、釈尊入滅後の第一回の結集（仏典編集会議）の席上にも四九九人の阿羅漢とともに参加し、経典を誦出するのに重要な役割を果した。禅宗の伝灯では迦葉尊者の後を嗣いで第二祖となる（『伝灯』一・阿難章、㊏51・206b、『会要』一・阿難章）。

【阿若憍陳如】〈あにゃきょうじんにょ〉㊊㊋ 梵語 Ājñāta-kauṇḍinya（阿若多憍陳那）。五比丘の一人。釈尊が出家して苦行の時代に随侍した五人の中の一人。釈尊成道の後、最初にその教化を受けて、仏弟子となったことで有名。

【阿菟（㝹）楼陀】〈あぬるだ〉㊋ ⇩「阿那律」

【阿耨達池】〈あのくだっち〉㊊（『眼蔵』袈裟功徳巻、㊐上・175、身心学道巻、㊐中・122、見仏巻、㊐中・353）⇩「阿那婆達池」

【阿耨多羅三藐三菩提】〈あのくたらさんみゃくさんぼだい〉㊊㊋ 梵語 anuttarā-samyaksaṃbodhi. 略して阿耨三菩提・阿耨菩提ともいう。無上正等正覚・無上正偏智等と意訳する。これを略して菩提・正覚・無上菩提という。菩提は、仏の正覚・仏果をさすが、これを、聖智をいう。菩提は、仏の正覚・仏果をさすが、これを、声聞菩提（阿羅漢菩提）、縁覚菩提（辟支仏菩提）、菩薩菩提（仏菩提）の三種の菩提（さとり）と区別する場合がある。前二者が煩悩を断じて得られた二菩提であるのに対して、煩悩・所知を断じて得られたのが仏菩提であるとするが、大乗仏教では前二者をあまり言わない。また、三菩提は阿耨多羅三藐三菩提（無上の正等覚・仏の最勝のさとり）の略。

【阿耨菩提】〈あのくぼだい〉(眼)「阿耨多羅三藐三菩提」に同じ。⇩「阿耨多羅三藐三菩提」

【阿鼻地獄】〈あびじごく〉(眼)(広) 梵語 avici（阿毘至・阿鼻至）。無間・無救等と訳す。八熱地獄の一。無間地獄のこと。

【下面】〈あめん〉(眼) 次の部屋のこと。下面了知とは次の部屋で委細を承知する意。

【洮】〈あらう〉(広) あらいすすぐ。

【阿羅漢】〈あらかん〉(眼)(広) 梵語 arahan または arhat（阿羅訶）略して羅漢という。普通には応供・殺賊・無生と訳す。一切の煩悩を断尽して、なすべきことを完成した人で、世間の供養を受けるに値する有徳の聖者をいう。これ以上学ぶべきものがないところから無学と呼ばれる。阿羅漢果は声聞たちの得る最高の位という。道元は「而今の本色の衲僧」（『眼蔵』阿羅漢巻、(岩)中・102）をもって真の阿羅漢とする（『広録』上堂361）。

【阿羅漢果】〈あらかんか〉(眼) ⇩「阿羅漢」「四果」

【遏剌剌】〈あらつらつ〉(広) 遏はとどめる、やむ。剌剌は風などの声。厳しい寒さの風の声などもやむの意（『広録』上堂135）。

【阿蘭若】〈あらんにゃ〉(眼)(広) 梵語 aranya（阿練若）。寂静処・無諍処と訳す。元は森林の意。転じて比丘の修行に適した閑静な処の意で、寺院・草菴のことをいう。

【晏駕】〈あんが〉(眼) 天子の崩御をいう。

【安居】〈あんご〉(眼)(広) インドで雨期三ヶ月間、仏道修行の者が一処に定住して修行をもっぱらにしたことを範とし、九旬安居と称して夏（四月十六日〜七月十五日）・冬（十月十六日〜一月十五日）に禁足して修行すること。結制または江湖会《ごうこえ》ともいう。『眼蔵』安居巻を参照。

【安国師】〈あんこくし〉(眼)(広) 嵩山慧安（五八二〜七〇九）のこと。老安和尚・道安・大安とも。五祖黄梅弘忍の十大弟子の一人でその法嗣。荊州（湖南省）枝江の人、俗姓は衛氏。唐貞観中（六二七〜六四九）に蘄州黄梅山に至り弘忍法師に謁し、その心要を得る。その後、各地を訪ね嵩山に

至り禅法を挙揚し、景龍三年（七〇九）示寂、寿百二十八（『伝灯』四・嵩嶽慧安章、㊅51・231c）（『広録』上堂374）。

【安字】〈あんじ〉㊄ 名前を付けあたえること。

【行者】〈あんじゃ〉㊀㊄ 寺院に在って種々の用務に給事する在家者、または年少の僧をいう。

【安祥（詳）】〈あんしょう〉㊀㊄ 安らかに、ということ。

【安身立命】〈あんじんりゅうみょう〉㊄ 仏法によって身命を天にまかせ、心を安んじて、あらゆるものに左右されない境地（『広録』上堂12、153、158、188、289、322）。

【暗頭】〈あんとう〉㊀㊄ くらやみ。分別がつかないこと。「明頭」と対になる語で、頭は助辞。普化宗の祖、普化の語に「明頭来明頭打暗頭来暗頭打」とあり、明が来れば自己も明になりきり、暗が来れば自己も暗になりきる。自他一如の自由無礙の活用を現成し、生仏一如、凡聖不二、一味平等の絶対境、解脱の心地のはたらきを現成する意。

【行堂】〈あんどう〉㊀㊄ 行者の住する宿舎をいう。

【頞鞞】〈あんぴ〉㊄ 梵語 Aśvajiit または Aśvaka 阿説旨（示）・阿湿鞞、馬勝とも意訳される。釈尊の成道以前の修行時代に六年間ともに苦行し、釈尊成道後に最初の説法を受け、最初の仏弟子となった五比丘の一人で、釈迦族の人。頞鞞は、釈尊の苦行中止に失望し鹿野苑に去るが、後に五比丘の一人に数えられる。威儀端正で、舎利弗を教化したとされる（『広録』上堂381）。

【菴羅衛林】〈あんらえりん〉㊀ 梵語 Āmrapāli-vana 中インドの毘舎離城の附近にあり、菴摩羅（Āmrapālī）女が仏に奉施した林園で、菴摩羅女が守衛するのでこの名がある。

【菴羅果】〈あんらか〉㊀ 梵語 āmra（菴摩羅・阿末羅）。果樹の名で胡桃のような果実を結び、熟したものは芳香があって甘美であるという。マンゴーのこと。

【行李】〈あんり〉㊀㊄ 行履とも書き、躬行履践の意で、日常の起居動作をはじめ、生活一般をいう。また修行の経過や行状もいうことがある。「こうり」と読むと、旅に携行する荷物入れ。

【行履】〈あんり〉㊀㊄ 行住坐臥・語黙動静・喫茶喫飯という起居動作の一切の行動。

【安老】〈あんろう〉㊀ 老年の人、隠居等をいう。

い

【為】〈い〉(眼)(広) 行為、はたらき。いとなみ。

【咦】〈いー〉(眼)(広) この言葉は元来、①笑うさま、失笑するさま。②叫ぶ声。または不審・嗟嘆の意を表す感動詞である。現在でも、導師が香語等を唱える際に用いられるが、いずれにしても言語を絶する場合に発する。

【威儀】〈いいぎ〉(眼)(広) 行・住・坐・臥を四威儀といい、僧としての日常の起居動作における方正な規律あり、自ら他をして畏敬の念を起させる立ち居振る舞いをいう。『眼蔵』行仏威儀巻を参照。

【惟一西堂】〈いいちせいどう〉(眼) 環渓惟一（一二〇二～一二八一）と称し、圜悟の法系である無準師範の法嗣で天童山に住した。西堂は役職の意。『眼蔵』嗣書巻（(岩)上・240）に前住広福寺とあるため、広福寺にも住山したか。語録二巻がある。

【謂うこと莫かれ功成って方に道を得と】〈いうことなかれこうなってまさにみちをうと〉(広) それのみで修行の功が成就したと思ってはいけない（『広録』偈頌14）。

【家家自ら荊山の璞を抱く】〈いえいえおのずからけいざんのぼくをいだく〉(広) 卞和の珠の故事で、全ての人は磨けば宝となる粗玉を抱いているという喩え（『広録』上堂282）。

【威音已（以）前】〈いおんいぜん〉(眼)(広) 詳しくは威音王仏已前・威音王仏出世已前。過去荘厳劫における最初の仏を威音王仏という。故に父母未生以前または朕兆以前というのに同じ。自分自身が本来的にもつありのままのすがた。

【威音空王仏】〈いおんくうおうぶつ〉(眼)(広) 威音は過去荘厳劫最初の威音仏。空王は空劫時に出現する空王仏のことで、いずれも人間の意識がめざめる以前のことから、無量無辺の極遠、さらには転じて本来の自己の面目にも喩える。⇩「本来面目」

【如何是祖師意】〈いかなるかこれそしい〉(広) 祖師意とは、中国禅宗の祖師としての達磨大師が西天から東土に渡来した真の意義・目的、仏法の大意・禅の真髄を指す。この語を用いた公案は極めて多く、歴代の祖師の応対は時・機・処によって種々であるが、その応対の本意は、達磨が西来してもしなくても、仏法の端的は人々の脚跟下にあることを示している（『広録』頌古30、60）。

【若為】〈いかんがせん〉(広)「如何」と同じ。

【潙嶠】〈いきょう〉(広) 潙山霊祐のこと。百丈懐海の法嗣。⇩「潙山霊祐」

【意楽】〈いぎょう〉(眼) 意念または楽欲の意で、一般的には意志の欲求の意味とされるが、仏教では特に理想に向かって進もうとする願望・希求の念をいう。

【潙仰宗】〈いぎょうしゅう〉(眼) 六祖慧能より五世の法孫に当る潙山霊祐と、その法嗣の仰山慧寂とを中心とする禅風を呼んで潙仰宗という。中国禅宗五家の一（『眼蔵』仏道巻、(岩)中・220、224–226）。

【委曲】〈いきょく〉(眼)(広) 随従するさま。

【幾千枚】〈いくせんまい〉(広) 数を数えると限りがない（『広録』偈頌117）。

【幾許】〈いくばく〉(眼)(広)「幾何」と同義、いくばく。どれほど、いくら。

【幾くか悦ぶ】〈いくばくかよろこぶ〉(広) 山居の寂漠をただ悦んでいるばかり（『広録』偈頌99）。

【育父源亜相】〈いくふげんあしょう〉(広) 育父は普通養父の意味だが、実父との説もある。詳しくは不詳。亜相（あそうとも読む）は唐称で、日本では大納言・権大納言とされる。道元の育父通具のこと（『広録』上堂363）。⇩「源亜相忌上堂」

【威権】〈いけん〉(広) 威勢と権力。

【已今当】〈いこんとう〉(眼) 已は過去、今は現在、当は未来のこと、過現当または去来現ともいう。

【砂を供す】〈いさごをくす〉(眼) 沙中に戯れていた童子が、釈尊の姿を見て、沙を捧げて仏鉢に供養したところ、この至心供養の力によって、阿育王としてこの世に生まれたという故事。『阿育王経』一（(大)50・131c）に出る。

【潙山云く、一切衆生無仏性】〈いさんいわく、いっさいしゅじょうむぶっしょう〉(眼)(広) 本来の「一切衆生悉有仏性」（全ての存在は仏としての本性を具備する）からの派生語。従来は「一切の衆生は悉く仏性を有す」と訓むが、道元は、全ての衆生の外に特別な仏性はなく、一切全ての存在悉くが仏性現成の存在であるとして、衆生・悉有・仏性を同一して独特の仏性論を展開している（『広録』頌古39）。

『眼蔵』仏性巻（岩上・334）にこの語が引かれている。

【潙山・夾山・無著・雪峰】〈いさん・かっさん・むじゃく・せっぽう〉広 潙山霊祐は百丈下で、夾山善会は薬山下で、無著文喜は仰山下で、雪峰義存は洞山下で、それぞれが典座の職を務めたことをいう（『広録』上堂138）。

【潙山水牯牛】〈いさんすいこぎゅう〉広 大潙左脇五字・水牯牛ともいう公案。潙山が寂後（百年後）に檀越の家に水牯牛となって生まれ変わるということ。仏道の大悟を極めた人は、水牯牛のように自ら泥をかぶり水に濡れて、人を済度するために生涯を尽くすという、潙山の決意を示した公案（『広録』上堂159、234、326）。『伝灯』九・潙山霊祐章（大5・265c）を参照。『雲門広録』上（大47・545c）に出る。

【潙山象馭】〈いさんのぞうぎょ〉広 潙山のところに雲集する龍象を自在に馭す（『広録』上堂296）。

【潙山霊祐】〈いさんれいゆう〉眼広（七七一～八五三）。百丈懐海の法嗣、南嶽下。福州長谿の人、姓は趙氏。十五歳で出家し、杭州の龍興寺で経律を学び、二十三歳で百丈に参じてその法を嗣ぐ。後に潙山に住し、仰山慧寂・香厳智閑・霊雲志勤等の神足を輩出する。唐大中七年（八五三）示寂、寿八十三。唐宣宗より大円禅師と勅謚される。語録一巻がある。仰山が特にその宗風を宣揚して潙仰宗の名がある（『伝灯』九・潙山霊祐章（大51・265c–266a）、『会要』七・大潙霊祐章）。

【委悉】〈いしつ〉眼広 ことごとく明らめる。くわしく知り明らめ尽くし、完全に理解すること。

【異熟】〈いじゅく〉眼 善悪の業因より無記性の身体を感得するように、因と果とその性質を異にして成熟する因果応報をいう。

【異熟果】〈いじゅくか〉眼 五果の一。異熟因より招かれた果報のこと（『眼蔵』三時業巻、岩下・130、133、134、136）。

【異熟業】〈いじゅくごう〉眼 因業は善もしくは悪にして、果は無記なる異熟の因業をいう。⇩「異熟」

【石を握って玉と為す】〈いしをにぎってぎょくとなす〉広 石は燕石のことで、玉に似て玉でない石。真価の無いものの喩え（『広録』上堂312）。「宗之愚人、得燕石於梧台之側、歳之以為大宝」（『瑯琊代酔編』燕石）と出る。

【渭水蘆華嵩嶽雪……】〈いすいろかすうがくのゆき……〉広 秋の

時分には、渭水の辺りには蘆花が真っ白に咲き乱れ、冬の早い達磨大師の祖山にはすでに雪が降っているであろうという意味。それらの景色は今夜のこの景色と何等変わらないということ（『広録』偈頌74）。渭水は、陝西省にある黄河の支流で、二祖慧可はその畔に生誕したといわれる。

【什麼処】〈いずれのところ〉眼広 什麼は恁麼と混用する。⇩「什麼物恁麼来」

【韋陀】〈いだ〉眼 ⇩（『眼蔵』四禅比丘巻、岩下・220）「四韋陀」

【徒らに砂を算う】〈いたずらにすなをかぞう〉広 文字表現のみにとらわれ、海そのものを見ずに、砂を一粒一粒数えるようにして、仏法を思慮分別言語の世界でこね回すこと（『広録』頌古2）。『眼蔵』伝衣巻（岩上・210）には「算沙のともがら、衣裏の宝珠をみるべからず」とある。『古註』は、この出典として「分別名相不知休。入海算沙徒自困」（『証道歌』（『伝灯』三十、大51・461a））を示す。

【一屙再屙】〈いちあさいあ〉広 屙は厠に行くこと。再々の通便（『広録』上堂36）。

【一屙便了】〈いちあべんりょう〉広 大便すること。喫茶喫飯と同様に日常の行為（『広録』上堂267）。

【一印中】〈いちいんのうち〉広 仏心の中（『広録』上堂420）。

【一翳在眼空華乱墜】〈いちえいざいげんくうげらんつい〉眼広 ⇩「眼華」

【一円相】〈いちえんそう〉眼広 円相は丸い輪。宇宙万象の欠けることなく余すことのない完全円満な姿をあらわす。その姿を空中に払子などで画いて、真実の境を示す。

【一疑猜】〈いちぎせい〉広 知見の上に知をかさねても諦めることはできないこと（『広録』頌古42、偈頌21）。

【一行三昧】〈いちぎょうざんまい〉広 天台の四種三昧の一で、常坐三昧の内容ともされる。禅宗においては、坐禅そのものととる場合が多いが、これもそれぞれの立場によって相違する（『広録』上堂525）。

【一橛子】〈いちけっす〉広 一つの切り株のこと。転じて安居の一場のこと。

【一華開く処諸象を新にす】〈いちげひらくところしょぞうをあらたにす〉広 春になって一花が開くと万物が新たになるように、自己の心地が開けると世界の諸象が全て新たに写る（『広録』偈頌17）。

【一言纔かに】〈いちげんわずかに〉(広)『普勧坐禅儀』に「毫釐も差有れば、天地懸隔なり」（ほんの少しでも取り違えると、先々は天地ほどに隔たりを生ずる）とある（『広録』法語14、偈頌6）。

【一毫】〈いちごう〉(眼)(広) 獣の細毛。きわめてこまかいもの。

【一合相】〈いちごうそう〉(眼)(広) 多くのものを一つに合せて一個体となすこと。

【一著子】〈いちじゃくし〉(眼)「一つの手」という囲碁に用いる語から転じて、一つの見識または主張というほどの意。子は助字で単に一著ともいう。

【一上】〈いちじょう〉(眼)(広) 本来は一度・一回の意だが、最上・無上の意味。

【一乗】〈いちじょう〉(眼) ⇩「仏乗」

【一場懡㦬】〈いちじょうのもら〉(広) その場だけ、恥をかくということ。

【一乗法】〈いちじょうほう〉(眼)(広) 一切衆生をことごとく成仏させる釈尊の真実の教法。後出の三乗（人の性質や能力によってその悟地に至らせる教法を声聞・縁覚・菩薩の三つに分けたもの）に対する語。

【一塵】〈いちじん〉(眼)(広) 一塵は眼に見える微少なもの。だが、その中にこそ尽十方世界が現成しているという。『眼蔵』弁道話巻（(岩)上・62）に「いわんや広大の文字は、万象にあまりてなほゆたかなり、転大法輪また一塵にをさまれり」などとしばしば説かれている。

【一塵挙】〈いちじんこ〉(広) 極小微細な塵の中に広大無辺な大地全体を摂尽する。広大な大地も一塵を離れては存在しえず、その二者は不二である（『広録』上堂458）。

【一大事因縁】〈いちだいじのいんねん〉(眼)(広) 最も重要な因縁。釈尊ならびに諸仏が成仏得道された所以。道元の「一大事因縁」は『法華経』方便品の「諸仏世尊、惟以一大事因縁、故出現於世」((大)9・140a)に依拠する。

【一団子】〈いちだんす〉(眼) 一つの問題というほどの意。

【一人伝虚】〈いちにんでんきょ〉(広) 釈尊の悟られた仏法の真実は、自悟すべきものであるのに、迦葉一人が伝受したことになっているため、各人が伝受すべきものと思い込むこと（『広録』上堂132）。

【一念】〈いちねん〉(眼)(広) 一瞬間、一刹那。心に思う一瞬時のこと。一瞬に起る心の作用。

【一念万年】〈いちねんまんねん〉眼広 一念即万年にして長短の対立なく、念劫融即する意。また一念の中に万年が収まるという意味にも用いられる。

【一馬一牛】〈いちばいちぎゅう〉広 他人から一馬を得たら、その人に一牛を返す。仏法を会得したら、その報恩として他に法を広めるの意（『広録』偈頌3）。

【一仏二仏三四五仏】〈いちぶつにぶつさんしごぶつ〉広 個々の仏（『広録』上堂138）。

【一枚】〈いちまい〉眼広 一回・一つの意。

【一陽】〈いちよう〉眼広 冬至の「一陽来復」をいう。易では陰暦十月は陰の気で、十一月になると陽の気になるとすることから、修行が実り証果を得ることにも喩える。

【一陽長至】〈いちようちょうじ〉広 一陽は冬至。長至は夏至。「一陽来復」をいう。陰暦十月に陰気が窮まり、十一月の冬至になって一陽が初めて生ずること。転じて、冬から春になることをいう。また、新年の意や事物の回復する意にも用いる。

【一来果】〈いちらいか〉眼 ⇩「四果」

【一雷轟】〈いちらいごう〉広 春になると関東では決って春雷が轟く（『広録』偈頌77）。

【一粒粟】〈いちりゅうぞく〉広 極めて小さいもの（『広録』上堂174、188）。

【一箇明珠】〈いっかみょうじゅ〉眼広 この世の真実相を一つの珠玉のごとくであると表現したもの。この公案は古来、仏法の大意をとらえた玄沙の悟道をより明確にしたものとして知られる。玄沙の悟道を示す「尽十方世界是一箇明珠」というのは、ありとあらゆるものが、大自然の真実そのものであるということであり、人間の思量の範囲を超越しているこの無量無辺の事実は理解しようとしてできるものではない、というのである。それ故に、玄沙は僧に「理解しようとしてどうする」と問う。翌日、玄沙の問いに、玄沙の言をもって答える僧に、玄沙は「知りぬ、汝、黒山鬼窟裏に向って活計を作す」と応じた。普通、黒山鬼窟裏は無限の暗黒といった悪い意味にとるが、この場合は無量無辺の事実を意味し、それに向かう僧のあり方を正しい仏道修行として是認しているものとする。『眼蔵』一顆明珠巻（岩上・90）、『広録』上堂107、頌古41

に同文がある。

【一器水瀉一器】〈いっきすいしゃいっき〉㊕ 嗣法に際して、正伝の仏法を授ける師において一毫を損せず、受ける弟子において一塵を増さず、師匠と弟子とが全面的に契合して渾然として一体になる消息をいう（『眼蔵』行持上巻、㊧中・33）。⇩「面授相承」

【一茎丈六】〈いっきょうじょうろく〉㊑ 釈迦の身長は一丈六尺であったという（『広録』上堂326）。

【一茎草を挙して丈六金身と作す】〈いっきょうそうをこしてじょうろくこんじんとなす〉㊑ 一本の草を一丈六尺、紫磨金色の釈尊とみたてて尊重調弁すること（『広録』法語5）。『眼蔵』発無上心巻（㊧中・402）に「一茎草を拈じて、丈六金身を造作し」と出る。過去世において、釈尊は定光仏に五本の蓮花をささげて、仏になる予言を与えられた、という故事がある。六祖は五祖に対して一本の蓮花をささげる大力量を示しはしたが、五本の蓮花ではないから、この時点では大悟の因縁を与えられたわけではない。

【一茎草立十方刹】〈いっきょうそうりつじっぽうせつ〉㊑ 釈尊が道を歩いておられたとき、かたわらの地を指して、ここは寺を建てるのに良い所であるといわれた。そのとき、帝釈天が一本の草をその地に挿して、寺院の建立はすでに終ったといった因縁にちなむ（『広録』上堂79）。

【一機歴歴】〈いっきれきれき〉㊑ 機縁のはっきりしていること（『広録』上堂253、自賛1）。

【一句を超ゆ】〈いっくをこゆ〉㊑ 真実の境涯を言い尽くした大悟底の語句（『広録』法語11）。

【一九二九……】〈いっくにく……〉㊑ 一つの九と二つの九は対立と和合し、疑問と明解というのは、春の雨と風のようなもの（『広録』上堂223）。

【一華開五葉】〈いっけかいごよう〉㊕㊑ 達磨がインドに帰国しようとしたときに、「吾本此土に来り法を伝えて迷情を救う。一華五葉を開いて結果自然に成る」といい、『楞伽経』を慧可以下四人の弟子に与えた故事による。この偈は仏法が花の開くように伝播するさまを形容した語で、心華開発の意をも持つ（『眼蔵』空華巻、㊧中・165、梅華巻、㊧中・331、優曇華巻、㊧中・393、『広録』上堂110、423）。

【一箇半箇】〈いっこはんこ〉㊕㊑ 極めて希少な人をいう（『広録』上堂128、法語8）。

【一切口掛一切壁】〈いっさいこうかいっさいへき〉眼『御抄』に「此口此壁、非両物全体口、全体壁の道理なるべし」とある。掛るとは口と壁の一体の理を表す（『眼蔵』菩提分法巻、岩下・28）。

【一切衆生有仏性】〈いっさいしゅじょううぶっしょう〉眼広 全ての人間に仏性があるとする（『眼蔵』仏性巻、岩上・333）。⇩「潙山云く、一切衆生無仏性」

【一切衆生有仏性、世尊開示して梵聖を化す……】〈いっさいしゅじょううぶっしょう、せそんかいじしてぼんしょうをけす……〉広『涅槃経』二十七・師子吼菩薩品（大12・523a）に出る（『広録』上堂418）。⇩「潙山云く、一切衆生無仏性」

【一切衆生有仏性、所以に乳に酪の性有り……】〈いっさいしゅじょううぶっしょう、ゆえににゅうにらくのしょうあり……〉広 全ての人間に仏性があるとするのは、牛乳には酪がとれる性質が具わっているというのと同じである（『広録』上堂395）。

【一切智】〈いっさいち〉眼広 一切全てのことを知るもの。仏のこと（『広録』上堂360）。

【一彩両賽】〈いっさいりょうさい〉広 両彩一賽とも。彩は賭の勝ち目。賽は勝負を競うこと。一つの勝負に二つの勝ち目で、どちらにも優劣のないこと（『広録』上堂287）。

【一指頭】〈いっしとう〉眼広 金華山倶胝和尚は最初住菴のとき、実際に尼僧に詰問されて答えることができなかったが、後に天龍和尚に参じて、この事を陳べると、天龍和尚は一指を竪ててこれに示し、倶胝たちまち頓悟すという。示寂に当り「吾れ天龍一指頭の禅を得て一生用不尽」と示したという（『広録』上堂211）。『眼蔵』遍参巻（岩中・360）を参照。

【一照】〈いっしょう〉広 悟道した自己の仏法が輝いて一切を照らせば、主と賓、自と他といった相対的な区別や差別はない（『広録』偈頌34）。

【一生所繋菩薩】〈いっしょうしょけぼさつ〉眼 いま一生の間、生死に繋縛される菩薩の意で、一生補処の菩薩ともいう（『眼蔵』三時業巻、岩下・133）。⇩「一生補処菩薩」

【一生補処菩薩】〈いっしょうふしょぼさつ〉眼広 菩薩の三祇百劫などの修行が充足し、次の一生で仏となり、仏位を補なうべき最後生にある菩薩の位をいう。弥勒菩薩のごときは、釈尊に先立って入滅して兜率天に生じ、釈迦仏に次いでこの娑婆世界に下生して成仏するとされるため、弥勒を補処の菩薩という（『眼蔵』発菩提心巻、岩中・413）。

【一生・両生・三生・四生】〈いっしょう・りょうしょう・さんしょう・ししょう〉広 過去現在未来の全生涯（『広録』上堂50）。

【一水四見】〈いっすいしけん〉眼 水という一物を、人間は水と見るが、鬼はこれを猛火と見、龍魚はこれを宮殿と見、天人はこれを瑠璃と見るというように、全て立場の異なるに従って物の見方が一様でないことをいう。『眼蔵』山水経巻（岩上・228）を参照。

【一推推倒】〈いっすいすいとう〉広 ひとおしに推し倒せる（『広録』上堂268）。

【一霽】〈いっせい〉広 一わたり晴れた。

【一声雷】〈いっせいらい〉広 獅子吼された釈尊の第一声とされる「天上天下唯我独尊」をさす（『広録』上堂427）。

【一隻眼】〈いっせきげん〉眼広 一つの眼、卓越せる見識をいう。肉眼以外の仏法上の正しい識見をいう。

【一千一百】〈いっせんいっぴゃく〉広 『卍山本』の初版では二千一百。『古注』は釈迦入滅以来永平までは二千一百六十年ばかり。また、道元の住山以来の二千一百六十日（六ヶ年）のいずれかを指すとする。が、今は、『祖山本』に従い、一千一百余日（三ヶ年）としておく（『広録』自賛15）。

【一線道】〈いっせんどう〉広 仏法に通達する一本の道。

【一匝（帀）】〈いっそう〉眼広 ひとめぐり。

【一弾指】〈いったんじ〉眼 拇指と中指とをもって、食指を強く圧し、急に食指をはずして弾声を発することを弾指という。故に一弾指の間とは極めて短い時間をいう。

【一椎千当万当】〈いっついせんとうまんとう〉眼 一発千中という意味で、師家の一槌によって学人の多くがともに得処ある様子をいう。あるいはまた、一は一切を蔵すというような意味にも用いる『眼蔵』夢中説夢巻（岩中・135）。

【一滴不息……】〈いってきやまず……〉広 如浄の上堂語。雨だれが一滴も休まず、二滴、三滴としたたり落ちる（『広録』上堂379）。『如浄語録』（大48・123a）を参照。

【一転語】〈いってんご〉眼広 修行者の心機を一転させる語、あるいは一語にしてよく他を開悟させるような力量ある語句をいう。

【一等為（与）他談般若……】〈いっとういただんはんにゃ……〉眼広 『如浄語録』下・風鈴頌に「通身是口掛虚空。不管東西南北風。一等与渠談般若。滴丁東了滴丁東。」（大

48・132b）とあって、それを受けてのものである（『広録』小参17、頌古58）。『眼蔵』般若波羅蜜巻（(岩)上・81）に「渾身似口掛虚空（全身を口にして、虚空に掛かり）、不問東西南北風（東西南北のどのような風にも対応し）、一等為他談般若（あらゆるところに般若の智慧を説く）、滴丁東了滴丁東（ちりりんちりりんちりりんりんりん）。これ仏祖嫡嫡の談般若なり」とある。

【一踢踢翻】〈いっとうとうほん〉(広) 一踏。ひとけりで蹴とばせる（『広録』上堂268）。

【一頓】〈いっとん〉(眼)(広) 一次と同じ。一度ということ。あるいはまた罪人を打つこと二十棒を一頓ということから、師家が学人を接得するために打つ数を一頓三頓などという。臨済で六十棒を喫するのを三頓棒というのと同じ（『眼蔵』礼拝得髄巻、(岩)上・121、行持上巻、(岩)中・36、『広録』上堂123、204）。

【一半】〈いっぱん〉(眼)(広) 二分の一。半分、または、少しの意。江戸時代の宗乗家、瞎道本光（一七一〇〜一七七三）は「一半八蔵身ノ義ナリ」としている。要するに、いまこの自己の学道には自分自身が本来的にもつ真の姿が隠れることをいう。

【一版鉄】〈いっぱんのてつ〉(広) 継ぎ接ぎの無い一枚の鉄。従来から持っていた疑団（『広録』偈頌27）。

【異轍】〈いてつ〉(眼)(広) 轍はわだち、規則。異規。

【為図】〈いと〉(広) この場合の図は単なる図画ではなく制度・きまりの意をも含む（『広録』上堂353）。

【為道】〈いどう〉(眼)(広)「ために道《い》う」意。

【頤堂】〈いどう〉(眼) 西堂と同じ。二人の西堂を立てることができないが故に、名を替えて呼ぶ。あるいは他山の老宿の意。

【異同を絶す……】〈いどうをぜっす……〉(広) 異と同という差別を断つことを面壁によって示した（『広録』頌古79）。

【以頭換頭】〈いとうかんとう〉(眼) それはそれというほどの意。以換心というのも同じ。

【以頭換尾】〈いとうかんび〉(眼) それをこれとする彼此転換の意。

【古に云く、天地、我と同根……】〈いにしえにいわく、てんち、われとどうこん……〉(広) 元来は『荘子』の「天地同根万物一体」の語に基づき、『肇論』（(大)45・159b）に引かれてからは、禅家では天地万物は仏性の現われであり、自己の本心と異ならない意として好んで用いられた。（『広録』上堂148）。

【囲遶】〈いにょう〉(眼)(広) まわりをとりかこむ。

【犬あり堯をほゆ】〈いぬありぎょうをほゆ〉(眼) 堯が盗跖の処へ赴いたとき、跖の犬が堯を見て吠えたという。これは堯の徳が至らないのではなく、その主ではなかったためであるという意『眼蔵』行持下巻（(岩)中・43）。

【維那】〈いの〉(眼)(広) 禅院における役名。禅林で大衆の修行を督励・監視し、僧堂における衆僧の進退を取締り綱維を守らせるのをその本分とする。

【井の驢をみる】〈いのろをみる〉(眼)「曹山問徳上座、仏真法身、猶若虚空、応物現形。如水中月、作麼生説箇応底道理。徳云、如驢覰井。山云、道即太殺道、只道得八成。徳云、和尚又如何。山云、如井覰驢」（『宏智録』、(大)48・23b）とあるによる（曹山本寂が徳上座に「仏の真の法身は、なお虚空のようである。物に応じて形を現すこと、水中の月のようなものである。この道理を説明せよ」と質問すると、徳上座は「驢馬が井戸をみているようなものです」と答えた。すると曹山は「道うことは道っているがまだまだ」と言った、徳上座が「では和尚はどう言うのですか」と問うと、曹山は「井戸が驢馬をみているようなものだ」と答えた。）以上を引いて、道元は「驢馬が井戸をのぞけば、井戸は井戸をみ、驢馬が驢馬をみるのだ、人が人をみるのであり、山が山をみるのである。そのように相対的な関係をつき破った道理が諸悪莫作である、と説く（『眼蔵』諸悪莫作巻、(岩)上・151）。

【慰喩】〈いゆ〉(広) なぐさめさとす。

【伊洛】〈いらく〉(眼) 伊は伊水、洛は洛水。伊洛のほとりとは京師洛陽をいう。

【矣栗多心】〈いりたしん〉(眼) 訳して心、中心等という。『止観』一上に「質多者。天竺音。此方言心。即慮知之心也。天竺又称汗栗駄。此方是草木之心也。又称矣栗駄。此方是積集精要者為心也。」（(大)46・4a）とある（『眼蔵』発菩提心巻、(岩)中・407）。

【異類中行】〈いるいちゅうぎょう〉(眼)(広) 仏果位以外に属する菩薩・衆生を異類という。六道の衆生の中に入って救済する同事行をいう。その異類の中に自己を投げ入れて利他行すること（『眼蔵』道得巻、(岩)中・140）。この語を転用して、異中に類あり、類中に異あるとして同異無礙の意にも用いる。『御抄』に「交わる物なき所を異類中行と仕なり、凡見の詞を不交、皆解脱の詞なる所を如此指也」と註する（『広録』法語5、頌古61）。

【殷】〈いん〉(広) さかんな。さかんに。

【印可】〈いんか〉(眼) 印信認可の義。師家が学人の心地の円熟するのを洞察して印可証明すること。

【尹司空と老僧と開堂……】〈いんしくうとろうそうとかいどう……〉(広) 尹は人名で伝不詳。司空は土地民事に関することを司る官名（『広録』上堂191）。この語話は『会要』二十一・投子大同章、『伝灯』十五（(大)51・320a）に出る。

【院主】〈いんじゅ〉(眼)(広) 寺院の全ての事務を主宰するもので、監院・監寺とも。

【印証】〈いんしょう〉(眼) 印可証明のこと。

【因地】〈いんち〉(眼) 成仏以前の修行時代を総じて因地、または因位という。これに対して仏を果上、または果位という。

【因縁】〈いんねん〉(眼)(広) 全て或る結果を生来する直接の原因となるものを因といい、生果の資助となる間接の原因を縁という。例えば、米麦はその種子を因とし、水土・労力・肥料等を縁とするようなもの。

【恁麼】〈いんも〉(眼)(広) 与麼とも。「かくの如し」「このような」の意。あるいはまた、恁麼人・恁麼事などいうときは、本分人・本分事の意。『眼蔵』恁麼巻を参照。

【恁麼の事を得んと欲わば……】〈いんものじをえんとおもわば……〉(眼)(広) そのようなことを得ようと思うなら（『広録』上堂38、『普勧坐禅儀』）。『眼蔵』恁麼巻（(岩)上・423）の「欲得恁麼事須是恁麼人。既是恁麼人何愁恁麼事」は、『伝灯』十七・雲居道膺章（(大)51・335c）を引いての拈提であろう。

【隠倫】〈いんりん〉(眼) 大隠は市に隠れ、小隠は山林に隠れるということより来る語で、大小種々の修行者または善知識たちの意（『眼蔵』自証三昧巻、(岩)下・52）。

う

【有為】〈うい〉(眼)(広) 無為の対語。為は為作・造作の義であり、有為とは全て因縁によって造られた諸法をいう。

【烏焉魚魯】〈うえんぎょろ〉(眼)(広) 書籍の上で、文字の形が似ているために書き誤ることをいう（『広録』上堂376）。

【魚網に遊び……】〈うおあみにあそび……〉(広) 魚と網・鳥と籠、いずれも師資一体の姿（『広録』上堂445）。

【烏亀倒上樹話】〈うきとうじょうじゅわ〉(眼) 慈明楚円の法嗣、香山蘊良に次のような語話がある、「僧問う、馬祖陞堂、百丈巻蓆の意旨如何。師云く、蚊子鉄牛に上る。云く畢竟如何。師云く、烏亀倒《さかし》まに樹に上る。僧云く古之今之。師云く、你に三十棒を放す。」（『続灯』七・香山蘊良章）と。現在の立場を脱却して進退自由の活用を現す。また黒亀が上るも下るも同じく一本の樹なれば二者一体にして二面なきことをも示す。『眼蔵』面授巻（(岩)中・320）に出る。

【烏亀火に向う】〈うきひにむかう〉(広) 「烏亀倒上樹話」と同旨で、水に住む亀が火に向かって進むという、常識では考え及ばぬ事を喩えた語で、悟りの世界を喩える場合もある（『広録』上堂4）。

【有結】〈うけつ〉(眼) 生死の果報（有）を招くべき煩悩（結）、即ち貪欲・瞋恚・愚癡の三毒をいう。

【兎を待つに而も株を守り……】〈うさぎをまつにしかもかぶをまもり……〉(広) 田んぼの中の切株に兎がつまずいて死んだのを見たある人が、何の苦労もせずに兎をとることができたので、それより以後、毎日切株から離れなかった故事。守株。「宋人有耕田者。田中有株。兎走触株、折頸而死。因釈其耒而守株、冀復得兎。兎不可復得、而身為宋国笑」（『韓非子』五蠹篇）。その原意より転じて、禅門では、一つのことに固執して自在の働きをしないものに喩える（『広録』法語14）。

【牛に騎て牛を覓む】〈うしにのってうしをもとむ〉(広) 悟りのなかにありながら、悟りをもとめる喩え（『広録』上堂149、頌古11）。

【有宗】〈うしゅう〉(眼) 空宗に対する語。倶舎宗・法相宗のように、何らかの意味において諸法の実在を許す宗旨をいう。

【烏拄杖】〈うしゅじょう〉(広) 真黒な杖。この場合は道元自身のこと（『広録』上堂510）。

【有情無情】〈うじょうむじょう〉(眼)(広) 有情は感情や意識を持っているありとあらゆる生物の総称、無情は山川・草木

・大地などのこと。
【渾是令】〈うしれい〉㊢ 令は歌曲における全てのきまり。ふし。手拍子のこと（『広録』上堂227）。

【鬱頭藍】〈うずらん〉㊡ 婆羅門の名。

【烏石嶺】〈うせきれい〉㊡㊢ 中国福州城の西南一里、九仙山の西にある山。山急峻ならずして、形亀のごとしという。また閩山とも称す。

【胡説乱道】〈うせつらんどう〉㊡ 胡乱なる説をなすこと。

【憂多羅僧】〈うったらそう〉㊡㊢ 梵語 uttarāsaṅga（鬱多羅僧・優多羅僧）。三衣の一。上衣・上著衣・覆左肩衣ともいい、七条よりなる上衣。

【優鉢羅華】〈うっぱらげ〉㊡㊢ 梵語 utpala（鬱波羅・優鉢刺）。青蓮華と訳す。睡蓮のこと。六千年に一度咲くという青蓮華のことで稀有なものの喩え。

【于迪が紫玉に上り】〈うてきがしぎょくにのぼり〉㊢ 襄陽の節度使であった迂迪（于頔）が紫玉山の道通（馬祖の法嗣）に道を問うた故事（『広録』法語14）。

【有頭無尾】〈うとうむび〉㊡ 頭だけあって尾がないように、二物の対立を打破して一法究尽なる消息をいう。

【優曇華（花）】〈うどんげ〉㊡㊢ 梵語 udumbara（優曇婆羅・優曇跋羅・烏曇婆羅）の訛略で、瑞応華・霊瑞華等と意訳する。いちじく科の植物。樹皮は平滑赤褐色。『広灯』二・摩訶迦葉章に出る。花は三千年に一度開花し、花無しで実がなることから奇瑞を示す兆として喜ばれ、霊瑞華ともいう。諸経論ではこの花を仏の出世に相遇することの難しさに喩える。道元は『眼蔵』優曇華巻（㊓中・393）で、仏道を志し求めるところに、あらゆるものが優曇華として現成し花開くと説く。『眼蔵』仏道巻（㊓中・217）、面授巻（㊓中・311）に『広録』（上堂428）と同文が見える。

【優曇の一現】〈うどんのいちげん〉㊡ 優曇華は三千年に一度開くといわれ、この開花のときには輪王が出現するといい、仏世に在すときに開くという。その三千年の一現なるにより難値難遇のことをいう（『眼蔵』道得巻、㊓中・143）。

【優婆夷】〈うばい〉㊡ 梵語 upāsikā（鄔婆斯迦・優婆私呵）。近事女・清信女等と訳す。三宝に親近して三帰五戒を受けて、仏教を信奉する在家の婦女をいう。四衆または七衆の一。

【優婆（波）毱多】〈うばきくた〉㊡㊢ 梵語 Upagupta（鄔波

毱多・優波崛多)。インド付法蔵の第四祖。商那和修に師事して法を相承する。阿育王に説法して、王をして四万四千の塔を起さしめ、仏滅後百年、優波毱多のもとに五人の弟子があり、戒律の異見から①曇無徳部、②薩婆多部、③弥沙塞部、④迦葉遺部、⑤波麁羅部の五部に分かれたという。『眼蔵』出家功徳巻（岩下・159)、四禅比丘巻（岩下・211）を参照。

【優婆塞】〈うばそく〉眼 梵語 upāsaka（烏婆索迦・優波娑迦)。近事男・清信士等と訳す。三宝に親近して三帰五戒を受けて、仏教を信ずる在家の男子のこと。四衆または七衆の一。

【鄔（優）波離】〈うぱり〉眼広 梵語 Upāli（優波利・優婆離)。釈尊十大弟子の一人。仏に帰依し、出家して持律堅固をもって聞こえ、持律第一と称される。仏滅後の遺教結集においては、律蔵の誦出者として知られる。

【右般漢】〈うはんかん〉広 右のたぐいの人。そのような人(『広録』法語8)。

【有部】〈うぶ〉眼 詳しくは説一切有部という。部派の一で三世実有・法体恒有を宗旨とするのでこの名がある。膨大な著作があり、漢訳もされたため、中国においては部派仏教の代表として広く研究されている学派。

【海枯れて】〈うみかれて〉眼広 海の水が無くなること。大悟底をいう。『広録』上堂503に「たとえ海枯徹底を見るとも、誰か明らめん、人死して心を留めざることを」とある（『広録』偈頌12)。

【海に入って沙を算える】〈うみにいってすなをかぞえる〉広 海に入って砂を数えることで、特に教家におけるような文字言句に執著するのは、何の益にもならない無駄なことの喩え（『広録』上堂281)。『黄龍慧南語録』（大47・633a)に出る。

【禹門】〈うもん〉眼広 河南省龍門県に龍門山があって、夏の禹王がその瀑水を三段に切落して黄河の氾濫を防いだために禹門と称す。俗説には毎年三月三日、魚よく水に逆らい躍って三級の浪を透過するものは、角を生じて龍となるという。いわゆる登龍門のこと。

【有問有答……】〈うもんうとう……〉広 仏法について問答しているときは屎尿が散乱しているような状態で、かえって問答などがないときこそ、仏法が雷のように轟いている

(『広録』上堂471)。『如浄語録』下（(大)48・127a）に出る。

【有漏】〈うろ〉(眼) 無漏の対語。漏とは漏泄の意にして煩悩のこと。全ての煩悩は膿血のごとく身心より漏泄するが故に有漏という。

【胡乱】〈うろん〉(眼)(広) その場しのぎの間に合わせ。倉卒に、道理もなく。

【胡乱自従り後三十年……】〈うろんよりのちさんじゅうねん……〉(広) 南嶽懐譲が馬祖道一の境地を試みようとして、僧を遣わして、馬祖が上堂のとき「作麼生」と問えと命じたところ、馬祖は、仏法に尽くすこと三十年になるが、まだ一度として食事に事欠いたことが無い、と仏恩に十分報いている自身を示したことを指す（『広録』上堂11、法語5）。『伝灯』五・南嶽懐譲章（(大)51・241a）に「馬師云、自従胡乱後三十年、不曾鄭塩醤。」と出る。

【云為】〈うんい〉(眼)(広) 言語動作。思慮分別を離れた、おのずからのはたらきであるが、『眼蔵』においては強為と対して用いられ、人の強為ではなく、法の上の任運自然の動作をいう。『御抄』に「云為とはひろき義也、物にかかわらざる義を可云歟」と釈す（『広録』法語5、11）。

【雲漢】〈うんかん〉(眼)(広) 天の川。大空。『伝灯』二十八・南陽慧忠章（(大)51・438a）、『眼蔵』即心是仏巻（(岩)上・103）を参照。

【雲巌】〈うんがん〉(眼)(広) ⇩「雲巌曇晟」

【雲巌・雲居の袈裟】〈うんがん・うんごのけさ〉(広) 雲巌曇晟と雲居道膺とにみられる師資相承の次第（『広録』自賛20）。雲巌曇晟の会下に洞山良价、その会下に雲居道膺が出た。洞山良价とその弟子曹山本寂は、中国曹洞宗の宗名は洞山・曹山の名に由来する。

【雲巌掃地】〈うんがんそうち〉(広) 雲巌竪起掃帚のこと。薬山の法嗣雲巌曇晟が掃帚を竪て潙山に示した公案。即ち雲巌が掃帚を立て、これ第幾月ぞ、と質問したのは、真実の自分以外にもう一人の自分というものがあるかと追及したのであり、この問いによって本来的な自分自身のすがたを覚醒せしめようとしたのである。『伝灯』十四・雲巌曇晟章（(大)51・315a）。『宏智頌古』二十一則（(大)48・240c）では雲巌と道吾円智との問答となっている（『広録』頌古12）。

【雲巌第幾月】〈うんがんだいいくげつ〉(広) ⇩「雲巌掃地」

【雲巌曇晟】〈うんがんどんじょう〉(眼)(広)（七八二〜八四一）。薬山惟儼の法嗣。青原下。鐘陵建昌の人、姓は王氏。幼いときに石門について出家し、百丈懐海に参ずること二十年、その寂後薬山に謁す。後に湖南省潭州の雲巌山に雲巌寺を開き宗風を挙揚した。門下に洞山良价・神山僧密等を出す。唐会昌元年（八四一）示寂、寿六十。無住大師と勅諡される。『眼蔵』行持上巻（岩中・21）、『伝灯』十四・雲巌曇晟章（大51・314c）を参照。

【運啓】〈うんけい〉眼 僧肇の語に「法王啓運嘉会之辰」とあり、釈尊の成道をいう。

【雲居】〈うんご〉眼広 ⇩「雲居道膺」

【雲居弘覚】〈うんごこうがく〉広 ⇩「雲居道膺」

【雲箇水箇】〈うんこすいこ〉眼 雲水のこと。

【雲居雪峰に問う、門外の雪銷するや……】〈うんごせっぽうにとう、もんげのゆきしょうするや……〉広 雪が消える消えないというのは、寒暖という因縁の小波に過ぎず、それは、本来の立場にあってはことさらに問題にすべきことではない。雲居は、雪が消え、本来の立場に還った雪峰の境地に感じ入ったのである（『広録』上堂84、408）。『会要』二十二・雲居道膺章に出る。

【雲居道膺】〈うんごどうよう〉眼広（？～九〇二）。洞山良价の法嗣。幽州（河北省）玉田の人、姓は王氏。范陽の延寿寺にて具足戒を受け、後に翠微山に居ること三年、洞山の盛徳を聞きこれに参じて印可を得て、三峰山より江西省の雲居山に到る。雲居山に三十年住し、会下の僧常に千五百を下らずといい、弟子の帰宗懐惟も著名。唐天復二年（九〇二）示寂、弘覚大師と勅諡される。その法系は曹洞宗の中心として栄える。『眼蔵』行持上巻（岩中・21）、『伝灯』十七・雲居道膺章（大51・334c）を参照。

【雲根】〈うんこん〉広 雲は岩石の間より生ずるところから、岩石の別称（『広録』偈頌103）。

【雲自水由】〈うんじすいゆう〉広 雲水、自由無礙（『広録』自賛3）。

【蘊処界】〈うんじょかい〉眼 五蘊・十二処・十八界の略称。玄奘以前の訳では陰・入・界という。⇩「五蘊」「十二入」「十八界」

【雲州大守】〈うんしゅうたいしゅ〉広 出雲守波多野義重（？～一二五八）のこと。越前志比庄の地頭で、永平寺教団の中心的な大外護者（『広録』上堂361）。

【雲水】〈うんすい〉(眼)(広) 行雲流水の略で、禅僧が一所に留まることなく各所にて自由に修行するさまを表現した言葉。

【運水搬（般）柴】〈うんすいはんさい〉(眼)(広) 水を運び薪をはこぶ事で、叢林における修行者の自給自足の修行生活をいう。転じて日常の生活そのまま仏法なることを示す語として常に用いられる（『広録』上堂209、229、小参5）。『眼蔵』神通巻（(岩)上・380）を参照。

【雲堂】〈うんどう〉(眼)(広) 雲水が集まり修行する堂屋の意。僧堂のこと。

【雲衲】〈うんのう〉(眼)(広) 雲水・修行僧。

【雲衲霞袂】〈うんのうかべい〉(眼)(広) 単に雲衲、または雲水ともいう。行雲流水の行脚僧のこと。

【雲門乾屎橛】〈うんもんかんしけつ〉(広) 雲門文偃が「仏とは何か」の質問に不浄なものの代表をもって答えた語（『広録』法語11）。乾屎橛は糞かきべらとも、乾いた糞とも。浄不浄の二見を透脱することを示したもの。

【雲門九十日飯銭】〈うんもんくじゅうにちのはんせん〉(広) 雲門文偃と僧との九十日安居の意義を論じた公案（『広録』小参6）。九十日の飯銭は、九旬安居中の修行僧の飯代金の意味で、修行自体のことをいう。我と修行との対峙の無いことを示した。『雲門広録』上（(大)47・550c）参照。『眼蔵』安居巻（(岩)下・77）に「万里無寸草なり、還吾九十日飯銭来なり」とある。

【雲門餬（糊）餅】〈うんもんこびょう〉(眼)(広) 雲門文偃がある僧の問う超仏越祖の境涯を示す言葉は何か、の問いに、糊餅（胡麻で作った餅）と答えた公案（『眼蔵』画餅巻、(岩)中・160–161、『広録』上堂189、448）。仏とか祖とか超仏越祖といっても、それは著衣喫飯・阿屎放尿といった日常茶飯事の外にはどこにもないことを示す。『碧巌録』七十七則（(大)48・204b）、『宏智頌古』七十八則（(大)48・277b）に出る。

【雲門三昧……】〈うんもんのざんまい……〉(広) 雲門文偃が一微塵中に三昧に入る語の禅的意義を拈提したもの（『広録』上堂138、416）。現実の些末な事にも心を擬することによって王三昧に入ることで、雲門は塵塵三昧という事実を鉢裏の飯、桶裏の水と具体的に提示したのである。『碧巌録』五十則（(大)48・185b）、『宏智頌古』九十九則（(大)48・291b）に出る。

【雲門宗】〈うんもんしゅう〉(眼) ⇩「雲門文偃」

【雲門に問う……牛頭、横説竪説……】〈うんもんにとう……ごず、おうせつじゅせつ……〉㊛ 牛頭は牛頭法融、大医道信の法嗣。牛頭禅の初祖（『広録』上堂207）。『雲門広録』上（㊅47・50c）に出る。横竪は縦と横の意で、法を縦横無尽に弁舌を振るうこと。『眼蔵』仏向上事巻（㊭上・420）に引かれる語話は『伝灯』九・黄檗希運章（㊅51・266c）であり、『広録』とは異なる。

【雲門に問う、樹凋葉落の時……】〈うんもんにとう、じゅちょうようらくのとき……〉㊛ 樹木が枯れ、葉が落ちる晩秋の景色に借りて「雲門の人生の最晩年如何」という一僧の質問に、雲門が、仏法は秋風の中に悠然と体現していて、眼にふれるもの全てが悟りの風光そのものである、と答えた因縁（『広録』法語10）。『普灯』二・法昌倚遇章に出る。

【雲門木馬】〈うんもんのもくば〉㊛ 雲門の無心の木馬がいななき疾駆する（『広録』上堂296）。無念無心の解脱の作用。

【雲門文偃】〈うんもんぶんえん〉㊥㊛（八六四〜九四九）。雪峰義存の法嗣。青原下。姑蘇嘉興の人、姓は張氏。天質慧敏、はじめ睦州陳尊宿に参じて大旨を発明し、後に雪峰に嗣す。後に韶州（広東省）の雲門山を開いて、光泰院に住した。禅機潑剌をもって聞こえ、その会下に集まる者常に千を下らずという。教化三十年にして九十余人の俊英を輩出する。乾祐二年（九四九）示寂、寿八十六。匡真大師の名を賜わり、後に大慈雲匡聖宏明大師を追諡された。後世、その宗風を雲門宗と呼ぶ。語録等を収めた『雲門広録』三巻がある。『眼蔵』山水経巻、仏向上事巻、観音巻、光明巻、画餅巻、仏道巻、仏教巻、面授巻等に語句行業を述べる。『雲門広録』下（㊅47・574a）、『伝灯』十九・雲門文偃章（㊅51・358c）に出る。

【雲来水来】〈うんらいすいらい〉㊛ 修行僧（雲水）は雲のごとく、水のごとく集散するもの（『広録』上堂69、86）。

【雲雷を打つ】〈うんらいをうつ〉㊛ 為人度生、転法輪をいう（『広録』自賛15）。

え

【依位】〈えい〉㊥㊛ その位置を保つこと。

【営作】〈えいさ〉㊛ いとなみつくること。

【栄西和尚】〈えいさいおしょう〉眼（一一四一～一二一五）。ようさいとも読む。明菴《みんなん》栄西といい、葉上房、または千光禅師の称がある。臨済宗黄龍派。備中（岡山県）吉備津の人、姓は賀陽氏。叡山に仏法を学び顕密の奥底を極める。後に入宋すること再度、ついに臨済の流を受け嗣ぐ虚菴懐敞に就いて大事打開の証明を得る。帰朝の後、『興禅護国論』を著して禅宗の独立を唱道し、鎌倉幕府の帰依を得て関東に禅風を振い、後に京都に建仁寺を創設す（道元は三井寺の公胤僧正の指示により師に参じて、禅門に投じたともいう）。建保三年（一二一五）示寂、寿七十五（『元亨釈書』二、『本朝高僧伝』三）。中国からお茶を持ち帰り、日本に茶の効能を説いて『喫茶養生記』という喫茶の専門書を著した。

【逞風流】〈えいふうりゅう〉眼広 逞は矜而自呈、または快と註釈し、これを見よと誇るほどの立派な風格または活機用をいう。

【永平広録】〈えいへいこうろく〉広 道元の語録。十巻。詳しくは『永平道元和尚広録』という。道元の弟子の詮慧・懐奘・義演が編纂し、興聖寺・大仏寺・永平寺における上堂・小参・法語・『普勧坐禅儀』・頌古・真賛・自賛・偈頌で構成され、とくに上堂は、禅林の正式説法で、道元の後半生における正伝の仏法の真髄が説示されている。『広録』には『祖山本』（永平寺蔵）と、『卍山本』（江戸期卍山道白開版）がある。類書に、宋の無外義遠が『広録』から抜粋した『永平元禅師語録』（『略録』）一巻がある。

【永平寺】〈えいへいじ〉眼広 旧称は大仏寺。道元が開創した寺。山号は吉祥山。福井県吉田郡永平寺町にある。日本曹洞宗の大本山。寛元四年（一二四六）六月十五日に吉祥山（山号を傘松峰とするのは面山説）永平寺と改称。以後、大仏寺時代からの禅林の制度がさらに展開され整えられていくのである。

【永平老漢】〈えいへいろうかん〉眼広 道元自身のこと。

【衣盂】〈えう〉眼広 衣は三種の袈裟。盂は鉢盂のこと。衣鉢。

【慧運】〈えうん〉広 道元の弟子の一人であろうが、その詳細は不明。直歳《しっすい》を勧め、法語を与えられる（「広録」法語6）。

【慧可】〈えか〉眼広 ⇩「大祖慧可」

【懐鑑】〈えかん〉(広)(?～一二五一?)。日本達磨宗大日房能忍の弟子覚晏(世寿等不詳)に大和の多武峰において参じ、後に越前の波著寺に住持す。それより後、仁治二年(一二四一)春、門人の義介・義準・義演等とともに興聖寺の道元門下に投じ、永平寺においては首座を勤める。建長二年(一二五〇)あるいは同三年(一二五一)八月十三日示寂(『広録』上堂185、507)。

【慧顗】〈えぎ〉(広) 永平門下の僧、伝不詳。興聖寺にて亡くなった(『広録』上堂110)。

【恵元を請して、東寺の西院に安じ……】〈えげんをしょうして、とうじのさいいんにあんじ……〉(広)『元亨釈書』六、『本朝高僧伝』十九では「義空」とする。恵元は唐の塩官斉安の門人(『広録』上堂358)。

【回光】〈えこう〉(眼)(広) ⇩「回光返照」

【廻向】〈えこう〉(眼)(広) 回向・廻向とも。詳しくは「廻転趣向」のことで、自分の行う善根功徳を回転させて菩提に趣向施与すること。一般的には、衆生と菩提と実際との三種の廻向ありと説く。法要・読経などの善業によって、その功徳を亡者に向けて仏道に入らせること。

【回光返照】〈えこうへんしょう〉(眼)(広) 本来は、太陽が沈むとき、空が反射して明るくなることであるが、転じて、外に向かう心を内へ向けて、本来の自分自身のありようを究明すること。(『広録』偈頌34、『普勧坐禅儀』)

【回光返照の退歩】〈えこうへんしょうのたいほ〉(広) 太陽が沈むとき、その光が空に反射して明るくなることをいう。転じて、光が物を映しだすように、外に向かう心を内なる心に向けて、自分本来の姿を明らかにすること。退歩も根本に戻ることで、返照と退歩は同義(『普勧坐禅儀』)。

【回互不回互】〈えごふえご〉(眼) 彼此の二物が互いに回入し交渉して無礙自在となることを回互といい、彼此おのおの独自の面目を任持するを不回互という。

【衣座室】〈えざしつ〉(眼)『法華経』法師品に出る如来の衣と座と室の意で、仏滅後の弘教者が規範とすべき三種の心得を示したもの、あるいは弘教の三軌ともいう。即ち如来の衣(毀誉迫害に堪え忍ぶ忍辱心)を著け、如来の座(執著を離れ諸法皆空と観ずる心)に坐し、如来の室(衆生の救済を念ずる慈悲心)を室として法を説くべきをいう(『眼蔵』空華巻、(岩)中・167)。

【壊色】〈えじき〉眼広 純色を壊した色の意で、青・黒・木蘭の三色をいう。これは色彩に対する執著を捨てるために仏の制定した染衣。

【衣珠（衣内の珠）】〈えじゅ〉眼 『法華経』五百弟子授記品（大9・163c）に出る譬喩で、煩悩妄想に蔽われて自ら自覚し得ない本具の仏性に喩える（『眼蔵』法華転法華巻、岩上・259）。

【依主隣近の論師】〈えしゅりんきんのろんじ〉眼 依主と隣近とは梵語の複合詞を釈すための六離合釈の中の二で、依主釈とは所依の体によって名を立つ、例えば眼による識を眼識というようなもの。隣近釈とは隣近する法の強きものによって名を立つ。ここでは文字語句を六合釈をもって文法的に解釈する教相学者、名相に拘泥する文字の学者をいう（『眼蔵』恁麼巻、岩上・427）。

【依正】〈えしょう〉眼広 依正二報、依報と正報のこと。⇩「依報正報」

【懐弉（奘）】〈えじょう〉眼広 孤雲懐弉（一一九八〜一二八〇）。道元の法嗣。八宗に精究、はじめ多武峰の覚晏に参じ、後に文暦元年（一二三四）冬、京都深草の道元のもとに参ずる。以後道元のもとをかたときも離れず行化を助け、道元滅後、永平二世となり、弘安三年（一二八〇）八月二十四日示寂、寿八十三。遺戒によって師道元の塔傍に葬られる。

【恵信比丘尼】〈えしんびくに〉広 伝不詳。道元の随身で大氏の夫人ともいう。道元に亡き父のための上堂を請う（『広録』上堂161）。

【依草家風附木心】〈えそうかふうふぼくしん〉広 依草附木と熟する語で、字義通りでは、いたずらに文字や言句に執著して、自由独脱の境地に到達できないことにも喩えるが、ここでは身心ともに仏祖道の規矩に依附し、そこに没自我を行持する雲水のありようをいう（『広録』上堂1）。

【依草附木の精霊】〈えそうふぼくのしょうれい〉眼 草に依り木に附して中有に迷える精霊ありという。転じて徒らに文字言句に依附して自己独自の識見なき徒輩をいう（『眼蔵』自証三昧巻、岩下・52）。

【慧忠国師】〈えちゅうこくし〉眼広 ⇩「南陽慧忠」

【恵（慧）超】〈えちょう〉広 慧超策真（生没年不詳）。唐代後期の人。洞山良价を接化し、法眼宗の祖法眼文益に嗣法す。法眼は弟子慧超の「仏とは何か」との問いに、仏の真義を尋問する慧超その人こそ、尽十方世界が仏仏絶対の現成であることを知りうるそのものなのだ、ということを「お前は慧超ではないか」という端的な表現をもって説示したのである。後に帰宗寺に住し、晩年は金陵の奉先寺に移り、ついで報恩の道場にとどまったとされる（『広録』頌古84）。『会要』二十七・帰宗慧超章を参照。

【会通】〈えつう〉(眼) 和会疏通の意。一見矛盾するような諸説を会合し、通釈すること。

【依通】〈えづう〉(眼) 薬力・呪術等に依憑して神通の作用を現すことをいう。

【越調】〈えっちょう〉(広) 音調の名。商声七調の一。七調は、音楽の七つの調子。宮・商・角・羽にそれぞれ七調がある。呉調・越調といった曲目の調子（『広録』偈頌95）。

【衣鉢侍者】〈えはつじしゃ〉(眼) 住持人の衣服・財物・鉢盂等を管理する侍者。

【依報正報】〈えほうしょうぼう〉(眼) 依報とは過去の業因に報いられた身体のよりどころとなる一切世間の事物国土をいう。正報は過去の行いによってうけた我が身体としての有情の身心をいう。有情所依の果報のことで、山河大地・衣服飲食等の全ての外物をいう。一切の存在。

【依模】〈えも〉(眼)(広) 手本にすること。ひきうつす。依りのっとること（『広録』上堂528）。

【依文解義】〈えもんげぎ〉(眼)(広) 文字言句の表面の意義に捉われて、その文字の表現せんとする真の精神を把捉できないこと。

【鴛鴦】〈えんおう〉(眼)(広) おしどり（『広録』上堂512）。

【円覚】〈えんがく〉(眼)(広)『円覚経』。荷沢宗の圭峰宗密が本経を無二の聖典とし、これによって教禅一致を説いた。道元は、禅者が楞厳・円覚を依用することを厳しく批難している。『宝慶記』によれば二経の真経なるを疑い、それを六師外道の説に等しいといっている。

【縁覚】〈えんがく〉(眼)(広) 独覚または因縁覚ともいう。縁覚の極果が辟支仏で、師によらず独自に悟りを開かんとする僧。声聞とともに自調独善のものとして大乗の菩薩と区別される。

【円覚楞厳】〈えんがくりょうごん〉(広) 報慈庵は『円覚経』と『首楞厳経』の二教によって大道を体解した。『円覚経』は文殊菩薩と普賢菩薩のために円覚の道理を説いたもの、

『首楞厳経』は摂心によって菩提心を了畢するという、禅法の根本義を説いた経典（『広録』偈頌33）。

【縁観】〈えんかん〉(眼) ⇩「梁山」

【塩官斉安】〈えんかんさいあん〉(眼)(広)（？～八四二）。馬祖道一の法嗣。南嶽下二世。海門郡の人、姓は李氏。馬祖に得法の後、杭州塩官鎮国海昌院に住し化を振るう。会昌二年（八四二）坐したまま示寂したという（『広録』上堂358）。悟空禅師と勅諡される（『伝灯』七・塩官斉安章、(大)51・254a）。

【縁起】〈えんぎ〉(眼) 因縁生起の義、全てのものの生滅変遷する内外一切の関係や条件をいう。あるいは機縁説起と解して衆生の機根に応じて法を説くことをもいう。

【塩貴米賤】〈えんきべいせん〉(広) 塩がたかく、米がやすいこと。そのようなことが極めて当り前で、それこそが日常の生活そのものである（『広録』上堂163）。

【偃谿】〈えんけい〉(広) 谷川の偃のせせらぎ（『広録』上堂132）。

【円欠】〈えんけつ〉(広) まるくなったり、かけたりすること（『広録』上堂521）。

【圜悟克勤】〈えんごこくごん〉(眼)(広)（一〇六三～一一三五）。五祖法演に得法する。臨済下第十世の法孫。彭州崇寧県（四川省成都市）の人、姓は駱氏。儒家であったが諸方参尋の後に五祖法演に投じて嗣法する。その後諸方に歴住し、雲居山真如院に住したのは南宋の建炎元年（一一二七）。南宋紹興五年（一一三五）示寂、寿七十三。仏鑑慧懃・仏眼清遠とともに五祖下の三仏と称された。宋の徽宗は仏果禅師、南宋の高宗は圜悟禅師の号を賜う。真覚禅師と諡す。『心要』四巻、『圜悟語録』二十巻がある。門下に大慧宗杲・虎丘紹隆等を出す。日本に伝来する臨済の諸派は虎丘の流に属するものが多い。雲竇重顕の頌古百則に圜悟が垂示・著語・評唱を加えたものは『碧巌録』として広く世に行なわれる（『会要』十六・克勤章、『普灯』十一・仏果克勤章）。

【燕坐】〈えんざ〉(眼)(広)「宴坐」に同じ。燕・宴ともに安の意味をもつ。身心寂静に坐禅すること。

【円寂】〈えんじゃく〉(眼)(広)「燕寂」とも。寂滅と同じく涅槃の訳語。僧の死去する意に用いる。

【延寿院】〈えんじゅいん〉(眼) 禅院における病人の療養室。延寿堂または涅槃堂ともいう。

【園頭（園主）】〈えんじゅう〉(眼) 菜園を耕作し随時に種栽して、蔬菜を大衆に供する役。

【演出】〈えんしゅつ〉(眼)(広) 演べ説いて世の中に出したこと。

【塩醬】〈えんしょう〉(広) 塩と味噌（『広録』自賛12）。

【円通】〈えんずう〉(眼)(広) 遍くゆきわたる。

【燕子深談実相……】〈えんすじんだんじっそう……〉(眼)(広) 燕子はつばめのこと。つばめも仏法の真実を説いている。『会要』二十三・玄沙師備章に見られるが、『眼蔵』諸法実相巻（(岩)中・245）には『会要』に見られない拈提がある（『広録』上堂458）。

【円席】〈えんせき〉(眼) 円満なる説法の会座の意。

【円相】〈えんそう〉(眼)(広) 円い形、禅僧は払子や杖で大地・空間にその円相を描くことによって、真如・法性・仏性など絶対の真理を表す。

【偃息】〈えんそく〉(眼)(広) 寝転んで休むこと。

【煙村三月】〈えんそんさんがつ〉(広) 霞の立ちこめる村の三月、雨が降っていること。『黄龍慧南語録』（(大)47・633c）に出る（『広録』上堂232）。

【円陀陀地】〈えんだだち〉(眼)(広) 陀陀地は龍や蛇が地面をはってゆくさま。円くて美しいこと珠のごとくなる意味。地は助字。

【円智上人】〈えんちしょうにん〉(広)（生没年不詳）。遠江巌室寺の住持で、道元に参ず（『広録』法語2）。

【円智大安】〈えんちだいあん〉(眼)(広) 大安頼安（七九三～八八三）。南嶽下。百丈懐海の法嗣。福州の人、姓は陳氏。はじめ黄檗山において出家して律を学び、のち百丈に参じ、同参の潙山霊祐の化道を助け、その寂後潙山の法席を嗣ぎ第二世となる、故に後に大潙和尚という。後に長慶禅院に住し長慶大安ともいう。唐中和三年（八八三）示寂、寿九十一。諡号を円智禅師という。『眼蔵』行持上巻（(岩)中・35）、家常巻（(岩)中・374）、『伝灯』九・福州大安章（(大)51・267b）を参照。

【掩泥の毫髪】〈えんでいのごうはつ〉(眼) 釈尊が前世の修行時代に燃灯仏に値い奉ったとき、自らの髪を切って泥の上に布き、仏がその上を過ぎ給わんことを願ったという故事（『眼蔵』谿声山色巻、(岩)上・135）。

【簷頭】〈えんとう〉(眼)(広) 簷頭とも。軒先か。

【円同太虚無欠無余】〈えんどうたいきょむけつむよ〉(広) 円は虚

空と同じで欠けることも余ることもなく完全に円満なこと（『広録』上堂470）。

【円ならんと欲すれば】〈えんならんとほっすれば〉㊛ 思量して理にかなうようにする（『広録』偈頌82）。

【縁に随って放曠す】〈えんにしたがってほうこうす〉㊛ 縁によって勝手気ままにふるまう（『広録』上堂472）。

【閻浮】〈えんぶ〉㊟㊛ 梵語 jambu 人間界。この世。南閻浮提。

【閻浮提】〈えんぶだい〉㊟ 梵語 Jambu-dvīpa（閻浮提鞞波・瞻部提）。穢洲・好食土等と訳す。須弥四洲の一。須弥山の南方に位する世界で、本来はインドを指したが、後には広く吾等の住する世界をいう。

【閻浮檀（閻浮檀金）】〈えんぶだん〉㊟ 梵語 jambu-nada（閻浮那檀・瞻部捺陀）。閻浮は木の名。那檀は江または海の意で、閻浮樹間を流れる所に生ずる沙金を閻浮檀金という。

【琰魔王】〈えんまおう〉㊟ 梵語 Yama（夜摩・閻魔）。双世・遮止・可怖衆等と訳す。死後の幽冥界を支配する王。

【艶陽】〈えんよう〉㊛ 晩春の時節（『広録』頌古72）。

【閻羅王】〈えんらおう〉㊟「琰魔王」に同じ。⇩「琰魔王」

【閻老】〈えんろう〉㊟㊛ 閻魔老子の略。⇩「琰魔王」

【閻老業鬼】〈えんろうごうき〉㊛ 衆生の持つ業を責め、とがめる閻魔大王や鬼。

【園驢八百馬三千】〈えんろはっぴゃくばさんぜん〉㊛ 園とは安居のこと。驢と馬は大衆のこと（『広録』上堂514）。

お

【応菴（庵）曇華】〈おうあんどんげ〉㊟（一一〇三～一一六三）。虎丘紹隆の法嗣。蘄州の人、姓は江氏。その師虎丘と同門の大慧宗杲と並び、大いに禅風を振るう。宋隆興元年（一一六三）示寂。語録十巻がある（『普灯』十九・応庵曇華章）。

【王員外】〈おういんがい〉㊛ 王は氏名、員外は官名で定員外の官、員外郎の略。六朝にこれを置いたが、後世には常職とし、みな正官となって郎中の下、主事の上に置いた。『広録』偈頌16の王官人、『広録』偈頌24の王観察と同一人物か（『広録』偈頌1）。

【黄鶯】〈おうおう〉㊛ うぐいす（『広録』上堂317、484）。

【懊懊】〈おうおう〉㊜ うれいもだえること（『広録』上堂146）。

【殃過】〈おうか〉㊍㊜ わざわい。災難。

【殃過、児孫に及ぶ】〈おうか、じそんにおよぶ〉㊜ わざわいが子孫にまで及ぶことであるが、転じて祖師禅の自在無礙な働きがどこまでも及ぶことをいう（『広録』小参7）。

【王観察】〈おうかんさつ〉㊜ 王は人名、観察は観察使で諸州を巡視して政治の具体的な良否をしらべる官（『広録』偈頌24）。

【黄巻朱軸】〈おうかんしゅじく〉㊍㊜ 黄紙に書かれた赤色軸の巻物。仏典をいう。

【王官人】〈おうかんじん〉㊜ 不詳（『広録』偈頌16、46）。

【応供】〈おうぐ〉㊍㊜ 如来の十号の一。応受供養の意で、他より供養を受ける資格ある智徳円満の聖者の意。また、阿羅漢をこのようにいう。

【殃掘摩羅】〈おうくつまら〉㊜ 梵語 Aṅgulimāla 指鬘外道とも意訳される。九十九人もの人を殺すが、釈尊によって救済され、仏弟子となる（『広録』上堂381）。

【応化】〈おうけ〉㊍㊜ 仏が衆生済度するのにもっとも適した姿となって導びくこと。

【誑語】〈おうご〉㊍㊜ でたらめな作りごと。

【横合竪升】〈おうごうじゅしょう〉㊜ 横にも竪にも差別なく通じている。例えば時間と空間（『広録』上堂527）。

【王好溥】〈おうこうふ〉㊜（生没年不詳）。王は姓、好溥は名『広録』偈頌41）。『広録』偈頌1の王員外と同一人か。ちなみに、道元の偈頌に出る王姓は、1、16、24、35、41、46に出て、その内官吏は、16、46、溥の名がみられるのは8、19、41である。

【王三昧】〈おうざんまい〉㊍ 三昧王三昧の略語。諸三昧中の王という意。正伝の仏法の唱道する禅門本来の坐禅をいう。『眼蔵』王三昧巻を参照。

【黄紙朱軸】〈おうしじゅじく〉㊍ 黄巻朱軸ともいう。経巻のこと。仏教の経典は黄色の紙に書き、赤色の軸を用いて巻物にしたことによる。⇩「黄巻朱軸」

【往昔造作功徳利……】〈おうじゃくぞうさくどくり……〉㊜ 私が昔なした功徳によって、の意。『仏本行集経』三十（㊅3・796b）に出る（『広録』上堂360）。

【王舎城】〈おうしゃじょう〉㊍㊜ 梵語 Rājagṛha（羅閲城、羅越祇城）。仏陀の伝道の中心地で、中インド、摩掲陀国の首都。現今のRajgirはその旧址という。

【王舎城迦蘭陀竹園に在して……】〈おうしゃじょうからんだちくおんにましまして……〉(広) 以下は、『賢愚経』四（(大)4・376c−377b）からの引用。世尊が王舎城の竹林精舎におられたときのこと……（『広録』上堂381）。

【王侍郎】〈おうじろう〉(広) 不詳。侍郎は中書令につぐ位。今日の各省の次官にあたる（『広録』偈頌35）。『広録』偈頌1の王員外、偈頌24の王観察とは別人か。

【応真不借】〈おうしんふじゃく〉(広) 真実の働きに応ずれば俗の働きを必要としないこと。

【横説竪説】〈おうせつじゅせつ〉(眼)(広) 縦横自在に弁舌を振るって法を説くこと。転じて多くの言を費やす意（『眼蔵』仏向上事巻、(岩)上・420、『広録』上堂211、228、498）。

【応世同塵】〈おうせどうじん〉(広) 在世に聖賢が自分の徳を隠し、身を俗に転じて衆生教化すること（『広録』偈頌7）。

【鶯啼処処同】〈おうていしょしょどう〉(広) 鶯はあらゆるところでさえずるが、みな同じく鶯の声であるように、古仏心も同様である（『広録』上堂57）。

【横拈倒用】〈おうねんとうゆう〉(広) 横にとったり、さかさにして使うこと（『広録』上堂271）。

【黄梅・黄檗、拄杖を拗折し……】〈おうばい・おうばく、しゅじょうをようせつし……〉(広) 黄梅は五祖。それ故にこそ、黄梅・黄檗は、その道理を杖をねじおる（拗折）という行為で示した。また雲巌・雲居は坐蒲を用いて示した（『広録』上堂497）。

【黄梅山】〈おうばいさん〉(眼)(広) 湖北省黄梅県にある山。四祖道信や五祖弘忍の東山法門の根拠地。弘忍はここに東禅寺を建てて、四方を接化した。故に五祖について語るとき、多くこの名を用いる。

【黄梅三更の伝衣】〈おうばいさんこうのでんえ〉(広) 黄梅は五祖弘忍のこと。ある夜、五祖弘忍が米つき場で、六祖慧能が米をついているのを見て、五祖は拄杖で石臼を三度打った。後世、これを慧能を印可したとも、三更に弘忍の部屋に来いとの合図ともいう（『広録』法語11）。

【黄梅の打三杖】〈おうばいのたさんじょう〉(眼) 碓房での五祖弘忍と六祖慧能の証契の因縁（『眼蔵』仏経巻、(岩)中・255）。行者として慧能が碓房にあったとき、弘忍が、夜半これを訪ねて、杖をもって碓を三打して印可付法したともいう。『眼蔵』恁麼巻（岩上・430）を参照。

【黄梅夜半の伝衣】〈おうばいやはんのでんえ〉眼 六祖慧能の未だ行者として碓堂にあったとき、五祖弘忍が、壁書の偈を見てこれを器とし、神秀等七百の衆僧に知らせることなく、夜半衣法を慧能行者に付して六代の祖位に列せしめたことをいう（『眼蔵』袈裟功徳巻、岩上・167）。『眼蔵』恁麼巻（岩上・431）、行持上巻（岩中・20）を参照。

【黄梅路上児】〈おうばいろじょうに〉広 黄梅県路上で、四祖道信が出会った骨相奇秀な童。後の五祖弘忍のこと（『広録』上堂55）。『会要』二十八・円通法秀章、また『伝灯』三・道信大師章（大51・222b）に出る。

【黄檗、嘗て百丈に問う、従上の宗乗……】〈おうばく、かつてひゃくじょうにとう、じゅうじょうのしゅうじょう……〉広 百丈懐海が弟子の黄檗希運に仏法の伝授は言葉をもっては示しえないことを拋坐・帰方丈という実践的行動をもって示したこと（『広録』頌古44）。『広録』上堂131、423、『会要』七・黄檗希運章を参照。

【黄檗希運】〈おうばくきうん〉眼広（?～八五〇）。南嶽下四世、閩（福州）の人。洪州黄檗山に入って出家し、百丈懐海に参じて得法し黄檗山に開法す。のち俗弟子裴休の建てた鐘陵の龍興寺および宛陵の開元寺に住して禅風を挙揚す。唐大中四年（八五〇）ごろ黄檗山において没したとされる。断際禅師と勅諡され、門下に中国臨済宗の始祖臨済義玄を出す。『伝灯』十二・裴休章（大51・293a）に出る。その著『伝心法要』はよく禅の心要を得たものとして喧伝される（『伝灯』九・黄檗希運章、大51・266a）。

【黄檗三頓】〈おうばくさんとん〉広 黄檗は黄檗希運、三頓は師家の学人接化の棒を振るう手段。一頓は二十棒をいうが、禅家では必ずしも数にこだわらない。黄檗六十棒とも（『広録』法語11）。

【黄檗、衆に示して云く、汝等諸人……】〈おうばく、しゅにしめしていわく、なんじらしょにん……〉広「大唐国、広といえども一人の禅師もいない。たとえ僧堂で禅を語り、悟りを説いても正師家ではなく、いたずらに釈尊や達磨の嘔吐を嘗めているばかりの酔漢に過ぎない。そんなところに行脚してもなんにもならない。これより自己本来の心因を発開せよ」という黄檗の大器量を示した機略。『宏智録』二（(大)48・23b）に出る（『広録』上堂125）。

【黄檗禅師吐舌】〈おうばくぜんじとぜつ〉(広) 百丈懐海が馬祖道一の一喝によって三日耳聾し大悟した因縁を聞いて、黄檗希運が吐舌嘆息した機用（『広録』上堂223）。

【黄檗の行棒、臨済の挙喝】〈おうばくのぎょうぼう、りんざいのこかつ〉(眼) 黄檗希運・臨済義玄の諸師は学人の接化の手段峻烈にして、あるいは警策にて打し、あるいは大喝一声して答話とする等の風のあることをいう（『眼蔵』山水経巻、(岩)上・220）。

【黄檗の六十拄杖】〈おうばくのろくじゅうしゅじょう〉(眼) 臨済義玄が黄檗希運の会下にあった時、睦州の指示によって、仏法の大意を三度参問して三度打著されたことをいう（『眼蔵』仏経巻、(岩)中・255）。『眼蔵』行持上巻（(岩)中・34）を参照。

【黄檗老婆六十棒】〈おうばくろうばろくじゅうぼう〉(広) 黄檗行棒・臨済打爺拳とも。黄檗希運が臨済義玄に六十棒を与えて接化したことをいう。六十棒は禅家においては最も親切な接化の手段とされる（『広録』上堂58）。『眼蔵』行持上巻（(岩)中・34）を参照。

【黄面皮】〈おうめんぴ〉(広) 黄色い顔、釈尊のこと。釈尊は迦毘羅衛城（Kapilaは黄色の意）で生まれたので、黄面の瞿曇ともいう（『広録』上堂88）。

【黄面明星を見ん】〈おうめんみょうじょうをみん〉(広) 黄面は釈尊。釈尊の誕生地は迦毘羅衛城とされるが、この迦毘羅衛は黄色の意味をもち、この地は昔、迦毘羅衛仙・黄頭仙人の住居であったことによる。釈尊が明星を見て大悟したのは大変ご苦労なことだが、人はそれぞれに本来安寧な心地に徹せよ（『広録』偈頌23）。

【応物現形】〈おうもつげんぎょう〉(眼)(広) 仏の真法身はあらゆるところに形を変えて現われる。

【応用】〈おうよう〉(広) 現実における対応、全ての行動。

【枉用】〈おうよう〉(広) むなしく用いる。

【黄龍慧南】〈おうりょうえなん〉(眼)(広)（一〇〇二～一〇六九）。黄龍はおうりゅうとも読む。慈明楚円の法嗣。姓は章氏。得法の後に黄龍に住し、その接化の方途は黄龍の三関の名をもって聞こえる。宋熙寧二年（一〇六九）示寂、寿六十八、普覚大師と諡す。語録一巻がある。黄龍派の祖。『黄龍慧南語録』（(大)47・636a）、『黄龍慧南語録続補』（(大)47・639a）、

『続灯』七、『会要』十三・黄龍慧南章に出る。

【黄龍和尚】〈おうりょうおしょう〉㊄ ⇩「黄龍慧南」

【黄龍下】〈おうりょうか〉㊄ 石霜楚円の法嗣である黄龍慧南を祖とする派で、文人・士大夫と交わり、大蔵経開板に関わるなど、文化的活動を盛んにして、その宗風は湖南・湖北・江西を中心に広まっていた（『広録』小参8、11）。

【黄龍死心】〈おうりょうししん〉㊞㊄ 死心悟新（一〇四三〜一一一四）。晦堂祖心の嗣法。韶州の人、姓は黄氏。諱は悟新という。死心叟と号したことから、後に敬称して死心禅師という。語録一巻がある。宋政和五年（一一一五?）示寂、寿七十二（『普灯』六・死心悟新章）。

【黄龍宗】〈おうりょうしゅう〉㊞ 黄龍慧南を祖とする一派の禅風をいう。中国禅宗七宗の一。

【黄龍普覚】〈おうりょうふかく〉㊄ ⇩「黄龍慧南」

【黄連】〈おうれん〉㊄ キンポウゲ科の多年草。根からエキスをとり、健胃剤とする（『広録』上堂242）。

【王老師】〈おうろうし〉㊄ 俗姓が王であった南泉普願は、自らを称して王老師とした（『広録』上堂370、頌古26、63）。

【王老師売身】〈おうろうしばいしん〉㊄ 王老師（南泉普願）が示衆して、「私の身を売りたいが誰か買うものはいるか」というと、ある僧が「私が買います」といった。そこで南泉は「この身は高低の価をつけられぬものだが、どのような価で買うのか」といった。身は自己の本来的な真の姿をさし、売買は法の伝授を示したもの（『広録』上堂422、529）。『伝灯』八・南泉普願章（㊅51・258a）に王老師売身の故事がある。

【憶想】〈おくそう〉㊞㊄ おもう、おもいやる。

【和尚に言有り、尽十方世界、是、一箇明珠……】〈おしょうにげんあり、じんじっぽうせかい、これ、いっかみょうじゅ……〉㊄ この全ての世界が円満無欠であることは、あたかも一箇の明珠のごとくである。以下の語話は『眼蔵』一顆明珠巻（㊉上・90）にも『伝灯』十八（㊅51・346c）と同文がある（『広録』上堂107、頌古41）。

【汚染即不得】〈おぜんそくふとく〉㊄ 汚染は汚穢染著。白いものが色に染まること、本来きれいなものが汚れることの意味から転じて、①清浄な仏性が煩悩に汚される、②相対的な分別智である文字のみにとらわれて絶対的な本来の面目を見失うことの意に転じた。「さとり」を待つような修行は染汚されたものであるから、真実の修行はさとりを待ってはならないことを示している（『広録』上堂374、426、490、小参13、17）。

【尫（賚）ちて】〈おちて〉広 おちる（『広録』偈頌1）。

【越毘尼罪】〈おつびにざい〉眼 毘尼とは戒律。仏の制定した戒律に違越する罪。

【尾巴】〈おは〉広 しっぽ。

【陰界】〈おんかい〉眼 五陰と十八界の略称。⇩「五蘊」「十八界」

【蘊界】〈おんかい〉眼広「陰界」に同じ。玄奘以後の新訳では陰を蘊とする。五蘊（色・受・想・行・識）と十八界（六根・六境・六識）のことで、認識の主体と対象のこと。⇩「五蘊」「十八界」

【怨家笑点頭】〈おんけしょうてんとう〉眼 怨讐の者も、敵意ある者も笑って首肯するとは、仁者に敵なく怨親平等の意。

【飲光】〈おんこう〉眼広 摩訶迦葉のこと。釈尊十大弟子の一人で、頭陀第一とされた。⇩「摩訶迦葉」

【飲食】〈おんじき〉眼広 飲飡とも。食事のこと。

【温至得髄す少室の中】〈おんしとくずいすしょうしつのうち〉広 春の暖気が至る。春の気が至って、草木がみな潤うように、枯渇した衆生がみなことごとく潤うこと（『広録』頌古44）。少室は達磨大師の「面壁九年」で知られる少室山。そこで慧可が達磨の坐禅を受け嗣いだことをいう。

【陰聚】〈おんじゅ〉広 色・受・想・行・識の五蘊の集まり。

【冤讎（讐）】〈おんしゅう〉広 あだ。仇敵。

【飲水の鵞（鵝）】〈おんすいのが〉広 鵞鳥はたとえ乳と水が混ざり合っていても、乳だけを飲み分け水を残すという故事にちなみ、真偽正邪善悪を識別することに喩える。また、覚者は汚濁の俗世に住んでいても染汚されないことにも喩える（『広録』上堂183、小参12）。

【恩田】〈おんでん〉眼 報恩田または報恩福田ともいう。父母・師長のこと。養育・教誨の恩ある父母・師長に奉仕してその恩義を報ずれば、自己の幸福を将来するが故に恩田という。三田または四田の一。

【恩臨】〈おんりん〉広 恩恵。

か

【呵】〈か〉眼広 叱責する。

【欬一欬】〈がいいちがい〉広 咳ばらいを一つすること（『広録』上堂154）。

【海印三昧】〈かいいんざんまい〉眼 大海の風波、静かで水の清澄なときは、天地の万象ことごとくが海面に映し出されるように、仏陀正覚の心中には煩悩の風波はなく、湛然寂静で三世の諸法みなことごとく出現するために、釈尊成正覚の所依の禅定を海印三昧という『眼蔵』海印三昧巻を参照。

【廨院主】〈かいいんじゅ〉眼 廨院の主の意。廨院とは寺務及び公事を司る所、あるいはまた寺門への寄附物を扱い、遠来の施主を接待するなどの役割を担う所をいう。

【海会守端】〈かいえしゅたん〉眼広（一〇二五～一〇七二）。白雲守端ともいう。楊岐方会の法嗣。衡州の人、姓は葛氏。龍門・興化・海会等の諸山に歴住す。宋熙寧五年（一〇七二）示寂、寿四十八、広録四巻あり（『続灯』十四・海会守端章、『会要』十五・白雲守端章、『普灯』四・白雲守端章）。

【開演】〈かいえん〉眼広 開示演説の略で、正法を説示すること。

【階級に落ちざる】〈かいきゅうにおちざる〉広 青原と六祖の修証についての、古来より聖諦不為の則とも称される有名な公案（『広録』頌古19）。修道の段階（階級）の超越、無階級の自由を獲得するのが仏法である。元来、大乗には五十二位の修行の階級があり、そこには聖諦もあったが、そこを越えた絶対には聖諦も俗諦も五十二位も立たないと、その分別判断を止揚した絶対の行を示したものとされる。『伝灯』五・青原行思章（大51・240a）に出る。

【開口】〈かいく〉眼広 法を説くこと。

【開口長舌】〈かいくちょうぜつ〉広 説法すること（『広録』上堂211）。

【解夏】〈かいげ〉眼広 夏安居九十日間の禁足を解くこと。陰暦七月十五日。⇩「安居」

【海月】〈かいげつ〉広 ①海上の空に澄んだ月、海に浮かんだ月の影。②貝の名前、たいらぎ。③くらげ。の意味があるが、この場合は、鰕鰒と同義の海面に浮遊するくらげ、即ちなす術もなく迷いの海に漂うもの、確固たる信念のない者の意である（『広録』上堂322）。

【開眼】〈かいげん〉㊞㊄ 真実をみる眼を開くこと。

【海枯】〈かいこ〉㊞㊄ 海の水が枯れて無くなり、底が見えることから、転じて、大悟徹底することを示す。道元の拈提語に「すでに遍参究尽なるには、脱落遍参なり、海枯不見底なり、人死不留心なり。海枯といふは、全海全枯なり。しかあれども、海もし枯竭しぬれば不見底なり。不留・全留、ともに人心なり。人死のとき心不留なり。死を拈来せるがゆえに心不留なり。このゆえに全人は心なり、全心は人なりとしりぬべし」（『眼蔵』遍参巻、㊤中・361）という語句があり、そこから「全海全枯」という言葉が生じた。つまり、大海の全体が全枯であるときは海の底も全枯であって底を見ることもない、全体脱落したことをいう。また、道元は、清涼寺の方丈にて先師古仏が高声に示衆したとして「海枯徹底、波浪拍天高」（『眼蔵』眼睛巻、㊤中・367）という語句を拈提した。

【開五葉】〈かいごよう〉㊞㊄ 仏法が達磨より五代にわたって花開く、また禅宗五家七宗に花開くとの二つの意味があるが、道元は歴代の仏祖が皆、開五葉であるという（『眼蔵』梅華巻、㊤中・322）。

【開示】〈かいじ〉㊞㊄ 仏の真実の道理を示すこと。

【獃子】〈がいし〉㊞ 獃はおろかの意。愚人をいう。

【海沙をかぞう】〈かいしゃをかぞう〉㊞ ⇩「算砂」

【回首】〈かいしゅ〉㊞㊄ 振り返る。首をひねる。うなずく。

【海衆】〈かいしゅ〉㊞㊄ 大衆のこと。一山の修行者全体を指していう。

【開静】〈かいじょう〉㊞ 開は開放、静は坐禅のこと。坐禅を止めて坐を離れるとき、版または鐘を鳴らしてこれを報らせることをいう。

【戒定慧】〈かいじょうえ〉㊞㊄ 戒定慧は三学とも。戒・定・慧の三者は密接不可分の関係にあり、三者が融合し理想的な心作用をなすことによって完全なる人格が得られるとする。禅宗における仏道修行の根本にも三学一等がある。

【戒定慧解脱解脱知見】〈かいじょうえげだつげだつちけん〉㊄ 五

分法身といい、ここでは脱落の当体を示す（『広録』上堂296、458）。

【海上単方】〈かいじょうのたんほう〉(広) 海上は不老不死の薬があるという神仙の島で、単方はその島に伝えられた単伝の方術（『広録』法語10）。

【海上蟠桃】〈かいじょうはんとう〉(広) 東海上の仙人の住む庭にある三千年に一度開花し結実するという桃の木（『広録』上堂253）。

【海神知貴】〈かいじんちき〉(広)『高希上人酬盧同詩』による（『広録』上堂105）。『碧巌録』六則に「海神知貴不知価」（(大)48・145c）と出る。海神は、海に存在するもの全てを知ってはいるが、その価値を知らない、転じて、自分の中に仏性を持っているのに、その価値を分かっていない、ということ。宝の持ち腐れが原意だが、この場合は、『如浄語録』が本当に貴いことを知って、の意。

【芥子納須弥】〈かいすのうしゅみ〉(広) 芥子は微小、須弥は古代インドの説では宇宙の中で最も高い山を言うが、この場合は極大の意。大とか小とかの二見対待の世界を超えた融通無礙の世界で、言葉などでは表現しえないところでもある（『広録』上堂56）。

【開先】〈かいせん〉(広) 善暹道者（生没年不詳）。雲門宗の徳山慧遠の法嗣。廬山（江西省）の開先寺に住し、機鋒俊敏であったので海上横行道者といわれた（『広録』小参10）。

【階前】〈かいぜん〉(眼)(広) 法堂（本堂）の中の須弥壇の階段の前。

【駭然】〈がいぜん〉(広) おどろくさま。愕然。

【海蔵】〈かいぞう〉(広) 百丈懐海と西堂智蔵のこと。

【蓋代】〈がいだい〉(眼)(広) 世にならびなく、すぐれること。

【開単展鉢】〈かいたんてんぱつ〉(広) 僧堂の坐位における食事の行儀。食事をするとき、渋柿の汁あるいは漆を厚紙に塗ったもの（鉢単）を開きひろげ、その上に食事の道具である応量器を展べおくこと。すなわち食事をするという行為（『広録』上堂233、414）。

【開池不待月……】〈かいちふたいげつ……〉(広) 池を作りその水面に月が映えるのを待たなくても、池が出来れば自ずと映える、とは菩提心を起こし弁道すれば悟証は期せずとも自ずと至るものだの意（『広録』上堂186）。『宏智録』四・上堂語を参照。

【乖張】〈かいちょう〉㊄ 考え違えること。

【海底蝦蟆】〈かいていのがま〉㊄ 井底蝦蟆とも。井の中の蛙。狭い世界で単に跳びはねていることから、思慮分別のみに渉っている修行者の貶称。

【蓋天蓋地】〈がいてんがいち〉㊪㊄ 全世界全て。

【廻途】〈かいと〉㊪㊄ 帰途。向上を極めた後の向下の修行。

【回頭】〈かいとう〉㊪㊄ 廻頭とも。ふりかえる、転換。かえりみてよく考えること。

【開堂】〈かいどう〉㊄ 祝国開堂の略。住職となったものが初めて行う儀式のこと（『広録』上堂191）。

【回頭換面】〈かいとうかんめん〉㊪ 頭を回らせば直に面目を換える意。応変自在の臨機の活用をいい、あるいは幾度換えても同一の面目であり毫も変化のないという意にも用いる。

【回頭退歩】〈かいとうたいほ〉㊄ 一心に修行すること（『広録』法語14）。

【憒鬧】〈かいにょう〉㊪㊄ 乱れた騒がしい生活。

【界畔】〈かいはん〉㊪㊄ 境界。

【開被眠】〈かいひみん〉㊄ 夜具の支度をして眠ること（『広録』上堂259）。

【海兄】〈かいひん〉㊄ この場合は、懐海のことだが（『広録』頌古10、20、78）、百丈懐海を海兄とする説も、道元の弟子である僧海首座との説もある。海兄は、出家沙門の人々を海衆と称するが、それからの派生語か。海衆とは、一会の衆僧は大海のごとく、諸川は流れて一処に帰し、本の名はすでに滅して大海の名のみあるところからそのように称する。

【凱風薫風】〈がいふうくんぷう〉㊄ 凱風は南からの風。薫風は夏の風（『広録』小参19）。

【快便（鞭）難逢】〈かいべんなんぽう〉㊪ 古語に「下坡に走らざれば快鞭難逢」とある。快便は早い船便のこと。また好い便宜の意。このような絶好の機会にはなかなか逢いえないという意味から転じて、相対を超越して個々が独立している意に用いている（『眼蔵』仏性巻、㊓上・316）。

【開炉】〈かいろ〉㊄ 防寒のために僧堂内に炉を開くこと。古来陰暦十月一日を開炉の日としている。現今は十一月一日に行われる（『広録』上堂14、109、199、288、353、396、462、528）。

【海老】〈かいろう〉㊜ えび。
【嘉運】〈かうん〉㊜ 良運。よいめぐりあわせ。
【華依愛惜】〈かえあいじゃく〉㊜ 花は惜しまれながら散り、草は嫌われながらもはえる。それはいずれも人間の感情的なとらわれを絶している（『広録』上堂51）。『眼蔵』現成公案巻（㊱上・83）に「華は愛惜にちり、草は棄嫌におふるのみなり」とある。
【火焔裏】〈かえんり〉㊟㊜ 諸仏の説法道場の象徴としていう言葉。『圜悟語録』十九（㊅47・802b）、『眼蔵』行仏威儀巻（㊱上・356-359）に、この語話を引き提唱がある。
【瓦解氷消】〈がかいひょうしょう〉㊜ あらゆるものが瓦解し、氷のとけるようになくなること（『広録』上堂153）。
【餓鬼】〈がき〉㊟ 元々の意味は亡者のこと。六道の一で、常に飢渇の苦悩を受ける一種の鬼。
【家郷】〈かきょう〉㊟㊜ 本来無一物である境地。
【限り無き平人、陸沈を被る】〈かぎりなきへいじん、りくちんをこうむる〉㊜ 平人は平凡なる人。陸沈は俗世間で表面は俗人と変わらない生活をしている隠者をいう場合と、甚だしく世の乱れほころびることをいうときがあるが、この場合は、黄金国すなわち叢林において仏法にひたりきることの喩えで、そこでは誰しもが無限と見える地平のかなたに行く旅人が突然ふっとみえなくなるように、叢林という仏法の充満する世界に自己を埋没しうることをいう（『広録』上堂1）。
【格外】〈かくがい〉㊟㊜ かくげとも読む。格は格式の意。一定の規矩縄墨に拘束されない自由の境界をいう。
【隔礙】〈かくげ〉㊜ 遠くへだたること（『広録』上堂243）。
【確爾】〈かくじ〉㊟ 霍爾または確爾とも。確乎という意。
【画遮般虎成毢貍】〈かくしゃはんこじょういんもり〉㊜ 虎を描いても稚拙で野狸になってしまう（『広録』上堂166）。
【客司】〈かくす〉㊜ 客を接待する室。知客寮。
【窠窟】〈かくつ〉㊟㊜ 窠は鳥の巣。窟は獣の穴。迷妄邪見のこと。
【学道】〈がくどう〉㊟㊜ 学仏道。仏道を参学すること。
【覚道成】〈かくどうじょう〉㊜ 悟道したこと（『広録』上堂366、475）。
【学道、火を鑽るが如し……】〈がくどう、ひをきるがごとし……〉㊜ 木と木をすり合せて煙が出てきたからといって、そこで手を休めてしまえば火を採ることができない。参学時における懈怠のいましめ（『広録』上堂355）。以下の語話は『禅門諸祖偈頌』一・龍牙章に出る。

【学道用心集】〈がくどうようじんしゅう〉道元著、一巻。詳しくは『永平初祖学道用心集』という。参学初心者に対して学道修行の標準十箇条を説いた書。

【鑊湯炉炭裏】〈かくとうろたんのうち〉(広) 鑊湯は物を煮る三足両耳の大鼎の湯、煮えたぎる湯。炉炭は燃えさかる炉の中の炭。灼熱地獄や極熱地獄をいう。裏は、中・場所のこと。転じて、罪人を煮殺すための釜の湯と、焼き殺すための炉の炭。つまり、地獄の苦しみの形容（『広録』頌古56）。

【学人】〈がくにん〉(眼)(広) 仏道を参学修行する人。学者。

【廓然無聖】〈かくねんむしょう〉(眼)(広) 達磨が梁の武帝の質問に答えた言葉で、心がひらけて何の執著もない大悟の境涯から見れば、凡聖の相対区別は無く厳然たる事実のみがあることを示した言葉（『眼蔵』行持下巻、(岩)中・41、43、『広録』上堂304、偈頌26）。

【角唄】〈かくばい〉(眼) 楽器の一。牛角を匏って作り、喇叭の形をしたもの。

【学仏法漢】〈がくぶっぽうのかん〉(広) 仏法を学ぶもの。

【学歩……邯鄲】〈がくほ……かんたん〉(広) 「邯鄲之歩」「邯鄲学歩」ともいい『荘子』秋水篇に基づく話で、「邯鄲の歩」というのは、燕の国（田舎）から出てきた少年が、邯鄲（都）の人々の歩き方をまねてみたが、どうもしっくりとなじまない。そのうちに自分の歩き方さえ忘れてしまったという故事にちなむ。いたずらに自分自身の本分を捨てて他の行為を倣うのはその両方を失うという喩え。また、「邯鄲学歩」というのも、人真似をして事を行い、その本分を失うことをいう喩えでもある。道元が如浄のもとで仏道を学び、自己の仏道を忘れ師と一体となったことをいう（『広録』上堂184）。

【角立】〈かくりゅう〉(眼) 頭角を顕わす意。

【格量】〈かくりょう〉(眼) 一定の格式や方軌を立てて、ものごとを考えること。

【鶴林】〈かくりん〉(広) 仏が涅槃された地。仏が入滅されたとき、沙羅双樹までが悲しみのあまり鶴のように真白となった（『広録』上堂486、法語2）。

【覚路】〈かくろ〉(広) 悟の路。

【鶴勒那】〈かくろくな〉(眼) 梵語 Haklenayashas（鶴勒夜那）。インドにおける禅宗の伝灯において第二十三祖。婆羅門族の出。第二十二祖摩拏羅尊者に得法ののち、中インドに行化するという。

【鵞湖】〈がこ〉(広) 鵞湖大義（七四五〜八一九）。馬祖道一の法嗣。衢州須江の人、姓は徐氏。元和元年（八一九）示寂。世寿七十四（『広録』上堂454、511）。

【過去荘厳劫】〈かこしょうごんごう〉(眼) 現在世を賢劫といい、これに対して過去世を荘厳劫という。この劫には華光仏より毘舎浮仏に至る千仏が出世したという。

【過去正法明如来】〈かこしょうぼうみょうにょらい〉(眼) 観世音菩薩のこと。過去世に正覚を成じおわっている故に如来と称す。

【鵝湖智孚】〈がこちふ〉(眼)（姓氏寂年不詳）。雪峰義存の法嗣。鵝湖に止まって大いに化を振るう。『渉典続貂』に「或為大義者也」というが、鵝湖大義（七四五〜八一九）（馬祖の法嗣）とは別人である（『伝灯』十八・鵝湖智孚章、(大)51・350b）。

【家山に帰り到って便即ち休す】〈かざんにかえりいたってすなわちきゅうす〉(広) 自己の本来的な真の姿のあるところに帰って初めて安息する（『広録』上堂459）。⇩「帰家」

【禾山打鼓】〈かざんのたく〉(広) 禾山は禾山無殷（八八四〜九六〇）。九峰道虔の法嗣。僧たちの仏法に関する質問に対して、禾山は「禾山解打鼓」と同一に答えたという。つまり、禾山はあらゆる事実は全て一真実のみであることを、終始一貫して「太鼓を打つことができる」ということでのみ示した（『広録』法語5）。

【家児の得るところ実に金銭……】〈かじのうるところじつにきんせん……〉(広) 薬山門下の得るもの、それは止啼銭（方便説法）として限りなく真実である。この章句は、舎衛城の長者の家に、手に金銭を握って生まれた子がいて、その子から金銭を取り上げるとさらに金銭が出たという説話に基づく（『広録』小参15）。

【掛錫】〈かしゃく〉(眼)「掛搭」に同じ。⇩「掛搭」

【可惜許】〈かしゃくこ〉(眼)(広) 惜しむべき哉の意。可惜乎とも書く。

【可惜許心】〈かしゃくこしん〉(広) 可・許ともに助辞。本来の残念だの意が転じて大事にすることの意（『広録』上堂56）。

【河宿】〈かしゅく〉広 河はもとのままにそこに宿まっている。天の川。

【我所】〈がしょ〉眼広 我の所有の義で、自我に従属し、固執される全ての事物をいう。

【迦葉】〈かしょう〉眼広 ⇩「迦葉仏」「摩訶迦葉」

【下情】〈かじょう〉眼広 ⇩「あじょう」

【家常】〈かじょう〉眼広 平常、世のつねというような意。日常の暮し方。『眼蔵』家常巻を参照。

【迦葉尊者】〈かしょうそんじゃ〉眼広 ⇩「摩訶迦葉」

【迦葉波】〈かしょうは〉眼 「迦葉」に同じ。

【迦葉波仏】〈かしょうはぶつ〉眼 「迦葉仏」に同じ。

【迦葉仏】〈かしょうぶつ〉眼広 梵語 Kāśyapa. 過去七仏の第六位。釈尊は迦葉仏に嗣法して世に出現すると伝える。人寿二万歳のとき出世し、族姓は婆羅門で、父を梵徳、母を財主といい、波羅奈城に生まれ、尼拘婁陀樹下で成道したという。

【我心未だ寧ならず】〈がしんいまだねいならず〉広 慧可がその師達磨との問答で安心を得た因縁。心というものは、対象としてとらえられるものではなく、不可得なものである、それ故に空を体得することこそが安心への道であることを示した公案（『広録』頌古89）。『伝灯』三・菩提達磨章（大 51・219b）参照。

【火星】〈かせい〉広 現代的に解釈して太陽系の惑星ととるのではなく、さそり座α星のアンタレスを指す。明るさを変えながら赤く輝くさまから、中国では大火とも呼ぶ。夏の夜空の南方に輝き、秋の訪れとともに西方へと移っていく（『広録』頌古56）。

【掛搭】〈かた〉眼 行脚の修行僧が所期の僧堂に安居すること。あるいは掛錫ともいう。

【嘉泰普灯録】〈かたいふとうろく〉眼 南宋、雷庵正受（一一四六〜一二〇八）の著した禅宗史伝、三十巻。古来の伝灯諸録は比丘僧のみに限って普遍的でないので、刻苦十七年、王侯・士庶・尼師の事蹟を補綴して嘉泰元年（一二〇一）大成する。

【迦智禅師】〈かちぜんじ〉眼 新羅国の僧（事蹟不詳）。大梅法常の法嗣（『伝灯』十・迦智章、大 51・280a）。

【月面仏】〈がちめんぶつ〉眼広 ⇩「日面仏」

【火中蓮】〈かちゅうのはちす〉(広) 普通ではありえない火中に蓮の生ずることから、希有、不思議の意（『広録』上堂348、516）。

【喝】〈かつ〉(眼)(広) 禅宗では師家が学人を導く手段として、大きな声で叱る、唱える等々その場と時とによって種々の意味をもつ語があるが、その一つ。

【豁開】〈かっかい〉(広) 広く開くこと（『広録』上堂125、214、497、小参17）。

【聒聒】〈かつかつ〉(眼)(広) 無知なるさま。また多言にて人の意をだますこと。

【活眼睛】〈かつがんぜい〉(眼)(広) 生き生きとして全てのものをよく識別する眼。

【活計】〈かっけい〉(眼)(広) 日々の生計・生活状態、または生業の意。あるいはまた思慮分別すること、自在なる働きの意にも用いる。転じて「行う」「いう」「考う」などの意にも用いる。

【活計黒山中】〈かっけいす、こくさんのうち〉(広) 思慮分別にとらわれて身動きのできぬなかでさえ、自由自在な働きをする（『広録』上堂445）。

【月光菩薩】〈がっこうぼさつ〉(眼) 形像は身体白色で、左手を拳にして腰に置き、右手には月光形を持つ。月のごとく清涼な法楽を衆生に与えるという。金剛界十六尊の第十、胎蔵界文殊院中の一尊である。

【合殺】〈かっさつ〉(眼) 締めくくりをして事の結末をつけること。首尾完成すること。

【夾山善会】〈かっさんぜんね〉(眼)(広)（八〇五〜八八一）。船子徳誠の法嗣。広州峴亭の人、姓は廖氏。船子徳誠は薬山惟儼の法を嗣いだが、生来山水を好むために、華亭にあって一小船を浮かべ、往来の人に時に従い縁に随って法を説いていた。しかし、薬山の報恩に報いるべき嗣法の弟子ができない。そこで、兄弟弟子の道吾円智・雲巌曇晟に委嘱したところ、道吾によって夾山を得、印可嗣法して後、自らは船を踏翻して煙波の中に没したという。唐中和元年（八八一）に示寂、寿七十七。伝明大師と勅諡される（『広録』法語8）（『伝灯』十五・夾山善会章、(大)51・323c）。『宏智録』二・頌古（(大)48・24c）、『会要』二十一・夾山善会章に出る。

【磕著】〈かつじゃく〉(眼) ⇩「築著磕著」

【瞌睡】〈かっすい〉㊥㊦ 居眠りすること（『広録』上堂288、390、432、523）。

【嘗て因に市肆に於て】〈かつてちなみにししにおいて〉㊦ 本来、悟りというのは仏性の理に証契することではあるが、それは日常のあらゆる生活の場に展開されていることを示す公案（『広録』頌古67）。『会要』四・盤山宝積章を参照。

【葛藤】〈かっとう〉㊥㊦ 「つた」と「ふじ」は、いずれも物に纏いついて繋縛するもの。文字語句に縛られて、不立文字の真意を得ない者が多い故に、文字語句、または問答商量を葛藤という。ただし眼蔵においては彼此の二物の一体不二の義に用いることが多い（『広録』上堂125）。『眼蔵』葛藤巻を参照。

【合頭語】〈がっとうご〉㊦ 理屈の通る言葉のこと。禅家では、理にかなう言葉であっても、それは理味に堕落し真実を得ないものとする（『広録』上堂400、法語8）。

【葛藤断句】〈かっとうだんく〉㊥ 妄想煩悩・思慮分別を切断する言句。

【豁然大悟】〈かつねんたいご〉㊦ それまでの迷いが突然として開ける。豁然省悟とも（『広録』上堂59、480）

【活鱍鱍】〈かっぱつぱつ〉㊥㊦ ぴちぴちと活きがよく、活気に満ちあふれているさま。禅者の潑剌と活気に満ちあふれたさま。

【瞎驢】〈かつろ〉㊥㊦ 盲目の驢馬、転じて心眼の開けない愚か者。

【華亭船子和尚】〈かていせんすおしょう〉㊦ ⇩「船子和尚」

【迦那提婆】〈かなだいば〉㊥ 梵語 Kāṇadeva インドにおける禅宗の伝灯第十五祖。龍樹尊者を師とする。師の『中論』・『十二門論』に次いで『百論』を著す。これによって後世中国の三論宗の祖師に列す。『眼蔵』仏性巻（㊧上・328-329）を参照。

【迦膩色迦王】〈かにしかおう〉㊥ 梵語 Kaniṣka 西暦一世紀頃に出世する月氏族の王。健駄羅王国を創建し、大いに仏教を保護宣揚して、仏教史上、阿育王と並び称される大王。『眼蔵』三時業巻（㊧下・132）を参照。

【我儂】〈がのう〉㊦ 江南地方の方言で、自分自身の意。

【何必不必】〈かひつふひつ〉㊥ 何必は「何ぞ必ずしも～ならんや」の意、不必も「必ずしも～せず」の意。ともに一切法は無自性不可得であり確乎とした断定を下し得ない義を表す。南嶽の「説似一物即不中」(『六祖壇経』、(大)48・357b、『伝灯』五・南嶽懐譲章、(大)51・240c)と同意。

【迦毘摩羅】〈かびもら〉(眼) 梵語 Kapimala インドにおける禅宗の伝灯第十三祖。インド摩掲陀国の人。はじめ三千の弟子を有する外道であったが、馬鳴に説伏されてその弟子とともに仏教に帰依し、南インドにおいて教化につとめ、「無我論」一百偈を造って外道を破し、後に教法を龍樹に伝授したという。

【迦毘羅】〈かびら〉(広) 梵語 Kapila 意訳では、黄頭・黄色・黄赤。インド六派哲学の一つ数論派の祖で二十五諦を立てた。頭髪面色が赤黄であるために迦毘羅といわれた。

【跏趺】〈かふ〉(眼)(広) ⇩「結跏趺坐」

【蝦蟆】〈がま〉(広) 蝦蟆。がま・かえるのこと。かえるは単に跳ねるのみで、なす術を知らないものとしてみて、一知半解(なまわかり)の思量分別のみにとらわれている浅学の修行僧を蔑称する語。

【蝦蟆蚯蚓】〈がまきゅういん〉(眼)(広) かえるとみみず。

【蝦蟆挙体……】〈がまのこたい……〉(広) 蝦蟆はガマ。挙体はこぞって、全て。蝦蟆には蝦蟆のからだつきがあるという意(『広録』偈頌124)。

【果満菩提】〈かまんぼだい〉(広) 修行が成就円成すること(『広録』上堂68、91、300、365)。

【下面】〈かめん〉(眼) ⇩「あめん」

【何物何仏】〈かもつかぶつ〉(広) どんなもの、どんな仏(『広録』上堂358)。

【伽耶】〈がや〉(広) 梵語 Buddhagayā(仏陀伽耶)のこと。仏陀釈尊が菩提樹下で悟りを開いたその地。

【伽耶山】〈がやさん〉(眼) 梵語 Gayā 詳しくは Gayāśīrṣa(掲闍戸利沙)。象頭山と訳す。中インド摩羯陀国伽耶城の西南一マイルにある山で、その山頂は象の頭に似ているためにこの名がある。伽耶城とともに仏陀の霊地として知られる。現今の Brahmayoni のこと。

【伽耶舎多】〈かやしゃた〉(眼) 梵語 Geyāsata 伝統的には「かやしゃた」と呼ぶ。禅宗の伝灯ではインドにおける第十八祖に列す。『眼蔵』古鏡巻(岩上・283)、恁麼巻(岩上・426)を参照。

【荷葉】〈かよう〉(眼)(広) 荷衣とも。蓮の葉で編んだ衣で、隠者の衣とされる。

【迦蘭陀竹園】〈からんだちくおん〉（広） 迦蘭陀長者が竹林に精舎を建て、それを釈尊に施与したものという。

【河裏に失銭して河裏に求む】〈かりにしっせんしてかりにもとむ〉（広） 河で銭を落としたら河をさらう。外を探すような馬鹿なことはしない。雲門に僧が「如何なるか是れ西来意」と質問すると、雲門が「河に銭を落して探すようなものだ」と答えたのにちなむ（『広録』法語7）。『伝灯』十九・雲門文偃章（（大）51・358c）に出る。

【臥龍】〈がりゅう〉（広） 臥龍慧球（?～九一三）。青原下。亀羊山にて出家、二十歳で受具し、玄沙師備の法嗣となる（『広録』上堂37）。

【迦楼羅】〈かるら〉（眼） 梵語 garuda（迦留荼）。金翅鳥と訳す。龍を捕って食すという鳥類の王。古代インドにおいて大怪鳥の存在を想像し、神話化したもので、大乗の経典中には八部衆の一に列す。

【渠】〈かれ〉（広） 渠は彼。この場合は冬至のこと（『広録』偈頌94）。

【殻漏子】〈かろす〉（眼） 可漏子とも書く。子は助字。書簡等の上包のこと。または祝意・謝意等の金銭を包む封皮をいう。

【管】〈かん〉（眼）（広） 司る、支配する、総理する。こだわる。

【勘過】〈かんか〉（眼）（広） 勘破と同じ。点検または勘検ともいう。とりしらべて、真意を看抜くこと。事の真相や人の胸中を見破ること。

【寒笳】〈かんか〉（広） 寒はさみしい、笳は蘆葉で作った笛。あしぶえ。胡笳のこと。笛の一種で、胡人の楽器。老子が西戎に入って作ったとも、張騫が西域に入って得たとも伝えられる。今伝わるものは木管三孔で、首に蘆葉を貫いて吹き鳴らす（『広録』頌古57）。

【寒灰】〈かんかい〉（広） かんばいとも。冷えきった灰。智解を無くしたところ。

【勧誡】〈かんかい〉（広） 勧戒とも。すすめいましめる。善をすすめ、悪をいましめる（『広録』上堂346）。

【閑閑】〈かんかん〉（広） 全てを超越した安らかな状態。

【欠気一息】〈かんきいっそく〉（眼）（広） 正しい坐禅に入るとき、身相を調えたのち、口を開いて腹中の気を長く吐き出し息を整えること。欠はあくびの欠で、口から息を吐き出すこと。

【看牛三年】〈かんぎゅうさんねん〉㊢ 潙山霊祐の示衆に「老僧百年の後、山下の檀越の家に向かって一頭の水牯牛となり、左脇下に五字を書して曰く、潙山僧某甲と。このとき若し喚んで潙山僧と為さば又是れ水牯牛。喚んで水牯牛となさば又潙山僧某甲。且らく道へ、喚んで甚麼と作さば即ち得てん」（『潙山霊祐語録』、㊅47・581c）とある。この示衆を工夫すること三年の間なりという故事（『眼蔵』行持下巻、㊤中・59）。

【閑居の時】〈かんきょのとき〉㊧ 閑居の義はしずかなるたたずまいの中の意である。が、道元の実際の閑居は寛喜二年（一二三〇）から、山城深草安養院に閑居した三年間で禅師の三十歳から三十三歳の頃である。道元が移り住んだ極楽寺の別院安養院の所在地は、建仁寺から南に約六、七キロのところで、現在の京都市伏見区黒染町にある欣浄寺がその旧蹟であるといわれる。道元は、翌寛喜三年（一二三一）八月、『弁道話』一巻を書き著し、比叡山の天台宗や建仁寺の黄龍派の禅に対しても、道元自身が伝えたものこそが仏祖正伝のものであることを、十八の設問を設けてそれに答える形式で只管打坐の仏法を特色を鮮明に説き示している。つまり、ただひたすらに坐禅する只管打坐は、証りへの単なる手段ではなく、只管打坐そのものが証りであるという、修証一如の道元仏法の特色が遺憾なく説かれている。この閑居の時代こそが、道元仏法が展開される準備期間でもあった。なお、この閑居の偈頌は『祖山本』は「七」とあり、『卍山本』は「閑居の偶作　六首」とあるが、偈頌71の「春雪の夜」を入れると「七」になるが、「春雪の夜」は、次の偈頌72と連作のようであり、しかも、それは永平寺の作頌ではなかったかと想われる。また『祖山本』の偈頌78に「此より以後、皆越州に在って作す」とあるが、それ以前にも越州の作が混入しているところもあるようである（『広録』偈頌65）。

【看経】〈かんきん〉㊢㊧ 経文を黙読または読誦して心を法理に照らすこと（『広録』上堂6、33、383、432、455、頌古85）。『眼蔵』看経巻を参照。

【看経銭】〈かんきんせん〉㊢ 衆僧の看経に対して供養し不施する財物や金銭。

【寒苦鳥】〈かんくちょう〉㊧ 雪山鳥。雪に閉じ込められ寒さに苦しむ鳥、越山中の学人。『蔦林拾葉』二十三に「物語に云く。雪山という山に寒苦鳥あり、終夜、雌は殺我寒故と説き、雄は夜明造巣と鳴く、夜が明ければ温となるゆえに巣を作らず、何故造作巣、安穏無常身、今日不知死、明日不知死と鳴くなり」とある。これは世の無常を語る説話として知られた（『広録』偈頌91）。

【貫華】〈かんげ〉(眼) 糸をもって華が飛び散らぬようにこれを通し連ねる意で、経巻のこと。「修多羅者亦復如是、貫諸法相不分芬散」（『善見律毘婆沙』、(大)24・676b）といい、経を線というのはこの意味。

【眼華】〈がんげ〉(眼)(広) 空華とも。目前にありもしない花が見えたりする状態をいい、空中に見る実在しない花のことで、心の迷妄によって作り出される架空の存在、それを「空華」といい、迷い・妄想に喩える。『眼蔵』空華巻に「しかあるに、如来道の翳眼所見は空華とあるを、伝聞する凡愚おもはくは、翳眼といふは、衆生の顛倒のまなこをいふ、病眼すでに顛倒なるゆゑに、浄虚空に空華を見聞するなりと消息す（中略）。この迷妄の眼翳もしやみなば、この空華みゆべからず（中略）。あはれむべし、かくのごとくのやから、如来道の空華の時節始終をしらず」（(岩)中・167）とあり、さらに「おほよそ一眼の在時在処、かならず空華あり、眼華あるなり。眼華を空華とはいふ、眼華の道取かならず開明なり」（(岩)中・173）とある。

【灌渓志閑】〈かんけいしかん〉(眼)(広)（?〜八九五）。臨済義玄の法嗣。南嶽下。魏府館陶の人、姓は史氏。幼時に栢巌に従って出家し、後に臨済に参じて得法し、長沙の灌渓に住す。唐乾寧二年（八九五）行歩し手を垂れて逝くという（『伝灯』十二・灌渓志閑章、(大)51・294b）。『眼蔵』礼拝得髄巻（(岩)上・121）を参照。

【関鍵】〈かんけん〉(広) かんぬきと鍵。転じて、物事の肝要・中枢の意（『広録』上堂512）。

【換眼……】〈かんげん……〉(広) 趙州の換眼、迦葉の破顔、慧可の断臂という付法の故事（『広録』上堂454）。

【寛広】〈かんこう〉(広) 寛大なこと（『広録』上堂268）。

【寒谷】〈かんこく〉(広) 仏国土（『広録』偈頌117）。

【寒谷雲】〈かんこくうん〉(広) 寒谷にただよう無為無心のごとく煩悩など一点もないこと（『広録』上堂27）。

【陥虎の機】〈かんこのき〉(眼)(広) 黄檗の活作略を称賛した言葉で、陥虎とは、虎を穴の中におとしこむことができるほどの効力。獰猛な虎を自由自在に我が手中に制御する機略のこと（『眼蔵』仏性巻、(岩)上・338、『広録』上堂167、469）。

【閑坐】〈かんざ〉(眼)(広) 一切を超越して坐禅すること。

【寒山子】〈かんざんす〉(広) 唐代にいたとされる伝説の僧。『寒山詩』の作者とされる（『広録』上堂259、324）。

【甘贄行者】〈かんしあんじゃ〉(広)（生没年不詳）。唐代の人。南泉普願の俗弟子で、巌頭全豁・雪峰義存を接化したという。『会要』六・甘贄章に出る。

【乾屎橛】〈かんしけつ〉(広) 糞かきべらとも、糞の乾いて棒のようになったものとも言われるが、これが転じて不浄なるもの、無用なものをいうが、この場合は禅僧としての臭皮袋・肉身をさす。雲門文偃が、僧の「仏とはなにか」との問いに、「乾屎橛」と答えたのは、仏法というものが浄と不浄との二見を超越したものであることを示す（『広録』上堂69、88、229、252、259、264、495、503、法語11、偈頌85）。

【看取】〈かんしゅ〉(眼)(広) 見ること。

【頷珠】〈がんじゅ〉(眼) 驪龍の頷に持てる明珠のこと。これは得がたき財宝なので、尊い仏法の真理という意味に用いる。または驪珠ともいう。⇩「驪珠」

【観樹経行】〈かんじゅきんひん〉(広) 釈尊が成道された後、菩提樹下で二十一日間思惟経行された故事（『広録』上堂268）。

【澗松】〈かんしょう〉(広) 深い谷あいの松（『広録』上堂392）。

【鑑照】〈かんしょう〉(眼)(広) かんがみうつすこと、他をみて自己の戒めとすること。

【元霄】〈がんしょう〉(広) 正しくは「元宵」。上元とは陰暦正月十五日の夜をいう。この夜、戸毎に結綵をなし、飾灯籠を掛け、全国一斉に業を休み宴を張って祝ったという。ちなみに中元は七月十五日、下元は十月十五日をいう（『広録』上堂412）。

【元正啓祚、万物咸新】〈がんしょうけいそ、ばんもつかんしん〉(眼)(広) 元正は元旦に同じ。元旦には祚が啓きはじまり、万物がみなあらたまるといった意味で、新年頭の挨拶語（『眼蔵』梅華巻、(岩)中・332、『広録』上堂32）。

【閑牀（床）に靠坐】〈かんしょうにこうざ〉(広) 靠はもたれ掛かること。閑牀は禅床のことで、黙々と坐禅工夫をなすこと（『広録』偈頌18）。

【寒牀を覚る意を待つに似たり……】〈かんしょうをしるところをまつににたり……〉㊦ 暁天坐禅の寒床に坐していると限りない思いがかけめぐり、様々な風光が心を訪ね来る意（『広録』偈頌60）。

【監寺】〈かんす〉㊥㊦ 禅院の寺務を総監する六知事（都寺・監寺・副寺・維那・典座・直歳）の総領の任にあり、住職に代って庶務を総轄する役職。監院とも称す。

【盥水点茶】〈かんすいてんちゃ〉㊦ 潙山霊祐が午睡からさめ、仰山慧寂・香厳智閑の二神足に午睡中の夢について咨ったところ、仰山は盥《たらい》と手巾を持ってきて洗面せしめ、香厳は茶を点じて喫せしめた。潙山はこの機用こそが仏家の神通、すなわちそうした日常茶飯事こそが神通の妙用であるとした故事。道元はこれこそが真の神通であると説く（『広録』上堂17、394）。『眼蔵』陀羅尼巻（㊔中・287）を参照。

【管すること休みね】〈かんすることやみね〉㊦ 管は干渉する、総理する、支配すること。管するという働きにとらわれるなという意（『広録』上堂521）。

【眼睛】〈がんぜい〉㊥㊦ 眼玉のこと。転じて、眼目・要点を意味する。禅林では特に肝要の意。物の真実相を照破する犀利なる知見をいう。鼻孔とともに禅者の好んで用いる語。道元は全世界そのものを「眼睛」と表現するので、無量無辺の意もある。『眼蔵』には特に眼睛巻で、本師天童如浄の言葉を引用して拈提（古則や公案を取り上げて学人に示すこと）するが、その中で「清明は眼睛なる山河大地なり。衲僧は仏祖なり。大悟をえらばず、不悟をえらばず、朕兆前後をえらばず、眼睛なるは仏祖なり」（㊔中・365）と、眼睛がまさに山河大地そのものであるとの提唱がある。『聞解』に「眼睛は般若の光明のこと」と釈す。

【眼睛千隻】〈がんぜいせんせき〉㊦ 眼睛は眼目、真髄。千隻は無数。千個の眼球は珠玉のように光るの意（『広録』偈頌95）。

【眼睛髑髏遍野】〈がんぜいどくろへんや〉㊦ 修証に滞着し、知解を弄する死漢のみでいたましいばかりだ、という意（『広録』上堂408）。

【眼睛を換了して】〈がんぜいをかんりょうして〉㊦ 自己の眼を仏眼に換えて。あるいは昨日の眼を今日の眼に変えて日々新たに、の意をも含むか（『広録』偈頌117）。

【眼睛を突出して】〈がんぜいをとっしゅつして〉㊖ 眼の玉が突出せんばかりの激しい勢い（『広録』頌古3）。

【眼睛を偸む】〈がんぜいをぬすむ〉㊖ 仏道の要所を的確に掴むこと（『広録』偈頌13）。

【頑石】〈がんせき〉㊗㊖ 頑石点頭のこと。説法の功徳によって無心の石すらうなずく。感化力のつよい喩え。道元自身をいう。

【慣節】〈かんせつ〉㊗ 慣うべき節操、勝れた行持の意。

【甘草】〈かんぞう〉㊖ マメ科の多年草。根が黄色で甘く、地下茎とともに薬用とする（『広録』上堂242）。

【肝胆】〈かんたん〉㊗㊖ 肝臓と胆嚢。かなめ、急所。

【邯鄲】〈かんたん〉㊖ 中国の古地名。戦国時代、趙の都。現在河北省大名道にある（『広録』上堂184、243）。

【寒潭】〈かんたん〉㊖ 寒々とした万丈の無崖岸のところ、天と地が一色になっている（『広録』自賛18）。

【鑑智僧璨】〈かんちそうさん〉㊗（?～六〇六）。中国禅宗第三祖。大祖慧可に得法す。姓氏、出身地不詳。法を第四祖道信に付し、隋大業二年（六〇六）示寂。その著『信心銘』は広く世に行なわれる（『伝灯』三・僧璨大師章、㊅51・221c）。

【羹桶】〈かんつう〉㊖ あつものの桶。汁を入れる桶。

【澗底】〈かんてい〉㊖ 谷底（『広録』上堂281、自賛4）。

【寒徹底】〈かんてってい〉㊖ ものごとが徹底的におさまるさま（『広録』頌古86）。

【閑田地】〈かんでんち〉㊖ 所有者のない田畑で、年貢を納めることなく使用することができるという。閑はくだらない・役に立たないの意味（『広録』頌古66、偈頌3）。

【官途】〈かんと〉㊗㊖ 俗世間での官吏役人としての道（『広録』上堂383、492）。

【閑道】〈かんどう〉㊗㊖ 仏道を参学すること。また、仏法の絶学無為の境涯に安んずること。

【巌頭云く、小魚、大魚を呑む……】〈がんとういわく、しょうぎょ、たいぎょをのむ……〉㊖ 以下の語話は小さな魚が大きな魚を呑むという公案で、大小能所対待の二見を超越した境界を示す（『広録』上堂192）。

【巌頭全奯（豁）】〈がんとうぜんかつ〉㊗㊖（八二八～八八七）。徳山宣鑑の法嗣。青原下。泉州の人、姓は柯氏。霊泉寺の義公の下で出家、長安の西明寺で具戒。はじめ教宗に学び、後に雪峰・欽山と交友、仰山慧寂に参学し、徳山の会下に参じて、その法を嗣いだ。洞庭の臥龍山に菴居し、徒侶大いに集まる。光啓三年（八八七）賊刃に倒れた、寿六十。清巌大師と勅諡される（『伝灯』十六・巌頭全豁章、㊅51・326b）。

【管得】〈かんとく〉㊍㊛ 本来の意味を了解すること。

【翫得】〈がんとく〉㊛ もてあそびうる（『広録』法話8）。

【看話禅】〈かんなぜん〉看は、じっと見守る、あるいは注視することをいい、話は、古則公案のこと。古則公案をよりどころとして工夫・参究するところから「公案禅」ともいう。黙照禅と称される曹洞宗の禅風に対する臨済宗の禅風をもいう。

【観念坐禅窮むべからず】〈かんねんざぜんきわむべからず〉㊛ 観念も坐禅も終りということが無い（『広録』偈頌113）。

【眼横鼻直】〈がんのうびちょく〉㊍ 眼は横に、鼻は縦にまっすぐについているという現実のあるがままのすがたを示した言葉。つまり、それぞれ異なる相や用を持ちながらあるがままの正伝の仏法の姿を示していることをいう。この言葉は「空手還郷」の語とともに道元の仏法の一端を示す語として知られるが、「空手還郷」の語は『祖山本』上堂48にあるが、「眼横鼻直」の語とは連動していない。『眼蔵』の縁由（㊌上・26）、『略録』、『卍山本』上堂1に出る。

【観音院】〈かんのんいん〉㊍㊛ 趙州従諗が住した寺。河北省にある。

【観音宝陀山に在らず】〈かんのんほうださんにあらず〉㊛ 観音を他に求めてはならないということ（『広録』偈頌45）。

【汗馬】〈かんば〉㊛ 馬を疾駆させ汗をかかせるほど骨を折ること。大いなる修行をいう（『広録』上堂341）。

【勘破】〈かんぱ〉㊍㊛ 本質を見抜くこと。⇩「勘過」

【巌畔老梅】〈がんばんろうばい〉㊛ 大岩のそばの老梅。

【眼皮】〈がんぴ〉㊍㊛ まぶた、転じて自己の仏性のこと。道元は「眼皮一枚、これ自己の光明とす」（『眼蔵』十方巻、㊌中・340）として、眼皮も仏光明の現成であると説く。

【憨布袋】〈かんふたい〉㊍ 憨は愚の意、世の毀誉褒貶を意に介さないが故に布袋という。布袋は明州奉化県の人、氏姓不詳。自ら契此と称す。七福神の布袋和尚の相貌で常に布嚢を荷い、およそ供身の具をその中に入れ、「一鉢千家飯、孤身万里遊、青目覩人少、問路白雲頭」といって、市に食を乞い、少分を分かって嚢中に投ず。時に人これを布袋和尚という。一処不住の生涯を明州山嶽林寺に終る。偈を説いて云く「弥勒真弥勒、分身千百億、時時示時人、時人自不識」と。弥勒の化身という（『眼蔵』深信因果巻、㊨下・206、『伝灯』二十七・布袋和尚章、㊅51・434b）。

【閑名】〈かんめい〉㊧ 実のない無駄な名。

【換面回頭】〈かんめんかいとう〉㊞㊧ ⇩「回頭換面」

【眼目精明】〈がんもくせいみょう〉㊧ 文字通りでは、ものを見る目をはっきりさせることには違いないが、それは仏法という視点からものの要点を見極める力量・智慧を明らかにすることである（『広録』小参8、11）。

【管籥】〈かんやく〉㊧ 鑰を開閉する道具。鍵。ふいごから風が生ずるように、東君が春の陽気をもたらすこと（『広録』上堂116）。

【漢来漢現】〈かんらいかんげん〉㊞㊧ 明鏡に物が映るさま。鏡の前に漢人が立てば漢人が映り、胡人が立てば胡人が映る。霊明な心性のくらますことのない働きをいう。道元は、天地法界（全宇宙）は明鏡（仏性・法性）そのものであるとする故に、漢の存在それ自体を明鏡自体とする。

【元来心地】〈がんらいのしんち〉㊧ 自分自身が本来的にもつ自己のありよう（『広録』偈頌23）。

【元来仏祖】〈がんらいぶっそ〉㊧ 元来、仏祖道というのは心をあきらめること（『広録』偈頌13）。

【関棙（捩）子】〈かんれいす〉㊞㊧ 関は門、棙はバネのこと。からくりの扉のための鍵のこと。転じて最も緊要なる処、または問題の急処の意。

【観練薫修】〈かんれんくんじゅう〉㊞ 世間・出世間・出出世間の三種の禅中の出世間禅における観禅・練禅・薫禅・修禅の四位をいう。

き

【記】〈き〉㊞ 授記のこと。記莂ともいう。⇩「記莂」

【器】〈き〉㊞㊧ 道器のこと。⇩「道器」

【気宇爽清】〈きうそうせい〉㊧ 気宇は気魂、見識。辺り一面、自分自身の気魂も胸中も清涼。この賛は宝慶寺蔵の

「道元禅師月見像」としてよく知られる肖像画（頂相）に記されてあるものである。この頂相は、絹本着色、縦三尺二寸八分、横一尺七寸八分の大幅で、構図は曲彔に凭れ、左を向き、目線はやや上方にある半身像である。この画像が描かれたのは、建長元年（一二四九）八月十五日のことで、道元五十歳の時の頂相である。なお、この自賛の真偽については、古来、懐奘の代筆説がある。なお、『訂補建撕記図絵』坤巻には「建長元年巳酉　三月十八日改暦す　補　この中秋に、翫月せられしに、傍在の僧、その仰月の姿を直に写して、賛を請して述賛せらる。画賛の真蹟大幅にて、今越前大野の宝慶寺にあり。文言左の如し。気宇爽清山老秋、相覰天井皓月浮（『卍山本』井驢相覰暁詹浮）、一無寄六不収、任騰騰粥足飯足、活鱍鱍正尾正頭、天上天下雲自水由。建長己酉、月円日、越州吉田郡吉田上山、永平寺開闢沙門希玄自賛。広録の第十にこの賛をのせたり。文字小異あり。六不収一不収と録にあるは誤りなり。月円の日とあれば中秋なるべし。尊顔も仰月の模様なり」とある。ただ、画像では「一不収」は「六不収」である（『広録』自賛3）。

【虧盈】〈きえい〉㊧ かけることと、みつること（『広録』上堂521）。

【義演】〈ぎえん〉㊥㊧（?～一三一四）。道元門下、永平寺第四世。はじめ日本達磨宗の覚晏の弟子である波著寺の懐鑑に受業。仁治二年（一二四一）に道元の弟子となり、道元滅後は懐奘につき、徹通義介（一二一九～一三〇九）の後、永平寺に住持する。

【祇園】〈ぎおん〉㊥㊧ 梵語 Jetavana Anāthapiṇḍadasyārāma 祇樹給孤独園の略。中インドの拘薩羅国の首都舎衛城の南方郊外にある祇陀太子所有の樹林を給孤独長者が譲り受けて、仏陀のために精舎を建立したことによって、祇樹給孤独園といい、略して祇園精舎という。釈尊在世中最大の寺院とされ、仏説法の一中心地として著名。釈尊は、その生涯の後半二十余年間の雨期をここで過ごした。現今舎衛城の旧趾 Sāhet-māhet の南方にその遺跡がある。

【棄恩入無為】〈きおんにゅうむい〉㊧ 剃髪し出家するときの偈文に「流転三界中、恩愛不能断、棄恩入無為、真実報恩者」とある。三界流転の恩愛を断ち切って、仏道に入り、真の報恩を行ずること（『広録』上堂498）。

【祇園（薗）曲】〈ぎおんのきょく〉(広) 釈尊のための曲。

【祇園（薗）の鼻孔】〈ぎおんのびくう〉(広) 釈尊はその在世中、祇園精舎で現存する経典の七、八割を説いたという。鼻孔は鼻の穴の意から転じて、自己の本来的な真の姿をいう。この場合は、本分。釈尊の真実の説法のこと（『広録』上堂135）。

【帰家】〈きか〉(眼)(広) 帰家穏坐の意。帰家は家に帰ること、転じて自己の本来的な真の姿にたちかえって初めて安息すること。煩悩欲望に駆られた迷妄の生涯から離れて仏道修行に邁進し、自らの心証に徹すること（『眼蔵』神通巻、(岩)上・386、『広録』上堂355、484、偈頌22）。

【器界】〈きかい〉(眼) 器世間または器世界ともいう。衆生を包容し住居させる処の意で、広く山河大地を含む国土、または世界のこと。⇩「依報」

【義海】〈ぎかい〉(広) 義は解釈・説明。海は三昧。解釈し説明された三昧（『広録』上堂412、467）。

【機関】〈きかん〉(眼) 機構、からくりの意、あるいはまた学人の根機に応じて種々の手段を設けて接得することをいう。

【擬議】〈ぎぎ〉(眼)(広) 何かを考えて言おうとする。擬は、～をしようとする意。

【巍巍】〈ぎぎ〉(眼)(広) 高くて大きな形。形が立派なこと。

【諱却】〈ききゃく〉(広) 忌みはばかってしりぞけること（『広録』上堂522）。

【騎牛至家】〈きぎゅうしけ〉(広) 悟りを得て自己の本来的な真の姿に帰ること（『広録』頌古11）。

【騎牛覓牛】〈きぎゅうべきぎゅう〉(広) 悟りの中にありながら、悟りをもとめる喩え（『広録』頌古11）。

【鬼窟現前す】〈きくつげんぜんす〉(広) 曖昧模糊とした情識にとらわれて身動きのできない境涯（『広録』頌古77）。

【鬼窟裏活計】〈きくつりのかっけい〉(眼)(広) 鬼の住む暗黒の穴の中の生活。すなわち、無明の中の情識にとらわれて動きのとれない境涯。

【葵華】〈きげ〉(広) 葵が太陽に向かって咲き、紅に染まる（『広録』上堂501）。

【騎鯨捉月】〈きげいそくげつ〉(広) 「鯨に騎って月を捉る」という天童如浄の語（『広録』偈頌84、86）。『如浄語録』上（(大)48・122c）を参照。

【鬼家・神門】〈きけ・じんもん〉(広) 鬼神の家門のことか。鬼神は一般に害を与える神。家門は家風、門風（『広録』法語3）。

【虧闕】〈きけつ〉(眼)(広) ものが欠けること。欠けていて完全でないこと。

【箕山】〈きざん〉(広) 堯帝の頃の高士である許由、字は武仲が堯が天下を譲らんとするのを拒絶して隠れた山。許由は、また、召して九州の長官とせんとすると聞いただけで、汚れたとして耳を潁水で洗ったと伝えられる高潔の士である（『広録』小参2）。

【飢飡渇飲健坐困眠】〈きさんかついんけんざこんみん〉(広) 飢えれば飡い、渇すれば飲み、健なれば坐し、困ずれば眠る。腹がへれば食し、のどがかわけば飲み、また健やかなときは坐禅し、疲れると眠るという如法のなかでの無為自然・あるがままの行為をいう（『広録』上堂220）。

【疑著】〈ぎじゃく〉(眼)(広) 疑いを抱くこと。著は接尾語。

【耆闍崛山】〈ぎじゃくっせん〉(眼)(広) 梵語 Gṛdhrakūṭa 霊鷲山のこと。⇩「霊鷲山」

【義仁】〈ぎじん〉(広) 仁・義・礼・智・信の五常（『広録』偈頌10）。

【帰宗権和尚】〈きすごんおしょう〉(広) 廬山帰宗寺澹権和尚（伝不詳）。雲居道膺の法嗣（『広録』上堂224）。

【帰宗智常】〈きすちじょう〉(眼)(広)（生没年不詳）。馬祖道一の法嗣。廬山の帰宗寺に住し、世人は彼を呼んで赤眼の帰宗という。滅後、至真禅師と勅諡される（『伝灯』七・帰宗智常章、(大)51・255c）。

【器世間】〈きせけん〉(眼) ⇩「器界」

【起世等閑船】〈きせとうかんのふね〉(広) この世に渡る船（『広録』偈頌40）。

【機先機後】〈きせんきご〉(眼) 単に先後の意、あるいは機先句後ともいう。

【機先句後】〈きせんくご〉(眼) 先後の意、機句には意味はない。

【擬前退歩】〈ぎぜんたいほ〉(広) 金毛の勇猛な獅子のような気構えで、ゆきつもどりつしながら、修行を積むこと（『広録』法語2、偈頌13、17、51）。

【機前に薦得して等閑に知る】〈きぜんにせんとくしてとうかんにしる〉(広) 機前は事の起こる以前。薦得は全部を得る。等閑は、この場合は自然にの意。一機未発以前の略。事の起こる以前にすっかりと会得し無心の中でそれを知る意(『広録』偈頌125)。

【吉祥】〈きちじょう〉㊔㊣ 永平寺の山号は吉祥山。これは道元の自称。

【吉祥雲水人】〈きちじょううんすいのひと〉㊣ 道元の自称。なお、永平寺に入ってからの自称には多く永平が用いられ、吉祥を用いるのは非常に珍しい(『広録』小参17)。

【魏徴】〈ぎちょう〉㊔ (五八〇〜六四三)。唐の太宗に仕えた賢臣。創業と守成といずれが難しいかとの太宗の問いに、守成難しと答えたことは有名。太宗云く「魏徴死して朕一鑑を亡いぬ」と。

【橘枳】〈きつき〉㊣ 橘はたちばな、枳はからたち。淮南の橘を淮北に移植すると枳となる(橘化為枳)。その意から、境遇によって性質が変わる比喩にも使われる。この語は、それに対応する。『略録』『卍山本』を比較して見るとその語源がより明瞭となる(『広録』上堂430)。

【喫茶去】〈きっさこ〉㊔㊣ 趙州従諗の用いた言葉で、茶を飲んで行けと伺う言葉。日常生活の中でお茶を飲むという何気ない行為そのものこそが仏法そのものであることを示す(『眼蔵』家常巻、㊟中・374-375、『広録』頌古64)。

【喫粥了】〈きっしゅくりょう〉㊣ 粥を食しおわること。

【喫粥為先】〈きっしゅくをせんとなす〉㊣ まず朝は粥を食す。日常かかさずに行っている、その事実(『広録』上堂306)。

【喫飯】〈きっぱん〉㊔㊣ 食事をするというごくありふれた普通の日常の生活。

【祈祷】〈きとう〉㊣ 祈願、祈念とも。心願をこめて祈り求めること。

【奇特】〈きとく〉㊔㊣ 不思議なこと。優れたこと。『広灯』八・百丈章に出る(『広録』上堂49、147、179、361、378、443、444、偈頌62)。

【記得】〈きとく〉㊔㊣ 上堂・拈則などに使用される語で、「挙」が記録者側の語であるのに対して、「記得」は拈提する人の語で、覚えていることがある、思い起こせばの意。

【奇特事】〈きとくじ〉㊔㊣ 深遠微妙で不可思議なこと。また単に珍しいことの意。

【鬼の先骨をうつ】〈きのせんこつをうつ〉㊔ 非事悪行をなした者の屍を悪鬼がこれを鞭打ったという(『眼蔵』行持下巻、㊟中・49)。『阿育王譬喩経』(㊅50・171c)に出る。

【耆婆】〈ぎば〉㊗広 梵語 Jīvaka 王舎城の良医。生まれたときに、すでに針筒と薬嚢を持っていたという。長寿の神、医者の祖とも言われ、中国戦国時代の名医扁鵲《へんじゃく》とならび称される（『広録』上堂503）。

【奇拝】〈きはい〉㊗眼 奇は一の意。弟子の三拝または九拝に対して、本師は一拝してこれに答えること。

【記莂（別）】〈きべつ〉㊗眼㊗広 授記のこと。あるいは単に記という。仏が修行者の来世に成仏する時期・国土・仏名・寿命等を詳細に予言すること。

【鬼魅魍魎】〈きみもうりょう〉㊗広 妖怪変化（『広録』上堂267、438）。

【鬼面神頭】〈きめんじんず〉㊗眼㊗広 神頭鬼面とも。卓抜な人の形容。

【亀毛兎角】〈きもうとかく〉㊗広 亀に毛がはえ、兎に角の生ずることで、名のみあって実体の無いものに実有の見解をし、それに執著する思考法。仏法は実体のないものと同じではないことをいう（『広録』上堂429）。

【逆吉義凶】〈ぎゃくきちぎきょう〉㊗眼㊗広 よこしまなものが吉で、正義が凶。

【逆罪】〈ぎゃくざい〉㊗眼㊗広 五逆罪の略。⇩「五逆罪」

【却刺】〈きゃくし〉㊗眼 かえしばり。直縫に対する言葉。

【脚尖趯倒】〈きゃくせんてきとう〉㊗広 脚尖はつま先。趯倒は躍り上がり踏み倒す。脚の先で踏み倒す（『広録』偈頌122）。『如浄語録』下・普説に「其れ或いは未だ然らず、拳頭脚尖、切忌すらくは悪発」（㊗大48・130）とある。

【逆人】〈ぎゃくにん〉㊗眼㊗広 よこしまな心をもった悪逆非道の者。また、五逆罪を犯した人。

【脚下】〈きゃっか〉㊗眼㊗広 足下、転じて本来の自己に喩える。

【脚跟】〈きゃっこん〉㊗眼㊗広 かかと。あし。

【脚跟下】〈きゃっこんか〉㊗広 ⇩「脚跟力」

【脚跟点地】〈きゃっこんてんち〉㊗眼㊗広 脚のかかとを地につける。転じて安心立命すること（『眼蔵』大修行巻、㊗岩下・64、『広録』上堂286）。

【脚跟力】〈きゃっこんりき〉㊗広 脚跟はかかと。転じて本来の自己をいう。また修行力。

【機用】〈きゆう〉㊗広 機は機根。用ははたらき。師家が学人に対して言詮不及のはたらきを示すこと（『広録』上堂512、小参8）。

【蚯蚓斬れて両段と為る……】〈きゅういんきれてりょうだんとなる……〉眼広 蚯蚓はミミズ。両断されたミミズのどちらに仏性があるのか、仏性というのは人間の思考の中に存在する霊魂などという妄想ではない、動いているというのは、四大が散じえないからだ、として仏法というものを実体視しようとする誤謬を否定した公案（『眼蔵』仏性巻、岩上・341、『広録』上堂328、509、頌古65）。

【九淵】〈きゅうえん〉眼 九重淵の意。深い淵のこと。

【旧窠】〈きゅうか〉眼広 窠は穴。穴ぐらのすみか。もとの古巣の意で、かつてあった立場または心境をいう。迷い、煩悩のこと。我執我欲の煩悩を古巣に喩えた語。

【休歇】〈きゅうかつ〉眼広 きゅうけつとも読む。現象・言語・思念を追いもとめることをやめ、大安心に安住すること。

【窮亀】〈きゅうき〉眼 ⇩「余不の印」

【九曲】〈きゅうきょく〉広 九曲珠のことで、糸を通す珠の中の穴が複雑に曲りくねっている珠。孔子が陳国で九曲珠を穿つ方法を桑間の女子に教えた故事にちなむ（『広録』上堂417、頌古3）。

【九夏】〈きゅうげ〉眼広 九旬すなわち九十日間の夏安居のこと。インドでは雨季の九十日間行なわれたので、夏・九夏・九旬安居・雨安居ともいう。中国では、多くの禅者が江西・湖南を中心に教線を展開したので江湖会《ごうこえ》、またその期間、説法する場所を示す幢旗《のぼりばた》を建てたことから建法幢ともいう。

【九夏安居】〈きゅうげあんご〉眼 九十日の夏安居をいう。⇩「安居」

【窮山窮水】〈きゅうさんきゅうすい〉広 奥深い山川（『広録』上堂5）。

【久参執侍】〈きゅうさんしゅうじ〉広 正師に永い間にわたり参じ仕えること（『広録』上堂14）。

【休し去る】〈きゅうしさる〉広 だまらざるをえなかったの意（『広録』上堂376）。

【九州】〈きゅうしゅう〉眼広 中国中部の九州をいう。中国全土を指す。

【休静】〈きゅうじょう〉眼広 ⇩「華厳休静」

【宮商角徴羽】〈きゅうしょうかくちう〉眼 中国における楽器の音には六律五声があり、その五声の名。

【旧人】〈きゅうじん〉㊗ 悟道したからといって何も変わったことはない、旧《もと》の報慈庵その人である（『広録』偈頌33）。

【九折】〈きゅうせつ〉㊗ 黄河は大きく九曲して流れる（『広録』頌古70）。

【牛前人後】〈ぎゅうぜんじんご〉㊗ 人・牛一体の世界を示す（『広録』上堂175）。

【九山八海】〈きゅうせんはっかい〉㊚㊗ 古代インドの世界観で、須弥山を中心としてその周囲に存在するとされる山（高処）と、海（低処）をいう。

【九帯】〈きゅうたい〉㊚ 浮山法遠が示した機関。①仏正法眼蔵帯、②仏法蔵帯、③理貫帯、④事貫帯、⑤理事縦横帯、⑥屈曲帯、⑦妙叶帯、⑧金針双鎖帯、⑨平懐常実帯。これを九帯という。

【旧都を錯る】〈きゅうとをあやまる〉㊗ 都の処在が不明となる、自身の行くべき修行の道を錯る（『卍山本』偈頌43）。

【九白】〈きゅうはく〉㊚㊗ 九年というに同じ。インドでは一年を白というのは、白は雪の意で、一年一雪の故だという。また、白は白夏・安居の意で、安居は一年一回、故に一年を一白とする説もある。

【究理坐看】〈きゅうりざかん〉㊚㊗ 仏法の道理を坐して参究し体認すること。

【久立伏惟珍重】〈きゅうりゅうふいちんちょう〉㊗ 珍重は挨拶の語。立って説法を聞く大衆に対して、説法の終りに師家が使う謝辞。更に「身体を大事に、さようなら」の意味をも持つ。また、さらに丁寧にいう言葉には、「久立衆慈、伏惟珍重」というのがあり、学人が坐って聞いていた場合には、ご苦労さまの意味で「坐久成労」という言葉を用いる（『広録』小参2、9、10、11、16、17、19、20）。

【窮臘】〈きゅうろう〉㊚㊗ 十二月の末。

【窮臘蓮】〈きゅうろうのはちす〉㊗ 十二月の蓮。この世に実在しないもの。

【機要】〈きよう〉㊚㊗ 最も大切で肝心なこと。

【彊為】〈きょうい〉㊗ 無理矢理強引に我を通し実行すること（『広録』法語5）。

【憍逸】〈きょういつ〉㊗ 自分勝手に。恣意的に（『広録』法語14）。

【澆運】〈ぎょううん〉㊚㊗ 末世のこと。

【郷間】〈きょうかん〉㊚㊗ 郷土のこと。この場合は、日本

のこと（『眼蔵』袈裟功徳巻、(岩)上・192、安居巻、(岩)下・91、『広録』偈頌41）

【郷間禅上座】〈きょうかんぜんじょうざ〉(広) 禅上座は不詳だが、道元入宋時、先に天童山に安居していた栄西の弟子といわれる隆禅という僧で、この偈頌は隆禅帰国の際に与えたものか（『広録』偈頌42）。

【坑埳堆阜】〈きょうかんついふ〉(広) 坑埳は地面のくぼみ、あな。堆阜は小高い土の山（『広録』上堂414）。

【澆（僥）季】〈ぎょうき〉(眼)(広) 世の中の道徳人情の廃れたこと。世のすえ、末世。

【教家】〈きょうけ〉(眼)(広) 教相家の略。釈尊一代の仏法の道理を教相判釈、つまり理論によって種々に分類分析して、それを文字言句によって説明し、自らもそれによって仏道を究めようとする者。天台の五時八教、法相の三時教、華厳の五教など（『眼蔵』弁道話巻、(岩)上・72、谿声山色巻、(岩)上・139、伝衣巻、(岩)上・204、209、嗣書巻、(岩)上・242、仏性巻、(岩)上・340、行仏威儀巻、(岩)上・345、346、『広録』上堂31、法語4）。

【行解】〈ぎょうげ〉(眼)(広) 修行と知解。実際的な修行と論理的な理解。行と悟。道元は行と解とを対立するものとはせず、行即解とし、修行の全体が知解そのものであると説く（『広録』上堂498）。『眼蔵』仏経巻（(岩)中・255）を参照。『学道用心集』に「文字を先とせず、解会を先とせず……行解相応する、これ正師なり」とある。

【教家算砂の輩】〈きょうけさんしゃのともがら〉(広) 教家も算砂の輩も、仏の教えを文字言句のみによって種々に分類分析して極めようとするもの（『広録』上堂31）。

【教外別伝】〈きょうげべつでん〉(眼) 不立文字と同じく、経論を所依とする諸宗派に対して禅宗独自の立場を主張する標語。文字に表現された一切の言教を超えて、以心伝心、直に仏心印を単伝するということ。『眼蔵』仏教巻（(岩)上・364）を参照。

【香厳寺】〈きょうげんじ〉(眼)(広) 詳しくは香厳長寿寺という。河南省鄧州（南陽）の武富山党子谷に在り、六祖慧能の法嗣慧忠国師自ら開創してここに寂す。のち智閑ここに住し、撃竹悟道の因縁をもって聞こえる。

【行玄禅人】〈ぎょうげんぜんにん〉(広) 伝不詳だが、十四歳にして出家し、歳若きながらも道元の膝下において懸命に参禅弁道に励んだ若年僧（『広録』法語13）。

【香厳智閑】〈きょうげんちかん〉(眼)(広)（?～八九八）。潙山霊祐の法嗣。はじめ百丈懐海に従って出家し、のち潙山に参じ、潙山より父母未生已前の一句を道取せよと詰問されて答えられず、それは文字知識の及ぶところでは無いことに気づき、自分の所持していた書籍を全部焼き捨て、武当山の慧忠国師の遺跡に庵居するが、ある日、庭前の掃除のついで瓦礫が竹にぶつかる音を聞いて忽然大悟した（撃竹翠竹悟道の因縁）。悟道の因縁は『眼蔵』谿声山色巻（(岩)上・137-138）に出る。鄧州の香厳寺に開法、襲灯大師と諡す。偈頌二百余篇あり（『広録』法語2）。『眼蔵』神通巻（(岩)上・378）、行持上巻（(岩)中・34）、祖師西来意巻（(岩)中・387）、『伝灯』十一・香厳智閑章（(大)51・284b-c）、『会要』八・香厳智閑章を参照。⇩「香厳寺」

【京口】〈きょうこう〉(広) 船子和尚の法嗣となる夾山善会は、もと京口（江蘇省）の竹林寺に住して高名であった。

【仰山慧寂】〈きょうざんえじゃく〉(眼)(広)（八〇七～八八三）。潙山霊祐の法嗣。韶州懐化の人。姓は葉氏。はじめ耽源応真に参じ、後に潙山に得法して仰山に住し、また観音に移って宗風を挙揚する。その門葉は潙山とともに称せられて潙仰宗という。梁貞明二年（九一六）寿七十七にして示寂。語録一巻あり。智通大師と勅諡される（『伝灯』十一・仰山慧寂章、(大)51・282a）。『眼蔵』大悟巻（(岩)上・394）、行持下巻（(岩)中・59）、仏道巻（(岩)中・224）、他心通巻（(岩)下・108）を参照。

【仰山問曰、遮頭得恁麼低……】〈きょうざんとうていわく、しゃとうとくいんもてい……〉(広) 仰山慧寂と潙山霊祐との問答。物には高低という分限があり、それを平にしてしまったところには真実は無い、とする仰山の語を師の潙山が肯った公案（『広録』頌古66）。『伝灯』十一・仰山慧寂章（(大)51・282b）を参照。

【行持】〈ぎょうじ〉(眼) 行は修行、持は護持、持続の意。仏道を修行し護持し、永久に持続し懈怠しないこと。仏道は行事ではなく行持である。『眼蔵』行持巻を参照。

【憍尸迦】〈きょうしか〉(眼)(広) 梵語 Kauśika 帝釈天の人間だったときの姓。三十三天の天主。

【行者】〈ぎょうじゃ〉(眼)(広) ⇩「あんじゃ」

【教迹】〈きょうじゃく〉(広) 仏の説いた教法のあと。

【拱手】〈きょうしゅ〉㊜ 本来は両手を胸前に重ねて行う礼のことで、吉事には男は左、女は右を前にする。凶事はその反対。が、ここでは「世医拱手」の意で、つまり名医が手を束ねて何事もしないことの意から医者をいう（『広録』上堂381、頌古34）。

【行住坐臥】〈ぎょうじゅうざが〉㊟㊜ 行は行い（経行）、住は居住、坐は坐禅、臥は臥床。日常の行為全て。転じて、仏法は、気付かないが日常生活の中に現出しているという意（『眼蔵』諸悪莫作巻、㊢上・149、行仏威儀巻、㊢上・652、諸法実相巻、㊢中・233、『広録』上堂233、324）。

【行粥飯僧】〈ぎょうしゅくはんそう〉㊟㊜ 粥飯の給仕をする僧。

【鏡鑄像】〈きょうじゅぞう〉㊟㊜ 鏡に映った姿（鑄像）を見て、本物と思ってはいけない。鑄像はあくまでも鑄像である。『伝灯』五・南嶽懐譲章（㊅51・241a）また『眼蔵』古鏡巻（㊢上・287）を参照。

【行昌】〈ぎょうしょう〉㊟（生没年不詳）。六祖大鑑慧能の法嗣で江西志徹と称す。江西の人、姓は張子、禅宗が南北二宗に分かれた頃、北宗の徒の依頼により六祖に害を加えようとしたが、かえって六祖の接得によってその門に入り、名を志徹と改めたという（『伝灯』五・江西志徹章、㊅51・238c）。

【憍陳如】〈きょうじんにょ〉㊟㊜ ⇩「阿若憍陳如」

【鏡清和尚】〈きょうせいおしょう〉㊟㊜（八六四～九三七）。鏡清道怤、または龍冊寺道怤という。雪峰義存の法嗣。温州（浙江省）永嘉の人、姓は陳氏。雪峰に得法の後に鏡清禅院に住し、さらに龍冊寺を創める。常に「啐啄の機」の話をもって後学を教える。天福二年（九三七）示寂、寿七十四。順徳大師と称す（『伝灯』十八・順徳大師章、㊅51・241a）。鏡清道怤と一僧の門外の雨だれの音についての問答は『碧巌録』四十六則（㊅48・182b）。『眼蔵』行持上巻（㊢中・22）を参照。

【行世夢然】〈ぎょうせぼうぜん〉㊜ 行世は世間。浮世のさまは夢のごときもの（『広録』偈頌22）。

【行足】〈ぎょうそく〉㊟ 智慧は目のごとく、行は足のごとしということから実践躬行を行足という。

【翹足を学す】〈ぎょうそくをがくす〉㊟ 翹足は足をつまだてること。釈尊がかつて底沙仏の下で修行したとき、一週間の翹足するという苦行をした故事によって、真剣な求道の志気を学ぶべしとの意（『眼蔵』礼拝得髄巻、(岩)上・119）。

【行治】〈ぎょうち〉(広) 仏道にかなった行為とその成果。

【教中道く、一切賢聖……】〈きょうちゅういわく、いっさいけんしょう……〉(広) 全ての賢聖は、みな無為法（変化・差別する相対的な事象に対して常住・平等な絶対的な真実）を体得して、その上で差別の用（はたらき）がある、ということ。『金剛般若経』（(大)8・749b）に出る（『広録』上堂202）。

【暁天将に到りなんとして東を指す】〈ぎょうてんまさにいたりなんとしてひがしをさす〉(広) 明け方近く、北斗星の柄は東に向いて落ちて行く（『広録』偈頌107）。

【競頭】〈きょうとう〉(眼)(広) 互いに競って。

【行堂】〈ぎょうどう〉(眼)(広) ⇩「あんどう」

【行と不】〈ぎょうとふ〉(広) 修行するものとせざるもの。

【経入蔵禅帰海】〈きょうにゅうぞうぜんきかい〉(広) 馬祖が西堂智蔵と百丈懐海にかけた語で「経の教えは全てが（西堂）智蔵のもとに帰し、禅の教えは全て（百丈）懐海のもとに帰するが、ただ（南泉）普願は経と禅を超越した世界に逍遙している」といったこと（『広録』上堂13）。

【蕎（喬）麦】〈きょうばく〉(広) 麦の一種で、初秋に蒔くと七十日で収穫できるところから、現報に喩える（順現報受）（『広録』上堂517）。

【暁風】〈ぎょうふう〉(広)『広録』偈頌53は『祖山本』には「家風」とする（『広録』上堂88、104、266）。

【行法】〈ぎょうほう〉(眼)(広) 修行と教法。曹洞宗では、行法（行事）をそのまま行持（仏行を護持し持続すること）とするが、それは後のこと。

【行棒】〈ぎょうぼう〉(眼)(広) 行棒下喝のこと。師家の学人に対する接化の手段。棒で打ったり喝したりすること。

【軽慢】〈きょうまん〉(眼)(広) 軽んじてあなどり、慢心すること。

【憍慢】〈きょうまん〉(眼)(広) みずからをほこり、他をしのぎ、尊大ぶること。

【行履】〈ぎょうり〉(眼)(広) ⇩「あんり」

【魚鰕を摭わん】〈ぎょかをすくわん〉(広) 小魚とえび。雑魚を釣ること。

【居起万福】〈きょきばんぷく〉(眼)(広) 居起は起居で、立ち居振る舞い。日夜・始終。万福は幸福でありますようにの意。上機嫌。御機嫌よろしくの意。長上のものへの常套的な挨拶語（『眼蔵』栢樹子巻、(岩)中・105、『広録』上堂32、206、218、250）。

【嘘嘘声】〈きょきょせい〉(広) 啼泣の声（『広録』上堂31）。

【去去来来】〈きょきょらいらい〉(広) 四方八方に自由自在。

【玉人】〈ぎょくじん〉(広) 仏道修行者、禅者のこと（『広録』偈頌60）。

【曲直の縄】〈きょくちょくのなわ〉(広) 曲直とは、曲がったことと、まっすぐなこと。縄は、古来より縮尺を計る道具として使われたことから、転じて規則・規律（『広録』頌古16）。

【玉兎】〈ぎょくと〉(広) 月の別称（『広録』上堂2、145、277、偈頌27、81）。

【玉女喚廻す三界の夢……】〈ぎょくにょかんかいすさんがいのゆめ……〉(広)『宏智録』一に出る達磨一則というのは、非思量の境になった玉女が三界が夢であると喚びさまされるようなことであり、また木人のように非思量の境となって六根のはたらきを坐断することである（『広録』上堂187）。

【曲木座上】〈きょくもくざじょう〉(眼) 曲彔・縄床等、説法の座をいう。

【玉輪】〈ぎょくりん〉(広) 仏の智慧の作用（『広録』上堂263）。

【虚劫】〈きょごう〉(広) むなしい無限に長い時間（『広録』上堂525）。

【拠坐（座）】〈きょざ〉(眼)(広) こざとも。床坐（法坐）に腰を据えること。拠は据に通ず。百丈が弟子の黄檗に仏法の伝授は言葉では示し得るものではないことを拠坐・帰方丈という実践をもって示した（『眼蔵』四馬巻、(岩)下・141、『広録』上堂131、頌古44）。『会要』七・黄檗章に出る。

【居諸】〈きょしょ〉(広) 日月のこと。日居月諸、おなじく月日のこと（『広録』偈頌50）。

【許多】〈きょた〉(眼)(広) こたとも読む。「いくそばく」または「どれほど」「これほど」「これほど多く」の意。

【渠儂】〈きょのう〉(広) 彼と我。また三人称代名詞、彼。

【挙歩】〈きょほ〉(広) 歩幅（『広録』上堂257、522）。

【拠令而行】〈きょれいじぎょう〉(広) 規律に随って仏法を行ずること（『広録』小参1）。

【機輪】〈きりん〉㊜ はたらき（『広録』上堂171）。

【麒麟頭角】〈きりんずかく〉㊜ 麒麟の角はあることはあるが、それは肉に覆われていて表面に現われていない。そのことから、珍しい希なことをいう（『広録』上堂167、469）。

【戯弄】〈ぎろう〉㊜ たわむれる（『広録』上堂20）。

【掀回】〈きんかい〉㊜ 手で高くささげて回すこと（『広録』頌古19）。

【金鏡】〈きんきょう〉㊜ 月のこと（『広録』偈頌78）。

【金鶏（雞）】〈きんけい〉㊜ 天に住むという鶏のことで、ここでは太陽のこと。または暁の明星を指し、人の昏夢を覚めさせる法の祖述者に喩える（『広録』上堂145）。

【銀山鉄壁】〈ぎんざんてっぺき〉㊜ 銀と鉄は堅いものの代表、山と壁は峻厳にしてよじり難い。思慮分別の及ばぬ喩え。全く歯のたたぬこと（『広録』偈頌4）。

【琴詩酒】〈きんししゅ〉㊟『唐書』白居易伝の「以琴詩酒為三友」の語より出る。琴は天の理によって引き、詩は人の情に発し、酒は神を祀る儀（『眼蔵』四摂法巻、㊔中・186）。

【擒出】〈きんしゅつ〉㊜ とらえいだす（『広録』偈頌96）。

【今上】〈きんじょう〉㊟㊜ 今上天皇。今、即位している皇帝。

【金針】〈きんしん〉㊜ 金製のはり。布を自在に縫い合わせることから、融通無礙・伝授の意に喩える。

【金星現……】〈きんせいげん……〉㊜ 仏智慧が現出するのをまって自己本来の真の姿を知る（『広録』上堂355）。

【欣然】〈きんぜん〉㊜ 喜んで……するさま（『広録』頌古90）。

【禁足九旬】〈きんそくくじゅん〉㊜ 九十日の安居の間、ひたすら弁道修行して道場の外に出ることを禁ずること。インドにおいて安居は雨期に限られ、その期間中は生物が最も多く繁殖するために、門外に出て誤ってそれらを殺さぬための手段とされた（『広録』上堂257）。⇩「安居」

【金波】〈きんぱ〉㊜ 月の光。月光は波に映されて、波とともに流れて行くの意（『広録』偈頌74）。

【巾瓶】〈きんびょう〉㊟㊜ 禅宗は身心の清浄を旨とする故に常に水瓶（水差し）と手巾とを身辺に置いて手を浄める。故に師僧に侍者として奉事して提撕を受けることを巾瓶に侍すという。あるいは随身するともいう（『眼蔵』行持下巻、㊔中・40、陀羅尼巻、㊔中・287、安居巻、㊔下・88、『広録』上堂291）。

【経行】〈きんひん〉㊟㊜ 坐より立って緩歩することをいう。

『宝慶記』によれば、道元は経行の法をその師如浄より伝受されている。

【経行坐臥】〈きんひんざが〉㊞㊜ 行住坐臥の四威儀。経行は動、坐臥は静、日常生活の一挙一動。経行・坐禅・臥床といったごく日常的なことが真実であるという意(『眼蔵』道得巻、㊨中・141、『広録』偈頌67)。

【掀翻】〈きんほん〉㊜ とびあがり、ひるがえること(『広録』上堂43)。

く

【鼓】〈く〉㊞㊜ 太鼓。ばちで打ち、行事や時刻を知らせるもの。

【庫院】〈くいん〉㊞㊜ 寺院の庫裡、または台所のこと。

【空王威音】〈くうおういおん〉㊜ ⇩「威音空王仏」

【空王那畔】〈くうおうなはん〉㊞㊜ 空王は威音王仏、那畔はほとりの意。天地未開以前というほどの意。威音王以前、空劫已前、父母未生以前、朕兆未萌等というのも同じ意味。

【藕孔】〈ぐうこう〉㊞ 蓮根の孔。

【空劫已前】〈くうごういぜん〉㊞ ⇩「空王那畔」

【空劫已前自己】〈くうごういぜんのじこ〉㊞㊜ 父母未生以前の本来的な真の姿、自分自身の存在(『眼蔵』菩提分法巻、㊨下・23、『広録』頌古47、88)。

【空谷神】〈くうこくのしん〉㊜ 静かな幽谷のこだま(『広録』上堂282)。

【空際】〈くうさい〉㊜ 空の世界(『広録』偈頌41)。

【空手還郷】〈くうしゅげんきょう〉㊞㊜ 手ぶらで国に帰ること。道元が、自らが正法の伝持者であると宣言した一句。かつて中国に留学した僧たちは、いずれも多数の経典や仏像を携えて帰国したのに対し、道元は本師如浄から伝えられた正伝の仏法そのものを体認し伝えた、という自負を表す言葉でもある(『眼蔵』縁由、㊨上・26、『広録』上堂48、『略録』、『卍山本』上堂1)。

【空生】〈くうしょう〉㊞㊜ 梵名 Subhūti(須菩提)の訳名。釈尊十大弟子中、解空第一と称される。⇩「須菩提」

【及尽】〈ぐうじん〉㊜ 及び至る、極め尽くす(『広録』上堂10、315、381、445)。

【究尽】〈ぐうじん〉眼広 極め尽くす（『広録』上堂311、414、421、426）。

【禺中巳】〈ぐうちゅうみ〉広 昼四つ・八更、午前九時〜午前十一時。朝と昼とを区別する時刻（『広録』偈頌119）。

【垢衣】〈くえ〉広 汚れた衣。仏は垢衣のまま十二年修行したという（『広録』上堂176）。

【公界】〈くがい〉眼 公の道場の意。一般大衆の共同に使用する場所。

【具戒】〈ぐかい〉眼 ⇩「具足戒」

【九月重陽】〈くがつちょうよう〉広 陰暦の九月九日の節句（『広録』上堂4）。

【区区進修】〈くくしんじゅ〉広 区区は営々努力すること。進修は修行を進めること（『広録』上堂419）。

【九九八十一】〈くくはちじゅういち〉広 算用では誰でもがそのようになる当然のこと。また、五百文が二つ有れば、これも当然一貫となる（『広録』上堂159、小参4）。

【口業】〈くごう〉眼広 身口意の三業の一で、口で語るところから語業ともいう。口による善悪種のはたらきのこと。

【狗口を合取】〈くこうをごうしゅ〉広 犬の口を合せよ。「黙れ」の意（『広録』頌古33）。

【句後承当】〈くごのじょうとう〉広 宗師家の言句を聞いて理解会得するのは優れたことでは無い（『広録』偈頌125）。

【苦瓠連根苦】〈くこれんこんく〉眼 ⇩「甜瓜徹蔕甜」

【苦哉仏陀耶】〈くさいぶっだや〉広 実に苦々しいことで、釈尊に申し訳ないの意（『広録』上堂129）。

【鳩（倶）尸】〈くし〉広 梵語 **Kuśinagara**（拘尸那竭羅）の略。⇩「鳩尸那城跋提河沙羅林」

【倶尸鶴林】〈くしかくりん〉広 拘尸那竭羅とも。釈尊入滅の地。⇩「鳩尸那城跋提河沙羅林」

【鳩尸那城跋提河沙羅林】〈くしなじょうばつだいがさらりん〉広 鳩尸那城とは梵語 **Kuśinagara** の音写。拘尸那揭（伽・竭）羅とも。中インドにあった都城の名で、釈尊入滅の地とされる。クシナガラは、仏陀時代の十六大国の一つであるマッラ国の都で、現在では、インドのビハール州、ガンジス河の支流ガンダク河の西方、ゴラクプールの東五百十六キロのカシアーの地に比定されている。釈尊はその北郊のサーラ林（沙羅双樹の下）で入滅されたとされる。禅宗の「展鉢偈」に「仏生迦毘羅、成道摩掲陀、説法波羅奈、入滅拘絺羅」とあるが、「拘絺羅」の音写は一般的ではないとされる（『広録』上堂146）。

【倶舎宗】〈くしゃしゅう〉（広） 三世実有・法体恒有を説く『倶舎論』を中心とした宗派（『広録』上堂390）。

【九十長期】〈くじゅうのちょうき〉（広）『卍山本』では「長期」が「剋期」になっているが、剋期は期日をさだめることで、いずれも九旬（九十日間）の長期にわたる夏安居をいう（『広録』小参8、11）。⇩「安居」

【苦集滅道】〈くじゅうめつどう〉（広） これを四諦、または四聖諦という。迷悟の因果を説く仏教の根本義で、釈尊の鹿野苑での初転法輪（初説法）は、苦・集・滅・道とする四諦の真実を説いたとされる。苦諦は生死の苦で、現実世界を苦とする。集諦はその苦の原因が煩悩と善悪の諸法によること。滅諦は煩悩・業を滅すれば寂滅の涅槃に入ること。道諦はこの滅にいたる手段・修行である八正道をいう。苦と集とは迷の結果と原因、滅と道とは悟りの結果と原因で、転迷開悟の要諦を示した仏教の四綱領である（『広録』上堂412）。『眼蔵』仏教巻（（岩）上・368）を参照。

【九旬安居】〈くじゅんあんご〉（眼）（広） 九十日間の夏安居の期間。⇩「安居」

【庫司】〈くす〉（眼） 都寺・監寺・副寺の三役の総称。

【狗子何ぞ狗子の性無き】〈くすなんぞくすのしょうなき〉（広） 狗（犬）には狗の性質があるという意（『広録』偈頌124）。趙州従諗の「狗子仏性話」の公案をよりどころとしている。『眼蔵』仏性巻（（岩）上・339-341）、『広録』頌古73を参照。

【具足戒】〈ぐそくかい〉（眼）（広） 比丘・比丘尼の受持する大戒で、『四分律』では、比丘には二百五十戒、比丘尼には三百四十八戒ある（『広録』上堂381）。

【具足根力】〈ぐそくこんりき〉（広） 五根五力のすぐれた能力をもった人（『広録』上堂151）。

【九族生天】〈くぞくしょうてん〉（広）「一子出家、九族生天」と連句し、一子が出家し仏門に帰依すれば、その九族が天界に生ずるという伝承。九族とは、高祖父・曾祖父・祖父・父母・己・子・孫・曾孫・玄孫をいう（『広録』上堂524）。

【供達】〈ぐたつ〉（眼） 述べたてる意。

【九度重陽を見ん】〈くたびちょうようをみん〉（広） 永平寺での九回目の陰暦九月九日の節句。建長四年（一二五二）とすると道元最晩年のことである（『広録』偈頌108）。

【口壁に掛く】〈くちかべにかく〉(広) 口を壁にかけて用いないこと。沈黙するさまから転じて、教説を言葉を労して多弁に論ずるのではなく、黙坐のうちに坐禅功夫すること。『眼蔵』菩提分法巻（(岩)下・28）に「唖子界の諸人は唖子にあらず、諸聖慕わざるなり、己霊重ぜざるなり、口これ壁に掛くるの参究なり、一切口を一切壁に掛けるなり」とある（『広録』偈頌18）。

【口錐の如し】〈くちきりのごとし〉(広) 錐は、『眼蔵』菩提分法巻（(岩)下・27）に「念覚支は……口似椎眼如眉」などとあるように、椎であろう。ちなみに『卍山本』は「槌」とある。槌・椎は、それを叩いて大衆に告報する法具（『広録』偈頌37）。

【句中の玄機】〈くちゅうのげんき〉(広) 言句を介在としてその言句の玄旨をさとる。臨済三玄の一（『広録』上堂465）。

【欻起】〈くっき〉(広) 欻はたちまちに、にわかにの意（『広録』上堂193）。

【屈眴布】〈くつけんぷ〉(眼)(広) くつじゅんぷとも読む。達磨所伝の袈裟。青黒色にして裏は碧の本綿の袈裟。第一布といい、大細布ともいう。

【窟籠】〈くつろう〉(眼) 各自の旧見に束縛されて自由のはたらきが無いことをいう。あるいは単に住処または境界の意にも用いる。

【倶胝和尚】〈ぐていおしょう〉(眼)(広) 金華倶胝（伝不詳）。唐代の人。婺州金華の人、はじめ住菴のとき、一尼のために詰問されて大いに発憤し、諸方を歴遊して、ついに天龍に参じ、一指頭の禅を伝受されて大悟し、何人が問い来っても、ただ無言で一指をたてて答えとしたという。これより問者あれば常に一指頭を竪起し、一生用不尽という。また、常に倶胝観音呪を誦したので、倶胝と称せられる（『伝灯』十一・倶胝章、(大)51・288a-c）。『眼蔵』行持上巻（(岩)中・26）、遍参巻（(岩)中・360）にその名が見える。

【倶胝一指】〈ぐていのいっし〉(広) 馬祖下の大梅法常に法を嗣いだ天龍より一指頭の禅を伝えられた金華倶胝は、一生の間、誰が問い来っても、ただ無言で一指を立てて答えたという（『広録』法語5、11）。⇩「倶胝和尚」

【庫堂】〈くどう〉(眼)(広) 寺院の台所で七堂伽藍の一つ、庫院のこと。庫は倉庫。台所。⇩「庫院」

【功徳の高峰塵尚運ぶ】〈くどくのこうほうちりなおはこぶ〉(広) 功徳は少しずつでも積む方がよい（『広録』偈頌113）。

【瞿曇】〈くどん〉(眼)(広) 梵語 Gotama または Gautama（喬答摩）の音訳。最上の牛の意味で、インド王族の姓氏の一つ。釈尊の別称。本来は釈迦族の姓であったが、釈尊一人を指すようにもなった。南方仏教では、釈尊を瞿曇仏という。

【瞿曇老眼睛】〈くどんのろうがんぜい〉(広) 瞿曇は釈尊。老眼睛は釈尊の眼（『広録』偈頌88）。

【拘那含牟尼仏】〈くなごんむにぶつ〉(眼)(広) 梵語 Kanakamuni 過去七仏の第五仏。人寿三万歳のとき、清浄城に生まれ、優曇鉢羅樹下に成道して説法度生するという。賢劫千仏の第二仏。

【口吧吧地】〈くははち〉(眼)(広) 口やかましくいうこと。

【功夫】〈くふう〉(眼)(広) 修行弁道、参禅弁道すること。

【功夫耕道】〈くふうこうどう〉(眼)(広) 耕道功夫とも。修行に専心し精進努力すること。

【雲松柏に封じて……】〈くもしょうはくにふうじて……〉(広) 雲は松柏を覆って、池の楼台は古色をたたえている（『広録』偈頌111）。

【雲は青天に在り……】〈くもはせいてんにあり……〉(広) 薬山惟儼に参じた李翺の語句に「雲晴天に在り、水は瓶に在り」（『伝灯』十四・雲巌曇晟章、(大)51・312b）とある。それぞれのものがそれぞれのあるべき場所にあって絶対であることを示す。諸法実相のありのままの姿（『広録』小参15、偈頌121）。

【雲、山に閑なり】〈くも、やまにしずかなり〉(広) 雲は雲水・修行僧、山は大仏寺。山居して参禅するさま（『広録』上堂158）。

【鳩摩羅多】〈くもらた〉(眼)(広) 梵語 Kumāralabdha 禅宗の伝灯ではインドにおける第十九祖。月氏国の婆羅門。はじめ外道を信じて仏法を信ぜず、第十八祖伽耶舎多の所説に感応し、後に道果を証す。『眼蔵』三時業巻（(岩)下・125）、深信因果巻（(岩)下・202）を参照。

【句裏】〈くり〉(眼)(広) 文字言句を通して宗旨を理解することは易しいが、認識した宗旨を言葉で表現することは難しいという意。

【拘留（楼）孫仏】〈くるそんぶつ〉(眼)(広) 梵語 Krakucchanda 過去七仏の第四仏。人寿八百歳のときに出世し、尸利沙樹下にて成道したという。賢劫千仏の第一仏。

【裙】〈くん〉(眼) 腰衣のこと。形袴のように襞のあるもの。

裙子または内衣ともいう。

【君子長至】〈くんしちょうし〉(広)『荊楚歳時記』の「冬至一陽生則道長、以見君子道長」にちなむ語句か。正しい君子（為政者）の道は次第に成長し、長久でめでたいということ（『広録』上堂135）。

【薫修】〈くんじゅ〉(広) 香を身に薫じづけるように、善なる習慣をつけさせる修行。同義に薫習《くんじゅう》がある（『広録』上堂458、507）。

【薫蕕】〈くんゆう〉(眼)(広) 良い香と悪い香（『広録』上堂242）。

【薫力】〈くんりき〉(眼) 薫習の力のこと。全ての経験を潜在的の勢力として心中に薫じ留めた力の意。

け

【慶快】〈けいかい〉(眼)(広) 喜ばしいこと。

【契経】〈けいきょう〉(眼) かいきょうとも読む。梵語 sūtra（修多羅）の訳語で仏教経典のこと。

【罣礙】〈けいげ〉(眼)(広) 本来は妨げるの意だが、転じて菩提心を妨げる妄想や煩悩をいう。

【鶏山】〈けいざん〉(広) ⇩「鶏足」

【稽首】〈けいしゅ〉(眼)(広) 頭を地につけてする敬礼で、インドでの最も丁重な礼拝とされる。両手をもって対者の足を頂き、自己の頭面をその足に接する礼法をいう。接足作礼・頭面礼足・五体投地・頂礼等という。

【髻珠（髻中）の珠】〈けいしゅのたま〉(眼)『法華経』安楽行品（(大)9・38c）に出る譬喩。特に大功あるものに国王が髻中の明珠を与えたということで、すでに仏道初門の修行を経てさらに向上通趣しようとするものに、仏が法華一乗法を説いたことを示す（『眼蔵』一顆明珠巻、(岩)上・92、法華転法華巻、(岩)上・259、行持上巻、(岩)中・30、31、大修行巻、(岩)下・61）。

【稽首和南】〈けいしゅわなん〉(広) 稽首は頭を地につけて敬礼することで、インドにおける最も丁寧な礼。和南は、おなとも読む。敬礼・恭敬のことで、尊敬をささげること。

【谿（渓）声山色】〈けいせいさんしき〉(眼)(広) 谿の声、山の色は仏の説法そのものであり、仏の清浄身でないものはなに一つないということ（『広録』上堂8、偈頌24）。『眼蔵』には谿声山色巻がある。

【鼷鼠】〈けいそ〉㊗ 小鼠（『広録』小参20）。

【鶏（雞）足】〈けいそく〉㊕㊗ 鶏足山のこと。中インド摩訶陀国伽耶の東南にあり、摩訶迦葉尊者の入滅の地とされる。迦葉は釈迦牟尼仏より伝来した袈裟を弥勒に伝えるべく鶏足山に入って、それを奉受して弥勒の出世を待つという。

【雞足の遺風】〈けいそくのいふう〉㊕ 鶏足山は迦葉尊者入滅の地であるから、迦葉尊者の遺風ということ（『眼蔵』弁道話巻、㊓上・77）。

【鶏足の眼睛】〈けいそくのがんぜい〉㊗ 鶏足は鶏足山。摩訶迦葉入寂の山。摩訶迦葉は釈尊より伝来した袈裟をこの山で弥勒に伝えるという。眼睛は肝要なること。迦葉尊者の入滅の遺風（『広録』上堂135）。

【京兆米胡】〈けいちょうべいこ〉㊕㊗（生没年不詳）。潙山霊祐の法嗣。南嶽下。京兆米和尚とも七師・米七師とも称される（『伝灯』十一・京兆米和尚章、㊅51・285c）。

【景徳禅寺】〈けいとくぜんじ〉㊕㊗ ⇩「天童山景徳寺」

【景徳伝灯録】〈けいとくでんとうろく〉㊕ 呉僧道原の撰した禅宗灯史。宋の景徳元年（一〇〇四）大成した。過去七仏より法眼文益まで一千七百一人の伝を載せ、禅宗史伝中の白眉として広く依用される。

【罽那尸棄仏】〈けいなしきぶつ〉㊗ 梵語 Ratnaśikhin（剌那尸棄）。漢訳して宝髻・宝頂という。釈尊が因位において初僧祇の修行終了のときに会った仏。

【鶏皮鶴髪】〈けいひかくはつ〉㊗ 年をとり皮膚はおとろえて鶏皮のようにシワがふえ、頭髪は鶴羽のように白くなったという意。年老いた形容（『広録』偈頌71）。

【圭峰】〈けいほう〉㊗ 圭峰宗密（七八〇～八四一）。荷沢宗。華厳宗五祖。果州（四川省）の人。大徳道円の禅を学び、後に華厳宗の澄観に参じて華厳教学を収め、終南山の智炬寺に住し、教禅一致論を展開する。会昌元年（八四一）示寂、寿六十二（『伝灯』十三・圭峰宗密章、㊅51・305c）（『広録』上堂447、法語14）。

【鶏鳴丑】〈けいめいうし〉㊗ 夜八つ・四更、午前一時～午前三時（『広録』偈頌115）。

【瓊林不宿千年鶴】〈けいりんふしゅくせんねんのつる〉㊛ 瓊林は玉のように美しい林をいう。千年の寿命をもつ鶴であっても寒暖に従って生活している（『広録』上堂327）。

【掲簾放簾】〈けいれんほうれん〉㊛ 僧堂の前門後門の簾（たれぎぬ）を巻き上げたり、閉じたりすること。僧堂生活の日常である（『広録』上堂60）。

【華開世界起】〈けかいせかいき〉㊀㊛ インド第二十七祖般若多羅尊者の付法偈「心地生諸種因事復生理、果満菩提国、華開世界起」（『伝灯』二・般若多羅章、㊅51・216b）の末句。梅花が開くときその姿のままが春の世界なりの意（『眼蔵』空華巻、㊐中・166、梅華巻、㊐中・327、遍参巻、㊐中・357、優曇華巻、㊐中・393、『広録』上堂300、458）。

【化機】〈けき〉㊀㊛ 教化のはたらき。

【化儀】〈けぎ〉㊀㊛ 化導の儀式の意。仏が衆生を化益する説教の様式・仕方のこと。

【加行】〈けぎょう〉㊀ 究極の目的を達するための手段として修する予備の行をいう。

【解行】〈げぎょう〉㊛ 知解と修行（『普勧坐禅儀』）。

【下下人上上智】〈げげのひとじょうじょうのち〉㊛ どのような人間にも最上の仏智が具わる（『広録』上堂320）。

【化原】〈けげん〉㊀ 教化の原、教えの源本ということ。

【華厳休静】〈けごんきゅうじょう〉㊀㊛（生没年不詳）。唐代の人。洞山良价の法嗣。福州東山の華厳寺に住し、後に後唐の荘宗に徴せられて法要を説く。河朔平陽に寂す。宝智大師と諡す（『伝灯』十七・休静章、㊅51・338a）。

【化糸の説】〈けしのせつ〉㊀ 絹糸は繭の変化したものであるから殺生にあらずと主張する道宣律師の説（『眼蔵』袈裟功徳巻、㊐上・175、伝衣巻、㊐上・208、鉢盂巻、㊐下・74）。『法苑珠林』三十五（㊅53・561a–b）に出る。

【化主】〈けしゅ〉㊀㊛ 住職のこと。または、禅院の勧化主任のことで、檀信徒から金銭などの布施を勧募し、寺院経営にあたる役職。

【偈頌】〈げじゅ〉㊀㊛ 偈は梵語 gatha の音訳。頌は中国語の詩。中国の詩句の形式に則って仏徳や仏祖を賛嘆し、またその仏法や教義を、漢詩の形式をもって詠じたもの。

【芥城劫石】〈けじょうごうしゃく〉㊛ 芥子粒を満たした大きな城、四十里四方の大きな石。いずれも劫の単位。即ち、百年に一度ずつ天人が訪れ、一粒の芥子粒を持ち去ったり、または衣で撫でたりして、城や石がなくなるまでのとてつもなく長い時間を一劫という（『広録』上堂403）。

【華蔵界】〈けぞうかい〉㊄ 盧舎那仏の願行により厳浄された蓮花蔵世界が智慧の光明に満ちている（『広録』上堂188）。

【解脱】〈げだつ〉㊥㊄ あらゆる束縛から解放された自由自在な境地。

【血脈】〈けちみゃく〉㊥ 血統が相続不断であるように、禅宗の伝法相承が人格より人格へと不断に相続することをいう。転じて伝法相承の系譜や、伝戒の系譜を血脈という。

【結菓（果）】〈けっか〉㊥㊄ 草木が実を結ぶ。仏果の円成。

【結界】〈けっかい〉㊥ 仏道修行の粛正を護持するために、一定の地域を区画限定して浄域とすること。

【結菓開華】〈けっかかいげ〉㊄ 草木は秋には実を結び春には花開く、がそれが果たして真実の姿かと疑う（『広録』偈頌104）。

【結跏趺坐】〈けっかふざ〉㊥㊄ 坐禅をするときの坐法の一で、趺は足の甲、跏は足を組んで坐る作法。二つの足の甲を、左右の腿の上に置いて坐る方法。この坐法は大坐、如来坐、蓮華坐ともいわれる（『普勧坐禅儀』）。『眼蔵』坐禅儀巻（㊣中・217）を参照。

【結夏】〈けつげ〉㊥㊄ 結は結制すること、夏は夏安居のこと。夏季に九旬（九十日間）安居の制を結ぶこと。結夏は夏期の安居修行期間の最初の日。陰暦四月十五日。

【結夏得十一日】〈けつげとくじゅういちにち〉㊄ 四月十五日の結夏より数えて十一日目をさす。

【結業因縁】〈けつごうのいんねん〉㊄ 結は煩悩、業因業報の因縁（『広録』偈頌43）。

【抉出】〈けっしゅつ〉㊥㊄ えぐり出す。『眼蔵』眼睛巻（㊣中・367）に紅炉の火はえぐり出してきた達磨の眼だ、と出る（『広録』上堂396）。

【月夕】〈げっせき〉㊥㊄ 陰暦の八月十五日の夜のことで、すなわち中秋の名月の夜のこと。道元は中秋に因んで上堂を行い、弟子たちと偈を詠ずるなどしている。

【月中桂樹】〈げっちゅうけいじゅ〉㊄ 月中にあるとされる桂。五百丈の高さがあり、伐ってもその伐り口はすぐにふさがるという（『広録』上堂77）。

【血滴滴】〈けつてきてき〉㊥㊄ 真情を尽くしたさま。他の人の肺腑をつくさま（『眼蔵』菩提分法巻、(岩)下・26、『広録』上堂412、頌古23、自賛12、偈頌19）。

【月天子】〈げってんし〉(広) がってんしとも読む。太陰（月）を神格化したもの。月宮殿に住み、受楽の生活をする天子とされ、身より光を発し、その寿は天の五百歳という（『広録』上堂521）。

【欠敗】〈けっぱい〉(広) 欠けたところと敗けること（『広録』法語8）。

【血盆】〈けつぼん〉(広) 大きく口を開けることの形容。大丈夫のこと（『広録』上堂113）。『伝灯』十五・徳山宣鑑章（(大)51・317b）また『如浄語録』下（(大)48・129b）に出る。

【化導】〈けどう〉(眼)(広) 仏が衆生を菩薩道へと導き入れること。また、師が資を接化・教化すること。

【外道】〈げどう〉(眼)(広) 仏教以外の教えを信じる者を指す言葉。釈尊在世時のインドでも、仏教以外の有力な教団として六つが挙げられ、六師外道などの言葉が残っている。

【外道石身】〈げどうせきしん〉(広) 外道の迦毘羅（黄頭）の故事（『広録』上堂460）。

【外道・二乗】〈げどう・にじょう〉(眼)(広) 仏教以外の教えに従うものと、二乗すなわち声聞・縁覚に属するもの。

【外道六師】〈げどうろくし〉(眼)(広) 六師外道とも。釈尊在世の時代に中インドで活躍した六人の有力な宗教家。富蘭那・末伽梨拘舎梨・删闍耶毘羅胝子・阿耆多翅舎欽婆羅・迦羅鳩駄迦栴延・尼乾陀若提子をいう。彼等は釈尊と同様に正統派婆羅門教学に対立しそれを徹底的に批判し、独自の宗教を説きながら遊行したとされる。

【懈癈】〈げはい〉(広) 怠けること（『広録』上堂377）。

【化仏】〈けぶつ〉(眼)(広) 応化仏または化身ともいう。三身の一。仏は教化すべき衆生の境遇性格等に応じて種々の身に化現することをいう。

【解路】〈げろ〉(眼)(広) 分別情識にわたる単なる知的な理解のこと。

【夏臘】〈げろう〉(眼) 叢林に夏安居して修行した年数をいう。法臘または戒臘というも同じ。

【繋驢橛】〈けろけつ〉(広) 橛は驢馬を繋ぐ杭。転じて、言葉に執著すれば、それに束縛されて自由な活作略を失うことに喩える（『広録』法語8）。

【源亜相忌上堂】〈げんあしょうきのじょうどう〉(広) 源とは村

上源氏のこと。亜相は唐制では、宰相につぐ官位とされ、日本では大納言・権大納言の異称とされる。したがって、道元は自身が育父とも称する源亜相、つまり、村上源氏の流れをくむ、当時、大納言と称された人物（通具）のために報恩上堂したのである（『広録』上堂524）。⇩「育父源亜相」

【鉗一槌】〈けんいっつい〉㊛ 鉗は首かせ、金ばさみ。槌は金属製つち。師家が修行者を鍛錬する意味に用いる（『広録』頌古49）。

【顕慧禅人】〈けんえぜんにん〉㊛（伝不詳）。禅人は全修行をもっぱらにする人、禅者のこと（『広録』法語7）。

【玄黄】〈げんおう〉㊚㊛ 天は黒（玄）、地は黄。天地の色。

【玄和尚】〈げんおしょう〉㊛ 道元の別称である。希玄にちなむ。

【嶮崖の句】〈けんがいのく〉㊛ 険しい崖のはじに身をさらして翻身する機要の言句（『広録』上堂167）。

【玄覚】〈げんかく〉㊚㊛ ⇩「永嘉真覚」

【玄関】〈げんかん〉㊚㊛ 幽玄微妙なる機関要所。

【見機】〈けんき〉㊛ その人の心のはたらきや能力を見る。

【見解】〈けんげ〉㊚㊛ ものの見方、視点。

【乾元】〈けんげん〉㊛ 天の道、天徳のはじめのもの。乾は天、元は大。東西南北に『易』の元亨利貞の四徳を配すると、東は乾元になり、四方のはじめをいう（『広録』頌古21）。

【見賢思斉】〈けんけんしせい〉㊚㊛ 賢人を見ては、それに斉しくなりたいと思うこと。

【兼挙】〈けんこ〉㊛ 兼ねて挙す。すなわち、外の古則や公案等を持ち出すこと（『広録』法語14）。

【堅高】〈けんこう〉㊛ 堅（賢）人と高士（『広録』法語14）。

【賢劫】〈けんごう〉㊚㊛ 現在の世をいう。この住劫の間に千仏の出世ありといわれ、多数の賢人が世に出るため、賢劫という。

【賢劫千仏】〈けんごうせんぶつ〉㊛ 現在の善劫の間に出世し給う千仏をいう（『広録』上堂269）。

【乾坤】〈けんこん〉㊚㊛ 天地、全世界。

【賢士】〈けんし〉㊛ 賢き人。聖人に次いで徳のある人（『広録』法語1、12）。

【見色明心】〈けんしきみょうしん〉㊚㊛ ものを見て、自己が本来的にもつ真の心性をさとること。五官の眼を機縁とするさとり。耳を機縁とするのを聞声悟道という。

【見色聞声】〈けんしきもんしょう〉(眼)(広) 見色明心聞声悟道の略。見色は眼と対象によって生ずる感覚・認識。聞色は全身心をもって対境を問取すること。霊雲志勤が桃花を見て悟り、香厳智閑が撃竹の音を聞いて悟った故事（『眼蔵』一顆明珠巻、(岩)上・92、『広録』偈頌29、47）。

【玄沙和尚揚眉】〈げんしゃおしょうようび〉(広) 玄沙師備の悟道世界は、眉をあげたり、まばたきするような日常底にこそあるということ（『広録』上堂223）。

【玄沙師備】〈げんしゃしび〉(眼)(広)（八三五～九〇八）。青原下。雪峰義存の法嗣。福州閩県の人、姓は謝氏。芙蓉山の霊訓に参じて出家、咸通五年（八六四）開元寺の道玄律師によって具足戒を受けた。故郷に帰り修行に勤め、霊訓の師、雪峰に得法して後、その化導を助け、応機敏捷をもって聞こえ、後に普応院に住し、さらに玄沙山に移る。開平二年（九〇八）示寂、寿七十四。その持戒の厳格なる故に備頭陀と尊称され、また、謝家の三男であるところから謝三郎とも名乗った。門人十有余人、羅漢桂琛・安国慧球等はその神足である。宗一大師と号す。語録三巻がある（『伝灯』十八・玄沙宗一章、(大)51・343c）。『眼蔵』一顆明珠巻（(岩)上・89）、行持下巻（(岩)中・55）を参照。

【幻処】〈げんしょ〉(広) 幻術者が幻出したところのように実のないところ（『広録』偈頌43）。

【縑緗】〈けんしょう〉(眼) 五色の糸にて縫い飾りすること。『山註』に「縑緗猶言荘飾也」と註がある。

【現（見）成公案】〈げんじょうこうあん〉(眼)(広) 見成は現成と同義。諸法実相、つまり眼前の全てが真実のすがたである、全てのものが現われ出ている現実の世界。古徳が悟りへ導く策略（禅機）とされるが、『広録』上堂60、79に出る「見成公案」は、仏道そのもののこと。仏道そのものが眼前に現われていること。『眼蔵』現成公案巻を参照。

【幻成臭処】〈げんじょうしゅうしょ〉(広) ありもしない臭いのする対象を作りだすこと（『広録』上堂197）。

【巻舒斂放】〈けんじょかんほう〉(眼) 巻いたり舒べたり、斂めたり放ったりの意。自由自在の禅機の活作略をいう。

【現身】〈げんしん〉(眼)(広) 衆生救済のために種々様々に身を現ずること。

【玄子】〈げんす〉㊗広 行玄禅人のこと（『広録』法語13）。⇩「行玄禅人」

【見説】〈けんせつ〉㊗広 古くは「説くならく」と訓じた。訓ずる場合は「見るならく」「いわれるところでは」。聞説は「聞くならく」と訓ずる。……という評判だがの意。

【玄則】〈げんそく〉㊗広 （伝未詳）。法眼文益の法嗣（『広録』上堂15、438）。

【玄則監寺丙丁童子】〈げんそくかんすびょうじょうどうじ〉㊗広（『広録』上堂299）⇩「丙丁童子来求火」

【玄太上座】〈げんたいじょうざ〉㊗眼 不詳。石霜慶諸の法嗣。南嶽玄泰上座（生没年不詳）のこと。唐代の人。沈静寡言にして帛を衣ず、人呼んで泰布衲という。四方の後進の者来り参ずるも門弟とせずに交友の礼を用いた。衡山の東に居して七宝台と称した。寿六十五にして遺偈し、端坐一足を垂れて逝く（『伝灯』十六・南嶽玄泰章、㊗大51・330c）。

【犍稚（揵槌）】〈けんち〉㊗眼㊗広 梵語 ghaṇṭā かんちとも読む。また犍槌・犍椎とも書く。多く木または金属で作る鳴物で、堂内に事を報ずるための鳴らし物。現在は八角の槌となっている。解夏を知らせる木槌を僧堂の土間に響かせる。

【涓滴】〈けんてき〉㊗眼㊗広 しずく。したたり。わずかなしずく。

【見伝】〈けんでん〉㊗広 現在に伝わっている（『広録』上堂304、375）。

【玄徒】〈げんと〉㊗眼 仏法の玄旨を参究する学徒。あるいは玄学・玄侶ともいう。修行者のこと。

【拳頭】〈けんとう〉㊗眼㊗広 こぶし。

【拳頭頂顊】〈けんとうちょうねい〉㊗眼㊗広 こぶし、頭のいただき（『広録』自賛14）。

【拳頭霹靂】〈けんとうへきれき〉㊗眼㊗広 拳頭はこぶし、霹靂ははげしい雷の音。迅雷のように激しく鋭い機鋒をいう（『広録』上堂82）。

【拳頭力を借る】〈けんとうりきをかる〉㊗広 握り拳、師家・善知識の接化。一時は師家の拳頭力、指導力を借りるとはいってもの意（『広録』偈頌94）。

【見毒】〈けんどく〉㊗眼㊗広 邪見を毒に喩えて見毒という。

【懸弁】〈けんべん〉㊗広 懸河之弁の略。滔々たる弁舌の喩え。懸河とは傾斜の激しい河、滝などのことで、滔々たる弁舌の喩え。懸河之弁とは、滔々と水の流れるような弁舌、大弁舌のこと（『広録』法語8)。

【現報】〈げんぽう〉㊪㊛ 現在世に報いを生じること(『広録』上堂517)。

【乾峰和尚】〈けんぽうおしょう〉㊪(生没年不詳)。唐末の人。洞山良价の法嗣。越州乾峰和尚という(『伝灯』十七・乾峰章、㊄51・338c)

【元牓精華】〈げんぼうせいか〉㊛ 元牓は科挙の状元に合格したことを知らせる札。優れた人物の文章は妙華のように徹底的に鮮かで優れているの意(『広録』上堂278)。

【原夢】〈げんむ〉㊪ 夢を判ずること。

【見聞覚知】〈けんもんかくち〉㊪㊛ 見たり、聞いたり、考えたり、知ったりすること。また、感覚知覚のはたらき。

【見由在眼】〈けんよざいげん〉㊪『私記』には「見ることなお眼に在り。能見の眼、所見の境、彼此にあらざるをいう」とある。二者一体の親密なる関係を表す。

【玄侶】〈げんりょ〉㊪ ⇩「玄徒」

【拳を起つ】〈けんをたつ〉㊛ 倶胝に一指頭の禅がある。倶胝は禅旨を問うものがあれば、一指を立てて答えとした。倶胝は、言語を用いず、指一本に尽大地を納めるという禅の活作用で人を説得した(『広録』自賛2)。

こ

【虚庵】〈こあん〉㊛ 虚庵懐敞(生没年不詳)。臨済宗黄龍派。天童雪庵従瑾の法嗣。淳熙十四年(一一八七)栄西が参じて得法した(『広録』上堂441)。

【五位】〈ごい〉㊪㊛ 洞山良价の首唱する五位説で、正偏五位・功勲五位・君臣五位・王子五位がある。中国における曹洞禅の宗意を五位に分けて述べ、学人接得の機関とした。洞山の弟子曹山は師の説を継承して五位の顕訣を作り、臨済の四料簡とともに参禅の要術として広く世に行われる(『広録』上堂221)。

【劫】〈こう〉㊪㊛ 梵語 kalpa(劫波)の略。長時と訳す。数量にて表わしがたい長い時間をいう。

【公案(桉)】〈こうあん〉㊪㊛ 公府(役所)の案牘(公の条文)の意。国家の律法のごときは、天下の公道、不変の理法なりという語より転じて、禅門では仏祖が示した言動などを記して求道者に示し、参究推考すべき問題をいう。

【公案（按）現成】〈こうあんげんじょう〉(眼)(広) ⇩「現成公案」

【高安大愚】〈こうあんだいぐ〉(眼)(広)（生没年不詳）。唐代の人。帰宗智常の法嗣。臨済義玄を接化した人として知られる。

【交椅】〈こうい〉(眼) 脚の交叉した椅子、または曲椽等のこと。

【強為】〈ごうい〉(眼)(広) 強引に行うこと。云為と対。

【光陰、虚しく度ること莫れ】〈こういん、むなしくわたることなかれ〉(眼)(広)『参同契』（(大)51・459b）に出る語（『眼蔵』供養諸仏巻、(岩)下・177、『広録』上堂319、『普勧坐禅儀』）。

【洪焔】〈こうえん〉(広) 大火焔（『広録』上堂484）。

【劫火】〈ごうか〉(眼)(広) 壊劫（成・住・壊・空四劫の一）の末に起る大火災のこと。

【黄河九曲】〈こうがきゅうきょく〉(広) 罠寄にその源を発するという黄河は樹海にそそぐのに九回も曲折して流れる。そのあるがままの姿（『広録』上堂417）。

【広学措大】〈こうがくそだい〉(眼) 飽学措大ともいう。広学は学広きもの、措大は大事を措置する意にして、博学達識の者をいう（『眼蔵』仏経巻、(岩)中・266）。

【恒河沙】〈ごうがしゃ〉(眼)(広) 梵語 Gaṅgā-nadī-vālukā ガンジス河の砂粒ということで、算数し得ないほどに数量の多いことを示す語。

【恒河沙福智】〈ごうがしゃふくち〉(広) 恒河沙は無量無辺の教え。福智は福慧。福徳と智慧（『広録』上堂427）。

【交割】〈こうかつ〉(眼) 役寮などの新旧交代引き継ぎに際して帳簿と什物とを一々照合すること。

【敲磕】〈こうかつ〉(広) ぶつかる音（『広録』上堂138）。

【劫火洞然】〈ごうかとうねん〉(眼)(広) 壊劫の火災は世界を焼き尽くし破壊に導く、劫災。そこに至ってもなお焼き尽くせないものがあるか、という禅門における問題提起の一つである。僧は『倶舎論』世間品、さらに『碧巌録』二十九則（(大)48・169b）に「成住壊空三災劫起って壊して三禅天に至る」とあるように、死んでも死なない本性というものを概念的に固定化した上で、世界が壊れたときは、自己の面目（這箇）はどうなるかを問う。それに対して大随は、三千大千世界とともに壊する洞然たる劫火こそが真実の実体であることを示した（『眼蔵』菩提分

法巻、㊂下・37、『広録』頌古83)。『伝灯』十一・大隋法真章(㊅51・315c)を参照。

【恒規】〈こうき〉㊞㊛ 不変の法度。

【皇基】〈こうき〉㊛ 国家の基(『広録』上堂269)。

【向去】〈こうきょ〉㊛ ……から先。このかた(『広録』上堂236、頌古24)。

【向下】〈こうげ〉㊞㊛ 以後。

【向下節上】〈こうげせつじょう〉㊞ 向・節の意味は取らず、ただ上下というほどの意。また一行の文章の上を節上といい、下を向下というとも解される。

【皓月供奉】〈こうげつぐぶ〉㊞ 皓月は人名(生没年不詳)、唐代の人で、長沙景岑に参じた人。供奉は朝廷で天子や貴人などに奉仕する僧の役名で内供奉とも内供ともいう。長沙と皓月との「業障本来空」の問答は『伝灯』三・慧可大師章(㊅51・221a)に見える(『眼蔵』三時業巻、㊂下・137)。

【劫外春】〈こうげのはる〉㊛ 仏教の世界観を表す三千大千世界は、常に世界の成立より破滅にいたる時期を四つに分けた四劫(成劫＝世界の成立期・住劫＝世界が存在する時期・壊劫＝世界が破滅に向かう時期・空劫＝世界が破壊しさり未だ成劫にいたらない時期)を繰り返すとする。したがって、劫外春は、そうした四劫の外、相対の世界を超えた絶対の世界のこと(『広録』上堂279)。

【向下文長、附在来日】〈こうげもんちょう、ふざいらいじつ〉㊛ 向下節上(経文の各行の上下という意味から、経文の示すところより一層深遠なるところ)なる語があるように、一口にては言い得ないのでまたの機会にするの意(『広録』上堂6)。

【好堅樹】〈こうけんじゅ〉㊛ 地中にあること百年、地上に出ると一日で高さ百丈にもなる樹という。後報に喩える(順後次受)(『広録』上堂517)。

【好箇】〈こうこ〉㊛ ちょうどよい。

【広語】〈こうご〉㊞ 祖師の言句をいう。垂示・普説・法語等全てを含んでいう。広録・語録というに同じ。

【亘古】〈ごうこ〉㊞㊛ いにしえにわたって、古今を通じ永久にの意。

【劫壺】〈ごうこ〉㊛ 劫は永劫、壺は壺中、別天地。悟りの境涯(『広録』上堂223、481)。

【恰恰】〈こうこう〉(広) やわらぐ、融和。

【膠膠綴綴】〈こうこうていてい〉(広) 無心にまとわり、はいまわること（『広録』上堂256）。

【曠劫未明】〈こうごうみめい〉(眼) ⇩「空王那畔」

【闔国】〈こうこく〉(広) 国内残らず、全国（『広録』小参14、18）。

【亘古亘今】〈ごうこごうこん〉(眼) 古と今、過去と現在という意で、無限に長い時間をいう。

【好箇翻身】〈こうこのほんしん〉(広) 悲しみを乗り越えて、諸行無常・会者定離の仏法の示す真実に向き合わねばならぬ機会《とき》という意（『広録』偈頌32）。

【亘古未了亘今到来】〈ごうこみりょうごうこんとうらい〉(眼) 目の前の事が終らないうちに次の事柄がやってくるということ。（『眼蔵』一顆明珠巻、(岩)上・91）⇩「驢事未去馬事到来」

【交衮】〈こうこん〉(眼) 狂風の吹きまわす貌をいう。

【亘今】〈ごうこん〉(眼)(広) 古より現今に至るまで。

【黄昏戌】〈こうこんいぬ〉(広) 宵五つ・初更、午後七時〜午後九時（『広録』偈頌124）。

【高才を得】〈こうさいをう〉(広) 潙山がその弟子石霜を得たこと（『広録』頌古14）。

【衡山】〈こうざん〉(広) 南嶽と同じ（『広録』上堂41）。

【鼇山成道】〈ごうさんじょうどう〉(広) 鼇山は湖南省にある。この話は、雪峰があるとき、巌頭・欽山とともに行脚して鼇山に至るや雪に降り込められ、只管に坐禅したが巌頭に一著を与えられ大悟した因縁。禅の修行は参師聞法・遍参にあるが、究極のところは、他によってもたらされるものではなく、自分自身、自らが直下に把らえるものであることを如実に示した公案（『広録』頌古15）。『碧巌録』二十二則の評唱（(大)48・162c–163a）参照。

【行市】〈こうし〉(眼)(広) 臨時の店。商店街のこと。また行商・相場・市場の意もある。

【講肆】〈こうし〉(広) 書を講ずる場所。法化の道場（『広録』法語1）。

【口似椎、眼如眉】〈こうじすい、げんにょび〉(眼) 口は椎に似、眼は眉の如しとは、『私記』に「声色脱落なり、眼口ありながら無用処なり」とあり、六根が不染汚であることをいう（『眼蔵』菩提分法巻、(岩)下・27）。

【恒沙】〈ごうしゃ〉㊐㊗ ⇩「恒河沙」

【咬嚼】〈こうしゃく〉㊗ 咬・嚼ともにかむの意（『広録』上堂12、150）。

【香積局】〈こうしゃくきょく〉㊐㊗ 香積とは『維摩経』に説く衆香世界の仏名で、香積仏の食する飯を香積飯といい、仏餉を供する僧の居る所を香積局という。転じて一般僧衆の食物を調理し供給する所、庫院。普通に禅林における典座寮、または庫裡を香積局とも香積台ともいう。

【高沙弥】〈こうしゃみ〉㊐㊗（生没年不詳）。唐代の人。薬山惟儼の法嗣。高という沙弥の意。薬山を辞した後、草庵に住して往来する人を接化したといわれる（『伝灯』十四・高沙弥章、㊅51・315c）。

【好手】〈こうしゅ〉㊐㊗ 上手・名人。すぐれた技術、また、それを有する人。転じて、真実の修行の熟した宗師家。

【興聖】〈こうしょう〉㊐㊗ 道元自身のこと。自己の住院の寺名をもって自称とする故に、興聖寺住院の時代には興聖と自称する。

【広成】〈こうじょう〉㊐ 広成子は『荘子』中に出る伝説の人。

【向上】〈こうじょう〉㊐㊗ 以前。さらにその先。その上。さらにその上。仏法の最奥の宗義。大悟徹底した仏の境涯。

【興聖禅寺】〈こうしょうぜんじ〉㊐㊗ 道元が中国留学から帰国後、京都の深草（京都市伏見区）に最初に建立した禅の根本道場。天福元年（一二三三）、極楽寺内にあった一寺に移錫し、古くは観音導利院と称したが、嘉禎二年（一二三六）寺内を整備し、法堂の開堂式を行った際に観音導利興聖宝林禅寺と改称した。道元はこの地で十一年間禅風を振ったが、越前に移錫した後は廃頽した。現在の興聖寺は中興の祖とされる万安英種（一五九一～一六五四）が慶安二年（一六四九）に現在地（京都府宇治市宇治山田）に再興したものである。

【向上に道膺と名づけず】〈こうじょうにどうようとなづけず〉㊐㊗ 雲居道膺が洞山良价に参じたとき「闍梨名は甚麼ぞ」と名を訊かれた際の問答で仏向上の世界は特定の名をつけることができないことをいう（『眼蔵』仏向上事巻、㊓上・417、『広録』上堂273）。

【向上の点頭】〈こうじょうのてんとう〉㊗ 向上は上に向かって進化すること。仏の境涯を会得し納得する（『広録』偈頌119）。

【向上の道処】〈こうじょうのどうしょ〉(広) よりすぐれた解答や見解のこと（『広録』小参20）。

【向上の風流】〈こうじょうのふうりゅう〉(広) 向上は進歩する、さらにその先へ。風流は、風流袋（『広録』自賛11）。

【高処高平】〈こうしょこうへい〉(眼)(広) 潙山霊祐と仰山慧寂の師弟の問答。高・低、それぞれに分限があり、それをならして平にしてしまえば、そこには真実はありえないことを明らかにした公案。また、あるものがあるべき状態に整っているという意もある（『眼蔵』見仏巻、(岩)中・349、『広録』上堂273、頌古66）。

【孔翠】〈こうすい〉(広) 孔雀と翡翠（『広録』上堂167、469）。

【江西】〈こうぜい〉(眼)(広) 江西は土地の名。馬祖道一は江西に在って大いに禅風を振興させたために師を称して江西という。

【江西和尚】〈こうぜいおしょう〉(広) 馬祖道一のこと。⇩「馬祖道一」

【江西馬大師】〈こうぜいばだいし〉(広) ⇩「馬祖道一」

【向説件事】〈こうせつけんのじ〉(広) 先に説いてきたことはという意味（『広録』法語8）。

【恒刹那】〈こうせつな〉(眼) 恒は怛の誤字か。百二十刹那を怛刹那の量とする。

【肎然】〈こうぜん〉(眼) 任運または自然と同じ。意志を用いて作為しないこと。

【劫前機】〈ごうぜんき〉(広) 天地存在以前のはたらき（『広録』上堂264）。

【江山千万畳】〈こうせんせんまんじょう〉(広) 多くの河川、幾重にも重なった山々。それら全てが仏法を現出している。『眼蔵』唯仏与仏巻（(岩)下・233）に「それただ山河大地のきわもしらざれども、ここをばみる、この処をばふみありくがごとし。生のごとくにあらぬ山河大地よとうらむるおもひなかれ、山河大地よとうらむるおもひなかれ山河大地をひとしきりわが生なりといへりけりとあきらむべし」とある（『広録』偈頌64）。

【蒿草栴檀多少の要ぞ……】〈こうそうせんだんいくばくのようぞ……〉(広) よもぎと栴檀には一体どれほど開きがあるのかという意（『広録』上堂529）。

【耗損】〈こうそん〉(広) 減ったり損なったり（『広録』上堂446）。

【拘滞肯（青）心】〈こうたいごうしん〉(広) とどこおる心（『広

録』法語5）。

【光宅・耽源】〈こうたく・たんげん〉(広) 光宅は南陽慧忠の住した光宅寺。耽源は慧忠の法嗣、耽源真応の吉州耽源山。

【更闌けて……】〈こうたけて……〉(広) 夜坐をしているといつのまにか初更・二更・三更と夜が更けていく（『広録』偈頌1、101、107）。

【膠柱調絃】〈こうちゅうちょうげん〉(眼)(広) 琴の絃を支える琴《こと》柱《じ》を膠で定着して音調を変えずに絃を弾くことから、転じて融通無礙の妙用をもたず、その識見がないことに喩える（『眼蔵』仙陀婆巻、(岩)下・115、『広録』上堂154、頌古57）。

【業通】〈ごうつう〉(眼) 報通ともいい、五種通力の一。宿業によって自然に得る通力。

【黄庭堅】〈こうていけん〉(広) （一〇四五～一一〇五）。宋代の詩人。宋代四大書家の一人。黄庭堅は黄龍・晦堂祖心の下で証契し、その法を嗣いだ居士（『広録』法語14）。

【蒿湯】〈こうとう〉(眼) 蒿はよもぎ草、蒿を干してこれを湯に加え、茶のように飲むもの。

【向道】〈こうどう〉(広) 相対して、相い向かって道う（『広録』上堂364、頌古30、偈頌68）。

【崆峒】〈こうどう〉(眼)(広) 崆峒山。黄帝が曾て至道の要態を問うた上古の神仙広成子は、ここに隠居していたという。『眼蔵』古鏡巻（(岩)上・289）には「軒轅黄帝、膝行進崆峒、問道乎広成子……」と『荘子』四・在宥篇から取意文を引き、『眼蔵』行持上巻（(岩)中・28）には「古人の樹下に居す、在家出家ともに愛する所在なり。黄帝は崆峒道人広成の弟子なり。広成は崆峒といふ巌のなかにすむ。いま大宋国の国王大臣、おほくこの玄風をつたふるなり」と示衆している（『広録』小参2）。

【崆峒華封】〈こうどうかほう〉(眼)(広) 黄帝が崆峒山の石室中に隠居する広成子に至道の要諦を問うた所。華封は陶唐氏のときの華の封人のこと。堯帝が華を視察したとき、華の封人が、堯帝のために寿、富、そして男子の多きことの三事を祈った故事（『眼蔵』山水経巻、(岩)上・227、『広録』法語14）。なお、『事考』は、『文選』の「是以、崆峒有順風之請、華封致乗雲之拝」を引き、その李善注を引用している。

【高堂大観】〈こうどうたいかん〉(眼)(広) 広く眺め渡せる高く立

派な堂塔、一大伽藍の寺院。
【構得】〈こうとく〉㊥ 構は結ぶまたは合わすの義。他の相手になるという意。その反対を構不得という。あるいはまた構を成ると訓んで了解の意にも用いられる。
【剛突】〈ごうとつ〉㊧ 強引に（『広録』小参9）。
【好肉】〈こうにく〉㊧ 立派な肉、精肉（『広録』法語10）。
【曠然縄墨外】〈こうねんじょうぼくがい〉㊥ 広々とした規矩以外の世界ということ。規矩を超越せる自由の世界。
【劫波】〈こうは〉㊥㊧ ⇩「劫」
【洪波】〈こうは〉㊧ 大波（『広録』法語8）。
【向背】〈こうはい〉㊥㊧ 差別の世界で相対的思慮におちいる。
【侯白侯黒】〈こうはくこうこく〉㊥ どちらもどちら、上には上があるなどの意。侯白・侯黒ともに閩（福州）の奸智ある盗人の名。
【烘櫃】〈こうひつ〉㊥ あぶり箱。中に火を入れて物を乾かすもの。
【光仏照】〈こうぶっしょう〉㊥㊧ 拙庵徳光（一一二一～一二〇三）をいう。大慧宗杲の法嗣。光化寺吉禅師に就いて落髪。大慧に啓発されて大悟し、台州光孝寺・霊隠寺等に住し、また育王山にも住す。南宋孝宗帝の帰依を受け、仏照禅師の号を賜る。嘉泰三年（一二〇三）示寂、寿八十三。『奏対録』一巻がある（『会要』十八・仏照徳光章）。『眼蔵』行持下巻（㊐中・65）を参照。
【紅粉作美女】〈こうふんさくびにょ〉㊧ 化粧した人を美人だと思うように、真実を見極められないこと（『広録』上堂2）。
【膏萌】〈こうぼう〉㊧ 地面の潤うこと（『広録』法語8）。
【光明】〈こうみょう〉㊥㊧ 智慧の相。
【光影門頭】〈こうようもんとう〉㊧ 光影は光。転じて実態のないものに執著すること（『広録』上堂461）。
【向来】〈こうらい〉㊥㊧ これまで、いままでの。
【向来道理】〈こうらいのどうり〉㊧ いままで述べたこと（『広録』上堂279、287）。
【毫釐も差有れば……】〈ごうりもさあれば……〉㊥㊧ 毫釐は至極微細の意。円通自在なる仏法は本来迷悟違順のあるものではないが、凡夫は自己の妄想によって、自分自身が本来的にもつ心性を失すること（『眼蔵』菩提分法巻、㊐下・26、『広録』上堂334、480、『普勧坐禅儀』）。『信心銘』

（㊀48・376b）、『伝灯』三十（㊀51・457a）に出る。

【蛟龍】〈こうりゅう〉㊄ みづちとたつ（『広録』上堂239）。『大慧普覚語録』七（㊀47・839a）参照。

【高流】〈こうる〉㊎㊄ 対者に呼びかける語。「参学の高流」（『普勧坐禅儀』）とは参禅学道の人ということ。流は流類または仲間の意、高は尊敬の意を表す（『眼蔵』弁道話巻、㊉上・66、『広録』法語8）。

【洪炉】〈こうろ〉㊄ 洪は広大。炉は香を焚く器（『広録』上堂409、462）。

【紅炉】〈こうろ〉㊄ 仏知恵に喩える（『広録』上堂489）。

【五蘊】〈ごうん〉㊎㊄ 旧訳には五陰という。蘊とは積聚の義。身体を構成する五つの集まり、色蘊・受蘊・想蘊・行蘊・識蘊の五。色蘊は五根・五境等物質的なものの総摂。次の四蘊は心作用を分解するもので、受蘊は事物を受納する感覚の作用。想蘊は境に対して概念を作る知覚作用。行蘊はこれに対して善悪の行為をなす意志作用。識蘊は対境を了別し判断する認識作用。人間の肉体と精神感覚器官を五つの積聚に分けて示したもの。

【氷を鑽って火を得る】〈こおりをきってひをうる〉㊄ 氷をきりもみして火を取るといった神通妙用の自在力（『広録』上堂450）。『如浄語録』下・冬夜小参（㊀48・129a）参照。

【五陰】〈ごおん〉㊎㊄ 五蘊（客観世界全体を構成する色・受・想・行・識）の旧意訳。⇩「五蘊」

【後架】〈ごか〉㊎ 僧堂の背後にある洗面所のこと。架は洗面器等を置く棚。

【古怪】〈こかい〉㊄ 古くて疑わしく怪しいもの（『広録』自賛4）。

【五戒】〈ごかい〉㊎㊄ ⇩「近事戒」

【居家戒】〈ごかかい〉㊎ 在家の者の守るべき戒のこと。⇩「近事戒」

【五岳四瀆】〈ごがくしとく〉㊎ 五岳は泰山・華山・霍山・恒山・崇山をいい、四瀆は江・河・淮・済の四大河をいう。

【胡漢】〈こかん〉㊎㊄ 中国人が用いる中国以外の野蛮な国の蔑称。

【互換投機】〈ごかんとうき〉㊎ 師家と学人と互いに禅機を弄すること（『眼蔵』行仏威儀巻、㊉上・356、阿羅漢巻、㊉中・101）。

【後漢永平】〈ごかんのえいへい〉㊎㊄ 後漢の明帝永平十年

（六七）に、仏教は摩騰迦・竺法蘭によって中国にもたらされたとする。永平寺は、この故事にちなんで名づけられたという（『眼蔵』大修行巻、(岩)下・56、『広録』上堂96、516）。

【五逆罪】〈ごぎゃくざい〉(眼)(広) ①夫を殺す。②母を殺す。③阿羅漢を殺す。④仏身より出血させる。⑤和合僧（僧団）を破る。五種の暴逆なる罪過をいう。五無間業ともいう。

【己躬做】〈こきゅうさ〉(広) 自らの行為（『広録』上堂227）。

【牯牛の閑鼻竅を穿却し】〈こぎゅうのかんびきょうをせんきゃくし〉(広) 牯牛は水牯牛。閑鼻竅は水牯牛の鼻孔。穿却は、徹底して究める。水牯牛の鼻に綱をつける穴を開けること。徹底的に自己の仏性を開発すること（『広録』偈頌42）。

【己躬を弁ず】〈こきゅうをべんず〉(広) 真実の己を究明すること（『卍山本』偈頌15）。

【古鏡】〈こきょう〉(眼)(広) 一切のものを差別なく映すところから、禅宗では特に仏性のありように喩える。古鏡の琢磨は仏道修行のこと。転じて、仏性のありようをいう（『広録』上堂189、199、353、410、494、528）。『眼蔵』古鏡巻を参照。

【古鏡闊】〈こきょうかつ〉(眼)(広) ⇩「雪峰古鏡闊」

【五行五常】〈ごぎょうごじょう〉(眼) 五行とは木・火・土・金・水をいい、五常とは仁・義・礼・智・信をいう。

【古教照心】〈こきょうしょうしん〉(眼) 古の教えをもって自己の心を照らして反省し修養すること。

【黒暗業】〈こくあんごう〉(眼) ⇩「黒業」

【黒闇獄】〈こくあんごく〉(眼) 地獄のこと。日月の光の及ばない冥闇の処に在ることによる。

【黒暗女】〈こくあんにょ〉(広) 鬼女。厄病神（『広録』上堂52）。

【黒月】〈こくげつ〉(広) インドの暦法で、月の十五日から晦日までをいう（『広録』上堂162）。

【黒業】〈こくごう〉(眼)(広) 白業に対す。闇黒不浄の苦果を招く悪業をいう。悪い報いを受ける因となる悪い行為。

【黒山鬼窟】〈こくさんきくつ〉(眼)(広) 黒山下活計と同意。思慮分別にとらわれ煩悩妄想に堕ち、身動きできないでいる様子を、黒山の鬼の住む暗い穴に喩える。

【黒山鬼窟裏作活計】〈こくさんきくつりさかっけい〉(眼)(広) 南州の北の三ヶ所に三重の黒山があり、その暗闇に悪鬼が棲むという（『倶舎論』世間品、(大)29・58a）。思慮分別・情識にとらわれ暗い穴に落ち込み身動きできない状態をいう。が、道元は、それを転じて尽十方界での自在無礙な行動の意に用いている（『眼蔵』一顆明珠巻、岩上・90－91、『広録』上堂107、頌古41）。

【黒漆】〈こくしつ〉広 黒色のうるし（『広録』上堂171、393）。

【極深妙】〈ごくじんみょう〉広 まったく絶妙（『広録』偈頌25）。

【国泰院弘瑫】〈こくたいいんこうとう〉眼（生没年不詳）。五代宋初の人。玄沙師備の法嗣。婺州金華山国泰院に住す（『伝灯』二十一・国泰院瑫章、大51・373a）。

【極微】〈ごくみ〉眼広 色法（物質）を分析してその極限に達した最微なるもの。極微が七つ集まると微塵となり、物質の最小単位となる。

【極微色】〈ごくみしき〉眼 極微のこと。色は物質の意。

【五家】〈ごけ〉眼広 六祖慧能以下の行思、懐譲の系統に現われた中国禅宗の五家の系統で、臨済宗・潙仰宗・曹洞宗・雲門宗・法眼宗を総称したもの（『広録』上堂207、法語5）。

【五刑】〈ごけい〉広 中国の刑法は時代によって異なるが、堯舜の後期になり、墨（いれずみ）・劓（鼻を切る）・剕（足を切る）・宮（生殖器を切る）・大辟（首を切る）の五刑となる（『広録』上堂129）。

【孤月】〈こげつ〉広 一輪の月（『広録』法語8）。

【五結】〈ごけつ〉眼 五つの煩悩。貪結・恚結・慢結・嫉結・慳結をいう。

【五眼】〈ごげん〉眼 ①肉眼（凡夫の所有）。②天眼（色界の天人の所有）。③慧眼（二乗の所有）。④法眼（菩薩の所有）。⑤仏眼（仏陀の所有）。

【五更】〈ごこう〉眼広 更は夜間の時刻のかわりめをいう。初更は午後八時、二更は午後十時、三更は午前零時、四更は午前二時、五更は午前四時（この時刻に鶏が鳴くのは平和な日常底をいう）。

【五更覚えずして闌たり】〈ごこうおぼえずしてたけたり〉広 知らぬままに午前四～六時になってしまったの意（『広録』上堂367）。

【五穀】〈ごこく〉広 五種の主要穀物（米・麦・粟・黍・豆）をいうが、麻や稗を加えることもある。穀物の総称（『広録』上堂379）。

【意自ら通ず】〈こころおのずからつうず〉広 意が思うがままに通ずる世界、無礙三昧の境地。『卍山本』の「意自空」

も同意（『広録』偈頌38）。

【志の発する所動言詩す】〈こころざしのはっするところやゃごんしす〉(広)『詩経』大序に「詩は志の之く所なり。心に在るを詩と為し、言に発するを詩と為す」とある。道元は幼少の砌から『詩経』に親しみ、その李善注までも読みこなしている（『広録』偈頌2）。

【古今眼睛】〈ここんがんぜい〉(広) 昔から今に至る明眼の祖師方（『広録』上堂69）。

【古今の大雪、長安に満つ】〈ここんのだいせつ、ちょうあんにみつ〉(広) この偈頌は、『如浄語録』下・上堂に「古今大雪満長安。天童売却這心肝。無神通菩薩。猛劈一椎。千手眼大悲。捏怪多端。還会麼。獅子教児迷子訣。老婆心切不相瞞。」（(大)48・128b）とあるのを受けて示されたもの（『広録』小参18）。

【糊茶】〈こさ〉(広) 茶粥のことども（『広録』偈頌31）。

【五才】〈ごさい〉(眼) 五行のこと。⇩「五行五常」

【孤山智円】〈こざんちえん〉(眼)（九七六～一〇二二）。杭州西湖、孤山法慧法師智円。中庸子または潜夫と号す。杭州銭唐の人、出家して天台学を修め、後に孤山に住して学徒を教養す。学風は天台宗山外派に属す。宋乾興元年（一〇二二）示寂、寿四十七。

【居士】〈こじ〉(眼)(広) 仏道を修行する在俗の男子。

【挙似】〈こじ〉(眼)(広) 挙示とも。問題をとり挙げことばで提示すること（『広録』上堂31、67、319、433、小参2、頌古47、71、72、78）。

【五事】〈ごじ〉(眼)(広)『増一阿含経』によれば、一は法輪を転ずること、二は父母に説法すること、三は不信心の人を信仰させること、四は菩提心の無い人にその心を発させ、五は記別を授けること。

【五色線】〈ごしきのせん〉(広) 色は色塵・煩悩、線は纒縛（まといしばられる）の意。ともに客塵煩悩。五欲の煩悩のこと（『広録』上堂341、498）。

【五識六識八識九識】〈ごしきろくしきはっしきくしき〉(広) 眼・耳・鼻・舌・身・意・末那・阿羅耶・菴摩羅識を九識という。心数法は心の働きをいう（『広録』上堂323）。

【古者の道わく、大地雪漫漫たり……】〈こしゃのいわく、だいちゆきまんまんたり……〉(広) 古者は法昌倚遇（一〇〇五～一〇八一）のこと。この語話は、『普灯』二・法昌倚遇章に出る（『広録』法語10）。『眼蔵』梅華巻を参照。

【五衆】〈ごしゅ〉眼広 色・受・想・行・識（『広録』上堂345）。

【五宗】〈ごしゅう〉眼 ⇩「五家」

【虎鬚……虎頭】〈こしゅ……ことう〉広 黄檗の禅風（虎鬚）、大愚の禅風（虎頭）を自分のものとすること（『広録』上堂160）。

【胡鬚赤……赤鬚胡】〈こしゅしゃく……しゃくしゅこ〉眼広 西域人の鬚は赤いものだと思い込んでいたら、時には赤い鬚の西域人もいるものだ。同じ対象に対しての表現あるいは思い込みの違い。主客を入れ替えた理解の仕方。「どちらから言っても同じ」という意味（『眼蔵』行仏威儀巻、岩上・359、阿羅漢巻、岩中・99、大修行巻、岩下・55、64、深信因果巻、岩下・201、『広録』上堂62、80、314、402、436、482）。

【五衆寿命】〈ごしゅじゅみょう〉眼 五蘊（色・受・想・行・識）の寿命、即ち身心の寿命のこと。

【五衆魔】〈ごしゅま〉眼 五蘊魔または単に蘊魔ともいう。四魔の一。有情は色・受・想・行・識の五蘊によって種々の障害を受けるが故に魔と称する。

【護生】〈ごしょう〉眼広 仏弟子として生命を全うすること（『広録』上堂158、257、442、小参6）。

【五乗】〈ごじょう〉眼広 乗とは教法の意で、仏教の理解の浅深に応じて、所期の目的に高下の次第を立て、全仏教を階次的に五類に配列して、人乗・天乗・声聞乗・縁覚乗・菩薩乗とするものを五乗という。初めの二は世間の教えに合して人天乗ともいう。後の三は出世間の教えで、仏教本来の修行過程とし、これを三乗教という。大小二乗に分かつときは、声聞・縁覚を小乗とし、菩薩を大乗とする。

【吾常於此切】〈ごじょうおしせつ〉眼 切は親切の義、一とも異とも、有とも無ともいえない極めて親切な消息をいう。『御抄』に「只それがそれというほどの詞なり。解脱の詞なるべし」とある。『洞山録』にある「問、三身之中阿那身不堕衆数。師曰。吾常於此切」（大47・510b）という文より出た語（『眼蔵』神通巻、岩上・390、遍参巻、岩中・357）。

【護生三月】〈ごしょうさんがつ〉広 九十日間の安居中、もろもろの生物の命を護ること（『広録』上堂158、257）。

【古聖、伽耶に出でて……】〈こしょう、がやにいでて……〉広釈尊が成道された伽耶城を出て説法された故事（『広録』法語1）。

【五濁の世】〈ごじょくのよ〉㊛ 五濁のある世。此の世の五つのけがれをいう。五濁とは劫濁・煩悩濁・衆生濁・見濁・命濁をいう（『広録』上堂182）。

【故書琳（林）】〈こしょりん〉㊛ 書店。文字言句の氾濫している所。儒者の居所とも（『広録』偈頌8）。

【箇人】〈こじん〉㊛ この人こそ立派な人物（『広録』上堂131、188、423、頌古44）。

【五神通】〈ごじんずう〉㊚ 五通または五神変ともいう。神は不可思議、通は自在の義。天眼通・天耳通・他心通・宿命通・如意通の五をいう。⇩「五通仙人」

【挙す】〈こす〉㊛ 本来は「口に出していう」という意味であるが、禅門では古則や公案をとりあげ示して参究する意（『広録』上堂196、197、201、205、206）。

【牛頭】〈ごず〉㊚㊛ ⇩「牛頭山法融」

【五衰相】〈ごすいそう〉㊚ 欲界等の天衆の寿命が尽きて命終するときに現われる五種の異相。

【吾髄百升】〈ごずいひゃくしょう〉㊛ 吾が骨髄は正伝の仏法。百升は無数（『広録』偈頌95）。

【牛頭法融】〈ごずほうゆう〉㊚㊛（五九四～六五七）。四祖道信の傍出の法嗣。潤州延陵の人、姓は韋氏。牛頭山に住して修禅中に、四祖の来訪に接して心要を明らめる。後に牛頭山に宗風を挙すると僧が群れを成して集まったという。唐顕慶二年（六五七）示寂、寿六十四。後世その宗風を牛頭禅と称する（『伝灯』四・法融章、㊅51・226c）。

【牛頭に角の無し……】〈ごずにつのなし……〉㊛ 牛の頭に角が無いといったり、馬の頭に角があるというような見当違いな見解のこと（『広録』上堂414）。

【五洩霊黙】〈ごせつれいもく〉㊛（七四七～八一八）。馬祖道一の法嗣。南嶽下。俗姓は宣氏。官吏でありながら馬祖に参じて証契し、出家受具して後に石頭希遷の侍者として数年過ごし、後に浦陽、越州の五洩に住す。元和十三年（八一八）示寂、寿七十二（『広録』頌古31）。

【五千四十八巻】〈ごせんしじゅうはちかん〉㊚㊛ 玄宗皇帝の開元十八年（七三〇）西京の崇福寺の沙門智昇が『開元釈教』二十巻を選し、五千四十八巻をもって定数とし、勅して『大蔵経』に収めさせたという（『眼蔵』優曇華巻、㊨中

・393、『広録』法語8)。

【五千里海、縦え悲涙なりとも】〈ごせんりかい、たとえひるいなりとも〉(広) 師と我を距てる海は、全て私の涙であるということ(『広録』上堂342)。

【五祖】〈ごそ〉(眼)(広) ⇩「大満弘忍」

【呼則易遺則難】〈こそくいゆいそくなん〉(眼) 中国の俚言に「呼蛇即易、遣蛇即難」とあり、蛇を捕える者が笛を吹くと易く蛇は集まり来るが、もしそれを捕え損なうときは、追い遣ること甚だ困難となり毒歯に咬まれるという。つまり、尽十方界が呼ぶと自己の光明がすぐにやってくるが、自己光明には用がないので、出て行けと、尽十方界が追い出そうとしても出て行くものがない。ゆえに尽十方界と自己光明とは一つであるのだということ(『眼蔵』十方巻、(岩)中・340)。

【五祖法演】〈ごそほうえん〉(眼)(広) (?〜一一〇四)。臨済宗楊岐派。四川省の人。俗姓は鄧氏。三十五歳で出家し、唯識を学んでいたが、浮山法遠や白雲守端などに学び、守端の法嗣となった。晩年蘄州五祖山で宗風を挙揚した。弟子に圜悟克勤、仏眼清遠などがいる。『五祖法演禅師語録』(四巻)が知られ、『会要』十六、『普灯』八などにその行実が見える。

【猢猻】〈こそん〉(眼)(広) 猿のこと。

【猢猻隊】〈こそんたい〉(広) 三聖歴劫無名または雪峰逢として知られる公案をさす(『広録』上堂220)。

【五大】〈ごだい〉(眼)(広) 万有を生成する地・水・火・風・空の五原素をいう。

【五台】〈ごだい〉(眼)(広) 五台山。中国山西省五台県東北部の山。峨眉山・普陀山とともに中国仏教の三霊山とされる。別名清涼山とも。六世紀頃から多くの寺が建てられ、唐・宋の時代に日本の留学僧が多く参じた。

【後大潙】〈ごだいい〉(眼) ⇩「円智大安」

【挙体未だ明めず三八九】〈こたいいまだあきらめずさんはちく〉(広) 挙体は全体またはもの全体。三八九は『千字文』の三八九番目の字が「心」だという。また、3×8=24であるが、それが9であれば条理に合わないこと、言詮を越えた禅の奥義をいうか。白隠慧鶴『毒語心経』に「不明三八九、対境多所思」とあるのが参考になろう。また、『卍山本』は「二五未明元是十」とあるが、これは『文選』五十四・弁明論に「是れ二五を知って未だ十を識らず」による。２×５＝１０の道理を知らないことをいう（『広録』偈頌21）。

【五台山頂に、雲、飯を蒸し……】〈ごだいさんのいただきに、くも、はんをむし……〉(広) 洞山守初の偈。脱落悟道の世界をいう（『広録』上堂291、405）。『伝灯』七・天皇道悟章（(大)51・508b）に出る。

【五体投地】〈ごたいとうち〉(広) 右膝・左膝、右肘・左肘、頭面を地につけて行う最高の礼（『広録』上堂381）。

【胡知】〈こち〉(広) 胡は老胡即ち達磨のこと。知は釈尊の悟りの智慧（『広録』偈頌114）。

【踞地獅子】〈こちのしし〉(広) 地にうずくまり獲物をうかがう獅子（『広録』上堂279）。

【壺中】〈こちゅう〉(広) 壺の中にある仙境の意だが、禅門では人智を越えた解脱の妙境とする（『広録』頌古61）。

【箇中】〈こちゅう〉(広) ここ、その間、この中（『広録』上堂14、110、136、193、256、351、小参3、12、法語2、13、頌古71、偈頌67）。

【箇中人】〈こちゅうにん〉(眼) 箇は箇々というように数取りの語で、その数に入った人の意。その場にいる人。その間の道理をよく知っている人。

【五通】〈ごつう〉(眼) ⇩「五神通」

【五通仙人】〈ごつうせんにん〉(眼)(広) 天眼通（死後を見通す）・天耳通（あらゆる物音を聞き分ける）・宿命通（過去を見通す）・他心通（他人の心を見通す）・神足通（高く天上を飛ぶ）の五神通を得た仙人。六神通は、以上の神通に漏尽通（心の汚れを消して二度とこの世に迷い生まれることの無い）を加える。『眼蔵』神通巻（(岩)上・382）に『広録』（上堂394）と同文を引くが、これは『明覚語録』一（(大)47・671a）を出典とする。

【兀兀】〈ごつごつ〉(眼)(広) 矻矻ともいう。兀は動かないさまで、心を一方に注いで動かぬさま。転じて、禅門では特に山のごとき泰然不動な坐禅の容姿をいう。

【兀兀地、什麼をか思量す……】〈ごつごつち、なにをかしりょうす……〉(眼)(広) 兀兀地の思量というのは思量することではない。坐禅中は自己のはからいをしない。不思量底とは自然そのものの事実。「非思量」は「思量に非ず」ではなく、「非の思量」である。すなわち、非というのは、はからいのない自然の事実そのままをいう（『眼蔵』坐禅箴巻、(岩)上・397、『広録』上堂373、524）。

【兀坐】〈ごつざ〉(眼)(広) 正身端坐、不動の姿勢で坐禅すること。

【業識茫茫（忙忙）】〈ごっしきぼうぼう〉(眼)(広) 茫茫は果てしなく広いさま。業識が無限に輪廻している妄想の中で、さらに仏道修行の障礙となる貪瞋癡の三毒に侵されている（『眼蔵』菩提分法巻、(岩)下・23、『広録』偈頌16）。

【乞児打破鉢盂】〈こつじたははつう〉(広) 乞食に鉢盂（飯椀）は命の元であり、それを打ち破ることによって喪身失命（仏法のために身をなげうち、身心全て脱落）すること（『広録』上堂478）。『眼蔵』転法輪巻（(岩)下・39）に『如浄語録』下・上堂（(大)48・128b）を引いて「先師天童古仏上堂。……天童則不然。一人発真帰源、乞児打破飯椀」とある。

【鶻臭衫】〈こっしゅうさん〉(広) 鶻ははやぶさ。衫は上衣のこと。はやぶさのような臭いのする衣（『広録』頌古61）。

【忽諸】〈こつしょ〉(広) ないがしろにする。なおざり、ゆるがせにする（『広録』上堂500、小参2）。

【忽地】〈こっち〉(眼)(広) たちまち、にわかに（『広録』頌古122）。

【兀地】〈ごっち〉(眼)(広) または兀兀地ともいう。地は助字、山のように不動の姿勢で、一心不乱に正身端坐する坐禅をいう。

【兀地に礙えらる】〈ごっちにさえらる〉(広) 礙えらるとは、まとまって離れないこと。坐禅三昧となること（『普勧坐禅儀』）。

【骨律錐老衲】〈こつりつすいろうのう〉(眼) 律は立に通じる。錐を立てたように痩せたことを骨律錐という。老衲は高位の僧の自称（『眼蔵』阿羅漢巻、(岩)中・102）。

【五道】〈ごどう〉(眼) 六道の中、修羅道を地獄に摂して、地獄・餓鬼・畜生・人間・天上の五をいう。

【孤独園】〈こどくおん〉(眼) 梵語 Jetavana Ānāthapiṇḍadasyārāma 詳しくは祇樹給孤独園。⇩「祇園」

【挙拈】〈こねん〉(眼)(広) 挙は挙げる。拈はつまむ。つまんで挙示すること。

【此番】〈このたび〉(広) 今回（『広録』上堂26）。

【児の啼くを制せんと欲して……】〈このなくをせいせんとほっ

して……〉㊧ 泣いてる子を黙らそうとして殴殺してしまったようなものだ（『広録』上堂354）。
【這風顛漢】〈このふうてんかん〉㊧ 風顛は本来風狂の人をいうが、禅宗では幾分親しみを込めた言い方。この風来坊奴がの意味（『広録』上堂493）。
【虎斑】〈こはん〉㊧ 虎の斑は分別できるが、人の心の底はなかなかいい得ないこと（『広録』上堂131）。
【寤寐】〈ごび〉㊧ 目覚めることと寝ること。寝ても覚めても（『広録』法語1、2）。
【五百塵点】〈ごひゃくじんてん〉㊥㊧「無量劫」すなわち無量無辺のきわめて長い時間を表現する語で、正確には「五百千万億那由他阿僧祇」という。「那由他（梵語 nayuta）」は万億、「阿僧祇（梵語 asaṃkhya, asaṃkhyeya）」は無量数と訳す。『法華経』では、仏の久遠成仏を明らかにする劫量とする（『広録』上堂146）。この語は寿量品偈（㊅9・43b）に見える。
【五百の蝙蝠】〈ごひゃくのこうもり〉㊥『西域記』二（㊅51・882a）に出る、枯樹の中に五百の蝙蝠が穴居していた。あるとき商旅がその樹下に来た。そして寒かったので焚火したところ、その炎が盛んになり枯樹に燃え移った。商旅の中の一人に経釈文を誦する者があり、みな自分が焼死するのも忘れてこれを聞いて信解し、その身を焼き尽くした。何年か後にその因縁に従って人間に生を受け、五百の賢者となったという故事（『眼蔵』恁麼巻、㊤上・429）。
【牛皮露柱を鞔えば……】〈ごひろちゅうをおえば……〉㊧ 湿った牛皮で露柱をしばると、牛皮が乾くにつれて露柱が声を立てるように聞こえるという。馬祖の法嗣、帰宗智常の語（『広録』上堂325）。『伝灯』七・帰宗智常章（㊅51・256a）を参照。
【辜負】〈こふ〉㊥㊧ 恩義にそむくこと。違背する。裏切る。
【古風】〈こふう〉㊥㊧ 上古の仏祖真人の家風のこと（『眼蔵』仏道巻、㊤中・220、『広録』偈頌9、100）。
【古仏】〈こぶつ〉㊥㊧ 字義どおりでは、「古い仏」、過去世の諸仏の総称。道元は『眼蔵』古仏心巻（㊤中・177）に「古仏の道を参学するは、古仏の道を証するなり、代代の古仏なり」と示衆している。さらに、道元は尊崇する祖師を「古仏」と称する。
【五仏】〈ごぶつ〉㊥ 密教において金剛界及び胎蔵界の曼荼

羅の中央の大日如来と、その四方に在る四仏とを総称して五仏という。四仏は金剛界では阿閦（東）、宝生（南）、弥陀（西）、釈迦（北）、胎蔵界では宝幢（東）、開敷華（南）、無量寿（西）、天鼓雷音（北）という。

【古仏心】〈こぶつしん〉(眼)(広) 古仏とは釈尊以前の過去世に現われた諸仏の総称で、悟境に至った有徳の僧の敬称（『広録』上堂57、法語13、小参1）。

【古仏曩祖】〈こぶつのうそ〉(広) 古仏祖師（『広録』上堂207）。

【五分法身】〈ごぶんほっしん〉(眼) 三学を成満した阿羅漢が具えた五種の功徳で、戒・定・慧・解脱・解脱知見をいう。

【糊餅】〈こべい〉(眼)(広) こびょうとも読む。小麦粉をもとにした焼物で、煎餅の類。糊は胡で、胡人が製した麻餅ともいう（『広録』上堂108、123）。

【顧眄】〈こべん〉(眼)(広) 振り返って見ること（『広録』法語12）。

【五峰】〈ごほう〉(広) 五峰常観（生没年不詳）。唐代の人。百丈懐海の法嗣。江西省五峰山に住した（『広録』上堂164）。

【後報】〈ごほう〉(眼)(広) 次の生の後に報いを生じること（『広録』上堂517）。

【枯木】〈こぼく〉(眼)(広) 無心のすがた。枯木のように無心に坐禅して悟りを求めることのみに執着して向下の働きのないこと（『広録』上堂491、法語12、14、頌古62、83、偈頌3）。

【枯木死灰】〈こぼくしかい〉(眼)(広) 煩悩妄想こそないが空無の一偏に堕落して向下の大活用のないこと（『広録』法語8）。

【挙払子云看】〈こほっすうんかん〉(広) 『広録』偈頌81と同様に「払子を挙して云く、『看よ』」とある如浄の語のこと（『広録』偈頌83）。

【吾本来此土……】〈ごほんらいしど……〉(眼)(広) 以下、「伝法救迷情、一花開五葉、結果自然成」の三句を加えて、達磨の「伝法偈」とされる（『伝灯』三・菩提達磨章、(大)51・219c）。これには、①五葉を五代とみて、達磨から五代後の六祖に至って正法が流布される。②五葉を五派とみて、達磨以後、禅宗が五派に分派して宣揚されるとする二つの解釈がある（『眼蔵』空華巻、(岩)中・165、『広録』上堂423）が、道元は別の解釈を行い、仏祖のおのおのが開五葉そのものだという。

【五味粥】〈ごみしゅく〉(広) 紅糟《くんぞう》。雑炊のことだが、本来は臘八上堂の日（十二月八日）に雑穀に衆味を混ぜて作った粥。仏に献じて後に衆僧が喫することから臘八粥とも（『広録』小参16）。

【護明】〈ごみょう〉㊞㊯ 護明菩薩のこと。釈尊が一生補処の菩薩として、つまり仏の候補として兜率天にいたとされたときの名が護明菩薩（『広録』小参13）。この菩薩の説法は『眼蔵』一百八法明門巻（㊨下・285）に詳しい。

【五無間業】〈ごむげんごう〉㊞ ⇩「五逆罪」

【悟迷を起こす】〈ごめいをおこす〉㊯『祖山本』は「起」だが、おそらくは「超」の誤写か（『広録』偈頌36）。

【語黙全く同じ】〈ごもくまったくおなじ〉㊯ 語ることと黙することと。口の働きの二面は全く同じ（『広録』偈頌25）。

【五門】〈ごもん〉㊞ ⇩「五家」

【吾亦如是、汝亦如是】〈ごやくにょぜ、にょやくにょぜ〉㊞ 南嶽懐譲が大鑑慧能に謁して得法したときの印可証明の語（『広録』上堂374、小参13）。『眼蔵』遍参巻（㊨中・358）を参照。

【後夜摺被】〈ごやしゅうひ〉㊯ 後夜は午前三時から四時。摺被は夜具・ふとんをたたみ始末すること（『広録』上堂215）。

【五葉華】〈ごようげ〉㊞㊯ 達磨の伝法偈に「一華開五葉、結果自然成」（『伝灯』三、㊅51・219c）とあるのにちなむ。五葉とは梅の花などが五弁に開くことであるが、その解釈に、①五葉を五代と解釈し、達磨の仏法は五代を経て六祖慧能の代に花ひらく。②五葉を五派と解釈し、達磨の仏法はやがて雲門・法眼・臨済・潙仰・曹洞の分派を生む、とする二つがある。いずれにしろ、やがて仏法が開花することを示唆したものである（『眼蔵』空華巻、㊨中・165、梅華巻、㊨中・331、優曇華巻、㊨中・393、『広録』上堂110、279、322、423）。

【五葉華開けて六葉を重ぬ】〈ごようはなひらけてろくようをかさぬ〉㊯ 達磨のいう「一華五葉を開く」を踏まえる。その上に一枚、六つの花を持つ雪を重ねる。五葉の梅花の上に清浄な六葉の雪が降る（『広録』偈頌88）。

【五欲】〈ごよく〉㊞㊯ 財欲・色欲・飲食欲・名欲（名誉欲）・睡眠欲の五種の欲望。また、色・声・香・味・触の五境（塵）に対する欲（『広録』上堂383、513）。

【胡来胡現】〈こらいこげん〉㊞㊯ 明鏡・明珠は外国人（胡人）は外国人のままに、対象によって少しも味ますことなく映し出すように、仏性のはたらきが無礙であることをいう(『眼蔵』古鏡巻、(岩)上・283、288、292、『広録』上堂77)。

【箇裏】〈こり〉(眼)(広) 箇裡とも。⇩「這裏」

【五両】〈ごりょう〉(広) 船の檣尾(艇尾)につけて風の方向を見るもので、雞羽をもって作るという(『広録』頌古60)。

【己霊】〈これい〉(広) 自分自身(『広録』上堂139)。

【古路】〈ころ〉(眼)(広) 仏法の大道(『広録』上堂285、457、偈頌58)。

【胡蘆】〈ころ〉(眼)(広) ゆうがお、ふくべ(『広録』上堂292)。⇩「胡蘆藤種纏胡蘆」

【孤露】〈ころ〉(眼)(広) 孤独露出、貧賤の状態。

【鼓弄】〈ころう〉(広) うちうごかし、もてあそぶこと(『広録』上堂279)。

【鼓弄精魂】〈ころうしょうこん〉(広) 思量箇非思量の問題は精魂をもてあそぶ奇怪なる化物のようなもの(『広録』上堂279)。

【胡(葫)蘆藤種纏胡(葫)蘆】〈ころとうしゅてんころ〉(眼)(広) 瓢箪の蔓が瓢箪に纏わりつくように、そのものに成りきる。転じて思慮分別の文字言句に拘泥して本義を見失うことを断ち切ること(『広録』上堂436、偈頌123、『如浄語録』下・上堂、(大)48・128b)。『眼蔵』葛藤巻((岩)中・189-190)に「先師古仏云く、胡蘆藤種纏胡蘆……はじめて先師ひとり道を示せり、胡蘆藤の胡蘆藤をまつうは仏祖の仏祖を参究し、仏祖の仏祖を証契するなり」とこの語についての拈提がある。

【衣は伝う……】〈ころもはつたう……〉(広) 如来の伝衣は夜半まで坐禅功夫をしている雲水達に伝わるであろう(『広録』偈頌109)。

【語話】〈ごわ〉(眼)(広) 仏法の真実を極めた仏祖の言動や説示。

【衮】〈こん〉(眼)(広) みなぎる。まじえる。

【閫域】〈こんいき〉(広) 閫は門のしきみ。奥深いところ(『広録』法語1)。

【権為仮道】〈ごんいけどう〉(広) 権・仮はかりにの意。方便のことをいう(『広録』上堂233)。

【今有】〈こんう〉(眼)(広) 今、具有するの意。

【閫奥】〈こんおう〉(眼)(広) 門の敷居の奥。

【根荄】〈こんがい〉(広) 根は木の根、荄は草の根。転じて、物事の根本、基礎をいう(『広録』頌古41)。

【恨疑】〈こんぎ〉(広) うらみうたがう(『広録』偈頌43)。

【渾家】〈こんけ〉㊀ 大家と同じ、みんな。また、家中、家内全体（『広録』上堂379）。

【金剛】〈こんごう〉㊞㊀ 堅固不壊で、強力な光を放つものを意味し、電光やダイヤモンドを意味する。

【金剛焔】〈こんごうえん〉㊀ 仏身を金剛をも焼き尽くす火炎の中に投じて荼毘に付したが、明全和尚の真身は生死去来にあずからない堅固無相の法身なのである（『広録』真賛5）。

【金剛座】〈こんごうざ〉㊞㊀ 釈尊が悟りを開かれた（成道）とき、菩提樹下の地面から宝座が湧き出で、釈尊はこれに坐して金剛喩定に入られ仏果を証したとされる（『広録』上堂88、136、240、268、272、360、381、470）。

【金剛薩埵】〈こんごうさった〉㊞ 梵語 Vajrasattva 執金剛等と訳す。密教にいう付法八祖の第二。大日如来が法身の自内証を説いた両部大経を結集して南天竺の鉄塔中に安置したと伝えられる。教法上の人格で密教の対機を代表する。

【金剛定】（金剛三昧）】〈こんごうじょう〉㊞ 菩薩の最後位に極めて微細な煩悩を断ずる禅定で、その智用の堅利なることを金剛に喩えて金剛定という（『眼蔵』菩提分法巻、㊨下・17）。

【金光明経】〈こんこうみょうきょう〉㊞ 漢沢に三本あり。鎮護国家の経典として古来尊重された。一、曇無讖訳『金光明経』四巻。二、宝貴等訳『合部金光明経』八巻。三、義浄訳『金光明最勝王経』十巻。

【金剛輪】〈こんごうりん〉㊀ 須弥山の最下層は風輪、その上は水輪、さらにその上に金剛輪があるという（『広録』上堂484）。

【昏散】〈こんさん〉㊀ 昏は身心の疲労蒙昧なこと。散は身心の気が散乱すること（『普勧坐禅儀』）。

【近事戒】〈ごんじかい〉㊞ 在家の仏教信者の受持すべき戒のことで、不殺生・不偸盗・不邪淫・不妄語・不飲酒の五戒をいう。

【金翅鳥】〈こんじちょう〉㊞㊀ 梵語 garuda（迦楼羅）。インド伝説の怪鳥で龍を食うという（『広録』上堂371、472）。

【権実】〈ごんじつ〉㊀ 権教と実教。権教は、修行者の力量の浅いものに真実の教えを直接示さず種々の方便をもって平易に説いた仮権方便の教え（方便経、たとえば阿含

・般若経など）。実教は、方便仮説を設けず直接、真実深奥の教え（たとえば法華・涅槃経など）を説き示す教え（『広録』上堂412）。
【近事男女】〈ごんじなんにょ〉㊥在家で五戒を受けたもの、男を近事男（優婆塞）、女を近事女（優婆夷）と名づける。

【権者】〈ごんじゃ〉㊥権現、即ち「かりに現われたる者」という意味で、仏・菩薩がかりに人間及びその他の生類の姿をかりて出現することをいう。

【渾身】〈こんしん〉㊥㊧身体全体。全身。

【根塵】〈こんじん〉㊧六根・六塵。根は感覚器官、塵はその対象（『広録』上堂302、525、頌古25）。

【根蔕】〈こんたい〉㊧根源。慧可が達磨の骨髄を得たことは子孫の根源となる（『広録』上堂300）。

【勤巴子】〈ごんはす〉㊥圜悟克勤のこと。⇩「圜悟克勤」

【根力覚道】〈こんりきかくどう〉㊥五根と五力と七覚支と八正道をいう（『眼蔵』画餅巻、㊨中・150、面授巻、㊨中・316）。『眼蔵』菩提分法巻（㊨下・23-37）を参照。

さ

【斎】〈さい〉眼広 禅院の規矩として朝は粥を食し、午時は飯を食す。この午時の飯を斎という。斎時とは午時、斎《さい》罷《は》とは午時の飯を終った後をいう。

【崔嵬】〈さいかい〉広 本来は石をいただく土山、土をいただく石山、山のいただき、山の高く険しいさまなどをいうが、また心中の穏やかでないさまをいう場合もある（『広録』上堂308、頌古30、偈頌38）。

【歳寒】〈さいかん〉眼広 寒い季節。

【歳寒臘月蓮】〈さいかんろうげつのはちす〉広 十二月の寒空に池では蓮の花が咲くこと。常識を超越した世界（『広録』上堂405）。

【採華蜂……】〈さいげほう……〉広 蜂は花の蜜のみをとり、花の香をそこなわない。転じて真偽正邪を識別し諸法を決択すること（『広録』上堂183、小参12）。

【最後有菩薩】〈さいごうのぼさつ〉広（『広録』上堂470）⇩「最後身」

【最後身】〈さいごしん〉眼広 生死界における最後の身の意で、修行成満して今や仏果に至らんとする最後の位にある菩薩のこと。

【再三の行……】〈さいさんのこう……〉広 幾度となく。この場合は、「猫に仏性があるかないか」について、言葉で表現できれば斬らない、できなければ斬る、さらに趙州にもどう表現するかと三度にもわたって問答したことを指す（『広録』頌古76）。

【才生】〈さいしょう〉眼 才は「はじめて」の意。はじめて生まれること。

【最勝】〈さいしょう〉眼広 最も勝れたるもの。

【最勝王経】〈さいしょうおうきょう〉眼『金光明経』の異訳の一。唐の義浄の訳した『金光明最勝王経』十巻をいう。

【最上根機】〈さいじょうこんき〉広 この上ない人のはたらき（『広録』上堂383）。

【最初と為すこと莫れ】〈さいしょとなすことなかれ〉広 この場合は発菩提心の意（『広録』上堂127）。

【摧折】〈さいせつ〉広 くじくこと（『広録』偈頌4）。

【再全の錦】〈さいぜんのにしき〉（眼） 汚れものを洗って再び用いる錦の意。

【細胆】〈さいたん〉（広） 細かな心（『広録』上堂96）。

【西天四七】〈さいてんししち〉（広） インドの二十八人の祖師（『広録』上堂69）。

【西天東地】〈さいてんとうち〉（眼）（広） 西天はインド。東地は中国（『広録』上堂383、430、法語11、『普勧坐禅儀』）。

【西天に鉢を展ぶれば……】〈さいてんにはつをのぶれば……〉（広） インドで展鉢すれば、その仏法の功徳は朝鮮・韓国にまで及ぶ（『広録』偈頌118）。

【西天諸祖道く、無心是仏】〈さいてんのしょそいわく、むしんぜぶつ〉（広） 無心是仏は分別意識にわたらないことがそのまま仏であるの意（『広録』上堂354）。

【西天の陵替】〈さいてんのりょうたい〉（広） 西天はインド。陵替は物事が衰えすたること。インドにおける仏法の衰えをさす（『広録』上堂207）。

【罪福皆空】〈ざいふくかいくう〉（広） 罪悪と福報は実体のあるものではなく本来が空であることをいう（『広録』上堂391、504）。

【才不才、三十五里】〈さいふさい、さんじゅうごり〉（広） 有智と無智のへだたりを距離で表現した語（『広録』上堂313）。曹操と揚修は江南の『曹蛾碑』に「黄絹幼婦外孫齏臼」の八字を見、揚修はその意味をすぐに理解したが、曹操は、黄絹は色糸で絶、幼婦は少女で妙、外孫は女子の子で好、齏臼は受辛の器で辤、即ち辞となり、それが「妙絶好辞」の隠語であることに三十五里行って初めて気付いたという故事。

【罪犯弥天】〈ざいぼんみてん〉（広） 罪過弥天とも、罪犯が天に一杯になるほど多いこと（『広録』頌古5）。

【最末後身】〈さいまつごしん〉（広） 人間界における最後身のこと（『広録』上堂320）。

【済拯（様）】〈さいよう〉（広） 救済すること。すくうこと（『広録』上堂379）。

【坐具】〈ざぐ〉（眼） 梵語 nisīdana（尼師壇）の訳。座に敷く敷物。袈裟をかけたときは必ずこれを携え、展《の》べて拝し、展べて坐するを法とする。

【昨日一線】〈さくじついっせん〉（広） 昨日で日の短さが最高となり、今日（冬至）からは日がだんだんと長くなること

（『広録』上堂135）。

【朔旦】〈さくたん〉（広） 陰暦十一月一日が冬至に当る場合を朔旦冬至といい、十九年に一度の日（『広録』上堂25）。

【左渓玄朗】〈さけいげんろう〉（眼） 天台宗第八祖。婺州東陽の人。天台の秘奥を究め、のち左渓山に隠棲すること三十年。よって左渓の称がある。唐天宝十三年（七五四）示寂、寿八十二。明覚尊者と諡す（『宋高僧伝』二十六、（大）50・875b、『仏祖統紀』七、（大）49・188a）。

【座元】〈ざげん〉（眼） 僧堂の座位の元首の意。一会の首座職をつとめた人に対する敬称にも用いる。首座ともいう。⇩「首座」。

【茶糊】〈さこ〉（広） 茶粥のこと（『広録』上堂122）。

【左之右之】〈さしうし〉（広） 左も右もみなそのとおりであること、またあれこれと言い抜ける意味もある（『広録』小参11）。

【做手脚】〈さしゅきゃく〉（眼） 一挙手一投足の意で、日常の生活、朝夕の行持などをいう。

【做処】〈さしょ〉（眼） 做は作、「なすところ」の意。

【座主】〈ざす〉（眼）（広） 禅家からは一般に教家を指していう。すなわち仏の教えを種々に分類し、文字言句によって説明し、自らも文字言句を究めることによって仏道を極めようとする僧たちのことをいう。

【坐禅】〈ざぜん〉（眼）（広） 禅は梵語 dhyāna（禅那）の略。禅定のことで、坐が禅定の起点となるので、禅という音訳に坐という漢語を加えた語。坐禅・禅定はインドでは一般的にも精神統一と解脱のために修道者によって行われていた。達磨が禅法を伝えるに至って、いわゆる坐禅宗が起こり、唐宋時代に禅宗となって中国仏教を風靡するに至る。道元は習禅の坐禅を否定し、只管打坐の坐禅を標榜した。古くは結跏趺坐して静慮することを坐禅といった。道元は坐禅の真意義を『眼蔵』を通じて述べたが、特に『眼蔵』坐禅箴巻、王三昧巻、坐禅儀巻等に詳述される。

【坐禅儀】〈ざぜんぎ〉（眼）（広） 主として坐禅の仕方について述べたものをいう。道元の『普勧坐禅儀』、『眼蔵』坐禅儀巻、長蘆宗頤の『坐禅儀』、仏心本才の『坐禅儀』等がある。

【坐禅箴】〈ざぜんしん〉（眼） 坐禅に対する正しい心得を示したものをいう。『眼蔵』坐禅箴巻、杭州五雲和尚の『坐禅箴』、宏智正覚の『坐禅箴』等がある。

【坐禅銘】〈ざぜんめい〉(眼) 坐禅について、その要点を記した書のこと。鵝湖大義の『坐禅銘』、天台大静の『坐禅銘』、同安常察の『坐禅銘』、仏眼志遠の『坐禅銘』等がある。

【坐脱立亡】〈ざだつりゅうぼう〉(広) 坐脱は初祖達磨・四祖道信・五祖弘忍・六祖慧能等にみられる端居安座しての寂滅。立亡は三祖僧璨のように大樹の下で立ちながら合掌してその命を終えること（『広録』上堂25、『普勧坐禅儀』）。

【坐断】〈ざだん〉(眼)(広) 坐は挫のこと。一切のとらわれをねじ切ること。

【策起】〈さっき〉(眼)(広) さっと起こす。

【策起眉毛】〈さっきびもう〉(眼)(広) 眉毛を吊り上げる（『広録』上堂530）。

【作家】〈さっけ〉(眼)(広) 一般的には、詩文にすぐれた人をいう。作は興す義。一家を興すほどのものの義で大家または達人のこと。転じて禅門における卓越した識見・機用をもった禅人・禅僧。仏法の真実義を体認し、修行者を巧みに接化しうる老練な師家をいう（『広録』上堂129、136、146、195、322、486）。ただし『眼蔵』仏性巻（(岩)上・322）に「作家せる」と動詞にも用いられ、造作すというほどの意味を表す。古本では「そこ」または「そか」と読む。

【撒手】〈さっしゅ〉(広) 撒ははなつ、放下。何かにつかまっている手をいきなりはなすこと。手に持っている大事なものを捨てること（『広録』上堂52、341、434、512、法語11、頌古74）。

【撮聚】〈さっしゅう〉(広) 集め合わせること（『広録』上堂341）。『卍山本』はこの語を省くが、原典である『宏智録』（(大)48・49a）にはある（『広録』上堂341）。

【撒手到家人】〈さっしゅとうけにん〉(広) 撒手は放下。一切を放下して自己の面目にたちかえる人（『広録』上堂268）。

【薩埵】〈さった〉(眼) 「菩提薩埵」の略。⇩「菩薩」

【薩婆若海水】〈さつばにゃかいすい〉(眼) 梵語 sarvajña（薩婆若）。一切智と訳す。その智の広くかつ深いことを海に喩えていう語（『眼蔵』神通巻、(岩)上・382）。

【坐底に立底を見る……】〈ざていにりゅうていをみる……〉(広) 坐れば立つという動作が解り、立てば坐るという動作が解る。坐立一体の世界（『広録』頌古43）。

【坐破】〈ざは〉(眼)(広) 長い間、坐禅して坐蒲を敷き破ること（『広録』上堂268、272）。

【坐破嬢生皮】〈ざはじょうしょうひ〉(眼) 父母所生のこの肉体を破り出る意で、本来的な自分自身のもつ真の姿が現前する坐禅の姿をいう（『眼蔵』坐禅箴巻、(岩)上・407）。

【作仏】〈さぶつ〉(眼)(広) 仏となること。作はなる。

【坐仏】〈ざぶつ〉(眼)(広) 坐禅する当体を坐仏という。学人の正身端坐するすがたそのものが仏であるということで、『眼蔵』坐禅箴巻（(岩)上・402）に「正嫡の児孫にあらずよりは、いかでか学坐禅の学坐仏なると道取せん。まことにしるべし、初心の坐禅は最初の坐禅なり、最初の坐禅は最初の坐仏なり」と示衆されている（『広録』上堂279、366、頌古38）。

【作餅を業と為す】〈さべいをぎょうとなす〉(広) 龍潭崇信と天皇道悟との機縁を示す公案（『広録』頌古55）。餅屋であった龍潭が天皇の弟子になったときに、天皇は「随身していれば、仏法の肝要を説いてやろう」と約束する。ところが、一年たっても何等説いてくれない。そこで質問すると、天皇は「お前が朝参の挨拶をすれば合掌で応じ、私が坐っていればお前は侍立し、お前がお茶を捧げてくれば、私はそれを受けているではないか」と答えた。心要の法門などというと、それはあたかも深淵で特殊なものと思いがちであるが、真実は日常の平凡な生活そのものであることを示したものである。

【左辺の臂を断つ】〈さへんのひじをたつ〉(広) 二祖神光慧可が、失命をかえりみず臂を断ってまで求法した赤心（まごころ）を示した「雪中断臂」の故事（『広録』上堂146）。

【作務】〈さむ〉(眼)(広) 坐禅・看経などの他に行なわれる洒掃・耕作などの労務。

【任他】〈さもあらばあれ〉(眼)(広) ままよ。どうなるともよい。それはそうとして。

【坐物】〈ざもつ〉(広) 坐禅を行う際、身体の下に敷くもの。現今の坐禅時は、畳の上では使用せず、樹下石上板床に使用する（『普勧坐禅儀』）。

【更に天を隔つ】〈さらにてんをへだつ〉(広) 天と地ほどに差のある大間違い（『広録』上堂368）。

【参】〈さん〉(広) 垂示や法語の終りに、露・喝・咄等と同じく用いて、さらに言外の玄旨に参ずべきことを強くすすめる語（『広録』上堂32、66、142、263、291、303、405）。

【三悪道】〈さんあくどう〉(眼)(広) 三悪趣ともいう。三善道に対す。衆生が己の悪業によって赴く地獄・畜生・餓鬼の三道をいう（『広録』上堂446、492）。

【三阿僧祇劫】〈さんあそうぎこう〉㊞㊛ 阿僧祇劫は数え切れないほどの長い期間で、それを三つに区分して初・中・後の三阿僧祇劫という。五十位の修行の階位でいえば、地前四十位までを第一阿僧祇とし、次に十地の初地より七地までを第二阿僧祇、八地より十地までを第三阿僧祇劫という。さらに三十二相の相好を得るために百大劫の間修行するという。菩薩が菩提心を発してから、成仏するまでの期間は三阿僧祇劫百大劫を要するという（『広録』上堂150、381、小参10）。

【三衣（三法衣）】〈さんえ〉㊞ 三種の袈裟。①僧伽黎（大衣）。②鬱多羅僧（七条衣）。③安陀会（五条衣）。『眼蔵』袈裟功徳巻を参照。

【鑽火】〈さんか〉㊛ 木と木をすり合せて火をとること（『広録』上堂355）。

【三界】〈さんがい〉㊞㊛ 凡夫の生死往来する世界を三種に分けたもの。一、欲界、婬と食の二欲を有する有情の住所。二、色界、婬食の二欲を離れた有情の住所で、この界の物質は殊妙にして精好という。三、無色界、物質的なものなく、深妙な禅定に住するものの世界（『広録』上堂150、257、281、394、404、415、425、511、531、小参2、頌古30、偈頌78）。

【三界九地】〈さんがいくじ〉㊞ 欲・色・無色の三界の中、色界を四禅天に分かち、無色界を四空処に分かち、これを合して九地という。

【三界十方】〈さんがいじっぽう〉㊞㊛ 三界は欲界・色界・無色界などの時間的全世界、十方は東西南北・乾坤艮巽・上下などの方角の全世界（『広録』偈頌91）。

【三界唯心】〈さんがいゆいしん〉㊞㊛ 三界は教学的には、欲界・色界・無色界の意味であるが、道元はそれを尽十方世界とし、それが唯心であることを『眼蔵』三界唯心巻（㊧中・197–202）で示している（『広録』上堂415、頌古2）。

【三界唯心、汝、作麼生にか会す……】〈さんがいゆいしん、なんじ、そもさんにかえす……〉㊞㊛ 以下の羅漢すなわち玄沙師備の法嗣である地蔵桂琛との問答は、三界唯心を身近なものとして処理した公案で、師と資（弟子）が「竹木」と喚んだときに気脈が通じ、無量無辺の仏法のありようを賛嘆している（『広録』上堂415）。以下の問答は『伝灯』二十一・羅漢桂琛章（㊅51・371a）に出る。また『眼蔵』三界唯心巻（㊂中・200）にも同文がある。

【三学】〈さんがく〉㊞眼 戒・定・慧の三をいう。戒律によって三業清浄な生活を営み、禅定によって心を澄浄ならしめ、智慧をもって真理を証す。一般に仏教を修する者の基本要項としてこれを三学という。

【参学眼】〈さんがくげん〉㊞眼㊞広 参禅学道する人の見識。

【攢楽人】〈さんがくじん〉㊞広 音楽をかなでる一団の人々（『広録』上堂444）。

【参学高流】〈さんがくのこうる〉㊞広 参禅学道の雲水兄弟（『普勧坐禅儀』）。

【山嶽の璞】〈さんがくのぼく〉㊞広 璞はまだ磨かれていない玉（『広録』小参15）。

【三関】〈さんかん〉㊞広 三関とは以下に出る生縁・仏手・驢脚の三問のことで、黄龍慧南が会下の学人を接化するのに用いた三つの活手段。第一問は学人の生縁。第二問は自分の手と仏の手が似ていること。第三問は自分の脚が驢馬の脚と似ていること。以上の具体的な事例三つを問題として、差別の相に執著している修行僧の執著を取りのぞいた接化の手段である（『広録』上堂420）。『普灯』三・黄龍慧南章に出る。

【三喚】〈さんかん〉㊞広 慧忠国師三喚のこと。大証国師・南陽慧忠が侍者を三度呼んだとき、この侍者は後に吉州耽源山に住した真応とされるが、侍者が忠実に応じたところに師資心契即通し、そこに本分が充分に現われるのであるから、第二念にわたって分別してはならないとする故事（『広録』法語14）。

【三祇】〈さんぎ〉㊞眼㊞広「三阿僧祇劫」の略。⇩「三阿僧祇劫」

【山鬼窟】〈さんきくつ〉㊞広 闇黒で悪鬼の棲むところ。思慮分別にとらわれて身動きのとれないところ（『眼蔵』一顆明珠巻、㊂上・90、92、93『広録』上堂107、293、頌古41）。

【三祇劫】〈さんぎこう〉㊞眼㊞広 菩薩位にいる者が成仏して、仏位に至るまでの三期に大別された極めて長い時間。三阿僧祇菩薩は三大阿僧祇劫の中に五十位の修行をすることが定められている（『広録』上堂6、371）。

【三祇劫……無量劫】〈さんぎこう……むりょうごう〉㊞広 長時間

（『広録』上堂371）。

【三祇百劫】〈さんぎひゃっこう〉㊡㊓ 三阿僧祇百大劫の略。阿僧祇劫とは人智をもってしても極め尽くしがたい無限の数字をいい、その数字を三倍したものを三阿僧祇という。菩薩が菩提心を起してから、成仏するまでに三祇百劫の修行を要するという。それを得ても修行をやめないのは仏道が無限であることによる（『広録』上堂146）。

【参究】〈さんきゅう〉㊡㊓ 知的な学解にとどまらず、身をもって学ぶ行の上の体得。

【三教（発）】〈さんきょう〉㊡㊓「発」は『祖山本』は欄外に「教」の崩し字が書かれ、他本も「教」であるように、おそらくは三教のことであろう（『広録』偈頌6）。三教は儒教・道教・仏教。

【三教一致】〈さんぎょういっち〉㊡㊓ 儒教・道教・仏教の主旨は根源的に同一とする説。道元は三教一致説を認めていない（『広録』上堂383）。

【三斤麻】〈さんきんのあさ〉㊓ 洞山守初が、「仏とは何か」という問いに、「麻三斤」と答えた故事（『広録』上堂499）。麻三斤は、衣一着分のよった麻糸の分量とされる。

【三句】〈さんく〉㊡ 雲門文偃の学人接得の手段（『眼蔵』仏経巻、㊨中・260）。示衆に曰く、「函蓋乾坤、目機銖両、不渉世縁、作麼生か承当す。衆皆語無し。自ら代りて云く、一鏃三関を破す」（『雲門広録』二、㊀47・563a）と。後に徳山円明はその句を離して「函蓋乾坤句、截断衆流句、随波逐浪句」とした。⇩「雲門文偃」

【三賢】〈さんけん〉㊡㊓ 修行の階位で、五停心観・別想念住・総相念住を修する位を示し、それを外凡ともいう。

【参玄】〈さんげん〉㊓ 仏道の玄旨・奥義に参ずる優れた人（『広録』上堂496）。

【三玄三要】〈さんげんさんよう〉㊡『臨済録』に「上堂、僧問、如何是第一句。師云、三要印開朱点側。未容擬議主賓分。問如何是第二句。師云、妙解豈容無著問。漚和争負截流機。問如何是第三句。師云、看取棚頭弄傀儡、抽牽都來裏有人。師又云、一句語須具三玄門、一玄門須具三要。有権有用、汝等諸人作麼生会。下座。」（㊀47・497a）とあり、これを臨済の三玄という。さらに古塔主（承古のこと。『眼蔵』面授巻、㊨中・317に引用される）の立てた三玄は体中玄・句中玄・玄中玄といい、ともに為人の手段である。

【三賢七賢】〈さんけんしちけん〉(眼) 大乗では十住・十行・十廻向の位にある菩薩を三賢といい、初発心人・有相行人・無相行人・方便行人・習種性人・性種性人・道種性人を七賢という。

【三賢十聖】〈さんけんじっしょう〉(眼)(広) 十聖三賢とも。十住・十行・十廻向の菩薩を三賢といい、初地乃至十地の菩薩を十聖という。賢は惑を伏する位で、聖は惑を断ずる位である。これによって菩薩の修行時を総括して賢聖位ともいう。いずれも菩薩修行の位階で、三賢は修行者中の凡夫位のものを指し、十聖などの聖者以前のもの（『広録』上堂33、38、399、小参12）。

【三間茅屋】〈さんげんのぼうおく〉(広) 三間四方の草庵（『広録』偈頌108）。

【山居】〈さんご〉(広) 人里離れて、世塵の至らない深山幽谷に身心を処し、その静寂な山水の中に仏に出会い、仏道を行じきる修行生活のこと。道元が「山居」を好んだことは『広録』の中、至るところに見られるが、特に『広録』小参2では「居山好」として歴代祖師の山居が説示されている。また山居の偈頌が十五首にまとめられている（『広録』偈頌99～113）。

【三更】〈さんこう〉(眼)(広) 真夜中、午前零時から二時。

【三更の三点】〈さんこうのさんてん〉(眼) 点は鐘を打して時刻の報知をなすことをいう。更次に従ってこれを打つ。一時間を三分してこれを報ずることを点をかけるという。⇩「五更」

【三才】〈さんさい〉(眼)(広) 天・地・人。この世の働きを代表するもの。

【懺罪】〈さんざい〉(広) 懺悔滅罪のこと。懺悔は、自分のあやまちを追悔して仏祖に許しをこうこと。懺悔すればその功徳力によって一切の罪業が消滅し清浄となるからである（『広録』頌古5）。

【斬指見血】〈ざんしけんけつ〉(広) 倶胝の会下の童児が、倶胝のまねをして一指を立てて応対したのを知った倶胝は、仏道が誤解されることを恐れて童児の指頭を切った。童児がその痛さに泣き去ろうとすると、倶胝は呼び止めて、一指を立てて示し、童児を悟道へと導いた故事（『広録』法語14）。

【算砂】〈さんしゃ〉(眼)(広) 名相の沙石を数える学者のこと。⇩「名相の沙石」

【三車之譬】〈さんしゃしひ〉(眼)『法華経』譬喩品（(大)9・12c）の譬喩。羊車・鹿車・牛車をもって声聞乗・縁覚乗・菩薩乗に喩える。

【散手】〈さんしゅ〉(広) 放下。手に持つものを投げ捨てること。手を離すこと（『広録』法語2）。

【三十一人】〈さんじゅういちにん〉(広) 仁治二年（一二四一）の頃、道元の参下に三十一人の清浄なる修行僧がいたことを示すものと思われる（『広録』上堂41）。

【三十三天】〈さんじゅうさんてん〉(眼)(広) 忉利天。須弥山の頂上にある。中央を帝釈天として四方に八天があり、合せて三十三天となる（『広録』上堂410）。

【三十三人】〈さんじゅうさんにん〉(広) 西天二十八祖・東土六代の祖師がた（『広録』上堂136）。

【三秋四月】〈さんしゅうしげつ〉(眼) 三秋は秋三ヶ月をいうが、この場合秋の意を取らず、単に三四ヶ月というほどの意。

【三十四心】〈さんじゅうししん〉(広) 八忍・八智・九無礙・九解脱（『広録』上堂372）。

【三十七品】〈さんじゅうしちほん〉(眼)(広) 涅槃の理想に至るために、修行すべき道行を三十七の品類に分類したもので、三十七道品・三十七覚支・三十七菩提分法（菩提はさとり、分法は支分のこと）ともいわれる。①四念処、②四正断、③四神足、④五根、⑤五力、⑥七覚支、⑦八正道の七科に分ける（『広録』上堂435）。

【三十七品菩提分法】〈さんじゅうしちほんぼだいぶんぽう〉(眼) 菩提に順趣する仏教一般の道法を三十七品種に区分したもので、四念処（四念住）・四正断（四正勤）・四神足（四如意足）・五根・五力・七覚支・八正道支（八正道）の七科三十七種をいう。これを三十七道品、または三十七分法ともいう。詳しくは『眼蔵』菩提分法巻を参照。

【三十二相】〈さんじゅうにそう〉(眼)(広) 三十二大人相のこと。この特殊の人相を具備する天子・釈尊の人相。このような人相を持つ人は、俗家にあっては聖王となり、家を出れば無上覚を証して仏陀となるという。釈尊は三十二相・八十種好を有したといわれ、足から頭髪まで細かく三十二に外相を分けている（『広録』上堂88）。

【三十年来尋剣の客……】〈さんじゅうねんらいじんけんのきゃく

……〉眼広『会要』霊雲章に出る。『眼蔵』谿声山色巻（岩上・138）、『広録』上堂457、頌古72にも同文の引用がある。

【三秋暮律】〈さんしゅうのぼりつ〉広 秋の三ヶ月間の特に晩秋の暮れなずむ頃（『広録』偈頌107）。

【三十棒】〈さんじゅうぼう〉眼広 師家が慈悲心で学人を打ち、覚醒させることを形容した語であるが、実際に行ずることもある（『広録』上堂47、135、145、151、206、頌古57）。

【撒手懸崖】〈さんしゅけんがい〉広 切り立った崖でぶら下がっていた手を離すこと（『広録』上堂434、512）。

【三春】〈さんしゅん〉広 陰暦の一・二・三月（『広録』上堂91、227、300）。

【三春果満】〈さんしゅんかまん〉広 三春（初春・仲春・晩春）の意であろう（『広録』上堂91、300、365）。

【三春果満菩提円】〈さんしゅんかまんぼだいえん〉広 インド二十七祖般若多羅の偈（『広録』上堂300）。

【三乗】〈さんじょう〉眼広 声聞乗・縁覚乗・菩薩乗の三で、人の性質・能力に応じてその果地に至らしめる教法。声聞乗は四諦の理を観じて阿羅漢果を証するもの。縁覚乗は十二因縁を観じて辟支仏果を証するもの。菩薩乗は六波羅蜜を修行して無上菩提を証するもの。

【三聖慧然】〈さんしょうえねん〉眼（生没年不詳）。唐代の人。臨済義玄の法嗣。鎮州（河北省）三聖院に住す（『伝灯』十二・三聖院慧然章、大51・294c）。

【三条椽下】〈さんじょうえんげ〉広 僧堂内の自分の坐禅をする単（場所）。横三尺・縦七尺のところに坐臥するが、横三尺の間には、上に椽（タルキ）が三本あることからいう（『広録』上堂139）。

【三乗五乗】〈さんじょうごじょう〉眼広 三乗は声聞乗・縁覚乗・菩薩乗の三つ。声聞乗は説法を通して仏法の真実を学ぶ生き方、縁覚乗は客観的事物を機縁として仏法の真実を学ぶ生き方、菩薩乗は我が身を投げ出す行為によって仏法の真実を学ぶ生き方で、いずれも仏教の真実を追求する立場のもの。五乗は上記の三乗に人乗と天乗の二を加えたもの。人乗は仏教に到達する以前の人間としての平凡な生き方、天乗は人乗に対するもので天上界の人々の生き方をいう（『広録』上堂279）。

【三条四赤】〈さんじょうししゃく〉広『古註』で、面山瑞方は「赤は音を借り用いて尺に通ず」、つまり赤と尺を音通としている。船子和尚が垂れた釣り糸の長さ三丈四尺の喩え（『広録』頌古10）。

【三乗道】〈さんじょうのみち〉㊘ 人の性質・能力によってその果地に至らしめる教法を声聞乗・縁覚乗・菩薩乗の三つに分けたもの（『広録』上堂446）。

【三途】〈さんず〉㊗㊘ 一に火途（地獄趣の猛火に焼かれる処）、二に血途（畜生趣の互いに相食む処）、三に刀途（餓鬼趣の劍杖をもって互いに逼迫する処）。三悪趣・三悪道ともいう。

【山水を隔てて烟煙を見る】〈さんすいをへだててえんえんをみる〉㊘ 山水を遠くへだてていても、煙を見ればその下には必ず火のあることが知れる（『広録』上堂143）。

【三頭八臂】〈さんずはっぴ〉㊗㊘ 憤怒の形相で降魔折伏する不動明王・愛染明王のすがたを形容していう（『広録』上堂466）。

【三途六道】〈さんずろくどう〉㊗㊘ 三途は人が死んで閻魔庁に行く途中の三つの川、瀬とも。火途（地獄）、血途（餓鬼）、刀途（畜生）。三途はまた冥土の意も。六道は地獄・餓鬼・畜生の三途に修羅・人間・天上を加えたもの（『眼蔵』弁道話巻、㊕上・58、『広録』偈頌38）。

【三世十方一切諸仏】〈さんぜじっぽういっさいのしょぶつ〉㊗㊘ 三世は、過去・現在・未来、十方は、東・西・南・北の四方、東南・西南・西北・東北の四維、上・下の二方を加えた十の方角をいうが、空間をも含むあらゆる方角。ありとあらゆるところにおられるもろもろの仏（『眼蔵』見仏巻、㊕中・363、『広録』上堂155）。

【山、接せんと擬す……】〈さん、せっせんとぎす……〉㊘ 徳山宣鑑が龍潭崇信の差し出した燭をとろうとする（『広録』頌古24）。

【参禅】〈さんぜん〉㊗㊘ 師を尋ね道を訪い、坐禅修行すること。参禅学道、参師聞法・功夫坐禅して修行すること。また坐禅のこと（『広録』上堂306、318、337、338、375、454、458、482、小参2、8、11、法語5、自賛2、頌古86、偈頌64、『普勧坐禅儀』）。

【三千威儀】〈さんぜんいいぎ〉㊘ 仏弟子として日常守るべき正しい振る舞い、姿のことをいう。比丘の二百五十戒を行住坐臥の四威儀に配して一千とし、三世にわたるものとして三千とする。八万の細行の対句（『広録』小参12）。

【三千刹海】〈さんぜんせっかい〉(広) 三千大世界・刹土大海。俗にいう宇宙に同じ（『広録』上堂180）。

【三千大千世界】〈さんぜんだいせんせかい〉(眼)(広) 須弥山を中心として七山八海を交互に繞らし、さらに鉄囲山をもって外部となし、これを一小世界と称し、これを千合したものを小千世界と称し、さらにこれを一千合したものを中千世界とし、さらにこれを一千合したものを大千世界と称する。この三種を総称して三千大千世界といい、ありとあらゆる世界、一仏の化境を表す。

【山前檀越家……】〈さんぜんだんのつけ……〉(広) 潙山が示寂後（百年後）檀越の家に水牯牛となって生まれ変わることをいう（『広録』上堂175）。⇩「潙山水牯牛」

【山前に馬を放って山前に討ぬ】〈さんぜんにうまをはなってさんぜんにたずぬ〉(広) 山の前で馬を放てば、当然のこと外を捜さず山前で馬を探す。外に向かってのみ求め尋ねることの戒め。また妄想分別で識別しないことにも喩えられる（『広録』法語7）。

【参禅者身心脱落】〈さんぜんしゃしんじんだつらく〉(眼)(広) 道元は、只管打坐が身心脱落（身も心も一切の束縛からはなれた大悟底の境涯）のすがたで、坐禅によって大悟にいたるのではない、とする（『眼蔵』行持下巻、(岩)中・65、『広録』上堂318、337、437、432、頌古86）。『宝慶記』にも見える。

【三祖云く、円同太虚……】〈さんそいわく、えんどうたいきょ……〉(広) 三祖僧璨『信心銘』（(大)48・376b）の語。人々が仏性を円かに具えているのは大虚空と同じで、少しも欠けることも余ることがない。それにもかかわらず取捨分別などするから真実とかけ離れてしまうのである（『広録』上堂470）。

【三蔵】〈さんぞう〉(眼)(広) 仏教の聖典を三種に大別して経蔵・律蔵・論蔵となす、故にこれを総称して三蔵という。この三蔵に通暁するものという意味により、広く仏教に精通する学匠、訳出僧を三蔵または三蔵法師という。

【三草二木】〈さんそうにぼく〉(眼) 『法華経』薬草喩品に出る喩え。大小乗種々の機根のものが、一法雨に浴して各々なりに成仏することを示す。三草は小草（人天乗）、中草（声聞・縁覚の二乗）、上草（三蔵教中の菩薩）で、二木は小樹（大乗鈍根の菩薩）、大樹（大乗利根の菩薩）に喩える。

【三祖大師】〈さんそだいし〉㊗㊯ ⇩「鑑智僧璨」
【三祖大師云く、至道無難……】〈さんそだいしいわく、しいどうぶなん……〉㊯（『広録』上堂472）⇩「至道無難唯嫌揀択」
【三祖大師信心銘】〈さんそだいししんじんめい〉㊯『信心銘』一巻は古来三祖僧璨の撰とされ、正伝の宗旨を四言一四六句五八四字の韻文にまとめたもの。禅宗では『心王銘』『証道歌』『参同契』『宝鏡三昧』等とともに、禅の真髄を呈示したものとして古来珍重重視されている（『広録』上堂371）。
【山体】〈さんたい〉㊯ 山づみとなる（『広録』偈頌43）。
【三台】〈さんだい〉㊯ 三つの役所。尚書（中台）御史（憲台）謁者（外台）をいう。ここでは威厳のある所、役所の意（『広録』上堂125）。
【三台】〈さんだい〉㊯ 詞曲の名。唐の韋応物・王建等にその作があるが、名義には定説がない。『資暇録』によれば、昔、鄴中に三つの楼台があって、石季龍が常に宴遊し、楽人がこの曲を作って飲酒を促し、その曲に三台と名づけたという（『広録』上堂116、416）。
【三台】〈さんだい〉㊯ 中国天文学上の紫微星を守る上台・中台・下台の三つの星。この星は立派な行政官が世に出ると天空に輝くという。そこから転じて、中国政治上の三公即ち大尉・司徒・司空を三星に配す（『広録』偈頌7）。
【三台】〈さんだい〉㊯ 後漢の献帝建安十五年（二一〇）、魏武が業都の西北に造らせた山のように高い三つの台。中央が銅雀台、南が金虎台、北が永井台で、主として遊宴に使われた（『広録』偈頌30）。
【攙奪憐れむべし】〈さんだつあわれむべし〉㊯ 攙奪はうばうこと。越州には市場から勝手に物を奪い取るほどの力量がある（『広録』上堂529）。
【攙奪無くして功を言わず】〈さんだつなくしてこうをいわず〉㊯ 玄沙師備に「人の行市に攙奪するを許さず」（『統要集』九）という語句がある。市場で人の物を奪うことも無く奪われることも無い、つまり修証の功を吹聴することも無い。自分における修と証は一枚・一如のもので、それは明々たる太陽が物の真上から照らせば、その影は映らず、その明暗は差別のあるものではない（『広録』偈頌120）。
【三端】〈さんたん〉㊯ 相手を説得する重要な手段としての、文士の筆端（文章を書く人の筆先）、武士の鋒端（武術家の刃の先）、弁士の舌端（説明する人の舌の先）をいい、それは単なる口先上のこととして君子の避けるべき事柄とされた（『広録』頌古50）。

【三朝】〈さんちょう〉(広) 元日の朝のこと。元旦の朝は、年の最初の朝、最初の月の朝、最初の日の朝を迎えるところ。すなわち、年月日の最初であることをいう（『広録』上堂32）。

【三田】〈さんでん〉(広)『涅槃経』三十三・迦葉菩薩品（(大)12・560c）では、釈尊が「三種田」の比喩、すなわち田に上中下の三段があり、その種の撒き方が違うように、人にもその化導の仕方があると、迦葉尊者に教えたと見える（『広録』偈頌110）。

【参頭】〈さんとう〉(眼)(広) さんじゅうとも読む。『禅苑清規』では、新しい修行僧の代表として、掛搭の諸式を弁ずる役職。あるいは修行僧の代表。『眼蔵』自証三昧巻（(岩)下・52）に大慧宗杲を評して「圜悟よりのち、さらに他遊せず、智識をとぶらはず、みだりに大刹の主として、雲水の参頭なり、のこれる語句、いまだ大法のほとりにおよばず」との用例がある。

【暫到】〈ざんとう〉(広) 暫到僧の略で、禅門でしばらくとどまり修行し去って行く雲水のこと（『広録』頌古81）。

【参堂去】〈さんどうこ〉(広) 参堂は僧堂で坐禅すること。去は強めの助詞（『広録』上堂18、21、493）。

【三毒四倒】〈さんどくしとう〉(眼) 三毒とは三種の害毒のことで、貪欲・瞋恚・愚癡の三種の根本煩悩は出世の善心を毒害するが故にこれを三毒という。四倒とは四種の顚倒の見のことで、無常なるものを常住と執し、苦なるものを楽と執し、不浄なるものを清浄と執し、無我なるものを我と執する、これを四倒という。

【三徳六味】〈さんとくろくみ〉(広) 禅宗では「さんてるみ」とも読む。三徳は、①軽軟（あっさりしたもの）、②浄潔（きれいであること）、③如法作（順序・方式に従っていること）をいい、六味は甘・辛・鹹・苦・酸・淡をいう。全て食事の調理は以上の注意が必要とされる。禅門における食事時偈文としては「三徳六味（さんてるみ）、施仏及僧（しふぎすん）、法界有情（はかいうじん）、普同供養（ふずんきゅんにょう）」と唱える（『広録』上堂300）。

【三熱】〈さんねつ〉(眼) 龍王の受ける三種の熱悩。三患ともいう。一に熱風熱沙のために皮肉を焼かれる、二に悪風暴起して宝衣飾を失う、三に金翅鳥のために搏食される。

【三年逢閏】〈さんねんほうじゅん〉広 陰暦の三年に一度の閏年（『広録』上堂4）。

【三拝依位】〈さんぱいえい〉広 慧可が三拝して達磨の髄（真実の法）を得た故事のように、ただ三拝させて（本来の）自分の坐位に立たせること（『広録』上堂304）。

【三拝依位而立】〈さんぱいえいじりつ〉眼広 達磨に対して、その悟境を道得した慧可の振る舞いのこと（『眼蔵』道得巻、岩中・140、『広録』上堂336）。『眼蔵』葛藤巻を参照。

【三拝伝衣】〈さんぱいでんえ〉広 二祖の三拝と初祖の伝衣。慧可が最後に三拝して位によって立ったとき、達磨は「汝、吾が髄を得たり」といったという伝法の故事（『広録』上堂445）。

【三般】〈さんぱん〉広 三通り（『広録』上堂29、64）。

【山鑾（蛮）子】〈さんばんす〉広 山に住む人・山男。山おじ。山じじ（『広録』上堂244、267）。

【三百六十余会】〈さんびゃくろくじゅうよえ〉眼広 釈尊の生涯において開かれた法会（『広録』法語8）。

【三府の環】〈さんぷのかん〉眼『対偶日記』の「古事に曰く、後漢の楊宝は性慈愛。年九歳にして華陰山の北に至り、一の黄雀の、鴟鳥のために搏たれて地に堕ち、また螻蟻に困ぜられるを見て、宝これを取って懐にし以て帰る。巾箱中に置き飼うに黄華を以てせり。百余日にして毛羽既に成って朝に去り暮に来る。積年ののち、忽然として群雀倶に来って哀鳴して繞り至る。数日にして乃ち飛び去る。この夜、黄衣の童子有り、宝に向かって礼拝して曰く、「我はこれ西王母が使者なり。蓬莱に生まれてこれを過り君が仁愛を感ず。拯放しばしば恩養を承く」と。白環四枚を以て宝に与えて曰く、「君が子孫をして潔白にして位三公に登らしむること、当にこの環の如くなるべし矣」と。後に宝、子震を生み、震は秉を生み、秉は賜を生み、賜は彪を生み、四世、果して白環の数に応じ徳業相継ぐ」という故事に基づく（『眼蔵』行持下巻、岩中・49）。

【三平義忠】〈さんぺいぎちゅう〉眼（七八一～八七二）。潮州大顚に嗣法す。福州の人、姓は楊氏。はじめ石鞏慧蔵に参じ、後に大顚に投ず。漳州三平山に住して多年接化した（『伝灯』十四・三平義忠章、大51・316b）。

【三宝】〈さんぼう〉㊢㊧ 仏・法・僧。

【参飽】〈さんぽう〉㊢ 仏道の参究、身心に飽満することをいう。

【三菩提】〈さんぼだい〉㊢㊧ 梵語 saṃbodhi 正等覚と訳す。⇩「阿耨多羅三藐三菩提」

【三品】〈さんぼん〉㊢㊧ 三般の別。『大慧武庫』に「円通秀禅師、雪の下るに因って云く、三種の僧あり、上等底は僧堂裡に坐禅す。中等は墨を磨して筆を点じて雪の詩を作る。下等は爐を囲み食を説く」とある（『広録』偈頌89）。

【三昧】〈ざんまい〉㊢㊧ 梵語 samādhi の音訳。三摩地・三摩鉢底・三摩提ともいう。定・等持・正定・止息・寂静等と訳す。心の動揺を静めて一境に専注させ、明鏡止水の本然の姿になること。

【三明】〈さんみょう〉㊢ 三達または三証法ともいう。証果の聖者の三世の諸法に通達する無礙の智通で、①宿住智証明（過去のことに通達す）、②生死智証明（現在のことに通達す）、③漏尽智証明（未来のことに通達す）の三をいう。六神通の中では宿命通・天眼通・漏尽通に相当する。

【三物】〈さんもつ〉㊧ 三物は師資相伝の嗣書・大事・血脈をいうが、この場合は驢胎・馬腹・牛皮をさす。それぞれが仏の異名で、衆生済度のためには、そうした異類にも身を転じる（『広録』上堂114）。

【三門】〈さんもん〉㊢㊧ 山門とも。現在では同義であるが歴史的な意味は異なる。本来の三門は南面及び東西に面して門を設けたことから三門と呼んだが、現在では南面した一門のみを設け三つの入り口がある門を指すため、原意は失われている。なお、空・無相・無作の三解脱門を略して三門と呼ばれるともされる。（『広録』上堂233、小参11）

【三夜】〈さんや〉㊧ 十五夜・十六夜・十七夜（『広録』偈頌81、84）。

【三要】〈さんよう〉㊢㊧ ⇩「三玄三要」

【三陽】〈さんよう〉㊧ 正月（『広録』上堂115、308）。

【参来参究竟に外無し】〈さんらいさんきゅうついにほかなし〉㊧ この外には参究参学すべきものは無いの意（『広録』偈頌121）。

し

【祠】〈し〉(広) 春を祭る（『広録』偈頌24）。この偈頌については、『卍山本』は、孝順の意にとらえている。

【四悪趣】〈しあくしゅ〉(眼) 六道の中の地獄・餓鬼・畜生・修羅をいう。

【四安楽行】〈しあんらくぎょう〉(眼)『法華経』安楽行品に説く四種の安楽行のことで、身・口・意・誓願の四種において、身心安住して法華を行ずることをいう。

【四韋陀】〈しいだ〉(眼) 四違陀・四吠陀等と音写す。婆羅門教の根本聖典にして、Ṛg-veda（梨倶）、Sāma-veda（沙磨）、Yajur-veda（夜柔）、Atharva-veda（阿闥婆）の四吠陀をいう。アーリヤン民族が五河地方より恒河の流域に移住した頃に成立したインド最古の文学。

【至道無難唯嫌揀択】〈しいどうぶなんゆいけんけんじゃく〉(広)『信心銘』（(大)48・376b）に出る語で、至道は仏道、仏道は難しいことではない。仏道の大道は本来平等で無差別階級自由自在であるが、衆生はえらぶことによって難易を生ずるので、それがないなら十方通暢であること（『広録』上堂371、472）。

【時縁】〈じえん〉(広) 時節因縁（『広録』上堂33）。

【師翁】〈しおう〉(眼)(広) 師祖ともいう。師の師のことで、法の祖父に当る。

【四果】〈しか〉(眼) 声聞乗の修行過程における聖果の段階的差別で、一に須陀洹果（srota-āpanna）、訳して預流果という。三界の見惑を断じて初めて聖者の流類に入るためにこの名あり。二に斯陀含果（sakṛd-āgāmin）、訳して一来果という。欲界・思惑の九品の中で、上六品を断じた聖者で、残りの下三品の惑によって、なお人中天上に一往来して修道し証果するが故にこの名がある。三に阿那含果（anāgāmin）、訳して不還また不来果という。欲界思惑を断尽した聖者で、再び欲界に還り生ずることがない故にこの名があり。四に阿羅漢果（arhat）、訳して無学果といい、三界見思の煩悩を断尽して究竟の無学果を証した応供の聖者をいい、これが声聞乗の究竟位である。

【知客】〈しか〉(眼)(広) 六頭首の一で、禅院を訪れる来賓や施主の接待に当る役職。

【死灰】〈しかい〉(眼)(広) 熱気のなくなった灰、活気のないことに喩える。また、煩悩に乱されない身心をいう（『広録』上堂123、491、法語8、14、頌古83）。

【四海五湖】〈しかいごこ〉(眼) 中国の全土をいう。広く天下という意味にも用いる。

【自界他方】〈じかいたほう〉(眼)(広) 自界は釈尊の化度である娑婆世界。他方は阿弥陀仏の化度である極楽世界など（『眼蔵』礼拝得髄巻、(岩)上・130、『普勧坐禅儀』）。

【始覚】〈しかく〉(眼)(広) 一切衆生の本具の仏性・法性・真如等としての自性清浄心は、本来照明の徳を具すので、これを本覚と名づく。この本覚の内薫の力と、師教の外縁とによって、はじめて発心修行し、漸次に観智を生じて不覚無明を断じ、ついに心源を顕わすことを始覚という。『起信論』には始覚を不覚・相似覚・随分覚・究竟覚の四位に分かつ。

【自我得仏来】〈じがとくぶつらい〉(広) 『法華経』如来寿量品の偈（(大)9・43b）。私は仏となってより、常に霊鷲山にあって説法している（『広録』上堂91）。

【然も此の如くなりと雖も……網羅に撞入せざるが……】〈しかもかくのごとくなりといえども……もうらにとうにゅうせざるが……〉(広) それはそうだが、始めから網にかからなければよいではないか（『広録』頌古70）。

【祇管】〈しかん〉(眼)(広) 只管と同じ。「ひたすら」の意。

【指竿針鎚の転機】〈しかんしんついのてんき〉(広) 祖師の臨機応変の活動とその事績（『普勧坐禅儀』）。指は倶胝和尚の一指頭の禅にちなむ故事。竿は「百尺竿頭如何が進歩せん」と問う僧に、南泉が「更に一歩を進めよ」といった故事。針はインド伝灯の祖師迦那提婆尊者が龍樹の弟子にならんとして水椀に一針を投じた故事。鎚は槌で、世尊陞座のとき、文殊が槌を打って「諦観法王法法王法如是」といった故事。転機は機論を運転する意。

【只（祇）管打坐】〈しかんたざ〉(眼)(広) ただひたすら坐禅することをいう。ひたすら坐禅することに全身全霊を注いだ如浄の法を受けついだ道元は、只管打坐が身心脱落であることを強調した（『広録』上堂33、337、432、頌古85）。

【子期未だ至らず伯牙恨む】〈しきいまだいたらずはくがうらむ〉(広)『呂氏春秋』孝行覧の「鐘子期死、伯牙破琴絶絃、終身不復鼓琴、以為世無足復為鼓琴者」が出典。中国、春秋時代、伯牙が弾く琴を子期がよく理解したが、子期が死ぬと、伯牙はその音を聴く者がなくなったことを嘆き、琴を破って二度と弾かなかったという。友情の深いこと、また、親友の死を悼むことをいう。「子期死して伯牙琴をかなでず」「伯牙琴を破る」とも（『広録』頌古27）。

【色界】〈しきかい〉(眼) 三界の一。⇩「三界」

【直下当陽】〈じきげとうよう〉(広) 面と向かっての意（『広録』自賛7）。

【色香】〈しきこう〉(広) 飯のこと（『広録』上堂416、法語12）。

【食時辰】〈じきじたつ〉(広) 明け五つ・七更、午前七時〜午前九時（『広録』偈頌118）。

【直指単伝】〈じきしたんでん〉(広) 単伝直指とも。釈尊の真実の仏法が摩訶迦葉に伝えられ、西天二十八祖をへて中国に至ったが、それは煩瑣な教学などによらず、師匠から弟子にじかに端的に指し示されたもので、それをさらに忠実に授受し伝えるとする、禅門独自の立場を示す語（『広録』上堂279）。

【直指人心】〈じきしにんしん〉(眼)(広) 直指人心は、「見性成仏」と続く言葉で、人の心を直指し、自分の心が仏性にほかならないと自覚することが成仏である、とする。この言葉は、達磨大師が伝えたとする「不立文字、教外別伝、直指人心、見性成仏」の四句の一句で、経典が伝えるところには仏法の真実は無く、達磨大師が伝えたところのみに仏祖の大道がある。つまり、禅宗の綱領は、経典や文字の中にあるのではなく、経典や文字の指し示しているところを直接端的にとらえるところにあるとする、禅宗以外の仏教、経典・文字をよりどころとしている教家に対する優位を強調する言葉でもある（『眼蔵』仏教巻、(岩)上・364、恁麼巻、(岩)上・431、『広録』自賛14）。

【直指人心、更に天を隔つ……】〈じきしにんしん、さらにてんをへだつ……〉(広) この語に見性成仏を結語したのは『伝心法要』（(大)48・384a）が最初であるという（『広録』上堂368）。『広録』上堂280を参照。

【直指人心、拄杖】〈じきしにんしん、しゅじょう〉(広) 文字・字句にわたらずに人の心そのものを指し示すこと。達磨の拄杖（『広録』上堂280）。『広録』上堂334を参照。

【直指人心、天地懸隔……】〈じきしにんしん、てんちけんかく……〉(広) 人の心を直指し、自分の心性が仏性にほかならないと自覚することは、そこにわずかでも差別の見解をおこすと天と地ほどにへだたりを生ずる（『広録』上堂334）。『広録』上堂280を参照。

【色受想行識】〈しきじゅそうぎょうしき〉(眼)(広) 色はかたちあるもの、受は感覚、想は認識、行は知覚、識は意識をいう（『広録』上堂343）。⇩「五蘊」

【色上】〈しきじょう〉(広) 物質的な存在一般（『広録』法語12）。

【識知】〈しきち〉(眼)(広) 認識し分別すること。ここでは参究の仕方に種々の方法があること（『眼蔵』神通巻、(岩)上・382、『広録』上堂80）。

【直裰】〈じきとつ〉(眼) 法衣をいう。褊衫と裙子は本来別なものを直に綴じ合わしたためにこう名づける。

【直に……得たり】〈じきに……えたり〉(眼)(広) ……ということになった。

【直に須らく】〈じきにすべからく〉(眼)(広) きっと、ぜひとも……しなければならない。直は須の強めの助辞。

【直に須らく剣を揮うべし……】〈じきにすべからくけんをふるうべし……〉(広) その悟りをも剣をもってたち切らなければ、漁師が家にこもって海に出ないのと同様にその本来の働きを失う（『広録』上堂222）。

【識破】〈しきは〉(広) 識取と同義。きちんと見て取る。十分に識別認識する。認識しおわる（『広録』偈頌8）。

【尸棄仏】〈しきぶつ〉(眼)(広) 梵語 Śikhin 火・持髻等と訳す。過去七仏の第二仏。人寿七万歳のとき出世し、分陀利樹の下において成道し、三会に二十数万人を教化したという（『広録』上堂150、446）。

【色法】〈しきほう〉(眼) 心法に対す。色とは変壊（変化して滅壊すること）、質礙（空間を塡充して自他互いに障礙すること）の義で、全ての物質的な存在を総称する。

【死急】〈しきゅう〉(眼)(広) 緊急の大事。死は強めの詞。

【食輪】〈じきりん〉(広) 衣食の計（『広録』上堂138、416）。

【四句】〈しく〉(眼)(広) 四句からなる偈のことで、言語をもってする思慮分別判断のこと。

【四衢】〈しく〉(広) 街のよつつじ。繁華街（『広録』上堂397）。

【四弘願】〈しぐがん〉(眼) 四弘誓願の略。菩薩が自利利他の行道を円満とするために、初発心のときより、広大な四種の誓願を発す、これを四弘誓願といい、四弘願行ともいう。即ち、①衆生無辺誓願度、②煩悩無尽誓願断、③法門無量誓願学、④仏道無上誓願成、というのがこれである。

【竺乾】〈じくけん〉㊤ インドの別称で天竺西乾の義。乾竺ともいう、天竺に同じという。

【四句百非】〈しくひゃっぴ〉㊜ 百非は種々の、あらゆるものの否定のこと。仏教の真の姿は論議や分別判断を超えたものであることをいう（『広録』上堂99）。⇩「四句を離れ百非を絶す」

【竺法蘭】〈じくほうらん〉㊤ 姓は竺、名は法蘭、中インドの人。後漢の永平年中に迦葉摩騰とともに中国に来て『四十二章経』等を訳す。仏教東漸の始めである。

【四句を離れ百非を絶す】〈しくをはなれひゃっぴをぜっす〉㊤㊜「馬祖黒白」とも称される公案（『眼蔵』十方巻、㊦中・338、菩提分法巻、㊦下・19、『広録』頌古78）。四句は思慮分別判断の一切、百非は種々一切の否定で、仏教の真実は四句百非という論議を超越したものであるところから、四句を離れ百非を絶すという。達磨の真実の仏法の宗旨を問う僧に、馬祖は質問されたからといって答えられる問題ではないので「今日は疲れている」と答えるのである。それに対して、西堂智蔵と百丈懐海が、僧に応対しているが、その対応は、馬祖が「いずれが兄か弟か」と嘆ずるほどに、それこそ四句を離れ百非を絶した仏法の真実を拈弄したものだったのである。『宏智頌古』六則（㊅48・230b-c）参照。

【自家之坐牀……】〈じけのざしょう……〉㊜ 学人が、自分自身が本来仏であることを知らずに、いたずらに心外に仏法を求め煩悶すること（『普勧坐禅儀』）。

【自家鼻孔】〈じけびくう〉㊤㊜ 自分の顔の中心にある鼻の穴は自分では見ることができないことから、本来具っている自己の面目をいう。自分の修行は自分でするもの（『眼蔵』菩提分法巻、㊦下・27、『広録』上堂131、238、291、454、偈頌79）。

【四見】〈しけん〉㊤ ⇩「一水四見」

【子湖一隻狗】〈しこいっせきく〉㊜ 子湖犬吠とも。子湖は子湖利蹤（八〇〇～八八〇）。南泉普願の法嗣。子湖が山門に「子湖有一隻狗」の牌を立て、殺活自在に学人を接化したことをいう（『広録』上堂293）。

【祇候】〈しこう〉(広) 謹しんで待ちうかがうこと（『広録』上堂495）。

【慈航和尚】〈じこうおしょう〉(広) 無示介諶（唐代の人）の法嗣である慈航了朴（唐代の人）のこと。慶元府（浙江省）の天童山に住した。臨済宗黄龍派。『慈航朴和尚語要』一（『古尊宿語要』四所収）がある（『広録』小参8、11）。

【四向四果】〈しこうしか〉(眼) 四向四果は二乗の修道証果の階次的全過程で、四果に向かう予備行を四向といい、その到達する果位を四果という。⇩「四果」

【指甲縫裏】〈しこうほうり〉(広) 拳の中（『広録』上堂466）。

【屎坑裏】〈しこうり〉(広) 便所・厠。文字・言句（『広録』上堂181）。

【之乎者也】〈しこしゃや〉(広) 以上の四字は全て置き字、即ち助詞で、それ自体では意味のないことから、無用なることをいう（『広録』頌古85）。

【自己清浄法身】〈じこしょうじょうほっしん〉(広) 煩悩の汚れを全て脱した法身（『広録』上堂302）。

【四五千条花柳の巷】〈しごせんじょうかりゅうのちまた〉(広) 四五千本の花柳のはなやぐ巷や、二三万座の管絃が鳴り響くにぎやかな楼のように、釈尊の仏法は種々相を呈して隆盛である（『広録』上堂488）。

【自在天】〈じざいてん〉(眼)(広) 大自在天ともいう。色界の頂にあって三千界を領すという（『広録』上堂402）。

【始坐仏樹力降魔……】〈しざぶつじゅりきごうま……〉(広) 『維摩経』仏国品（(大)14・537c）に出る。釈尊は初め菩提樹下に坐して降魔につとめ、甘露の法をえて成道された。教えを大千に説かれたこと三度であるが、その説法は常に清浄である。すべての人々が悟ることができるというのがその証拠であり、仏と法と僧の三宝がここに世に初めて示現されたのである（『広録』上堂366）。

【咨参】〈しさん〉(眼)(広) 咨は尋ねはかる、参は参じ尋ねる。師家に問法すること（『広録』上堂92、法語2、14、偈頌35）。

【四山】〈しざん〉(眼)(広) 四方の山。四苦になぞらえ、切迫する困難に喩える場合もある（『広録』上堂48、393、偈頌87）。

【自賛】〈じさん〉(広) 自らの肖像画（頂相）にたいして偈頌をもって賛じた頌（『広録』巻十自賛）。

【四山栢無く亦松も無し】〈しざんかしわなくまたまつもなし〉(広)

四方の山々の柏も松も雪に覆われて見えない（『広録』偈頌87）。

【尸子】〈しし〉㊞ 中国戦国時代の思想家。名は佼、魯の人。秦の相、商君これを師としてつかえる。鞅商君の死後、蜀に逃れ難を避けて身を全くしたという。その著『尸子』二十編であったが今わずか二巻が中国に存在する。

【師資】〈しし〉㊞㊫ 師匠と弟子のこと。

【自恣】〈じし〉㊞㊫ 随意に。自恣日は解夏の七月十五日に衆僧が安居中のことを反省する儀式。

【四至界畔】〈ししかいはん〉㊫ 所有地・耕作地などの東西南北の境界。四極ともいう（『広録』法語11）。道元の手控えともいわれる『眼蔵』別輯・仏向上事巻（㊌下・284）に「ふるき人のいわく、この一印の田地、なんぢにうりあたうることひさし。然あるを四至界畔しられざることあり。ひごろは田地はんこらずあたゐしかども、中心にありつる樹子はいまだあたゐざりつるを、いまよりは樹子をもをしむべからずといゐり。これを参学するには、この田地をさづけられて、ひさしくなりにけることをわすれざるべし。界畔をたいらかにして、四至あきらか也。遊戯するところに、ことごとく瑞をなし、祥をなす。まことにわれらにつきにける田地、かくのごとくありけると、をもいあわすべし」とある。

【師子頬王】〈ししきょうおう〉㊞ 梵語 Simhahanu インド迦毘羅城の主、浄飯王の父、即ち釈尊の祖父。

【師（獅）子吼】〈ししく〉㊞㊫ 獅子が一度吠えると百獣がひれふすことから、釈尊の説法をいう。

【四事供養】〈しじくよう〉㊞ 衣服・飲食・臥具・湯薬の四事による供養をいう。

【獅子哮吼】〈ししこうこう〉㊫ 獅子がたけりほえる（『広録』上堂497）。

【師子座】〈ししざ〉㊞㊫ 仏座のこと。獅子は百獣の王であるごとく、仏は人中の至尊であるために、仏を獅子に比し、その坐する処を師子座といい、説法を獅子吼という。後には一般に説法の座、または教導者の地位等を師子座というようになった。

【四事七珍】〈しじしっちん〉㊫ 供養に用いる四種（飲食・衣服・臥具・医薬）の事と、金・銀・毘瑠璃・頗梨・硨磲・碼碯・赤真珠をいう（『広録』上堂64）。

【師資相承】〈ししそうじょう〉㊍ 師は資（弟子）に法脈を授け伝え、資は師より法を承け連綿と法脈が承けつがれること。

【師子尊者】〈ししそんじゃ〉㊍ ⇩「獅子大和尚」

【獅子大和尚】〈ししだいおしょう〉㊍ 梵語 Simha 師子尊者、獅子菩提ともいう。禅宗の伝灯ではインドにおける第二十四祖。中インドの人、姓は婆羅門、鶴勒那尊者に得法の後、罽賓国に化を布き、婆沙斯多を得て付法した。

【四七・二三】〈ししち・にさん〉㊍㊋ 四七は四×七で二十八。禅宗伝灯のインドにおける祖師二十八祖をいう。二三は二×三で六。菩提達磨より大鑑慧能に至る東土の六祖をいう（『眼蔵』光明巻、㊌中・118、『広録』上堂69、253、法語11）。

【自恣日】〈じしのひ〉㊍㊋ 自恣は随意の意で、安居の終りの日、即ち一月十五日と七月十五日に、安居中における他に対する無礼を謝し、かつ自分の犯した過失を告白して、身心ともに潔白となり、九旬禁足の禁を解かれる。反省自粛する儀式。この日を自恣の日という（『眼蔵』安居巻、㊌下・97、『広録』小参20）。

【師（獅）子奮迅話】〈ししふんじんわ〉㊍ 獅子は兎一疋を打つにもその全力を用いるという。故に対者によって力を大小にせず、大小不二、能所一枚なることを現す（『眼蔵』面授巻、㊌中・319）。

【指折】〈ししゃく〉㊋ 月を指さしているその指頭を除去して月そのものを見る意（『広録』偈頌27）。

【祇這是】〈ししゃぜ〉㊋ 洞山良价がその師雲巌曇晟の真像を供養する際の僧との問答に出る。ただ、これ、これ（『広録』自賛7）。

【四沙門果】〈ししゃもんか〉㊍ 上座部における四種の修行証果のこと。「四果」に同じ。⇩「四果」

【四衆】〈ししゅ〉㊍ 四部衆、または四輩ともいう。仏の説法の会座に常に列して聴聞する比丘・比丘尼・優婆塞・優婆夷をいう。⇩「比丘」「優婆塞」「優婆夷」

【示衆】〈じしゅ〉㊍㊋ 師家が大衆僧に対して説法すること。説法・垂示。

【四重禁】〈しじゅうごん〉㊋ 不殺生・不偸盗・不邪淫・不妄語という重戒（『広録』上堂430）。

【思首座】〈ししゅそ〉㊋ 不詳。思は人名。首座は禅林の中で衆僧の首位に座す僧。思首座は、道元の天童山安居中の首座か（『広録』偈頌44）。

【四種賓主】〈ししゅひんじゅ〉㊄ 臨済義玄の創説した機関で、賓は学人、主は師家で、賓主間の関係を賓看主・主看賓・主看主・賓看賓の四種に分類し、これによって学人を真正の道に向わせる。曹洞宗では、主は正・体・理、賓は偏・用・事の意に用いる（『広録』上堂221）。

【自受用】〈じじゅゆう〉㊐ ⇩「自受用三昧」

【自受用三昧】〈じじゅゆうざんまい〉㊐㊄ 他受用に対して自受用という。釈尊が自ら悟った法悦を自ら味わいながら、正法のままに生きる仏の境界を自受用三昧、または自受用の境界という。この自証の境界を出て他を化導する立場に立つときはこれを他受用という（『広録』上堂196、266）。

【嗣書】〈ししょ〉㊐ 師資相承の系譜。『眼蔵』嗣書巻を参照。

【趑趄】〈ししょ〉㊄ 行き悩む。物事が思い通りに行かないこと（『広録』法語14）。

【四生】〈ししょう〉㊐㊄ 有情の出生する因縁によってこれを四種に分かつ。胎生（形体を有して胎臓より出生するもの）、卵生（卵殻により出生するもの）、湿生（虫のごとく湿気によって生をうけるもの）、化生（依託する処なく業力によって化生するもの）をいう。

【四摂】〈ししょう〉㊐ 菩薩の四摂法にして、布施・愛語・利行・同事をいう。『眼蔵』四摂法巻を参照。

【自証】〈じしょう〉㊐㊄ 自らの力で仏道を悟ること。ただし、道元は『眼蔵』自証三昧巻（㊤下・48-49）において、それを無師独悟にとる大慧宗杲を批判する。

【師勝資強】〈ししょうしきょう〉㊐ 師匠と弟子とが二にして一なる親密な関係をいう。師を勝とすれば弟子は劣にして師資一体となり、弟子を強とすれば師は弱にして師資一体なりということ（『眼蔵』行仏威儀巻、㊤上・347、坐禅箴巻、㊤上・404）。

【死生衆に在って】〈ししょうしゅにあって〉㊄ 生死を超えて大衆とともに行ずること。『眼蔵』重雲堂式巻（㊤上・95）に「父母はしばらく生死のなかの親なり。この衆は長く仏道のともにてあるべし」とある（『広録』小参2）。

【四聖諦】〈ししょうたい〉㊐ 四諦ともいう。⇩「苦集滅道」

【四照用】〈ししょうゆう〉㊐ 臨済義玄の為人の手段。有時は先照後用、有時は先用後照、有時は照用同時、有時は照用不同時の四句をいう。

【四静慮】〈しじょうりょ〉㊥ 静慮は梵語dhyāna（禅那）の訳語で四禅のこと。色界の禅定に四種の別あるが故に、初禅・二禅・三禅・四禅と区別し、これを四静慮という。

【四生六道】〈ししょうろくどう〉㊣ 四生は全ての生類。生類はその生まれ方によって、胎生（人間・獣のように母胎から生まれる）、卵生（鳥のように卵殻から生まれる）、湿生（蛆虫のように湿から形をうけるもの）、化生（天界の衆生のように何物にもよらずただ業力によって起こるもの）に分けられる。六道は、地獄・餓鬼・畜生の三途と、それに修羅・人間・天上を加えた世界（『広録』上堂267）。

【死水蔵龍】〈しすいぞうりゅう〉㊣ 本来は、「死水不蔵龍」という語句があって、龍はたまりよどんだ水には棲まないところから、龍象は本当の師家でなければ師事しないことにも喩える。また、涅槃寂静の境涯にも喩えられる（『広録』上堂146）。

【思斉】〈しせい〉㊥㊣ 賢人を見て、その人のごとくありたいと思うこと。肩をならべること。

【時節因縁仏性】〈じせついんねんぶっしょう〉㊣ 時節が到来し、因縁が和合して初めて仏性を見る（『広録』上堂474）。『涅槃経』二十八に「乳中有酪、衆生仏性亦複如是。欲見仏性、応観察時節形色。是故我説一切衆生有仏性。実不虚妄」（㊅12・532a）と出る。

【時節惩𢡟熱……鑊湯炉炭裏……】〈じせついんもねつ……かくとうろたんり……〉㊣ 曹山と僧との問答であるが、出典である『曹山録』（㊅47・529b）のものとは質疑者が逆になっている（『広録』頌古56）。また『広録』頌古74では曹山が洞山となっている。「酷暑のときはどこに回避したらよいか」「極熱地獄に回避せよ」という。何ものも煮え尽くすという鑊湯炉炭裏とは人間の意識等が発生する以前の生命の実態で、この鑊湯炉炭が自己の本来的な真の姿であり、酷暑もこのところにおいては消滅せざるをえない。故に「衆苦到ること能わず」という。本来の『曹山録』では、僧の作家ぶりを曹山が許している公案とされる。『碧巌録』四十三則評唱（㊅48・180b）参照。

【時節惩𢡟熱……寒熱不到の処……】〈じせついんもねつ……かんねつふとうのところ……〉㊣ 『広録』頌古56、74に同意趣文が出るが、洞山が曹山となっているなどの違いがある。『眼蔵』春秋巻に引く洞山無寒暑の話（岩中・381）は『宏智録』四・上堂語（大48・46c）で『広録』の引用と異なる。

【子璿】〈しせん〉眼（?～一〇三八）。秀州嘉興の人。姓は鄭氏、出家して『楞厳経』を読む。はじめ洪敏に学び、後に琅瑘の慧覚に参じて省悟する。その後、師の指示によって長水に住し、『楞厳経』を宗として接化する。宋宝元元年（一〇三八）示寂、寿七十四。その著『楞厳経義疏』、『起信論筆削記』等世に行なわれる（『普灯』三・長水子璿章）。

【四禅比丘】〈しぜんびく〉眼 色界定の四禅を得たまでであるのに、四沙門果を証したと思惟して増上慢を生じ、その邪見によって地獄に堕ちた一比丘をいう。『眼蔵』四禅比丘巻を参照。

【四祖】〈しそ〉眼広 ⇩「大医道信」

【地蔵、修山主に問う、甚の処よりか来る……】〈じぞうしゅざんにとういずれのところよりかきたる……〉広 以下の公案は、地蔵桂琛が法嗣の修山主龍済紹修（唐末の人）に田植えをし飯を喫することの真意義を示したもの（『広録』上堂425）。修山主が「南方」「商量浩浩地」「三界」等々といった仏法の第一義にこだわっていることに対して、地蔵は自ら田植えをし自ら飯を喫するという何の変哲もない日常の生活そのものにこそ仏法があることを身をもって示したのである。『宏智頌古』十二則（大48・234c）に出る。

【地蔵院真応】〈じぞういんしんのう〉眼広 羅漢桂琛（八六七～九二八）のこと。玄沙師備の法嗣。常山の人、姓は李氏。常山万歳寺の無相大師に師事し、後に雲居同膺・雪峰義存に参じて所見無く、玄沙に投じて得法した。地蔵院を創立し、後に章州の羅漢院に住して宗風を振るったために地蔵桂琛あるいは羅漢桂琛と呼ばれた。後唐天成三年（九二八）示寂、寿六十二。真応大師と諡す。門下に法眼宗の祖法眼文益を出す（『広録』上堂415）（『伝灯』二十一・羅漢桂琛章、大51・371a）。

【地蔵和尚】〈じぞうおしょう〉広（『広録』上堂59、425）⇩「地蔵院真応」

【地蔵種田】〈じぞうしゅでん〉広 地蔵は地蔵桂琛。地蔵が、修山主に対して、仏法は自ら田に植え、そして自ら飯を喫するといった日常の生活そのものに徹するところにあることを示した故事（『広録』小参15）。『宏智頌古』十二則（㊅48・234c–235a）を参照。

【四蛇、足を画く……】〈しだ、あしをえがく……〉㊄ 原意は蛇に足を画き加えることで、無用なること、いわゆる蛇足をいう。が、この場合は特に、四大（地・水・火・風）あるいは四苦（生・老・病・死）への執著のことをいう（『広録』上堂496）。

【四諦】〈したい〉㊂㊄ ⇩「苦集滅道」

【祇対】〈したい〉㊂㊄ 対処すること。応答の意。

【四大】〈しだい〉㊂㊄ 詳しくは四大種という。大は元素・要素のこと。身体、物質を構成する、地・水・火・風の四つの元素の性質とその姿。人間もこの四大からなり、その調和が崩れると病気となり、四大不調という。これに空を加えると五大になる。

【四大王】〈しだいおう〉㊂ 四大天王、または四王天ともいう。六欲天の第一。四大天王の住する所であるので四王天という。

【四大五蘊】〈しだいごうん〉㊂㊄ 四大は個人・万有を構成する四つの元素である地・水・火・風をいう。五蘊は、色・受・想・行・識の五つの集まり。客観界・物資・精神の世界全体をいう（『広録』上堂140、165、233、法語2、13）。

【四大洲（四洲）】〈しだいしゅう〉㊂ 須弥山の四方に在る四大洲で、南瞻部洲・東勝身洲（東弗婆提）・西牛貨洲（西瞿陀尼）・北瞿盧洲（北鬱単越）の四洲をいう。

【四大の性、自ら復す……】〈しだいのしょう、おのずからふくす……〉㊄ 本来は『参同契』（『伝灯』三十、㊅51・459b）に出る語話だが、『宏智録』一（㊅48・9c）にも見られる。四大は、個々別々の存在で決して混同はしないが、和合して物質を構成する。その和合は、子とその母のごときものであるという（『広録』小参13）。

【四大調和】〈しだいちょうわ〉㊄ 身体を構成するという地・水・火・風が調和していること。四大不調は身体の具合が悪く病気であることをいう（『広録』上堂133）。

【随い分つ河上に坐する身……】〈したがいわかつかじょうにざするしん……〉㊄ 阿難尊者入涅槃に際して、恒河の中流に坐し、滅後にその坐身の舎利を四つに平等に分った故事（『広録』真賛4）。

【斯陀含果】〈しだごんか〉㊂ 四果の一。⇩「四果」

【屍陀林】〈しだりん〉(広) 梵語 Śītavana 寒林とも。中インド、摩掲陀国王舎城の北、死人を葬った所（『広録』上堂64）。

【七賢七聖】〈しちけんしちしょう〉(広) 聖とは正智をもって修行する人をいう。その聖者を随信行・随法行・信解・見至・身証・慧解脱・倶解脱の七種に分ける。七賢とは七種の修行位にある人をいう。また五停心観・別相念住・総相念住の三賢位と、煖法・頂法・忍法・世界第一法の四善根とをいう（『広録』上堂38）。

【七賢女は並に是、諸大国王の女なり……】〈しちけんにょはともにこれ、しょだいこくおうのむすめなり……〉(広) 以下は賢女三物といわれる話。賢女が屍陀園林で悟道したとき、三物（無根樹子一株・無陰陽地一斤・不響山谷一所）を供養物として帝釈天に求めた故事（『広録』上堂64）。『会要』一・釈迦牟尼仏章に出る。

【七識】〈しちしき〉(眼) 五官による前五識と第六識と第七末那識のこと。

【七顛見仏八顛倒】〈しちてんけんぶつはってんどう〉(広) 顛は倒れること。七顛八顛倒は七転八倒で、ころげまわり、もがき苦しむさま（『広録』上堂146）。

【七仏】〈しちぶつ〉(眼)(広) 過去七仏のこと。毘婆尸仏（Vipaśyin）・尸棄仏（Śikhin）・毘舎浮仏（Viśvabhū）・拘留孫仏（Krakucchanda）・拘那含牟尼仏（Kanakamuni）・迦葉仏（Kāśyapa）・釈迦牟尼仏（Śākyamuni）の七仏で、前の三を過去荘厳劫の三仏、後の四を現在賢劫の四仏とする。禅宗伝統のおおもとでもある。

【七仏已前】〈しちぶついぜん〉(眼)(広) 釈尊前の六仏と釈尊を加えた七仏のそれ以前をいう（『広録』上堂198）。

【自調】〈じちょう〉(眼)(広) 自調独善で他を顧みないこと。

【十戒】〈じっかい〉(眼) 十悪を制止する戒。十重禁戒ともいう。『眼蔵』受戒巻（(岩)下・249–250）を参照。

【叱喝噀唾】〈しっかつそんだ〉(広) どなりながら唾を吐く（『広録』上堂388）。

【実虚】〈じっきょ〉(広) 真実と虚妄（『広録』偈頌29）。

【習気】〈じっけ〉(広) 種々の煩悩を起こしたことによって習性づいた煩悩の余薫をいう（『広録』上堂386）。

【疾瘵】〈しっさい〉(眼)(広) 生死煩悩等に悩まされる病（『眼蔵』三時業巻、(岩)下・129、『広録』上堂517）。

【質直】〈しつじき〉(眼)(広) 堅実でかざりけなく正直なこと。

【十洲】〈じっしゅう〉㊥ 人跡未到の仙人の棲む島（『広録』上堂66）。
【蟋蟀】〈しっしゅつ〉㊥ こおろぎ（『広録』上堂171）。
【十身調御】〈じっしんのちょうご〉㊥ 投子大同と僧との問答。僧の「仏身とは何か」との質問に、投子は禅床を下りて叉手で示した。僧は「それは凡夫でもなすところであり、仏との違いはどこにあるのか」と再度質問する。と、投子は同じ行動をとった。凡聖は全く同一で、これを隔てているのは、自己の側にあることを示した公案（『広録』頌古54）。『会要』二十一・投子大同章を参照。
【直歳】〈しっすい〉㊐㊥ 一年間交代の当直で事を司る意。禅院の六知事（都寺・監寺・副司・維那・典座・直歳）の一つとして、一山の寮舎の修理や工事、また什物の整備の作務労役の監督をなす役職。
【失銭遭罪】〈しっせんそうざい〉㊥ 損をするうえに損をすること、泣面に蜂。中国の古制度に銭を失ったものは罰せられるという法に基づく（『広録』頌古88）。
【実相】〈じっそう〉㊐㊥ 真実ありのままのすがた。
【集諦】〈じったい〉㊐㊥ 四諦の一。⇩「苦集滅道」
【悉多・汗栗駄・矣栗陀】〈しった・かりだ・いりだ〉㊥ 悉多は質多。心・集起の義、慮知する心。汗栗駄は草木心・堅実心・如来蔵心・自性清浄心・肉団心。矣栗陀は積聚精要心・智性（『広録』上堂323）。
【悉達太子】〈しったたいし〉㊐㊥ 梵語 Siddārth（悉達多）。一切義成と訳す。釈尊が浄飯王の太子時代の幼名。
【疾瘳】〈しっちゅう〉㊥ 生死煩悩等に悩まされる病（『広録』頌古41）。
【漆桶】〈しっつう〉㊐㊥ 漆をいれた桶。黒色の塗の桶。正法・真理にうといことをいう。人間本具の仏性が迷いや煩悩によって隠されている状態を、桶に入れた漆が黒くて見分けられないことに喩える。転じて煩悩・妄想（『広録』上堂52、法語8）。
【七通八達】〈しっつうはったつ〉㊐㊥ 全てに通じていること（『広録』上堂88、189）。
【七通八通】〈しっつうはっつう〉㊥ 自由自在なるさま（『広録』上堂520）。
【日昳未】〈じってつひつじ〉㊥ 昼八つ・十更、午後一時〜午後三時（『広録』偈頌121）。

【竹篦】〈しっぺい〉眼広 割竹をもって作り、太さ及び形状は弓に似て、長さ三尺ほどのもの、師家が学人の接得に用いる法具。現今は首座法座の儀式のときのほかはあまり多くは用いない（『広録』法語5、14）。

【七宝】〈しっぽう〉眼広 七種の珍宝。七珍とも。諸経論の所説に少異あり、『法華経』序品によれば、金・銀・瑠璃・硨磲・碼碯・真珠・玫瑰を七宝という。

【七宝冠】〈しっぽうかん〉広 天子のかぶる冠（『広録』上堂341）。

【十方三世】〈じっぽうさんぜ〉眼広 いついかなる時・所にも遍満している仏の意で、禅宗では十仏名を念誦するときに用い、また、回向の後に「十方三世一切仏《じーほーさんしーいーしーふー》 諸尊菩薩《しーそんぶーさー》 摩訶薩《もーこーさー》 摩訶般若波羅蜜《もーこーほーじゃーほーろーみー》」と唱える。その意は、全世界の三世にわたる仏や明王や菩薩たち、さらに仏道修行をする僧たち到彼岸の偉大なる智慧に供養する（『眼蔵』法華転法華巻、岩上・252、法華転法華巻、岩下・86、『広録』上堂69、219）。

【失利】〈しつり〉広 商売に失敗し利益を失うことで、転じて、禅門では法戦などの問答して相手に打ち負かされ敗れることなどの意味に用いられる（『広録』上堂32）。

【喞嚠漢】〈しつりゅうかん〉広 喞嚠は喞溜。さとい人。

【四点】〈してん〉眼広 州の門は四つある（『広録』頌古21）。

【四天下】〈してんげ〉眼広 四大洲のこと。⇩「四大洲」

【四天王】〈してんのう〉眼 三十三天の主なる帝釈天の外将で、仏法保護の天王。東方持国天王・南方増長天王・西方広目天王・北方多聞天王のこと。

【四土】〈しど〉眼 天台宗の立てる四種の仏土。①凡聖同居土、②方便有余土、③実報無障礙土、④常寂光土のこと。

【自都】〈じと〉広 自分の都、本来の自分自身の本分・境界（『広録』偈頌44）。

【四倒三毒】〈しとうさんどく〉眼 ⇩「三毒四倒」

【志道禅師】〈しどうぜんじ〉広 広州志道（唐代の人）。慧能に参学すること十余年にして不生不滅の本義に達したという（『広録』上堂486）。

【四瀆】〈しとく〉眼 瀆は溝の意で河川のこと。江・河・淮・済を四瀆という。

【四特牛耕者】〈しとくごこうしゃ〉広 四頭の牛で耕す農夫（『広録』上堂372）。

【使得十二時】〈しとくじゅうにじ〉(眼)(広) 趙州従諗の語。「僧問う、十二時中如何が用心せん。師曰く、諸人は十二時に使われ、老僧は十二時を使得す」（「十二時中（一日中）をどのように心を用いたらよいのでしょうか」「君たちは一日に使われているが、私は一日を使うものである。君は一日のどのときを尋ねているのか」。）（『会要』六・観音従諗章）と出る（『眼蔵』心不可得巻、(岩)上・263、大悟巻、(岩)上・389、虚空巻、(岩)下・70、仙陀婆巻、(岩)下・116、『広録』上堂245）。

【熾然】〈しねん〉(眼)(広) 火のさかんなるさま（『広録』上堂452、497）。

【四念住】〈しねんじゅう〉(眼)(広) 四念処観のこと。三十七道品の第一で、五停心観の後に修する観法をいう（『広録』上堂310）。

【自然に風行けば……】〈じねんにかぜゆけば……〉(広) 仏法のありようを喩えた語句（『広録』法語5）。このありようは『眼蔵』現成公案巻（(岩)上・83）の「万法すすみて自己を修証するはさとりなり」に相似する。

【自売し来ると……】〈じばいしきたると……〉(広) 五祖法演に「幾たびか売り来りまた自ら買う」（『会要』十六・五祖法演章）の語句がある。自分で売って自分で買うの意。つまり、弁道するのは自分であり、得悟するのも自分である。『眼蔵』菩提分法巻（(岩)下・26）に「一転語を自売することいまだやまざるに一転心を自買する商客に相逢す」とある（『広録』偈頌120）。

【緇白】〈しはく〉(眼) 緇は黒の意で、黒衣の僧のこと。白は白衣の在家をいう。

【師伯古仏】〈しはくこぶつ〉(広) 法系上の伯父。道元にとっては宏智がそれに当たる（『広録』上堂256）。

【糸髪】〈しはつ〉(広) 糸と髪。転じて僅かなこと。

【且く道え】〈しばらくいえ〉(眼)(広) 且は、語気を弱める語句で、まあ、ともかく、とりあえずの意。まあ、とりあえず言えば。

【柴を把て三たび吹いて……】〈しばをとってみたびふいて……〉(広) 潙山が火をもってくると、百丈はどこにあるという。そこで潙山は枯木一枝を拾い、三度息を吹きかけて百丈に与えたという故事（『広録』上堂401）。

【至晩上堂】〈しばんじょうどう〉(眼)(広) 晩間上堂とも（『広録』

上堂147）。

【紫微】〈しび〉(広) 北斗七星の北東にある、天帝の居住宮。王宮のこと（『広録』上堂145）。

【慈悲落草の談】〈じひらくそうのだん〉(広) 慈悲をもって世俗の語を用い、道理を語ること（『広録』上堂527）。

【支仏】〈しぶつ〉(眼) 辟支仏の略。⇩「縁覚」「独覚」

【四分律宗】〈しぶんりっしゅう〉(広) 四分律（戒律）によって開宗した宗派。日本・中国の律宗は主に四分律による。

【四宝】〈しほう〉(眼) 黄金・白銀・頗黎・瑪瑙の四宝。須弥山の東西南北の四面より出るという。

【嗣法】〈しほう〉(眼)(広) ⇩「面授相承」

【四方八面】〈しほうはちめん〉(眼)(広) 四方（東・西・南・北）と四維（東西・西南・東北・西北）。あらゆる方面。

【死魔見仏し仏魔笑う】〈しまけんぶつしぶつまわらう〉(広) 釈尊の仏道の邪魔をしたいと思っていた悪魔が釈尊に会い、仏魔となった悪魔は釈尊の死を笑っている（『広録』上堂311）。

【紫磨金色】〈しまこんじき〉(広) 紫磨金は紫色をした最高の黄金。釈尊の皮膚の色は最上の黄金色をしていたことから、釈尊を紫磨金身ともいう（『広録』上堂163、法語2）。

【慈明楚円】〈じみょうそえん〉(眼)(広) 石霜楚円（九八六～一〇三九）。汾陽善昭の法嗣。全州李氏の子。汾陽に師事すること数年。心要を得て石霜に住し、臨済の宗風を唱える。宋宝元二年（一〇三九）示寂、寿五十四。語録一巻がある（『広灯』十八・源山楚円章、『会要』十二・興化楚円章）。

【四無色定】〈しむしきじょう〉(眼) 四空定ともいう。①空無辺処定、欲界の第四禅天を離れ空無辺と相応する定心。②識無辺処定、前の空を離れ識無辺と相応する定心。③無所有処定、前の識を離れ無所有（なにものもない）と相応する定心。④非想非非想処定、識の有想と無所有の無想とを離れて想念があるのでもない、ないのでもないとする境地。ただし、この四無色定も無漏の智慧を伴わなければ業報輪廻を脱することはできないとされる。

【耳目時と与に明かならず】〈じもくときとともにあきらかならず〉(広) 耳と目は歳とともに衰える意（『広録』偈頌106）。

【死も也、無所有去なり】〈しもまた、むしょゆうきょなり……〉(広) 死もまた実体がなく、それは袴をぬぐようなものだ（『広録』上堂391）。

【歯門闕たり】〈しもんかけたり〉(広) 如浄が、その偈頌の最後に「笑殺す胡僧の歯門欠く」（『如浄語録』上、(大)48・122c）といっているように、これは達磨が中国にやって来て、菩提流支と光統律師と法論し、敗れた二人は仲間と達磨を追い出すために石をぶつけて迫害した。その際、達磨は、その石で前歯を欠いたといわれる伝説がある。つまり、達磨は石をぶつけられ、前歯を欠くような迫害を受けても仏法を守持したのである（『広録』偈頌84）。

【闍維】〈じゃい〉(眼) 梵語 jhāpita 荼毘とも音写す。焚焼の義で、死骸を火葬にすること。

【蹉過】〈しゃか〉(眼)(広) つまずき、あやまるの意。

【這回】〈しゃかい〉(広) 今回。この度（『広録』上堂77、自賛11）。

【釈迦出山相】〈しゃかしゅつさんそう〉(広) 釈尊が六年の苦行の後、十二月八日の暁の明星を一見して忽然と悟られ、雪山（一説によるとヒマラヤという）を下りるときの姿。身体は痩せ衰え、髪は茫々と乱れ、眼光鋭い姿を描くもので、禅宗では、毎年十二月七日にこの像を掛けてその徳に報いる（『広録』真賛1）。

【釈迦と我と同参……】〈しゃかとわれとどうさん……〉(広) 釈尊と自分自身が同参というならば、それは必ず釈尊に参学し、釈尊の法を嗣ぐことである（『広録』上堂289）。玄沙師備の語。『眼蔵』遍参巻（(岩)中・360）に引かれるが、この拈提は『会要』二十三である。

【釈迦牟尼仏、人天に告げて曰く……】〈しゃかむにぶつ、にんでんにつげていわく……〉(広) 釈尊は上の上の因縁によって南洲（南閻浮洲・人間界）に生まれ、下の下の因縁による北洲（寿命が千年あり、楽のみあって苦がないため見仏聞法のない国）に生まれる（『広録』上堂275）。以下は『涅槃経』三十七（(大)12・585b-c）を参照。

【釈迦老子道く、我法能離……】〈しゃかろうしいわく、がほうのうり……〉(広) 我が仏法は生老病死を離れる教えであり、それは思慮分別のわきまえるところではない（『広録』上堂29）。『法華経』方便品（(大)9・7a）を参照。

【釈迦老師道く、沙門、聚落に入らんには……】〈しゃかろうしいわく、しゃもん、しゅうらくにいらんには……〉(広) 出家者が村落に托鉢するのは、蜜蜂が花から蜜のみを吸って、花の色香を傷つけないようにせねばならぬ（『広録』法語12）。

『仏垂般涅槃略説教誡経』（(大)12・22a）に出るが、後半の「蜂の花を採るに、ただ、その味を取り去って、色と香とを壊せざるがごとくすべし」のみがそれにあたる。

【且希】〈しゃき〉(広) まさにのぞむところは（『広録』上堂200）。

【杓】〈しゃく〉(眼)(広) 柄杓のこと。

【借位明功】〈しゃくいめいこう〉(広) 宏智の四借の語（四つの借りをもって学人の修行の要諦を示したもの）の一つ。住持職にあるものは安居を借りて修行の功徳を明らかにし、大衆は修行の功徳を借りて安居するものの意義を明らかにする（『広録』上堂183）。

【斫額】〈しゃくがく〉(広) 遠方を見るときに額に手をあてて見ること。その姿が、刀で額を横に切る様なかたちになることからいう（『広録』上堂164）。

【著語】〈じゃくご〉(広) 禅録などの本則や頌古などに自分の宗義眼をもって付け加える短評。禅語・偈頌等の句の下に自己の宗旨をつけ加える短評。下語《あぎょ》（『広録』上堂84、455）。

【赤口白舌】〈しゃくこうはくぜつ〉(広) 本来は、激しい毒を持った罵りのことをいう。端午の午時に青羅（青色のうすぎぬ）に「五月五日天中節・赤口白舌尽消滅」と、悪魔除けの語を書き門に懸ける習俗のこと（『広録』上堂104）。

【赤鬚胡胡鬚赤】〈しゃくしゅここしゅしゃく〉(眼)(広)（『眼蔵』大修行巻、(岩)下・64、上堂62、80、314）⇩「胡鬚赤赤鬚胡」

【錫杖】〈しゃくじょう〉(眼) 声杖・智杖。略して単に錫ともいう。杖の上部は錫、中部は木、下部は牙または角で作り、杖頭には大きな環を嵌め、その環にまた小環数箇を連ねる。インドではこれを突き鳴らして悪獣毒蛇を警しめ、また行乞のときにこれを鳴らして予告するという。禅宗で行乞や上堂のときに導師がこれを執る。

【雀噪鴉鳴】〈じゃくそうあめい〉(広) 雀がさわぎ鳥が鳴くこと（『広録』上堂268）。

【錯対】〈しゃくたい〉(眼)(広) 誤ったこたえの意。

【釈提桓因】〈しゃくだいかんいん〉(眼) 詳しくは、梵語 Śakra devānām indra（釈迦提婆因陀羅）、通常は略して帝釈という。須弥山の頂上、忉利天の主で、梵天とともに仏法守護の天部として尊崇される。⇩「帝釈天」

【杓舀釈迦】〈しゃくとうしゃか〉(広) 釈尊を杓子でかき出すこと（『広録』上堂212）。

【赤肉団】〈しゃくにくだん〉㊗㊘ 肉体、赤裸々な生身の人間。衆生の身体（『広録』上堂199、317、偈頌9）。

【赤肉団上】〈しゃくにくだんじょう〉㊘ 赤裸々な肉体の上に（『広録』法語4）。『臨済録』上堂「一無為の真人」の公案（㊅47・496c）に出る。

【爍破】〈しゃくは〉㊘ 焼き尽くすこと（『広録』上堂201、偈頌15、27）。

【借婆衫子】〈しゃくばさんす〉㊘ 母の下着を借りる意。「折骨還父、借婆衫子」の出典は那吒太子の説法で、那吒太子が骨を析いて父に還し、肉を析いて母に還し、後本身を現じ、大神力をめぐらして父母の為に説法したという故事に由来する。投子大同と僧との問答に那吒折骨還父という公案がある（『広録』上堂164）。

【折伏】〈しゃくぶく〉㊘ 邪悪・煩悩・迷執を破折し、仏法をそしるものをくじいて屈伏させること（『広録』上堂15）。

【杓卜】〈しゃくぼく〉㊘ 杓を投げたり、瓶の中で回したりしてその止まった位置で吉凶を占うことで、いってみれば下駄を投げて天気を占うようなことで、全くあてにならぬこと（『広録』上堂208）。

【著味】〈じゃくみ〉㊘ 外道の坐禅の境涯にとらわれること。

【錫を玲瓏に駐めて】〈しゃくをれいろうにとどめて〉㊘ 天童山には、虎包泉・玲瓏岩があるという。天童山に掛錫したこと（『広録』偈頌42）。

【這箇（者箇・遮箇）】〈しゃこ〉㊗㊘ 物を指示する辞で、「この」または「これら」という意。

【鷓鴣】〈しゃこ〉㊘ キジ科シャコ属の鳥の総称。鶉に似てやや大、背部は灰蒼色で柿色の斑点あり。多くは中国南方に産す。別名「越雉」。揚子江地方に住む鶉より少々大きい鳥で、鳩の一種ともいう。『会要』十一・風穴延沼章に出る（『広録』上堂73、94、123、358、頌古35）。

【這箇是第幾月】〈しゃこはこれだいいくげつ〉㊘ 雲巌曇晟が掃箒を立てて、道吾円智にこれは第幾月ぞと問うた公案（『広録』上堂277）。これは本来の面目という自分以外に他の自己があるか、ということを問い、道吾の自己を覚醒させんがための活手段である。

【謝三郎】〈しゃさんろう〉㊗㊘ 謝家の三男である玄沙師備のこと。また、謝家の三男そのままで、文字や計算を知らない人、人に説くべき仏法をもたない意でもある（『広録』上堂91)。

【些子】〈しゃし〉(眼)(広) 少しばかりの。いささかの。わずかに。

【些些】〈しゃしゃ〉(広) わずか、少しばかりの(『広録』頌古26)。

【灑灑落落】〈しゃしゃらくらく〉(広) 灑灑は心に迷いがないこと。落落はものに拘泥しないさま。大悟した人の境涯を示す(『広録』上堂219)。

【叉手】〈しゃしゅ〉(眼)(広) 禅院における礼法の一。元々は中国の俗礼。現在の曹洞宗においては、左手の親指を中におり拳を作り、これを胸に軽く当て、右手の掌でこれを被う(叉手当胸)という方法を用いるが、臨済宗に伝えられるいわゆる古法とは逆である。

【捨衆】〈しゃしゅ〉(眼)(広) 自分に従っていた僧を捨てること。

【洒水】〈しゃすい〉(眼) 道場を浄めるため、または身心を浄めるために数滴の水を洒ぐことをいう。

【赤脚走】〈しゃっきゃくそう〉(眼) かくれた処のない、あらわなる心の意、学道の分明なること。

【赤脚にして唐歩を歩む】〈しゃっきゃくにしてとうほをあゆむ〉(広) 天童忌の上堂(『広録』上堂184)に「入唐学歩、邯鄲に似たり。運水幾くか労する、柴もまた搬ぶ。謂うことなかれ、先師、弟子を瞞ず、と。天童、却って道元に瞞ぜらる、と」とある。天童の嫡子になったこと(『広録』自賛13、偈頌124)。

【赤脚人】〈しゃっきゃくにん〉(広) 赤は空無清浄を示す。脚に何もつけない、全くのはだしのこと。足に塵のつかないことで、得悟した人のさまを示す(『広録』偈頌16、31)。

【石鞏慧蔵】〈しゃっきょうえぞう〉(眼)(広) (生没年不詳)。馬祖道一の法嗣。南嶽下。もと狩猟を業とし、ある日、鹿を逐って馬祖の菴を通り過ぎようとしたとき、馬祖に弓箭(弓と矢。転じて、武器・武芸・戦い)のことを詰問され、自ら髪を切り出家し、馬祖に得法し、学人の説化には常に弓箭をもってしたといわれる(『伝灯』六・石鞏慧蔵章、(大)51・248b)。

【石鞏彎弓】〈しゃっきょうのわんきゅう〉(広) 石鞏は馬祖道一の法嗣で石鞏慧蔵のこと。彎弓は弓をひくこと。猟師出身である石鞏は、弟子を接化するにあたって、弓に矢をつがえて向けるを常としたことに基づく(『広録』上堂386)。禅門においては、「倶胝竪一指」「魯祖面壁」等と並び称される句である。

【積功累徳】〈しゃっくるいとく〉㊞㊣ 功徳を積み重ねて仏道修行に専念すること（『広録』上堂453、474）。

【寂光堂】〈じゃっこうどう〉㊞ 天童山景徳禅寺の西方丈をいう。方丈は住持の居室。

【這頭（者頭）】〈しゃとう〉㊞㊣ 這はこの方、この辺。頭は場所、位置を示す接尾辞（『広録』上堂15、小参9）。

【這那】〈しゃな〉㊣ 這辺と那辺。這辺はここ、こちら。那辺はあちら、そこ、転じて真理そのもの（『広録』法語3）。

【遮那】〈しゃな〉㊞㊣ 毘盧遮那の略。普通密教教学では遮那、顕教は舎那と書く（『広録』上堂269）。

【車匿】〈しゃのく〉㊞ 釈尊出家以前、悉多太子の頃の従僕。出城の際、白馬犍陟を御して従う。

【這畔那方】〈しゃはんなほう〉㊣ 這畔は空間的遠近、那方は時間的な経過を指す（『広録』自賛18）。

【這般人】〈しゃはんにん〉㊣ このたぐいの人。このような人（『広録』法語8）。

【瀉瓶】〈しゃびょう〉㊞㊣ 一器の水をもう一方の器に余すことなくうつすこと。師資の法の親密で遺漏のないことに喩える（『広録』上堂336）。

【捨父逃逝】〈しゃふとうぜい〉㊞㊣ 長者の一子が家郷を捨てて窮子になるという『法華経』信解品（㊅9・16b）の中の譬喩により、仏弟子は本来必ず成仏できるのに、それを自覚しないで、父である仏から逃げてさまようこと。禅林では、自己の本分を忘れて仏法を他に求めることの愚を評する語（『眼蔵』見仏巻、㊧中・344、菩提分法巻、㊧下・37、『広録』上堂289）。跉跰窮子とも。跉跰は逃げはしりまわること。

【這辺那辺】〈しゃへんなへん〉㊞㊣ こちら、あちらの意。

【沙弥】〈しゃみ〉㊞㊣ 梵語 śrāmaṇera の音訳。息慈・勤策男等と訳す。出家して未だ修行が熟せず、比丘となるまでの年少者をいう。

【邪命】〈じゃみょう〉㊞ 正命に対す。命は活命の義で、仏制に違背して不正な生業を営むこと。

【且問】〈しゃもん〉㊞㊣ 且らく問う。ちょっと質問するが。

【沙門】〈しゃもん〉㊞㊣ 梵語 śramaṇa（室羅磨拏）。勤息または功労等と訳す。勤修して煩悩をやすめる義、あるいは労苦して仏道を修すること。出家して仏道を修行する人をいう（『広録』上堂182、224、430、法語7、『普勧坐禅儀』）。

【借問】〈しゃもん〉㊛試問をいう（『広録』上堂236）。

【闍夜多】〈しゃやた〉㊞㊛梵語Gayata. 禅宗伝灯のインドにおける第二十祖。北インドの人、第十九祖鳩摩羅多に法を嗣ぎ、羅閲城（王舎城）で婆修盤頭（世親）に法を伝えたとされる（『広録』上堂485、517）。『眼蔵』三時業巻（㊓下・129）を参照。

【這裏（者裏・這裡・遮裡）】〈しゃり〉㊞㊛箇裏・箇裡とも。この、このうち、このところ。生死の此岸のこと。那畔はあちら、涅槃の彼岸をいう（『広録』上堂114、130、132、414、519、小参7、法語2、頌古14、51、偈頌114）。

【闍梨】〈じゃり〉㊞㊛梵語ācārya（阿闍梨）の略。教授・軌範等と訳す。一般には弟子の行業を指導し、その師範となるべき師をいう。『対大己五夏闍梨法』には「五夏以上は闍梨の位」とある。禅門では僧侶の代名詞として用い、尊公、貴師、お手前などの意（『広録』上堂61、小参5、法語8、頌古31）。

【舎利子】〈しゃりし〉㊞⇩「舎利弗」

【舎利弗】〈しゃりほつ〉㊞㊛梵語Śāriputra（舎利弗多羅）の略。訳して身子または鶖鷺子ともいう。釈尊十大弟子の一人。智慧第一と称せられる。神通第一の目犍連とともに第一の双弟子といわれる（『広録』上堂151、315、381）。

『輔行』三（㊅46・217b）に出る。

【謝郎】〈しゃろう〉㊛俗姓謝家の三男であった玄沙師備のこと（『広録』上堂142、216、303）。⇩「玄沙師備」

【四維】〈しゆい〉㊞西北・西南・東北・東南の四隅をいう。

【修因感果】〈しゅいんかんか〉㊞㊛善悪の因を修すれば、そのおのおのに苦楽の果を感ずること。善因善果・悪因悪果をいう。その因果の感応の仕方を時間的に、順現報受（現世でなした果報を現世でうけること）・順次生受（次の生に果報をうけること）・順後次受（次の次の生以後の、いずれかの生に果報をうけること）と分けて、それを「三時業」という（『広録』上堂251、527）。

【十悪】〈じゅうあく〉㊞身口意の三業によって造る十種の罪悪。殺生・偸盗・邪婬・妄語・綺語・悪口・両舌・貪欲・瞋恚・愚癡。

【終焉頌】〈しゅうえんじゅ〉㊘ 道元の法嗣とも伝えられる僧海の遺偈。「この世に生存すること二十七年、過去世の罪はあがなえなかったが、死に際し相対差別の世界を脱却し、弦を離れた矢のように地獄におちる」の意（『広録』上堂111）

【秋煙を鎖す】〈しゅうえんをとざす〉㊘ 秋の闇夜に鎖されて迷うこと（『卍山本』偈頌54）。

【重関】〈じゅうかん〉㊖㊘ 二重三重にかけられたかんぬき。厳重な障礙（『広録』上堂483、法語14、真賛4）。

【十虚】〈じゅうきょ〉㊘ 十方。広大にして一物もなく何の障害もないこと（『広録』上堂78）。

【宗月長老】〈しゅうげつちょうろう〉㊖『参註附録』に「号雲窓、無準之嗣也、増集続伝灯」とあるが、無準の嗣二十人とある中に見あたらない。『渉典録』に「増集続伝灯録巻二、天童無際派の法嗣、雲窓宗月禅師無伝」とあるが、同目録には「雲窓日禅師無伝」とあり、さらに『続伝灯』二十六の目録（㊅51・643a）に「谷隠静顕禅師法嗣四人の中に白水宗月」とある。

【十号】〈じゅうごう〉㊖ 十号とは仏十種の徳号。①如来、②応供、③正遍智、④明行足、⑤善逝、⑥世間解、⑦無上士、⑧調御丈夫、⑨天人師、⑩仏・世尊をいう。

【周行七歩】〈しゅうこうしちほ〉㊘ めぐり歩くこと七歩。釈尊誕生時、周行七歩して、天上天下唯我独尊といったという故事（『広録』上堂75、155、177）。

【愁殺】〈しゅうさつ〉㊘ ひどく愁えさせる。迷悟に迷いこませること（『広録』偈頌68）。

【住山頑石】〈じゅうざんのがんせき〉㊘ 道元自身のこと。頑石は無常なる岩（『広録』自賛1）。

【宗師】〈しゅうし〉㊖㊘ 宗旨を体得し万人の師となることのできる学徳兼備の高僧のこと。

【鶖子】〈しゅうし〉㊖㊘ 梵語 Sāriputra（舎利弗）の訳。身子ともいう。⇩「舎利子」

【州四あるに似たり】〈しゅうしあるににたり〉㊘ 趙州の門は四つあること（『広録』頌古21）。

【十字街頭】〈じゅうじがいとう〉㊘ 字義は四つ辻、繁華街のこと、転じて名利にかかわる世界（『広録』上堂139、頌古18、67）。

【十四難】〈じゅうしなん〉㊘ 外道が仏に質問しても、仏が答えない以下の十四の難問。①世界・我は常であるか。②無常であるか。③亦有常亦無常であるか。④非有常非無常であるか。⑤世界は有辺であるか。⑥無辺であるか。⑦亦有辺亦無辺であるか。⑧非有辺非無辺であるか。⑨死後に我去ることあるか。⑩我去ることないか。⑪亦我去ることあり亦我去ることないか。⑫亦我去ることあるに非ず亦我去ることなきにあらざるか。⑬後世には身これ我であるか。⑭身と我とは異であるのか（『広録』上堂432）。

【十字関】〈じゅうじのかん〉㊄ 四辻の街。繁華な場所（『広録』上堂498）。

【宗趣】〈しゅうしゅ〉㊥ 主要な趣旨というほどの意。

【住取】〈じゅうしゅ〉㊄ 住む。取は動作の積極性を示す接尾詞（『広録』上堂33）。

【重頌】〈じゅうじゅ〉㊥ 梵語 geya（祇夜）。経中、前に散文をもって述べたところを重ねて韻文をもって示した部分をいう。

【十誦律】〈じゅうじゅりつ〉㊥ 姚秦の弗若多羅・鳩摩羅什共訳、六十一巻。薩婆多部の広律である。

【宗乗】〈しゅうじょう〉㊄ 最尊無上の大法のこと。各宗派における衆生救済の手段のこと（『広録』頌古44、『普勧坐禅儀』）。

【従上宗乗】〈じゅうじょうのしゅうじょう〉㊄ 百丈が弟子の黄檗に対して、仏法の伝授伝付は言語をもっては示しえないことを、拋座・帰方丈という実践をもって示した公案（『広録』頌古44）。

【充職】〈じゅうしょく〉㊥㊄ 職につける。

【愁人愁人に向かって道うこと莫れ……】〈しゅうじんしゅうじんにむかっていうことなかれ……〉㊄ 字義通りでは、愁い悲しんでいる人がさらに憂愁を誘うような話をする、という意味であるが、この愁人は迷悟の人。『宏智頌古』三十則の著語（㊅48・247a）に「愁人愁人に向かって説くこと莫れ」また『続伝灯』十六・保寧章（㊅51・574b）に「愁人莫向愁人説、説向愁人愁殺人」とある。つまり、愁いを抱く人は、その愁いの思いを自分の内にしまっておけばよい、ということである（『広録』偈頌68）。

【従生至老】〈じゅうせいしろう〉㊥㊄ 生まれてから老いるまで、また人間は老いるものの意（『広録』頌古31）。

【宗説行】〈しゅうせつぎょう〉㊄ 教行証とも。教行証一等に関しては、『眼蔵』海印三昧巻に「諸仏諸祖とあるに、かならず海印三昧なり。この三昧の游泳に、説時あり、証時あり、行時あり」（(岩)中・71）とある（『広録』法語11）。

【宗説倶に通ずる】〈しゅうせつともにつうずる〉(広) 宗説は宗通・説通の略。宗通は宗旨の根本を悟ること、説通は悟道した宗旨を説き示すこと。宗説倶通が理想とされるが、これはさとり以前のこと（『広録』小参8、偈頌55）。

【習禅】〈しゅうぜん〉(眼)(広) 坐禅をして種々の観法を修すること。道元の場合は、さとりを目的とする坐禅をいう（『広録』上堂491、『普勧坐禅儀』）。

【十善】〈じゅうぜん〉(眼) 十悪に対する十善戒をいう。不殺生・不偸盗・不邪婬・不妄語・不両舌・不悪口・不綺語・不貪欲・不瞋恚・不邪見のこと。

【十千の游魚】〈じゅうせんのゆうぎょ〉(眼) 池の水が渇れて十千の魚がまさに死にそうになったとき、長者に子があり種々苦心して、この魚に水と食物とを与え、法を説き示した。魚はその聞法の功徳によって即日に死去して忉利天に生まれたという。『金光明経』四（(大)16・352c）に出る故事（『眼蔵』恁麼巻、(岩)上・429）。

【蕭疏】〈しゅうそ〉(広) 木の葉などが枯れ落ちて、物寂しきさま（『広録』上堂139）。

【十同真智】〈じゅうどうしんち〉(眼) あるいは十智同真に作る。汾陽の為人の機関。①同一質、②同大事、③総同参、④同真智、⑤同偏智、⑥同具足、⑦同得失、⑧同生殺、⑨同音孔、⑩同得入のこと。

【十二時使】〈じゅうにじし〉(眼)(広)（『眼蔵』画餅巻、(岩)中・149、虚空巻、(岩)下・70、仙陀婆巻、(岩)下・116）⇩「使得十二時」

【十二時頌】〈じゅうにじじゅ〉(広) 一日十二時各支に偈頌を配し、十二首、七言四句をもって一編とした。禅宗の祖師たちもこの十二頌によせて、宗意を宣揚し弁道を鼓舞する偈頌をつくった。この種の偈頌をとくに「禅門十二時偈」と呼ぶ（『広録』偈頌114）。宝誌和尚（四一八〜五一四）に十二時頌があり、平坦寅より始めて鶏鳴丑に終る（『伝灯』二十九、(大)51・450a）。また『趙州録』下に十二時歌があり、鶏鳴丑より半夜子に終るとある。

【十二時中】〈じゅうにじちゅう〉(眼)(広) 一日を十二時に分けたところから、一日中、終日終夜の意。常に、絶えず（『広録』上堂173、245、380、400、法語12）。『眼蔵』虚空巻（(岩)下・70）

参照。

【十二頭陀】〈じゅうにずだ〉㊞㊋ 修行僧の衣食住に関する貪著を振り払うための十二の行法で『大智度論』では、①在阿蘭若処（寂静な処に住す）②常行乞食（常に自ら食を乞う）③次第乞食（貧富の差別なく食を乞う）④受一食法（午前中一回の食事のみ）⑤節量食（多くの食を受けない）⑥中後不得飲漿（午前中一回の食事のほかは飲食しない）⑦著糞掃衣（汚衣を著る）⑧但三衣（僧伽梨・鬱多羅・安陀会のほかは着用しない）⑨塚間住（墓に住む）⑩樹下住（樹木の下に住む）⑪露地坐（露地に坐す）⑫但坐不臥（坐禅して横臥しない）の十二をあげる（『広録』上堂446）。

【十二入】〈じゅうににゅう〉㊞ 新訳には十二処という。眼・耳・鼻・舌・身・意の六根と、色・声・香・味・触・法の六境である。

【十二分教】〈じゅうにぶんきょう〉㊞㊋ 十二部教ともいう（『広録』上堂291）。『眼蔵』仏教巻を参照。

【十二輪転】〈じゅうにりんでん〉㊞ 十二因縁による輪廻転生の意。

【十八界】〈じゅうはちかい〉㊞ 六根・六境・六識をいう。

【十八大経】〈じゅうはちだいきょう〉㊞ 婆羅門教の経典である四韋陀と六論と八論とをいう。

【臭皮袋】〈しゅうひたい〉㊞㊋ 臭穢を包む皮袋、汚い皮袋の意で、肉体を軽蔑していう。人間のこと。人の体の中には、涕・痰・糞・尿など臭気のあるものをたくわえているところからいう。転じて、修行の杜撰な雲水を叱る語として用いる（『広録』上堂124、法語1、自参15）。

【驟歩】〈しゅうほ〉㊞㊋ はしること。

【秋方】〈しゅうほう〉㊞ 西方のこと。

【什麼（甚麼）物恁麼来】〈じゅうもぶついんもらい〉㊞㊋ 何がどこからやってきたのか。六祖慧能が『金剛経』の一節を聞いて悟った故事や、石頭希遷の言葉などを引いてのことで、南嶽は六祖に初相見のとき「どこから来たか」と尋ねられ「嵩山の安国師のところ」と答えるが、六祖は、什麼物恁麼来の語をもって、仏法の本源は概念では示しえないことを説示したのである。八年後、南嶽は、何かについて説いたとたんにそれは的外れになることを「説似一物即不中」なる語をもって、その悟道を呈示した。これは、六祖の語と唱和するもので、これによって南嶽は六祖によって証明されたことを示す公案（『広録』上堂3、374、490、小参13、17、頌古59）。『続灯』一・南嶽懐譲章に出る。『眼蔵』恁麼巻（(岩)上・431））参照。『眼蔵』弁道話巻（(岩)上・66）、行仏威儀巻（(岩)上・107）、身心学道巻（(岩)中・121）、遍参巻（(岩)中・357）、自証三昧巻（(岩)下・43）に断片的に引用される。

【宗門】〈しゅうもん〉(眼)(広) 教家に対する禅家の自称。宗は流派の本源、門は諸教の帰趨する要門を指す。禅家の場合、宗は特に坐禅を指す（『随聞記』）。これが、セクト的な「宗派」を意味するようになったのは、日本に「宗門」の語が伝わってからのこと。

【従来】〈じゅうらい〉(眼)(広) いままでの、これまでの。

【従来汗馬……蓋代功】〈じゅうらいかんば……がいだいのこう〉(広) この二句は、『如浄語録』下（(大)48・127a）、『碧巌録』七則（(大)48・147a）にも出るが、雪峰慧空（一〇九六～一一五八）の『東山外集』上・頌古の最後にも見え、その前二句は「六国平来一瞬中、心王不動八方通」とある（『広録』上堂341）。「従来」は三書ともに「従前」となっている。

【十力】〈じゅうりき〉(眼) 仏の具する勝れた十種の力。深心力・深信力・大悲力・大慈力・総持力・弁才力・波羅蜜力・大願力・神通力・加持力のこと。ただし経論によって異説がある。

【重輪】〈じゅうりん〉(広) 二重の輪。日月（『広録』上堂78）。

【十六特勝】〈じゅうろくとくしょう〉(広) 十六の特に優れた禅観。①息入を知る。②息出を知る。③息の長短を知る。④息が身に偏するを知る。⑤諸の身行を除く。⑥喜を受く。⑦楽を受く。⑧諸心の行を受く。⑨心に喜を作る。⑩摂を作る。⑪心に解脱をなす。⑫無常を観ず。⑬出散を観ず。⑭雑欲を観ず。⑮滅を観ず。⑯棄捨を観ず（『広録』上堂388）。

【衆縁】〈しゅえん〉(眼)(広) あらゆる対境。諸縁。

【鷲嶽拈華】〈じゅがくねんげ〉(広) 霊鷲山における釈尊の拈華と迦葉の微笑も衆縁によるという意（『広録』上堂349）。

【鷲嶽は縦え迦葉に伝うとも……】〈じゅがくはたとえかしょうにつたうとも……〉(広) 釈迦は迦葉に伝法しの意（『広録』上堂400）。

【受記】〈じゅき〉(眼)(広) または受莂という。未来において成仏すべき記莂を仏より受けること。

【授記】〈じゅき〉眼広 修行の功徳が円満した後に仏から授けられる記莂。

【竪起】〈じゅき〉眼広 おこしたてる。

【夙】〈しゅく〉広 前世の。昔からの（『広録』法語4、13、頌古63）。

【受具】〈じゅぐ〉眼 比丘・比丘尼が具足戒を受けること。または具足戒を受けた者。

【倏忽】〈しゅくこつ〉広 たちまちに（『普勧坐禅儀』）。

【宿殖】〈しゅくじき〉眼広 過去において積んだ善根のこと。

【祝聖】〈しゅくしん〉眼広 天子の聖寿を祈念すること。禅院において今上天皇の聖寿無窮を祝祷する法要。毎月一日・十五日及び聖節にこれを厳修する（『広録』上堂247）。

【宿通】〈しゅくずう〉眼広 宿住通の略、宿命通ともいう。六神通の一で、過去世のことを知悉する智慧（『広録』上堂510）。

【粛宗、玉石を弁えし蹤】〈しゅくそう、ぎょくせきをわきまえしあと〉広 唐七代の皇帝粛宗（七一一～七六二）は光宅慧忠・耽源真応に問法することによって仏法の何たるかを悟った（『広録』法語14）。

【粥足飯足】〈しゅくそくはんそく〉眼広 文字通りには食料の十分なる意であるが、転じて法味に飽満すること、または修行の功成熟することをいう。一切法が充足すること（『眼蔵』仏性巻、岩上・338、阿羅漢巻、岩中・101、発無上心巻、岩中・398、『広録』上堂86、241、305、小参17、自賛3）。

【熟脱】〈じゅくだつ〉眼広 悟道という成熟も脱穀も全てが自己の心の中にあるということ。

【粥飯頭】〈しゅくはんじゅう〉眼 叢林の長老に対する敬称。また住持職の別称にも用いる。

【受化易不】〈じゅけいふ〉広 教化を容易に受けるやいなやの意（『広録』上堂133）。

【頌古】〈じゅこ〉眼広 古人の公案に偈頌（詩句をもって仏徳を讃歎し、教理を述べるもの）を附して宗旨を簡明に宣揚したもの。『広録』巻九の頌古九十則は『永平頌古』として江戸時代に別本が刊行されている。

【受業】〈じゅごう〉眼広 仏道の行業を受ける意、あるいはまた出家のために得度の式を受けること。その師を受業師という。

【受歳】〈じゅさい〉㊣広 冬安居の初日。安居を終えると法臘を増すことからいう（『広録』上堂117）。

【修懺】〈しゅさん〉㊣眼 懺悔式を行うこと。

【修山主】〈しゅざんしゅ〉㊣広 龍済山主紹修（生没年不詳）。撫州龍済山に住す。唐末の人。羅漢桂琛の法嗣（『広録』上堂56、101、425）。

【首山省念】〈しゅざんしょうねん〉㊣眼㊣広（九二六〜九九三）。風穴延昭の法嗣。臨済の法系に属す。萊州狄氏の子。『法華経』を誦し念法華の称あり。風穴に随って得法ののち、首山に住し、次いで広教・宝応の二所に化を振るう。宋淳化四年（九九三）示寂、寿六十八。語録一巻がある（『広録』上堂200）（『伝灯』十三・首山省念章、㊣大51・304a）。

【取捨】（舎）〈しゅしゃ〉㊣眼㊣広 取捨選択すること（『広録』上堂470）。⇩「至道無難唯嫌揀択」

【衆数】〈しゅじゅ〉㊣広 僧団の僧と和合すること（『広録』上堂134）。

【種熟脱】〈しゅじゅくだつ〉㊣眼 仏種子を下し、成熟し、度脱すること。仏道修行の初中後をいう。

【儒書】〈じゅしょ〉㊣広 儒教に関する書物。いわゆる外典（『広録』上堂192）。

【修証】〈しゅしょう〉㊣眼㊣広 一般には「身修心証、修因証果」とする。修は身を修める、心をあきらめること、修は因、証はその果として、修行と証悟を別々に考える。が、道元は「修証はひとつにあらずとおもへる、すなはち外道の見なり。仏法には修証これ一等なり。……」（『眼蔵』弁道話巻、㊣岩上・65）とする。つまり「修証不二」「本証妙修」として修行そのものが真実の具現であるとした。

【拄杖】〈しゅじょう〉㊣眼㊣広 本来は身体を支える杖。釈尊は、病気・老齢のため力の無くなった僧にのみ、この使用を許したといわれる。禅門では行脚のときに用い、また、戒めるときや上堂して法を説くときの法具としても用いられ、とくに仏法の言語を超絶したところをその所作によって表現する。卓拄杖は拄杖をたてること。

【受請】〈じゅしょう〉㊣広 施主の請によって食事をすること（『広録』上堂446）。

【修証一等】〈しゅしょういっとう〉㊣眼「修証不二」「修証一如」ともいう。修（修行）と証（悟り）とが一体であるという意（『眼蔵』弁道話巻、㊣岩上・65）。道元は修行は証を得るための手段ではなく、「修」の中に「証」を見、「証」の中に「修」のあることを説いた。

【修証は即ち無きに不ず】〈しゅしょうはすなわちなきにあらず〉広 修行も悟道も無いわけではない（『広録』上堂273、374、426、小参13、17、頌古59）。

【首座】〈しゅそ〉眼広 首衆または第一座とも称す。禅門における一会大衆の頭首たる人、六頭首の一にして大事を了畢する者をもって任ずる。

【須陀洹】〈しゅだおん〉眼 梵語 srotāpanna 入流と訳す。声聞四果の中の初果で、初めて聖道に入る義。⇩「四果」

【須陀洹果】〈しゅだおんか〉眼 須陀洹に向と果を分かつ。須陀洹果（梵語 srotāpatti-phal）に趣向する予備行の間は須陀洹向（梵語 srotāpatti-mārga）であり、正しく三界の見惑を断じ了った位を須陀洹果という。

【修多羅毘尼阿毘曇】〈しゅたらびにあびどん〉広 修多羅は九分経・十二部経・一切経と同じく仏教経典全体を指す。毘尼は毘奈耶、すなわち律。阿毘曇は阿毘達摩。仏典の経・律・論の三蔵の中の論蔵をいう。従って仏典全体をいう（『広録』上堂381）。

【主中の主】〈しゅちゅうのしゅ〉広 宗師家が学人を接化する手段で、賓中賓・賓中主・主中賓・主中主の四賓主の一つ。主中主は、理の本体は日常の事象の上に直接現われるものではないことをいう（『広録』上堂269）。

【出格玄談】〈しゅっかくげんだん〉広 常格（普通の規格・水準）を超越した奥義（『広録』上堂4）。

【出格入草】〈しゅっかくにっそう〉広 世の標準を超越して求道のために叢林に入ること（『広録』法語6）。

【十箇に五双有り】〈じゅっこにごそうあり〉広 十という数は五が二つあるのと同じであるの意（『広録』法語2）。

【出西天入東土】〈しゅっさいてんにゅうとうど〉広 達磨がインドを出て中国に入ったこと（『広録』上堂201）。『普灯』三に出る。

【十聖】〈じゅっしょう〉眼広 十地とも。菩薩修行の五十二位の中の第四十一位から第五十位まで。

【十聖三賢】〈じゅっしょうさんけん〉眼広 十住・十行・十廻向の菩薩を三賢といい、初地乃至十地の菩薩を十聖という（『広録』上堂33、38、399）。

【出身の活路】〈しゅっしんのかつろ〉眼広 悟道した法そのも

のの繋縛より解脱すること（『眼蔵』仏教巻、(岩)上・364、光明巻、(岩)中・116、『普勧坐禅儀』）。

【十地】〈じゅっち〉(眼) 菩薩の五十二位の修行の階位の中、第四十一位より五十位までをいう。①歓喜地、②離垢地、③発光地、④焔慧地、⑤難勝地、⑥現前地、⑦遠行地、⑧不動地、⑨善慧地、⑩法雲地をいう。

【種田摶飯】〈しゅでんたんぱん〉(広) 地蔵桂琛が法嗣の修山主（龍済紹修）に、「南方、商量浩浩地、三界……」などと仏法の第一義のみにこだわっているが、本来の仏法というのは、田を種え飯を喫するという、この日常底に徹することにあることを示した公案（『広録』自賛20）。

【種田摶飯家常事】〈しゅでんたんぱんかじょうのこと〉(広) 田に種を植え、それを刈りとって飯として炊いて食す。これが稲の日常（仏法）そのものである（『広録』上堂340）。

【手頭を亀む】〈しゅとうをかがむ〉(広) 手の中、身近にあるものにとらわれない意（『広録』頌古85）。

【衆に謂って曰く、人の懸崖に在るが如き……】〈しゅにかたっていわく、ひとのけんがいにあるがごとき……〉(広) 崖に突き出ている樹に、手足を使えず、口でのみ身体を支えているとき、祖師西来意を問われたらどうするか、絶対絶命の窮地こそが人間の本来のすがたなのであり、口では説けないところから、無説の説、無作の作が出てこなければならないのである（『広録』頌古87）。『伝灯』十一・香厳智閑章（(大)51・284b）に出る。『眼蔵』祖師西来意巻（(岩)中・387）に引かれる出典は『宏智録』だが『広録』の部分は『伝灯』と同文である。

【須跋陀羅】〈しゅばっだら〉(眼) 梵語 Subhadra 善賢・好賢と訳す。拘尸城の一婆羅門にして、釈尊最後の弟子として知られる。

【鷲峰（峯）山】〈じゅぶせん〉(眼)「霊鷲山」に同じ。⇩「霊鷲山」

【聚沫】〈じゅまつ〉(広) あつまっている泡（『広録』上堂389）。

【須弥山】〈しゅみせん〉(眼)(広) 梵語 Sumeru-parvata 妙高山と訳す。世界の中央に聳える大高山の名。水に入ること八万由旬、水から出ること八万由旬にして東は黄金、南は頗梨、西は白銀、北は瑪瑙より成るという（『広録』上堂89、268、273、336、小参5）。⇩「由旬」

【須臾】〈しゅゆ〉(眼)(広) しばらく、少しの間。詳しくは、一昼夜の三十分の一の時間とされる。

【受用】〈じゅゆう〉(眼)(広) 物我一体の活きたはたらきをいう(『広録』上堂80、332、『普勧坐禅儀』)。

【首陽】〈しゅよう〉(広) 首陽山。周の人、伯夷・叔斉の二兄弟は、周の武王が商を討とうとしたとき諫めたが聞き入れられなかったので、その後、周が天下を統一したときも、周の禄を食むのを潔しとせず、首陽山に隠れ遂に餓死したという(『広録』小参2)(『史記』列伝第一)。

【修羅】〈しゅら〉(眼)(広) 梵語 asura(阿修羅)の略。六道の一。鬼神の一種で山中または海底に住して、常に帝釈と戦う天趣という。

【修羅道】〈しゅらどう〉(眼) 阿修羅道。六道の一。阿修羅の世界。瞋・慢・癡の三因によってここに生まれるという。

【手裏】〈しゅり〉(眼)(広) 手裡とも。手のうち。手の中。

【衆寮】〈しゅりょう〉(眼) 禅院において大衆が僧堂を出て書籍等を見るために設けられた寮舎をいう。

【首楞厳経】〈しゅりょうごんきょう〉(眼) 詳しくは『大仏頂如来密因修証了義諸菩薩万行首楞厳経』といい、唐の神龍元年(七〇五)般刺蜜帝訳として十巻あり。『楞伽経』とともに広く禅宗に依用され、註釈もまた多い。

【首楞厳定】〈しゅりょうごんじょう〉(眼) 梵語 śūraṃgama-samādhi 健相・健行等と訳す。将軍が諸兵を用いて強敵を降伏するように、煩悩の魔軍を摧破する勇猛堅固な仏の三昧をいう。

【衆流を截断す】〈しゅるをさいだんす〉(広) もろもろの人々の持ち出す様々な難題を解決する(『広録』偈頌24)。

【鷲嶺】〈じゅれい〉(広) 霊鷲山。釈尊は霊山会上で大法を摩訶迦葉に付嘱した(『広録』小参2、法語2、頌古2)。⇩「霊鷲山」

【鷲嶺一枝華】〈じゅれいいっしのはな〉(広) 霊鷲山で釈尊のかかげた金波羅華(『広録』頌古2)。

【手炉】〈しゅろ〉(眼) 柄のついた香炉で手に持つのに便利なように作られたもの。

【儒論】〈じゅろん〉(広) 儒教の論理。茹は科挙の合格者であるから、儒教の論理に通じているのは当然だが、道元が渡宋した時代は、儒道仏三教一致論が隆盛であった(『広録』偈頌18)。

【種を下す……】〈しゅをくだす……〉(広) 平等に仏の種を撒く

（『広録』偈頌110）。

【準記室】〈じゅんきしつ〉㊘ 準は人名、義準（生没年不詳）のこと。記室は書記のこと。義準は、日本達磨宗の懐鑑の弟子で、徹通義介と同年で、比叡山で三蔵教学を学び、後に仁治二年（一二四一）頃興聖寺の道元に師事する。道元の越前移住に際して、興聖寺に留まり院事を管理した。後に永平寺に移り書状（住職の文書の管理や草案をつくる役）侍者を務め、道元亡き後、孤雲懐奘に参じて心印を受け、越前永徳寺の第一祖として名を残す。また晩年は歓喜院に住し、豊後の永慶寺の住職したとも、また一説には、道元示寂後、義能と改名し、高野山金剛三昧院に学び、播磨の無量寿院開山伝統大僧都になったとも伝えられる。義準は、その師懐鑑の忌辰に当って、道元に上堂をお願いしている。『広録』上堂507に「準書状、為懐鑑上人忌辰請上堂」がある。義準が雪中の永平寺に道元を訪ね来たのは、建長四年（一二五二）十一月頃のことである（『広録』偈頌98）。

【純黒業】〈じゅんこくごう〉㊗ 黒黒業ともいう。純然たる黒業の意。黒業は白業に対し、闇黒不浄の苦果を招く悪業をいう。

【春山、秋山を貪観し……】〈しゅんざん、しゅうざんをどんかんし……〉㊘ 春の山・秋の山の素晴しい景観を熱中して観ても、どちらが優れているとはきめがたい（『広録』上堂287）。

【準書状】〈じゅんしょじょう〉㊘ 準は懐鑑の弟子、義準のこと。書状は書記のこと（『広録』上堂507）。⇩「準記室」

【順俗亡功】〈じゅんぞくぼうこう〉㊘ 俗に順えば功を失すること（『広録』上堂246）。

【春台】〈しゅんだい〉㊘ 春のうてな、はなやかな台（『広録』頌古1）。

【巡堂】〈じゅんどう〉㊗㊘ 住持・首座・維那その他の者が点検・告報・礼賀その他のために僧堂内を巡ることをいう。

【瞬目】〈しゅんもく〉㊗㊘ ⇩「拈華瞬目」

【瞬目及び揚眉】〈しゅんもくおよびようび〉㊘ 目をしばたき眉をあげることで、日常普段の当然の動作のこと。また、世尊拈花微笑の公案から出た公案として、師家が学人を接化指導するはたらきを示す場合もある（『広録』上堂451）。

【諸悪莫作……】〈しょあくまくさ……〉眼広 七仏通戒偈（「諸悪莫作　諸善奉行　自浄其意　是諸仏教」）といわれ、釈尊以前の過去六仏と釈尊がいちいちの戒を定めずに一偈をもって通戒としたもので、偈文は不同であるが、通常は本偈文が用いられ、仏教の要旨はこの偈文に尽きるともいわれる（『広録』上堂435）。『眼蔵』諸悪莫作巻を参照。

【初阿僧祇耶】〈しょあそうぎゃ〉眼 ⇩「三阿僧祇劫」

【蜍有り兎有り】〈しょありとあり〉広 蜍はひきがえる。月には蜍や兎が棲むという。ともに月の別称（『広録』偈頌83）。

【初一】〈しょいち〉眼広 月の第一日、朔日のこと。

【所有】〈しょう〉眼広 あらゆる。あらゆるもの。

【牀（床）】〈しょう〉眼広 ⇩「禅牀」

【荘】〈しょう〉眼広 荘園。荘主は荘園主。

【悄（峭）】〈しょう〉広 険しいさま。

【請】〈しょう〉眼広 迎える。拝請は礼拝懇請の意味で、尊宿や長上のものを礼を尽くして迎えること。

【小阿蘭若】〈しょうあらんにゃ〉広 比丘が小僧房を作って、二・三人で共住同行する人里離れた閑静な場所（『広録』上堂432）。

【将謂】〈しょうい〉眼広 誤解する。……とばかり思っていた。

【情謂】〈じょうい〉広 情慮言謂の略。言葉の葛藤と思慮分別（『広録』上堂421）。

【縦逸】〈しょういつ〉広 ほしいままに（『広録』上堂383）。

【消殞】〈しょういん〉眼広 消滅すること。

【浄因法成】〈じょういんほうせい〉眼 芙蓉道楷の法嗣。香山法成（生没年不詳）という。詔によって東京浄因寺に住す（『眼蔵』仏向上事巻、岩上・416、『会要』二十九・浄因法成章）。

【霄雲】〈しょううん〉広 雲（『広録』偈頌61）。

【浄果】〈じょうか〉広 浄果守澄（生没年不詳）。唐末五代の人。疎山匡仁の法嗣（『広録』上堂246）。

【証契】〈しょうかい〉眼広 証はさとり。契はかなうこと。資（弟子）の証が師の証にかなうこと。師資が一体となって仏祖の命脈に通ずることをいう（証契即通）。『眼蔵』嗣書巻（岩上・237）に「仏仏かならず仏仏に嗣法し、祖祖かならず祖祖に嗣法する、これ証契なり、これ単伝なり、このゆえに、無上菩提なり」とある（『広録』上堂18、法語5、9、11、『普勧坐禅儀』)。

【生涯】〈しょうがい〉(眼)(広) 人間一生の間には物事に対する虚と実・是と非が迷走すること。

【笑咍咍】〈しょうかいかい〉(広) 喜び笑うこと。楽しみ笑う貌(『広録』上堂158、189、小参2、自参16)。

【正覚】〈しょうがく〉(眼)(広) 正等覚とも。仏教の正しい悟り。

【賞華の節】〈しょうかのせつ〉(広) 花見の季節(『広録』上堂64)。

【照涵】〈しょうかん〉(広) 照らしだす(『広録』偈頌120)。

【嘗観】〈しょうかん〉(眼)(広) かつて観る。昔のことを振り返ってみれば(『普勧坐禅儀』)。

【霄漢】〈しょうかん〉(広) おおぞらをいう。蒼天・碧空(『広録』上堂145)。

【峭(腑)魏魏】〈しょうぎぎ〉(広) 険しいさま(『広録』偈頌25)。

【勝義諦】〈しょうぎたい〉(眼) 真諦ともいう。世俗諦に対す。真実勝義または第一義の意。

【浄鏡、何の夢ぞ、好と嫫と】〈じょうきょう、なんのゆめぞ、こうとぼと〉(広) 好は美、嫫は醜。黄帝の第四妃の嫫母は賢徳をもって有名だが、また、醜女としても世に知られている。浄鏡は美と醜をそのままのものとして映し出す(『広録』上堂78)。

【承虚接響】〈じょうきょせっきょう〉(眼)(広) 真実でないことを信奉し、こだまのようなものを真実として信じること(『眼蔵』栢樹子巻、(岩)中・108、『広録』上堂279、385)。

【笑具】〈しょうぐ〉(広) お笑いぐさ、「悟り」をあえてそのように被虐的・逆説的に表現している(『広録』上堂151、真賛2)。

【将軍をして太平を見せしむること莫れ】〈しょうぐんをしてたいへいをみせしむることなかれ〉(広) 将軍は乱にあってこそ、その真の存在理由がある(『広録』頌古74)。この場合の将軍は洞山のこと。

【松華を食し荷葉を衣て……】〈しょうげをしょくしかようをきて……〉(眼)(広) 松華とは松の花であろうが、その実体は不明である。ただ、中国には松花餅なるものがあって、それは松の花を杖で叩き落とし、蜜でこねて餅状にしたものという(『山居雑志』)。『眼蔵』行持上巻((岩)中・24)には、松花は「松実」となっているが、松実は五穀を食らわざる神仙家（仙人）たちが好んで食したもので、神仙家はそれによって身体を清浄にし長命を保ったともいう。なお、塩官が大梅に出山を請うたところ、大梅は「一池の荷葉衣るに尽きることなく、数樹の松花食するに余りあり、剛に世人に住処を知られて、更に茅舎を移して深居に入る」と頌して、庵を山奥に移したという（『眼蔵』行持上巻、(岩)中・24、『広録』上堂319）。

【上下肩】〈じょうげけん〉(眼) 上下は左右の意にして、肩を並べるもの、または同学のものをいう。

【相見】〈しょうけん〉(眼)(広) この場合は単なる出合いをいう（『広録』上堂199）。

【葉県帰省】〈しょうけんきせい〉(眼) ⇩「せっけんきせい」

【正眼覰著】〈しょうげんしょじゃく〉(広) 正眼は正法眼のこと、正邪を見極める正しい見識。覰著の覰は看の意味（『広録』小参1）。

【肇公が云く、菩提の道は……】〈じょうこうがいわく、ぼだいのみちは……〉(広) 肇公は僧肇（三八四～四一四）羅什四哲の一人。「悟りの道は思慮分別することはできぬ、高いことかぎりなく広いことは涯《はて》がない。低いところも際限がなく深いことはその底を測ることはできないのだ」。以下は『肇論』（(大)45・158c）に出る（『広録』上堂484）。『広録』上堂482を参照。

【譲公、笑う可し……】〈じょうこう、わらうべし……〉(広) 懐譲の最初のことは笑止ではあるが、力を尽くしていったことだから、今度は十の内八か九は言い得ているかもしれない、と（『広録』上堂374）。

【正好供養……正好修行】〈しょうこうくよう……しょうこうしゅぎょう〉(眼)(広) 馬祖道一とその法嗣である南泉普願・西堂智蔵・百丈懐海の四師が月見をした時の商量で「正好供養」は西堂の、「正好修行」は百丈の語である（『眼蔵』都機巻、(岩)中・163、『広録』上堂13、521）。『圜悟語録』十九・頌古上（(大)48・800a）。『眼蔵』都機巻（(岩)中・163）に「正好修行これ月なり。正好供養これ月なり。払袖便行これ月なり」とある。「正好」は、まさによし、ちょうど好都合、最適であるの意。

【長行偈頌】〈じょうごうげじゅ〉(眼) 長行は散文で書かれた経論の文。偈頌は伽陀の訳語で韻文のこと。

【焼香侍者】〈しょうこうじしゃ〉(眼) 住持の説法・法会等の座

に侍する者をいう。

【城隍聚落】〈じょうこうじゅらく〉㊧ 城下町や人里。人の多いところ（『広録』法語8）。

【相国】〈しょうこく〉㊥㊧ 秦代に設けられた官位で、はじめは政務を担当する丞相の上にあったが、後には丞相を意味した。総理大臣に相当する（『広録』頌古48）。

【精魂】〈しょうこん〉㊥㊧ たましい、精神。

【荘厳】〈しょうごん〉㊥㊧ 仏殿などを飾ること。

【荘厳報地】〈しょうごんほうち〉㊧ 仏土を厳浄すると同時にそのような仏土に到達できるように願うというのが原意で、追善供養すること（『広録』上堂507、524）。

【荘厳宝蓮】〈しょうごんほうれん〉㊧ 仏の偉容と物の道理。荘厳は仏や伽藍の飾り付け。宝蓮は宇宙の生起する根源（『広録』法語1）。

【上座】〈じょうざ〉㊥㊧ 長老ともいう。出家得度より起算して法齢二十年から四十年までの人を上座という。現今の僧侶分限では得度入衆より座元となるまでを上座という。

【笑殺】〈しょうさつ〉㊥㊧ 笑止千万。笑わせる。笑い飛ばす（『広録』上堂55、128、279、459、462）。

【小参】〈しょうさん〉㊥㊧ 五参上堂の粥後に行われる大参に対する住職の接化法の一つで、家訓・家教とも。住職の方丈（居室）にあって、修行僧が住職より親しく教えを受けること。法堂で行われる大参に対して、小参は家訓を説くことが中心となるため、日常生活の細部にわたるまで委細に及ぶ。宋代以後は月の三八のつく日の晩に行われるようになり、晩参の意をもつようになる。

【定山】〈じょうざん〉㊥ 定山神英（伝不詳）。『伝灯』の他は禅英に作る。潙山霊祐の法嗣。『会要』に機縁の語を載せる（『伝灯』十一、㊅51・281c、『会要』四）。

【小参鼓】〈しょうさんく〉㊧ 小参は方丈で大衆一同が住持から親しく説示をうける参学法。小参鼓は小参の開始を告げる鼓（『広録』上堂128）。

【小師】〈しょうし〉㊥㊧ 師僧というのに対して弟子を小師という。具足戒をうけてから十夏を経ていない弟子。

【声色】〈しょうしき〉㊥㊧ 声は耳の対境、色は眼の対境。この二を挙げて五官の対境一般を指す。

【声色の外威儀……】〈しょうしきのほかのいいぎ……〉㊥㊧ 客観超越した活用と思慮分別以前の軌範（『眼蔵』谿声山色

巻、(岩)上・138、『普勧坐禅儀』)。

【生死去来】〈しょうじきょらい〉(眼)(広) 六道の間に生まれ変わり死に変わりする凡夫の身こそが、仏陀の法身そのものであること(『広録』上堂74)。『圜悟語録』六((大)47・740b)に出る。『眼蔵』諸法実相巻((岩)中・236)を参照。

【生死長……】〈しょうじちょう……〉(広) 出典不詳(『広録』上堂479)。

【少室老臊胡】〈しょうしつろうそうこ〉(広) 少室は達磨が住した少室山。老臊胡は髭だらけの外国人。達磨大師をさす(『広録』上堂171)。

【小釈迦】〈しょうしゃか〉(眼)(広) 潙山をさす。

【将錯就錯】〈しょうしゃくじゅしゃく〉(眼)(広) 通常は錯(誤)がさらに錯を生んで次から次に誤謬を重ねて行く意。『眼蔵』後心不可得巻((岩)上・281)ではこの意味に用いられるが、『眼蔵』中は多くはこの意味を卓上善用して、以頭回頭、回頭換面等と同じく、絶対無二にしてそれはそれというほどの意味に用いる。『御抄』に錯は解脱の詞なりと釈す(『広録』上堂88、138、229)。

【荘主】〈しょうしゅ〉(広) 荘は荘園。荘主は荘園主(『広録』頌古63)。

【正受】〈しょうじゅ〉(眼) 雷菴虚中のこと。⇩「雷菴虚中」

【正受】〈しょうじゅ〉(眼)(広) 諸受の感受作用を受けず超越していること。心が散乱することを脱して対象を正しく受けとめること。

【常住】〈じょうじゅう〉(眼)(広) 常住不変の意で無常の反対。または常住物(常什物)の意に用いる。常住物とは寺院に備えつけられた一切の調度財物などをいう。

【趙州道く、一見老僧の後……】〈じょうしゅういわく、いっけんろうそうののち……〉(広)「私に会ったからといって人が変わるわけではない」という意(『広録』上堂112)。『会要』六・観音従諗章に出る。

【趙州云く、兄弟、但、究理坐看……】〈じょうしゅういわく、ひんでい、ただ、きゅうりざかん……〉(広)『会要』六・観音従諗章に出る。また『眼蔵』行持巻((岩)中23-24)に趙州古仏の行実が示衆されている(『広録』上堂33)。

【趙州従諗】〈じょうしゅうじゅうしん〉(眼)(広)(七七八〜八九七)。南泉普願の法嗣。南嶽下。曹州郝郷の人、姓は郝氏。南泉に謁して契悟し、さらに黄檗・宝寿・塩官・夾山等を歴問する。衆請により趙州（広東省）の観音院に住し、四十年間独自の禅風を挙揚した。当時の雲水は、趙州の門風を聞いて信伏せざるなしといわれた。唐乾寧四年（八九七）示寂、寿百二十。語録三巻がある。真際大師と諡す。示衆、問答で公案として伝えられるものが多い。『会要』六・観音趙州章に出る。道元はその宗風を讃仰されて『眼蔵』中に説示が多い。『眼蔵』行持上巻、栢樹子巻を参照。

【趙州、南泉に問う、知有底の人……】〈じょうしゅう、なんせんにとう、ちゆうていのひと……〉(広)「悟道の人はどこへ往くのですか」「山前の檀家の家の一頭の水牯牛となるさ」『趙州録』中に出る（『広録』上堂175）。

【趙州に問う、如何なるか是、不錯底路……】〈じょうしゅうにとう、いかなるかこれ、ふじゃくていろ……〉(広)「誤りのない道、真実の仏法の道とはどういうことか」「心性を明らかにし、心性を現すことが真実の仏法の道である」。絶対真実なる道は脚下にあることを示す。『趙州録』上に出る（『広録』上堂154）。

【趙州に問う、学人、乍めて叢林に入る……】〈じょうしゅうにとう、がくにん、はじめてそうりんにいる……〉(広)以下の話は、趙州が叢林の初心者にその心構えを示したもので、喫粥したならば必ず洗鉢するという、そのような日常のありふれた行為の中に無功の動作を示すことを示唆した公案（『広録』上堂436）。『会要』六・趙州従諗章に出る。

【趙州に問う、狗子、還、仏性有りや……】〈じょうしゅうにとう、くす、また、ぶっしょうありや……〉(眼)(広)⇩「趙州狗子」

【趙州柏】〈じょうしゅうのかしわ〉(広)柏樹子の話。ある僧が趙州に「仏法とは何か」と問うと趙州は「庭の柏の木」と答えた故事（『広録』上堂520）。柏は単なる境（対象の物）として示したものではない。

【趙州狗子】〈じょうしゅうのくす〉(広)趙州従諗と僧との問答で、趙州のいう有無は物の存在のあるなしではなく、存在を超越した仏性を示したものである（『広録』上堂226、330、429、頌古73）。『眼蔵』仏性巻（(岩)上・339-341）にも同文が引かれている。

【趙州茶】〈じょうしゅうのちゃ〉(眼)(広)趙州従諗が学人に接しては、お茶を飲めと示した公案「趙州喫茶去」で、仏法の真理は喫茶するといった日常のごく身近な生活の中にこそその真実があることを示したもの（『眼蔵』仏性巻、

(岩)中・375、『広録』上堂380、428、455、499、522、小参7)。

【趙州を討ねざるに飯茶に飽く】〈じょうしゅうをたずねざるにはんちゃにあく〉(広) 趙州従諗は学人に「喫茶去」と茶をすすめて、喫茶という日常底の中にこそ仏法が顕現していることを示した故事(『広録』偈頌118)。

【庠序】〈しょうじょ〉(広) 原義は地方の学校のことで、殷では序、周では庠といったという。いずれにしろ本来学校は、学問芸術を教え、長幼の序を明らかにし、老者を饗したところであるという。

【相将】〈しょうしょう〉(広) 古来、この相将の解釈には、「宰相・将軍」つまり為政者や武将と解釈する(『古注』)のと、「相将は武将にて、相州に鎮たる平時頼公なるべし」(『光湯』)つまり、北条時頼とする解釈がある。おそらくは、軍事に関わり、時の為政に関わる人々をいうので、具体的には、波多野義重とその幕下とするのが妥当であろう。「士大丈夫」「士大夫」も同義であろう(『広録』法語14)。

【縄牀】〈じょうしょう〉(眼) 交椅または交床というも同じ。折り畳むことのできる椅子をいう。

【条条】〈じょうじょう〉(広) 各条・いちいち。一つ一つ。すなわち生きとし生けるもの(『広録』上堂36、68、78、82、85、小参2、頌古82、自参12、偈頌33)。

【上牀下牀】〈じょうしょうあしょう〉(広) 禅床を上がったり下りたりすること。僧堂生活の日常底(『広録』上堂60)。

【嬢生袈裟】〈じょうしょうけさ〉(眼) 嬢(娘)は母のこと。母親の生みつけた袈裟の意(『眼蔵』仏性巻、(岩)下・18)。『眼蔵』袈裟功徳巻((岩)上・139)を参照。

【嬢生両片皮】〈じょうしょうりょうへんぴ〉(広) 両片皮は唇のこと。母から授かり、生まれ持った口のこと(『広録』頌古87)。

【嬢生皮】〈じょうしょうひ〉(眼) 母親の生みつけたこの臭皮袋(肉体)の意(『眼蔵』坐禅箴巻、(岩)上・407)。

【清浄法行経】〈しょうじょうほうぎょうきょう〉(眼) 一巻。現存せず。梁代以前に撰述された偽経である。

【清浄本然】〈しょうじょうほんねん〉(眼)(広) 瑯瑘慧覚の弟子、長水子璿が『首楞厳経』四に出る「清浄本然。云何忽生山河大地」((大)19・119c)の経文をもって瑯瑘に問うが、瑯瑘は問いの文そのままを答えとした。これは、山河大地がそのまま清浄本然の姿であるから、それを思慮分別をもって見、取捨憎悪してはならないことを示したのである（『広録』頌古46）。『碧巌録』三十五則（(大)48・174a）、また『眼蔵』谿声山色巻（(岩)上・139）を参照。

【嬢生籮籠】〈じょうしょうらろう〉(広) 嬢は母、籮は羅で鳥網、籠はかごで、あみやかごに入れられて自由にならないことから、身心の安らぎを妨げる煩悩・妄想に喩える。したがって、この意は母から生まれた人間の意（『広録』上堂88）。

【浄司】〈じょうす〉(広) 浄頭《じんじゅう》ともいい、叢林で清掃を司る役職（『広録』法語7）。⇩「浄頭」

【蹤跡】〈しょうせき〉(眼)(広) 行為のあとかた、行跡（『広録』上堂498、法語2、8、頌古10、偈頌40、80、『普勧坐禅儀』）。

【消石の日】〈しょうせきのにち〉(眼) 石のように堅いものをも、いつかはこれを消し尽くす力があることをいう（『眼蔵』仏性巻、(岩)上・339）。

【聖節上堂】〈しょうせつじょうどう〉(広) 宝治元年（一二四七）六月十日。後深草天皇四歳の誕生日（『広録』上堂247）。

【悄然】〈しょうぜん〉(眼)(広) 憂いに沈んでいるさま。

【小千界】〈しょうせんかい〉(眼) 世界は小・中・大の三種の千より成立する。その中、小千界は日月・須弥山等を含む世界を一世界とし、これを千合したものを小千世界という。

【聖僧】〈しょうそう〉(眼) 僧堂の中央に安置する仏像をいう。憍陳如・文殊菩薩・須菩提・大迦葉等種々あり一定しないが、今は一般に文殊菩薩を奉安する。

【正像末法】〈しょうぞうまっぽう〉(眼) 仏入滅後、教法の行われる時期を正法・像法・末法の三時に分かつ。正法時は教・行・証の三具あり、像法時は教・行の二具あって証を欠き、末法時は教のみあって行・証を欠く。この中、正像の二時については、異説あるが正法五百年、像法千年とするのを通説とし、末法は像法ののち一万年とする。

【畳足】〈じょうそく〉(広) 次から次へと（『広録』法語6）。

【聖諦】〈しょうたい〉(眼)(広) 四諦のことで、釈尊が最初に説かれた法とされる。三界六道は全て苦であるとみる「苦諦」、苦の原因は煩悩であるとみる「集諦」、この煩悩を滅すれば涅槃に入るとみる「滅諦」、この涅槃に入るには八正道を行うとする「道諦」の四をいう（『広録』上堂231、304、頌古19）。

【上大人】〈じょうたいにん〉(広) 孔子が父に習った書の始めの

一句。中国で、子供が初めて習字をする時に学ぶ文字であるところから、無心、日常茶飯事の意味を持つが、ここでは溥侍郎に人柄にかけていうのであろう（『広録』偈頌10）。

【生知】〈しょうち〉（眼）（広） もともとは『論語』に出る言で、「生まれながらに知る」の意。釈尊が生まれながらに無師智・自然智を具有しておられたこと（『広録』上堂518、『普勧坐禅儀』）。

【情知】〈じょうち〉（広） 明らかに知る。まことに思う（『広録』上堂72、頌古64）。

【勝躅】〈しょうちょく〉（眼）（広） 先聖古仏の実践された勝れた蹤跡・行蹟（『広録』上堂80、128、134、139、319、524、小参2、法語13）。

【上天銀桂の枝、人間には錯り道う乾屎橛】〈じょうてんぎんけいのえだ、じんかんにはあやまりいうかんしけつ〉（広） 銀桂は月のこと。月には五百丈の桂がはえているという。天上の月中の桂の枝を、人間ではことごとく錯って無用の長物とする。乾屎橛というのは、この月を分明にしないからである（『広録』偈頌85）。

【衝天志】〈しょうてんし〉（広） 仏道修行に対する固い志（『広録』上堂40）。

【正当】〈しょうとう〉（眼）（広） まさに……にあたっての意。

【照堂】〈しょうどう〉（眼）（広） 中国の大叢林において僧堂と後架（東司・洗面所）の間に在る屋舎をいう。住持人に代って首座等が普説するとき、みなここで行う（『広録』上堂128、法語6）。

【承当】〈じょうとう〉（眼）（広） 『学道用心集』に「以此身心直証於仏是承当也」とあり、自ら親しく信解し体認すること。領得・会得・会取、また首肯・合点すること（『広録』上堂3、100、106、455、頌古18、偈頌57）。

【浄頭】〈じょうとう〉（眼） ⇩「浄頭《じんじゅう》」

【上堂】〈じょうどう〉（眼）（広） 住持が修行僧たちに法を説くため法堂の法座（高座）に登ること。陞座ともいう。禅寺特有の説法形式。日本での上堂は道元が最初である。

【正当恁麼時】〈しょうとういんもじ〉（眼）（広） 正与麼時・正恁麼時ともいう。まさにちょうどその時にあたって（『広録』上堂1、13、130、169、300、361、391、412、457、482、522、小参12、13、17、19、自参5）。

【上頭関捩子】〈じょうとうかんれいす〉(広) 上頭はすぐれた、関捩子は向上の機関・からくり（『広録』上堂258）。

【成等正覚】〈じょうとうしょうがく〉(眼)(広) 正等覚（仏の平等円満な悟り）を成ずること。正しく優れた仏陀の悟り（『広録』上堂12、360、500、法語1）。

【定動智抜】〈じょうどうちばつ〉(眼)『涅槃経』に「先以定動、後以智抜」（(大)12・548b）とあり、定力をもって煩悩の根を動かし、智慧をもってこれを抜くこと（『眼蔵』仏性巻、(岩)上・341）。

【承当身】〈じょうとうのしん〉(広) 現身（『広録』頌古57）。

【商那黒白石……】〈しょうなこくびゃくのいし……〉(広) インド付法第三祖である商那和修尊者は、弟子である優婆麹多に、坐禅時に黒白の石を与え、悪念が生じたならば黒石を置いて数え、善心が生じたならば白石を数えよと教導した。第四祖となった優婆麹多がそのようにしてみると、はじめは半分以上が黒石であったので、勇猛精進して七日後には全てが白石となったという故事。つまり、優婆麹多は師を敬い徹底修行した結果、白毫の光、仏智慧を感じることができたという（『広録』小参13）。『続仏祖統紀』五・優婆麹多尊章を参照。

【商那和修】〈しょうなわしゅ〉(眼)(広) 梵語 Śāṇavāsa 禅宗の伝灯第三祖。阿難陀に得法す。父を林勝、母を憍奢那といい、在胎六年、衣を着けて生まれ、長じて袈裟となるという。優婆毱多に法を付して罽賓国に寂す。『伝灯』一・商那和修章（(大)51・207a）に出る（『広録』上堂278、287）。『眼蔵』袈裟功徳巻（(岩)上・176）を参照。

【声に騎り色に跨り、見を超え聞を越え】〈しょうにのりしきにまたがり、けんをこえもんをこえ〉(広) 声色・見聞を超越すること（『広録』上堂285）。

【醒人】〈しょうにん〉(広) 覚者（『広録』法語1）。

【唱涅槃】〈しょうねはん〉(広) 釈尊は一日一夜で『涅槃経』を説かれたという（『広録』上堂121）。

【鏘然】〈しょうねん〉(広) 金石の音。玉の鳴る音（『広録』上堂412）。

【情念瞥起】〈じょうねんべっき〉(広) 情識や妄念がちらっと起こる（『広録』上堂388）。

【湘の南、潭の北、黄金国】〈しょうのみんなみ、たんのきた、おうごんこく〉(広)「湘之南潭之北。中有黄金充一國。……」（『碧巌録』十八則、大⃝48・158b）がその典拠。慧忠国師（?〜七七五）の弟子である耽源応真（生没年不詳）が、国師の示寂後、粛宗皇帝から国師の無縫塔の塔様の質疑に答えた語。字義通りでは、湘江の南、潭水の北の意で、中国湖南の嶺南地方の水郷地帯を指すが、必ずしもこの地のみに限らず、いたるところ、どこでも、尽大地が仏国土でないところはないの意（『広録』上堂1）。『眼蔵』一顆明珠巻（岩⃝上・91）に「試道するには、乳餅七枚、菜餅五枚なりといへども、湘之南潭之北の教行なり」とある。

【定盤星】〈じょうばんせい〉広⃝ 秤の起点である星印のこと。物を量るときに注意する必要のないもの、転じて執われるべきではないものに執著すること（『広録』小参2）。

【松風】〈しょうふう〉広⃝ 俗塵に染まらない松に吹く清らかな風、あるがままの仏法のすがた。悟りそのものをも意味する（『広録』頌古71、真賛1、偈頌55、58）。

【松風高く韻いて夏宵秋なり……】〈しょうふうたかくひびいてかしょうあきなり……〉広⃝ 松風がより高く響く夏の末の宵、秋の初めの頃、竹露は頻りに落ちて物寂しい暁の時分（『広録』偈頌58）。

【松風響きに愧づ聾人の耳……】〈しょうふうひびきにはづろうにんのみみ……〉広⃝ 宗説倶通した松風を聞く者が無いし、また竹露が月影におちるのを知る者も無い（『広録』偈頌55）。『広録』真賛「釈迦出山相」を参照。

【生仏】〈しょうぶつ〉眼⃝広⃝ 衆生と仏と。

【生分已に尽くす、是最後身なり】〈しょうぶんすでにつくす、これさいごしんなり〉広⃝ 兜率天の生命が尽きて、人間界に生じ、菩薩として最後身となった（『広録』上堂495）。

【牆壁】〈しょうへき〉眼⃝広⃝ 無心で霊性のないもの。

【牆壁瓦礫】〈しょうへきがりゃく〉眼⃝広⃝ 牆壁は囲いやかべ、瓦礫は瓦や石ころ。万物が法身のあらわれでないものはないことを喩える。南陽慧忠が弟子に「如何なる古仏心」と尋ねられ、「牆壁瓦礫」と答えた故事で、それらは無心で霊性・心性のないものではあるが、仏向上の眼から見れば、全てに仏心のあることをいう（『広録』上堂310、319、331、402、法語13）。

【正偏】〈しょうへん〉眼⃝広⃝ 正偏五位の中の正位と偏位で、正位とは絶対平等の悟りの世界、偏位とは千差万別なる現象の世界（『広録』上堂401、494、小参12、法語5、頌古47）。

【正偏中】〈しょうへんちゅう〉㊄ 洞山良价が正（平等）と偏（差別）を組み合せた五位形式によって、仏法の大意を示したもの（『広録』上堂21）。

【正報】〈しょうほう〉㊅ 依報に対す。自己の業因に酬いられた正しい果報の意で、衆生の身心をいう。

【生報】〈しょうぼう〉㊅㊄ 次の生で報いが生じること。

【正法】〈しょうぼう〉㊅㊄ 仏滅後、五百年、あるいは一千年の間は仏教が正しい教法・修行・証果を完備している時代とする。釈尊が悟り説かれた正しい教法。

【剰法】〈じょうほう〉㊄ 余分なもの（『広録』法語8、14）。

【正法眼蔵】〈しょうぼうげんぞう〉㊅ 道元撰述の主著で、日本曹洞宗の根本宗典、九十五巻。寛喜三年（一二三一）撰述の弁道話巻から、建長五年（一二五三）撰述の八大人覚巻まで、正伝の仏法を示衆した大著。六十巻、七十五巻などの編成本もある。道元の仏法の根幹が余すところなく展開されている。題名の『正法眼蔵』とは次項に示したように、「正法」は釈尊の説かれた真実の教えのことであり、「眼蔵」はあらゆるものを映し出し、あらゆるものを包み込む無上の法の功徳、つまり、釈尊のさとりそのものを現す絶対真実を意味している。それは『正法眼蔵』最古の註疏を著した経豪が「正法眼蔵という名はこれぞやがて仏法を指す名にてある」（『正法眼蔵御聞抄』）と注しているように、釈尊が摩訶迦葉に正法眼蔵涅槃妙心を付属してより二十八伝して達磨大師にいたり、中国にもたらされ、さらに二十三代を経て道元禅師の師如浄禅師に伝わった正伝の仏法の真実を示すものである。その『正法眼蔵』の各巻の示衆は、深草の安養院、宇治の興聖寺、六波羅蜜寺、福井の吉峰寺、禅師峰、大仏寺（後の永平寺）、永平寺であるが、永平寺での示衆は極めて少ない。『正法眼蔵』の巻数は一般には九十五巻が知られているが、これは元禄年代の永平寺で編輯開版されて以来宗門で広く拝読されたためである。だが、江戸時代の享保七年（一七二二）には、曹洞宗には『正法眼蔵』開版禁止の宗令のため開版されなかったが、宗統復古運動以後、その気運よって永平寺五十世玄透即中によって発願され文化八年（一八一五）に初めて開版されたが、それも仏祖・嗣書・受戒・伝衣・自証三昧の五巻は謄写によること、版木は永平寺の蔵版とし市売が禁止されたので実際は九十巻本であり、その未刻五巻が加えられたのは明治三十九年（一九〇六）のことである。この活字出版は明治十八年（一八八五）のことで、これは『永平寺版正法眼蔵』として広く流布した。また道元には古則公案三百則を集めて、『正法眼蔵』と名づけたものもある。中国宋代の臨済宗の僧大慧宗杲の撰述になる同名の著（三巻）がある。

【正法眼蔵】〈しょうぼうげんぞう〉(眼)(広) 正法は釈尊の悟り説かれた真実、眼は物を照破すること、蔵はあらゆるものを包み込むこと。したがって、「正法眼蔵」とは、絶対的な真実である正法によってあらゆるものを照らし、全てを包みこんで余すところがないことで、それは釈尊の「さとり」そのものをあらわす仏法の真髄を意味する（『広録』上堂332、435、446、法語11）。

【正法眼蔵涅槃妙心】〈しょうぼうげんぞうねはんみょうしん〉(眼)(広) 正法は正しい法、絶対の真理。眼は眼目、核心。蔵は宝蔵。涅槃妙心は釈尊の悟りの境地を示すことばで、絶対的な真理、また悟りの根本真実を表現した語（『広録』上堂99、304、327、383、428、446、491、法語5、頌古1）。

【正法像法】〈しょうぼうぞうほう〉(眼)(広) 正・像・末の三時の二。仏滅後五百年を正法、一千年を像法とし、以後は末法の時機観によって定まる（『広録』上堂182、229、383、446、491）。

【縄墨外辺】〈じょうぼくのがいへん〉(広) 縄墨はすみなわのこと、転じて、仏祖の規則などをいう。叢林においては規矩に準じて仏行のみを行じるがその規矩外のこと（『広録』小参8、11）。

【肇法師】〈じょうほっし〉(眼)(広) 僧肇（三四七～四一四）。羅什四哲の一。はじめ老荘を学び、後に羅什に従学し、門下の内、理解第一と称された。著に『肇論』がある（『広録』上堂482）。

【浄飯王宮毘藍園裏】〈じょうぼんのうきゅうびらんおんり〉(広) 梵語 Śuddhodana（シュッドーダナ、浄飯王）は釈尊の父、釈迦族の王で迦毘羅衛城に都す。毘藍園は迦毘羅衛城藍毘尼園（梵語 Lumbinī 通称ルンビニー、釈迦誕生の聖地）の略、城の西郊にあった国王の別荘。釈尊は、摩耶夫人が出産のため生国の利城へ赴く途中の藍毘尼園で降誕したと伝えられる（『広録』上堂155）。

【勝鬘経】〈しょうまんぎょう〉(眼) 詳しくは『勝鬘師子吼一乗

大方便方広経』宋の求那跋陀羅訳、一巻。本経は波斯匿王の女《むすめ》勝鬘が仏の威神力を蒙って説いた大乗経典。維摩経とともに在家得道の信仰を顕わした経典として著名。

【正命】〈しょうみょう〉(眼) 正しい活命の意で、仏制によった出家としての正しい活き方。八正道の一。

【生滅無所従来】〈しょうめつむしょじゅうらい〉(広) 絶対の世界は生を超越しているので、そのよって来るところがない（『広録』上堂308）。

【生も也、無所従来】〈しょうもまた、むしょじゅうらい〉(広) 生ずるに、そのよって来る実体というものはなく、死ぬに、何処というあてもない。それは着物をきるようなものだ（『広録』上堂265、391）。

【声聞】〈しょうもん〉(眼)(広) 梵語 śrāvaka（舎羅婆迦）の訳。仏の教誨の声を聞いて修行証入する人。自分の悟りを得ることのみに専念し利他の行を欠く僧。後には転じて大乗仏教の側から自利独善を楽《ねが》う徒として貶せられる。

【声聞・縁覚】〈しょうもん・えんがく〉(眼)(広) 声聞乗・縁覚乗の二乗のことで、自利のみを求めて利他に励まずとして、いわゆる大乗仏教の側から、一部の求道者を真実の仏教の道理を知らないものとする蔑称として用いられた（『広録』上堂151、小参20）。

【声聞乗・縁覚乗・菩薩乗】〈しょうもんじょう・えんがくじょう・ぼさつじょう〉(広) 三乗のこと。声聞・縁覚は小乗の法門であり、菩薩乗は大乗の法門とされた（『広録』上堂134）。

【請問勤渠】〈しょうもんきんこ〉(広) 勤渠はねんごろに、拝請しねんごろに質問すること（『広録』上堂430）。

【蹤由】〈しょうゆう〉(広) 蹤跡由来の意。古今の業績（『広録』法語11）。

【省来打坐して精魂を弄す】〈しょうらいたざしてしょうこんをろうす〉(広) このように反省して見て来ると、自然はごくありのままで大機大用を現出しているのに坐禅してただ単に己が精魂を弄んでいただけだという意（『広録』偈頌122）。『宏智録』三に「師云く、弄精魂漢、什麼の限り有らん」（(大)48・33a）とある。

【精藍】〈しょうらん〉(眼) 精舎伽藍の意。寺院のこと。

【上藍院】〈じょうらんいん〉(広) 上藍順（順婆婆）の住した寺（『広録』上堂5、70）。

【商量】〈しょうりょう〉(眼)(広) 商人が売買するその物品を互い

に満足するように品定めする意から転じて、問答応酬して審議・参究すること。思いはかること。仏法について問答すること（『広録』上堂4、106、129、179、185、199、201、221、288、352、470、486、小参12、16、偈頌93）。

【聖霊】〈しょうりょう〉㊜ 精霊とも。死者の霊魂（『広録』上堂185）。

【商量浩浩地】〈しょうりょうこうこうち〉㊜ 商量は商人が価を定めること。転じて問答し審議する意。問答討論の盛大なさま（『広録』上堂425、497）。

【照臨】〈しょうりん〉㊟㊜ 人の家を訪ねること。

【少林寺】〈しょうりんじ〉㊟㊜ 後魏の時代、仏駄跋陀の開創。河南府嵩山三十六峰中少室峰の北麓に在り、梁の世に震旦の初祖達磨大師がここに住して面壁坐禅をする。『眼蔵』中、単に少林または初祖とするのは達磨大師を指していう（『広録』上堂482、491、真賛3）。

【少林曲】〈しょうりんのきょく〉㊜ 少林寺の達磨のための曲（『広録』上堂138）。

【少林三拝】〈しょうりんのさんぱい〉㊜ 嵩嶽における達磨の皮肉骨髄の伝受のとき慧可が三拝し位に立った事実（『広録』上堂349、395、451）。

【少林の心印を伝えし……】〈しょうりんのしんいんをつたえし……〉㊜ 少林は、達磨大師がインドから中国に来て、九年の間面壁冷坐したという中国五岳の一つである嵩山の中の少林山のこと（『普勧坐禅儀』）。心印は、仏心印のこと。仏の悟りの印証、仏道そのもの。

【常流】〈じょうる〉㊜ 当然、あたりまえ。平凡（『広録』上堂365）。

【正令提綱】〈しょうれいていこう〉㊜ 正法の綱要を提起すること（『広録』上堂183）。

【丈六金身】〈じょうろくこんじん〉㊟㊜ 釈尊の異称。丈六とは仏の身長一丈六尺なることをいい、金身とは仏の皮膚の色の金色なることをいう。仏の肉身は凡身に勝れていることを表す（『広録』上堂70、339、404、法語5）。⇩「紫磨金色」

【丈六紫磨金色の身】〈じょうろくしまこんじきのみ〉㊜ 釈尊は身のたけ六尺、紫色をおびた最高の黄金色の肌をしていたという（『広録』上堂163）。

【初偃月】〈しょえんげつ〉㊜ 偃月はゆみはり月・弦月のこ

と。三日月。舌の喩え（『広録』上堂242、389、402）。

【初果】〈しょか〉(眼)(広) 声聞四果の中の最初の果位。須陀洹果のこと。⇩「四果」「須陀洹果」

【諸界】〈しょかい〉(広) 十八界、六根・六識・六塵（『広録』上堂343）。

【書記】〈しょき〉(眼)(広) 記室・外記とも称す。禅林の六頭首の一。一山の翰墨文書に関する事を司る。現今は首座に関する文書を司る役をいう。

【蜀錦和璧】〈しょくきんわへき〉(眼) 蜀は錦の名産地、故に蜀の錦という。和璧は和氏の璧のこと、後に連城璧といわれた名宝（『眼蔵』梅華巻、(岩)中・333）。

【触折】〈しょくせつ〉(眼)(広) 触れて折る。うちこわすこと（『広録』上堂512）。

【触目遇縁】〈しょくもくぐうえん〉(広) 目に触れ縁に遇う（『広録』偈頌51、67）。

【覰見】〈しょけん〉(眼)(広) ちょけんとも読む。窺い見ること。見すかす。

【諸根】〈しょこん〉(眼)(広) 六根、眼・耳・鼻・舌・身・意はそれぞれの機関としての働きばかりではなく、互いに他根の働きを具有するので、身体全体をいう（『広録』偈頌8）。

【諸受】〈しょじゅ〉(眼)(広)「受」は感覚的（肉体的）・知覚的（精神的）な苦楽などの感受作用をさし、それは苦・楽・不苦不楽の三受と憂・喜・苦・楽・捨の五受に分類される（『広録』上堂155、236）。

【茹秀才】〈じょしゅうさい〉(広) 茹千のことであろう。茹千に、官吏登用試験の科挙合格の秀才という官名をつけてのことであろう（『広録』偈頌18）。

【処処】〈しょしょ〉(眼)(広) いたるところ。どこでも。

【処処の行人明月に共す】〈しょしょのぎょうにんめいげつにきょうす〉(広) 如浄の上堂語で、あらゆる処にいる修行者は名月を共にしているの意（『広録』偈頌84、85）。如浄の上堂語は「挙払子云。看家家門前照明月。処処行人共明月。騎鯨捉月。撐船載月。忽然月落夜沈沈。笑殺胡僧歯門欠」（払子を挙して云われた、「それぞれの家の門前を名月が照らしている。あらゆる処にいる修行者は名月を共有している。鯨に騎って月を捉え船を撐《こ》いで月を載せよう。忽然と月が陰れればよるが深まる、ごく当然のなりゆきだ。達磨に石を投げ歯を欠いたなどとは真にもってお笑いくさだ」と。）（『如浄語録』（㊅48・122c）である。

【初禅】〈しょぜん〉㊞ 色界四禅定の第一。⇩「四静慮」

【茹千】〈じょせん〉㊘ 不詳。『広録』偈頌14の茹千に関連か（『広録』偈頌47）。

【茹千一娘】〈じょせんいちじょう〉㊘ 茹千一は人名。『広録』偈頌47には茹千二が出る。娘は少女、または母のことを言う。ここでは茹千一の母の意（『広録』偈頌14）。

【初祖】〈しょそ〉㊞㊘ 最初の祖師のこと。インドでは摩訶迦葉をさし、中国では達磨大師を、インド付法二十八代の仏祖で中国禅宗の初祖とする。⇩「達磨大師」

【初祖九年面壁】〈しょそくねんめんぺき〉㊘ インド二十七祖般若多羅尊者から付法され中国禅宗初祖となった菩提達磨が、インドから中国に渡って広州に着き、梁の武帝と仏法について問答するが、意契わず、ついに江を渡り魏に赴き、嵩山少林寺において、経論を講ぜず、仏像を礼拝せず、ただただ終日壁に向かって端坐すること九年に及んだという故事で、これが中国禅宗の出発点であるとされる（『広録』頌古4）。（『宏智頌古』二、㊅48・242a）を参照。

【初祖、門人に命じて曰く、時、将に至らんとす……】〈しょそ、もんじんにめいじていわく、まさにいたらんとす……〉㊘「時が迫ってきた。君たちはなぜそれぞれが得たところを云わないのか」（『広録』上堂46）以下の語話は『伝灯』三・菩提達磨章（㊅51・219b-c）に出る。また『眼蔵』葛藤巻（㊔中・190）を参照。

【諸大】〈しょだい〉㊞ 内の四大、外の四大を合せて諸大という。内の四大とは人身をいい、外の四大とは万有諸法をいう。⇩「四大」

【初中後】〈しょちゅうご〉㊞㊘ 初時・中間時・後時の三時の総称。また、一切時中の意味。

【触諱】〈しょっき〉㊘ 触忌とも。忌諱にふれる。気にさわること。相手の忌み嫌うことにふれる。悟りという実体にとらわれる意にも（『広録』上堂174、329、337）。

【諸天讃偈】〈しょてんさんげ〉㊘ 天部が仏を讃えた偈（『広録』上堂366）。

【覰得】〈しょとく〉㊘ 見得る。

【覰破】〈しょは〉㊞㊘ うかがい見ること。のぞき見破って。

【諸仏法身入我性】〈しょぶつほっしんにゅうがしょう〉㊘『証道

歌』（(大)48・396b）（『伝灯』三十、(大)51・460c参照）にみられる語句。諸仏の真身が自分自身そのもののなかに入り込み、自分自身そのものも如来と一つになっているという意味（『広録』上堂257、322、518）。『宏智録』には「所以道。諸仏法身入我性。我性同共如来合」（(大)48・48b）とある。

【処分】〈しょぶん〉(眼)(広) とりはからう。処置する。

【諸法住法位】〈しょほうじゅうほうい〉(広) おのおのの存在が、その法のあるべき位に住すること。『法華経』方便品（(大)9・9b）には、「是法住法位」と出る（『広録』上堂91）。

【諸方の老宿、尽く黄檗の拄杖頭上に在り……】〈しょほうのろうしゅく、ことごとくおうばくのしゅじょうずじょうにあり……〉(広) 老宿は老尊宿、有徳の老師の意。以下の話は、玄沙三種病人、玄沙三種病、玄沙三病ともいわれる公案（『広録』小参6）。三種病というのは、単に肉体上の病気というのではなく、真実の見・聞・語を知らない者をいい、そのような人をどのように教化するかを示している。仏法の修行というのは、個人的なものではなく、普遍的な修行であることを示すもので、黄檗希運の学人接化の活手段がよく表現されているものである。『伝灯』十八・玄沙師備章（(大)51・346b）に出る。

【初発心】〈しょほっしん〉(眼) 初めて菩提を求める心を発すことをいう。

【初本】〈しょほん〉(広) もともと、元来、父母未生已前の処。また自分自身が本来的にもつ真の姿（『広録』偈頌10）。⇩「本来面目」

【除夜】〈じょや〉(広) 旧暦十二月三十日の夜。この夜、禅林では住持の小参が行われる（『広録』小参2、5、10、14、18、法語6）。

【初夜開被】〈しょやかいひ〉(広) 初夜は夕方から中夜、現今の六時から十時の間。被はふとん（『広録』上堂215）。

【室羅筏国】〈しらばこく〉(眼) 梵語 Śrāvastī 舎衛国はその訛略。中インドの国名で仏陀伝道の中心地。

【尸羅波羅蜜】〈しらはらみつ〉(眼)(広) 菩薩が行う完全円満な戒。六波羅蜜の一である、持戒のこと（『広録』上堂381）。

【尸利苾提】〈しりしっだい〉(広) 老人の名。晋代には福増と訳した（『広録』上堂381）。

【侍立】〈じりゅう〉(眼)(広) 師の側に立って侍すること。

【四料簡】〈しりょうけん〉（眼）四料揀とも書く。臨済義玄の接化の手段として用いた奪人不奪境・奪境不奪人・人境倶奪・人境倶不奪の四句をいう。

【思量箇非思量】〈しりょうこひしりょう〉（広）「思量」はおもいはかること、思考することで、その対語が「不思量」すなわち一切の思考分別を停止すること。「非思量」は「思量に非ず」ではなく、そうした思量不思量を超えた絶対解脱の意味で、ただひたすらなる坐禅の境涯である（『広録』上堂279）。この語は、薬山惟儼と僧との坐禅に関する「師、坐する次いで、僧有り問う『兀兀地、甚麼をか思量す』。師曰く『箇の不思量底を思量す』。『不思量底、如何が思量せん』。師曰く『非思量』。」（『伝灯』十四・薬山惟儼章、（大）51・311c）とする問答がその出典である。道元は、『眼蔵』坐禅箴巻（（岩）上・397）の冒頭にこの語話をあげて「非思量」を実証拈提され、坐禅は仏行である故に、仏坐のときには、思量は思慮分別の世界の思量を超越し、王三昧が現成するとの坐禅の核心を明らかにされておられる。また、『普勧坐禅儀』には、「非思量、此れすなわち坐禅の要術なり」と示された。

【思量箇不思量底】〈しりょうこふしりょうてい〉（眼）（広）⇩「思量箇非思量」

【自領出去】〈じりょうしゅっこ〉（広）自分の罪は自分で受けて出て行くこと（『広録』上堂208）。

【觜盧（盧）都】〈しろと〉（広）俗語で、坐して鼻頭を守る貌とも、口を閉じて言わないことともいう。また黙然として一言をも発しないこと（『広録』上堂270、528、偈頌52）。

【真】〈しん〉（眼）（広）真実。

【真】〈しん〉（広）遷化した尊宿の肖像。画像に描かれた禅僧の真像（『広録』自賛10）。

【嚫】〈しん〉（眼）梵語 dakṣiṇa（噠嚫拏）の訛略。襯または䞋とも書く。施与の意で布施物のこと。

【塵埃】〈じんあい〉（眼）（広）ちりやほこり。色・声・香・味・触・法の六塵。迷いの本（『普勧坐禅儀』）。

【心意識】〈しんいしき〉（眼）（広）心の主体とその作用の総称（『普勧坐禅儀』）。

【請益】〈しんえき〉（眼）（広）儒教でいう「請業則起、請益則起」（『礼記』）よりの借語で、禅門では、学人が師家に教示を請い、自分を益する意。請益の法は、学人はまず侍者を通して師家の意向を伺い、晩に方丈に至り、問訊焼香大展九拝し所問を呈し、その教示を受けたならば進前焼香大展九拝してこれに謝する（『広録』上堂455、小参2、法語5、頌古43、78）。

【心慧解脱】〈しんえげだつ〉(眼) 禅定によって情意の煩悩を断ずることを心解脱といい、般若によって知性の煩悩即ち無明を断つことを慧解脱という。

【心猿意馬】〈しんえんいば〉(広) 意馬心猿とも。人間の意旨は馬のように馳せまわり、心は猿のようにせわしなく騒ぐということ。煩悩・妄念が発作し狂動するために心も散乱し収拾がつかないこと、心が先走って一処に定まらないことに喩えられる（『広録』上堂348、354）。

【秦主】〈しんおう〉(広) 秦の昭王。

【新戒晩進】〈しんかいばんしん〉(眼) 仏戒を受けて仏道に入ってより日なお浅い者、あるいは晩年に仏道に入った者をいう。

【塵寰】〈じんかん〉(眼)(広) 俗世界（『広録』上堂64）。

【身儀】〈しんぎ〉(眼)(広) 身の威儀。

【箴規】〈しんぎ〉(広) 箴は身体の病を治す針のこと。それに喩えて、箴規とは訓戒の意（『広録』法語9）。

【信行】〈しんぎょう〉(眼) 詳しくは随信行といい、仏道修行の初位にある鈍根の人で、他の善知識の教えを聞信し、教えのとおり修行する者。これに対して上位の利根の人を法行または随法行と名づける。

【真金は炉中の試みを仮らず】〈しんきんはろちゅうのこころみをからず〉(広) 本物の金は炉で融かして試して見るまでもないということ（『広録』上堂278）。

【心空】〈しんくう〉(広) 有と空の対立を離れ思慮分別を超絶したところ（『広録』法語14）。

【真歇清了】〈しんけつせいりょう〉(眼)(広)（一〇八八～一一五一）。丹霞子淳の法嗣。青原下。曹洞の家風を宣揚する。俗姓は雍氏。十一歳で聖果寺の清俊について出家、『法華経』を学び、十八歳で受具。四川省の大慈寺に入り『円覚経』『金剛経』を学び、後に峨嵋山に登り普賢に拝し、河南省の丹霞山の子淳に参じその師席を嗣ぎ、天封・雪峰・龍翔・径山等に歴住する。宋紹興二十一年（一一五一）示寂、寿六十四。真歇は道号、悟空禅師と諡す。語録二巻がある（『広録』頌古90）（『普灯』九・真歇清了章）。

【真歇禅師、丹霞に参じて入室す……】〈しんけつぜんじ、たんかにさんじてにっしつす……〉(広) 以下の語話は、真歇がその師丹霞子淳に参学していたときの入室の際の問答。「空劫以前の自分とは何か」「お前は分別智のみで考え、何も分かっていない。しばらくここを離れよ」。真歇は丹霞山中の鉢盂峰に登ったとき、忽然と空劫時の自己に契悟する。空劫時の自己の存在は言葉をもって理解できるものではなく、本来不言説であることの提示（『広録』頌古90）。『普灯』九・真歇清了章に出る。

【尋言逐語の解行】〈じんげんちくごのげぎょう〉(広) 経論の文句や古則公案等を分別智をもって参尋し、それを正解正行・実解実行と妄信すること（『普勧坐禅儀』）。

【尋剣の客】〈じんけんのきゃく〉(眼)(広) 楚の人が、舟で河を渡るとき、剣を落とし、船端に目印を付けて「ここが、私の剣の落ちた場所である」といい、舟が止まったときに、その目印のところを探したが剣はなかったという「刻舟求剣」（『呂覧』十五・察今）の故事にちなみ、愚かなことをする人を尋剣の客という（『眼蔵』谿声山色巻、(岩)上・138、『広録』上堂457、頌古72）。

【真箇】〈しんこ〉(眼)(広) ほんとうに、まったくの。箇は接尾語。

【神光】〈しんこう〉(眼)(広) 二祖慧可の旧名。⇩「大祖慧可」

【診候】〈しんこう〉(広) 脈をとって診断すること（『広録』法語10）。

【賑済】〈しんさい〉(広) 施しすくう。財物をもって災害恐慌を救済する（『広録』上堂483）。

【真賛】〈しんさん〉(広) 真は真影、遷化した尊宿の肖像、頂相のこと。賛はその頂相を讃した偈頌のこと（『広録』十巻真賛）。

【請参一合相】〈しんさんいちごうそう〉(広) 請は請益の意味で、師家の垂誨の座に参じて法益を得ること。それこそが師資一体の姿であるという（『広録』上堂369）。

【深山钁頭】〈しんざんかくとう〉(広) 深山や農耕地のところ（『広録』法語8）。

【進山主、修山主に問うて云く……】〈しんざんしゅ、しゅざんしゅにとうていわく……〉(広) 進山主は清谿山主洪進。修山主は龍済山主紹修のこと。ともに地蔵桂琛の法嗣。以下の語話は『宏智録』二（(大)48・24c）に出る（『広録』上堂101）。

【神山僧密】〈しんざんそうみつ〉眼（生没年不詳）。唐代の人。雲巌曇晟の法嗣。洞山良价と同門にして青原下第五世なり（『伝灯』十五・神山僧密章、大51・323b）。

【深山松を栽う】〈しんざんまつをうう〉広 黄檗希運とその法嗣・臨済義玄との問答。黄檗は臨済に「深山に松を栽えて一体何になるのか」と問う。臨済はそれによって、無所得無所悟の仏道の修行を表現したのである。この問答によって、黄檗は臨済の大力量を認めた因縁（『広録』自賛20）。

【身子】〈しんし〉眼広（『眼蔵』洗浄巻、岩上・109、別輯・三時業巻、岩下・296、『広録』上堂381）⇩「舎利子」

【尽十方界】〈じんじっぽうかい〉眼広 尽十方世界とも。十方は、東・西・南・北の四方、東南・西南・西北・東北の四維、上・下の二方を加えた十の方角をいうが、空間をも含むあらゆる方角。一切の生きとし生けるもののありとあらゆる全ての世界。全宇宙をも意味する（『広録』上堂107、155）。

【尽十方世界】〈じんじっぽうせかい〉眼広 ⇩「尽十方界」

【尽十方世界、是箇真実人体】〈じんじっぽうせかい、ぜこしんじつにんたい〉広 如何に箇の真実人体を把握するかにある。真実人体は実践の道場である僧堂の長連床上において、坐禅修行して学得することである。故に慧球は「僧堂を見るや」といい、それに対して、院主が「迷いごとを言ってはこまる」と返事したとき、慧球は院主のその自信と見識とに在りし日の自分の師匠である玄沙師備の面影を見たのである（『広録』頌古37）。

【尋師訪道】〈じんしほうどう〉眼広 諸方を行脚し正師を求めて仏法の要旨を尋ねること（『広録』法語2、5、偈頌64）。

【仁者】〈じんしゃ〉眼広 対者を呼ぶ敬称。

【秦主言うこと莫れ趙璧を瞞ず】〈しんしゅいうことなかれちょうへきをまんず〉広 中国戦国時代、秦の昭王は、趙の国宝ともいえる宝璧「和氏璧」を奪おうとして、十五城をもってその壁に替えようと計った。時に、趙の恵文王に仕えていた藺相如はその壁を奉じて秦国に入り、秦王のその奸計を見破り、その壁を全うして趙に帰ったという故事（『広録』上堂184）。『史記』八十一に記す。

【神秀】〈じんしゅう〉眼（？〜七〇六）。五祖大満弘忍の法嗣、北宗禅の祖。開封の人、姓は李氏。黄梅山に到って五祖に侍し、七百の衆僧の首をもって目せられる。しかしながら五祖の衣法は大鑑慧能に伝わり、神秀は六祖となることなく旁出となったために、一味の禅風はここにおいて南北の両宗に分かれて対立した。『眼蔵』伝衣巻（(岩)上・210）、行持下巻（(岩)中・63）、仏経巻（(岩)中・266）にこの事を述べる。しかし、当時神秀の徳風高く、唐の武后・中宗等の帰依篤く、王都に禅風を挙揚した。唐神龍二年（七〇六）示寂、大通禅師と諡す。門人普寂・義福等がその宗風を継承したが漸次衰微し、後代にはほとんど法系は伝わらなかった（『伝灯』四・北宗神秀章、(大)51・231b）。

【浄頭】〈じんじゅう〉(眼) 東司（厠）を掃除し洗浄水等を汲む役。

【進、修を将ってす】〈しん、しゅをもってす〉(広) 進歩には修行が不可欠である。暗に進山主（清谿洪進）と同門の修山主（龍済紹修）との生即不生の問答を懸けたか（『広録』上堂313）。

【身・受・心・法】〈しん・じゅ・しん・ぼう〉(広) 四念処（住）のこと（『広録』上堂284）。『眼蔵』菩提分法巻（(岩)下・20）によれば道元は四念処（住）を諸仏諸相の皮肉骨髄とみる。

【新条】〈しんじょう〉(広) 新しい考えかた。新条特地は特に新しい考え方（『広録』小参9、法語5）。

【尋常説法】〈じんじょうのせっぽう〉(広) 普段・いつもの説法（『広録』上堂353）。

【袵針】〈じんしん〉(眼) 針に糸を通すこと。

【侭心】〈じんしん〉(広) 心のままに（『広録』偈頌1）。

【塵塵見仏】〈じんじんけんぶつ〉(広) 一切の事象（塵塵）が仏として現成すること（『広録』上堂294）。

【心神昏昧】〈しんじんこんまい〉(広) 心が沈んで愚かであること（『広録』上堂30）。

【身心自然に脱落】〈しんじんじねんにだつらく〉(広) 身心の欲望を捨離し、自由無礙を獲得した境界（『普勧坐禅儀』）。

【身心脱落】〈しんじんだつらく〉(眼)(広) 身も心も脱け落ちること。一切の束縛から離脱して身心が自由自在の大悟の境地となること。また、さらに徹底した身心脱落の境地をいう。道元は、只管打坐が身心脱落で、坐禅を介して大悟に至るのではなく、坐禅そのものが身心脱落の姿であるとする、大悟徹底の語（『眼蔵』弁道話巻、(岩)上・57、行持下巻、(岩)中・65、仏経巻、(岩)中・259、遍参巻、(岩)中・362、王三昧巻、(岩)下・13、『広録』上堂18、266、272、294、

306、318、325、419、424、432、437、449、454、463、501、小参12）。『如浄語録』（㊅48・136c）を参照。

【身心脱落、無明業識拳頭……】〈しんじんだつらく、むみょうごっしきけんとう……〉㊛ 悟道と迷妄、五月は梅雨、秋は麦の収穫ということで、全存在がそれぞれに調和している（『広録』上堂325）。

【身心懶くして参禅せず】〈しんじんものうくしてさんぜんせず〉㊛ 字義どおりでは、身心が懶いので参禅しないとなるが、それは逆説的表現で、身心が懶いとか参禅しないとか、そのような処を超越した真の解脱人の絶対境地の無技巧を示す表現（『広録』自賛2）。

【浄慈寺】〈じんずじ〉㊍ 中国禅宗五山の一、浙江省杭州城外西湖畔に在り、呉越時代に開創して、初めは慧日永明院と称したが、後に改称した。古来、名刹として歴朝の保護を得る。宏智正覚や天童如浄もここに住した。

【塵刹】〈じんせつ〉㊍ 無数の国土の意。刹は刹多羅（梵語kṣetra）の略。

【陞座】〈しんぞ〉㊍㊛ 住持が説法のために法堂の法座（高座）に上り説法すること。古くは上堂と同義とされた。⇩「上堂」

【親曾】〈しんぞう〉㊍㊛ 曾て親しくの意。甚深親密な因縁によって、過去世から未来世にかけても結び合っていること。『卍山本』では「曾親」とある（『広録』上堂169）。

【身相心性】〈しんそうしんしょう〉㊍ 身を生滅の現相とし、心を不変の本体と見る説（『眼蔵』山水経巻、㊇上・222）。⇩「先尼外道」

【神足】〈じんそく〉㊍ 妙用側りがたく（神）、他の所依となる（足）意。智徳の勝れた弟子をいう。

【晋退】〈しんたい〉㊛ 進退に同じ。進むことと退くことであるが、転じて日常の起居動作のこと（『広録』小参12）。

【尽大地人】〈じんだいちにん〉㊍㊛ 世界中の人（『広録』上堂169、小参1、偈頌22）。

【神丹】〈しんたん〉㊍㊛ 震丹・振丹・真丹とも書く。古代インド人が中国を呼んだチーナスターナ（秦土の意味）の音訳。漢土・唐土と同じく中国の別称。

【震旦】〈しんたん〉㊍㊛ 中国のこと。⇩「神丹」

【震旦の初祖】〈しんたんのしょそ〉㊍ 菩提達磨大師のこと。⇩「菩提達磨」

【塵中】〈じんちゅう〉㊥㊦ 俗世間。
【神通】〈じんづう〉㊥㊦ 一般は優れた能力のこと。転じて、禅宗では深山深谷草庵の中という山居こそが、仏法の真実のはたらきである神通とする。『眼蔵』に神通巻がある。
【神通修証】〈じんづうしゅしょう〉㊥㊦ 自在無礙な神通力の活用（『普勧坐禅儀』）。
【神通遊戯】〈じんづうゆげ〉㊦ 悟りを開いた人の無礙自在なはたらきをいう（『広録』上堂266）。
【人定亥】〈じんていい〉㊦ 夜四つ・二更、午後九時～午後十一時（『広録』偈頌125）。
【真的】〈しんてき〉㊦ 虚偽では無い誠実そのもの。真実（『広録』偈頌41、52）。
【真覿】〈しんてき〉㊦ 虚偽の無い真実そのもの（『広録』法語4）。
【尋的】〈じんてき〉㊦ 尋ねるというそのこと（『広録』法語14）。
【身土】〈しんど〉㊦ 過去世の報いとして受けた己の身心と、そのよりどころとなる環境世界である国土（『広録』法語13）。
【塵土】〈じんど〉㊥ 俗塵世界の意で穢土と同じ。
【陞堂】〈しんどう〉㊥㊦ 上堂。法堂の高座に上ること。
【唇皮】〈しんぴ〉㊦ 言語（『広録』上堂400）。
【真不掩偽曲蔵直】〈しんふあんぎきょくぞうちょく〉㊦ 真実はうそで覆い隠すことができず、また、曲線は真っ直なところがないことから、本来の姿をいう（『広録』上堂3）。
【心不是仏……剣去ること久し】〈しんふぜぶつ……けんさることひさし〉㊦ 心は仏ではない、単なる智は仏道ではない。舟に乗って流水に剣を落とし、目印に舟端にキズをつけるような、無駄で馬鹿げた見当違いなことはするな、という意（『広録』上堂323）。
【心不能縁】〈しんふのうえん〉㊦ 分別心・思慮も及ばぬこと。
【新篼】〈しんべん〉㊦ 新しく竹で作った乗り物（『広録』偈頌40）。
【甚麼】〈じんま〉㊥㊦ 甚は何と同じく、「いずれの」または「何の」の意。
【心鳴と道ば、実に鈴鳴なり……】〈しんめいといわば、じつにれいめいなり……〉㊦ 鈴が鳴るのか、風が鳴るのか。鈴ではない、風でもない、我が心が鳴るのみと。心と風と鈴の一体なるを示す（『広録』上堂283）。

【深明二上座】〈しんめいにじょうざ〉(広) 奉先深・清涼明（ともに生没年不詳）。雲門文偃の法嗣（『広録』頌古70）。

【仁夭暴寿】〈じんようぼうじゅ〉(眼)(広) 慈悲ある者が夭折し、無慈悲な者が長生きする。『伝灯』二・鳩摩羅多章（(大)52・212c–213a）に出る。『眼蔵』三時業巻（(岩)下・129）、深信因果巻（(岩)下・202）にも同文を引く（『広録』上堂485、517）。

【森羅万象】〈しんらばんしょう〉(眼)(広) 種々様々な、ありとあらゆるものの現象的存在（『広録』上堂231）。

【真龍】〈しんりゅう〉(眼)(広) 彫刻や絵画ではない本物の龍。

【真龍を怪しむること勿れ】〈しんりゅうをあやしむることなかれ〉(広) 葉公子高が、好んで龍を画き龍を彫る。天龍これを聞き、来りて居室を窺うと、葉公子高、本物の龍を見て驚いて失神したという『荘子』に出る故事（『普勧坐禅儀』）。

【塵労】〈じんろう〉(眼)(広) 身心を労役する意で、煩悩のこと。または世俗の煩わしさをいう（『広録』上堂412、458、偈頌10）。

【真を呈すべき……】〈しんをていすべき……〉(広) 仏法の真実を思慮分別の言語をもって、こうであるとは示し得ない（『広録』偈頌68）。

す

【瑞】〈ずい〉(眼)(広) 瑞相、めでたい相。

【垂一足】〈すいいっそく〉(眼)(広) 片足のみ、法座より垂れること。青原行思が石頭希遷を印可した消息（『眼蔵』仏教巻、(岩)上・37、『広録』上堂195、334）。『伝灯』五・青原行思章に「師（行思）令希遷持書与南嶽譲和尚曰、汝達書了速迴、吾有箇鈯斧子、与汝住山。遷至彼、未呈書便問、不慕諸聖不重己霊時如何。譲曰、子問太高生、何不向下問。遷曰、寧可永劫沈淪、不慕諸聖解脱。譲便休。遷迴至静居（行思の住山地）。師（行思）問曰、子去未久送書達否。遷曰、信亦不通、書亦不達。師曰、作麼生。遷挙前話了却云、発時蒙和尚許鈯斧子便請取。師垂一足。遷礼拝尋辞往南嶽」（(大)51・240b）とある。

【水因】〈すいいん〉(広) 跋陀婆羅尊者が十六開士とともに水によって悟りを開いた故事（『碧巌録』十八則、(大)48・205a）。

故に禅門では浴室にその像を設ける（『広録』上堂236）。

【水関】〈すいかん〉㊗ 水の関所。関門の喩え（『広録』偈頌103）。

【随喜】〈ずいき〉㊐ 他の善行美徳に対し衷心より感歎して、あたかも自己の善事のごとくこれを喜び、あるいは進んで自ら助力することをいう。

【吹気従来】〈すいきじゅうらい〉㊗ 呼吸は自分の鼻でするもの。最後の処は自分自身の問題（『広録』偈頌94）。

【水牛】〈すいぎゅう〉㊗ 水牯牛のこと（『広録』上堂251、340、偈頌1）。⇩「潙山水牯牛」

【水牯牛】〈すいこぎゅう〉㊐㊗ 水牛の一種で雌、または去勢した雄牛。転じて自己本来の真の姿にたちかえって行じる仏道修行者・大衆に喩える。潙山霊祐の水牯牛の話からでた故事（『広録』上堂166、175、259、324、頌古26、69）。⇩「潙山水牯牛」

【随衆】〈ずいしゅ〉㊐㊗ 師家について修行している者、法要に随喜している者（『広録』上堂20、法語7、頌古77）。

【瑞像院】〈ずいぞういん〉㊐ 南泉山の院号。

【翠竹桃華】〈すいちくとうか〉㊗ 翠竹は香厳智閑が掃除をしていた時に、瓦礫が飛んで竹を打ち、その響きに忽然と大悟した因縁。また、桃花は霊雲志勤が潙山のもとで三十年修行し、桃花と自己とは別のものでは無いこと、尽十方世界は自己の全身であることを悟った因縁（『広録』上堂436）。

【翠竹をきく】〈すいちくをきく〉㊐㊗ ⇩「香厳智閑」

【酔中に発心】〈すいちゅうにほっしん〉㊐『大智度論』十三（㊅25・161b）に出る酔婆羅門のこと（『眼蔵』発無上心巻、㊌中・398）。『眼蔵』出家巻（㊌下・125）、出家功徳巻（㊌下・148、151）等に出る。

【水中の月】〈すいちゅうのつき〉㊐㊗ 水中に映った月。月影は月そのものではないように、実質のない虚妄のものに喩える。『眼蔵』弁道話巻（㊌上・62–63）に「仏家には教の殊劣を対論することなく、法の深浅をえらばず、ただし修行の真偽をしるべし（中略）しかあればすなわち即心即仏のことば、なおこれ水中の月なり」とある（『眼蔵』諸悪莫作巻、㊌上・151、都機巻、㊌中・159、『広録』上堂19、403、470、偈頌86）。

【水長船高】〈すいちょうせんこう〉㊗ 水がふえれば船位もあ

がるの意（『広録』上堂140）。『会要』十一・芭蕉継徹章に出る。

【出内】〈すいとう〉㊄ だしいれ。仏法を自分のものとして、それを売り物として商う。商売する。釈尊は四十九年・三百余会の間、説法されたが、それは風流袋に入れた松風（仏法）を自分のものとして商いしたのだの意（『広録』真賛1）。

【垂箔】〈すいはく〉㊅ 簾などを下ろして仕切りをすること。

【随波逐浪】〈ずいはちくろう〉㊅㊄ 学人の器量に応じて自在に応機の接得をなすこと（『眼蔵』見仏巻、㊆中・351、『広録』上堂88、頌古28）。

【翠微】〈すいび〉㊅㊄ 翠微無学（生没年不詳）。唐代の人。丹霞天然の法嗣。青原下。終南山の翠微寺に住し、僖宗のとき入内説法し紫衣と広照大師号を賜ったという。

【随分】〈ずいぶん〉㊄ 阿難尊者は入涅槃に際して、恒河の中流に坐し、滅後にその坐身の舎利を四つに平等に分ったという故事がある。また、その舎利はマガダ国のアジャータシャトル（阿闍世王）とヴァイシャーリーのリッチャヴィ族に二分されて祀られたとの説もある（『広録』真賛4）。

【吹滅紙燭】〈すいめつししょく〉㊅ 徳山宣鑑が龍潭崇信に謁し、夕暮に告暇しようとすると、龍潭が紙燭を与える。徳山はこれを借りて出ようとすると、龍潭が背後よりこれを吹き消すも、四隣黒暗となり、徳山ここに省有りと伝えられる（『眼蔵』心不可得巻、㊆上・267）。

【随流去】〈ずいりゅうこ〉㊄ 河の流れに沿って行け、という意味だが、江戸時代の宗学者瞎道本光は「諸法ノ苑転コレ随流去ナリ」と註釈している。つまり、固定的実体としてとらえることのできない、この世界の様相、生死の流れに随順すること、その意味合いも言外にあるであろう（『広録』法語9）。

【嵩嶽】〈すうがく〉㊅㊄ 嵩山のこと。嵩山の西には達磨が面壁した少室山がある。

【嵩嶽少林の冬】〈すうがくしょうりんのふゆ〉㊄ 中国禅宗第二祖神光慧可の雪中断臂のこと（『広録』偈頌112）。

【嵩嶽曩祖】〈すうがくのうそ〉㊅㊄ 達磨大師をいう。

【嵩嶽の高祖云く、我が滅後八千年……】〈すうがくのこうそいわく、わがめつごはっせんねん……〉㊄ 達磨の来記（予言）のこと。以下の語句、出典不詳（『広録』上堂473）。

【嵩嶽の附髄】〈すうがくのふずい〉(広) 嵩山における達磨大師の二祖への付法（『広録』上堂459）。

【嵩山】〈すうざん〉(眼)(広) 中国河南省河南府登封県の西十里にある五岳の一。古来神聖な山として、道士や僧侶等の隠棲地として知られる。中央に聳えるのを崇高山といい、山に三十六峰、東を太室、西を少室という。山中に寺院多く少林寺・嵩岳寺・白馬寺・大法王寺・会善寺・永泰寺・清涼寺・石窟寺などの仏寺がある。特に西の少室峰の少林寺は中国禅宗初祖達磨大師面壁九年の地として有名。昔日、二祖神光慧可が、達磨大師を嵩山少室峰に訪ね、断臂し如得吾髄、以心伝心の師資相承したところ（『広録』上堂41、80、198、392、482、491、小参2、偈頌87）。

【嵩山安和尚】〈すうざんあんおしょう〉(広) ⇩「安国師」

【嵩山安国師の処より来る……】〈すうざんあんこくしのところよりきたる……〉(広) 南嶽は六祖に初相見のとき、「どこから来たか」と尋ねられ、「嵩山の安国師のところ」と答えるが、六祖の「什麼恁麼来」（何者がどこからやってきたのか）というのは、単に場所を質問したのではなく、仏法の本源を問いただしたのである。その時答えられなかった南嶽にその意味が分からず、八年後に、言葉をもって何者かを説いた途端にそれは的はずれになることを「説似一物即不中」（言語で説明しようとしても、真意を述べることができず、的はずれになること）とその悟道の意を示した（『広録』上堂374、490、小参13、17、頌古59）。以下の六祖と南嶽との投機の話については、『眼蔵』恁麼巻（(岩)上・431）、遍参巻（(岩)中・357-358）に拈提がある。

【嵩山の勝躅】〈すうざんのしょうちょく〉(広) 嵩山の少林寺で、二祖慧可が「二祖雪中断臂」という勝れた行為を実践されたこと（『広録』上堂80）。

【数堵】〈すうと〉(広) 数棟（『広録』法語6）。

【頭角生ず】〈ずかくしょうず〉(眼)(広) 煩悩の念がおこること。

【厨庫】〈ずく〉(眼)(広) 庫裏《くり》のこと。庫院なども呼ぶ。

【頭七分】〈ずしちぶ〉(広) 七分は七分八裂。頭をこなごなにすること（『広録』上堂521）。『法華経』陀羅尼品に「頭破れて七分作ること、梨樹のごとくならん」（(大)9・59b）と出る。

【頭出頭没】〈ずしゅつずぼつ〉(広) 水に溺れること、生死の海中に沈没すること（『広録』法語2）。

【頭上安頭】〈ずじょうあんず〉(眼) 普通には重複して役に立たない無用のこと（『眼蔵』海印三昧巻、(岩)中・75、授記巻、(岩)中・87）の意に用いるが、『眼蔵』夢中説夢巻（(岩)中・133–134）にはこの意を斥けて独自の説示がある。

【頭正尾正】〈ずしんびしん〉(眼) 頭尾は始終または初後の意で、徹頭徹尾正しいとの意。あるいは単に初後、始終または全体の意にも用いる。

【頭頭】〈ずず〉(眼)(広) ひとつひとつ。個々の事物のこと。存在する全てのもの。

【頭陀】〈ずだ〉(眼)(広) 梵語 dhūta 陶汰・斗籔・修治等と訳す。衣・食・住の欲を振り捨てて専一に修行すること。これに十二種の行法あり。仏道修行の意（『広録』上堂446、頌古1）。『眼蔵』行持上巻（(岩)中・17–18）を参照。

【図度】〈ずたく〉(広) 図も度もはかること、おしはかること（『広録』上堂484）。

【頭陀既に久しくして……仏の師と謂う】〈ずだすでにひさしくして……ぶつのしという〉(広) 摩訶迦葉は頭陀行が長かったため、頭髪などがのび衣服がボロボロになって釈尊のところに来た。多くの比丘は彼を侮る心を起こしたが、釈尊が大慈悲をもって、その行を認め、比丘たちに説示した故事（『広録』上堂446）。『法華文句』一下（(大)34・10b）に出る。

【簾を巻起するに……】〈すだれをけんきするに……〉(広) 長慶は諸方歴参の後、雪峰・玄沙の間を往来し、七個の蒲団を坐破したが契悟できなかった。が、ある日、簾を巻きあげるとき、忽然大悟し「宗趣について問うものあらば、誰でもその口めがけて打ってやる」と言ったほどに徹底したという。悟りは忽然だが、それは七個の蒲団を坐破した功徳であるとされる公案（『広録』頌古29）。

【頭長三尺、頸長二寸】〈ずちょうさんじゃく、けいちょうにすん〉(眼)(広) 頭の長さが三尺、頸の長さが二寸ということだが、仏に一定の姿のないことを形容する。数量を超越した無相の姿（『眼蔵』坐禅箴巻、(岩)上・407、『広録』上堂224）。『碧巌録』五十九則に「頭長三尺知是誰、相対無言独足立」（(大)48・192a）とある。

【塗毒鼓】〈ずどくく〉(広) 毒を塗った鼓を打ち鳴らすと、それを聞くもの皆死ぬように、仏の説話を聞けば皆が無明から救われること（『広録』上堂235）。

【頭燃（然）を救うべし】〈ずねんをはらうべし〉㊞㊧ 頭に火がつけば、誰もが否応なくふりはらうように、一刻も早く専心に精進弁道すること（『眼蔵』礼拝得髄巻、㊨上・119、『広録』上堂134、380、383、432、480、482、492、496、497、偈頌79）。

【図仏坐仏】〈ずぶつざぶつ〉㊧ 図仏は悟りをひらき、仏になろうとひたすらに意識すること。坐仏は坐禅のすがたそのものが仏であること。道元は修証一如の立場から、坐禅をさとりにいたる手段とはせず、証果の獲得のみに拘泥する坐禅を図作仏としてしりぞけた（『広録』上堂279）。

【須菩提】〈すぼだい〉㊧ 梵語 Subhūti 釈尊十大弟子の一人で、解空第一と称され、空生の別称がある。諸法皆空を述べる般若の諸教は、須菩提のために説かれたものが多いとされる（『広録』上堂134、165、自賛20）。

【頭面礼足】〈ずめんらいそく〉㊞㊧ 対者の前に跪いて両手を延べ、掌の半をもって対者の足を承け自己の頭面に接するインドの礼法（『眼蔵』供養諸仏巻、㊨下・175、182、183、『広録』上堂437）。

【寸尺……】〈すんしゃく……〉㊧ どれぐらい積もったかという意（『広録』偈頌87）。

【童行】〈ずんなん〉㊞ 童子行者の略で、仏門に入るも未だ得度していない行者（給士）をいう。

せ

【精金不百練……】〈せいきんふひゃくれん……〉㊧ 見事な金もきたえにきたえなければ輝かないの意（『広録』上堂218）。

【青原】〈せいげん〉㊞㊧ 江西省廬陵県の東南にある青原山のこと。六祖大鑑慧能の法嗣である青原行思が静居寺を開いた青原派発祥の地。

【青原、曾て悦ぶ一麟の角】〈せいげん、かつてよろこぶいちりんのつの〉㊧ 青原行思とその弟子石頭希遷との問答に出る。石頭がその師青原に「六祖は貴方を認めたのか」と質問すると、青原は「汝は私を認めるか」と反問した。石頭が「認めることは認めてもとらわれはしない」と答えると、青原は「弟子は多いが、お前のような力量のある者が一人いれば充分である」と石頭を称賛した故事（『広録』上堂468）。

【青原行思】〈せいげんぎょうし〉㊀㊁（?～七四〇）。六祖大鑑慧能の法嗣。吉州安城の人。俗姓は劉氏。幼時に出家し、六祖に得法ののち、吉州青原山静居寺に住して宗風をあげ、法を石頭に付して、唐開元二十八年（七四〇）示寂、弘済禅師と諡す。その法孫より雲門・曹洞・法眼の三宗を出す（『伝灯』五・青原行思章、㊅51・240a）。

【青原高祖】〈せいげんこうそ〉㊀ ⇩「青原行思」

【青原、石頭に問う、你、甚れの処従りか来る……】〈せいげん、せきとうにとう、なんじ、いずれのところよりかきたる……〉㊁ 青原が、石頭に対し、どのような縁で、我が会下に来たかを問うた（『広録』頌古18）。以下の語は『会要』十九・青原行思章を参照。

【青原赭色の麒麟】〈せいげんちょしきのきりん〉㊁ 赭色は赤褐色。麒麟は最も傑出した人、大力量のある人に喩える（『広録』上堂465）。

【青原白家】〈せいげんびゃくか〉㊁ 青原は江西省にある酒の名産地。白家は酒屋。曹山本寂の語に「青原白家酒三盞、喫了猶道未沾唇」（『会要』二十二・曹山本寂章）とあるのによる。すなわち、酒の名産地青原の酒屋で三杯の酒を飲みながら、まだ一滴の酒も嘗めていないという。知足を知らぬものは、いくら富裕であっても貧乏である喩え。また、仏法の中にありながら、その仏法を知らぬ喩え（『広録』上堂531）。

【青原法諱の半ばに合す】〈せいげんほういのなかばにがっす〉㊁ 青原は法諱を行思というので、行玄の行という名前の半分は一致するという意味（『広録』法語13）。

【青原、廬陵米に定価し】〈せいげん、ろりょうべいにていかし〉㊁ 青原行思が米の名産地である廬陵からやって来た僧の質問に答えた語「廬陵米作麼価」で、青原は仏法は自己に直結した日常底にこそあることを示した（『広録』上堂497）。『広録』上堂148、241、400、422を参照。

【青黄赤白画図中】〈せいこうしゃくびゃくがずのなか〉㊁ 山は種々様々に彩色されるが、それとて絵に描かれたもので実が無いものであるという意（『広録』偈頌104）。

【清光十五枚】〈せいこうじゅうごまい〉㊁ 清らかな十五夜の月の光（『広録』上堂77）。

【青山、依旧碧崔嵬】〈せいざん、いきゅうへきさいかい〉(広) 青い山はもとのとおりに青くそびえたっている。崔嵬は高大のさま（『広録』上堂308）。

【青山運歩】〈せいざんうんぽ〉(広) 青山は運歩しているという意味だが、この青山は不動の実態を表し、運歩は随縁の功徳を表すとされる。不動の兀坐の無所得無所悟がそのまま偉大なる活動である意（『広録』頌古30）。

【青山常運歩】〈せいざんじょううんぽ〉(眼)(広) この語句は「白石夜生児」と同じく『普灯』三・芙蓉道楷章にある。不動の兀座の無所得無所悟の姿そのものがそのまま随縁功徳の活動であることを示す（『眼蔵』山水経巻、(岩)上・217、219、『広録』上堂23）。

【惺惺】〈せいせい〉(眼) 意識がはっきりしていること。

【西川に去きて競渡を看る】〈せいせんにゆきてきょうとをみる〉(眼)(広) 汨羅《べきら》で屈原をしのんで行なわれる舟の競走（『眼蔵』心不可得巻、(岩)上・273、『広録』頌古27）。

【西川附子】〈せいせんのふす〉(広) 西川は地名。附子はとりかぶと、薬草。茴香も附子も、それ自身は薬としてききめがあるか否かはあずかり知らぬところである（『広録』頌古36）。

【掣断】〈せいだん〉(広) ひききること（『広録』上堂341）。

【成忠】〈せいちゅう〉(広) 不詳（『広録』偈頌11、30）。⇩「李奇成忠」

【精底】〈せいてい〉(広) 精選したところ。精肉を、の意味（『広録』頌古67）。

【清天面】〈せいてんめん〉(広) 清らかな天。隠やかな地。全てが冬至の一陽を受けいれているありさま（『広録』上堂296）。

【西堂】〈せいどう〉(眼)(広) かつて他山に住院した人が退院して来て化を助けることをいう。その寺の前住を東堂というのに対し、西は賓位なるをもって西堂という。

【西堂智蔵】〈せいどうちぞう〉(眼)(広)（七三五～八一四）。馬祖道一の法嗣。虔州虔化の人、姓は廖氏。八歳で馬祖のもとに参じ、二十五歳のとき出家受具。興善惟寛（七五五～八一七）と馬祖下の宗風を二分したとされるが、後代は百丈懐海と同参して入室印記を受け、虔州の西堂に在って衆を接す。唐元和九年（八一四）示寂、寿八十。大宣教禅師と諡し、後に重ねて大覚禅師と諡す（『伝灯』七・西堂智蔵章、(大)51・252a)。

【西堂の鼻孔を把って拽く……】〈せいどうのびくうをとってひく……〉(眼)(広) 西堂の鼻孔を拽くとは、虚空をどうとらえるかと質問された西堂智蔵が、空をつまんでみせると、兄弟子石鞏慧蔵が西堂の鼻をつかんで引っ張り大悟の機縁としたこと（『眼蔵』虚空巻、(岩)下・67、『広録』上堂258、頌古53）。『伝灯』六・石鞏慧蔵章（(大)51・248b）に出る。

【清白十分なり江上の雪……】〈せいびゃくじゅうぶんなりこうじょうのゆき……〉(広) 道元が年の始まりの上堂にあたり、宏智正覚の歳旦上堂で示した玄沙師備が釣りをする船の上での悟道した公案（『広録』上堂142、216）。『宏智録』四（(大)48・50c）を参照。

【清風明月其の影を留む】〈せいふうめいげつそのかげをとどむ〉(広) 清風明月までもが、李枢密を慕うかのようである（『広録』偈頌48）。

【清平】〈せいへい〉(広) 清平令遵（八四五～九一九）。翠微無学の法嗣。青原下。幼くして出家し、河南省の開元寺で受具し、湖北省江陵の白馬寺に至り、後に翠微無学の法嗣となる。光化年間、清平山安楽院にて宗風を振るい、天祐十六年（九一九）示寂、寿七十五（『広録』頌古36）（『伝灯』十五・清平令遵章、(大)51・318b）。

【星旄（旄）】〈せいぼう〉(広) 旄牛《からうし》の尾で作った旗に星文の飾りのあるもの。その光は雷のごとしという（『広録』頌古33）。

【青峰禅師】〈せいほうぜんじ〉(眼)(広) 青峰伝楚（生没年不詳）。唐末の人。青原下。洛浦元安の法嗣。『伝灯』十七（(大)51・341c）に安州白兆山竺乾院志円、顕教大師と号すとして機縁の語を出す。

【西来の祖道我伝う東】〈せいらいのそどうわれつたうひがし〉(広) 達磨大師は西来して正伝の仏法を伝えたが、私（道元）はその正伝の仏法を日本へ伝えた（『広録』偈頌100）。

【青龍疏】〈せいりゅうしょ〉(眼) 唐の玄宗の詔を受けて青龍寺の道氤が造った『金剛経』の註釈書。

【清涼】〈せいりょう〉(眼)(広) 清涼寺。江蘇省江寧県石頭山下にある。五代の呉の順義年間（九二一～九二七）の建立、如浄も住したが、明代に重建、清涼報恩寺と呼ばれる。

【世界起】〈せかいき〉(眼) ⇩「華開世界起」

【世界紅】〈せかいくれない〉(広) 世界は紅となって輝いた（『広

録』偈頌96）。

【石烏亀】〈せきうき〉眼 烏は黒色を表し、黒い石亀のこと。老子を祀る祠前の狛犬だという。情識の思量分別ができない義を表す（『眼蔵』画餅巻、岩中・150）。

【石人】〈せきじん〉広 情識分別を超越した人のこと（『広録』上堂152、341、頌古18）。『会要』二十三・洛浦章に出る。

【赤心片心】〈せきしんへんしん〉広 誠の心。赤裸々で無雑の心（『広録』上堂18）。

【赤心片片】〈せきしんへんぺん〉眼広 赤心は純一無雑な心。自己を空しくした偽りのない誠の心。片片はこまごまとゆきとどいた誠心誠意のひとつひとつ。『眼蔵』身心学道巻（岩中・124）に「赤心片片というは片片なるはみな赤心なり、一片両片にあらず片片なるなり」とある（『広録』上堂55、偈頌21）。

【石霜、大潙に在って米頭に充す……】〈せきそう、だいいにあってべいじゅうにじゅうす……〉広 石霜が大潙山同慶寺の米頭の職にあったときの、その師潙山霊祐との一粒の米をめぐる問答。修行僧を米粒になぞらえて、その一粒一粒に、修行者一人一人にすべてのものに仏性のあることを示した（『広録』頌古14）。以下の話は『伝灯』十五・石霜慶諸章（大51・320c）に出る。

【石霜慶諸】〈せきそうけいしょ〉眼広（八〇七～八八八）。道吾円智の法嗣。盧陵新淦の人、俗姓は陳氏。十三歳のとき西山紹鑑に得度。はじめ律教を学び、二十三歳嵩山で受具し、後に道吾に就いて得法する。一時世を避けて俗に混じたが、後に道吾の嫡嗣として潭州石霜山に住して学僧を接すること二十年、唐光啓四年（八八八）示寂、寿八十二。普会大師と諡す。石霜は門下とともに坐禅し横臥することがなく、そのすがたが切り株のようなところから、世人は枯木衆と呼んだという（『広録』上堂18、181、263、頌古14）（『伝灯』十五・石霜慶諸章、大51・320c）。

【石頭】〈せきとう〉広 石そのもの。頭は助詞。仏性の表示（『広録』上堂143）。

【石頭希遷】〈せきとうきせん〉眼広（七〇〇～七九〇）。青原行思の法嗣。端州高要の人、姓は陳氏。六祖大鑑によって薙髪し、その示寂にともない、遺命により青原行思に師事す。衡山（湖南省）の南寺の東の石台上に庵を結び常に坐禅したことから、時に人は石頭和尚と称するようになった。江西の馬祖道一と相対して宗風大いに興る。唐貞元六年（七九〇）示寂、寿九十一。無際大師と諡す。その著、『石頭草菴歌』、及び『参同契』は、よく禅要を示すものとして後代盛んに行なわれる（『伝灯』十四・石頭希遷章、(大)51・309b）。

【石頭垂足】〈せきとうすいそく〉(広) 文字や言葉ではなく態度で学人を接化する一手段（『広録』上堂130）。

【石頭大師、上堂に曰く、吾が法門は先仏伝受なり……】〈せきとうだいし、じょうどうにいわく、わがほうもんはせんぶつでんじゅなり……〉(眼)(広) 石頭が、我が法門は、過去の仏から伝受した普遍の道理ということ。以下の語話は『会要』十九・石頭希遷章に出る（『眼蔵』仏道巻、(岩)中・219、『広録』上堂221）。

【石頭大小】〈せきとうだいしょう〉(広) 石の大きいものには大きいなりに、小さいものには小さいなりに、それぞれに仏法を説いて休まない（『広録』上堂194、294、502、偈頌102）。

【石頭大底大】〈せきとうだいていだい〉(広) 大きい石は己れが大きい石だと知ってそこに往著せず、小さい石は小さい石でそれに煩わされないこと（『広録』上堂194、502）。

【石頭に問う、如何なるか、是、祖師西来意……】〈せきとうにとう、いかなるか、これ、そしせいらいい……〉(広) 石頭にある僧が「祖師西来意」を質問すると、石頭は「丸柱に問え」と答える。僧が「分からない」と答えると石頭も「分からない」と答える。「不会」ということで分別意識の否定を提示した（『広録』上堂356）。以下の語話は『会要』十九・石頭希遷章、『三百則』上四十一に出る。

【石頭曩祖道うの、明の中に当って……】〈せきとうのうそいうの、めいのなかにあたって……〉(広) 明の中に暗があり、これを暗をもって見てはならない。暗の中に明がある。これを明をもって見てはならない。石頭の明暗不二、差別の現象と平等の絶対界が互いに相即し、融合していることを提示している（『広録』上堂312）。以下は『参同契』（『伝灯』三十、(大)51・459b）に出る。

【石頭曩祖の云く、光陰莫虚度】〈せきとうのうそのいわく、こういんまくきょど〉(広) 無駄に一日を過ごさなければ、無駄に一年三百六十日を過ごさないことになる。石頭の「光陰、虚しく度ることなかれ」とは実に明瞭な訓戒である（『広録』小参2）。『参同契』（『伝灯』三十、(大)51・459b）に出る。

【石頭路滑】〈せきとうろかつ〉(広) 石頭の路は滑りやすいとは、石頭希遷への参学は容易ではないことをいう（『広録』上堂31）。

【石女】〈せきにょ〉(眼)(広) 石で彫った女性像の意だが、禅門では情識を超越した無心の境涯、またその妙用をいう（『広録』偈頌30）。

【石蜜漿】〈せきみつしょう〉(広) 氷砂糖を水でとかしたもの。

【石門慧徹】〈せきもんえてつ〉(眼)(広)（七八五〜八六二）。西堂智蔵の法嗣。新羅慶州の人。洞山良价より四世の法孫にあたる（『伝灯』二十三、(大)51・396a）。

【石門に問う、年窮歳尽の時、如何……】〈せきもんにとう、ねんきゅうさいじんのとき、いかん……〉(広)「年窮歳尽、一年最後の日はどうか」と尋ねると、石門は「東村の王老人が毎年しきたりどおり大晦日には夜銭を焼くだけのこと」と答えた故事。除夜といえども何ら変わることなく、除夜は除夜として情景が目の前に展開するのみとの説示（『広録』小参10）。以下の語話は『圜悟語録』十八・拈古（(大)48・796b）に出る。

【石門林間録……】〈せきもんりんかんろく……〉(眼)(広)『石門洪覚範林間録』二巻は、宋の覚範慧洪の撰。大観元年（一一〇七）序刊。著者は、黄龍下の真浄克文の法嗣で、当時の文人・林間の士と交わり、尊宿の業績等々について清談し、十年間に三百余事に及んだことを編集したもの。以下の語話は『眼蔵』行持巻下（(岩)中・42-43）、仏道巻（(岩)中・216）、『広録』上堂491に同文を引く。『宝慶記』にも出る。⇩「林間録」

【適来】〈せきらい〉(眼)(広) 先刻、いましがた。たった今の意。

【隻履已帰葱嶺】〈せきりいきそうれい〉(広) 達磨が一隻の草履を持って西方の国（葱嶺《ネパール》の先、インド）に去った故事（『広録』上堂230）。

【世間四五支】〈せけんのしごし〉(広) 娑婆世間での必ず別離するものとしての四事（少年、安穏、寿命、具足）と、五欲（色欲・財欲・名誉欲・食欲・睡眠欲）をいう（『広録』上堂451）。

【施権】〈せごん〉(眼) 権《か》りの教説をなすこと。時処に応じて説く方便の説をいう。

【世上茫茫】〈せじょうぼうぼう〉(広) 世上は世の中。『卍山本』

の「世事」と同じ、世俗のこと、俗事。茫茫ははてしもなく。種々様々なる世上（世事）は混沌として月の満ち欠けのように千変万化し移り変わって果てしもない（『広録』偈頌39）。

【施設】〈せせつ〉(眼)(広) 現代用語で用いられる建物などの設備の意味ではなく、主に「用い行う」「施す」ということ。

【施設す好医方】〈せせつすこういほう〉(広) 一切衆生に施された仏法は応病与薬であるの意（『広録』偈頌25）。

【世相常住】〈せそうじょうじゅう〉(広) 世間相常住のこと。世間相は有為千変万化する現象。世間の現象の姿を離れては別に常住不変の理は無いこと（『広録』上堂459）。『法華経』方便品（(大)9・9b）に見える。

【世俗諦】〈せぞくたい〉(眼) 勝義諦に対す。諦は真理または道理の義。世俗諦は世俗に順応して教えを説くことで、教理としては第二義門に属す。

【世尊】〈せそん〉(眼)(広) 尊い人、の意。仏陀、釈迦牟尼仏、釈尊。

【世尊一日陞座す。文殊、白槌して云く……】〈せそんいちじつしんぞす。もんじゅ、びゃくついしていわく……〉(眼)(広) 世尊がある日上堂された。すると文殊が槌を打って「世尊（法王）の仏法を諦め観れば、まさに法王の法はこのようであると言った。すると、釈尊は下座された（『眼蔵』仙陀婆巻、(岩)下・115-116、『広録』上堂254）。以下は『碧巌録』九十二則（(大)48・216b）に出る。

【世尊、一時、羅閲城耆闍崛山中に在して……】〈せそん、いちじ、らえつじょうぎじゃくっせんちゅうにましまして……〉(広) 世尊がある時王舎城の東北霊鷲山に大衆比丘五百人といた時、提婆達多は衆僧の和合を破り、如来の足を傷つけ、阿闍世にその父王を殺させ、阿羅漢と比丘尼を殺すなどの悪行をなして「どこが悪いのだ、悪はどこから生じた、悪いことをしたって報いなどない」と。すると世尊は「愚人は悪をなしても報いはないというが、私は明らかに予知する。善悪の行いは必ずその報いがある」と説示した（『広録』上堂437）。以下は『増一阿含経』五（(大)2・570c）に出る。

【世尊道く、一人発真帰源……】〈せそんいわく、いちにんほっしんきげん……〉(眼)(広)『首楞厳経』の「一人真を発して源に帰すれば、十方虚空悉くみな消殞す」（一人でも菩提心を発して真実に帰入すれば、十方世界がみな消えうせる）についての法演・圜悟・法泰・如浄の言葉を提示し、道元は「一人でも菩提心を発して真実に帰入すれば、十方の虚空世界が菩提心を発して真実に帰入する」と拈提した（『眼蔵』転法輪巻、(岩)下・39、『広録』上堂179）。『圜悟語録』八（(大)47・748a）、『如浄語録』下（(大)48・128b）などに出る。

【世尊在世、二比丘有り……】〈せそんざいせ、にびくあり……〉(広) 世尊在世に二人の比丘がいて、仏にお詣りしたいと思い旅に出た。途中で喉が渇き、水を飲もうとしたが、水の中に虫がいた。一人の比丘は殺生戒を守り渇死した。が、天に生まれて仏に相見し、仏道を得た。もう一人は虫水を飲み仏のみもとにお詣りできた。が、仏は「お前は愚か者だ。私の肉親は仮りの姿であり、単なる皮袋にすぎない。私の教えを見るものこそが本当の私を見るのである」といわれた故事（『広録』上堂197）。『大智度論』十五（(大)25・170a-c）に出る。

【世尊在世に一りの比丘有り……】〈せそんざいせにひとりのびくあり……〉(広) 世尊の在世に一人の比丘が「十四難、世界・我は①常か②無常か③常であり無常か④常でも無常でもないか⑤辺が有るか⑥辺が無いか⑦辺は有るのでも無いのでもないのか⑧辺が有るのではなく辺が無いのでもないか。死後に我は⑨去るのか⑩去らないのか⑪去ることが有って去らないことが有るのか⑫去ることが有るのでもなく去ることが無いのでもないか⑬後世に身は我であるのか⑭身と我とは異なるか、以上の十四の項目に答えてくれれば仏の弟子になる、と云ったところ、世尊は「この十四の難問は真実の究明には何の益もなく単なる戯論として説示した故事（『広録』上堂432）。『摩訶僧祇律』十八（(大)22・372c-373a）参照。

【世尊の勝躅】〈せそんのしょうちょく〉(広) 勝躅は仏祖が遺された優れた行跡。釈尊が父母の恩を大切にされ、忉利天に登り、その母のために九旬の説法をされたこと、また父王の死に際して、釈尊が自らその棺を担おうとされたところ、四天王が代わって担ったことなどの事実。また、『父母恩重経』などを説かれたことなど（『広録』上堂524）。

【世諦】〈せたい〉(眼) 俗諦ともいう。「世俗諦」の略。⇩「世俗諦」

【石火】〈せっか〉(広) 火打ち石の火がすぐに消えてしまうように、人生の無常迅速なる喩え（『普勧坐禅儀』）。

【刹海】〈せっかい〉(広) 刹土大海の略で、刹は国土。陸海に及ぶ世界。十方世界、俗には宇宙と同じ（『広録』上堂78、180、413）。

【絶学真人】〈ぜつがくのしんにん〉(広) もはや学ぶこともない、自由無礙なる悟りの境涯に至った人。永嘉玄覚の『証道歌』（『伝灯』三十、(大)51・460a）に「絶学無為閑道人」とあり、「絶学者。絶世間之学。学無為之学也」（彦琪『証道歌註』）と注されている。もはや悟りの境地にも拘泥しないほどに悟りきった真実の人（『広録』法語1）。

【絶学無為の人】〈ぜつがくむいのひと〉(広) 身心脱落した真実の人（『普勧坐禅儀』）。

【殺活】〈せっかつ〉(眼)(広) 殺は一切を奪って何物も許さないこと、活は一切を与えて全てを許すことで、師家が学人を接化する自由自在の手段（『広録』偈頌51）。

【刹竿】〈せっかん〉(眼)(広) 刹柱または表刹ともいい、刹土あるいは寺塔のある処を標示するために建てる柱のこと。竿柱の上部に幢幡を附することもある。それを倒却すとは説法の終ったことを告げること（『広録』上堂11、252、291、405、法語4、真賛4）。

【切忌】〈せっき〉(眼)(広) 忌むべきこと。禁物なのは。切は語を強める副詞。大いに忌む。もっとも不可。絶対に……してはならない。

【石鏡】〈せっきょう〉(広) 月のごとくに輝き良く物を映す石の鏡（『広録』上堂222）。

【絶境界】〈ぜつきょうがい〉(広) 無心の木人が何処かへ行くと、無情な露柱灯籠がそれを恋い慕うといったような、思慮分別を超越した世界（『広録』偈頌66）。

【雪月梅華引】〈せつげつばいかいん〉(広) 雪月・梅華ともに曲の名。引は楽曲、調べの意（『広録』頌古11）。

【葉県帰省】〈せっけんきせい〉(眼)（生没年不詳）。首山省念の法嗣。南嶽下。冀州賈氏の子。首山の会下に入り竹篦の話をもって大悟したと伝える。汝州葉県の広教院に止住す。語録一巻がある（『広灯』十六・帰省禅師章、『会要』十二・葉県帰省章）。

【説黄道黒】〈せつこうどうこく〉(眼) 黄と説き黒と道《い》うとは種々に説示することをいう（『眼蔵』仙陀婆巻、(岩)下・115）。

【折骨還父】〈せっこつかんふ〉(広) 骨を折って父に還す（『広録』上堂164）。

【説似一物即不中】〈せつじいちもつそくふちゅう〉(眼)(広) 南嶽懐譲と六祖慧能との機縁の語話で、悟りの究極は言葉で説明しても、その真意を的確に述べることができないということ。本分のことは説明したとたんに、すでに的はずれになってしまうという意（『眼蔵』仏教巻、(岩)上・372、遍参巻、(岩)中・357、『広録』上堂374、490、小参13、17、頌古59）。

【説著】〈せつじゃく〉(広) 説き明かす。著は助詞（『広録』上堂273）。

【接取】〈せっしゅ〉(広) うけとること。接受（『広録』上堂15、法語8）。

【説取……行取】〈せっしゅ……ぎょうしゅ〉(広) 余す所なく説き尽くし行ずる。取は助詞。禅門では、説のときには行がかくれ、行のときには説がかくれ、二者は不即不離の一であるとする（『眼蔵』行持上巻、(岩)中・31、『広録』上堂498）。

【雪上加霜】〈せつじょうかそう〉(眼)(広) 雪の上に霜を加える。通常は無用の意味であるが、ここは白の上に白を加えるので区別できない、言語を超越していることをいう（『眼蔵』発菩提心巻、(岩)中・409、遍参巻、『広録』法語2、偈頌89）。

【説性説心】〈せっしょうせっしん〉(広)（『広録』法語5）⇩「説心説性」

【説心説性】〈せっしんせっしょう〉(眼)(広) 説性説心とも。心性を心と性に分けずに、本来の心の活発な働きと見る。分別知即無分別知と見る。道元は『眼蔵』説心説性巻では、説心説性というのは、心即性（仏性）即説（行証）の道理に了達することであると言明し、洞山良价の所説を用いながら、心と説き、性と説く分別心を投げ捨てるところに、はじめて仏法に契当するとした臨済宗楊岐派大慧宗杲の見解を批判して、宗乗を展開している（『広録』上堂96、法語11）。

【刹刹聞経】〈せつせつもんきょう〉(広) 草木国土（刹刹）などの非情のものでも、悉く教えを聞いているという意（『広録』上堂294）。

【雪山の雪の上に更に霜を加う】〈せっせんのゆきのうえにさらにしもをくわう〉(広) 本来成仏身でありながら雪山で修行されたのは雪の上に霜をおいたのと同じであるという意

（『広録』上堂473）。

【雪団打】〈せつだんだ〉(広) 雪が降る様子の形容語（『広録』上堂297）。

【舌端眼を具す】〈ぜつたんまなこをぐす〉(広) 舌先に仏眼を持つ、言語にとらわれない意（『卍山本』偈頌125）。『祖山本』には「牙端眼をして」とある（『広録』偈頌125）。

【刹中の仏】〈せっちゅうのほとけ〉(広) 刹は意釈して国土。国土中の仏（『広録』上堂269）。

【雪竇】〈せっちょう〉(眼)(広) 雪竇重顕が雲門の宗風を振るい、また『宗鏡録』の著者永明延寿も住した、浙江省の雪竇山。

【雪竇重顕】〈せっちょうじゅうけん〉(眼)(広)（九八〇～一〇五二）。智門光祚の法嗣。遂寧府の人、姓は李氏。光祚の印可を受けて後に洞庭の翠峰山に住し、後に雲竇山資聖寺に移って門風大いに振るい、雲門宗の中興とする。『伝灯』中心に古則百則選び、これに頌古を詠んで「雪竇頌古」として編んだ。後に圜悟が評唱して『碧巌録』として世に行なわれる。宋皇祐四年（一〇五二）示寂、寿七十三。門人等遺録を集めて七集となす。在世中に明覚禅師の号を賜る（『広灯』二十六、『続灯』三、『会要』二十七・雪竇重顕章）。

【雪竇智鑑】〈せっちょうちかん〉(眼)（一一〇五～一一九二）。天童（大休）宗珏の法嗣。滁州呉氏の子。得法の後、明州雪竇山に住す。如浄は師の法を嗣ぐ（『普灯』十七・雪竇智鑑章、『会要』十四）。

【刹土】〈せつど〉(眼) 刹は梵語 kṣetra（紇差怛羅）。田・土・国等と訳す。刹土は梵漢並用の語で国土の意。

【截筒】〈せっとう〉(広) 截は切る。筒を切った状態（『広録』上堂402）。

【舌頭】〈ぜっとう〉(眼)(広) 舌のこと。ことば、説法、言説。頭は助詞。

【接得】〈せっとく〉(広) 接待・応接の意もあるが、この場合は受け取ること（『広録』上堂16、169）。

【説得……行得】〈せっとく……ぎょうとく〉(広) 説き尽くす、十分に説く、行ずる。得は助詞（『広録』上堂251、255、498）。

【刹那】〈せつな〉(眼)(広) 梵語 kṣaṇa 最も短い時間を示す単位。一回指を鳴らす間に六十五刹那が過ぎる（『眼蔵』出家功徳巻、(岩)下・152）、『広録』上堂6、432、474、495、520、法語1、11)。

【雪梅、頓に発す上枝の頭】〈せつばい、とんにはっすじょうしのほとり〉㊧ 仏智慧が開発されること(『広録』上堂359)。

【説は難し行は不難なり】〈せつはかたしぎょうはふなんなり〉㊧ 実践することは難しく、説くことを知解することは困難ではないということ(『広録』偈頌63)。『広録』上堂10を参照。

【殺仏】〈せつぶつ〉㊥㊧ 仏を殺害するという文字通りの意ではない。仏に成りきること。『御抄』に「坐禅の姿を殺仏とつかう也、坐の外にまた物なき道理が殺仏と云わるる也。至って坐禅の親切なる道理が殺仏と云わるるなり」と釈している。不図作仏の坐禅は悟りも求めず、仏も求めず、坐禅の当処がそのまま仏であることを坐仏殺仏という。『眼蔵』仏向上事巻(㊨上・417)に「殺仏すといへども逢仏す、逢仏せるゆえに殺仏す」という(『広録』上堂286、頌古38)。『伝灯』五・南嶽懐譲章(㊅51・240c)に出る磨塼作鏡の話に次いでの語で、『眼蔵』坐禅箴巻(㊨上・404)にこの拈提がある。

【説不到】〈せつふとう〉㊧ 説明しないところ。説けないところ(『広録』上堂466)。

【雪峰義存】〈せっぽうぎそん〉㊥㊧(八二二〜九〇八)。徳山宣鑑の法嗣。泉州南安の人、姓は曾氏。三到投子九上洞山といわれるように参学に努めた。十二歳のとき父とともに玉澗寺の慶玄律師に参じ、十七歳で剃髪。二十四歳のとき会昌の破仏に遭い、俗服をまとい芙蓉霊訓に学び、さらに洞山良价の門に入り、その指示により徳山に参学して得法し、雪峰山に住して衆徒を接する。門下に雲門文偃・玄沙師備・長慶慧稜・保福従展・鏡清道怤等の神足を出す。懿宗、真覚大師の号、及び紫衣を贈られる。後に梁開平二年(九〇八)示寂、寿八十七。語録二巻がある(『伝灯』十六・雪峰義存章、㊅51・327a)。その行業は『眼蔵』行持下巻を参照。

【雪峰古鏡闊】〈せっぽうこきょうかつ〉㊧ この語話は、雪峰義存と玄沙師備二師の、雪峰の「世界の広さと古鏡の広さとは一尺であり一丈である」との説示に、玄沙が「それでは火炉の広さはどのくらいか」と質問し、雪峰が「古鏡の広さと同じだ」と答えた問答(『伝灯』十八・玄沙師備章、㊅51・345c)にちなむ。これは、古鏡のなかに世界が現成し、同じく火炉のなかにも世界が現成し尽くすことを示したもの（『広録』上堂199）。道元には、古鏡は仏仏祖祖の護持する自分自身が本来的にもつ真の姿であることを述べて、古鏡の琢磨すなわち仏法の修行について説示された『眼蔵』古鏡巻がある。

【雪峰、衆に示して云く、望州亭にして……】〈せっぽう、しゅにしめしていわく、ぼうしゅうていにして……〉㊞㊛ 以下の語は『圜悟語録』十九（㊅47・802c–803a）にもこの語の引用がある（『眼蔵』光明巻、㊐中・118–119、『広録』上堂454）。

【雪峰・雪竇】〈せっぽう・せっちょう〉㊛ 雪峰義存と雪竇重顕とにみられる仏法のありよう、その学人接化の法（『広録』自賛20）。

【雪峰鼈鼻蛇】〈せっぽうべつびじゃ〉㊛「雪峰看蛇」ともいわれる公案（『広録』上堂159）。雪峰義存下の同参（長慶慧稜・玄沙師備・雲門文偃）三人が雪峰に対して、仏道修行のあり方を答えたもの。それは「雪峰は鼈鼻蛇（猛毒の蝮蛇）である。その毒気にあてられるな」と問うたのに対し、長慶は「自分はすっかり毒気につかっています」。玄沙は「自分には何も毒気にあたる様なものがない」。雲門は杖を投げ捨て「毒気から逃げる」と答えたことによって、三人三様の仏道修行のありようを示したという。『碧巌録』二十二則（㊅48・163b）に出る。

【折本】〈せっぽん〉㊛ 元手をなくすこと。仏性を示しえないことの喩え（『広録』頌古73）。

【説妙談玄】〈せつみょうだんげん〉㊛ 仏法を妙と説き玄と談ずること（『広録』偈頌37）。

【接（摂）物利生】〈せつもつりしょう〉㊛ 物は全てのもの、生は衆生の意味。世に生きる全ての人々の機根に応じて接化し利益を与えること（『広録』頌古34）。

【刹利種】〈せつりしゅ〉㊞ 刹帝利（梵語 kṣatriya）の種族。インド四姓の一で、最高の婆羅門族の次位にある王族及び武士の種族のことをいう。

【雪裏梅華（花）】〈せつりのばいか〉㊞㊛ 雪の中で咲いているたった一枝の梅の花にも、諸法実相の真実が顕現していることをいう。道元は本師如浄の「臘八上堂。瞿曇打失眼睛時、雪裡梅花只一枝、而今到処成荊棘、却笑春風繚乱吹」（『如浄語録』上、㊅48・122c）とする偈頌を『眼蔵』梅華巻（㊐中・328）、眼睛巻（㊐中・368）、『広録』上堂360、456に引用され、詳しく拈提している。

【刹を建つ】〈せつをたつ〉(広) 昔日、帝釈天は一茎草を拈じて地に差し梵刹（寺院）を建てたという故事がある、が、いまは早咲きの梅がそのまま梵刹を建てたようであること（『広録』偈頌92）。

【是非紛然】〈ぜひふんねん〉(広) 趙州の『信心銘』にちなむ拈提の示衆に対して、一僧が侍者をこづいて、和尚への問話を促したところ、趙州が方丈へ帰ってしまうが、後に趙州は侍者に対して、この僧を是非にわたらぬ禅機を示したとして評価したというのがこの公案の趣旨である（『広録』頌古43）。『趙州録』中に出る。

【是法住法位】〈ぜほうじゅうほうい〉(眼)(広) 無相というのは、それぞれの法位に住して、世間のすがたそのまま常住であることである（『眼蔵』恁麼巻、(岩)上・430、『広録』上堂504）。『法華経』方便品（(大)9・9b）に出る。

【是法不可示】〈ぜほうふかじ〉(広) この法は示すことができない。言葉がない（『広録』法語4）。『法華経』方便品の偈文（(大)9・5c）参照。

【是夜四分三已過……】〈ぜやしぶんさんいか……〉(広) 世尊成道の様子を示す語。この引用は『仏本行集経』（(大)3・795c）による。ただし『広録』に「皆来動」とあるのは、「皆未動」である（『広録』上堂360）。

【穿過】〈せんか〉(広) 通り抜けること（『広録』上堂201）。

【全跏】〈ぜんか〉(眼) 坐禅時に組んだ足の全体のこと（『眼蔵』坐禅儀巻、(岩)中・323）。⇩「結跏趺坐」

【前架】〈ぜんか〉(眼) 僧堂において知事（禅院の諸役）の坐する牀をいう。

【千嶽万峰……】〈せんがくまんぽう……〉(広) 全山全てが黄葉しているように、仏智慧のお陰で全ての人間が一時に得道できる（『広録』上堂362）。

【選官】〈せんかん〉(広) 官史を選択する役人（『広録』法語14）。

【選官を辞して、選仏の場に赴く】〈せんかんをじして、せんぶつのばにおもむく〉(広) 丹霞天然は幼きより儒学を学び科挙に応じようと長安に至ったが、たまたま一禅者に会い、「役人となるより仏者になれ」との指示に従った故事（『広録』法語14）。『会要』十九・丹霞天然章に「初習儒業。入長安応挙。遇一禅者。問仁者何往。師云。選官去。禅者云。

選官何如選仏。師云。選仏当何所詣。禅者云。江西馬大師。是選仏之場。仁者可往。師径造江西。纔見馬大師。便以両手。托幞頭脚。馬顧視之云。吾非汝師。南嶽石頭処去。師復造石頭。亦以前意投之。頭云。著槽廠去。師乃服勤三年」と出る。なお、『伝灯』十四（(大)51・310b－c）にも語句がわずかに相違してこの文があり、『事考』は『祖庭事苑』三を出典に挙げる。

【全機】〈ぜんき〉(眼)(広) 機は、機用、はたらきのこと。禅の大機大用の意。禅者の自在無礙の活躍をいう。また、悟りを得るための機縁をもいう（『広録』上堂102、113、512）。『眼蔵』全機巻を参照。

【全機活眼】〈ぜんきかつがん〉(広) 全機は禅者の自在無礙なるはたらき。活眼はすぐれた眼力のこと（『広録』上堂113）。

【全機現】〈ぜんきげん〉(眼)(広) 存在する物の一切。現われているままが、そのものの完全なる働きという意（『広録』上堂102）。

【扇鏡……】〈せんきょう……〉(広) 扇や鏡はいずれ欠けること（『広録』上堂413）。

【千鈞の弩】〈せんきんのど〉(広) 超弩級の弓（『広録』小参20）。

【千鈞の弩は鼷鼠の為に発せず】〈せんきんのどはけいそのためにはっせず〉(広) 大弓で小鼠を射るようなことなどはしない（『広録』小参20）。

【仙家】〈せんけ〉(眼)(広) 仙人の不老不死の世界。ここでは仏国土の安心のこと（『広録』偈頌31）。

【繊月叢虫】〈せんげつそうちゅう〉(広) 細い月が昇る頃、草むらの虫が万感の思いで啼《すだ》くこと（『広録』偈頌107）。

【先賢、長安に游ぶ】〈せんけん、ちょうあんにあそぶ〉(広) 則天武后の請に応じて嵩山慧安が長安に行き、また南陽慧忠が粛宗の請に応じて長安に赴いた古跡をいう（『広録』法語1）。

【漸源仲興】〈ぜんげんちゅうこう〉(眼)(広)（生没年不詳）。道吾円智の会下で典座となる。一日道吾と檀越に到り生死の因縁を商量し、中途にして道吾を打す。道吾の指示によって院に在ること三年、童子の観音経を誦するを聞いて省悟し、師兄石霜に謁し礼謝す。後に漸源に住して宗風を挙揚する（『伝灯』十五・漸源仲興章、(大)51・321b）。

【先考（孝）】〈せんこう〉(広) 亡父の称。亡母は先妣。道元自身の先考忌上堂は『広録』上堂161、363、524に、また先妣忌上堂は『広録』上堂391、409、478に出る。

【蟾光……玉兎】〈せんこう……ぎょくと〉㊧ ともに月の別称（『広録』偈頌84）。

【全公】〈ぜんこう〉㊪ 仏樹房明全、道元の師（『眼蔵』弁道話巻、㊫上・55）。⇩「仏樹和尚」

【全靠】〈ぜんこう〉㊪㊧ 靠は「依る」「もたれる」の意。全部もたれること（『広録』頌古18）。

【先行到らず……】〈せんこういたらず……〉㊧「先行不到……末後纔過」は、「先行不到、末後太過」（『碧巌録』九・八十三、㊅48・209a）の仮借であろう。先に出発したものが、目的地に到着せず（先行不到）、後から出発したものも目的地を通り過ぎてしまった（末後太過）という意味。どちらも目的地に到着しないことから、本来の事を体得する正しい道をはずれていること（『広録』上堂341）。

【千光禅師】〈せんこうぜんじ〉㊧（『広録』上堂441、512）⇩「栄西和尚」

【前後三三】〈ぜんごさんさん〉㊧（『広録』偈頌62）⇩「前三三後三三」

【善根】〈ぜんごん〉㊧ 諸善を増長せしめる働き。根はそのものが本来具有するもの。草木が根あることによって生育することになぞらう（『広録』上堂138、364、430、497、513）。

【善財】〈ぜんざい〉㊧ 善財童子のこと。『華厳経』入法界品に出る求道の菩薩。福城長者の子で、生まれるとき、室内に種々の財宝が出現したので善財という。文殊師利に従い五十三人の善知識を遍歴した。その発心求法より修行の過程は古来仏道修行者の範として親しまれている。禅門では、善財童子を大乗仏教至高の求道者として、山門楼上の観音脇士の左辺に安置している（『広録』上堂16、169）。

【善財参文殊】〈ぜんざいさんもんじゅ〉㊧ 善財採薬の話として知られる文殊と善財との因縁で、文殊が仏法を薬に喩えて、暗に善財の力量を賞揚し、学人の修行を励したものので、善財童子は仏道修行者として最高の人といわれる（『広録』上堂16、169）。

【前三三後三三】〈ぜんさんさんごさんさん〉㊪㊧ 限りないこと、無量無数。数量を超越するの意。前後同等の意にも用いる（『眼蔵』仏性巻、㊫上・320、空華巻、㊫中・166）。『広録』偈頌62には「前後三三」と出る。

【先師】〈せんし〉㊪㊧ 遷化（逝去）した本師に対する尊称。

故に道元の場合、本師である天童如浄、および参学師の明全を指す（『広録』上堂48、167、184、185、249、318、342、348、379、390、424、435、469、494、503、504、515）。

【前資】〈ぜんし〉(眼) 前来より久しく叢林に在って住持人を資助する人。あるいは副寺以下の職を三度務めて退休した老宿をいう。

【先師道う、尽十方世界……】〈せんしいう、じんじっぽうせかい……〉(広) この語話（先師玄沙師備は「ありとあらゆる全ての世界に、そのありとあらゆる処、あらゆる時に真実の仏法が生き生きと現われている」と言われた）は『会要』二十六・安国慧球章に出る（『広録』頌古37）。

【先師天童】〈せんしてんどう〉(眼)(広) 道元の本師、天童如浄のこと。⇩「先師」

【千釈の出家】〈せんしゃくのしゅっけ〉(眼)『善見律毘婆沙』十七（(大)24・790b）に出る因縁。釈尊の父王、晩年世尊と相見しようとして、千人の臣を世尊のもとに遣わしたが、千人とも聞法の結果出家して還らなかったという（『眼蔵』出家功徳巻、(岩)下・153）。

【善趣】〈ぜんしゅ〉(眼) 悪趣に対す。善道ともいう。善の業因によって趣く処にして、人間界と天上界とをいう。

【宣州の理禅師】〈せんしゅうのりぜんじ〉(眼)『続伝灯』二十七・大慧宗杲章（(大)51・649b）に「宣州に明教紹理禅師なる者あり、興教坦の嗣、琅耶覚の孫なり」とあり、理は理に作ることもある。伝記の詳細は不明（『眼蔵』自証三昧巻、(岩)下・48）。

【蟾蜍】〈せんじょ〉(広) 月中に棲むというガマ、月の異称（『広録』上堂189）。

【全彰】〈ぜんしょう〉(眼)『御抄』に「かくれずあらわれたる理を名也」とあり。実際には日常の行持弁道をいう。

【善昭】〈ぜんしょう〉(広)（『広録』上堂128）⇩「汾陽善昭」

【禅牀】〈ぜんしょう〉(眼)(広) 禅床とも。僧堂内の坐禅をする所（『広録』上堂31、61、65、137、211、233、270、414、470、483、486、小参11、19、頌古36、54）。

【禅上座】〈ぜんじょうざ〉(広) 道元入宋の時、先に天童山に安居していた栄西の弟子といわれる隆禅（不詳）のこと。『眼蔵』嗣書巻（(岩)上・243）、『宝慶記』に「隆禅」の名がみえる（『広録』偈頌42）。

【専精樹下】〈せんしょうじゅげ〉(広) 樹下石上に専一に精しく

坐禅しているので、世俗の憎愛の念など起こりようがない意（『広録』偈頌99）。『法華経』法師功徳品に「或在林樹下専精而坐禅」（㊅9・49b）とある。

【善星比丘】〈ぜんしょうびく〉㊗ 釈尊の弟子。教えを信ぜず邪見を起こして、尼連禅河の辺で大地裂け生きながら阿鼻地獄に陥ちたという人。

【千聖】〈せんしょう〉㊗㊎ 三世歴代の諸仏初祖。千百の賢聖（『広録』自賛8）。

【千聖不携】〈せんしょうふけい〉㊎ 仏祖自証の境涯は言詮の及ぶところではないから、これを携えてくることができないの意（『広録』上堂426）。『伝灯』十一・香厳智閑章（㊅51・284a-b）参照。

【纖塵】〈せんじん〉㊎ 纖は小さなもの。小さなちり（『広録』上堂219）。

【先人云く、百丈竿頭、進一歩……】〈せんじんいわく、ひゃくじょうかんとう、しんいっぽ……〉㊎ 長沙景岑の語（『広録』上堂12）。百丈の竿頭から一歩を進めること。つまり悟境辺に滞ることなく無限に向上転進して利他行を行ずること。また分別智の世界に滞る自己を徹底的に放下すること。『普灯』九・慧照慶預章を参照。

【全身顕赫】〈ぜんしんけんかく〉㊎ 修行の功徳が光り輝くこと（『広録』偈頌46）。

【船子和尚】〈せんすおしょう〉㊎ ⇩「船子徳誠」

【船子徳誠】〈せんすとくじょう〉㊗㊎（生没年不詳）。薬山惟儼に三十年侍して法嗣となる。得法ののち秀州華亭の呉江に到り、船を浮かべて往来の人を接化したため、世の人は船子和尚と呼んだ。道吾円智の指示によって来た夾山善会を啓発し、これに後事を託し、薬山の恩は、これによって報じたとして、船を覆して波間に没したという（『広録』上堂277、304、法語8、頌古10、22、28）（『伝灯』十四・船子和尚章、㊅51・315b）。

【前説後説】〈ぜんせつこうせつ〉㊎ 前には三乗を説き、後からは大乗のみを説くといった便法（『広録』上堂399）。

【冉冉】〈ぜんぜん〉㊎ たれさがる貌。ゆったりと流れるさま。移りゆくさま（『広録』上堂419、小参17）。

【潺潺湲湲】〈せんせんかんかん〉㊎ 潺湲で水のさらさらと流れる貌（『広録』上堂421）。

【全禅人】〈ぜんぜんにん〉㊎『卍山本』は「全居士」とある。

不詳。如浄膝下に参禅していた在家人か（『広録』偈頌32）。

【川僧】〈せんそう〉㊛ 四川つまり蜀の僧のこと。粗暴で不作法なものが多かったという（『広録』自賛13）。

【仙陀】〈せんだ〉㊗ ⇩「仙陀婆」

【闡提】〈せんだい〉㊗ 梵語 icchantika（一闡提）の略。信不具または断善根と訳す。生得の仏性を具えていないため成仏できないもの、故に無性有情ともいう。

【羼提波羅蜜】〈せんだいはらみつ〉㊗ 梵語 kṣānti pāramitā 忍辱度と訳す。六波羅蜜の一。

【全体迥……】〈ぜんたいはるかに……〉㊛ 修行証悟の手段を仮らずに露堂々なること（『普勧坐禅儀』）。

【仙陀客】〈せんだきゃく〉㊛ 怜俐俊発の人（『広録』上堂254）。

【仙（先）陀婆】〈せんだば〉㊗㊛ 梵語 saindhava 仙陀婆は、西インドの良質の塩・器・水・馬を産する「信度地方産の」という形容詞の音訳。「仙陀婆」という発音は同時に塩・器・水・馬の四つを意味する。『涅槃経』㊅12・421b)に出る譬喩によって聡明利智の人を仙陀の客という。昔、国王の臣下の怜俐なるものが、国王の発音する「仙陀婆」という音を聞いただけでその求めるものを差し出したという故事にちなむ。故に、禅門では、師資の自在の機要の応答に喩える（『広録』上堂464）。『眼蔵』仙陀婆巻を参照。

【筌蹄】〈せんてい〉㊗ 筌は魚をとる道具。蹄は兎を捕える網。文字典籍は真理を捉えるまでの道具であって、真理を体得する上はすべからくこれを捨てるべきものという意を表して、典籍のことを筌蹄という。

【全提】〈ぜんてい〉㊛ そのまま全て（『広録』上堂132、143、247）。

【煎点】〈せんてん〉㊗㊛ 茶を煎じ菓子を点ずるの意で、茶菓を饗応すること。あるいは食物を供する意にも用いる（『広録』上堂499）。

【旋転飯食】〈せんてんぼんじき〉㊗ 今日分の食料を明日に転じて節食すること。

【前頭に更に最高の峰有り】〈ぜんとうにさらにさいこうのみねあり〉㊛ どれほどに進んでも、さらに高い峰があること。仏道は無限であることを示す（『広録』上堂290）。

【薦得】〈せんとく〉㊛ 薦は敷物。薦の上でばくちをし、勝ったものがそれごと全部取り去ることから転じて、全体をすっかり会得すること。

【禅那】〈ぜんな〉（眼） 梵語 dhyāna 定または静慮と訳す。散乱する心を静めて三昧に入ること。六波羅蜜の一。

【善悪、豈、因果の途無からん】〈ぜんなく、あに、いんがのみちなからん〉（広） 善悪には必ず因果の道理がある（『広録』上堂361）。

【前灘波動】〈ぜんなんはどう〉（広） 目の当たりに激しい波が激しく動くさま（『卍山本』偈頌54）。

【先尼梵志（先尼外道）】〈せんにぼんし〉（眼） 先尼は外道の名で、梵語 Senika（西你迦）。有軍または勝軍と訳す。梵志は梵天の法を志求する意で、婆羅門教の修行者をいう（『眼蔵』四禅比丘巻、（岩）下・225、弁道話巻、（岩）上・68）。

【詮慧】〈せんね〉（広） （生没年不詳）。叡山横川で天台教学を修学し、宋より帰朝の道元を深草に尋ね、参学すること多年にしてその信衣を受ける。京都永興寺開山。『眼蔵』の最初の注釈書である『正法眼蔵御聞（聴）書』（十巻）の著書がある。

【禅苑清規】〈ぜんねんしんぎ〉（眼） 長蘆宗頤の著、十巻。宋の崇寧二年（一一〇三）に成る。百丈の古清規を目指しつつ、時勢の変遷に随って当時の禅院の規矩を定めたもの。

【瞻拝】〈せんぱい〉（広） 心から拝す（『広録』上堂430）。

【船筏】〈せんばつ〉（広） 字義どおり船や筏をいうが、仏の教えのことをいう。衆生を生死の彼岸に渡すことによる。したがって、仏を船の船頭に喩える（『広録』法語11）。

【禅板】〈ぜんばん〉（眼）（広） 椅板とも。身体を寄せかけ、頭首を支えて、坐禅のときに疲れを防ぐために用いる道具。

【先妣】〈せんぴ〉（広） 亡母。道元については、一説には藤原基房の女とされるが、伝その他不詳。亡父は先考という（『広録』上堂391）。⇩「先考」

【鮮白比丘尼】〈せんびゃくびくに〉（眼） 『撰集百縁経』八（（大）4・239b）の故事。仏在世のとき、迦毘羅城中の一長者の女、生まれるや白氎衣に裹まれて出胎し、年長ずるとともに衣もまた長ず。のち出家を欲して仏所に詣るや頭髪自ら落ち、身上の白衣化して袈裟となり、出家して比丘尼となったという（『眼蔵』袈裟功徳巻、（岩）上・176）。

【瞻風撥草】〈せんぷうはっそう〉（広） 瞻風は本地の風光をみること。修行のありようをいう。撥草は師を尋ねるため草をかき分けて行くこと。煩悩を払拭することにも喩える。祖師方の宗風を慕い無明の迷妄の雑草を取り去ること（『広録』上堂95、頌古4）。

【選仏】〈せんぶつ〉㊐㊛ 仏祖となるべき師を鍛練選出すること。転じて、坐禅修行の意。『会要』六・龐蘊居士章に「十於言下大悟。乃述偈云。十方同聚会。箇箇学無為。此是選仏場。心空及第帰」と出る。なお、『事考』は『龐居士語録』上の文を挙げる。

【選仏場】〈せんぶつじょう〉㊐㊛ 仏祖を選出する道場の意で、僧堂・禅堂・坐堂の異称。

【陝府鉄牛】〈せんぷのてつぎゅう〉㊛ 陝府は現在の中国の河南省陝州。鉄牛は黄河の水害を防ぐ守護神として鋳造された巨大な鉄牛のことで、ここを通行するものは水を灌ぎ祀ったという。また、その頭は河南に尻尾は河北にあるとされ、その巨大さから、大力量の人物にも喩えられることがある（『広録』上堂199）。

【箭鋒相拄】〈せんぽうそうしゅ〉㊐ 『列子』湯問篇に「紀昌は射を飛衛に学ぶ。既に衛が術を尽くして天下に己に敵する者を計るに衛一人のみ。乃ち飛衛を殺さんと謀る。野に相値う。二人交射するに中路にして矢鋒相触れて地に墮つ。然も塵揚らず。飛衛が矢先ず尽き、紀昌一の矢を遺せり。既に発つ。飛衛棘刺をもってこれを扞ぐに差うことなし。これにおいて二人泣いて弓を投げて塗に相拝し、請うて父子となり、臂を剋してもって誓い、術を人に告げることを得ず」とある。この故事を転じて師資契合して心機の全く一致するの意に用いる。箭鋒相値ともいう（『眼蔵』行仏威儀巻、㊔上・360）。

【千万千万】〈せんまんせんまん〉㊛ くれぐれも気をつけよ。祈祷と同義（『広録』上堂323）。

【千万般】〈せんまんぱん〉㊛ あらゆること（『広録』上堂87）。

【線路の辺】〈せんろのほとり〉㊛ 路を遠く見渡す限り（『広録』偈頌56）。

そ

【靸鞋を転授す】〈そうあいをてんじゅす〉㊐ 投子義青は南嶽下第十世の浮山法遠に得法し、法遠より、すでに遷化した大陽警玄の頂相・皮履・直綴等の伝授を受け、青原下第十世に列したことをいう（『眼蔵』授記巻、㊔中・87）。

靸は底深く足をおおう履。

【雑阿含経】〈ぞうあごんきょう〉(眼) 漢訳四阿含経の一で、他の増一・長・中の三阿含経におさまらない小部の経巻を雑集したものをいう。劉宋求那跋陀羅訳、五十巻。⇩「阿含」

【僧有って雲居弘覚大師に問う】〈そうあってうんごこうかくだいしにとう〉(広) 雲居弘覚は洞山良价の法嗣、雲居道膺のこと。以下の語話は『黄龍慧南語録続補』（(大)47・639b）に出る（『広録』小参2）。

【相委】〈そうい〉(眼)『私記』に「委は随なり、属なり」と釈して、相委とは「一等」また「相等し」の意とする。

【増一阿含経】〈ぞういつあごんぎょう〉(眼) 漢訳阿含経の中で一法二法と順次に法数に従って編集したものを増一阿含という。東晋僧伽提婆訳、五十一巻。⇩「阿含」

【霜衣露枕】〈そういろちん〉(広) 学人は霜を衣とし露を枕としているから陽の光をはじる。つまり世間の名利をおそれないことをいう（『広録』偈頌61）。

【宋雲】〈そううん〉(眼) 中国敦煌の人、北魏神亀元年（五一八）勅によってインドに使し、正光二年（五二二）大乗経論を奉じて帰る。『伝灯』三・菩提達磨章（(大)51・220b）によれば、達磨寂して後三年、宋雲西域より廻り帰る途路、葱嶺において達磨が手に隻履を携え翩々として独り行くに会い、互いに語を交えたと記す。

【僧、雲門に問う、如何なるか是、透法身の句……】〈そう、うんもんにとう、いかなるかこれ、とうほっしんのく……〉(広) 以下の語話は『伝灯』十九（(大)51・358c）に出る（『広録』上堂143）。

【僧海】〈そうかい〉(広)（一二一六?～一二四二?）。『三祖行業記』によれば、道元に侍して印記を受け、第一座（首座）となったとされるが、詳しい伝は不詳。「終焉頌」が知られる（『広録』上堂111、112）。

【争解恁麼道】〈そうかいいんもどう〉(広) どうしてこのようにいうのがわかるかの意（『広録』上堂494）。

【僧伽難提】〈そうぎゃなんだい〉(眼) 梵語 Saṃghanandi 禅宗伝灯のインドにおける第十九祖。その伝は『眼蔵』古鏡巻（(岩)上・284、286）、恁麼巻（(岩)上・426）、出家功徳巻（(岩)下・160）に出る。

【僧伽藍】〈そうぎゃらん〉(眼) 梵語 saṃghārāma（僧伽藍摩）の略。訳して衆園・僧房等といい、僧衆が住して修行する処、寺院のこと。一般には寺院の建物を伽藍という。

【僧伽梨衣】〈そうぎゃりえ〉(眼)(広) 梵語 saṃghāṭī（僧伽胝・僧伽致）、訳して重複衣または大衣といい、比丘の三衣の一。三衣の中で最も大きくかつ条数も多いため雑砕衣といい、王宮聚落に入るとき、着用するが故に入王宮聚落衣ともいう。

【僧佉論】〈そうぎゃろん〉(広) 梵語 Sāṃkhya 意訳で数論。雨衆外道ともいう。迦毘羅が祖で、その成立は紀元前四世紀頃とされ、六派中最も古く、梵を唯一、自性・神我を多とする有神論的数論と、梵を認めず神我を多、自性を一とする無神論的数論がある（『広録』上堂402）。

【僧祇律】〈そうぎりつ〉(眼) 梵語 Sāṃghika-vinaya『摩訶僧祇律』の略。⇩「摩訶僧祇律」

【造化、誰か柄を持つ】〈ぞうけ、たれかへいをもつ〉(広) 大自然を誰があやつるのかという意（『広録』上堂364）。

【曹谿】〈そうけい〉(眼)(広) 曹渓と同じ。広東省曲江県にある大鑑慧能の住んだ曹谿山宝林寺。慧能自身をいう場合もある。

【曹谿高祖】〈そうけいこうそ〉(眼) ⇩「大鑑慧能」

【曹谿古仏】〈そうけいこぶつ〉(広) ⇩「大鑑慧能」

【曹谿山宝林寺】〈そうけいざんほうりんじ〉(眼) 韶州府の曹谿山は府城の東南三十里に在り、梁天監三年（五〇四）、智薬三蔵の開創、唐龍朔年間に六祖慧能が来て住し、寺塔を拡大して衆徒接化の根本道場とした。

【曹谿路上】〈そうけいろじょう〉(広) 六祖慧能の仏道（『広録』上堂470）。

【糟糠】〈そうこう〉(広) ぬかのこと（『広録』上堂200）。

【崢嶸】〈そうこう〉(広) おく深いさま。深遠で険しいさま（『広録』上堂219）。

【相好】〈そうごう〉(眼)(広) 仏は三十二相と八十種好をそなえるといわれる。

【象骨山】〈ぞうこつざん〉(眼) 雪峰山の別名。中国福州侯官県の西に在り。六月山頭雪なお寒しという。山中に雪峰寺があり、唐代の建立で雪峰義存を初住とする。象骨に似た巌石がある。故に象骨山を別名とする。

【象骨に依模して】〈ぞうこつにえもして〉(広) 依模はひきうつす、依りのっとること。手本の意。象骨は雪峰義存の住した雪峰山の別名。ここでは雪峰のこと（『広録』頌古23）。

【草座】〈そうざ〉(眼)(広) 釈尊成道のとき、菩提樹下の金剛座に吉祥草を敷いて坐禅した故事により、導師の敷く坐具を草座という。

【繒綵】〈そうさい〉㊘ 彩った絹。綵はあやぎぬ（『広録』上堂412）。

【曹山、徳上座に問う、仏真法身……】〈そうざん、とくじょうざにとう、ぶっしんほっしん……〉㊘ この公案は、『金光明経』二（㊅16・344b）の経文で、徳上座との問答。仏の真法身がどのようにして日用光中に現成するかが眼目。徳上座は無心で無心を見る姿を示すが、それでも能所の対立を免かれない。そこで曹山は有情非情を超越した能所も彼我の二見もない境涯を反語において端的に示した（『広録』上座403）。

【曹山本寂】〈そうざんほんじゃく〉㊞㊘（八四〇～九〇一）。洞山良价の法嗣。泉州莆田の人、姓は黄氏。はじめ儒学を修め、十九歳にて出家、唐の咸通のはじめに洞山に得法、その宗旨を会得、辞して悠々自適し、請われて撫州曹山に住し、次いで荷玉山に転じ、大いに洞山の宗旨を顕揚した。後代、曹洞宗という宗名は、曹山本寂の曹と洞山良价の洞とを合して付けたと伝えられ、五家の一に列ねられる。唐天復元年（九〇一）示寂、寿六十三。元証大師と諡す。語録一巻あり（『広録』上堂217、403、頌古56）（『伝灯』十七・曹山本寂章、㊅51・336a）。

【造次】〈ぞうじ〉㊞ ⇩「造次顚沛」

【造次心】〈ぞうじしん〉㊞ 念々に起滅転変する心、即ち平生の心そのままをいう。

【造次顚沛】〈ぞうじてんぱい〉㊞㊘ とっさの場合、危急存亡のとき、急遽苟且の義。造次は倉卒、顚沛は傾覆流離の際。わずかの間の意。日用かりそめの起居動作をいう。『論語』里仁篇に「君子無終食之間違仁、造次必於是、顚沛必於是。」とある（『眼蔵』三界唯心巻、㊉中・200、『広録』上堂513）。

【相州鎌倉郡】〈そうしゅうかまくらぐん〉㊘ 道元は、現在の神奈川県鎌倉の東南にあったとされる名越の白衣舎（俗家）に留錫したとされる（『広録』上堂251）。

【総章】〈そうしょう〉㊞ 天子の政堂のこと。転じて仏祖の所住処をいう（『眼蔵』行持上巻、㊉中・28、無情説法巻、㊉中・279）。

【相承】〈そうじょう〉㊞㊘ 仏法の系譜は、中唐以後、釈尊に伝統の系譜を求めて、インドの第一祖摩訶迦葉より第二十八祖達磨大師に至る西天二十八祖、さらに東土（中国）の六祖などを経て法が伝えられた。なお、道元の本師如浄は東土二十三代になる（『広録』上堂167、469、491、法語5、自賛4）。

【増上縁】〈ぞうじょうえん〉㊞諸法の生滅変遷に対して、間接に力を与え、またはそれを障礙せずに、その勢いを増勝ならしめる縁をいう。四縁の一。

【僧、趙州に問う、未だ世界有らざるに……】〈そう、じょうしゅうにとう、いまだせかいあらざるに……〉㊧僧が趙州に質問した「世界がない前に、本性があり、世界が破壊した後にもその本性は破壊しない。その不滅な本性とは何か」。趙州は答えた「それはこの身心である」（『広録』上堂140）。この語話は、『趙州録』中に出る。

【僧、趙州に問う、狗子に還た仏性有りや、也た無しや……】〈そう、じょうしゅうにとう、くすにまたぶっしょうありや、またなしや……〉㊧趙州従諗は南泉普願の法嗣。ある僧の「犬に仏性があるか」の質問に趙州は「有り」と答え「無し」と答えた。それは物の有り無しをいうのではなく存在すら超えた仏性の実体を示したもの（『広録』上堂226、330）。『宏智録』二（㊅48・20a）中に出る。

【増上力】〈ぞうじょうりき〉㊞増上縁となる力をいう。⇩「増上縁」

【喪身失命】〈そうしんしつみょう〉㊞㊧仏法のために身命をなげうつこと。また、身心も命根もみなことごとく脱落すること。

【蔵主】〈ぞうす〉㊞㊧知蔵とも。禅林において経蔵・書籍等の主管として大衆の閲覧看経を掌る役。永平寺で拝請され、一説に義尹が任ぜられたともいう。

【双垂瓜】〈そうすいか〉㊧二つ並んで生る瓜。鼻の喩え（『広録』上堂242、389）。

【蔵頭白、海頭黒】〈ぞうずはく、かいずこく〉㊧馬祖の弟子である西堂智蔵と百丈懐海は、どちらが兄とも弟ともその策略がすぐれていて優劣の付けがたいこと（『広録』頌古78）。

【澡雪の操】〈そうせつのそう〉㊞澡は洗滌、雪は除くの意。心を洗い浄める修行の節操が堅いことをいう（『眼蔵』行持下巻、㊨中・51）。

【草草悤悤】〈そうそうそうそう〉(広) 草草は軽率。軽はずみなこと。軽率にいい加減にやること（『広録』上堂169）。

【眨眨地】〈そうそうち〉(広) まばたきすること（『広録』上堂412）。

【倉卒】〈そうそつ〉(眼)(広) あわてて、疎遠なこと（『広録』法語14）。

【匝地】〈そうち〉(広) あまねき大地。全ての大地（『広録』上堂152、193、自賛12、偈頌74）。

【宗椿】〈そうちん〉(広) 永平寺二十世門鶴の随侍者と思われるが詳細は不詳。いずれにしろ『祖山本』の第一巻は祚光（第一巻奥書参照）が、第二巻は宗椿なる人物が、慶長三年（一五九八）の冬から夏にかけての間に、門鶴の命によって筆写したものであることは以上の奥書によって知られる。

【蒼天】〈そうてん〉(広) 天を仰ぎ、ああ、と嘆息する（『広録』上堂31）。

【僧堂】〈そうどう〉(眼)(広) 聖僧堂の略。禅門における修道の根本道場。僧衆の坐禅を専修し、並びに起臥飯食する道場をいう。堂内の起居動作は規矩極めて厳正である。禅堂・坐堂・雲堂・枯木堂・選仏場等とも呼ばれる。

【曹洞宗】〈そうとうしゅう〉(眼) 禅宗五家の一。洞山良价及びその資曹山本寂の宗風を称して曹洞宗と称する。『眼蔵』仏道巻（(岩)中・228）を参照。⇩「曹山本寂」

【僧堂を喫却し仏殿を呑む……】〈そうどうをきっきゃくしぶつでんをのむ……〉(広) 喫却は食べ尽くす。僧堂を食らい仏殿を飲み込む（『広録』偈頌118）。

【僧那】〈そうな〉(眼) 詳しくは、梵語 sāṃnāhasaṃnaddha（僧那僧涅陀）という。弘誓・大誓・被甲等と訳す。菩薩の四弘誓願をいう。『肇論』（(大)45・158a）に、「僧那を始心に発し、終に大悲もって難に赴く」とあり。

【僧、南嶽に問う、如鏡鑄像……】〈そう、なんがくにとう、にょきょうじゅぞう……〉(広) 以下の語話は、鏡を鋳て像を造る、一旦、像として映ればその像はあくまでも映じた像であって鏡ではない。この諸法の全機現の理を説示表現している（『広録』上堂411）。『広灯』八・南嶽懐譲章、また『眼蔵』古鏡巻（(岩)上・287）を参照。

【早梅刹を建つ】〈そうばいせつをたつ〉(広) 昔日、帝釈は一茎草を拈じて梵刹を建てたが、いまは早咲きの梅がそのまま梵刹を建てたかのようだの意（『広録』偈頌92）。

【皂白未分】〈そうはくみぶん〉(広) 皂白は黒白（『広録』上堂234）。

【蔵避】〈ぞうひ〉(広) かくれ、にげること（『広録』上堂329）。

【像法】〈ぞうぼう〉(眼)(広) 像というのは、正法に相似するという意味で、仏滅後の五百年を経た後の五百年または一千年は正法に似た法が行われる時代とする。

【滄溟】〈そうめい〉(広) 青海原、蒼海（『広録』上堂188、268）。

【懆悶】〈そうもん〉(広) 操は懆。懆はうれえておちつかぬさま。悶は気がむすばれぬこと（『広録』上堂15）。

【叢裏】（裡）〈そうり〉(広) 叢林の中（『広録』偈頌75）。

【蒼龍……玄豹】〈そうりゅう……げんぴょう〉(広) 蒼龍には八尺以上の大馬の意もあるが、宏智の頌古（『宏智録』二）に「豹披霧而変文、龍乗雷而換骨」（(大)48・22b）とあるのによれば、蒼龍は青龍のことか。玄豹は黒き古豹（『広録』上堂135、206）。

【草料】〈そうりょう〉(眼)(広) 田租・物料・給料・食禄等の意。転じて本分の草料という。

【双林】〈そうりん〉(広) 沙羅双樹のこと（『広録』上堂225）。

【叢林】〈そうりん〉(眼)(広) 樹木が繁茂する林の意から転じて、衆僧が一所に和合して住むことが、樹林のように静寂なところから、禅僧の坐禅弁道する修行道場をいう。

【壮齢】〈そうれい〉(広) 三十歳をいうのが普通であるが、道元は二十四歳で渡宋し、二十八歳で帰朝された（『広録』上堂498）。

【窓櫺】〈そうれい〉(広) 櫺は桟のこと（『広録』小参2）。

【麁境界】〈そきょうかい〉(広) とるにもたらぬ簡単なこと。

【続】〈ぞく〉(広) 先人の歌頌に和すること（『広録』偈頌95）。

【則公監院】〈そくこうかんにん〉(眼) 監院は役名。則公は金陵報恩院の玄則をいう（『眼蔵』弁道話巻、(岩)上・74）。『伝灯』二十五（(大)51・413b）に滑州衛南の人として機縁の語を載せるが伝記不詳。

【即此見聞絶見聞……】〈そくしけんもんぜつけんもん……〉(広) 三平義忠の頌「ただ、この見聞、見聞にあらず。さらに君に呈すべき声色なし」に基づく。なお、語句の比較検討によれば『宏智録』二・拈古からの引用であると思われる（『広録』小参3）。

【即色明心……】〈そくしきめいしん……〉(広) 色について心を

明らめ、物事についてその道理を現す（『広録』上堂352）。

【側耳擡頭】〈そくじたいとう〉(広) 寂莫として静まりかえった山中に、心を澄ますと、夜も眠れず、耳をそばだて、頭を擡げて暁風の吹き、夜の明けるのを待つ（『広録』偈頌53）。

【触処】〈そくしょ〉(広) 諸所いたるところ（『広録』上堂478、偈頌16、94）。

【即心見月】〈そくしんけんげつ〉(広) 天童如浄の語。『如浄語録』上（(大)48・122c）に出る（『広録』偈頌81、82）。

【即心是仏】〈そくしんぜぶつ〉(眼)(広) ⇩「即心即仏」

【即心即仏】〈そくしんそくぶつ〉(眼)(広) 即心即仏は、心こそは仏にほかならぬという意味で、馬祖道一が初めてこの語を用いたとされる。この語は、馬祖の大機大用の禅風を挙揚した平常心是道ともに有名な語で、『馬祖語録』の冒頭に掲げられる、馬祖と大梅法常の問答にみられる語で、「仏とは何か」との問いに「即心即仏（心こそが仏にほかならない）」と答えた。法常はこの語によって、大梅山中での坐禅三昧の生活に入り、後年、馬祖が「非心非仏」を唱道していることを聞かされても「任汝非心非仏我只管即心即仏（非心非仏と言っても私は即心即仏でよい）」（『伝灯』七・大梅法常章、(大)51・254c）といって坐を立たなかったといわれる。それを伝え聞いた馬祖は梅の実に懸けて「梅子熟せり」といった故事（『広録』上堂319、頌古75、偈頌63）。馬祖以後、この語を用いて学人を接化した禅僧には、黄檗希運さらに石頭希遷らがいる。即心即仏と同義語に即心是仏があるが、是仏は即仏より語気が弱い。『眼蔵』即心是仏巻、行持下巻を参照。

【即辰仲秋漸涼】〈そくしんちゅうしゅうざんりょう〉(広) 仲秋（八月）の朝、ようやく涼しという、時候の言葉（『広録』上堂250）。

【捉得】〈そくとく〉(眼)(広) とらえ理解すること。

【俗九流】〈ぞくのくりゅう〉(広) 俗世間の儒・道・陰陽・法・名・墨・縦横・雑農の九家者流の学派（『広録』偈頌102）。

【俗流を可容すや】〈ぞくりゅうをゆるすや〉(広) 私は俗人ではあるが、高邁な議論にたやすく加わってよいかの意（『広録』頌古8）。

【息慮凝寂】〈そくりょぎょうじゃく〉(眼) 息慮凝心ともいう。普通教家の坐禅観法を指し、思慮することを息《や》めてもっぱら静寂に住せんとする観法をいう（『眼蔵』坐禅箴巻、(岩)上・406)。

【速礼】〈そくれい〉(広) 触礼・即礼とも（『広録』上堂204）。⇩「触礼」

【触礼】〈そくれい〉(眼) 速礼・即礼とも書く。坐具を展《の》べずに四つ折りにして下に置き、頭を低《た》れて額を坐具につける略式の拝。

【祚光】〈そこう〉(広)『祖山本』の第一巻の筆者で、永平寺二十世門鶴の随侍者もしくはその近辺の人と思われるが詳細不明。

【楚国の至愚】〈そこくのしいぐ〉(眼) 宋の愚夫、燕石（燕山より出る玉に似て玉に非ざる石）を持って宝となした故事による（『眼蔵』行持下巻、(岩)中・46)。

【疎山】〈そざん〉(眼) 疎山光仁（生没年不詳）。洞山良价の法嗣。吉州の人。身相短陋、しかも禅機峻鋭で矬師叔・矮闍黎等と呼ばれたという。撫州疎山に住して開法。『四大等頌』『略華厳長者論』等の著ありと伝わる。光仁は匡仁または羌仁に作ることがあり（『伝灯』十七・疎山光仁章、(大)51・339c)。

【祖師云く、一つの小阿蘭若の如き……】〈そしいわく、ひとつのしょうあらんにゃのごとき……〉(広) 祖師は龍樹のこと。『大智度論』十五（(大)25・173c−174a）に出る、ただし文章が多少異なる（『広録』上堂432)。

【祖師西来意】〈そしせいらいい〉(眼)(広) 祖師西来は菩提達磨がインドから中国に来て初めて禅法を伝えたことをいう。祖師西来意というのは「中国禅宗の祖師である菩提達磨大師がインドから中国へやって来た真意とは何か」というのが原意である。が、それはしばしば「仏法の大意・真義・奥義・真髄とは何か」という禅の根底を問う意味に使われる。その質問に対して「庭前の柏樹子」と答えた趙州従諗は、決して心のはたらきによって認識される対象として仏法を示したのではなく、仏法の真意を目前に具現している庭前の柏樹子の把握こそが本来の西来意の真意であることを示した公案（『広録』上堂356、433、488、小参9、頌古45、49、71)。『眼蔵』柏樹子巻（(岩)中・107)を参照。

【祖師禅】〈そしぜん〉(広) 祖師としての達磨が正伝した禅。特に、六祖慧能下の南宗系の禅をいう場合がある（『広録』

上堂52、245、335、小参7）。

【麁心】〈そしん〉㊜ 粗い心。文字に執著して実体を見極められない（『広録』上堂96）。

【疏親】〈そしん〉㊜ うとい（親しくない）者と親しい者との別（『広録』偈頌115）。

【素と僧】〈そとそう〉㊜ 素は素衣をつけるもの、在家人のこと。道と俗（『広録』偈頌19）。

【疏怠】〈そたい〉㊜ おろそかにし、なまける（『広録』上堂30、134）。

【触乖】〈そっかい〉㊜ ふれそむくことから、区別・差別・相対の世界をいう（『広録』頌古34）。

【足下雲生】〈そっかうんしょう〉㊖ 足下より雲自ら生じて自由に飛翔し得ること。法において自由を得た境界をいう（『眼蔵』遍参巻、㊔中・357）。『伝灯』三・菩提達磨章に「師不起于坐、懸知宗勝義堕、遽告波羅提曰、宗勝不禀吾教、潜化於王須臾即屈、汝可速救。波羅提恭禀師旨云、願仮神力。言已雲生足下、至王前、黙然而住。」（㊅51・218b）と出る。

【足下無糸去】〈そっかむしこ〉㊖ 足に糸が纒っては自由に歩行できず、その糸を截断すれば行履自由となるの意（『眼蔵』遍参巻、㊔中・357）。『伝灯』十五・洞山良价章に「僧問、師尋常教学人行鳥道、未審如何是鳥道。師曰、不逢一人。曰、如何行。師曰、直須足下無糸去。」（㊅51・322c）と出る。

【啐啄の迅機】〈そったくのじんき〉㊖ 卵が孵化する時に、雛が内より殻をつつくのを啐といい、牝鶏が外より同時にそこの一点をつついて殻を破るのを啄という。その啐啄同時の妙機を喩えて、師が弟子に仏法を面授嗣法し仏祖の慧命が相続することを表す（『眼蔵』面授巻、㊔中・312）。

【卒暴】〈そつぼう〉㊖㊜ 軽率、乱暴なこと。

【窣堵（塔）婆】〈そとば〉㊖ 梵語 stūpa（窣都婆・蘇偸婆）。塔または塔婆と略称する。方墳・廟・高顕等と訳す。舎利等を安置するため、または供養報恩のため、あるいはまた霊域を記念するために建てられたもの。その資材及び形式には種種あって一様ではない（『眼蔵』三時業巻、㊔下・131）。『眼蔵』供養諸仏巻（㊔下・181）を参照。

【其の衣服に画く】〈そのえぶくにえがく〉㊜『漢書』文帝紀にある画衣冠と同意。虞氏の時代、犯罪者に実刑を科さず、その衣冠に特殊な色彩・模様を施したことがある（『広録』上堂129）。

【作麼生】〈そもさん〉(眼)(広) 中国の俗語で疑問の詞。作麼は何の意、生は助辞。「いかに」、あるいは「いかにせん」「どうであるか」「どうするか」というような意に用いる。怎麼生・什麼生・做麼生・似麼生等とも書く。

【疏由】〈そゆう〉(広) 蹤由であろう。もののあとかた（『広録』偈頌1）。

【尊候、居起万福】〈そんこう、きょきばんぷく〉(広) 候は時候のこと。四季の変化につれて、身体のご気嫌等を尋ねる意。居起万福は上機嫌。ご機嫌よろしくの意（『広録』上堂218、250）。

【尊宿】〈そんしゅく〉(眼)(広) 宿は老大の意。禅宗において有道高徳の僧侶に対する敬称。

【村僧】〈そんそう〉(広) 村に隠れ住む僧。僧自らが謙下していう語（『広録』頌古62、自賛11、17）。

た

【大安禅師】〈だいあんぜんじ〉㊞㊛ ⇩「円智大安」

【大潙】〈だいい〉㊛ ⇩「潙山霊祐」

【大潙、仰山の令嗣話】〈だいい、きょうざんのりょうしわ〉㊞ 潙山と弟子の仰山が、宗門の令嗣（跡継ぎ）について問答し、仰山は一人も教化せざる絶待対の境界を、禅牀を一巡することで示し、潙山は仰山の境涯を古今を裂破して独悟の事実のみを証明した。『潙山霊祐語録』に「師方丈内坐次、仰山入来、師云、寂子近日宗門令嗣作麼生。仰山云、大有人疑著此事。師云、寂子作麼生。仰山云、慧寂祇管困来合眼、健即座禅。所以未曾説著在。師云、到這田地也難得。仰山云、拠慧寂所見祇如此一句也著不得。師云、汝為一人也不得。仰山云、自古聖人尽皆如此。師云、大有人笑汝恁麼祇対。仰山云、解笑者是慧寂同参。師云、出頭事作麼生。仰山繞禅牀一匝。師云、裂古今」（㊇47・579a）とある（『眼蔵』嗣書巻、㊑上・246）（『三百則』中三）。

【第幾月】〈だいいくげつ〉㊞㊛ 雲巌が掃箒を竪起し、道吾に「第幾月」と問うた故事による。それは、本来の面目以外にもう一人の自己があるか、との問いで、道吾に本来の自己を覚醒させせんとしたのである（『眼蔵』菩提分法巻、㊑下・107、『広録』上堂277、344、521、頌古12）。『宏智頌古』二十一則（㊇48・240c）を参照。

【大潙山霊祐禅師】〈だいいさんれいゆうぜんじ〉㊛ （『広録』法語2）⇩「潙山霊祐」

【大潙大円禅師】〈だいいだいえんぜんじ〉㊞ ⇩「潙山霊祐」

【第一義門】〈だいいちぎもん〉㊛ 言語思惟を超越した究極の世界で、成仏得悟の道を直接示すことで、第一義諦ともいわれる（『広録』上堂435）。

【太一】〈たいいつ〉㊛ 北極神の別名。『史記』二十四・楽書に「漢家常以正月上辛、祀太一甘泉、以昏時」とあって、その注に「正義曰太一北極大星也」とある（『広録』上堂412）。

【大医道信】〈だいいどうしん〉㊞ （五八〇～六五一）。鑑智僧璨の法嗣。中国禅宗第四祖。姓は司馬氏、河内の人。祖風を嗣いで後も眠らざること六十年という。蘄洲破頭山に住して化門を張り、唐太宗の詔命を辞して京師に上らず、永徽二年（六五一）示寂、寿七十二。大医禅師と諡す。その道風については『眼蔵』行持下巻（岩中・54）、『伝灯』三・道信章（大51・222b）を参照。

【大潙の輪下に投じて、稍、数年を経……】〈だいいのりんかにとうじて、やや、すうねんをふ……〉（広）『会要』八・香厳章に出る。『眼蔵』谿声山色巻（岩上・137–138）に偈文の拈提がある。『眼蔵』の引用は『伝灯』十一（大51・284a）とは相違する（『広録』上堂457）。

【大隠小隠】〈だいいんしょういん〉（眼） 隠は世俗を遁れて隠棲する高潔の士をいう。転じて大小の修行者または善知識の意。白居易の詩句に「大隠は市朝に住し、小隠は丘樊に入る」とある（『眼蔵』行持上巻、岩中・29、行持下巻、岩中・69）。

【大慧宗杲】〈だいえそうこう〉（眼）（一〇八九～一一六三）。圜悟克勤の法嗣。俗姓奚氏。宣城の人。圜悟に謁するまでの修学の経歴は『眼蔵』自証三昧巻（岩下・48）に詳説がある。径山・育王等に歴住し、当時の禅風の中心をなした。臨済風の看話（公案）禅を主張し、天童山の宏智正覚の黙照禅に対抗して大いに化を振るう。妙喜菴と号し、善覚禅師と諡す。南宋隆興元年（一一六三）示寂、寿七十五。道元の出世に先立つこと三十七年前である。『大慧広録』三十巻。『大慧武庫』『大慧正法眼蔵』等がある。『続灯』二十三・宗杲禅師章を参照。

【大円覚】〈だいえんがく〉（広） 広大円満覚の意。仏智をいう。大円覚は仏の完全なる悟り。「以大円覚為我伽藍身心安居平等性智」『円覚経』（大17・921a）に基づく。仏の境涯をそのまま自分の住居として、全身全霊をもって衆生済度することで、また、叢林における雲水の安居の端的をいう（『広録』上堂257、322、小参6）。

【大円覚を以て我が伽藍と為す……】〈だいえんがくをもってわがらんとなす……〉（眼）（広）『円覚経』詳しくは『大方広円覚修多羅了義経』（大17・921a）に見られる語句。大円覚は円満で完全な大覚の意味で、仏の完全なる悟り。平等性智は仏の四智（大円鏡智・平等性智・妙観察智・成所作智）の一つで、多種多様なありようを離れて大慈悲心をもって衆生を化導する智慧。仏の悟りの境涯をそのまま自分の住居として身心全てを尽くして衆生を化導することで、禅僧の叢林安居の絶対の指針でもある。道元は師の如浄から『円覚経』や『首楞厳経』などの経典を用いないように教示されている（『眼蔵』安居巻、㊫下・97、『広録』上堂257、322、小参6、『宝慶記』など）。

【大過】〈たいか〉㊘ 大きなあやまち、大罪（『広録』上堂381）。

【大華】〈だいか〉㊘ 大華山のような従来からもっている疑問（『広録』偈頌36）。

【大海……百川応に倒まに流る】〈たいかい……ひゃくせんまさにさかさまにながる〉㊘ 仏法は善悪ともに包含する大海のごとく無限であるが、それを有限とすると無数の善悪の対立的な見方が出現することになるとの意（『広録』上堂242、447、513）。

【体格】〈たいかく〉㊘ その人の身体つきや風格（『広録』法語14）。

【大覚禅師道欽】〈だいかくぜんじどうきん〉㊘（七一四～七九二）。牛頭宗径山道欽、法欽、国一大師ともいわれる。鶴林玄素の法嗣。牛頭径山派の初祖となる（『広録』上堂237）。

【馬祖人をして送書して到らしめん……】〈ばそひとをしてそうしょしていたらしめん……〉㊘ 以下の語話は『伝灯』四・径山道欽章（㊅51・230a）に出る（『広録』上堂237）。

【大鑑慧能】〈だいかんえのう〉㊗（六三八～七一三）。五祖大満弘忍の法嗣。中国禅宗の第六祖。盧行者とも呼ばれた。范陽の人、姓は盧氏。弘忍に謁し、行者として碓房にあること八ヶ月、一会の上座神秀を措いて衣法を承け六祖に列せられた。五祖の指示によって南に隠れ、唐儀鳳元年（六七六）剃髪、翌年曹谿の宝林寺に止住す。教化四十年、唐開元元年（七一三）示寂、寿七十六。大鑑禅師と諡す。中国の禅風はこの六祖に至って大成する。法嗣四十三人、青原行思・南嶽懐譲・南陽慧忠・荷沢神会等の神足を輩出する。中でも、青原・南嶽の法孫が栄えて五家七宗の隆盛を見るに至った。道元は常にその高風を慕い、曹谿高祖・曹谿古仏・大鑑高祖等と敬称される（『伝灯』五・洪州法達章、㊅51・238a）。『眼蔵』法華転法華巻（㊫上・252–254）、看経巻（㊫上・340）を参照。

【泰監寺】〈たいかんす〉㊘ 伝不詳（『広録』上堂299）。

【大疑】〈たいぎ〉㊘ 真剣な弁道修行そのものの中で、徹底的に疑を参究すること（『広録』上堂80、87、頌古21）。

【大機】〈だいき〉(眼)(広) 大機用の略。大根機の意で、すぐれたはたらき。並外れた活作略。大いなる力量。修行者の信心堅固な勝れた弁道。大機大用の大機は宗旨を諦めたその境涯。大用は学人接化の伎倆のこと。上座部仏教の行者の小機なるのに対し、解行ともに勝れて遠大の志気ある菩薩を大機という。

【体究】〈たいきゅう〉(広) 心をそのものの中において、徹底的に究めること（『広録』偈頌23）。

【大休】〈だいきゅう〉(広) 大休宗珏。（『広録』上堂280、自賛1）⇩「天童宗珏」

【太虚】〈たいきょ〉(広) 虚空（『広録』上堂81、251、自賛17）。『眼蔵』栢樹子巻（(岩)中・108）を参照。

【大愚】〈だいぐ〉(眼)(広) ⇩「高安大愚」

【太区区生】〈たいくくせい〉(眼)(広) 太駆駆生とも。太は「はなはだ」の意、区区は細々と心をくだいて努力すること。生は助字、はなはだ御苦労であるの意（『眼蔵』菩提分法巻、(岩)下・23、『広録』頌古12）。

【大屈】〈だいくつ〉(広) 大きくゆがめる。大きな間違い（『広録』上堂282）。

【大家】〈たいけ〉(眼)(広) みなさん。みんな。

【大家（気）剛て悟明星と道う】〈たいけしいてごみょうじょうという〉(広) 大家はみんな。剛はまさに、しいて事理を判断すること。みんなは釈迦は明星を見て悟ったというが、それ以前に悟っていた人もいるし、悟りは釈尊だけの悟りではないという意（『広録』偈頌116）。『如浄語録』（清涼寺の臘八上堂）に「誑人剛道悟明星」（(大)48・122b）の語句が見える。ちなみに、『如浄語録』は、仁治三年（一二四二）の八月五日、宋より道元に送られ、それに対する上堂をしてより後、道元は、この語録からの引用が多くなる。

【大家底】〈たいけてい〉(広) 全てのもの（『広録』上堂311）。

【泰元】〈たいげん〉(広) 春のこと。正月の卦は「三陽交泰」とされるので、正月を「泰」という。元は元亨利貞の四徳の初めで、四季にあてると元は春にあたるので「泰元」は春に通ずるとされた。「泰元臻る」というのは、冬の極寒の内に立春となったことをいう（『卍山本』偈頌97）。

【太原孚上座】〈たいげんふじょうざ〉(眼)（生没年不詳）。唐末五代頃の人。雪峰義存の法嗣。諸方を遍歴して名四方に聞こえるが禅院に住持することがなかったので、人は名づけて太原孚上座と呼んだ（『伝灯』十九、(大)51・592b）。

【醍醐】〈だいご〉(眼)(広)『涅槃経』の五味の中の一つ。牛乳を精製した乳製品で最上のものであり、最高の妙薬ともされる（『眼蔵』行持上巻、(岩)中・18、『広録』頌古38）。

【台光】〈だいこう〉(広) 三台星の輝き。大将軍の威光をたたえる。この場合は李枢密のこと（『広録』偈頌48）。⇩「三台」

【大虚空】〈だいこくう〉(眼)(広) 大宇宙。

【大牛車】〈だいごしゃ〉(眼)『法華経』中の譬喩で、声聞乗（羊車）・縁覚乗（鹿車）・菩薩乗（牛車）の三乗に対して、一仏乗を大牛車または大白牛車という。

【退骨】〈たいこつ〉(広) 骨をとりかえる。また、骨をぬくこと。道家に「換骨羽化」すなわち骨を羽にかえて空を飛ぶなどという語がある（『広録』上堂135）。

【大殺】〈だいさつ〉(眼)(広)「太殺」にもつくる。はなはだ、すこぶる、大いになどの意味（『広録』上堂12、160、262）。

【台山】〈たいさん〉(眼) ⇩「天台山」

【大参】〈だいさん〉(眼) 五参上堂（一、五、十、十五、二十、二十五日と五日ごとに行われる住職の正式な説法）。粥後に、法堂で住職と知事・堂頭以下大衆と問答商量することをいう（『眼蔵』遍参巻、(岩)中・359）。

【第四果】〈だいしか〉(眼) 四果中の第四果。⇩「四果」

【大慈寰中】〈だいじかんちゅう〉(眼)(広)（七八〇〜八六二）。百丈懐海の法嗣。姓は盧氏、蒲の人。得法ののち、南嶽の常楽寺に菴を結ぶ。後に浙江北部大慈山にも住して開法す。唐咸通三年（八六二）示寂、寿八十三、性空大師と諡す（『広録』上堂10、159、381、498、小参16）（『伝灯』九・大慈寰中章、(大)51・266c）。『眼蔵』行持巻（(岩)中・30-31）を参照。

【大食調】〈だいじきちょう〉(広) ペルシャの俗曲（『広録』上堂138）。

【大慈、衆に示して云く、一丈を説得せんより……】〈だいじ、しゅにしめしていわく、いちじょうをせっとくせんより……〉(広) 大慈寰中は「一丈を説くよりも、一尺を行ずる方がましである。一尺を説くよりも、一寸を行ずる方がましである」と云った（『広録』上堂498）。以下の語は『宏智頌古』四十六則（(大)48・256b）を参照。

【第四禅】〈だいしぜん〉(眼) 色界四禅天の第四。⇩「四静慮」

【体悉】〈たいしつ〉(広) 自分自身の身心に徹してぴたりととらえること（『広録』上堂80、143、146、370、小参12）。

【大慈父、悦ぶべし眉毛一茎を添う】〈だいじふ、よろこぶべしびもういっきょうをそう〉(広) 釈尊の成道は、本来成仏身に現世成仏を加味したものであるの意（『広録』上堂475）。

【大寂去世】〈だいじゃくきょせ〉(広) 大寂は馬祖の諡号。馬祖が示寂してより（『広録』上堂323）。

【帝釈天】〈たいしゃくてん〉(眼)(広) 梵語 Śakra devānām indra（釈迦提婆因陀羅）を略して釈提桓因という。通常は因陀羅を訳して帝とし、釈迦を音写して釈とし、帝釈天と称する。能天主と訳し、須弥山頂の忉利天善見城に住して他の諸天を領し、仏法帰依の人を保護し、阿修羅の軍を征服するという（『広録』上堂64、165、381、404、440、495）。

【帝釈鼻孔】〈たいしゃくびくう〉(広) 仏法の広大無辺をいう（『広録』上堂207）。

【大小】〈だいしょう〉(広) 大乗と小乗の意。あるいは、大人と小供の意（『広録』上堂381、390）。

【大小……】〈だいしょう……〉(広) 本来は物の大きさを問う疑問詞だが、この場合は、……ともあろうものが、の意味。（『広録』法語10）。

【大証国師慧忠】〈だいしょうこくしえちゅう〉(眼)(広) ⇩「南陽慧忠」

【大小石頭】〈だいしょうせきとう〉(広) 大きい石は大きい石、小さい石は小さい石と認識し、それぞれがそれぞれのはたらきをすること（『広録』上堂261、296、502）。

【大聖】〈だいしょう〉(眼)(広) ⇩「大聖無上尊」

【大丈夫】〈だいじょうぶ〉(眼)(広) 男子の美称。禅門では特に大乗の根機を具える士の意に用いる（『広録』上堂361、法語4、5、14）。

【大聖無上尊】〈だいしょうむじょうそん〉(広) 大聖は仏の尊号、無上尊は仏の尊称。この世で最も貴い人の意（『広録』上堂360）。

【大尽三十日】〈だいじんさんじゅうにち〉(広) 陰暦の大の月の終りは三十日、小の月の終りは二十九日（『広録』上堂4）。

【鎚子】〈たいす〉(眼) むし餅。

【大随（隋）、因みに僧問う、劫火洞然大千倶壊……】〈だいずい、ちなみにそうとう、ごうかとうねんだいせんぐえ……〉(広) 劫火つまり世界を焼き尽くし破壊に導く劫災に至ってもなお焼き尽くせないものがあるかどうかの禅門における問題提起の一つ。つまり、ある僧は『倶舎論』(世間品)に「成住壊空、三災起こって壊して三禅天に至る」とあるところによって、仏法の本質というものは、世界が壊滅してもなくならない、不滅の本性を概念的に固定化した上で、世界が破滅したときは、自己の面目はどうなるのかを問うたのである。これに対して大随は「全てが無くなる」と答えて、三千大千世界とともに壊する洞然たる劫火こそが真実の実体であることを示した(『広録』頌古83)。以下の語話は『伝灯』十一・大随法真章(大51・286a)に出る。

【滞水の行履】〈たいすいのあんり〉(眼) ⇩「拕泥滞水」

【大随(隋)法真】〈だいずいほうしん〉(眼)(広)(八三四〜九一九)。南嶽下。道吾円智・雲巌曇晟・洞山良价に参じ、潙山霊祐の会下で刻苦修行、悟道し、後に大安長慶(後に大潙和尚)の法を嗣ぐ。その家風は篤実で温雅の中にも禅機秀逸なものがあるとされる。蜀主欽慕してしばしば使を遣わしたが辞して出ず、神照大師の号を贈られるという。語録一巻がある(『伝灯』十一・大随法真章、(大)51・286a)。

【大千】〈だいせん〉(眼) 大千世界のこと。⇩「三千大千世界」

【大仙】〈だいせん〉(広) 仏の敬称。大仙人の略。釈尊が悟りを得て菩提樹下に坐した時、人々は「大仙」と呼んだという(『広録』上堂381)。

【大千界】〈だいせんかい〉(眼)(広) 三千大千世界の略。⇩「三千大千世界」

【代宗皇帝】〈だいそうこうてい〉(広) 唐八代の皇帝(在位七六二〜七七九)(『広録』頌古27)。

【大祖慧可】〈たいそえか〉(眼) 慧可大師(四八七〜五九三頃)。幼名神光、僧可ともいう。達磨大師より法を受け中国禅宗第二祖となる。武牢の人、姓は姫氏。隋開皇十三年(五九三)示寂、寿一百七という。正宗普覚と諡す。慧可ははじめ老荘・儒教さらに仏典を学んだが飽きたらず、四十歳で嵩山少林寺に菩提達磨を訪れ、入門する際、許されなかったので雪中に自ら左臂を切断して求道の志を認められた故事は有名。達磨の弟子となって労苦八年間の修行の後に鄴都にて説法し、北周の破仏(五七四〜五七八)に遭って皖公山に隠れ、破仏のやんだのち再び鄴都にかえったとされる。道元は二祖を「人天の大依怙なるなり、人天の大導師なるなり」と称えている（『眼蔵』行持下巻、(岩)中・50–52、『伝灯』三・慧可大師章、(大)51・220b）。

【太麁生】〈だいそしょう〉(眼) 参学未熟で行持の慎重を欠くものをいう。

【太尊貴生】〈だいそんきせい〉(眼) 太は「はなはだ」の意、生は助字。至尊至貴なりの意。

【対待】〈たいだい〉(眼)(広) 二法の相い対立すること。迷と悟、善と悪など。

【提多迦】〈だいたか〉(眼) 梵語 Dhaitaka 摩訶陀国の人、出家して優婆毱多尊者に法を嗣ぎ、伝灯第五祖となる。火光三昧に入って示寂したという。得法の因縁は『眼蔵』出家功徳巻（(岩)下・159–160）を参照。

【大地有情同時成道】〈だいちうじょうどうじじょうどう〉(眼)(広) 無生物も生物も現象界の全てのものが同時に菩提を成就して仏となるの意（『広録』上堂37）。

【大兆】〈だいちょう〉(広) 勝れた因縁のこと（『広録』小参10）。

【大通】〈だいつう〉(広) 大通智勝仏のこと（『広録』上堂460）。

【大底許多有大】〈だいていきょたゆうだい〉(広) 大には大に、小には小にそれなりのものがある。『伝灯』二十四・帰宗道詮章（(大)51・403b）に出る（『広録』上堂144）。

【大展礼三拝】〈だいてんらいさんぱい〉(眼) 最も敬意を表す礼拝法。通常は坐具を三折して礼するが、特に坐具を大きく一枚に展べ礼三拝する。「大展三拝」とも。

【大都】〈たいと〉(広)「凡そ」と読み慣わされているが、本来の意味は、「何もかもあるという大都会へ苦労して歩いていかなければそこに到れないというのではない。自分の住んでいるその場所こそが大都会である」の意である（『普勧坐禅儀』）。

【大道】〈だいどう〉(眼)(広) 仏法の大いなる道のことだが、仏道には仏衆生・迷悟凡聖の差別は無いことをいう。『眼蔵』弁道話巻（(岩)上・71）に「坐禅弁道して、仏祖の大道に証入す」とあるところによれば、仏法の偉大なる真実の意ともなる。

【大道通長安】〈だいどうつうちょうあん〉(広) 仏祖の大道は、全ての道が長安に通じているように多岐ではあるが、元来菩提に通じている（『広録』上堂231）。

【大道本より名字無し……】〈だいどうもとよりみょうじなし……〉

(広) 大道は一体如何なるものであるのか。『老子』二十五章に、「吾不知其名、字之曰道、強為之名曰大」とあるところから、『事考』は出典に示す（『広録』法語2）。

【大道本より何ぞ如ならん……】〈だいどうもとよりなんぞにょならん……〉(広) 未知なる大道がもとより（如）現実であるとは思えません。大道が本来如何なるものであるのか（『広録』偈頌44）。

【体得】〈たいとく〉(広) 体解・体悉に同義で身をもって会得すること（『広録』上堂88、頌古50）。

【大徳】〈だいとく〉(広) 梵語 bhadanta の音訳は婆檀陀。本来は仏・菩薩・高僧を呼ぶ尊称で、有徳の僧の意であるが、ここでは、第二人称の代名詞として用いられ、尊公・貴師の意味（『広録』上堂411、頌古86）。

【大徳坐禅、図箇恁（什）麼……】〈だいとくざぜん、ずこいんも……〉(広) 以下の語話は、南嶽懐譲とその師馬祖道一の師資証契の問答として有名で「南嶽磨甎」といわれる公案（『広録』頌古38）。この公案は坐禅の根本義を明確にしたもので、その眼目は不図作仏であるとされる。この磨甎作鏡は単なる徒労無駄骨をいうのではなく、坐禅が有所得であってはならぬ、無所得・無所悟でなければならない実態を如実に示すものである。『伝灯』五・南嶽懐譲章（(大) 51・240c）に出る。『眼蔵』古鏡巻（(岩)上・300）、坐禅箴巻（(岩)上・399-404）にその引用と提唱がある。

【第二義門】〈だいにぎもん〉(広) 第一義門の対で、種々さまざまな手段をもって、迷妄を破し、成仏得悟の道を示すことで、第二義諦ともいわれる（『広録』上堂435）。

【第二月】〈だいにげつ〉(眼)(広) 天に月が二つあるという見解。つまり、眼病のために本当の月以外にその月の影を認め、その実は無であるのに、ありもしないものをあると思い込むこと。仮有空無の喩え。『宏智頌古』二十一則では「雲巌掃地次、道吾云、太区区生、巌云、須知有不区区者、吾云、恁麼則有第二月也、巌提起掃箒云、這箇是第幾月、吾便休去、玄沙云、正是第二月。」（(大) 48・240c）とある。

【大耳三蔵】〈だいにさんぞう〉(眼)(広)（年代不明）。インドの僧。唐の代宗のとき洛陽に来る。他心通の評判が高かったため、忠国師と応待したという（『眼蔵』後心不可得巻、(岩)上・273、他心通巻、(岩)下・101、102、103、108、110、『広録』上堂17、196、頌古27）。

【第二禅】〈だいにぜん〉(眼) 四禅天の第二。⇩「四静慮」

【第二念】〈だいにねん〉(広) 思慮し分別すること。その反対が第一念すなわち思慮し分別することを超越すること（無分別智）であるが、道元は第二念、第一念さらに無念にさえとどまることをも斥けた（『広録』小参8）。

【大梅、参学すること三十余年……】〈だいばい、さんがくすることさんじゅうよねん……〉(広) 馬祖道一に参学し、「即心即仏」の語により、大梅山に住すること四十年、ある僧が、馬祖はこの頃は「非心非仏」ですと示すと、大梅は「他は非心非仏なるも、我は只管即心是仏」と答えたところ、馬祖は「梅子熟せり」といって印可証明した故事（『広録』上堂8）。『眼蔵』行持上巻（(岩)中・26）を参照。

【大梅常禅師】〈だいばいじょうぜんじ〉(広) ⇩「大梅法常」

【大梅法常】〈だいばいほうじょう〉(眼)(広)（七五二～八三九）。馬祖道一の法嗣。襄陽の人、姓は鄭氏。幼年より玉泉寺（湖北省）で修学の後、龍興寺で登壇具戒し経論に通じたが禅に志し、馬祖道一の下で参学。貞元十二年（七五六）、四明（浙江省）の大梅山に住すること四十年、塩官斉安会下の一僧に発見され、「即心即仏」「非心非仏」の商量がなされたことで著名である。開成元年（八三六）には護聖寺に住し、衆徒六～七〇〇を擁したという。開成四年（八三九）示寂、寿八十八（『眼蔵』行持上巻、(岩)中・24–25、『広録』上堂8、319、法語9）。『伝灯』七・大梅法常章（(大)51・254c）を参照。

【太白】〈たいはく〉(眼)(広) 晋代には太白山、唐代には天童山と称し、宋代には宏智正覚、また道元の師である如浄も住した。道元の安居地。

【太白】〈たいはく〉(広) 太白山天童景徳寺に住した道元の師、如浄のこと（『広録』小参2、自賛6）。⇩「天童如浄」

【大麦】〈だいばく〉(広) 冬に蒔くと、次の年の夏に収獲するところから生報に喩える（順次生受）（『広録』上堂517）。

【大白峰】〈たいはくほう〉(眼) 天童山の別名（『眼蔵』弁道話巻、(岩)上・56）。

【提婆達多】〈だいばだった〉(眼)(広) 梵語 Devadatta 提婆達兜とも。略して提婆、または調達と称し、訳して天授・天与等という。普通は提婆という。斛飯王の子で釈尊の従弟で阿難尊者の兄に当る。または善覚長者の子で耶輸陀羅妃の弟ともされる。釈尊成道の後に出家して弟子となるが、仏の威勢を嫉み、阿闍世王と結んで仏を亡ぼし、自ら代って教勢を張ろうとしたが成らず。ついに五百の比丘を糾合して一派を別立したものの、久しく続かずに命終ってから無間地獄に落ちたとされる。提婆の一生を通じて釈尊に反抗敵対した因縁は、仏教経典中の一異彩として知られる。『法華経』「提婆達多品」には、全く異なる扱いをするのが見える。

【大般涅槃経】〈だいはつねはんぎょう〉㊞ 般涅槃は梵語 Parinirvāṇa 訳して滅度という。これは大乗の『涅槃経』であり、釈尊入滅の際に、大衆に対して最後に説かれた教説として、悉有仏性と法身常住の大乗の根本義を顕揚したもの。諸本あるが普通は曇無讖訳の四十巻本を「北本」とし、慧観等の再治校合した三十六巻本を「南本」と称する。

【大般若経】〈だいはんにゃきょう〉㊞ 梵語 Mahāprajñāpāramita-sūtra（『大般若波羅蜜多経』）の略称で、唐玄奘訳になる六百巻をいう。四処十六会で説かれ、八十一科の名数を挙げて、大乗の根本義である諸法皆空の理を顕揚したもの。般若部の種類ははなはだ多いが、その総合集成されたものがこの『大般若経』である。

【大悲院裏に斎有り】〈だいひいんりにさいあり〉㊗ 盤山宝積（中唐の人）の法嗣で、普化和尚（生没年不詳）の語。思慮分別のはからいを超越した世界は単に日常の仏行の中にこそ在ることを示す（『広録』上堂166、278）。

【大比丘三千威儀経】〈だいびくさんぜんいいぎきょう〉㊞ 後漢安世高訳、二巻。大比丘の日常威儀行法を説く。

【大悲菩薩】〈だいひぼさつ〉㊞ 大悲の主たる観世音菩薩のこと。

【大仏】〈だいぶつ〉㊞㊗ 道元の自称。永平寺が旧称を大仏寺ということにちなむ。

【大仏寺】〈だいぶつじ〉㊞㊗ 永平寺の旧称。京都の興聖寺で修行していた道元は、外護者であった波多野義重の所領、越前志比庄に赴いた。寛元元年（一二四三）七月十七日、大仏寺の地曳き作業を始め、翌年七月十八日には法堂が開堂され大仏寺と命名し、同年十一月三日には僧堂の上棟式等が行なった。寛元三年（一二四五）三月六日には、大仏寺におけるはじめての『眼蔵』虚空巻、鉢盂巻の説示を行ない、四月には北越入山後はじめての夏安居を行ない、寛元四年（一二四六）六月十五日をもって吉祥山永平寺と改めた。

【太平の王業治するに無像】〈たいへいのおうぎょうちするにむぞう〉(広) 禅僧の行動。『宏智録』二・拈古青原米価頌に「太平治業無像、野老家風至淳、只管村歌社飲、那知舜徳尭仁」と出る。『宏智頌古』五則（(大)48・230b）を参照（『広録』小参20）。

【大弁は訥せるが若く】〈だいべんはとつせるがごとく〉(広) 大功若拙と対で、『老子道徳経』第四十五章に出る語で、優れた雄弁は却って訥弁に似て口舌を弄せぬこと。また、真の巧妙は、俗眼には却って粗拙に見えることをいう（『広録』上堂419）。

【退歩】〈たいほ〉(広) 真実の自分自身に穏坐すること、転じて反省すること（『広録』上堂10、174、337、法語2、4、6、14、偈頌13、17、22、29、42、51、『普勧坐禅儀』）。

【碓坊】〈たいぼう〉(眼)(広) 碓房とも。碓は石臼。米を搗く部屋。玄米を搗いて白米にする坊。精米所。六祖慧能は五祖弘忍のもと、碓坊で八ヶ月間苦役に従事したという。

【大法眼】〈だいほうげん〉(眼) ⇩「法眼文益」

【大法輪】〈だいほうりん〉(広) 大いなる仏の教え。

【大法輪を転じ】〈だいほうりんをてんじ〉(広) 仏法を廻らせはたらかせること（『広録』上堂190、228、315、458、500、偈頌5）。

【退歩荷担】〈たいほかたん〉(広) 一歩退いて反省し、さらに重い荷をになうようにして行ずる（『広録』上堂174、337）。

【退歩翻身】〈たいほほんしん〉(広) 退歩は歩みを退く、根本にもどること。意馬心猿（人の意は馬のようにせわしく走り、心は猿のように騒ぐことから、煩悩や妄念のために心意が散乱すること）に惑わされずに自分自身が本来的にもつ真の姿の基底に穏坐すること。仏法を対照的に分別追求するあり方を翻転して自分の生命そのものを照顧すること。自己の外に求めず、内心について功夫参究すること。退歩返照。退歩と返照は同義語（『広録』偈頌42）。

【大梵王】〈だいぼんのう〉(眼) 大梵天王、あるいは単に梵天、または梵王と称する。色界初禅天の王にして、この娑婆世界を領するという。

【碓米伝衣】〈たいまいでんえ〉(眼)(広) ⇩「黄梅の打三杖」

【大満弘忍】〈だいまんこうにん〉(眼)(広)（六〇一～六七四）。四祖大医道信の法嗣。中国禅宗の第五祖。蘄州黄梅の人、姓は周氏。道信に得法ののち、黄梅県東禅寺に化を開く。門下に六祖大鑑慧能・神秀等を出す。上元二年（七六一）、寿七十四にして示寂。大満禅師と諡す（『伝灯』三・弘忍大師章、(大)51・222c）。『眼蔵』仏性巻（(岩)上・320）を参照。⇩「黄梅夜半の伝衣」「神秀」

【大満禅師】〈だいまんぜんじ〉(眼)(広) ⇩「大満弘忍」

【大満禅師、夜に逮って……】〈だいまんぜんじ、よるにいたって……〉(広) 五祖弘忍と六祖慧能とが師資証契した本文に見られる。碓房の話は『広灯』七・弘忍章に出る（『広録』上堂126、頌古7）。また『眼蔵』恁麼巻（(岩)上・430）を参照。

【対面】〈たいめん〉(広) 師資面授のこと（『広録』上堂92、93、法語6、自賛7）。

【大用現前】〈だいゆうげんぜん〉(眼)(広) 大用は仏法の大きなはたらき。自由無礙な活動が現前すること（『眼蔵』一顆明珠巻、(岩)上・91、坐禅箴巻、(岩)上・407、『広録』偈頌68）。

【大雄峰】〈だいゆうほう〉(眼)(広) 百丈山の別称。⇩「百丈山」

【大庾嶺頭】〈だいゆれいとう〉(広) 江西省と広東省との境にまたがる山。この山の南を嶺南、北を嶺北という。梅嶺と呼称されるほど梅が多い。六祖慧能が慧明を接化した地として知られる（『広録』上堂298）。

【大陽警玄】〈たいようきょうげん〉(眼)(広)（九四三〜一〇二七）。梁山縁観の法嗣。青原下第九世、曹洞の系譜に属す。江夏の張氏。智通に従って出家し、遊方して梁山に到りその法を嗣ぎ、大陽山に開法する。宋天聖五年（一〇二七）示寂、寿八十五。その示寂に際して衣鉢を浮山法遠（南嶽下第九世）に托し、その門下の投子義青に系譜を嗣がしめたという（『伝灯』二十六・大陽警玄章、(大)51・421b）。

【胎卵湿化】〈たいらんしっけ〉(眼) ⇩「四生」

【大利小利】〈だいりしょうり〉(広) 大利益を得たり、小利益になったりするのは臨機応変であり、時の市場における相場によること（『広録』上堂422）。

【滞累】〈たいるい〉(広) とらわれかかずりあう。また迷惑をかけること（『広録』上堂19）。

【大論】〈だいろん〉(眼) 『大智度論』のこと。後秦鳩摩羅什の訳で百巻。智度論または智論と称す。龍樹菩薩の著作で『大品般若経』を註釈したもの。

【打円相、竪起払子……】〈たえんそう、じゅきほっす……〉広 一円相を画く・払子を立てる・拄杖を立てる・拄杖を役げる・掌を打つ・一喝する・蒲団を拈ず・拳を拈ずるといった説法時に師家が行う諸々な動作（『広録』上堂472）。

【宝を懐いて郷に迷う】〈たからをいだいてきょうにまよう〉広 懐宝迷邦とも。『論語』陽化十七に出る。宝のようなすぐれた能力を持ち、迷える人々の中に入ること（『広録』上堂282）。

【打筋斗】〈たきんと〉広 筋（斤・巾）斗はとんぼがえりすること、もんどりうつこと。打は打酒（酒を買う）打草（草を刈る）などのように名詞の上についてその動作を現したり、打坐（坐禅をする）打睡（居眠りをする）などのように動詞の上について名詞になる場合がある。この場合の打筋斗は、打一趁（大悟一番する悟道の転機を言い表す語）などと同様に、もんどりうって超脱を図ることをいう（『広録』上堂367）。

【卓庵】〈たくあん〉広 庵を建てること（『広録』上堂457、頌古62、71）。

【卓爾】〈たくじ〉広 人にすぐれた貌（『広録』上堂316）。

【卓拄杖一下】〈たくしゅじょういちげ〉広 拄杖を床に一度ドンとつくこと。両下は二度、三下は三度つくこと（『広録』上堂60、150、169、221、228、231、240、312）。

【棹子】〈たくす〉眼 卓子に同じ。物を置く台のこと。

【琢磨】〈たくま〉広 みがくこと、鍛錬すること（『広録』上堂135、法語14、偈頌35）。

【打坐】〈たざ〉眼広 只管打坐の意で坐禅すること。打は坐という動作を強める語。

【多時】〈たじ〉眼広 何度も。

【打失眼睛】〈たしつがんぜい〉眼広 対立の世界を離れて自由の境へ入ることをいう。

【打車】〈たしゃ〉眼広 坐禅弁道に喩える。道元は「打車もあり、打牛もあるべきか。打車と打牛とひとしかるべきか、ひとしからざるべきか。世間に打車の法なし。凡夫に打車の法なくとも、仏道に打車の法あることをしりぬ、参学の眼目なり」（『眼蔵』坐禅箴巻、㊧上・401–402）と示す。

【多少】〈たしょう〉眼広 どれほどの。多い、はなはだ。

【打成一片】〈たじょういっぺん〉広 差別をなくし一つになる

（『広録』上堂302、449、法語14）。

【他心通】〈たしんつう〉(眼)(広) 六通の一。知他心通ともいう。自由に他人の心中に思うことを知る智。『眼蔵』他心通巻を参照。

【只這是】〈ただこれこれ〉(広) これ以外の何物でもない。仏法は現実即今に余すことなく我々の目の前に現成していることを示す。洞山良价が師の雲巌曇晟を供養するのは、雲巌の云った「只這是」の体得にあるという（『広録』上堂376、494）。『宏智頌古』二十則（(大)48・240a）を参照。

【但だ見る、日頭の東畔に上るに……】〈ただみる、にっとうのとうはんにのぼるに……〉(広) この偈頌は、『黄龍慧南語録』「三関師自頌」（(大)47・639b-c）を引用されたものである（『広録』小参7）。

【哆哆和和】〈たたわわ〉(広) 赤子の無意志の泣き声（『広録』上堂256）。

【橘氏太后】〈たちばなのうじのたいごう〉(広) 檀林皇后藤原嘉智子のこと（『広録』上堂358）。

【奪境】〈だっきょう〉(広) 対象とする世界を取り除く（『広録』上堂345）。

【脱体】〈だったい〉(広) 悟道そのままの姿。

【奪人】〈だつにん〉(広) 人という主観の世界を払拭する。そのようにすると、無差別の世界が展開する（『広録』上堂345）。

【拕泥滞（帯）水】〈たでいたいすい〉(眼)(広) 托泥帯水とも。拕泥は泥まみれ、滞水は水をかぶること。対者の境遇に同和して救済し摂化すること。和光応迹、和光同塵というのに同じ。諸仏が衆生救済のために自己の本来のすがたを隠して濁世で方便として衆生と縁を結ぶこと（『眼蔵』仏性巻、(岩)上・343、行仏威儀巻、(岩)上・353、身心学道巻、(岩)中・123、『広録』上堂88、319）。

【打湯桶】〈たとうつう〉(眼) 使い湯を入れおく桶。

【縦え歳をして寒からしむるとも何ぞ比を欲う】〈たとえとしをしてさむからしむるともなんぞひをおもう〉(広) たとえ今年が厳寒の年であっても、暖かかった年と比較しようなどとは思わないこと（『広録』上堂396）。

【打得徹】〈たとくてつ〉(眼)(広) 徹しきること。悟道すること。打は動作を示す助詞（『広録』法語5、13）。

【打板】〈たはん〉(広) 打版とも。衆に知らせるために木板

（版）を打ち鳴らすこと（『広録』上堂259、347、451、523）。

【多福一叢竹】〈たふくいちそうちく〉眼「杭州多福和尚。僧問、如何是多福一叢竹。師曰、一茎両茎斜。曰、学人不会。師曰、三茎四茎曲」（『伝灯』十一・多福章、大51・287c）杭州多福和尚（生没年不詳）は趙州従諗の法嗣（『眼蔵』海印三昧巻、岩中・77）。⇩「多福竹叢叢……」

【多福竹叢叢……】〈たふくちくそうそう……〉広 竹叢叢とは、「多福一叢竹」の公案で、ある僧が多福の宗乗を聞き出そうとして「多福一叢竹」といったのに対して、多福は「一、二は茎が傾き、三、四は曲がっている」と答えた。つまり、多福の宗旨は是非曲直にとらわれず、是非曲直を否定も肯定もしないところにあるという（『広録』小参19）。

【打噴嚏】〈たふんてい〉広 打は動作を表す語。噴嚏は、くしゃみ。くしゃみをすること（『広録』上堂379）。

【多宝仏】〈たほうぶつ〉眼 東方宝浄世界の仏。因位に本願をもって全身舎利となり、諸仏の法華経を説くことあれば必ずその会座に出現して、ためにこれを証明しようと誓うという。『法華経』見宝塔品に出る。

【多聞にして多く信ぜず】〈たもんにしておおくしんぜず〉広 多く聞いても、それ全てを信ずるわけではない（『広録』上堂456）。

【陀羅尼】〈だらに〉眼広 梵語 dhāraṇī 訳して総持・能持・能遮等という。善法を持して散失せしめず、または悪法を遮して善法を持するの意。あるいは一語の中に一切の義を持するの意。

【拕犂拽杷】〈だりようは〉広 馬牛のように懸命にスキをひきクワをひくこと（『広録』上堂139）。

【達磨】〈だるま〉眼広 ⇩「菩提達磨」

【旦過】〈たんが〉眼 旦過寮のこと。夕に来り宿して旦に過ぎ去るの意で、遊方の雲水が寺院に到宿し休息する所をいう。また掛搭を許されるまで止住する寮を旦過寮という。

【丹臒（艧）】〈たんかく〉眼広 本来は赤絵具だが、ここでは真像をいうか（『広録』自賛7）。

【丹霞向火を貪る】〈たんかこうかをむさぼる〉広（『広録』上堂462）⇩「丹霞の木仏を焼く」

【丹霞子淳】〈たんかしじゅん〉眼広（一〇六四～一一一七）。芙蓉道楷の法嗣。青原下、曹洞の系譜に属す。剣州（四川省）の人、姓は賈氏。二十七歳で受具し、諸師に歴参した後に、大陽山の芙蓉道楷に得法し法を嗣ぐ。崇寧三年（一一〇四）鄧州丹霞山に住して開法す。門下に天童の宏智正覚・真歇清了などの逸才を出す。語録二巻があり、頌古百則は後に『虚堂集』六巻となった（『広録』上堂128、199、頌古88、90）（『普灯』五・丹霞子淳章）。

【丹霞天然】〈たんかてんねん〉眼広（七三九～八二四）。石頭希遷の法嗣。郷貫氏姓不明。馬祖道一・欽山国一等にも参ず。木仏を焼いて暖をとり、天津橋上に横臥する等の奇行が伝わる。鄧州丹霞山に結菴し、唐長慶四年（八二四）示寂、寿八十六。智通禅師と諡す（『広録』上堂462）（『伝灯』十四・丹霞天然章、大51・310b）。

【丹霞の木仏を焼く】〈たんかのもくぶつをやく〉広 丹霞天然がかつて、慧林寺にいるとき、あまりの寒さに木の仏像を燃やして暖をとったところ、院主がそれを咎めると、丹霞は「燃やして舎利を取るためだ」と答える。院主が「木仏に舎利があるわけがないだろう」と、さらに詰め寄ると、木仏を焼いてしまった丹霞は「それでは、私を責める必要はあるまい」といい、かえって詰問した院主がやり込められた公案（『伝灯』十四・丹霞天然章、大51・310c）にちなむ。仏を偶像視することは、かえって仏の慧命を損なうことを示す（『広録』上堂199）。

【断機箴】〈だんきのしん〉広 孟子が学業半ばで帰省すると、孟母は織っていた機織を刀で切断し「お前が学問を辞めるのは、私がこの織機を毀すようなものだ」と言った。孟子は、この母の箴言によって後に大学者になったという故事（『卍山本』偈頌14）。

【壇経】〈だんきょう〉眼『六祖壇経』のこと。六祖大鑑慧能の門下の法海等が六祖の言行を録したもの。敦煌出土本・興聖寺本・高麗本・流布本等異本多い。『眼蔵』四禅比丘巻（岩下・215）にて、道元は本経を偽経と批判している。

【断見外道】〈だんけんのげどう〉広 断見は、因果の理法に対するもので、死後は全ての世界が断滅するとする誤った見解（『広録』上堂354）。

【賺挙】〈たんこ〉広 だます、すかす。値の無いものを欺き買わせ、または重ねて価を払わせること（『広録』上堂187）。

【端午】〈たんご〉眼広 中国の風習に源を発する五節句、人《じん》日《じつ》（一月七日）・上巳《じょうし》（三月三日）・端午《たんご》（五月五日）・

七夕《たなばた》（七月七日）・重陽《ちょうよう》（九月九日）の一つ。端午とは、五月の端（はじめ）の五日、五月夏至の端（はじまり）の意味をもち、端午の称は午月午日午時の三午（五）が端正にそろうからともいわれる。また、五月五日を「端午」と称するのは唐代以後のこと（『広録』上堂169、242、261、326）。

【端居】〈たんご〉(広) 正しく坐す（『広録』上堂519）。

【端厳事】〈たんごんのじ〉(広) 端正にして荘厳なる事実。面授された正伝の仏法のこと（『広録』上堂519）。

【端坐六年】〈たんざろくねん〉(広) 釈尊は十九歳出家、三十歳の成道に至るまで最初の六年間は仏道以外の苦行を、後の六年間は禅定を修されたといわれる。また、釈尊の出家は二十五歳や二十九歳という説もあるが、端坐六年に相異はない（『広録』上堂451、『普勧坐禅儀』）。

【暖処の商量は瞌睡すと雖も……】〈だんしょのしょうりょうはかっすいすといえども……〉(広) 百丈が炉の火種を使ってその法嗣潙山に開悟をさそった因縁（『広録』上堂288）。『伝灯』九・潙山霊祐章（(大)51・264b）に出る。

【団石】〈だんせき〉(広) 丸い石。あるいは、浙江省三衢の張歩渓中にあって、その石が円形になるときは科挙の状元を出し、仰向けになるときは宰相を出すという奇石にちなむか。ここでは人々に備わる本具の仏性のこと（『広録』小参14、18）。

【断善根】〈だんぜんごん〉(眼)(広) 善根を断じて永く成仏しえざる機をいう（『広録』上堂430）。

【談雑語】〈だんぞうご〉(広) くだらない雑談をしたこと（『広録』上堂388）。

【断癡断貪断瞋】〈だんちだんとんだんしん〉(広) 愚癡・貪欲・瞋恚を断つ（『広録』上堂320）。

【坦（担）長老】〈たんちょうろう〉(広) 不詳（『広録』上堂215）。

【潭底に無し】〈たんていになし〉(広) 潭底は深い淵。天の月が深い淵に無い、というのは悟の没蹤跡をいう（『広録』偈頌27）。

【端的】〈たんてき〉(眼)(広) 「端倪的然」のことで、具体的にはっきりしたところ。真意。ずばりそのもの。

【端的意】〈たんてきのこころ〉(広) 仏法の大意（『広録』上堂380、偈頌123）。

【丹田】〈たんでん〉(広) 気海丹田のこと。気海は臍輪の処。丹田は呼気を意味する。梵語 udāna の転訳。臍下二寸半のところにあり気息を整える場所（『広録』上堂390）。

【単伝】〈たんでん〉眼広 純一無雑に承伝すること。正伝と同じ。仏祖正伝の仏道を純粋に相伝すること（『広録』上堂98、99、278、435）。

【単伝直指】〈たんでんじきし〉眼広 ⇩「直指単伝」

【檀度】〈だんど〉眼 六度の一。檀波羅蜜のこと。⇩「檀波羅蜜」

【湛堂文準】〈たんどうもんじゅん〉眼（一〇六一～一一一五）。真浄克文（一〇二五～一一〇二）の法嗣。興元府唐固梁氏の子。真浄に得法の後、雲岩に開法し、泐潭に移住する。宋政和五年（一一一五）示寂、寿五十五。丞相張無尽その碑文を撰す。語録一巻がある（『会要』十五・宝峯文準章『普灯』七・湛堂文準章）。

【檀那】〈だんな〉眼広 梵語 dāna（陀那）。布施または施与と訳す。梵語 dānapati（陀那鉢底）を施主と訳す。これを混同して施主のことを檀那または檀越という。

【檀那俗弟子】〈だんなぞくでし〉広 当時鎌倉に在住していたとされる永平寺の大檀那であり俗弟子である波多野義重氏のみを指すのであろうが、「俗弟子」は、あるいは道元の俗縁関係の人々を含むものとも解釈される（『広録』上堂251）。

【湛然】〈たんねん〉広 落ち着いて静かなさま（『広録』法語2）。

【檀波羅蜜】〈だんぱらみつ〉眼 梵語 dānapāramitā 六波羅蜜の一。檀は檀那の略、布施と訳す。財または法を人に施与することをいう。

【摶飯】〈たんぱん〉広 飯をまろむ、飯を喫する（『広録』上堂340、425、自賛20）。

【断臂】〈だんぴ〉眼広 二祖慧可が達磨大師に参じて雪中求法の時、自ら臂を断ってその求道の決意を示す因縁を「断臂得髄」という（『広録』上堂80、258、392、454、法語14）。『眼蔵』行持下巻（岩中・61）を参照。

【断臂して祖髄を得る】〈だんぴしてそずいをえる〉広 二祖慧可は雪中で自らの臂を断ち切って求道の赤心を示し、初祖達磨の心髄を得るに至ったことをいう（『広録』上堂80）。

【断臂癡漢】〈だんぴのちかん〉広 雪中に断臂までして仏法への決意を示した第二祖慧可のこと（『広録』真賛3）。癡漢は大馬鹿者、逆説的・被虐的表現。あまりにも偉大なのでそのように表現している。道元の第二祖慧可にたいする尊崇の念は、『広録』上堂392の「断臂会の上堂」、また『眼蔵』行持下巻（㊧中・52–53）に「静かに思いめぐらしてみるに、初祖がたとえ幾千万人中国に来られたとしても、もし二祖大師のこうした行持がなかったならば、参学を尽くして大事をあきらめた人は今日でなかったであろう。幸い、我々が今、このようにして正法を見聞することができるのは二祖大師のお蔭である。祖の恩かならず報謝すべし、いそぎ報謝すべし」（意訳）とするところに知られる。

【胆病】〈たんびょう〉㊫ 特に胆を中心とした死に至る病気（『広録』上堂381）。

【断滅見】〈だんめつけん〉㊯ 諸法は因果別なれば常住にあらず、因果相続すれば断滅ではない。この因果相続の理を撥無することを断滅の見という。仏教では邪った見方としている（『眼蔵』菩提分法巻、㊧下・21）。

【団欒】〈だんらん〉㊫ 集まって楽しむこと、円かなること（『広録』法語11）。

ち

【知音】〈ちいん〉㊯㊫ 心と心を相い照らす親友・知り合いの意であるが、その原義は、伯牙が鍾子期の弾ずる琴の真実の音色をよく理解した故事（『列子』湯問）にちなむ（『広録』上堂329、350、法語1、11、偈頌18）。『宏智頌古』九則（㊅48・232c）を参照。

【知客】〈ちか〉㊯ ⇩「しか」

【地行夜叉】〈ちぎょうやしゃ〉㊯ 未だ空中を飛行することができず、地上を行歩する夜叉。

【地区含潤】〈ちくがんじゅん〉㊫ 地上が潤いに包まれること。

【竹響】〈ちくきょう〉㊯㊫ 香厳悟道の故事（『広録』頌古62、偈頌58）。『眼蔵』谿声山色巻（㊧上・137）を参照。

【竹撃の声に因って悟道し……】〈ちくげきのこえによってごうし……〉㊫ 竹撃（撃竹）とは、香厳智閑が清掃中に箒で払った石が竹に当った音を聞いて仏道を悟り、潙山霊祐から印可証明を受けた故事のこと（『広録』法語2）。道元は「霊雲桃華」の公案とともに、『眼蔵』谿声山色巻（岩上・137）等でも拈提されている。

【築著】〈ちくじゃく〉(広) 打ちあたること。著は助詞。

【築著磕著】〈ちくじゃくかつじゃく〉(眼)(広) 築は塞がる意。磕は石と石と相い搏つ音。著は語勢を強める助字。あちらこちらに打ちあたりつきあたること。また自己の行履が自由自在であること。さらに、仏性の充満して隙間のないことにもいう（『眼蔵』看経巻、(岩)上・305、転法輪巻、(岩)下・39、仙陀婆巻、(岩)下・116、『広録』上堂138、179）。

【知見】〈ちけん〉(眼)(広) 世間的な知識、分別知。

【致語】〈ちご〉(眼) 挨拶の言葉。

【知事】〈ちじ〉(眼)(広) 禅門寺院において運営を司る役で、都《つう》寺《す》・監寺《かんす》・副寺《ふうす》・維那《いの》・典座《てんぞ》・直歳《しっすい》の六知事のこと。

【地軸】〈ちじく〉(広) 大地を支えていると想像された心棒。地下には大地を支える地軸が一万里に三千六百軸あるといわれる。転じて大地の奥底（『広録』頌古19）。

【智頭陀】〈ちずだ〉(広) 道吾円智のこと。道吾円智が衣食住に厳格で簡素な生活をする（頭陀）ところからそのように呼ばれたのであろう（『広録』頌古61）。⇩「道吾円智」

【智蔵】〈ちぞう〉(広) ⇩「西堂智蔵」

【爹】〈ちち〉(広) 父と同意義で、この場合は自己の本来の面目をいう（『広録』上堂428）。

【質多心】〈ちったしん〉(眼) 質多耶・質帝。慮知心と訳す。

【蟄類】〈ちつるい〉(広) 冬ごもりをしてかくれていたもの（『広録』上堂427）。

【蟄を驚かす】〈ちつをおどろかす〉(広) 驚蟄、陰暦二月の節気。陽暦では、三月の五・六日（『広録』偈頌77）。

【馳騁】〈ちてい〉(広) かけまわる、奔走する（『広録』上堂383）。

【知得】〈ちとく〉(広) 充分に認識する（『広録』上堂55、154、204、211、304、522、小参9）。

【因みに相州鎌倉に在って……】〈ちなみにそうしゅうかまくらにあって……〉(広) 道元は、宝治元年（一二四七）八月二日に鎌倉へ向けて永平寺を立ち、翌年の三月十三日に帰山し、翌十四日に上堂している（三月の鎌倉より帰山しての『広録』上堂251を参照）。道元は、鎌倉での帰山間近の驚蟄の日（陰暦の二月上旬）、先師如浄の浄慈寺の上堂に「半年喫飯坐鞔峰、鎖断煙雲千万重、忽地一声轟霹靂、帝郷春色杏華紅」（『眼蔵』家常巻、㊪中・373）にちなみ、その偈頌を本歌どりされて作頌したのがこの『広録』偈頌77であり、霜雪（鎌倉）の中にある老樹の梅華（道元）をもって決して変節しない自身のすがたと山へのおもいの切なるを作頌した。鎌倉での半年はあくまでも予定の行動でそれ以外には何の意図もないのである。あるとすれば、「我山を愛する時山主を愛す」（『広録』偈頌102）とも頌した、やむを得ず離山せざるを得なかった山への強烈な帰山のおもいのみである。また、当時、その澄み切った心境を、「春は花　夏ほととぎす　秋は月　冬雪さえて　冷しかりけり」（『傘松道詠』）とも歌ったともいわれる。そこには、道元の生涯を透徹するまことに〝すずやかな〟清涼感が漂うばかりで、鎌倉での説法の失意や未練や悲嘆、ましてやそれにともなう俗的な名聞利養の陰などは微塵もない。ともあれ、禅師は、帰山後、鎌倉での半年余を取り返すがごとくに、その上堂の説法底の句に示されたように、前にもました峻厳な修行生活に徹底されたのである。

【癡人】〈ちにん〉㊧ 馬鹿もの。おろかもの（『広録』上堂197、328、381、432、509、小参2、頌古65）。

【知の一字】〈ちのいちじ〉㊧『禅源諸詮集都序』上之二（㊅48・405b）に出る（『広録』上堂447）。

【智不到処】〈ちふとうのところ〉㊧ 知識分別などではとらえきれない絶対の境涯、悟りの境地。仏法の実態は智不到処である、故にそれを道著すれば当然のことに頭角生ずる、雲巌はそれに一生苦慮したが、それこそが、智不到処の具現である。それ故にこそ、薬山の法嗣であり、洞山良价の師たりえたのである（『広録』頌古61）。『伝灯』十四・道吾円智章（㊅51・314a）を参照。

【遅明】〈ちみょう〉㊥ 夜が明ける頃。

【智門光祚】〈ちもんこうそ〉㊥（生没年不詳）。香林澄遠（九〇八～九八七）の法嗣。はじめ北塔に住し、後に隋州の智門に移る。語要一巻あり。門下に雪竇重顕を出す（『広灯』二十二・光祚禅師章、『続灯』二・智門光祚章、『会要』二十七・智門光祚章）。

【著力】〈ちゃくりき〉㊧ 力を出す。力を用いる（『広録』上堂124、162）。

【中陰】〈ちゅういん〉㊧ 中有ともいう。人が死して次生を受けるまでの期間。その長さは一定ではないが、七日毎に更改される（『広録』上堂402）。

【中有】〈ちゅうう〉(眼) 中陰ともいう。前世に死したる後、未だ次生を受けない中間の生存をいう。

【中下】〈ちゅうげ〉(広) 中士・下士。凡人のこと。

【中間の樹子】〈ちゅうげんのじゅし〉(広) 玄沙師備と僧との問答に基づく語で、本来の面目のこと（『広録』法語11）。

【忠国師】〈ちゅうこくし〉(広) ⇩「南陽慧忠」

【忠国師の所に到参す……】〈ちゅうこくしのところにとうさんす……〉(広)『伝灯』五・南陽慧忠章（(大)51・244b）に出る（『広録』上堂376）。

【忠国師に問う、如何なるか是れ古仏心……】〈ちゅうこくしにとう、いかなるかこれこぶつしん……〉(眼)(広)『会要』二十・洞山良价章に見える（『広録』法語13）。本公案は『眼蔵』後心不可得巻（(岩)上・273）、身心学道巻（(岩)中・123）、古仏心巻（(岩)中・179）、発無上心巻（(岩)中・398）にも出る。

【忠国師に問う、教中に、但……】〈ちゅうこくしにとう、きょうちゅうに、ただ……〉(広) この語話は『宏智録』一に出る（『広録』上堂269）。

【肘後印】〈ちゅうごのいん〉(広) ⇩「肘後帯符」

【肘後、符を帯し】〈ちゅうご、ふをたいし〉(広) 肘後は肘のうしろ、脇のした。符は護身の符、お守りのこと。脇の下に懸けるので肘後符という。転じて、人々が本来具えている仏性、衲僧が本来具えている仏心印をいう（『広録』上堂512）。

【仲春漸暖】〈ちゅうしゅんぜんだん〉(広) 春もなかばでようやく暖かい（『広録』上堂305）。

【中心樹子】〈ちゅうしんじゅし〉(広) 境内中央の樹のことであるが、主体的自己に参ずることをいう（『広録』上堂11）。

【虫水】〈ちゅうすい〉(広) 虫のわいた生水（『広録』上堂197）。⇩「世尊在世、二比丘有り……」

【中千界】〈ちゅうせんかい〉(眼) 千箇の小千界を合せたものを中千界という。⇩「三千大千世界」

【抽釘未了還抜楔……】〈ちゅうちょうみりょうかんばつけい……〉(広) 阿難と迦葉との間髪を入れない臨機な働きをいう（『広録』上堂252）。

【知有底人】〈ちゆうていじん〉(広) 大事をあきらめた人（『広録』上堂175）。

【註破】〈ちゅうは〉(広) 正しく注解し述べる（『広録』上堂

259、263)。
【逾濫】〈ちゅうらん〉(眼) 梵語 sthūlātyaya（偸蘭遮耶）の略。大罪または大障善道と訳し、六聚罪の一。善道を障え、のち悪道に堕するためである。

【籌量】〈ちゅうりょう〉(眼)(広) 数をはかること（『広録』上堂138、法語11）。

【池陽】〈ちよう〉(広) 池陽は南泉の住職地の地名。ここでは南泉のこと。

【弔慰】〈ちょうい〉(広) 喪中の人をとむらいなぐさめる（『広録』上堂161）。

【𩁹雨】〈ちょうう〉(広) 𩁹は藍または亢か。両字ともに小雨（『広録』偈頌61）。

【長衣】〈ちょうえ〉(広) 糞掃衣以外の衣（『広録』上堂446）。

【張翁酒を喫せば、李翁酔う】〈ちょうおうさけをきっせば、りおうよう〉(眼)(広) 張公喫酒李公酔とも。中国では張・李という姓は、よく知られた姓にあたり、その姓の人が多いところから、張三李四・張公李公などと熟字し、何ら変哲のない一般の人々を総称する。張さんが酒を飲んで李さんが酔っ払う、とは、別人が思いもかけない、いい目をみる、といった意味も持つが、この場合も、相様は異なってもその体は変らないこと、自他交参して二にして一、一にして二なる妙用を現すのに用いる語（『眼蔵』仏性巻、(岩)上・335、『広録』上堂32、310）。

【鳥窠道林】〈ちょうかどうりん〉(眼)（七四一～八二四）。径山国一に得法する。四祖下の傍系。本郡富陽の人、姓は潘氏。出家受戒ののち、長安に出て教学を学び、のち国一に謁して得法する。枝葉の繁茂する樹上を棲とし、ときに人称して鳥窠和尚という。唐長慶四年（八二四）示寂、寿八十四。白居易これに師事す（『眼蔵』諸悪莫作巻、(岩)上・153、『伝灯』四・鳥窠道林章、(大)51・230b）。

【頂冠】〈ちょうかん〉(広) 頭にいただく冠、転じて手本。

【長慶慧稜】〈ちょうけいえりょう〉(眼)(広)（八五四～九三二）。雪峰義存の法嗣。杭州の人、姓は孫氏。蘇州の通玄寺に出家し、霊雲志勤を訪ね、のち雪峰に投じて得法し、雪峰に来往すること二十九年、王延彬の請によって招慶に住し、また玄沙師備の招きによって長楽府の西院に在って長慶という。両処の開法二十七年、徒衆一千五百と称される。のち唐長興三年（九三二）示寂、寿七十九。超覚大師と号す。『眼蔵』行持下巻（(岩)中・56–57）、『伝灯』十八・長慶慧稜章（(大)51・347b）を参照。

【長慶寺大安】〈ちょうけいじだいあん〉(眼) ⇩「円智大安」

【長慶、霊雲に問う、如何なるか是、仏法の大意……】〈ちょうけい、れいうんにとう、いかなるかこれ、ぶっぽうのたいい……〉(広) 長慶は霊雲に「仏法の大意とは」と問うと、霊雲は「あれもこれもだ」と答えたが分からず、諸方を歴参、雪峰・玄沙の間を往復していたが契悟できずにいた。がある日、何気なく簾を巻き上げたとき突然大悟した故事。以下の話は『会要』二十四・長慶慧稜章、また『伝灯』十一・霊雲志勤章（(大)51・285b）参照。『広録』頌古29とは微妙な相違をみせる。

【長劫】〈ちょうごう〉(眼)(広) とてつもなく長い時間。

【調御丈夫】〈ちょうごじょうぶ〉(眼) 仏の十号の一。仏は法を説いて衆生を調伏制御し、迷を離れて涅槃を得るが故にこの名号あり。

【長沙景岑】〈ちょうさけいしん〉(眼)（生没年不詳）。唐代の人。南泉普願の法嗣。招賢大師と号す。はじめ定住することなく縁に随って衆を接し、後に洞庭湖の南の長沙山（湖南省）を中心に居所を定めず化門を張る。機鋒敏捷で、あるとき仰山慧寂と対峙し、たちまち踏み倒し、仰山から大虫（虎）のごとき乱暴者といわれたことから、時の人は畏敬して岑大虫と称した。『眼蔵』仏性巻（(岩)上・341）、『伝灯』十・長沙景岑章（(大)51・274a）を参照。

【長沙岑和尚に問う、蚯蚓斬れて両段と為る……】〈ちょうさしんおしょうにとう、きゅういんきれてりょうだんとなる……〉(広) 以下の語話は、蚯蚓の両頭の動いているのを見て、そこに仏法を実体視しようとする誤謬を明快に遮断した公案（『広録』上堂328、509）。『伝灯』十一・法端大師章（(大)51・284c）を参照。

【長沙、因みに僧問う、作麼生にか山河大地を……】〈ちょうさ、ちなみにそうとう、そもさんにかせんがだいちを……〉(広) 以下の語話は、『宏智録』三・拈古（(大)48・32a–b）に出る。『眼蔵』谿声山色巻（(岩)上・138）に「長沙岑禅師にある僧とふ、いかにしてか山河大地を転じて自己に帰せしめん。師いはく、いかにしてか自己を転じて山河大地に帰せしめん」とある（『広録』頌古42）。

【朝参暮請】〈ちょうさんぼしょう〉(眼)(広) 朝に暮に師の垂誡を

請い弁道を怠らないこと（『眼蔵』重雲堂式巻、(岩)上・98、『広録』法語13）。

【張三李四】〈ちょうさんりし〉(眼)(広) 張と李とは中国に最も多い姓で、張の三郎、李の四郎というように、誰も彼もの別無くという意。あるいはまた悟りの極致を虚心に生きる禅者を、生まれたままの庶民に喩えて使用される場合もある（『広録』上堂11、偈頌38）。『眼蔵』諸法実相巻（(岩)中・246）参照。⇩「張翁喫酒李翁酔」

【朝市沙場】〈ちょうしさじょう〉(広) 名利栄辱の地である都市と水なく砂吹く辺際の地（『広録』法語1）。

【釘觜鉄舌】〈ちょうしてつぜつ〉(広) 鋭い嘴に鉄のような舌。何ものをも論破する弁舌。また実参実究のこと（『広録』上堂167）。

【朝四暮三】〈ちょうしぼさん〉(広) 朝三暮四とも。春秋の宋の狙公が、飼猿にトチの実を朝に三つ暮に四つやるといったら、多くの猿が怒ったので、それでは朝に四つ暮に三つやるといいなおしたら大いに喜んだ（『荘子』斉物論）という故事から転じて、師家が学人の機に応じて自在に弄す手段をいう（『広録』上堂372）。

【頭首】〈ちょうしゅ〉(眼)(広) 大衆の首脳たる意で、禅門寺院において修行教育を司る首座・書記・知蔵・知浴・知客・知殿を六頭首という。

【釣人釣己】〈ちょうじんちょうき〉(広) 玄沙の乗った釣り船は、人を釣り、自分自身をも釣り、船をも釣る三昧の境地である（『広録』上堂142）。『眼蔵』山水経巻（(岩)上・228）に「むかし徳誠和尚、たちまちに薬山をはなれて江心にすみし、すなはち華亭江の賢聖をえたるなり。魚をつらざらんや、人をつらざらんや、水をつらざらんや、みづからをつらざらんや」とある。

【長水子璿】〈ちょうすいしせん〉(広)（?～一〇三八）。瑯琊慧覚の法嗣。『首楞厳経疏』十巻の著があり、教禅一致論者として知られる。

【張拙秀才】〈ちょうせつしゅうさい〉(眼)（生没年不詳）。石霜慶諸の俗弟子。禅月大師の指示によって石霜に参じたという（『会要』二十二・秀才張公拙章）。

【長爪梵志】〈ちょうそうぼんし〉(眼) 舎利弗の叔父倶絺羅は、仏に帰依する前に修学したとき、学の成るまで爪を剪らずに、刻苦勉励したことからこの名で呼ぶ。

【朝打三千、暮打八百】〈ちょうださんぜん、ぼだはっぴゃく〉㊞㊯ 朝より暮に至る日常生活の中の挙手動足の無数の行持をいう。朝に三千、暮に八百の罰棒を食らわす。朝から晩まで、事事物物の上にしっかりと心を留めて精進弁道すること。また、師家の学人接化の厳しさに喩える（『広録』上堂193、法語10）。

【迢迢】〈ちょうちょう〉㊯ 遙かなるさま（『広録』上堂488、497、頌古51）。

【長天一様】〈ちょうてんいちよう〉㊯ 何処で見ようとも天は変わらず、月は西に沈むという意（『広録』偈頌62）。

【鳥道】〈ちょうどう〉㊯ 鳥だけしか通えない険しい道。また、鳥の飛んだ空には跡が残らないことから、没蹤跡・断消息、悟りの境涯に喩える（『広録』上堂434）。

【頂上毘盧】〈ちょうどのびる〉㊯ 毘盧遮那仏の頭上を踏み越えてもなお、仏向上の極地。それすらも身に随う、悟道の自由無礙の境涯に至ってもなおそこに止まらず、さらなる弁道努力すること（『広録』偈頌39）。『眼蔵』夢中説夢巻（㊧中・133）に「これすなわち仏祖の行履なり。……さらに毘盧の頂上とおもわず、いわんや明明百草とおもわんや」とある。

【頂顊】〈ちょうねい〉㊞㊯ 頭の上。転じて、真骨頂。

【頂顊眼睛】〈ちょうねいがんぜい〉㊯ 頂顊は頭の上、眼睛はまなこのことで、物事の真骨頂、肝要の意味（『広録』上堂435）。

【挑嚢高人】〈ちょうのうのこうじん〉㊯ 嚢を担う高潔な人。すなわち雲水・僧侶（『広録』法語6）。

【跳封】〈ちょうふう〉㊯ へだて（迷い）を飛びこえること（『広録』上堂95）。

【超物逸格】〈ちょうぶついっかく〉㊯ 万物の規格を超えた力量（『広録』法語14）。

【趙璧】〈ちょうへき〉㊯『史記』廉頗藺相如伝にある「使秦廷帰璧」の喩え。戦国時代、趙の藺相如が秦の昭王より趙国の宝（和氏の璧）を無事取り返し趙国に帰った故事。秦の昭王を如浄に、趙璧を自身（道元）に喩えた（『広録』上堂184）。

【朝哺】〈ちょうほ〉㊯ 朝食。間断の無いこと。僅かな時間（『広録』偈頌50）。

【超凡越聖】〈ちょうぼんおっしょう〉㊞㊯ 六凡（地獄・餓鬼

・畜生・修羅・人間・天上)、四聖(声聞・縁覚・菩薩・仏)の十界を超越した境界(『広録』上堂459、『普勧坐禅儀』)。

【頂門】〈ちょうもん〉(広) 頭の頂き。こうべ(『広録』上堂315、512、法語4、偈頌97)。

【朝野円通】〈ちょうやえんづう〉(広) 差別無く平等の慈悲をもって物をめぐらしているという意味(『広録』偈頌49)。

【長養】〈ちょうよう〉(眼)(広) 増長養成すること。禅門には聖胎長養という語があるが、それは大事を了畢した人の悟後の修行をいう。

【重陽】〈ちょうよう〉(眼)(広) 五節句の一。九月九日。菊の節句。『広録』偈頌75は、『祖山本』では、重陽の節句の去り、また来るを頌しているが、『卍山本』は、法友のこの山中を去年去り、また今年帰って来て再会している姿を頌している。

【長霊守卓】〈ちょうれいしゅたく〉(眼)(一〇六五~一一二三)。黄龍惟清(?~一一一七)の法嗣。泉州荘氏の子。宋宣和五年(一一二三)示寂。語録一巻、『室中垂語百問』一巻がある(『会要』十六・天寧守卓章、『普灯』十・長霊守卓章)。

【長連牀】〈ちょうれんしょう〉(眼) 僧堂の南牀・北牀をいう。長く坐牀を連ねるが故に名づく。連牀ともいう。

【長連牀上】〈ちょうれんしょうじょう〉(広) 僧堂内にあり、一牀に坐るのは五人から十人単位であるところから長連単ともいい、大衆の日常生活の食事・睡眠・坐禅という行住坐臥が全てこの単の上に行ぜられる。『雲門広録』上(大47・551a)に出る(『広録』上堂147、202、212、240、260、277、428、432、438、450、525、小参5)。

【鎮海明珠】〈ちんかいみょうじゅ〉(広) 海を鎮めることのできる玉珠(『広録』上堂162)。

【陳棄薬】〈ちんきやく〉(眼) 腐爛薬ともいう。陳(古い)故にして人の棄てた薬。あるいは牛の大小便を腐らせて作った万能薬ともいう。

【珍御】〈ちんぎょ〉(広) 珍しく尊い服御の品。美服のこと(『広録』上堂176)。

【陳亨観察】〈ちんこうかんざつ〉(広) 人名、不詳。観察は官名、観察使。諸州を巡察して政治の良否を観察する役人(『広録』偈頌42)。

【陳参政】〈ちんさんせい〉(広) 陳は人名、参政は定まった官ではなく様々な事をする官吏（『広録』偈頌50）。

【鎮州出大蘿蔔頭】〈ちんしゅうしゅつだいらふとう〉(眼)(広) ある僧が趙州に南泉との相見について尋ねたことに対する答え。それは、南泉との相見の話題より、今、鎮州で大根が取れるという方がより現実的で切実である、そこにこそ今を真剣に生きる南泉の教えがある、ということが意（『眼蔵』見仏巻、(岩)中・354、『広録』上堂438）。『会要』六・趙州従諗章に出る。同文は、『趙州録』及び『碧巌録』三十則（(大)48・169c）にも見られる。

【陳人】〈ちんじん〉(広) 無用の人。『荘子』寓言篇に「人而無人道、是謂陳人」注に「陳人謂世間陳人無用之人」とある（『広録』自賛1）。

【朕迹】〈ちんせき〉(広) 朕はしるし・あと、迹はあとかた。物のあとかた（『広録』法語3）。

【琛禅師】〈ちんぜんじ〉(広) ⇩「地蔵院真応」

【頂相】〈ちんぞう〉(眼) 半身の肖像画をいう。

【陳尊宿】〈ちんそんしゅく〉(広) 睦州道蹤（生没年不詳）。黄檗希運の法嗣（『広録』上堂208）。

【珍重】〈ちんちょう〉(眼) 離別のときの挨拶に用いる語。自愛せよ、お休み、さようなら等の意を寓す。上堂法問等の結辞にも用いる。

【朕兆已前】〈ちんちょういぜん〉(眼) ⇩「空王那畔」

【朕兆不打】〈ちんちょうふだ〉(眼) 朕兆未分の意。「朕兆已前」に同じ。⇩「空王那畔」

つ

【椎】〈つい〉(眼)(広) 槌砧《ついちん》のこと。大衆に告報するための法具。椎（槌）は堅木でできた木槌の柄のないような形のもの。砧は高さは一定しないが、九〇センチから一二〇センチほどの八角柱状の堅木で、槌の打撃によって音を出す。槌砧合体の法具であるが、椎（槌）を本器として、椎（槌）のために砧があるとするために、椎とのみいう。

【鎚を磨いて以て針を得たり】〈ついをみがいてもってしんをえたり〉(広) 坐禅修行をいう（『広録』上堂345）。

【通眼】〈つうげん〉(広) 通は自在。事物をはっきり見通す眼

（『広録』自賛12）。

【通霄路】〈つうしょうろ〉㊗ 天に通ずる路の意で、格外に超出する向上の活路をいう（『眼蔵』道得巻、㊐中・141、無情説法巻、㊐中・272）。

【通身】〈つうしん〉㊗㊘ 全身のこと。『眼蔵』弁道話巻（㊐上・66）に「妙修を放下すれば本証手の中にみてり。本証を出身すれば妙修通身におこなはる」とある。

【通身遍身】〈つうしんへんしん〉㊘ 身体の表面ことごとく（『広録』上堂321）。

【通身粿露】〈つうしんらろ〉㊘ 一糸も纏わぬ、全身あかはだかの意（『広録』偈頌20）。

【都寺】〈つうす〉㊗ 都監寺の略。監寺の上位に在って一切の事務を総監する。禅院六知事の一。

【通塞】〈つうそく〉㊘ 消息と同意（『広録』上堂438）。

【月に瑩き雲に耕す】〈つきにみがきくもにたがやす〉㊘ 耕雲種月と同趣旨で、古来禅僧は農夫が雲の湧く高い山を耕し、月の光を頼りに種を撒くようにして、自ら田園の労役を辞せず弁道修行したことから、苦心労役を厭わず弁道修行することをいう（『広録』偈頌100）。

【月の水を印する】〈つきのみずをいんする〉㊘ 月が水に映るように（『広録』上堂316）。

【月未円】〈つきみえん〉㊘ 月は仏性を表象する。未円も円後も月自体は月であることは変わらないように、仏性というのは仏にあって増さず、凡夫にあっても滅しないことを示す公案（『広録』頌古17）。

【咄きかな子を認じて将に賊と為することを……】〈つたなきかなこをにんじてまさにぞくとなすることを……〉㊘ 将為は思い違いをすること。錯誤していることを真実であると間違ってみること。愚かなことだ、心外に仏法を求めることはの意（『広録』偈頌123）。

【夙に】〈つとに〉㊘ 昔から。前世からの意を含む。

【剣去ること久し】〈つるぎさることひさし〉㊘『呂氏春秋』に出る故事（『広録』上堂323、法語2）。また『宏智録』五に「剣去久矣。子方刻舟。」（㊅48・60b）と出る。⇩「剣を求め舟を刻む……」

【剣を求め舟を刻む……】〈つるぎをもとめふねをきざむ……〉㊘ 進んでいる舟から剣を落とし、その落とした場所を舟に刻んだために、その場所は胡と越ほどに離れてしまったという『呂氏春秋』に出る故事から、求めるものが過ぎ去ってしまったのに、なお頑迷に旧を守るのを誡める意。いたずらに言句を尋ね求めても得られないことを喩えた言葉。霊雲が仏法を外に求めたことを示す（『広録』上堂457）。『眼蔵』春秋巻に「刻舟求剣」（（岩）中・384）と出る。

て

【提引】〈ていいん〉（広） たすけおこす（『広録』偈頌40）。

【帝郷正命】〈ていきょうのしょうみょう〉（広） 正法を嗣ぎ来った者。道元自身を指す（『広録』自賛17）。

【帝郷の春の色桃華紅なり】〈ていきょうのはるのいろとうかくれないなり〉（広） 今頃、我が故郷では桃の花が紅に咲いているであろう。『如浄語録』上（（大）48・123c）に出る（『広録』偈頌77）。『眼蔵』家常巻（（岩）中・373）を参照。

【梯山航海】〈ていざんこうかい〉（眼）（広） 梯を使って山に登り、船で海を渡る。学人が尋師訪道し、遍参参学し精進することの喩え（『眼蔵』谿声山色巻、（岩）上・144、『広録』法語2）。

【鄭処誨】〈ていしょかい〉（広） 鄭処晦とも。唐の人。『旧唐書』には鄭処誨、字は延美。文辞に巧み。太和の進士。官は宣武節度使。著に『明皇雑録』がある（『広録』上堂412）。

【逞尽英雄】〈ていじんのえいゆう〉（広） 求道の意気に燃え、英雄の風情を逞しくした人（『広録』法語6）。

【提撕】〈ていぜい〉（広） 師家が学人を指導し、誘引すること。また、古則・公案などを専心功夫すること（『広録』頌古35）。

【庭前栢（柏）樹子】〈ていぜんのはくじゅし〉（眼）（広） 栢樹は松に似た常緑樹で、このてがしわともいう。「趙州柏樹子」という公案で、趙州従諗がある僧の「達磨大師がインドから中国に来られた理由は何か」という質問に、仏法の真実というものを目前に具現している庭前の栢樹子の把握にこそ、祖師西来意の真意があることを示したもの（『眼蔵』栢樹子巻、（岩）中・107、『広録』上堂64、433、488、小参9、頌古45）。この語話は、『無門関』三十七則（（大）48・297c）、『真字』中・十九則、『会要』六・趙州従諗章を参照。

【泥多仏大】〈でいたぶつだい〉（広） 煩悩が多ければ悩みも多い

ので、かえって得られる悟りが深いことをいう（『広録』上堂102、140）。『碧巌録』二十九則・評唱（㊅48・169c）に出る語。

【為体】〈ていたらく〉㊒㊖様子、ありさまの意。

【泥団団、土塊塊】〈でいだんだん、どかいかい〉㊖泥のかたまり、つちくれ（『広録』上堂146）。

【定轍】〈ていてつ〉㊖定まった轍跡（『広録』偈頌31）。

【程途】〈ていと〉㊖道程（『広録』頌古43）。

【提掇】〈ていとつ〉㊖提示すること（『広録』上堂138）。

【弟兄】〈でいひん〉㊖『広録』上堂252に出る。「弟兄」の、弟は阿難尊者で、兄は迦葉尊者。

【提不起】〈ていふき〉㊖提示しないところ。言い出せないところ（『広録』上堂466）。

【鼎辺には文殊を管せず】〈ていへんにはもんじゅをかんせず〉㊖台所には文殊はこだわらない。本来僧堂にいるべきだ（『広録』上堂401）。

【泥裏有泥】〈でいりうでい〉㊒泥裏には泥のみあって余物を雑えず、泥の全体、泥の一方究尽なるをいう。珠裏有珠ということもまた同意（『眼蔵』春秋巻、㊐中・383）。

【泥裡……波心】〈でいり……はしん〉㊒拕泥滞水の泥と随波逐浪の波心の意（『眼蔵』見仏巻、㊐中・351）。⇩「拕泥滞水」「随波逐浪」

【程を問うこと莫れ】〈ていをとうことなかれ〉㊖その一歩一歩が悟境である故に、その道程、悟りに至るみちのりを問うてはならない（『広録』偈頌22）。

【擲却】〈てききゃく〉㊖投げ捨てること（『広録』偈頌8）。

【擲下】〈てきげ〉㊒㊖投げ捨てること。

【敵勝】〈てきしょう〉㊖匹敵するもの以上にすぐれている（『広録』上堂210、偈頌125）。

【敵勝して他の獅子児に還す】〈てきしょうしてたのししじにかえす〉㊖南堂道興の偈頌に「群を出る、須くこれ英霊の漢、敵に勝る、還、他、獅子児なり」（『南堂興和尚語要』）とある。釈尊に匹敵する仏道修行者、彼こそ、また真実の獅子の児なのだ、の意（『広録』偈頌125）。

【滴水滴凍】〈てきすいてきとう〉㊖滴水滴氷とも。水が一滴一滴と落ちるそばから凍ること。転じて、時間の速やかなる経過。また水が氷となって原形を留めないことから、ものを究尽する意にも転ずる（『広録』上堂203、462）。

【滴丁東了】〈てきていとうりょう〉(眼)(広) 擬音語（『眼蔵』般若波羅蜜巻、(岩)上・81、『広録』頌古58）。『祖山本』には、チチチントウリヤウと仮名がある。

【嫡嫡相承】〈てきてきそうじょう〉(眼)(広) 正系相続して綿綿不断なことをいう。あるいは嫡伝・嫡嗣とも。

【趯倒】〈てきとう〉(広) おどりあがってひきたおす。とび上がりけたおす。ふみたおす。

【糴得】〈てきとく〉(広) 穀物を買い入れること（『広録』上堂214）。

【剔撥】〈てきはつ〉(広) あばき除くこと（『広録』上堂412）。

【覿面】〈てきめん〉(広) 目前に、面と向かって、目の当りに。また、即今、今時。仏法を相い付せられる（『広録』上堂496、小参9、法語2、自賛8、11、17）。

【適来】〈てきらい〉(眼) ⇩「せきらい」

【趯来仏祖】〈てきらいぶっそ〉(広) 多くの龍象が輩出される（『広録』上堂118）。

【鉄漢】〈てっかん〉(広) 鉄のごとく意志の強い修行者のこと（『広録』上堂139、440、法語8、頌古38）。

【鉄関禅】〈てっかんぜん〉(広) 鉄の門で扉を閉ざされたような、容易には開けることができない仏道の関門（『広録』偈頌42）。

【剔起】〈てっき〉(広) 眉をはね上げてみようとするさま（『広録』上堂132）。

【鉄牛】〈てつぎゅう〉(眼)(広) 陝府城外にあり、禹王が黄河の氾濫を防ぐために鋳造して祀ったとされる大鉄牛のことで、その頭は河南に尾は河北にあるとされ、黄河の流れを止める力をもつという。転じて、体は不動著で、用はそれに応じて跡なく自在である大機用をいう。また無相の仏心印を形容する。この場合は、王侍郎の人となりを形容する（『眼蔵』有時巻、(岩)上・164、坐禅箴巻、(岩)上・402、『広録』上堂161、199、235、法語2、9、偈頌39）。

【鉄眼銅睛】〈てつげんどうぜい〉(広) 眼睛が鉄や銅でできているように、道心堅固な自分自身の法体。非凡な見識の意（『広録』上堂443、偈頌108）。⇩「銅頭鉄漢」

【鉄蒺䔧（蔾）】〈てつしつり〉(広) 三角形の尖った鉄菱で、これを地上に撒き敵の侵入を防ぐもの。この鉄を撒いておいたように、無心な木馬までが驚いてしまうように心地が進みがたいのが仏地である（『広録』偈頌13）。

【鉄囲】〈てっち〉㊛広 帝釈天の住む須弥山の四洲の外海を囲むという鉄囲山（『広録』上堂187）。

【鉄面鉄觜】〈てつめんてっし〉㊛広 悟道者の容貌の形容（『広録』小参3）。

【天宇廓清】〈てんうかくせい〉㊛広 天地清浄の意（『広録』上堂90）。

【伝衣】〈でんえ〉㊛眼㊛広 伝法の信を表するために、代々伝えてきた袈裟をいう。明暗・有無に拘らないところに伝衣がある。『眼蔵』袈裟功徳巻、伝衣巻を参照。

【甜瓜徹蔕甜】〈てんかてつたいてん〉㊛眼 甘い瓜はどこまでも甘く、苦い瓢は根までも苦い。無著文喜（八二一～九〇〇）が、五台山で典座を務めた時、文殊が粥鍋上に現われた。その文殊は攪粥篦をもって「文殊は自ら文殊、文喜は自ら文喜」といった。文殊は次のような偈を説いた「苦瓠は根に連りて苦く、甜瓜は蔕に徹して甜なり、修行三大劫却って老僧に嫌わる」といった。徹底そのものに成りきること（『眼蔵』遍参巻、㊛岩中・357）。

【点睛】〈てんかつ〉㊛眼㊛広 片目をつぶり心を落ちつけて見極めること。眼一つで見定めること。『眼蔵』眼睛巻（㊛岩中・365）に如浄の上堂「秋風清秋月明。大地山河露眼睛。瑞巌点睛重相見。棒喝交馳験衲僧」を引いて「その要機は棒喝の交馳せしむるなり。これを点睛とす」とある。

【天関】〈てんかん〉㊛広 天の門、天帝の宮殿。北斗七星とも（『広録』頌古19）。

【天漢】〈てんかん〉㊛広 天の川のこと（『広録』上堂13、頌古17）。

【天漢兎蟾】〈てんかんとせん〉㊛広 天漢は天の川。兎蟾は蟾兎ともいい、月中の黒影をうさぎとひきがえるに喩えたことから、転じて月をいう。天の川にかかる皎々たる無心なる月をいう（『広録』上堂13）。

【転経】〈てんぎょう〉㊛広 声を出して経典を読むこと（『広録』上堂20、法語2）。

【天下鼻孔】〈てんげびくう〉㊛広 天下の人々（『広録』上堂69）。

【点検】〈てんけん〉㊛眼㊛広 点を打って一つ一つを念入りに調べること。

【添減】〈てんげん〉㊛眼㊛広 増減すること。

【伝・広・続・普灯】〈でん・こう・ぞく・ふとう〉㊛眼 『景徳伝灯録』『天聖広灯録』『建中靖国続灯録』『嘉泰普灯録』を

いう。

【展坐具三拝】〈てんざぐさんぱい〉㊍ 坐具を展べて三折し、これを敷いて礼三拝すること。

【鄽市】〈てんし〉㊋ 鄽は店、店の出ている世俗の市街（『広録』法語1）。

【天姿貞潔】〈てんしていけつ〉㊋ 生まれながらにして正しく清いこと（『広録』偈頌14）。

【展事投機】〈てんじとうき〉㊍㊋ 語をもって事実を示し、対者の玄機（はたらき）に投ずること。洞山守初の語に「言無展事、語不投機、承言者喪、滞句者迷」（『会要』二十六・洞山守初章）とある。また仏道修行者が自分の理解したところを師に展示して師資ともにその機があい通ずることにも用いる（『眼蔵』一顆明珠巻、㊏上・91、行仏威儀巻、㊏上・355、356、画餅巻、㊏中・151、『広録』頌古39）。

【点時不到】〈てんじふとう〉㊋ 本来は到着帖の不参のものに点（しるし）をつけることをいう。到時不点はその逆をいうが、転じて点破分別判断することをいう（『広録』上堂234）。

【転処】〈てんじょ〉㊋ 究極の境地からさらに奥の境地（『広録』上堂22、360、偈頌56、62）。

【天聖広灯録】〈てんしょうこうとうろく〉㊍ 禅宗祖師の史伝で、『伝灯』に遅れること三十年、宋天聖年中に成る。李遵勗の著、三十巻。

【天上人間】〈てんじょうじんかん〉㊍㊋ 天上界・人間界を含めたあらゆるところ。『碧巌録』七十三則（㊅48・201b）に出る。

【天上無弥勒】〈てんじょうむみろく〉㊋ 洞山が雲居に「昔、南泉が『弥勒下生経』を講ずる僧に『弥勒菩薩は何時この地上に降りてくるのか』と質問すると、僧は『今は天上の宮殿におられるが将来にはこの世に生まれる』と答えた。すると、南泉は『天上にも地上の世界にも弥勒はおられない』と答えた」という話をした。すると雲居が「天上にも地上の世界に弥勒がいないなら、一体誰が弥勒などという名をつけたのか」というと、洞山は禅床が震動するほどに感動した。それに対して道元は、「天上にも弥勒はないが、人間が作りだした言葉として弥勒が存在するという事実は、仮に実体がないとしても、この人間世界には弥勒が存在するということを、天上に弥勒無く地下に弥勒無し。弥勒に弥勒無く、弥勒は弥勒と表現された（『広録』上堂61、156）。『会要』四・南泉普願章に出る。

【転身】〈てんしん〉㊜ 参禅学道の場において、究極のところで身を転じ、一段上の次元へ脱皮し自在な境地を得ること（『広録』上堂201、203、236、341、法語3、頌古79）。

【天親】〈てんじん〉㊜（?～一二〇）。梵語 Vasubandhu 婆修盤頭と音訳す。天親・世親は意訳。インド二十一代の祖師。無著の弟でこの兄弟の教えはインド大乗の二大系統（一つは龍樹・提婆の中観派）の一つで瑜伽派といわれている（『広録』上堂180）。『会要』一・竺乾諸大賢聖章に出る。

【点心】〈てんじん〉㊟ 食をもって空腹に点ずることであり、正午の斎時前に、一時の空腹をしのぐための小食。後には転じて昼食を点心と称する。

【天津橋上に在って弄猢猻を看る】〈てんしんきょうじょうにあってろうこそんをみる〉㊟㊜ 猢猻は胡孫、胡孫子とも、猿のこと。天津橋上漢なる語があり、これは宋の邵擁が洛陽の天津橋上でほととぎすの声を聞き天下の乱を予知し、その後に王安石の新法が行われた故事（『邵氏聞見前録』十九）により、あらかじめ機微を察知する伶俐の人をいう。この場合は、橋の上での猿回しを見ることをいうのであろう（『眼蔵』後心不可得巻、㊛上・273-274、他心通巻、㊛下・101、『広録』頌古27）。

【天真如来】〈てんしんにょらい〉㊜ 永嘉玄覚『証道歌』に「本源自性天真仏」（㊅48・395c）とある（『広録』法語1）。

【天水相い礙えず】〈てんすいあいさえず〉㊜ 天と水とが一枚となっている秋の風光、智不到の田池にある（『広録』偈頌61）。

【転ずる】〈てんずる〉㊟㊜ うつりかわる。回転する。はたらかせる。めぐらす（『広録』偈頌56）。

【典座】〈てんぞ〉㊟㊜ 禅院において衆僧の食事を調える役職。六知事の一。

【典座教訓】〈てんぞきょうくん〉阿育王山と天童山の老典座から教えを受けた道元が、食事を司る典座の職責や食のありようと、典座の職そのものが自己の修行であることを著した書。

【天台及び五台】〈てんだいおよびごだい〉㊜ 天台は智者大師の開いた天台宗の根本霊地。中国浙江省天台県にある。五台は山に五台があり、文殊菩薩の霊地として有名で中国山西省五台県にある。⇩「天台山」

【天台山（万年寺）】〈てんだいさん〉㊥ 中国浙江省台州府天台県の北にあり、単に台山ともいう。天台宗の根本道場で智者大師の開いた所である。

【天帝釈】〈てんたいしゃく〉㊦ 帝釈天。梵天とともに仏教守護の主神。須弥山の善見城にあって三十三天らを統御する仏教守護の善神で八方天の一（『広録』上堂64、246）。

【転大法輪】〈てんだいほうりん〉㊥㊦ 仏が説法すること。

【天沢】〈てんたく〉㊦ 天と地（『広録』上堂44）。

【田地】〈でんち〉㊥㊦ ある種の境涯、心地。転じて、本面目の心地。自分自身が本来的にもつ真の姿の処。本証の基盤。

【天地一指、万物一馬】〈てんちいっし、ばんもついちば〉㊦『荘子』斉物論に出る。天地も一本の指のようなもので、差別の相を超越して見れば、天地間の万物は全てが同一であるの意味。万物斉同論（『広録』上堂401、自賛12）。『如浄語録』上（㊀48・122c）を参照。

【天地懸隔】〈てんちけんかく〉㊦『信心銘』に「毫釐有差、天地懸隔」（㊀48・376b）と出る。わずかでも差別の見解を起せば、天地雲泥の隔たりを生ずる（『眼蔵』菩提分法巻、㊔下・26『広録』上堂334、365、480、『普勧坐禅儀』）。

【天地に喩えしむる莫れ……】〈てんちにたとえしむるなかれ……〉㊦（『広録』法語81）⇩「天地一指、万物一馬」

【天中節】〈てんちゅうせつ〉㊦ 中国では陰暦五月五日の午時が天の中央にあたること、またこの日の月日時の全てが、数字の「一三五七九」の天数（奇数）の中央である「五」にあたるところから、端午の日を「天中節」と称することは宋代以後のこと。日本では八月一日にもその行事が行なわれた（『広録』上堂104、169、242、261、326）。

【天厨送食】〈てんちゅうそうじき〉㊥ 天人が食事を供養すること。

【天長地久】〈てんちょうちきゅう〉㊦ 天地は永久に尽きることなく、極めて長久であること（『広録』上堂18）。

【点鉄成金】〈てんてつせいきん〉㊦ 鉄を金に作りかえるはたらき。衆生に悟りを得させるはたらき（『広録』法語14）。

【点頭】〈てんとう〉㊥㊦ 会得し、納得すること。肯首すること。頷くこと。承知の意を表わして頭を下げる。

【顚倒】〈てんどう〉㊥㊦ 妄想。煩悩。正しい道理に反するさかしまな妄想・迷見・邪見・煩悩。

【天童和尚云く、渾身、口に似て虚空に掛かれり……】〈てんどうおしょういわく、こんしん、くちににてこくうにかかれり……〉(眼)(広) 以下の語は『如浄語録』下・風鈴頌（(大)48・132c）に出る。『眼蔵』般若波羅蜜巻（(岩)上・81）、虚空巻（(岩)下・69）、『広録』頌古58にこれを引く。⇩「風鈴頌」

【天童忌】〈てんどうき〉(広) 道元の師、如浄は、宋の紹定元年（一二二八）七月十七日示寂（一説には宝慶三年（一二二七）とも）（『広録』上堂342、515）。遺偈は、「六十六年、罪犯弥天、打箇踍跳、活陥黄泉、咦、従来生死不相干」（『如浄語録』下、(大)48・133a）。

【天童山景徳寺】〈てんどうざんけいとくじ〉(眼)(広) 浙江省寧波県東六十里の太白山中にあり。天童山は一名太白山ともいう。晋恵帝永興元年（三〇四）義興法師が開闢。唐乾元二年（七五九）天童玲瓏寺とし、咸通十年（八六九）天寿と改め、宋真宗皇帝景徳四年（一〇〇七）、更に景徳禅寺と改める。宏智正覚が禅風を振るった地であり、道元の師、如浄の住山によって著名。明太祖洪武二十五年（一三九二）、天童禅寺と改めて中国禅宗五山の第二位とした。道元の弟子寒巌義尹（一二一七～一三〇〇）・徹通義介（一二一九～一三〇九）等も掛錫した。洞門にとっては縁の深い寺。

【天童浄和尚】〈てんどうじょうおしょう〉(眼)(広) ⇩「天童如浄」

【天童宗珏】〈てんどうそうかく〉(眼)（一〇九一～一一六二）。大休宗珏とも。真歇清了の法嗣。青原下、天童如浄の法の祖父にあたる（『普灯』十三・天童宗珏章）。

【天童脱落話】〈てんどうだつらくわ〉(広)『眼蔵』王三昧巻（(岩)下・13）に「先師古仏云、参禅者身心脱落也。祗管打坐始得。不要焼香礼拝念仏修懺看経」とある（『広録』上堂136）。

【天童如浄】〈てんどうにょじょう〉(眼)(広) 如浄（一一六三～一二二八）。雪竇智鑑の法嗣。青原下。道元の本師。天童は住山の山名。十九歳のとき教学を捨て、雪竇山の足菴智鑑に参じ、庭前栢樹子の話をもって大悟する。諸方に行脚すること四十年、その間請されて名刹に住す。浄慈寺に住して後、嘉定十七年（一二二四）六十一歳のとき勅命により太白山天童景徳寺に住す。このとき、道元参来相見して師資の道契う。南宋紹定元年（一二二八）示寂、寿六十六。示寂の年は道元帰国の年とも、翌年ともいう。その宗風については『眼蔵』行持下巻（(岩)中・63–64）を参照。語録二巻がある（『会元続略』一・長翁如浄章、『継灯録』一・長翁如浄章）。如浄が清涼寺に住職していた時の上堂は「中秋の上堂、雲は秋空に散じ即ち心に月を見る。払子を挙して云く、看よ。家家門前明月を照らす、処々行人明月を共にす、鯨に騎り月を捉え船に櫂さして月に載す、忽念として月落ち夜沈沈」（『如浄語録』、(大)48・122c）とある。それによって、「雲散秋空」（十五夜）、「即心見月」（十六夜）、「挙払子看」（十七夜）に分けて作頌しているのである。『広録』偈頌81～86を参照。

【天童鼻孔】〈てんどうびくう〉(広) 鼻孔は鼻のあな。顔の中心にありながら自分には見えないところから、自分自身が本来的にもつ真の姿をいう。天童如浄の全生命、真実の仏法（『広録』自賛1）。

【顛倒妄想】〈てんどうもうぞう〉(広) さかしまな考え、邪見（『広録』上堂279）。

【天得一清……】〈てんとくいっせい……〉(広)『老子道徳経』三十九章。一はあらゆるものの根源を指している（『広録』上堂25）。

【天皇道悟】〈てんのうどうご〉(眼)(広)（七四八～八〇七）。石頭希遷の法嗣。婺州東陽の人、姓は張氏。二十五歳出家、杭州竹林寺で修行する。はじめ径山国一に参じ、後に馬祖道一に謁し、さらに石頭希遷に到って大悟する。荊州柴紫山に開法、後に荊州天皇寺に住す。唐元和二年（八〇七）示寂、寿六十。龍潭崇信の師。天皇道悟の系譜については異論が多い（『伝灯』十四・天皇道悟章、(大)51・309c）。

【天の先骨を礼す】〈てんのせんこつをらいす〉(眼) 善人の遺骨は天人も下り来ってこれを礼拝したという。『阿育王譬喩経』（(大)50・171c）に出る（『眼蔵』行持下巻、(岩)中・49）。

【天辺玉兎】〈てんぺんのぎょくと〉(広) 玉兎は月の別称で、天にある月（『広録』上堂2、偈頌27）。

【天方】〈てんぽう〉(広) 天堂ともいう。天宮のこと（『広録』上堂25）。

【伝法救迷情】〈でんぽうぐめいじょう〉(広) 真実の仏法を伝え、迷える衆生を救う。『伝灯』三・菩提達磨章に「吾本来茲土、伝法救迷情、一花開五葉、結果自然成」（(大)51・219c）とある（『広録』上堂423）。

【天魔】〈てんま〉(眼)(広) 欲界の第六天に住むという悪魔。

【天魔波旬】〈てんまはじゅん〉眼広 天界の魔王である波旬（悪魔）。

【天満天神】〈てんまんてんじん〉広 菅原道真（八四五〜九〇三）のこと。道真は延喜三年（九〇三）二月二十五日に五十九歳で没した。『建撕記』によれば、寛元二年（一二四四）の二月二十五日に越前の天満宮に詣でたという（『広録』偈頌78）。

【天明啞子】〈てんめいのあし〉広 天明は夜明け。非言語に住むものが、声を挙げて言語では表現できないところを表現する。物の道理を超えているところ（『広録』偈頌73）。

【転物物転】〈てんもつもつてん〉眼 自己が物を転ずると、物に転ぜられるとの意（『眼蔵』画餅巻、岩中・152）。

【天龍】〈てんりゅう〉眼（生没年不詳）。大梅法常の法嗣。倶胝に一指頭の禅を伝える（『伝灯』十・天龍章、大48・280a）。

と

【道】〈どう〉眼広 通常は「みち」の意で「すじみち」または「道理」の義に用いられる。また「いう」という訓みから「ことば」の意に用いられる。道是・道得など。

【同安観志】〈どうあんかんし〉眼（生没年不詳）。同安道丕の法嗣。青原下。

【同安道丕】〈どうあんどうひ〉眼広（生没年不詳）。雲居道膺の法嗣。曹洞宗の正脈に列す。洪州鳳棲山に住する（『伝灯』二十・同安丕章、大51・362a）。

【道育】〈どういく〉広（生没年不詳）。達磨大師の法嗣。慧育ともいう。達磨門下の慧可につぐ高弟（『広録』上堂46）。

【鄧隠峰】〈とうおんぽう〉眼広 五台隠峰（生没年不詳）。馬祖道一の法嗣。福建邵武の人、姓は鄧氏。冬は衡岳に居り、夏は清涼に止まり、のち五台山に入る。『広灯』八・馬祖章、『伝灯』八・隠峰章、大51・259bに出る。

【等覚】〈とうがく〉眼 正等覚・等正覚・三藐三菩提・正等菩提とも。菩薩の修行の五十二位の階位における第五十一位で、修行成満して仏の正覚に等しい位。または諸仏の証悟は平等一如なるが故に仏のことをいう。正しく優れた仏の悟りのことで、声聞縁覚よりも優れていることを示す。

【桃華翠竹】〈とうかすいちく〉眼広 霊雲志勤と香厳智閑、悟

道の因縁（『眼蔵』発無上心巻、㊃中・398、『広録』上堂441）。『眼蔵』谿声山色巻（㊃上・137–138）を参照。

【討掛搭】〈とうかた〉㊅ 討は尋ね求めるの義。掛搭せんことを懇請すること。

【桃華を見て悟道す】〈とうかをみてごどうす〉㊇ 季節とともに散ったり咲いたりしていた桃華を見ながら、三十年来修行し来った霊雲志勤は、今はその桃花を見て、桃華と自分は別のものではない、尽十方世界は自己以外にはない不疑の境涯に達する。潙山がその悟道の深さを証明した公案（『広録』頌古72）。⇩「霊雲志勤」

【等閑】〈とうかん〉㊅㊇ おろそか。かりそめ。なおざりに、無造作に、任運、無意識、無作為などの意をもつ（『広録』上堂48、50、128、268、404、452、457、503、頌古47、65、67、77、自賛19、偈頌32、46、125）。

【投機】〈とうき〉㊅ ⇩「展事投機」

【道器】〈どうき〉㊅㊇ 仏道を成すべき人物。仏法を悟りうる力量を持った人物（『広録』上堂381）。

【倒却門前刹竿】〈とうきゃくもんぜんせっかん〉㊇ 摩訶迦葉と阿難尊者との嗣法に関する因縁を示す語。刹竿は寺院で説法をしていることを標示する刹竿で、それを倒せというのは、説法を止めよ、ということ。阿難尊者はその一生を釈尊に随侍し、その説法を漏らさずに聞き多聞第一といわれるほどに記憶していた。が、釈尊は伝法を許さなかった。仏法は他より得るものでは無く、結局は自己を学ぶことにつきるからである。迦葉尊者は、このことを阿難尊者に納得させるために、説法の標示である門前に掲げた刹竿を倒せという。阿難尊者は迦葉尊者のこの言葉によって、本来の自己の参究こそが仏法であると大悟する（『広録』上堂11、252、法語4、真賛4）。

【唐虞】〈とうぐ〉㊇ 堯唐と舜虞のことで、名君といわれた堯・舜の時代（『広録』上堂129）。

【東君】〈とうくん〉㊅㊇ 東は春の方位で、君は神。春を司る神。春の神。春神をいう（『広録』上堂90、116、225、頌古67）。

【道元】〈どうげん〉㊅㊇（一二〇〇～一二五三）。日本曹洞宗の開祖。父は久我《こが》通親（一説に通具）、母は藤原基房の娘伊子として正治二年（一二〇〇）一月二日（新暦の一月二十六日を曹洞宗では高祖降誕会とする）京都に生まれた。三歳で父を、八歳で母を失う。十三歳の時に母方の親族をたよって比叡山に赴き、横川の首楞厳院般若谷千光房に留まり、翌年天台座主公円僧正の下で出家した。後に三井寺の公胤を訪ね、建仁寺の栄西を訪ね、さらに栄西の弟子である仏樹房明全に師事した。そして六年後の貞応二年(一二二三)明全らとともに入宋し天童山その他を歴訪したが、機縁合わず、天童山に長翁如浄が入ったことを聞いて再び天童山に参じ、古仏如浄膝下に徹底参学して身心脱落、南宋の宝慶元年(一二二五)如浄の印可を得て、只管打坐の純禅を受けついで、安貞元年(一二二七)帰国。本師如浄の許で学んだことは『宝慶記』として著した。しばらく建仁寺に寓し、帰国後初めての書『普勧坐禅儀』を撰述したが、天福元年(一二三三)京都深草に観音導利院(後の興聖寺)を開き日本最初の高床式坐禅堂を建て、十年余住し只管打坐に基づく正伝の仏法を宣揚したが、比叡山を刺激したため、寛元元年(一二四三)波多野義重の請により越前に移る。翌年大仏寺(後に永平寺に名称を変更)を開いて修道と著述を続けた。宝治元年(一二四七)一時、北条時頼の招きで鎌倉に出向いたが、翌年永平寺に戻った。建長二年(一二五〇)後嵯峨天皇から紫衣を賜ったが固辞して受けなかったともいう。建長五年(一二五三)釈尊の入滅にならい『正法眼蔵』「八大人覚巻」を最後の示衆として永平寺を懐弉に譲り、病気療養のため京都に赴いたが、同年八月二十八日「五十四年　照第一天　打箇跨跳　触破大千　咦　渾身無覓　活落黄泉」(五十四年第一天を照らす　箇の跨跳を打して　大千を触破す　咦　渾身覓むる無し　活きながらに黄泉に落つ)の遺偈を残して示寂、世寿五十四。諡号は仏性伝東国師、承陽大師。その只管打坐を基本とした正伝の仏法は「本証妙修、修証一等」と標榜され展開された。主著に『正法眼蔵』九十五巻、『普勧坐禅儀』一巻、修行僧のための規矩・用心を説いた『学道用心集』一巻、『永平清規』六編、上堂・法語・小参・偈頌などを収めた『永平広録』十巻、和歌集として『傘松道詠』一巻等がある。

【道吾円智】〈どうごえんち〉㊥㊣(七六九〜八三五)。薬山惟儼の法嗣。青原下。予州海昏の人、幼いときに涅槃和尚について出家し、薬山に参学して法を嗣ぎ、諸山を遍歴ののち、潭州道吾山に住して開法す。唐太和九年(八三五)

示寂、寿六十七。修一大師と諡す（『広録』上堂161、304、法語8、頌古61）。『眼蔵』行持巻（(岩)中・21）に「雲巌和尚は、道吾とおなじく薬山に参学して、ともにちかひをたてて、四十年わきを席につけず、一味参究す」とある（『伝灯』十四・道吾円智章、(大)51・314a）。

【道悟、石頭に問う、如何なるか是れ仏法の大意……】〈どうご、せきとうにとう、いかなるかこれぶっぽうのたいい……〉(広) 天皇道悟が石頭希遷に「仏法の根本（実体）は何か」と質問すると、石頭は「不得・不知（つかまえることも知ることもできない）で分別智でははかりしれない」と答えた。道悟がさらに「もっと具体的にいって下さい」というと、石頭は「大空は白雲が飛ぶことをさまたげない」と答えた。それに対して道元は「不得不知は仏の大意、風流深き処、また風流」と提示した（『広録』上堂22）。以下の語話は『伝灯』十四・石頭希遷章（(大)51・309c）に出る。『眼蔵』仏向上巻（(岩)上・419–420）を参照。

【問うこと莫れ】〈とうことなかれ〉(広) 道程、悟りに至るみちのりを問うてはならない。その一歩一歩が悟境である故に（『広録』偈頌22）。

【撞在】〈とうざい〉(広) つきおとすこと（『広録』頌古22）。

【東西密相付す】〈とうざいみつにあいふす〉(眼) 石頭希遷の『参同契』の第二句（『伝灯』三十、(大)51・459b）。仏法の心印をインド及び中国の歴代の祖師が相続することをいう（『眼蔵』菩提分法巻、(岩)下・23）。

【藤索】〈とうさく〉(広) 牛を止めておく索（『広録』偈頌1）。

【洞山】〈とうざん〉(眼)(広) 雲巌曇晟の法嗣である洞山良价は、江西省の洞山広福寺を建立し化を振るう。⇩「洞山良价」

【同参】〈どうさん〉(眼)(広) 同じ師家の会下で参学するもの。同学というに同じ（『広録』上堂11、21、29、152、158、204、206、250、254、257、289、352、418、小参17、偈頌72）。

【洞山、雲居を請して曰く、昔、南泉、弥勒下生経を講ずる……】〈とうざん、うんごをしょうしていわく、むかし、なんせん、みろくげしょうきょうをこうずる……〉(広) 以下の語話は『伝灯』十七・雲居道膺章（(大)51・335a）に出る（『広録』上堂61）。⇩「天上無弥勒」

【洞山五位】〈とうざんごい〉(広) 洞山良价の創唱により、法の実態を正中偏・偏中正・正中来・偏中至・兼中到（偏正五位）に分類したものを曹山が君臣の関係によって説いたもの（五位君臣旨訣）（『広録』上堂221）。

【洞山向上】〈とうざんこうじょう〉㊝ 洞山良价は、仏の真実態を具現することが仏道修行であり、それは仏向上事を体得して初めて可能であると教示した故事（『広録』上堂315）。

【洞山高祖古仏云く、道、無心にして人に合す……】〈とうざんこうそこぶついわく、どう、むしんにしてひとにがっす……〉㊝ 洞山は「仏祖道は無心（何者にもとらわれない心）であるからこそ、仏道は人と合体するのだ。この意味は、仏道と人とは一つは不老の関係にある」（老であるものもあれば不老なるものもあるように、抽象的でもあり、具体的な事実をもっていること）それを道元は「ガマは未だエビに参せず」つまり、ガマはガマとして存在しエビはエビとして独自に存在していると表現した（『広録』上堂351）。以下の語は『洞山録』（㊅47・510a）に出る。また『眼蔵』眼睛巻（㊔中・365）に拈提がある。

【洞山悟本大師】〈とうざんごほんだいし〉㊝ ⇩「洞山良价」

【洞山守初】〈とうざんしゅしょ〉㊝（九一〇〜九九〇）。涇州の舎利律師浄円について受具する。はじめ律を学び、後に雲門文偃に参じ、三頓棒の話（仏法の真意を徒らに外の善知識に求めることの錯りを示した公案）によって証契し、その法を嗣ぐ。淳化元年（九九〇）示寂、世寿八十一（『広録』頌古68）（『伝灯』二十三・洞山守初章、㊅51・389b）。

【洞山万里無寸草】〈とうざんばんりむすんそう〉㊝ 洞山良价の夏末から秋初にかけての制中の間に東西に行脚する雲水に対する示衆（『広録』小参6）。『洞山録』（㊅47・510a）に出る。また「秋初夏末……作麼生去」は『宏智録』の上堂語に見られる。無寸草とは妄念の無いこと、平等一如の境涯をいうが、その解脱の処に向かって努力せよ、そこにはどのようにしたら到達できるかと問う。『宏智頌古』八十九則では、これに対して、石霜慶諸と大陽警玄が評唱を加えている。

【洞山麻三斤】〈とうざんまさんぎん〉㊝ 麻三斤とは、衣一着分のよった麻糸の分量とされ、これが当時の売買流通の単位であったという。洞山守初が「仏とは何か」と問われて、仏の真実を何の抵抗もなく、衣の反物の単位で示したところに、古来より、守初の仏法に対する円熟ぶりがあるとされる公案（『広録』法語11）。『会要』二十六・

洞山守初章に出る。

【洞山微和尚】〈とうざんみおしょう〉(眼) 洞山道微（生没年不詳）。芙蓉道楷の法嗣（『続伝灯』十二・洞山微章、(大) 51・544a)。

【洞山良价】〈とうざんりょうかい〉(眼)(広)（八〇七～八六九）。雲巌曇晟の法嗣。会稽兪氏の子。二十一歳で嵩山において具戒、遊方して南泉に謁し、次いで潙山に到る。その指示によって雲巌に詣り、参究すること多年、一日再遊の途上に水を渡ろうとして大悟し、雲巌の衣法を嗣ぐ。大中の末年新豊山に開法し、後に豫章高安の洞山に移り、玄風天下に盛んとなる。正偏五位・君臣五位・功勲五位・宝鏡三昧・四賓主・三綱要等、説示は極めて多い。唐咸通十年（八六九）示寂、寿六十三。悟本大師と諡す。曹山とともに中国曹洞宗の祖。門下より雲居道膺・曹山本寂・疎山光仁・青林師虔・龍牙居遁・華厳休静等二十七員の神足を出す。曹洞の一派は師を洪源となし、その語録は『曹山録』とともに曹洞二師録として世に流布する（『伝灯』十五・洞山良价章、(大) 51・321b)。

【冬至】〈とうじ〉(広) 冬至は、いうまでもなく、一年の内の昼の長さが最も短い冬の極点の日で、古来、陰が極まり陽の始まる日・一陽来復（冬が去り春に向かう意味）に向かう日として祝われた。わが国で用いられた太陰太陽暦では、初期の〝元嘉暦〟を除いては全ての暦法の計算の原点を冬至においたといわれる。冬至は、陰暦では十一月にあり、その日は特定ではなく、冬至が十一月朔日にあたると、これを〝朔旦冬至〟といい、宮中では特別に賀が行われた。朔旦冬至は普通には十九年に一度めぐってくるが、時にはずれることもあった。ちなみに、『広録』の中では、仁治元年（一二四〇）十一月一日が、まさにその朔旦冬至の上堂である（『広録』上堂135）。このような冬至の儀は延暦三年（七八四）に始まり江戸時代に至るまで行なわれた。現在では、冬至は太陽の黄経が二七〇度になる時と定義され、現行の太陽暦では、冬至後約十日目が一月一日になるように作られている。

【瞳児】〈とうじ〉(広) 亡き子を思う全禅人の瞳には、その子の姿が現われている（『広録』偈頌32）。

【道士】〈どうし〉(眼) 道教の徒をいう。ただし『眼蔵』安居巻（(岩)下・91）の道士は、在俗の求道者をいう。

【道士観】〈どうしかん〉(眼) 道教の寺をいう（『眼蔵』行持上

巻、(岩)中・29)。

【東寺如会】〈とうじにょえ〉(広)（七四四〜八二三）。馬祖道一の法嗣（『広録』上堂323）。

【動止万福】〈どうしばんぷく〉(広) 動止は動静、生活している姿、立ち居振るまい、万福は礼を交すときに唱える言葉で「お変わりございませんか」「御気嫌いかがですか」ぐらいの意（『広録』上堂196）。

【踏著】〈とうじゃく〉(眼)(広) 踏みつけること。著は助詞。

【動著】〈どうじゃく〉(眼)(広) 心が動揺して妄想をおこすこと。著は助詞。

【道著】〈どうじゃく〉(眼)(広) 道は「いう」または「いいしこと」の意。心が動揺して妄想をおこすこと。言い切る。言い当てる。著は助詞。

【噇酒糟（醩）漢】〈とうしゅそうのかん〉(広) 噇は飲食、酒醩は酒粕。良い所を取り去った残りくずを食う奴ということで、他によって動かされる鈍感な人を軽蔑した言葉（『広録』上堂125、301）。

【綉出】〈とうしゅつ〉(広) 刺繍すること（『広録』上堂512）。

【東出西落】〈とうしゅつせいらく〉(広) でこぼこしていること（『広録』上堂146）。

【当処】〈とうじょ〉(眼)(広) たちどころ、そのまま、その場。

【道処】〈どうしょ〉(眼) いうところ。見識または考え方の意。

【闘諍】〈とうじょう〉(眼)(広) あらそい（『広録』上堂432）。

【等正覚】〈とうしょうがく〉(眼)(広) ⇩「等覚」

【同牀眠知被穿】〈どうしょうみんちひせん〉(眼) 同じ臥床に眠って蒲団の破れたことを知るとは、二者極めて親しいことをいう（『眼蔵』十方巻、(岩)中・340）。

【道心】〈どうしん〉(眼)(広) 仏道を求め、悟りに向かって進もうとする心。

【道信】〈どうしん〉(眼)(広) 四祖道信。⇩「大医道信」

【唐人赤脚】〈とうじんしゃっきゃく〉(広) 唐人は中国人。赤脚は裸足。中国人は裸足のときから中国人の歩き方を身につける（『広録』偈頌124）。

【東司】〈とうす〉(眼) 東浄ともいう。厠のこと。厠は東にあるのを原則とし、あるいは南、西に置くも、北に置くことはない。これによって東司を厠の通名とし、西にあるのを特に西浄または西司ということがある。

【堂司】〈どうす〉(眼) 僧堂の司たる維那をいう。⇩「維那」

【投子義青】〈とうすぎせい〉(眼)(広)（一〇三二～一〇八三）。舒州青社の人、姓は李氏。七歳で妙相寺にて出家し、教相を学ぶ。のち臨済の系譜に属する聖巌寺の浮山法遠（円鑑禅師、九九一～一〇六七）に参じ、会下に在ること前後六年、青華厳と称せらる。浮山法遠は、後に義青に洞下の宗旨を示し、それに証契したので、大陽警玄の頂相・皮履・直綴を付嘱されて青原下第十世に列す。白雲山に住すること八年で投子山に移り、宋元豊六年（一〇八三）示寂、寿五十二。語録二巻がある（『広録』上堂191、305）（『続灯』二十六・義青禅師章、『会要』二十八・投子義青章、『普灯』二・投子義青章）。

【投子青和尚、大陽に執侍すること三年……】〈とうすせいおしょう、たいようにしゅうじすることさんねん……〉(広) 師の大陽警玄と投子の問答より投子が開悟した故事。大陽が「外道が釈尊に『仏法の真実の説法は言葉によるのかよらないか』と質問すると釈尊は良久されたが君はどうだ」と質問した。投子が答えようとすると、大陽が投子の口をふさいだ。その時、投子は了然として開悟した。大陽が投子の口をふさいだのは、無言を示唆することであり、大陽と投子の言葉を超越した玄妙なはたらきを示している（『広録』頌古33）。以下の語は、『普灯』二・投子義青章に見える。

【投子、当初、売油を儀う】〈とうす、そのかみ、ばいゆをよそおう〉(広) この語話は「投子沽油」ともいう。投子大同と趙州従諗の問答で投子が油売りの姿で現われ、彼の大悟徹底した禅機用を示した故事（『広録』上堂313）。『伝灯』十五・投子大同章（(大)51・319a）に出る。

【投子大同】〈とうすだいどう〉(眼)(広)（八一九～九一四）。翠微無学の法嗣。青原下。舒州懐寧の人、姓は劉氏。幼時に出家し、はじめ『華厳経』を学び、翠微に参じて玄旨を悟り、後に周遊し、趙州と問答し投子山に隠棲すること三十余年、来問するものが室に満ちたという。後梁乾化四年（九一四）示寂、寿九十六。慈済大師と諡す。語録一巻がある（『広録』上堂313、361、頌古17）。（『眼蔵』都機巻、(岩)中・161、『伝灯』十五・投子大同章、(大)51・319a）を参照。

【投子に問う、一大蔵教に、還、奇特の事有りや、也、無や……】〈とうすにとう、いちだいぞうきょうに、また、きとくのじありや、また、いなや……〉(広) ある僧が投子大同に「一大蔵経に何か特別に奇特なこと、すぐれたところがあるのか」と質した。投子は「釈尊は生涯にわたって大蔵経を説法された」と答えた。それに対して道元は「世尊が生涯大蔵経を説法された。それは天上界人間界にとって、護身の符(お守り)を得たのである」と示された(『広録』上堂361)。以下の語話は『圜悟語録』十六(大47・789c)に出る。

【道声歔】〈どうせいきょ〉(広) 仏道の声が出てくる。『卍山本』は「釈紛拏」、粉拏は入り乱れ争うさま(『広録』偈頌29)。

【東村の王老、夜銭を焼く】〈とうそんのおうろう、よるぜにをやく〉(広) 中国では古来より、陽気の神を暖めるために、時節が来ると紙銭を焼いた(『広録』小参10)。

【藤蛇】〈とうだ〉(広) 木にまつわる藤を蛇に見まちがう、偽を真とし、真を偽と見まちがえる。遍計執着の妄見・迷妄のこと(『広録』偈頌98)。

【道諦】〈どうたい〉(眼)(広) 四諦の一(『広録』上堂231)。⇩「苦集滅道」

【透脱】〈とうだつ〉(眼)(広) 透りぬけること、脱却・解脱・脱落(『広録』上堂260、458、法語14、偈頌44)。

【堂頭】〈どうちょう〉(眼) 禅院の住持をいう。

【透頂透𩕳】〈とうちょうとうねい〉(広) 頂𩕳はどちらも頭の上、真骨頂を透脱すること(『広録』上堂512)。

【唐朝の大義法師、鵞湖和尚に問う……】〈とうちょうのだいぎほっし、がこおしょうにとう……〉(広) この上堂語は、『祖山本』、『略録』ともに大義と鵞湖二者の対話になっているが、『卍山本』では、唐の十一代皇帝憲宗(在位八〇六〜八二〇)が鵞湖大義(馬祖道一の法嗣)を麟徳殿に召して議論せしめたときの、一法師と鵞湖大義との対話となっている(『広録』上堂511)。『伝灯』七・鵞湖大義章(大51・253a)参照。

【当頭】〈とうとう〉(広) 対立する。相争う。そのとき、出合い頭に、真向から直下に。当下、直下(『広録』上堂52、174、329、337、443、頌古49)。

【到頭】〈とうとう〉(広) 本来は、決着、けりのつくことをいうが、この場合は、つまるところ、到底、結局、当然の意。畢竟という意味の副詞的用法(『広録』上堂355、法語10)。

【騰騰】〈とうとう〉(広) 盛んにおこるさま。緩やかなるさま(『広録』上堂412、頌古16、自賛3)。

【堂堂】〈どうどう〉(眼)(広) 威厳があって立派な様子。

【銅頭鉄額】〈どうとうてつがく〉広 原義は銅の頭に鉄の額のことで、甚だ勇悍な喩えをいい、銅や鉄でできた頭をもったように極めて信念強固な求道の人をいう（『広録』上堂238）。

【銅頭鉄漢】〈どうとうてつかん〉広 銅頭鉄額と同意（『広録』上堂440）。⇩「銅頭鉄額」

【道頭道尾】〈どうとうどうび〉眼「あとさき」の意。

【騰騰了了】〈とうとうりょうりょう〉広 騰騰は盛んに起こるさま、また緩やかなさま。了了は明らかなさま。

【道得】〈どうとく〉眼広 仏法の道理を説き示すこと。言い表すこと。道著ともいう。あるいはまた真実の悟りはそれ自体が言葉で表現しえなければならないとする。『眼蔵』道得巻を参照。

【道徳】〈どうとく〉眼広 いいうること。仏祖の道理を説きつくして余り無いこと。

【東土二三】〈とうどにさん〉広 中国禅宗の初祖達磨から六祖慧能に至る六代の祖師（『広録』上堂69）。

【唐土六祖】〈とうどろくそ〉眼 菩提達磨大師より六祖大鑑慧能に至るまでの六祖をいう。

【鐺児】〈とうに〉広 鐺は底の平たく浅い脚のナベ・カマのこと。児は助詞（『広録』上堂146）。

【道人】〈どうにん〉広 出家者・修道者・参学人（『広録』上堂128、185、250、319、404、法語9）。

【倒拈】〈とうねん〉広 ひっくりかえして（『広録』偈頌114）。

【同中有異】〈どうのなかにいあり〉広 同の中に異がある。転じて、平等の中に差別の相をみること（『広録』上堂307）。

【沓婆】〈とうば〉広 王舎城・垂竹園寺で典座を務めたという（『広録』上堂139）。

【塔婆】〈とうば〉眼広 ⇩「窣堵（塔）婆」

【東坡居士蘇軾】〈とうばこじそしょく〉眼（一〇三六～一一〇一）。姓は蘇氏、字は子瞻、名は軾。宋の中世における一代の文豪として知られる。東林常総に参じ、また玉泉皓に謁す。禅門において得道の居士として著名（『眼蔵』谿声山色巻、岩上・135）。『普灯』二十三・蘇軾居士章を参照。

【道副】〈どうふく〉眼広（四六四～五二四）。僧副とも。達磨大師旁出の法嗣。姓は王氏、太原祈県の人。常に糧を携えて尋師訪道、ついに達磨大師に参じて心要を明らめた。普通五年（五二四）示寂、寿六十一。『眼蔵』葛藤巻（岩中・190）を参照。

【踏翻】〈とうほん〉㊥㊦ 本意はけとばすことで、転じて相対的な差別を払拭すること。

【稲麻竹葦】〈とうまちくい〉㊥㊦ 稲・麻・竹・葦ともに広い地域に群生することから、物の数の多いことを喩えていう。『法華経』方便品に「如稲麻竹葦、充満十方刹」（㊀9・6a）とあることより出る。

【曈眠喫飯】〈とうみんきっぱん〉㊦ 眠りを貪ることと、食事をすること。日常底（『広録』上堂115）。

【道、無心にして人に合す】〈どう、むしんにしてひとにがっす〉㊦ 仏道というものは何のはからいもない故に人に合う（『広録』上堂351）。

【当面蹉過】〈とうめんしゃか〉㊦ 蹉過は時期を失する、すれちがうこと。最初の一歩をあやまることによって、大きなへだたりを生ずること（『普勧坐禅儀』）。

【道本円通】〈どうもとえんづう〉㊦ 仏法の真実が自在無礙なること（『普勧坐禅儀』）。

【東門南門……】〈とうもんなんもん……〉㊦ 趙州という個人を一個の城に見たてた（『広録』頌古21）。『碧巌録』九則の本則・評唱（㊀48・149a-b）参照。

【当門の歯】〈とうもんのは〉㊦ 前歯のこと。「当門の歯を欠く」とは、達磨大師の徳が天下に広まり、人々が帰依し尊敬するのを見て、当時の仏教界を代表する学解の大家である菩提流支と光統律師は憤りに堪えず、大師に石を投げその前歯を欠かせたばかりでなく、五度までも毒薬を呑ませようとしたという、達磨迫害の故事（『広録』上堂146）。

【冬夜水雲寒じ】〈とうやすいうんすさまじ〉㊦ 仏の衣は世界に遍しといっても、冬夜の雲水にはやはり寒さがこたえる、その中でも正伝の仏法を只管打坐の中に伝える（『広録』偈頌76）。

【動用】〈どうゆう〉㊦ ⇩「道用」

【道用】〈どうゆう〉㊦ 仏道を修行する僧が用いる道具。また、仏道のはたらき（『広録』上堂46）。

【当陽】〈とうよう〉㊥㊦ 分明の義。真正面、または当体というほどの意にも用いる。『広録』偈頌120の当陽は、日南午の時刻は太陽が真上に輝く。じかに直面した時。

【動容揚古路】〈どうようようころ〉㊥㊦ 向上の一路。『伝灯』

十一・香厳智閑章（(大)51・284）に出る。香厳が山から悟道を得た機縁偈（『眼蔵』古鏡巻、(岩)上・298、谿声山色巻、(岩)上・138、『広録』上堂285）。

【桃李雪霜】〈とうりせっそう〉(広) 桃李が可憐なる花を咲かそうとも、雪霜がどんなに凄絶な美しさを見せようとも、山居の身であるのでそれにとらわれない（『広録』偈頌71）。

【忉利天】〈とうりてん〉(眼)(広) 梵語 Trāyastriṃśa 意訳して三十三天とも。六欲天の第二天。須弥山の頂上にあるとされる。この天の一番高い処にあるのが善見城で、仏法の守護神である帝釈天はそこに住むという。

【斗量達磨】〈とうりょうだるま〉(広) 達磨を枡で量る。「杓呇釈迦」と同様に、水をくんだり枡ではかったりする単なる日常の作用をいう（『広録』上堂262）。

【東林常総】〈とうりんじょうそう〉(眼)（一〇二五～一〇九一）。黄龍慧南の法嗣。延平施氏の子。黄龍の大法を密受して後に泐潭に住し、のち江州東林興龍寺に遷り、会下常に七百と称される。宋元祐六年（一〇九一）示寂、寿六十七。照覚と称す（『続灯』十二・照覚禅師章、『普灯』四）。

【等流】〈とうる〉(眼) 因より果を、本より末を流出するように、因果本末の相の類似することをいう。

【同類中生】〈どうるいちゅうしょう〉(眼) 異類中行に対して用いられた語。

【唐労】〈とうろう〉(広) 唐は「大いなる」の意（『広録』小参12）。

【灯籠露柱】〈とうろうろちゅう〉(広) 無心なるものの存在のこと（『広録』上堂46、259）。

【斗牛】〈とぎゅう〉(広) 北斗七星と牽牛星（『広録』上堂461、自賛6）。

【突吉羅罪】〈ときらざい〉(眼) 梵語 duṣkṛta 悪作と訳す。身口になす所の悪事をいう。二百五十戒中の二不定・百衆学・七滅諍はこれに属す。

【徳雲】〈とくうん〉(広)『事考』では『華厳経』入法界品（(大)10・334a）で善財童子が文殊に導かれ会いに行った徳雲比丘であると指摘している（『広録』頌古27）。

【得経眼を遮れば】〈とくきょうまなこをさえぎれば〉(広) 経を得て遮眼、即ちそのものと一如となる、故に眼が経となる（『広録』偈頌121）。

【独坐大雄峰】〈どくざだいゆうほう〉(眼)(広) 大雄峰とは百丈山

（江西省南昌・百丈が住した所）のこと。百丈奇特の公案といわれるもので、ある僧が百丈に「仏法に何か奇特なことがあるか」と問うたのに対し、百丈は「私がこの百丈山で独りで毎日坐禅している。これ以上にこの世に奇特なことはない」と答えた。ありのまま、無事これ奇特、独坐これ奇特を示したもの（『眼蔵』家常巻、岩⃝中・372、鉢盂巻、岩⃝下・74、『広録』上堂147、378、443）。『如浄語録』下（大⃝48・127b）にも見える。

【得坐披衣】〈とくざひい〉眼⃝ 一挙手一投足、日常の生活一切をいう（『眼蔵』授記巻、岩⃝中・80）。

【徳山、三十年龍潭に在って巾瓶に労す……】〈とくさん、さんじゅうねんりゅうたんにあってきんびょうにろうす……〉広⃝ 徳山宣鑑の龍潭崇信下にあっての三十年間の修行。巾は手を拭う布、瓶は水の入れ物。僧は身心を清浄に保つため巾と瓶を左右に置いて手を浄めたところから「巾瓶に労す」というのは師に親しく随侍することをいう（『広録』上堂291）。

【徳山宣鑑】〈とくさんせんかん〉眼⃝広⃝（七八〇～八六五）。龍潭崇信の法嗣。青原下。剣南の人、姓は周氏。律、性相を学び、『金剛経』に通じ、周金剛と称せらる。南方の禅を論破せんとし、かえって禅に帰し、龍潭崇信に参じてその法を嗣ぐ。その龍潭に参ずるまでの経歴は『眼蔵』心不可得巻（岩⃝上・263–267）に詳しい。龍潭に心要を得てより潙山にまみえる。澧陽に住むこと三十年、武宗の廃仏に遭い難を独浮山の石室に避け、大中の頃、武陵の太守薛廷望、徳山の精舎を建てて古徳禅院と号し、宗風を振るう。唐咸通六年（八六五）示寂、寿八十六。見性大師と諡す。門下に雪峰義存・巌頭全奯等あり（『広録』上堂128、271、291、頌古24）（『伝灯』十五・徳山宣鑑章、大⃝51・317b）。

【徳山棒】〈とくさんのぼう〉広⃝ 臨済の喝と同様に徳山の棒による激しい学人接化の手段（『広録』上堂233、法語5）。

【得失を泯す】〈とくしつをほろぼす〉広⃝ 是非得失など相対的差別的な世界にかかわらない。（『広録』偈頌11）。

【禿株】〈とくしゅ〉広⃝ 枯木（『広録』上堂409）。

【徳女有って……世尊、貪瞋癡、何に依ってか有なる……】〈とくじょあって……せそん、とんじんち、なにによってかうなる……〉広⃝ 釈尊の「生死は長く、生死は短い。貪瞋癡によれば生死は長く、戒定慧によれば生死は短い」という説法に対しての徳女の「貪瞋癡は何によってあるのか」「無明によってある」という問答。生死の世界が貪瞋癡の無明によれば執着の世界となり、戒定慧によれば解脱の世界であることの提示（『広録』上堂479）。『大智度論』六（(大)25・102a）に同趣旨文あり。

【徳誠和尚】〈とくじょうおしょう〉(眼) ⇩「船子徳誠」

【得髄】〈とくずい〉(眼)(広) 二祖慧可が達磨大師より「汝得吾髄」と付法されたことをいう（『広録』上堂38、41、188、258、300、小参18、法語14、頌古44、自賛14、偈頌72）。『眼蔵』葛藤巻（(岩)中・190）を参照。

【独存無倚、脱落全真……】〈どくそんむい、だつらくぜんしん……〉(広) 身心脱落の身は何処に混っていても明々たるもの（『広録』上堂316）。

【徳田】〈とくでん〉(眼) 阿羅漢及び如来等をいう。諸功徳を具し、これを供養すれば勝れた功徳を生ずる故に徳田という。福田ともいう『眼蔵』三時業巻（(岩)下・132）。

【得道明心】〈とくどうみょうしん〉(眼)(広) 仏法の極意に通達すること、大悟（『眼蔵』弁道話巻、(岩)上・62、『普勧坐禅儀』）。

【得得来】〈とくとくらい〉(広) 得得は長途を歩く足音の擬音。寺を建立すれば釈尊の因縁に導かれて自ずと遠路からも集まるという意（『広録』上堂79）。

【得皮得髄】〈とくひとくずい〉(眼)(広) 達磨大師が四人の弟子に所解を提出させ、それぞれがわが皮・肉・骨・髄を得たと印証したことに始まる。この場合、文字の上では、皮を得、髄を得ることであるが、達磨の仏法の全相続をいう。道元は「骨肉髄を得たるは、皮肉面目を得たり」（『眼蔵』葛藤巻、(岩)中・191）というように、皮・肉・骨・髄全てが身体を構成する重要な部分であり、同時にその日一つ一つが身体であるとするので、どこを得ようと達磨の全仏法を得たことになる。

【得便宜・落便宜】〈とくべんぎ・らくべんぎ〉(眼)(広) 普通には字義通りに、便利自由を得ると便宜を失うことの意（『眼蔵』谿声山色巻、(岩)上・145）。『眼蔵』中には特に便宜とは本分の事なりと註され、学人の修し得たことを得便宜といい、その修証の跡の絶えたことを落便宜という。『御抄』には「無始本有の理のあらわるる所が得便宜とも落便宜とも云われる也」とあり。『私記』に落便宜を釈して「便宜とはさわるものなく、わが思うままなるをいう。解脱の宗旨なり」とある。

【髑（髑）髏】〈どくろ〉㊀㊁ 髑髏は髑縺（物事の曖昧で不明瞭な様子）のことか。死人の頭蓋骨、人間の情識分別を離れたさま。悟境に留まってしまう死漢（『広録』偈頌44）。

【杜鵑啼く】〈とけんなく〉㊀㊁ 杜鵑はほととぎす。己の本分に安住して妄想分別の枠外にある消息をいう（『眼蔵』諸法実相巻、㊂中・244、『広録』頌古40、偈頌22）。

【土地神】〈どじしん〉㊀㊁ 寺院の境内地を守護する神。その地の守護神。

【覩史多天】〈としたてん〉㊀ 梵語 Tuṣita 兜率天に同じ。⇩「兜率天」

【杜して言うこと能わず】〈としていうことあたわず〉㊁ 口を閉じてものをいわない（『広録』法語14）。

【土地堂】〈どじどう〉㊀ 寺院の封境を守護する土地神及び護法神を祀る堂。

【度衆生心】〈どしゅじょうしん〉㊁ 一切の衆生を済度しようとする利他の願心（『広録』小参20）。

【度生】〈どしょう〉㊀㊁ 一切の衆生を救済すること。

【図睡快】〈とすいかい〉㊀㊁ 石頭希遷『草菴歌』の第一句・第二句に「吾結草菴無宝貝、飯了従容図睡快」（『伝灯』十五、㊃51・461c）とある（『眼蔵』家常巻、㊂中・371、『広録』自賛4）。

【兜率天】〈とそつてん〉㊀ 梵語 Tuṣita（都史多・兜率陀）。知足・喜足等と訳す。欲界六天の中の第四天で、内外の二院があり、内院は弥勒菩薩の浄土、外院は天部の欲楽処という。

【咄】〈とつ〉㊀㊁ 言語をもっては表現しがたいところ、に用いる語で、喝（カッ）・夷（イー）などに同じ。

【独覚】〈どっかく〉㊀ 梵語 Pratyekabuddha（辟支仏）の訳。他の教導を受けずに無師独悟する聖者をいう。自ら十二因縁を観じて覚悟するが故に縁覚とも称す。

【咄哉】〈とっさい〉㊁ 咄きかなと読む。叱責・警告するときの言葉。愚かなことだ（『広録』上堂244、偈頌123）。

【鈯斧子】〈とっぷす〉㊀ 鈯斧は荊棘を截伐する斧のこと。子は助字。青原行思がその弟子石頭に住山を許す信表とした（『眼蔵』仏教巻、㊂上・369）。⇩「垂一足」

【斗低】〈とてい〉㊁ 斗は北斗七星。北斗七星の柄の部分は、宵の口には上のほうに上がっていたが、夜更けには下がっている（『広録』偈頌36）。

【斗満】〈とまん〉(広) 斗が満杯であり、はかりがきちんとしていること（『広録』上堂135）。

【儔】〈とも〉(広) たぐい、ともがら（『広録』上堂359）。

【兎鹿……に覃ばん】〈とろく……におよばん〉(広) このような龍虎や獅子の居るところには兎鹿は及びがたい（『広録』偈頌95）。

【頓一拝】〈とんいっぱい〉(眼) 坐具を展べず、そのまま四折して前に置いて一拝すること。普通には頓拝《とっぱい》という（『眼蔵』陀羅尼巻、(岩)中・289）。

【曇華】〈どんげ〉(眼) 梵語 udumbara-puspa（優曇鉢羅華）の略。瑞応華・希有等と訳す。三千年に一度開花するという。⇩「優曇華」

【鈍使利使】〈どんしりし〉(広) 鈍使は五鈍使のことで貪・瞋・癡・慢・疑。利使は五利使で、身見・辺見・邪見・見取見・戒禁取見。利は心を駆使している煩悩。また、断じ易い煩悩と断じがたい煩悩（『広録』上堂321）。

【呑尽】〈どんじん〉(眼)(広) 呑み尽くすこと。悟りの境地では自己も諸仏も全てともに円通する。『眼蔵』都機巻（(岩)中・160）に「万象これ月光にして万象にあらず、このゆえに光呑万象なり。万象おのずから月光を呑尽せるがゆえに、光の光を呑却するを光呑万象というなり」とある（『広録』偈頌15）。

【貪瞋癡】〈とんじんち〉(眼)(広) 貪欲・瞋恚・愚癡の三つで、身心を害する根本煩悩、三毒のこと（『広録』上堂479）。

【頓漸】〈とんぜん〉(眼)(広) 修行により、すぐに悟るのを頓教といい、だんだんと悟るのを漸教という。

【鈍置殺】〈どんちさつ〉(眼) 置は躓と通じ、鈍置は鈍致とも。頑固で融通のきかず、自在でないこと。殺は意味を強める語、故に鈍置殺人は人を愚鈍にするというほどの意（『眼蔵』仙陀婆巻、(岩)下・115）。

【飛んで星に似たり】〈とんでほしににたり〉(広) 菅原道真が太宰府に左遷されたとき、京の道真邸の梅が太宰府まで飛んだという巷説に因むものか（『広録』偈頌78）。

な

【内凡外凡】〈ないぼんげぼん〉(広) 凡夫位を内・外に分ち、正理に対して相似の智解を発する者をいい、内凡は三賢位（十住・十行・十廻向）を称し、外凡は十信位（菩薩五十二位）をいう（『広録』上堂301）。

【泥梨】〈ないり〉(眼) 梵語 niraya 不楽・苦具等と訳す。地獄のこと。

【那箇】〈なこ〉(眼)(広) 這箇（者箇）に対する指示の語で、「あれ」「あちら」または「どれ」の意。

【夏より秋に之く月余の日】〈なつよりあきにゆくげつよのひ〉(広) 夏から秋にかけての一ヶ月あまり（『広録』法語5）。

【南無仏陀耶】〈なむぶつだや〉(広) 仏陀に帰命・帰依を表す語。師資一体のすがたをこの言葉によって示した（『広録』上堂197）。

【那由他劫】〈なゆたこう〉(眼) 梵語 nayuta（那由他）はインドの数量の一単位。阿由多の百倍で、千億に当る。極めて数の多いことをいう。劫は無限に長い時間。

【那裏（裡）】〈なり〉(眼)(広) 這裏（者裏・遮裡）に対する指示の語で、「かの」「あの」「あちらの」または「どこの」の意。

【南閻浮】〈なんえんぶ〉(眼) 梵語 Jambu-dvīpa（閻浮提）。穢洲・勝舎洲等と訳す。須弥山の南方にある一大洲で、我々の住する世界。この洲に生まれる者は楽は東北の二洲に劣るといえども、見仏聞法は本洲を第一とする。

【南海の波斯象牙を進る】〈なんかいのはしぞうげをたてまつる〉(広) 南海波斯はペルシャ。ペルシャはその名産である象牙を多く産出し貢物とする（『広録』上堂246、偈頌124）。『眼蔵』菩提分法巻（(岩)下・26）に「捨覚支は設使将来するも他亦不受なり、唐人赤脚にして唐歩を学し、南海波斯象牙を求むるなり」とある。

【南海法性寺に届く……】〈なんかいほっしょうじにとどく〉(広) 印宗法師が法性寺にて『涅槃経』を講じているところに慧能が来た。その時、僧たちが風が動くのか幡が動くのかで議論し続け尽きなかった。が、慧能は風動・幡動ではない、諸君の心が動くのだ、と喝破した。これを聞いた印宗法師は慧能の常人ではないことを知ったという機

縁（『広録』上堂430）。『普灯』一・六祖慧能章を参照。

【南嶽】〈なんがく〉(眼)(広) 中国湖南省衡山県にある衡山。中国五岳の一。南嶽懐譲が住した般若寺観音堂のあった所。

【南嶽（岳）懐譲】〈なんがくえじょう〉(眼)(広)（六七七～七四四）。六祖大鑑慧能の法嗣。金洲の人、姓は杜氏。十五歳で荊州（湖北省）玉泉寺の弘景律師のもとで出家し、後に嵩山の慧安（安国師）の指示によって慧能に侍すること十五年にしてその法を嗣ぐ。『眼蔵』行持上巻（(岩)中・33）に「南嶽大慧禅師懐譲和尚、そのかみ曹谿に参じて執侍すること十五秋なり」とある。その参問得法の事歴は『眼蔵』遍参巻（(岩)中・357-358）に詳しい。衡岳の般若寺に住して開法。唐玄宗天宝三年（七四四）示寂、寿六十八。大慧禅師と諡す。語録一巻がある。青原行思とともに六祖下の二甘露門と称され、門下より馬祖道一を出し、その法脈栄えて臨済宗・潙仰宗の法系となる。

【南嶽、即不中を説似】〈なんがく、そくふちゅうをせつじ〉(広) 南嶽懐譲と六祖慧能との機縁の語話。六祖の「どこから来たか」との質問は、その出身を聞いているのではなく、仏法の本源は思慮分別の概念的限定を超えていることを「什麼物、恁麼来」と示したのであるが、その場では南嶽懐譲には理解することができなかった。その後八年、六祖の元で参学した南嶽の言葉が「思慮分別の言葉をもって本分のことを説明しても、その途端に的外れとなる」（説似一物即不中）というのである。これは師の六祖の語と同唱するもので、これによって南嶽は六祖に証明されたのである（『広録』上堂374、490、497、小参13、頌古59）。⇩「説似一物即不中」

【南嶽大慧禅師】〈なんがくだいえぜんじ〉(眼)(広) ⇩「南嶽懐譲」

【南源】〈なんげん〉(広) 南源道明（生没年不詳）。馬祖道一の法嗣（『広録』法語13）。

【南綱使】〈なんごうし〉(広) 不詳。南は姓、綱使は州の事務を司る官名（『広録』偈頌15）。

【南山】〈なんざん〉(広) 終南山。三国時代、蜀の英雄諸葛孔明が隠れ住んだ山（『広録』上堂247、293、小参2、頌古38）。

【南山鼈鼻蛇】〈なんざんべつびじゃ〉(広)「雪峰看蛇」とも。南山は雪峰山のことだが、ここでは雪峰義存のこと。鼈鼻蛇は蝮蛇のこと。雪峰義存が南山に一匹の蝮蛇がいるから気をつけよと、同参学人の長慶慧稜・玄沙師備・雲門文偃に言ったことに対して、三人がくりひろげる三様の仏道修行のあり方を示した公案（『広録』上堂293）。

【你、鬧わしきこと在り……】〈なんじ、いそがわしきことあり……〉㊜お前は、分別妄想の念がはたらきすぎて心が乱れている故に（『広録』頌古90）。

【汝、還た虚空を捉得することを解すや】〈なんじ、またこくうをそくとくすることをげすや〉㊜石鞏と西堂との虚空についての問答。虚空というのは本来無一物・没蹤跡をいう仏境界を指すのであり、またそれが本来の自己の実態であるとされ、それを悟ることを捉得虚空といったのである（『広録』頌古53）。『伝灯』六・石鞏慧蔵章（㊅51・248b）に出る。『眼蔵』虚空巻（㊮下・67）は右文を引く。

【南洲】〈なんしゅう〉㊐㊜南閻浮提のこと。須弥山の南にあるとされる。南洲には見仏・聞法・出家・得道の四種最勝があるという。『眼蔵』出家功徳巻（㊮下・151）を参照。北方は北倶盧洲、東方は弗于逮、西方は西牛貨洲で、ともに四大洲とされるインド想像上の地名。

【汝等比丘、已に能く戒に住す……】〈なんじらびく、すでによくかいにじゅうす……〉㊜釈尊は「君たちは良く戒を守っている。ならば五根を抑制して放埒に五欲の世界に落ちてはならぬ。五根を気ままにすると五欲が増大するばかりである。それは牛飼いが杖で牛を制御して他人の苗を荒らさないようにするのだ」と説示された（『広録』上堂383）以下の語は、『仏遺教経』（㊅12・1111a）に出る。

【南泉、有る時、衆に示して云く、江西馬祖の道く、即心即仏……】〈なんせん、あるとき、しゅにしめしていわく、こうぜいばそのいわく、そくしんそくぶつ……〉㊜南泉が示衆した「馬祖は即心即仏（心が仏である）と云ったが、私はそうは云わない。心でもなく、物でもなく、仏でもない、と。これは誤りか」。すると趙州は礼拝して出て行った。するとある僧が趙州は「礼拝して立ち去ったのはどういうことか」と問うと、趙州は「南泉和尚に聞け」といった。そこで僧が南泉に「どういうことですか」と問うと、南泉は「趙州は良く分かっているのだ」と答えた。道元の宗旨は南泉・趙州と一貫して流れている説示（『広録』上堂370）。以下の語は、『会要』四・南泉普願章に出る。⇩「不是心仏」

【南泉、一日、東西両堂に猫児を争う……】〈なんせん、いちじつ、とうざいりょうどうにみょうにをあらそう……〉㊜南泉斬猫の話として有名な公案。ある日、東西の両堂に分かれた雲衲達が、猫に仏性が有るか無いかで議論していた。そこへ登場した南泉は「議論する余地など無い仏性の真実を言え」と猫を捧げて迫る。僧達は答えない。そこで、南泉は猫を斬り捨てるという手段によって、本来議論の余地など無い仏性の存在を示した。後日、趙州にそれを示すと、趙州は頭に草鞋を乗せて退室するという行動に出た。つまり南泉の手段も、頭に草鞋を乗せるように無意味な事とした。仏法の絶対の真実は些少な有無などにわたらず日常底の現実にそのまま承当することを示す公案。趙州の問うた行為は、南泉によって「お前がおれば無益な殺生をせずにすんだものを」といってその熟した法味が称賛されたのである（『広録』頌古76）。『宏智頌古』は全同し、『碧巌録』六十三則（(大)48・194c）は「斬却」が「斬」となっている。

【南泉、一日、山に在って作務す……】〈なんせん、いちじつ、やまにあってさむす……〉(広) 作務をしていた南泉が鎌をもって僧を接化した公案。鎌をもって作務をしていた南泉にある僧が、南泉への路を尋ねると、「三十銭で買った鎌が良く切れて素晴らしい」という。何も特別のことでは無い、ごく普通の鎌をもって作務をするという姿にこそ、人々が会得すべき真実体があるというのである（『広録』頌古81、法語3）。『会要』四・南泉普願章を参照。『眼蔵』山水経巻（(岩)上・220）に「南泉の鎌子話のごときは、無理会話なり」と指摘している。

【南泉聴くや也未だしや……】〈なんせんきくやまたいまだしや……〉(広) 南泉は全く沈黙した雲水達の一雷声を聞いたであろうか（『広録』頌古76）。

【南泉、因みに荘に至る……】〈なんせん、ちなみにしょうにいたる……〉(広) 以下の話は、本来、大悟徹底の境涯・仏道修行の実態には玄妙不可思議・神秘の要素は無いのであるが、南泉の行動が、土地神によってあらかじめ知られていたということは、南泉のそれ自体が、すでに日常底を遊離した鬼神の世界に属す、という。南泉自身によって仏道修行の実態が問われた因縁（『広録』頌古63）。『伝灯』八・南泉普願章（(大)51・257c）に出る。『眼蔵』行持巻上（(岩)中・28–29）に同文が引かれる。

【南泉、因みに陸大夫云く、請う、和尚、為衆説法……】〈なんせん、ちなみにりくたいふいわく、こう、おしょう、いしゅせっぽう……〉(広) 陸亘大夫が南泉に「衆のために説法していただきたい」と云うと、南泉は「何を説けと云うのだ」「和尚には衆生教化の方便があるでしょう」「衆生に何が欠けているのだ」「六道四生に迷っています」「私は彼らに説法はしない」という問答に対して道元は、日常生活そのものが仏道そのものであることを「我、這裏に、幸に一屙便ち了る」（今、トイレを済ませたところである）と表現した（『広録』上堂267）。以下の語話は、『伝灯』八・南泉普願章（大51・258b）に出る。

【南泉普願】〈なんせんふがん〉眼広（七四八〜八三四）。馬祖道一の法嗣。南嶽下。百丈懐海・西堂智蔵とともに馬祖下の三大士と称される。鄭州の人、姓は王氏。大暦十二年（七七七）三十歳にして嵩岳会善寺の高律師によって受具す。初めは唯識・倶舎・三論を学んだが、禅の真実は経論の外にあることを悟り、ついに馬祖道一の法を嗣ぐ。貞元十一年（七九五）には池陽の南泉山に留錫し、自ら王老師と称して、禅院を構築し、山を下らざること三十年、蓑笠を着け牛を飼育し、山に入って木を切り、田を耕しながら禅道を挙揚した。唐太和八年（八三四）示寂、寿八十七。門下より趙州従諗・子湖利蹤・長沙景岑等を出す。語録一巻がある（『伝灯』八・南泉普願章、大51・257b、『会要』四・南泉普願章）。

【難陀】〈なんだ〉眼広 梵語 Nanda（年代不明）。釈尊の異母弟。調伏諸根第一と称される。『永平寺知事清規』の最初に難陀の出家の因縁と、知事となって阿羅漢果を証したことが述べられている。

【喃喃】〈なんなん〉広 ことば数が多く、しつこくしゃべる形容。人の声や鳥のさえずりの形容（『広録』上堂49、68）。

【男女に融ず】〈なんにょにゆうず〉広 修行上には男女の区別がないこと。融は通に同じ。『眼蔵』礼拝得髄巻（岩上・124-125）に「得道はいずれも得道す、ただしいずれも得法を敬重すべし、男女を論ずることなかれ、これ仏道極妙の法則なり」とある（『広録』偈頌20）。

【何の階級か之有らん】〈なんのかいきゅうかこれあらん〉眼広 迷悟・凡聖などの高低上下の差異がないこと（『眼蔵』遍参巻、岩中・357、『広録』上堂273、301、頌古19）。

【南面看北斗】〈なんめんかんほくと〉広 中国では王者は南面して坐するきまりであることから、仏殿・法堂・高僧などの坐位も多くは南面して設けられている（『広録』上堂157、441）。『雲門広録』巻上（大47・549b）を参照。

【南陽慧忠】〈なんようえちゅう〉眼広（?～七七五）。六祖慧能の法嗣。越州諸曁の人、姓は冉氏。心印を受けてより南陽の白崖山に住し、山を下らざること四十年という。道声帝里に聞こえ、勅を蒙って長安千福寺の西禅院に住し、後に代宗に迎えられて光宅寺に止まる。唐大暦十年(七七五)示寂、大証国師と諡す。慧忠は青原行思・南嶽懐譲・荷沢神会・永嘉玄覚とともに慧能門下の五大宗匠で、禅風こそ異なるが、神会と同じく北方に禅風を揚げ、馬祖道一等が南方で唱道する禅を批判したという。その禅風は身心一如・即心即仏を主旨として無情説法を初めて唱えた（『伝灯』五・光宅寺慧忠章、大51・244a）。『眼蔵』即心是仏巻（岩上・101–102）、後心不可得巻（岩上・273–276）、他心通巻（岩下・101–102）を参照。

【南陽国師、因みに僧問う、無情、還、説法すや……】〈なんようこくし、ちなみにそうとう、むじょう、また、せっぽうすや……〉広 以下の語話は南陽慧忠がある僧に無情説法の真義を開示したもので、「我不聞」というのは、南陽が凡夫をこの境涯に参入させるための活作略である（『広録』上堂452）。『洞山録』（大47・507b）参照。また『眼蔵』無情説法巻（岩中・270）に説示される慧忠の因縁は『洞山録』に同じだが、『伝灯』五・光宅寺慧忠章（大51・244b）とはかなり相違する。

に

【吤】〈にい〉広 聻・呢に同じ。⇩「聻」

【聻】〈にい〉眼広 你・尼・祀とも書く。文末に用いる語で、物を端的に指示する語。「それ見よ、それだ」または「それそのままだ」「～はどうだ」というほどの意。強調の助詞。

【二蘊】〈にうん〉広 五蘊のうちの二つ。五蘊は色・受・想・行・識。色蘊は有情の肉体・物質界、受蘊は感覚的（肉体）知覚的（精神）苦楽の感受作用、想蘊は心像そのものの概念や表象、行蘊は狭くは意志、広くは受・想・識を除いた全ての精神作用と物質精神を動かす力としてのもの、識蘊は心の主体としての眼識と意識（『広録』上堂412）。

【你脚底】〈にきゃくてい〉広 君の足もと（『広録』上堂172、259）。

【二空】〈にくう〉広 人空（人間は五蘊の仮和合・因縁所生

の存在で常一の我の実体のないこと）と法空（一切の存在は因縁の所生であって、その実体が存在するものではないこと）の二つ（『広録』上堂233）。

【尼乾禅】〈にけんぜん〉(広) 尼乾子（尼犍子）の禅ということで、ジャイナ教の禅をいう。仏典では外道禅といわれ、常に苦行を修して来世の福を求めるのが勝因とされる（『広録』上堂52）。

【尼乾陀若提子】〈にけんだじゃだいす〉(広) 梵語 Nirgrantha Jñātaputra 六師外道の第六で、ジャイナ教の開祖大雄（Mahāvīra 大勇）のこと。彼は蓋然説によって、霊魂等については相対的実在を主張し、霊魂が物質から分離することを解脱とし、その手段として苦行を説いた（『広録』上堂485）。『涅槃経』（三十六巻本）十七・梵行品四（(大)12・719c）を参照。

【而今】〈にこん〉(眼)(広) 如今に同じ。目下・只今、今より後。今、現在。

【二三更】〈にさんこう〉(広) 二更は午後の十時ごろ、三更は午後の十二時ごろ。夜が更ければ更けるだけ、月はますます高くのぼりその光度を増すの意（『広録』偈頌80）。

【二三四七】〈にさんししち〉(広) 中国六祖、インド二十八祖の伝灯の祖師をいう（『広録』上堂253）。⇩「四七・二三」

【尼師壇】〈にしだん〉(広) 梵語 nisīdana の音写。坐具のこと（『広録』上堂437）。

【二十空】〈にじっくう〉(眼)(広) 諸法皆空の理を表す二十の名目。『大般若経』三では、①内空・②外空・③内外空・④空空・⑤大空・⑥勝義空・⑦有為空・⑧無為空・⑨畢竟空・⑩無際空・⑪散空・⑫無変異空・⑬本性空・⑭自相空・⑮共相空・⑯一切法空・⑰不可得空・⑱無性空・⑲自性空・⑳無性自性空に分けて説明している。この「二十空」という語句は、宏智正覚が『証道歌』を引いているので、道元はおそらく『証道歌』の「二十空門、元不著」（(大)48・396b）を意識したのであろう。その意味は、「二十種類にも及ぶ空の教えなどというものは、本来教えとしておかれているものではなく、同じ真実としての如来は、本来誰にでも共通している」ということである（『眼蔵』虚空巻、(岩)下・67、『広録』上堂322）。

【二十五有】〈にじゅうごう〉(眼)(広) 有情の輪廻する生死界を二十五種に分かつ。地獄・餓鬼・畜生・阿修羅の四趣。弗婆提・瞿耶尼・鬱単越・閻浮提の四洲。四王天・三十三天・閻摩天・兜率天・化楽天・他化自在天（以上欲界）・初禅天・大梵天・二禅天・三禅天・四禅天・無想天・阿那含天（以上色界）・四空処天（無色界）を三界二十五有という。有というのは、因果不亡の意味で、為すところの業因によって必ずその結果を感得することをいう。

【二十五諦】〈にじゅうごたい〉〔広〕 以下に説明のあるように、自性・大・我執・五唯・五大・五知根・五作業根・心平等根と我知者の九種を合して二十五諦とする（『広録』上堂402）。

【二十年の仏寿を留め与えて弟子を蔭覆す】〈にじゅうねんのぶつじゅをとどめあたえてでしをいんぷくす〉〔広〕 仏の本来の寿命は百歳であるが、八十歳で示寂されたのは、残りの二十歳を弟子達に分け与えたためとする（『広録』上堂473）。

【二十年来幾たびか腸を断つ】〈にじゅうねんらいいくたびかちょうをたつ〉〔広〕 この忌日に当たって二十年来断腸の思い。これ以上ない悲しみを味わう（『広録』上堂342）。

【廿八字】〈にじゅうはちじ〉〔広〕 二十八字。七言四句の偈頌。義準の道元に呈した七言の偈頌（『広録』偈頌98）。

【廿八祖菩提達磨尊者万里を辞せず……】〈にじゅうはっそぼだいだるまそんじゃばんりをじせず……〉〔広〕 以下の語話は『伝灯』三・菩提達磨章（〔大〕51・217a）に出る（『広録』上堂491）。『眼蔵』行持下巻（〔岩〕中・40−46）を参照。

【二種七種】〈にしゅしちしゅ〉〔眼〕 二種生死と七種生死。凡夫及び聖者の三界あるいは界外において生死する相で、二種は分段と変易。七種はこれに流入・反出・因縁・有後・無後の五を加える。

【二乗】〈にじょう〉〔眼〕〔広〕 大乗仏教の道理以外の意で声聞乗（釈尊の教え、四諦の道理に基づく人たち）、縁覚乗（釈尊の教えによらず十二因縁に基づく人たち）のこと。いずれも衆生の救済ではなく自己の悟境のみを中心とするので大乗的立場からは小乗的見解とする。

【二乗外道】〈にじょうげどう〉〔眼〕〔広〕 二乗、すなわち声聞・縁覚乗に属する者と外道（仏道以外の信仰を持つ者）。大乗仏教の道理を弁《わきま》えない人々の総称。

【二千一百有余歳】〈にせんいっぴゃくゆうよさい〉〔広〕 釈尊より我が永平に至る年数（『広録』偈頌76）。

【尼総持】〈にそうじ〉〔眼〕〔広〕（生没年不詳）。達磨大師の法嗣。総持は号で、名を明練という。梁の武帝の娘で、達磨大師の弟子となって悟道したという（『広録』上堂46）。『眼蔵』葛藤巻（(岩)中・190）を参照。

【二祖大師】〈にそだいし〉(眼)(広) ⇩「大祖慧可」

【日南午】〈にちなんうま〉(広) 昼九つ・九更、午前十一時～午後一時（『広録』偈頌120）。

【日入酉】〈にちにゅうとり〉(広) 暮六つ・十二更、午後五時～午後七時。休養・放参の時（『広録』偈頌123）。

【日面】〈にちめん〉(広) 円相なる太陽の様子（『広録』上堂135、138、199、206、241、258、277、497、自賛7）。

【日面月面】〈にちめんがちめん〉(眼)(広) 慈悲の光をもって一切衆生を救う日面仏月面仏の意ももつが、単に太陽と月の意で、面は人のこと、明暗それぞれの人々も眼がぱっと開けたことをいう。

【日面仏】〈にちめんぶつ〉(眼)(広) 日面仏月面仏と熟字する。ともに『仏名経』中にある仏の名。日面仏は賢劫千仏の第二百二仏で、僅かに一日一夜の寿命を保つ。月面仏は賢劫千仏の第八百五十八仏で、一千八百歳の長寿を保つという。この語は馬大師不安の公案における馬祖の答話として知られるが、『眼蔵』中には字縁によって自由に用いられ、あるいは単に日と月の意を取り、あるいはまた唯仏与仏の意に用いる（『眼蔵』都機巻、(岩)中・161、見仏巻、(岩)中・343、『広録』頌古80）。

【日面目中円月面】〈にちめんもくちゅうえんがちめん〉(広) 日面は太陽、月面は月。変易する現象の中にあって、太陽と月は円く何も変わらない、不変の理法を示すことを象徴的に表現する（『広録』偈頌121）。

【日裏看山】〈にちりかんざん〉(眼) 日中に山を看るとは、はなはだ分明なりの意（『眼蔵』観音巻、(岩)中・93、眼睛巻、(岩)中・369）。『御抄』に「仏法に看山日裏というは能見所見の義不可有、以山見山とも可心得」とある。

【入室】〈にっしつ〉(眼)(広) 学人が師家の室に入って所疑を質し、正否を仰ぐことで、独参ともいう。あるいはまた本師の室に入って嗣法相続することをいう。

【日出卯】〈にっしゅつう〉(広) 明け六つ・六更、午前五時～午前七時（『広録』偈頌117）。

【日所生】〈にっしょしょう〉(広) 太陽は東に出て日中輝きやがて西に沈む意（『広録』偈頌117）。

【入草求人】〈にっそうぐにん〉(広) 慈悲心で学人を接化すること（『広録』上堂128）。

【入草伝風】〈にっそうでんぷう〉㊛ 普段解らぬ風の動きも草むらのなかでは解ることから、自然のそのはたらきに任せることをいう（『広録』上堂28）。

【日頭早晩】〈にっとうそうばん〉㊛ 太陽にも一日があるようにの意（『広録』上堂324）。

【入頭の辺量】〈にっとうのへんりょう〉㊛ まだ悟りの堂奥に至らず、その辺りに到達したこと（『普勧坐禅儀』）。

【二天】〈にてん〉㊛ 二人の天人（『広録』上堂388）。

【二無く、二分無く】〈になく、にぶんなく〉㊛ 大般若・仏智慧は一つで二分することはできず、断つことも無くすこともないこと（『広録』上堂333）。

【二柄三才】〈にへいさんさい〉㊚ 二柄は文武の二道。三才は天地人の三をいう。

【乳粥】〈にゅうしゅく〉㊛ 牛羊などの乳に米粟をいれて煮た粥で八種粥の一つ。釈尊が菩提樹下で覚道する前に供養された因縁にちなむ（『広録』上堂82）。

【入泥入水】〈にゅうでいにっすい〉㊚「拕泥滞水」と同じ（『眼蔵』有時巻、㊝上・161、面授巻、㊝中・316）。⇩「拕泥滞水」

【入法出身】〈にゅうほうしゅっしん〉㊚ 仏道修行の始終の意。入法は向上門で専求菩提、出身は向下門で弘化衆生である（『眼蔵』弁道話巻、㊝上・72）。

【入理深談】〈にゅうりじんだん〉㊛ 深遠な道理を究め尽くして説くことで、「門庭施設」の対語（『広録』上堂266）。

【如意摩尼】〈にょいまに〉㊛ 如意宝珠、如意珠とも。求めるものを思うままに出す珠。仏舎利の変じたもの、あるいは龍王・摩竭魚の脳中より出たものとされる。また、仏性にも喩えられる（『広録』上堂422）。

【閙聒聒】〈にょうかつかつ〉㊚㊛ 閙は騒々しいこと、聒聒は人の声や鳥がかしましく鳴く形容。水が音を立てて逆流するさま。ざわめきにぎやかなこと（『広録』上堂135、158、189、194、502）。

【饒益】〈にょうやく〉㊛ 法益を与えること（『広録』上堂446）。

【如三世諸仏】〈にょさんぜしょぶつ〉㊚㊛『法華経』方便品（㊅9・10a）の句。三世の諸仏が説かれなかったところはないので、「三世の諸仏の説かれた説法の儀式のとおりに私は今、このように無分別（分別智を離れて、対象を概念や言葉で分析しない）の教えを説くのである」（『眼蔵』諸悪莫作巻、㊝上・151、無情説法巻、㊝中・269、『広録』上堂24）。

【汝得吾髄】〈にょとくごずい〉眼 ⇩「得髄」

【如浄】〈にょじょう〉眼（『眼蔵』仏祖巻、岩上・235）⇩「天童如浄」

【如然】〈にょねん〉広 現成の当体のありのまま。法爾如然（『広録』上堂173、190、216、281）。

【如法応修行……】〈にょほうおうしゅぎょう……〉広「如法に修行し、法でなければ行じてはならない。今世でも後世でもこのように法を行ずるものは安穏なのである」。書記を請しての、その職務についての説示（『広録』上堂336）。『大智度論』十六（大25・178c）に出る。

【如面】〈にょめん〉広 現実の意味（『広録』頌古30）。

【如来、一日、土を撮って指甲上に置いて……】〈にょらい、いちじつ、つちをとってしこうじょうにおいて……〉広 釈尊は、ある日、土を指甲の上に置き「三千大千世界の土と、この指甲上の土とどちらが多いか」と問うた。すると阿難が「三千大千世界の方が多い」と答えると、釈尊は「南洲（①見仏②聞法③出家④得道ができる最も優れた国とされる）に生まれるのは、指甲上の土、南洲に人間の生を受けないものは三千大千世界の土のようなものだ。南洲に生まれて仏法に会うのは指甲上の土より稀なのだ」と。そして、道元は人間界に生を受け仏法に遇うことができたのであるから頭燃を救うがごとくに弁道せよと説示する（『広録』上堂480）。『大智度論』三十八（大25・339a）とは趣旨を異にする。

【如来禅】〈にょらいぜん〉広 祖師禅のこと。如来から達磨に直伝した正法の禅。中国・日本の禅宗の禅を他の禅と区別していう（『広録』上堂52、245、335、小参7）。

【二龍を催して各おの水を運ば教め……】〈にりゅうをさいしておのおのみずをはこばしめ……〉広 難陀兄弟が二龍に温水と冷水を運ばせた故事（『広録』上堂320）。『仏祖統記』二（大49・142a）参照。

【任運】〈にんうん〉広 にんぬんとも読む。自然のなりゆき・はからいに身をまかせること。法の運びゆくに任せて自分の思慮分別をはたらかせず、無為自然・任運無作とする悟境のこと（『広録』上堂48、偈頌7）。

【人事】〈にんじ〉眼広 佳節には賀礼を叙べ、寒喧には問候する儀礼をいう。禅院においてはそれぞれ一定の儀則あり。

【人情】〈にんじょう〉眼広 一般的通念。世のしきたり。

【人身の機要】〈にんしんのきよう〉㊄ 最も優れた人身のはたらき（『普勧坐禅儀』）。

【人天眼目】〈にんでんがんもく〉㊉ 晦巌智昭著、三巻。宋淳熙十五年（一一八八）刊行。上中二巻は、中国禅宗五家の宗風の要綱を述べ、かつ先人のこれに対する語録偈頌を集めて、これを批評し、下巻は宗門雑録として拈華三身・四智、ないし三種法界・六祖問答十無等を収録する。道元は同書を『眼蔵』仏道巻（㊔中・219–220）にも批判する。

【任騰騰】〈にんとうとう〉㊄ 任は任運、自然のまま、任運自在の意味。騰騰は自由自在に駆け回り動くさま（『広録』自賛3）。と。法がおのずから運び行くに任せて造作をしないこと。

【認得】〈にんとく〉㊉㊄ 認知すること。

【人人】〈にんにん〉㊉㊄ だれでも。

【人人具足なり、箇箇円成なり】〈にんにんぐそくなり、ここえんじょうなり〉㊄ いかなる人も仏性をまどかに備えていること（『広録』上堂51）。『碧巌録』九十九則（㊅48・222b）を参照。

【人人尽く夜光の珠を握る】〈にんにんことごとくやこうのたまをにぎる〉㊄ 全ての人が夜でも光る玉を持っている。全ての人々が自らが光明自体だということ（『広録』上堂282）。『眼蔵』光明巻（㊔中・117）を参照。

ね

【涅槃会】〈ねはんえ〉㊄ 三仏忌の一で、釈尊は二月十五日に入滅したので、後世この日に釈尊への報恩供養を行う（『広録』上堂121、225、311、367、406、418、486）。

【涅槃堂】〈ねはんどう〉㊉ ⇩「延寿院」

【涅槃妙心】〈ねはんみょうしん〉㊉㊄ 涅槃は悟りに入った安楽なすがた、妙心は言語を超越した玄妙な心のことで、ともに仏心のこと。この語の初出は、中国述作の偽経とされる『大梵天王問仏決疑経』とされ、正法眼蔵涅槃妙心と連語される場合が多い。『眼蔵』仏道巻に「正法眼蔵を正伝し、涅槃妙心開眼す、このほかさらに別伝なし。別宗なし」（㊔中・228）とある。

【拈】〈ねん〉㊉㊄ つまみ上げる、取り上げること。

【拈起（匙）】〈ねんき〉㊉㊄ 手に取り上げおこすこと（『広

録』上堂61、63、148、149、219、315、518、法語7、頌古18、81、偈頌5)。

【年窮歳尽】〈ねんきゅうさいじん〉(広) 一年の最後の日、除夜(『広録』小参10)。

【拈華(花)瞬目】〈ねんげしゅんもく〉(眼)(広) 世尊拈華微笑の話。釈尊より迦葉への大法相続の話は、『大梵天王問仏決疑経』(中国述作の偽経とされる)に見え、宋代以後の禅門において「教外別伝」「不立文字」の立宗の基盤を示すものとして重用される。釈尊がある日霊山会上において一枝の金波羅華(優曇華)をささげて、言語を超越した仏法の真実を示したところ、一座の大衆はその意を解せずして黙然したが、迦葉尊者のみ独りその真意を理解して、にっこり微笑んだので、釈尊が付法したという有名な故事(『広録』上堂46、458、頌古1)。『眼蔵』仏道巻(岩中・217)、密語巻(岩中・249)、面授巻(岩中・311)を参照。

【拈華得髄】〈ねんげとくずい〉(広) 拈花は釈尊から迦葉に、得髄は達磨から慧可にと、師と弟子の大法相続の過程をいう(『広録』上堂41)。

【拈華(花)微笑】〈ねんげみしょう〉(眼)(広)(『広録』上堂257、445)⇩「拈華瞬目」

【拈古】〈ねんこ〉(眼) 古人の公案話頭を批評し拈提すること。

【然公】〈ねんこう〉(広) 了然道者、了然尼のことか(『広録』法語9)。

【拈香罷】〈ねんこうは〉(広) 拈香は諸仏・尊霊亡者回向のために香を拈じ捧げ献ずること。罷は終っての意(『広録』上堂185)。

【拈在】〈ねんざい〉(広) 取り出してある(『広録』上堂68、190)。

【然子】〈ねんし〉(広) 不詳だが、起句の「廓然」から連想すると、道元の渡宋に同行した四人、明全・道元・廓然・亮照の中のおそらくは明全の侍者を務めた廓然ではないか思われる(『広録』偈頌26)。

【念想観】〈ねんそうかん〉(眼)(広) 心意識の作用(『普勧坐禅儀』)。

【拈草落草】〈ねんそうらくそう〉(眼) 機に応じて随宜に教導し接得すること。

【燃(然)灯仏】〈ねんとうぶつ〉(広) 梵語 Dīpamkara 提和竭羅、錠光ともいう。過去仏の一人。釈尊が最初に成仏の予言を受けたのが燃灯仏といわれる(『広録』上堂150、198)。

【拈得】〈ねんとく〉(眼)(広) つまみとる。会得し用いる(『広録』

上堂118、266、302、385、404、428、483、509、法語5、頌古82）。

【念彼観音力】〈ねんぴかんのんりき〉(広)「彼の観音力を念ずれるか」の意。『法華経』普門品偈に出る。降誕会にちなんで、宏智の悟りの「……釈尊よ、悪水を頭からかけられても怒ってはならぬ。かの観音の力を念ずるまでもなく、その功徳は注ぐ本人に還ってくるのである」というのを挙げて祝意を示衆した（『広録』上堂256）。

【拈放】〈ねんぽう〉(眼)「把定放行」の意。（『眼蔵』仏性巻、(岩)上・324、神通巻、(岩)上・386）⇩「把定放行」

【拈払・竪（豎）拳】〈ねんほつ・じゅけん〉(広) 払子をとって振ってみたり、拳を立ててみたりするありふれた動作。師家が学人を指導接化する際の手段の一つ（『広録』上堂435）。

【拈来】〈ねんらい〉(眼)(広) とりあげ、もちいること。参究する。

の

【衲衣】〈のうえ〉(眼)(広) 補縫した袈裟のこと。衲衣は禅僧が常に身に着けている衣。故に、禅僧を衲僧という。

【儂家】〈のうけ〉(広) 自称の代名詞。われ、私。我が永平門下（『広録』上堂76、偈頌89）。

【脳後】〈のうご〉(眼)(広) 頭のうしろの意から転じて、急所をいう。

【能居士】〈のうこじ〉(広) ⇩「大鑑慧能」

【能所】〈のうじょ〉(眼)(広) 能は主動、所は受動。能依所依、能作所作というごとく能と所との字を冠して諸種の作用の能動と受動とを表す。単に能所というときは二物対待の意に用いる。

【曩祖】〈のうそ〉(眼)(広) 祖師のこと。

【衲僧】〈のうそう〉(眼)(広) 破れ衣を身に着けて修行する僧の意で、特に禅僧の通称。あるいは衲子ともいう。

【衲僧分上】〈のうそうふんじょう〉(広) 禅僧としての自分自身（『広録』上堂311、418、506、507、528）。

【曩祖九年面壁】〈のうそくねんめんぺき〉(広)（『広録』上堂432）⇩「初祖九年面壁」

【悩乱】〈のうらん〉(広) 煩悩によって心乱すこと（『広録』上堂166、185、213、249、311、503、521）。

【衲子】〈のっす〉(眼)「衲僧」と同じ。⇩「衲僧」

は

【背】〈はい〉(眼)(広) 相い入れない（『広録』上堂409）。

【陪】〈ばい〉(広) ともなうこと。加わること（『広録』上堂85）。

【梅引】〈ばいいん〉(広)（『広録』上堂258）⇩「梅華引」

【梅華引】〈ばいかいん〉(広) 俗曲名の一。梅華楽。梅華引・梅華落がある。『眼蔵』優曇華巻（(岩)中・395）に「梅華引を吹起せり」と見える（『広録』上堂138、頌古11）。

【裴休】〈はいきゅう〉(広)（七九七～八七〇）。名は休、字は公美、河東聞喜の人、黄檗希運に参じて得法する。唐の官吏で、圭峰宗密について華厳を学び、また任地の龍興寺や開元寺に黄檗を招き旦夕問訊し、祖心に徹通したといわれる。黄檗の語要や『伝心法要』一巻を編み、圭峰の多くの著作に序す。唐咸通十一年（八七〇）示寂、寿七十四。河東大士と称す（『広録』法語14、頌古48）（『伝灯』十二・裴休章、(大)51・293a）。

【背後底】〈はいごてい〉(広) 背後のものは、そのほかにはなにかあるのではないかの意（『広録』上堂376）。

【梅山絶頂】〈ばいざんぜっちょう〉(広) 梅山は大梅山。寧波府（浙江省）鄞県の東南七十里にある。山上に大梅樹のあるところからの命名。絶頂は最上のいただき（『広録』上堂319、法語9）。

【裴相国】〈はいしょうこく〉(眼) ⇩「裴休」

【売身未だ了らずに軽価を酬ゆ】〈ばいしんいまだおわらずにけいかをむくゆ〉(広) 趙州は、南泉がまだ身を売らないうちに安い値段をつけた（『広録』上堂529）。

【梅子】〈ばいす〉(眼)(広) 馬祖が自分の法嗣である大梅法常の悟境に達している状態を、夏に熟す「梅の実」に掛けて呼んだもの（『眼蔵』行持上巻、(岩)中・26、『広録』上堂8、319、法語9、自賛20）。

【廃（癈）村】〈はいそん〉(広) 誰も住んでいない村（『広録』上堂409）。

【盃中に弓影浮ぶ】〈はいちゅうにきゅうえいうかぶ〉(広) 杯中蛇影とも。疑い迷って神経を悩ますこと。ある人が、友人の家で酒を飲み、酒杯中に蛇影があるのを見て、蛇を飲み込んだと思い悩むが、後に蛇影は長押に懸けた弓の影であることを知り、病気が忽ちに全快した故事（『広録』上堂397）。

【排弁】〈はいべん〉㊛ 饗応のしたく（『広録』頌古63）。

【買帽相頭】〈ばいぼうそうず〉㊛ 帽子を買うには頭に合ったものを買うこと。各自の力量に相当した閒話をなすこと、また、問と答とが極めて適切なことをいう（『広録』頌古40）。

【破界不出頭】〈はかいふしゅっとう〉㊐ 界は界畔の義、境目のこと。境界があれば出入あるが、境界を打破すれば入るも出るもなく、法界一枚となる（『眼蔵』坐禅箴巻、㊆上・407）。

【薄伽梵】〈ばがぼん〉㊐ 梵語 bhagavat（婆伽婆）。諸仏の通号の一。世尊と訳す。諸仏はよく貪瞋癡等の煩悩を断じて三徳を円満し、世人に尊重敬仰される故である。

【破顔微笑】〈はがんみしょう〉㊐㊛ 釈尊の拈花と、それを見て破顔微笑された迦葉尊者。⇩「迦葉」

【破顔面目……】〈はがんめんもく……〉㊛ 霊鷲山頂の「拈華瞬目」の故事をいう（『広録』頌古44）。⇩「拈華瞬目」

【馬牛】〈ばぎゅう〉㊛ 牛馬をかうように僧堂で弁道せしめる（『広録』上堂118、145、自賛17）。

【破鏡】〈はきょう〉㊐㊛ 壊れた鏡は迷悟を映さず、一度散った花は色香を失う。

【破空】〈はくう〉㊐㊛ 有と空とに執著する偏見を打破する。『眼蔵』自証三昧巻（㊆下・45）に「横説縦説、おのれずから空を破し有を破す」とある（『広録』偈頌8）。

【白雲】〈はくうん〉㊐㊛ 空の高いところに去来する雲。転じて、執著のない自由無礙なことの喩え。

【白居易】〈はくきょい〉㊐（七七二〜八四六）。号は酔吟先生・香山居士。字は楽天。唐代一世の詩人として著名。馬祖道一門下の仏光如満に参じて心要を得、諸州に刺史として移り、任地随処で碩徳に参禅して常師なしという。唐会昌六年（八四六）、七十五歳をもって卒す。『伝灯』十・白居易章（㊅51・279c）、『眼蔵』諸悪莫作巻（㊆上・153）を参照。

【白銀世界】〈はくぎんせかい〉㊐ 清浄無垢の世界、空界無一物を意味する。

【白月】〈はくげつ〉㊛ インドの暦法で、月の一日から満月の十五日までをいう（『広録』上堂162）。

【白日、天に昇って】〈はくじつ、てんにのぼって〉(広)『抱朴子』に見られるように、仙術を学ぶものは「三芝を服すれば、白日昇天す」と言われるが、師の教えを待って、三芝を服することなく、白日に昇天するという自由無礙の境涯を得た（『広録』頌古67、偈頌7、88）。

【陌上茴香】〈はくじょうのういきょう〉(広) 陌上はあぜみちのほとり。茴香は多年草の薬草で、葉は互生して糸のように細く、茎とともに白く香気あり。夏季には枝上毎に小黄花が群開して傘のように見えるという（『広録』頌古36）。

【白石夜生児】〈はくせきやしょうじ〉(広) 石で作られた女性像が夜に児を生むということで、一切の存在は非情・有情のことごとくが仏心の所現・真理の現成であり、山も人も同じく真理の現成としての一つ一つであるとの認識にたつ語（『広録』上堂23）。

【白沢図】〈はくたくのず〉(広) 黄帝が巡狩して白沢（神獣）を得、臣下に命じて写させたという図で、厄払に用いられる（『広録』上堂52）。

【白帝】〈はくてい〉(眼) 秋の神。

【漠目】〈ばくもく〉(広) 悲しみのためにとりとめのない目つき（『広録』偈頌32）。

【博約折中】〈はくやくせっちゅう〉(広) 博く学び正しく行儀を勧め、要を得たところをとる（『広録』上堂390）。

【白楡】〈はくゆ〉(広) ニレの木。『古注』には天上に瞬く星の名とも（『広録』法語1）。

【波斯】〈はし〉(広) イラン（ペルシャ）人（『眼蔵』菩提分法巻、(岩)下・26、『広録』上堂243、246、530、偈頌124）。

【馬師一喝】〈ばしいっかつ〉(広) 一喝は師家が学人を説得するに、言葉の及ばぬところを叱咤する声（『広録』頌古82）。『広灯』八・百丈大智章、また『碧巌録』十一則（(大)48・151c）を参照。

【波斯匿王】〈はしのくおう〉(眼)(広) 梵語 Prasenajit（鉢羅犀那折多）。勝軍・月光等と訳す。釈尊時代の中インドの王でその首都は舎衛城にあり、摩掲陀国王頻婆裟王と並び当時の仏教の大外護者であった。が、晩年、王子に王位を奪われ、釈尊の入滅の一年程前に悲惨な最後を遂げた。『如浄語録』下・頌古（(大)48・130c）に見える。また『眼蔵』梅華巻（(岩)中・333）、見仏巻（(岩)中・351-352）に同文が拈提されている。

【婆舎斯多】〈ばしゃした〉(眼) 梵語 Vasiastia 禅宗伝灯のインドにおける第二十五祖。罽賓国の人、姓は婆羅門、父を寂行、母を常安楽という。師子尊者に得法ののち、中インドにおいて外道無我尊を信伏させ、次いで山谷に隠れたという。

【把住】〈はじゅう〉(広) つかむこと。宗師家が学人の胸中の妄見を奪却し、それを存在せしめないことで、放行とともに学人接化のための向上の二つの手段のうちの一つ（『広録』上堂311、341、466、小参1）。⇩「把定放行」

【婆須盤頭】〈ばしゅばんず〉(眼) 梵語 Vasuvandhu 天親または世親と訳す。禅宗伝灯のインドにおける第二十一祖。健陀羅国の人、父を憍尸迦といい、兄の無著の化導によって小乗より大乗に転じ、もっぱら大乗教を宣揚した。その著『倶舎論』・『唯識論』は広く世に行われる。⇩「天親」

【婆須蜜】〈ばしゅみつ〉(眼) 梵語 Vasumitra（伐蘇蜜多羅）。世友と訳す。禅宗伝灯のインドにおける第七祖。北天竺の人。酒器を執って市井を遊行し、人これを酔狂人といったという。後に弥遮迦尊者に従って得法した。

【波旬】〈はじゅん〉(眼)(広) 梵語 pāpīyas 悪者・殺者等と訳す。天魔波旬・魔王波旬とも。仏及び仏弟子等を嬈乱しようと企てた魔王。常に悪意を有して人の慧命を断つ悪魔なるが故に殺者という（『広録』上堂35、158、322、360、438）。

【把筯】〈はじょ〉(広) 把はにぎりもつ、おさえる・把住・把定・把得などと熟し、放の対として用いられる。筯は箸。箸をとること（『広録』上堂414）。

【把定】〈はじょう〉(眼)(広) 師家が学人を錬磨する手段の一つで、その機を押さえて働かさないようにすること。その対語が放行（『広録』上堂10、320、412）。

【把定放行】〈はじょうほうぎょう〉(眼) 把住放行ともいう。把定（住）は放行の対句で、師家が対者の旧見を打破して己見を掃蕩することをいい、放行とは把住ののち、師家が対者の一切を許し他をして自由にまかせることをいう。ともに師家が修行者を指導する手段で、把住は向上で収・殺・奪の意を有し、放行は向下で放・活・与の意を有する。一切の世間的な規範を超越して自在無礙な仏法の大道に生きる修行・生活態をもいう（『眼蔵』行仏威儀巻、(岩)上・353、夢中説夢巻、(岩)中・132、135、仏経巻、(岩)中

・258、眼睛巻、(岩)中・367)。

【波心】〈はしん〉(眼)(広) 波の真ん中(『広録』法語8)。

【馬祖、因みに僧問う、四句を離れ、百非を絶して……】〈ばそ、ちなみにそうとう、しくをはなれ、ひゃっぴをぜっして……〉(広)「四句」とは四句分別のことで、インドにおける、①肯定、②否定、③一部肯定一部否定、④両者の否定また懐疑のことで、思慮分別判断の全て。「百非」とは全ての言語の実ではないこと、つまり否定のこと。仏法は「四句百非」などを超越したものを示す(『広録』頌古78)。以下の語話は『宏智頌古』六則(大48・230b-c)を参照。⇩「四句を離れ百非を絶す」

【馬祖道一】〈ばそどういつ〉(眼)(広)(七〇九~七八八)。南嶽懐譲の法嗣。姓は馬氏、漢州什邡の人。資州の唐和尚によって落髪、伝法院に在って坐禅する。六祖慧能や南嶽懐譲に師事し、「南嶽磨甎」の話で悟道し、とくに江西省の開元寺にあって禅風を鼓吹し、湖南の石頭と並んで禅界の双璧と称せられる。唐貞元四年(七八八)示寂、寿八十。大寂禅師と諡す。語録一巻がある。馬祖の禅風は「平常心是道」「即心即仏」などを標榜し経典や観心によらない大機大用の禅で、百丈懐海・西堂智蔵・南泉普願・塩官斉安・大梅法常などの禅匠をはじめとして百三十余人を多出した。また馬祖とその門下には語録が多く、後世の膨大な語録出現の契機となっている(『伝灯』六・道一章、大51・245c)。『眼蔵』行持下巻(岩中・61)を参照。

【馬祖に参じて問う、如何なるか是れ仏……】〈ばそにさんじてとう、いかなるかこれほとけ……〉(広) 大梅法常はその師馬祖に「仏とは何ですか」と尋ねると、馬祖は「心こそは仏にほかならぬ(即心即仏)」と答えた。法常はこの一言によって大梅山中に入って一生を坐禅生活で貫き、後年、馬祖が非心非仏を提唱していることを聞かされても「我只管即心即仏」といって大梅山の坐を立たなかったという故事(『広録』法語9)。『伝灯』七・大梅法常章(大51・254c)に出る。『眼蔵』行持巻(岩中・24-26)に拈提があり、諸法実相巻には、如浄の忘れがたき普説として情感を込めた示衆がある。

【馬祖不安の時、僧有って問う、和尚、近日、尊位如何……】〈ばそふあんのとき、そうあってとう、おしょう、きんじつ、そんいいかん……〉(広) 馬祖道一が病床にあっての接化の公案

(『広録』頌古80)。日面仏は一千八百年の寿命を持つとされる仏、月面仏は一日一夜の寿命しかない仏とされる。仏法に徹し切っている馬祖の、寿命の長短を超越した仏法に証契せんことを願っての僧への接化である。『広灯』八・馬祖道一章に出る。

【叵耐】〈はたい〉㊛ 叵は不可の意味。たえることができない。勘忍できぬ、たえがたい。我慢できない。うらめしい(『広録』上堂136、146、205、251)。

【八難処】〈はちなんじょ〉㊚ 仏を見ず、正法を聞くことができない八種の難処の意で、地獄・畜生・餓鬼・長寿天・辺地・盲聾瘖瘂・世智弁聡・仏前仏後の八処をいう。

【八年未だ了らざるに一言生ず……】㊛〈はちねんいまだおわらざるにいちげんしょうず……〉南嶽懐譲が六祖の会下で八年修行の後、悟道して「説似一物即不中」といった故事(『広録』上堂457)。⇩「説似一物即不中」

【八部】〈はちぶ〉㊚㊛ 八部衆と同じ。常に説法の会座に列し、仏法を護持する八類の仏の眷属。①天(超人的鬼神)②龍(龍神・龍王)③夜叉(空中を飛行する鬼神)④乾達婆(香を食し音楽を奏する鬼神)⑤阿修羅(果報を天につぐもの)⑥迦楼羅(龍を食す鬼神・金翅鳥)⑦緊那羅(角をもつ鬼神)⑧摩睺羅迦(蛇神)、以上の八大神将のこと。

【八万細行】〈はちまんさいぎょう〉㊛ 三千威儀と同様に仏弟子として日常守るべき正しい振る舞い、姿のことで、八万四千の律儀のこと(『広録』小参12)。

【八万四千】〈はちまんしせん〉㊚㊛ 無数を表す語。

【八両是半斤】〈はちりょうこれはんきん〉㊛ 八両は半斤のことである(『広録』法語2)。

【鉢盂】〈はつう〉㊚㊛ ほうとも読む。鉢は、梵語 pātra 鉢多羅の略。応量器と訳す。盂は椀の類をいう。禅僧の各自所持する飯器をいう。鉢盂は袈裟とともに禅門においては仏仏祖祖伝来するものとして最も尊重するもの。それが常見を透脱する存在である認識にたつからである。

【鉢盂柄有る】〈はつうへいある〉㊛ 鉢等の食器に把手をつけること。本来食椀には柄はいらない、全てよけいなこと、いらぬこと、ありえぬことの喩え(『広録』上堂295)。

【鉢盂峰】〈はつうほう〉㊛ 丹霞山中にある峰の名前。鉢盂とは、応量器のことだが、鉢盂は袈裟とともに禅門においては最も尊重されるものであることから、この場合の鉢盂は天地一宇を象徴するも常見を透脱した境涯をも示している（『広録』頌古90）。

【八戒】〈はっかい〉㊗ 八斎戒または八関斎戒の略。在家の人の持つ戒法で、不殺生・不偸盗・不邪婬・不妄語・不飲酒・不坐高広大床・不著花鬘瓔珞・不習歌舞戯楽の八をいう。

【八海】〈はっかい〉㊗ 須弥山を中心としてこれを周る八重の山あり、この九山の間におのおの一の海があり、これを八海という。

【撥開】〈はつかい〉㊘ 撥はのぞく。ぱっと開くこと（『広録』上堂271）。

【八極】〈はっきょく〉㊘ 東・西・南・北の四方と乾・坤・艮・巽の四隈。八荒・八紘とも。転じて全世界のことをいう（『広録』上堂379）。

【八苦】〈はっく〉㊗ 苦諦として経典中に常に列挙される、生・老・病・死・愛別離・怨憎会・求不得・五陰盛の八種の苦をいう。

【八九成】〈はっくじょう〉㊗㊘ 未完成、不十分の意だが、禅門では多くは不十分の意でなく、八九成の道といえば、いうべき道理をいい尽くして残す所がないという意味である。十全では八、九分のでき。禅家では八九成を十全と見ることがある。『眼蔵』観音巻（㊓中・95-96）を参照。

【八功徳水】〈はっくどくすい〉㊗ 八種の功徳を具えた水の意で、『倶舎論』には、甘・冷・軟・軽・清浄・不臭・飲時不損喉・飲已不傷腹の八徳を数える。

【抜苦与楽】〈ばっくよらく〉㊘ 抜苦は大悲、与楽は大慈のことで、諸仏が衆生の煩悩を除去し、安心を与えること（『広録』上堂434）。

【抜群昇晋】〈ばつぐんしょうしん〉㊘ 群を抜いて昇りすすむこと（『広録』法語14）。

【法眷】〈はっけん〉㊗ 法の上の親族の意で、師伯・師叔・嗣兄等をいう。

【八載事師】〈はっさいじし〉㊗ 二祖慧可大師が達磨大師に参侍する以前、八年の間終日坐禅工夫したことをいう。

【八支聖道】〈はっしょうどう〉㊗ あるいは八正道支といい、偏邪苦楽を離れた中正穏健の行道で、正見・正思惟・正語・正業・正命・正精進・正念・正定の八種をいう。『眼蔵』菩提分法巻（㊧下・27）を参照。

【八鬢鎖（鑠）子】〈はっしゅさす〉㊛ 八枚の舌のある錠（『広録』上堂100）。

【八種の業】〈はっしゅのごう〉㊞ ①順現法受業、②順次生受業、③順後次受業の三時業に、④不定受業を加え、この四業はおのおの異熟決定と異熟不決定との二を具すとし、合して八種の業とする。

【撥塵見仏】〈はつじんけんぶつ〉㊛ 撥ははらうこと。迷いを払拭して悟りを得るときの意（『広録』上堂222）。

【八相】〈はっそう〉㊛（『広録』上堂495、偈頌73）⇩「八相成道」

【撥草瞻風】〈はっそうせんぷう〉㊛ 妄想の荒草を払いのけて、自自分自身の本来的にもつ真の姿をみること。外見にとらわれずにその本質を見抜くこと。達磨の面壁坐禅、真実の修行の喩え（『広録』頌古4）。

【八相成道】〈はっそうのじょうどう〉㊛ 八相作仏・八相示現とも。応身仏（仏が衆生を化導しやすい形で出現する）が衆生済度のためにこの世に出現し、八種の相を現ずること。八相は通例、通常、①下天（兜率天からこの世に下られた）、②託胎（摩耶夫人の胎中に宿った）、③降誕（迦毘羅城外藍毘尼園にて誕生した）、④出家（釈迦族の王宮から出城して僧になった）、⑤降魔（悪魔の誘惑に打ち勝った）、⑥成道（菩提樹下にて真実を覚った）、⑦転法輪（波羅奈城鹿野苑にて五比丘に仏法を説法された）、⑧入涅槃（拘尸那羅城沙羅双樹の下で八十歳にて入滅した）をいう（『広録』上堂495）。

【跋陀婆羅菩薩】〈ばっだばらぼさつ〉㊛ 梵語 Bhadrapāla 仏駄跋陀羅（梵語 Buddhabhadra）（三五九〜四二九）のこと。釈迦族の甘露飯王の子孫で、南方海路で中国に渡来し、長安から廬山に行き、慧遠に敬重され、坐禅の指導をしたと伝えられる（『広録』上堂482）。

【八塔】〈はっとう〉㊞ 八大霊塔の略。釈尊一代の霊蹟八処に建てた大塔。①迦毘羅城の仏生処、②摩掲陀国の仏成道処、③迦尸国の初転法輪処、④舎衛国祇陀園の現大神通処、⑤曲女城の三道宝階処、⑥王舎城の声聞分別仏為化度処、⑦広厳城の思念寿量処、⑧拘尸那城の入涅槃処の八処の大塔。

【法堂】〈はっとう〉㊞㊛ 七堂伽藍の中の大法宣揚の道場で、

七堂中真正面の仏殿の後に位置する。現在ではいわゆる本堂のこと。

【撥動乾坤】〈はつどうけんこん〉広 天と地（宇宙）をはじきうごかして（『広録』上堂43）。

【八倒未終七顚】〈はっとうみしゅうしちてん〉広 七回転ばないうちに八回倒れる（『広録』上堂407）。

【般泥洹】〈はつないおん〉眼「般涅槃」に同じ。⇩「般涅槃」

【般涅槃】〈はつねはん〉眼広 梵語 prinirvāṇa 原意は涅槃（梵語 nirvāṇa ニルヴァーナ）と同義で、煩悩の火が吹き消された安らぎの状態、迷いのなくなった悟りの境地をいう。般涅槃は、完全なる涅槃の意味で、特に釈尊の入滅を般涅槃・大般涅槃・大円寂という。肉体などの制約を完全に離れた状態で、無余涅槃・無余依涅槃をいう。これに対して、煩悩を断ち切ってはいても身体のけがれをなお残している場合を、有余涅槃・有余依涅槃という。

【鉢嚢】〈はつのう〉広 持鉢袋のこと（『広録』上堂133）。

【罰油】〈ばつゆ〉眼 不都合の行為をなしたとき、自費をもって若干の灯明銭を出させることをいう。叢林においては比較的軽罪である。

【太（大）殺だ道う、祇、道得、八九成】〈はなはだいう、ただ、どうとく、はっくじょう〉広「言うことは言ってはいるが、それは十分ではなく八九分を言っているだけである」。八九成というのは八分九分どうりにの意だが、禅門では充分に完成している意にも用いる（『広録』上堂12、160、262、403）。以下の語話は、『伝灯』十五・石霜章（大51・321a）また『宏智録』二に見える。⇩「八九成」

【吧吧地】〈ははち〉眼広 多言のさま（『広録』上堂412）。

【巴鼻】〈はび〉眼広 巴は把と同じ。牛の鼻を把えて自由にすることから、転じて物事の根本を把むこと。根拠、捉え所、手がかりの意。あるいはまた本分・様子等の意にも用いる（『広録』上堂146、220、226、300、398、自賛16）。

【把尾収頭】〈はびしゅうとう〉眼 始終または徹頭徹尾の意（『眼蔵』王三昧巻、岩下・16）。

【破木杓】〈はもくしゃく〉眼広 壊れた柄杓は、役に立たない無用のもの、煩悩も掬えないので、転じて、解脱・悟りの意味ももつ（『眼蔵』仏教巻、岩上・365、仏向上事巻、岩上・417、『広録』上堂172、229、236、418、真賛2）。

【破木杓脱底桶】〈はもくしゃくだつていつう〉眼 こわれた柄杓

も、底抜け桶も、ともに水を汲み入れるが少しも中に留まらない。この不住の意を取って、全ての執著を離れて徹底脱落する様子をいう。いわゆる不染汚の境界（『眼蔵』仏経巻、岩中・259、260）。

【波羅夷】〈はらい〉眼 梵語 pārājika（波羅闍已迦）。極悪または無余という。戒律中の極重罪で犯せば救うに道なく、教団より擯出される罪をいう。

【波羅蜜】〈はらみつ〉眼 梵語 paramitā（波羅蜜多）。到彼岸あるいは彼岸到と訳す。生死の此岸より涅槃の彼岸に到達する意。⇩「六波羅蜜」

【婆羅門】〈ばらもん〉眼 梵語 brāhmaṇa 浄行または梵志と訳す。インドにおける四姓の最上位である僧侶、及び学者の階級をいう。

【破襴衫】〈はらんさん〉広 襴衫は裾べりのある着物。破れた着物（『広録』上堂316）。

【頗瓈】〈はり〉眼 梵語 sphaṭika 塞頗胝迦の略。七宝の一で、水晶のこと。

【婆梨阿修羅王】〈ばりあしゅらおう〉広 不詳。羅睺羅阿修羅王の兄弟とも。

【頗梨鏡】〈はりきょう〉広 水晶でできており、ものをよく映す清浄な鏡（『広録』上堂410）。

【婆栗湿縛】〈ばりしば〉眼 梵語 Parśva 禅宗伝灯のインドにおける第十祖。中インドの人。出家の後に伏駄蜜多尊者に参侍し、かつて脇を席につけて睡らなかった。故に脇尊者という。『眼蔵』行持上巻（岩中・19）を参照。

【巴陵顥鑑】〈はりょうこうかん〉眼（生没年不詳）。雲門文偃の法嗣。岳州巴陵の新開院に住す。弁舌俊利、時に人、鑑多口という（『伝灯』二十二・顥鑑章、大51・386a）。

【遙かに西天曩祖の蹤を慕う】〈はるかにさいてんのうそのあとをしたう〉広 遙かに遠いインドの迦葉尊者の伝衣の蹤跡を慕う（『広録』偈頌112）。

【攀縁】〈はんえん〉広 よじのぼること（『広録』上堂33）。

【万縁】〈ばんえん〉広 万境、衆縁、あらゆる因縁・事物（『広録』上堂346、法語12）。

【半開半合】〈はんかいはんごう〉広 なかばひらき、なかば合っする（『広録』上堂258）。

【半跏趺坐】〈はんかふざ〉眼広 左の足を右の腿の上にのせて坐す方法を吉祥坐という。また、反対に右の足を左の腿の上にのせて坐る方法を降魔坐というが、ともに半跏趺坐を菩薩坐ともいう。

【万機休罷】〈ばんききゅうは〉(広) 一切の思量を全て休止すること（『広録』上堂426）。

【盤古】〈ばんこ〉(眼) 混沌と同じく天地未開のときを指す。

【万古肝心】〈ばんこかんじん〉(広) 万古上代の三皇五帝の聖賢を思い、その思いを李氏に重ねてみる（『広録』偈頌48）。

【半箇聖人】〈はんこせいじん〉(眼)(広) ここでは石鞏慧蔵の法嗣、三平義忠のこと（『広録』上堂277）。⇩「三平義忠」

【半座の職】〈はんざのしょく〉(眼) 第一座、首座の職をいう。釈尊が摩訶迦葉に半座を与えられた故事より出る（『眼蔵』礼拝得髄巻、(岩)上・123）。『眼蔵』行持上巻（(岩)中・18）を参照。

【晩参】〈ばんさん〉(広) 夜参ともいう。禅院における住持の夜間の説法に参ずること（『広録』上堂128）。

【盤山宝積】〈ばんざんほうしゃく〉(眼)(広)（生没年不詳）。唐代の人。馬祖道一の法嗣。幽州（河北省）盤山に開法す。凝寂大師と諡す（『伝灯』七・盤山宝積章、(大)51・253b）。

【潘士が倒まに驢に騎る……】〈はんしがさかさまにろにのる……〉(広)『琅瑘代酔編』三十に見える。潘士は逍遙子と号した潘閬のこと。宋の太宗のときの進士。詩に巧みであったが事に座して亡命す。この故事は、華山の風情をこよなく愛した潘士が街に赴くにも驢馬に逆さまに乗り、華山の風情を愛でたということにちなむ（『広録』頌古36）。

【晩鐘】〈ばんしょう〉(広) 昏鼓（夕刻に打つ鼓）の後、時分を知らせる更点を打して、また百八声の鐘を打つ昏鐘のこと（『広録』偈頌110）。

【絆子】〈ばんす〉(眼) たすきのこと。

【万像】〈ばんぞう〉(広) 森羅万象（『広録』上堂255、282、296、411、434、法語12）。

【飯袋子】〈はんたいす〉(広) めしぶくろ。ごくつぶし。無為無能で飽食ばかりする者を罵る語（『広録』自賛16）。

【籓竹】〈はんちく〉(広) まがきの竹。まがきは、目を粗く編んだ垣（『広録』法語1）。

【飯桶】〈はんつう〉(広) 飯を入れる桶（『広録』上堂138）。

【半転身・全転身】〈はんてんしん・ぜんてんしん〉(広) 半転身は、悟りの跡を止めて仏心を遺すこと。全転身は、悟りの跡も止めず仏心も遺さないこと（『広録』法語3）。

【般若】〈はんにゃ〉(眼)(広) 梵語 prajñā 智慧・慧・明・清浄・遠離と訳す。六度の一である般若は菩薩の行なので因であり、三徳の一なる般若は仏果の上にいう平等の智慧をさす。正覚の根本となる聖智なので、般若を仏母となす。

【般若多羅】〈はんにゃたら〉(眼)(広)（?〜四五七）。梵語 Prajñātāra 禅宗伝灯のインドにおける第二十七祖。『祖堂集』二、『伝灯』三・般若多羅章（(大)51・216a-b）によれば、東インドの婆羅門出身で、幼くして父母を喪い、出家して不如蜜多尊者に師事してその法を嗣ぎ、南インドを行化し香至国において王子三人と問答し、末弟の菩提多羅を教化出家せしめ、菩提達磨と名づけて大法を付嘱して、孝建四年（四五七）に示寂したと伝えられる。

【般若、何を以てか体と為す……】〈はんにゃ、なにをもってかたいとなす……〉(広) 般若は心の作用で、了達を性とし、四諦の境涯を知り、煩悩生死を除く智慧とされる。仏智慧とも。般若の体とは、諸法の真実体そのもの、智慧の体性（『広録』上堂159、小参16）。

【般若波羅蜜】〈はんにゃはらみつ〉(眼) 梵語 prajñāpāramitā 慧到彼岸・明度・智度等と訳す。生死海を渡り涅槃の彼岸に到るべき智慧の意。六波羅蜜・十波羅蜜の一で仏智の根本に名づく。

【半夜】〈はんや〉(広) 夜半、夜中（『広録』上堂128、146、225、275、344、頌古70、偈頌109、113、114）。

【半夜子】〈はんやね〉(広) 夜九つ・三更、午前零時。明暗一体の時（『広録』偈頌114）。

【飯籮】〈はんら〉(広) 夏季に叢林で用いる竹で作った飯櫃。雲門が塵塵三昧を鉢裏の飯・桶裏の水と、日常生活の中に例をとって具体的に提示したこと（『広録』上堂443）。

【万里一条鉄】〈ばんりいちじょうてつ〉(眼) 一法よく古今に貫徹し、十方に通徹する意。一法究尽というに同じ（『眼蔵』行仏威儀巻、(岩)上・346、恁麼巻、(岩)上・430、授記巻、(岩)中・84）。

【盤裏明珠】〈ばんりみょうじゅ〉(広) 珠が盤の上を自在に転がることから、自在の機用、俊敏自在のありように喩える（『広録』上堂135、206、296）。

【万里無寸草】〈ばんりむすんそう〉(眼)(広) 万里の間に（どこまで行っても）まとわりつく草がない。すなわち、煩悩を払拭した平等一如の境地をいう（『眼蔵』安居巻、(岩)下

・77、『広録』上堂130、小参6）。『洞山録』に、洞山の解夏上堂の語に「秋初夏末、兄弟或東或西、直須向万里無寸草処去。良久曰、秖如万里無寸草処、作麼生去。」（(大)47・510a）と出る。⇩「洞山万里無寸草」

ひ

【皮毬】〈ひきゅう〉(広) 皮でつつんだまり。皮毬を弄するとは、雲水を接化すること（『広録』上堂118）。

【比丘】〈びく〉(眼)(広) 梵語 bhikṣu 苾蒭とも書く。乞士と訳す。上に法を乞い、下に食を乞うて心身を長養することによる。男性の出家のことで、女性の出家を比丘尼（梵語 bhikṣuṇī）という。

【鼻孔】〈びくう〉(眼)(広) 鼻のあな。人間の顔をして顔たらしめるところから、自己の本分、本来の面目、つまり真実の自分のあり方に喩える。

【鼻孔・脚跟】〈びくう・きゃっこん〉(広) 鼻のあなは、顔の中心にありながら自分では見ることができないところから、自分自身が本来的にもつ真の姿に喩えられる。脚跟はあしもと、転じて本来の自己に喩える。禅門においては、拈払・竪拳が師家の学人接化の手段としての動作であるのに対して、鼻孔・脚跟、頂顊・眼睛は、その思想的内容を表現する語句として日常的にしばしば用いられる（『広録』上堂435）。

【鼻孔端正】〈びくうたんせい〉(広) 文字通りでは、鼻を真っすぐにし、姿勢を正すことには違いないが、それは仏法に対する見解、基本的な視点をきちんとすることである（『広録』小参8、11）。

【鼻孔長三尺面目重半斤】〈びくうちょうさんじゃくめんもくじゅうはんきん〉(広) 鼻孔は鼻。人間には鼻の大きいものも、顔の広いものもいるということ。種々相をもつ衆生に対応することをいう（『広録』上堂54）。

【鼻孔裏出気】〈びくうりしゅっき〉(眼)(広) 『如浄語録』上（(大)47・123b）に出る「日南長至、眼睛裏放光、鼻孔裏出気」。春になり陽気になると日影は伸びる。がその連続は、その極に至って転じて一陽来復となる。それが眼睛の放光であり、息は鼻からしている。何の不思議もなく、それがこの消息というものだと説示された（『眼蔵』眼睛巻、(岩)中・369、『広録』上堂239）。

【比丘尼懐義】〈びくにえぎ〉(広) 日本達磨宗の覚晏の弟子とされるが伝不詳（『広録』上堂391）。

【ひげをほどこす】〈ひげをほどこす〉(眼) 唐の李勣病む、鬚を焼いて灰としてこれを服すれば癒えるとの医の言を聞き、太宗自ら髭を剪り灰に焼いてこれを賜い、服用したところ、病たちまちに癒えたとの故事。白楽天の詩に「剪髭焼薬賜功臣」とある（『眼蔵』四摂法巻、(岩)中・184）。

【臂香】〈ひこう〉(眼)「臂を煉って求法の浅からざることを表するか」と『私記』に見える。

【臂韝】〈ひこう〉(眼) 韝は「うでつつみ」、飾りとして臂にまとえるもの。

【皮枯骨痩漢】〈ひここつそうかん〉(広) 皮は身体。身体のひからびた人。全てにとらわれのない人（『広録』上堂57）。

【被使十二時】〈ひしじゅうにじ〉(眼)（『眼蔵』大悟巻、(岩)上・389）⇩「使得十二時」

【彼此如空鳥独飛】〈ひしにょくうちょうどくひ〉(広)『眼蔵』坐禅箴巻は、宏智『坐禅箴』を註釈し「空闊莫涯兮、鳥飛杳杳。空闊といふは、天にかかれるにあらず。天にかかれる空は闊空にあらず。いはんや彼此に普遍なるは闊空にあらず、隠顕に表裏なき、これを闊空といふ。鳥もしこの空をとぶは、飛空の一法なり。飛空の行履はかるべきにあらず。飛空は尽界なり、尽界飛空なるがゆゑに」（(岩)上・408-409）とある（『広録』頌古10）。

【毘舎遮】〈びしゃしゃ〉(眼) 梵語 piśāca（毘舎闍）。餓鬼の一類で食肉鬼または噉精鬼という。

【毘舎首陀羅】〈びしゃしゅだら〉(眼) 梵語 vaiśya（毘舎）はインドにおける四姓の第三位にある商人・農夫等の庶民階級をいい、首陀羅（梵語 śūdra）は四姓の最下位のものをいう。

【毘舎浮仏】〈びしゃふぶつ〉(眼)(広) 梵語 Viśvabhū-Buddha 過去七仏の第三。過去荘厳劫千仏の最後仏とされる。今から三十一劫の昔、人寿六万歳のときに出現し、娑羅樹下に成道して説法度生したという（『広録』上堂446）。

【眉鬚堕落】〈びしゅだらく〉(眼)(広) 自分自身が本来的にもつ真実の姿を見失うこと。むやみに仏法を説けばその罪によって眉毛や鬚が抜け落ちること。『眼蔵』菩提分法巻（(岩)

下・35）に「あやまりて仏法を商量すれば眉鬚堕落」とある（『広録』上堂156、164、178、200、310、414、462）。

【鼻処】〈びしょ〉㊖ 鼻が眼の、眼が耳のはたらきをすること（『広録』上堂152）。

【非思量】〈ひしりょう〉㊑㊖ 三祖僧璨の『信心銘』（㊅48・376c）に出るが、これを坐禅の要術の語としたのは薬山惟儼。非思量は「考える」という意識活動をしない状態ではなく、考えながらその考えに伴うとらわれを脱した脱落の思量、非の思量のこと。道元は、坐禅は仏行であるから思量は思量を超えて、そこにこそ有念無念の思いを超絶する非言語の世界に坐禅の極致が現成するのだ、と坐禅のあり方を明らかにしている。

【非心非仏】〈ひしんひぶつ〉㊑㊖ 馬祖道一に基づく公案で、即心是仏を逆説的に示した語が非心非仏で、「心のそのままが仏である」として両者には特別の異途はなく、現にある自己の直下に仏心をとらえんことを明示したもの（『眼蔵』行持上巻、㊡中・26、『広録』上堂8、292、319、424、法語9、自賛20、偈頌63）。

【非想非非想】〈ひそうひひそう〉㊑ 非有想非無想処の略。三界九地の一。無色界の第四天で三界の最頂。ここに生ずる者は、下地のごとき麁相の煩悩はないために非有想といい、細想の煩悩はないわけではない故に非無想という（『眼蔵』身心学道巻、㊡中・128）。

【砒霜狼毒】〈ひそうろうどく〉㊖ 砒霜は砒素の化合物で三酸化砒素のこと、亜砒酸。狼毒は毒草の名前、のこぎりそう、やまくさ。劇毒をもって毒を制すような大用のこと（『広録』法語10）。

【鼻祖鼻末】〈びそびまつ〉㊑ 始終の意。

【陂陀】〈ひだ〉㊖ 平坦では無いさま（『広録』偈頌35）。

【皮袋】〈ひたい〉㊑ ⇩「臭皮袋」

【被他一証】〈ひたいっしょう〉㊖ 一証というのは、かつて馬祖が野鴨の飛去するのをみて、百丈に仏法は知覚分別するものではなく、ごく普通の実際が真実であることを、百丈の鼻をねじ曲げるという荒療治によって悟らせた「百丈野鴨子」の公案を指す（『広録』頌古82）。『碧巌録』五十三則に「馬大師、百丈と行く次いで、野鴨子の飛び過ぎるを見る。大師云く、是れ什麼ぞ。丈云く、野鴨子。大師云く、什麼の処に去るや。丈云く、飛び過ぎ去れり。

大師遂に百丈の鼻頭を扭る。丈、忍痛の声を作す。大師云く、何ぞ曾て飛び去らん」（(大)48・187c）とある。

【非択滅】〈ひちゃくめつ〉(広) 択力（智慧で一切のものを撰び分けた真理）ではなく、本具によってえられた真実（『広録』上堂243）。

【臂長衫袖短】〈ひちょうさんしゅうたん〉(眼) 長短はあるが優劣はない、長いも短いも一法の上の差別でそれぞれの面目であるとの意。『御抄』は「只一物なれども、またしばらく二といわるる事もある道理にいうなり」と釈する（『眼蔵』観音巻、(岩)中・96）。

【畢竟】〈ひっきょう〉(眼)(広) 要するに、つまり、結局のところ。

【苾蒭】〈びっしゅ〉(眼)「比丘」と同じ。⇩「比丘」

【擘破】〈ひっぱ〉(眼)(広) 転機、破りつんざくこと。

【畢鉢巌】〈ひっぱつがん〉(広) 梵語 Pippali-guhā（畢鉢羅窟）のこと。中インド王舎城付近の毘婆羅山の山麓にあったとされる石室。釈尊はここで食後の坐禅をしたとされる。また、摩訶迦葉はここで重病になり、釈尊の説法で癒え、さらに坐禅中に仏の入滅を知ったとされる。さらに、仏滅後、阿難がここで法蔵を結集したとも伝えられる（『広録』上堂470）。

【被底穿】〈ひていさく〉(広) 蒲団に穴のあくこと（『広録』上堂171）。

【人橋上従り過ぐ】〈ひときょうじょうよりすぐ〉(広) 人が橋の上を過ぎるとき、人にとって移ろうのは橋。橋が流れて、水は流れない。橋は橋、流れは流れの個々の存在をいう、傅大士（四九七〜五六九）の語（『広録』上堂325）。『伝灯』二十七（(大)51・430b）を参照。

【ひとたび沐浴するに云云】〈ひとたびもくよくするにうんぬん〉(眼) むかしの人は、ひとたび沐浴するに三度髪を結い、ひとたび食事するに三度口に入れたものを吐いたと伝えられるが、それは全て他人を利せんとする心である（『眼蔵』四摂法巻、(岩)中・186）。『史記』魯世家曰「武王崩、周公相成王、而使其子伯禽代就封於魯。戒之曰、我文王之子武王之弟、成王之叔父。我於天下亦不賤矣。然我一沐三握髪、一飯三吐哺。起以待士、猶恐失天下之賢人。子之魯慎無以国驕人」とあるところから出る。

【独狭路】〈ひとりきょうろ〉(広) 狭い路上で行き合って避けようがない状態の故に監寺の任に当らなければならない

（『広録』上堂300）。

【毘尼】〈びに〉(眼)(広) 梵語 vinaya（毘奈耶）の略。滅または調伏等と訳す。三蔵の一にして、仏所説の戒律をいう（『広録』上堂381、495）。

【皮肉骨髄】〈ひにくこつずい〉(眼)(広) 皮・肉・骨・髄それぞれが身体を構成する重要成分、または全人格を具体的に表示する語。所伝の大法・仏法に喩える（『広録』上堂304、350、463、自賛4）。『眼蔵』葛藤巻（(岩)中・190−191）を参照。

【尾巴】〈びは〉(広) しっぽ（『広録』小参2）。

【毘婆尸仏】〈びばしぶつ〉(眼)(広) 梵語 Vipaśyin 過去七仏の第一。人寿八万歳のときに出世し、波羅樹下に成道して説法すること三会。衆生三十四万八千人を救ったという。釈尊が菩薩のとき、第三阿僧祇劫の満時にこの仏に会い、この仏を讃する精進力によって九劫を経て成仏されたという（『広録』上堂38、150、285、446、頌古59）。

【皮膚脱落尽】〈ひふだつらくじん〉(広) 樹木の皮や葉が脱け落ちるように、妄想分別の世界をすっかり脱却した境涯（『広録』上堂424）。『会要』十九・薬山章を参照。

【非梵行】〈ひぼんぎょう〉(眼) 不浄行ともいう。梵は清浄の義で、淫欲等の不浄を行ずることをいう。

【眉毛】〈びもう〉(眼)(広) 字義通りではまゆ毛のことだが、眉毛は自分では見ることができないところから、自分自身が本来的にもつ真の姿をいう（『広録』上堂60、132、174、203、255、257、475、530、小参16、頌古10、32、自賛4）。

【眉毛落ち】〈びもうおち〉(広) 仏法について誤って説いたりすると、謗法罪を犯すことになり、眉鬚が抜け落ちる（『広録』頌古61、74）。⇩「眉鬚堕落」

【眉毛眼睫】〈びもうげんしょう〉(広) まゆげとまつげ（『広録』上堂188）。

【眉毛蹉過】〈びもうしゃか〉(広) 眉毛はまゆげ、蹉過は時期を逸すること、すれちがうこと。古来「眉毛を惜しまず」という語があって、これは間違って仏法を説くと眉髭が堕落するといって諌められたが、そのような罰を恐れずあえて言葉によって教化することがある。この場合は、自分自身が本来的にもつ真の姿を誤認すること（『広録』小参1）。

【披毛戴角】〈ひもうたいかく〉(眼)(広) 体に毛がはえ、角のあるもの。鳥獣畜生の類、またその行為。異類中行、悟後の行径にもいう。自己を捨てて利他行すること（『眼蔵』行持下巻、(岩)中・42、『広録』上堂139、法語2、頌古83、偈頌4、115）。

【眉毛を算数する】〈びもうをさんすうする〉(広) 眉毛は本来まゆげのことだが、転じて自分自身の真実のすがたをいう場合がある。この場合、厳しく激しい修行によって残った眉毛が数えられるくらいというが、それは生まれながらの自己を滅却し自身が本来的にもつ真の姿に徹する修行に励んだことをいう（『広録』頌古32）。

【白衣】〈びゃくえ〉(眼) 世俗の人をいう。インドの婆羅門及び俗人は多く鮮白の衣を服するためである。

【白衣舎】〈びゃくえしゃ〉(眼)(広) 俗人・在家人の家。北条時頼の居所とも、波多野義重宅とも（『眼蔵』安居巻、(岩)下・81、『広録』真賛3、偈頌77）。

【白夏】〈びゃくげ〉(眼) 夏安居のこと。白は告げるの意。安居を結ぶとき、龍天及び土地神に告げてその守護を祈願する故に白夏という。⇩「安居」

【白業】〈びゃくごう〉(眼)(広) 黒業に対す。善行。善い報いを受ける因となる善い行為。

【白毫】〈びゃくごう〉(眼)(広) 仏の眉間には白毛が一本右旋してあり、常に放光していたという。仏像などの眉間に水晶等の玉を嵌め込むのは白毫相を示すためである。

【辟支仏】〈びゃくしぶつ〉(眼)(広) 梵語 pratyekabuddha 独覚または縁覚と訳す。十二因縁を悟ったが、寂静を好んで説法しなかったとされる。⇩「縁覚」「独覚」

【百尺竿頭】〈ひゃくしゃくかんとう〉(眼)(広) 昇りつめた向上の絶頂をいう。百尺竿頭進一歩といい、驀直歩《まくじきほ》というのは、向上路に住著することなくさらに一歩を進めよということ。任運自然の道理のなかで、知解分別にわたる自己を徹底的に放下し転身自由となる（『眼蔵』夢中説夢巻、(岩)中・134、祖師西来意巻、(岩)中・387、菩提分法巻、(岩)下・22、『広録』上堂341、偈頌59）。

【百丈】〈ひゃくじょう〉(眼)(広) 馬祖道一の法嗣である百丈懐海が住していた洪州の百丈山（大雄山）。⇩「百丈山」

【百丈懐海】〈ひゃくじょうえかい〉(眼)（七四九〜八一四）。馬祖道一の法嗣。福州長楽の人、姓は王氏。西堂智蔵・南泉普願と同時に入室を許され、三大士角立と称される。馬祖の命により化を南康に開き、請に応じて洪州大雄山（百丈山）に住し、学徒輻輳す。行持すこぶる綿密で一日不作一日不食の範を残し、また初めて禅院の規矩を定めた『百丈古清規』は序のみしか存しないが、これにより禅は中国の風土に即したものになった。唐元和九年（八一四）示寂、寿九十五。大智・覚照・弘宗妙行などと諡され、普通には百丈禅師と称される。語録一巻がある。門下に潙山霊祐。黄檗希運等幾多の禅匠を出す（『伝灯』六・百丈山懐海章、(大)51・249b）。『眼蔵』行持上巻（(岩)中・21−22）を参照。

【百丈竿頭退歩進歩】〈ひゃくじょうかんとうたいほしんぽ〉(広) 百尺の竿の先まで昇りつめ、さらにその先を進んだり退ったりする。修行の結果到着する悟りの心地、法身向上辺をいう（『広録』上堂10）。『伝灯』十・長沙景岑章（(大)51・274b）。

【百丈、功夫を枉げる】〈ひゃくじょう、くふうをまげる〉(広) 百丈の接化の手段を多とすべきである（『広録』上堂288）。

【百丈山】〈ひゃくじょうざん〉(眼) 江西省洪州の陽湖の近くに在り、飛瀑千尺のものあって大雄峰とも百丈山ともいう。大智開法の地として著名。

【百丈参次……】〈ひゃくじょうさんじ……〉(広) 百丈は百丈懐海。参次は、小参の次いで、説法のときにの意。この話は「百丈堕野狐身」の話とも「不落不昧の話」ともいわれる公案（『広録』頌古77）。⇩「百丈野狐話」

【百丈に問うこと有り、瑜伽論、瓔珞経……】〈ひゃくじょうにとうことあり、ゆがろん、ようらくきょう……〉(広)「瑜伽論や瓔珞経は大乗経典であるのに、何故それに従った戒律の実践をしないのか」と質問されて、百丈は云った「吾が宗旨とするところは、大乗・小乗に限定しないことであるが、大乗・小乗と異なったものではない。そこから広く折中して制範を定め、それに適った行をするのである」（『広録』上堂390、464）。以下の語話は『伝灯』六・百丈山懐海章（(大)51・251a）に出る。

【百丈に問うて曰く、学人、仏を識らんことを欲求す……】〈ひゃくじょうにとうていわく、がくにん、ほとけをしらんことをよっきゅうす……〉(広) 大安頼安が師の百丈に問うた。「仏を識りたいと思うが仏とは何か」「牛に乗っていて牛を探すようなものだ（自分の仏性を他に求めるようなもの）」「そうと分かったら後はどうするのか」「牛に乗って家に帰るだけだ」「悟りを得たその悟りをどのように保てばよいか」「牛を飼う人が、牛が他家の苗を荒らさないように仏知見の杖で己自身を注視するのだ」。大安はこの問答によって仏道修行を会得した（『広録』頌古11）。以下の語話は『伝灯』九・大安章（㊅51・267b）に出る。

【百丈の払】〈ひゃくじょうのほつ〉㊧ 百丈は百丈懐海、払は払子（『広録』法語11）。

【百丈、因に潙山・五峰・雲巌侍立する次でに……】〈ひゃくじょう、ちなみにいさん・ごほう・うんがんじりゅうするついでに……〉㊧ 百丈が潙山に「言葉を用いないで（咽喉唇吻を併却して）仏法をどう説くか」という質問に、百丈・潙山・五峰・雲巌の間で交わされた問答で、その主題は言葉を超えた（非言語の世界）仏法をどのように言葉で表詮するかにある（『広録』上堂164）。以下の語話は『碧巌録』七十則（㊅48・199b）に出る。

【百丈、再び馬祖に参ず……】〈ひゃくじょう、ふたたびばそにさんず……〉㊧ 百丈懐海とその師馬祖道一との機用を示す問答。一切万物が何者にもよらずに独立している存在であり、それはまた没蹤跡でもあることを示す（『広録』頌古82）。

【百丈野狐話】〈ひゃくじょうやこのわ〉㊧ この話は「百丈堕野狐身」の話とも「不落不昧の話」ともいわれる公案。野狐身に落ちた老僧は、不落因果、撥無因果とも称せられる因果を否定する独断と偏見の境地に堕ちているのである。その反対の概念が、不昧因果（因果の道理は絶対に昧ますことができない）であり、深信因果（深く因果の道理を信ずること）で、大自然の法則には、人間の些少な思慮分別などは通用しないのである。それ故に、不昧因果の理によって老僧は自己の迷妄を払拭し、野狐身を脱することができたのである（『広録』上堂62、94、205、510）。この語話は『広灯』八・大智禅師章に出るが、『広録』の引用文とはかなり相違する。しかし『眼蔵』深信因果巻（㊗下・201）には「この一段の因縁、天聖広灯録にあり」と言明している。また「因果の道理は孔子老子のあきらむるところにあらず、ただ仏仏祖祖のあきらめつたへましますところなり」「不昧因果は、あきらかにこれ深信因果なり」（㊗下・202）とある。

【百姓】〈ひゃくせい〉㊪㊧ 多くの人々。農民の意もある。

【百千三昧】〈ひゃくせんのざんまい〉㊧ 馬祖道一の弟子水潦（伝不詳）が、何か特殊な正法眼蔵涅槃妙心（西来的的意）の実態というものについて、馬祖に問うと、馬祖は水潦の胸倉を粉砕せんばかり蹴倒した。すると、水潦は自分が抱いていた疑念が粉砕され、呵々大笑して、百千の三昧も無量の妙義も、一本の毛程のものだ、と全て了解して言った故事に基づく（『広録』上堂255、小参6）。

【百千万境】〈ひゃくせんまんきょう〉㊨㊧ 仰山と潙山の問答で、青は青、黄は黄として諸法万境おのおのがその位に存在し、絶対であることを示したもの。『会要』七・大潙霊祐章に出る（『眼蔵』唯仏与仏巻、㊫下・232、『広録』頌古40）。

【百草頭上】〈ひゃくそうずじょう〉㊧ ありとあらゆる事物の上に仏祖が明明に現出している。『眼蔵』仏性巻（㊫上・320）に「六神通は明明百草頭、明明仏祖意なり」と見え、授記巻（㊫中・822）にも「正直に青原の授記によりて行取しきたれるなり。これを明明百草頭、明明仏祖意という」とある（『広録』上堂173、242、296）。

【百草頭辺】〈ひゃくそうずへん〉㊧ 事事物物の一切万象の上に。『龐居士語録』に「明明百草頭、明明祖師意」百草が明明として現前している姿。そこに明明たる祖師意が現われている、とある（『広録』上堂261、305、偈頌37）。

【百草頭辺に薬山を見る】〈ひゃくそうずへんにやくさんをみる〉㊧ ありとあらゆる草に春はかぎりなく、同じように表われ、一切のものが心性そのものであることをいう（『広録』上堂261）。

【白椎（槌）】〈びゃくつい〉㊨㊧ 白は申すまたは告げるの意で、禅院で諸事を知らせるために椎を打ってあらかじめ警告する具。

【百年抛却任縦横】〈ひゃくねんほうきゃくにんじゅうおう〉㊨ 百年の生涯を抛却して生死去来すれば日常の生活そのままが縦横自在に菩薩行であるの意。石頭草菴歌の一句（『眼蔵』行仏威儀巻、㊫上・346）。

【白法】〈びゃくほう〉㊨ 正法の意。外道等の邪教を黒法というのに対して、仏の教法を白法という。

【白癩野干】〈びゃくらいやかん〉㊧ 字義通りでは白癩を病んだ見るも哀れな野狐の類いをいい、従来、救いようのないエセ禅者の意に解されてきた。が、それは白癩（ハンセン病の一種）が不治の病いであると信じられてきたからである。しかし現代医学はこの病いを克服し完治するものとしたので、今日ではこの語の比喩するところは適切なものではない（『広録』上堂390）。

【百里奚】〈ひゃくりけい〉(広)（生没年不詳）。春秋時代、秦の人。字は井白。流落し諸国を遍歴したが、生地に帰り虞公に仕える。後に晋によって虞が滅ぼされた際に捕えられたが、秦の繆公によって五羖羊皮と交換に招かれ宰相となる。七年後、秦の覇業成るにあたり、奚は五羖太夫《ごこたいふ》と称された（『広録』上堂134）（『史記』五）。

【標格】〈ひょうかく〉(広) 目標。標準。

【氷銷瓦解】〈ひょうさがかい〉(広) 氷が溶け瓦がくずれることで、一切の疑団が解ける意（『広録』上堂9）。『宏智録』三（(大)48・33a）を参照。

【病省】〈びょうしょう〉(眼) ⇩「三府の環」

【丙丁童子来求火】〈びょうじょうどうじらいぐか〉(眼)(広) 法眼がその会下で報恩玄則に与えた公案。丙丁童子は火の神の兄弟をいう。火が火を求めるように、仏道は自らの発菩提心により、自らを修証する。自己の仏性を他に求めるなということ（『眼蔵』弁道話巻、(岩)上・73–74、『広録』上堂15、299）。

【俵銭】〈ひょうせん〉(眼) 俵は分け与えることで、布施物を衆僧に分与すること。

【飄堕】〈ひょうだ〉(広) 風に吹き飛ばされて落ちる（『広録』上堂379）。

【病中】〈びょうちゅう〉(広) 道元は、『建撕記《けんぜいき》』の記すところによると、建長四年（一二五二）の夏頃から健康がすぐれず、翌年の建長五年（一二五三）の八月五日には京に向かうが、その時の偈頌が「十年飯を喫す永平の場　七箇月来って病床に臥す　薬を人間に討ねて峡を出ず　如来に手を授して医王に見せしむ」というのである。ちなみに義準が雪中に永平寺に上山したのが十一月であれば、時節も合い、それは道元への最後のお見舞いであったことになる（『広録』偈頌98）。

【平等性智】〈びょうどうしょうち〉(眼) 四智の一。有漏の第七識即ち我執の根本識を転じて得るところの無漏智であって、仏果に至って円満する。一切諸法及び自他の有情は平等一如であると観じ、一切の差別の相を離れた自他平等の智のこと。

【飈飈】〈ひょうひょう〉(広) 激しい風（『広録』上堂124）。

【毘藍園】〈びらんおん〉(広) 梵語 Lumbinī 迦毘羅城藍毘尼園の略。通称ルンビニ、釈迦誕生の聖地（『広録』上堂42、155）。

【毘嵐風】〈びらんぷう〉(眼) 梵語 vairambhaka 毘藍婆・吠藍婆・迅猛風と訳す。速力甚大で何物をも破壊するという。

【毘梨耶波羅蜜】〈びりやはらみつ〉(眼) 精進波羅蜜のこと。⇩「六波羅蜜」

【毘盧】〈びる〉(眼)(広) 梵語 Vairacava（毘盧舎那）の略。遍一切処・光明遍照等と訳す。仏の身光及び智光は遍く理事無礙の法界を照らして円明な義。『華厳経』の教主。密教では大日如来と称し教主法身仏の名とする。

【毘盧行】〈びるぎょう〉(眼) 毘盧頂上行の略。毘盧舎那仏の頂額をも超出する格外の作略をいう（『眼蔵』遍参巻、(岩)中・363）。

【毘盧遮（舎）那如来】〈びるしゃなにょらい〉(眼) 梵語 Vairocana 光明遍照、または大日と訳す、仏の法身または報身をいう。⇩「毘盧」

【毘盧蔵海】〈びるぞうかい〉(眼)(広) 毘盧性海とも。仏性海・法性海・如来蔵と同義で、仏の本体の無限なことを海に喩えていう。毘盧舎那仏の住する蓮華蔵世界のこと。蓮華蔵世界は蓮華に含蔵された世界の意で、毘盧舎那仏の願行によって厳浄された世界（『眼蔵』海印三昧巻、(岩)中・77、『広録』上堂362）。

【毘盧頂上】〈びるちょうじょう〉(眼)(広) 毘盧舎那仏の頭上を踏むように、仏向上の極地に至ってもなおそこに滞ることなく、そこを修行の場として努力することを示す（『眼蔵』遍参巻、(岩)中・363、『広録』上堂466、偈頌46）。

【毘盧頂門】〈びるちょうもん〉(広) 毘盧舎那法身仏の頂上。仏向上の極地をいう（『広録』上堂315）。

【毘盧頂相】〈びるちんぞう〉(広) 毘盧舎那仏の真影のこと（『広録』上堂144）。

【毘盧の頂上に向かって行くのみ】〈びるのちょうじょうにむかってゆくのみ〉(広) 法身仏さえをも超越する自在な働き（『広録』上堂466）。

【毘盧を坐断して……】〈びるをざだんして……〉(広) 毘盧舎那仏の解釈はそれぞれの経典によって相違し、中国の諸宗でも異なるが、無量劫界に功徳を修して正覚を成じ、蓮華蔵界に住して大光明を発して十方を照らし、毛穴から化身の雲を出して無辺の契経界を演出するという。坐断は徹底して坐り尽くすこと。また、差別の相を坐破して平等一如の境地に徹する意にも用いる（『広録』小参12）。

【頻伽】〈びんが〉㊞ 梵語 kalavinka（迦陵頻伽）の略。妙声・好声等と訳す。殻中に在ってもすでによく鳴き、その声ははなはだ美なりという。故に美声の鳥、または極楽の鳥ともいう。

【貧しては一身の多きことを恨み……】〈ひんしてはいっしんのおおきことをうらみ……〉㊛ 財の少ない家では家族が一人でも多いことを恨み、富家は千人の食客が居てもまだ少ないと文句をいうように、祖師西来意の意味づけも千差万別である（『広録』上堂356）。

【擯出】〈ひんしゅつ〉㊞㊛ 禅寺において重大な罪を犯した者を衆外に追い出すこと。

【平出】〈ひんすい〉㊛ 師と資の関係は鋸と木との関係のようなもので、主客の優劣等の差のないこと（『広録』上堂480）。

【賓頭盧尊者】〈びんずるそんじゃ〉㊞㊛ 梵語 Piṇḍola-bhāradvāja（賓頭盧頗羅堕）の略称。賓頭盧（名）は不動と訳し、頗羅堕（姓）は捷疾・利根等と訳す。仏弟子で、十六羅漢の第一。白頭長眉の相の羅漢。

【賓中主】〈ひんちゅうしゅ〉㊛ 大衆の中の主人公として（『広録』上堂139）。

【兄弟】〈ひんでい〉㊞㊛ 法門の兄弟、雲兄水弟の意味で、広くは大衆、同参、同学をいう。

【貧道】〈ひんどう〉㊞㊛ 出家の謙遜した自称に用いる。

【繽紛紜紜】〈ひんぷんうんうん〉㊛ 乱れ散るさま（『広録』上堂165）。

ふ

【伏惟】〈ふい〉㊞㊛ 謹んで考え思う意。謙辞。

【伏惟珍重】〈ふいちんちょう〉㊛ 伏して惟んみれば珍重。珍重は別れを告げる語句で、「身体を大切に」の意味（『広録』小参2～6、9～13、16、17、19、20）。

【不為万法為侶】〈ふいまんぽういりょ〉(広) 万法を遊離して真実はありえない。万法そのものに真実をみなければそれは仏法ではないという意（『広録』上堂232、314）。

【不陰陽地、喚不響谷】〈ふいんようち、かんふきょうこく〉(眼)『会要』一に、「世尊因七賢女、游屍陀林。一女指屍云、屍在這裏人在甚麼処。一女云、作麼作麼、諸姉諦観、各各契悟感。帝釈散花云、惟願聖姉、有何所須、我当終身供給、女云、我家四事七珍、悉皆具足、唯要三般物、一要無根樹子一株。二要無陰陽地一片。三要叫不響底山谷一所。帝釈云、一切所須、我悉有之、若此三般物、我実無得。女云、汝若無此、争能済人。帝釈罔措。同往白仏。仏言、憍尸迦、我諸弟子、諸大阿羅漢、悉皆不解此義。唯有諸大菩薩、乃解此義」とあることにより、情識を超越する境界をいう（『眼蔵』夢中説夢巻、(岩)中・133）。

【風火未散】〈ふうかみさん〉(眼)(広) 風火は四大（地・水・火・風）の総称。生命があること。未散は四大の和合が離散すること。蚯蚓が斬られても、まだ両方が動いているのは、今まで和合していた四大が散じ切らない故であるとして、仏性というものを実体視する誤りを否定したのである（『広録』上堂328、509、頌古65）。『眼蔵』仏性巻（(岩)上・341-343）を参照。

【風月寒清なり古渡の頭……】〈ふうげつかんせいなりことのほとり……〉(広) 寒風吹き月冴えわたる。琉璃でできたかと見まごう古渡から、夜船は出てゆく。仏法における長養の工夫をいう（『広録』上堂337）。

【父子】〈ふうし〉(広) 雲巌と洞山（『広録』上堂183、220、341、370、494）。

【風顛】〈ふうてん〉(広) 常規を逸している（『広録』上堂368、493、頌古51）。

【風恙】〈ふうよう〉(広) 風も恙も病気・やまいのこと。また、恙については、古昔、草居の時代、よく人を噛む虫のことをツツガといい、その毒を被る人が多かったところから、人に会うときは、先ずツツガの憂いがあるかないかを尋ねたことから、憂いまた疾病の意味に転化したという。また風気の疾、つまり風の気によっておこる疾病のことで、たとえば風邪・中風・邪気による気鬱症・風土病などのさまざまな病の総称。「風」の疾に癩病（ハンセン病）をさす意味がないわけではないが、これを宿積の悪業によって風恙が身に纏わるとし、それをことさらに癩病とした解釈はこの場合適切とはいえない。煩悩・罪過に纏わりつかれているという意味合いが強い（『広録』頌古5）。『伝灯』三・慧可章（㊅51・220c）を参照。

【風流】〈ふうりゅう〉㊞㊣ ①なごり。②自由奔放。俗事を離れて品格の優雅なことだが、禅門では悟道の境涯を意味する。

【風流袋】〈ふうりゅうたい〉㊣ 風流とは、中国では、古くは先王の美風のなごりの意であったが、やがて俗ではない品格・優美な魅力の意に転化した。日本でも、古くからの遺風や伝統の意に用いられ、平安時代には詩歌、管弦、中世には茶道、華道などの日本独自の芸術文化の精神面を、そして今世にいたると幽玄、綷、通などの生活文化の中の美的感覚として用いている。が、道元の時代は、そうした風流観とは異なり、まさに読んで字のごとく、風の流れ、つまりあるがままのなかにある仏法に調和する家風・宗風の意味合いが強い（『広録』真賛1）。『広録』上堂403に「腰頭にたとえ風流袋を帯すとも、家裏に何ぞ一字の書無からん」とある。

【風輪】〈ふうりん〉㊞㊣ この世界の最下底をなす層で、この風輪の上に水輪・金輪あり、その上に九山八海があるという。

【風鈴頌】〈ふうれいじゅ〉㊞ 風鈴を題材にした頌のこと。如浄や一休宗純などの作品が知られる。如浄のものは、「通身是口掛虚空。不管東西南北風。一等与渠談般若。滴丁東了滴丁東」（『如浄語録』下・風鈴頌、㊅48・132b）と詠んだ。道元はその頌を激賞（『宝慶記』）し、自ら『眼蔵』般若波羅蜜巻（㊇上・81）、虚空巻（㊇下・69）、『広録』頌古58などに「渾身似口掛虚空、不問東西南北風、一等為他談般若、滴丁東了滴丁東」と引く。⇩「一等為（与）他談般若……」

【不会】〈ふえ〉㊞㊣ 一応は文字通りに会得せず、わからないという意だが、多くは会不会の知的理解を超えて体得することを不会という。不会最も親しというように、そのものに成りきれること。

【不会邪偏】〈ふえじゃへん〉㊣ よこしまなことを会得しない（『広録』上堂382）。

【深草閑居】〈ふかくさかんきょ〉㊣ 道元は、寛喜二年（一二三〇）

より三年間山城の深草の安養院に滞在している。この作頌は、おそらくは、越州にての作頌である（『広録』偈頌69）。

【不可称量】〈ふかしょうりょう〉眼広 はかることができない。

【不管】〈ふかん〉眼広 とらわれない。

【不敢】〈ふかん〉眼広 あえては……せず。どういたしまして、という意味の謙辞。

【普勧坐禅儀】〈ふかんざぜんぎ〉眼広 道元著、一巻。道元が宋から帰朝後最初に著したもので正しい坐禅を人々に勧めるために、坐禅の意義や実際の方法、その功徳などについて述べ、坐禅は単なる手段ではなく安楽の法門であることを示した我が国初の坐禅についての根本書。

【巫（至）嶠】〈ふきょう〉広『祖山本』の至嶠は巫嶠か。巫嶠は四川省巫山県の東にあり、巫山の絶壁。巫山の神女が朝な朝なに雲となってたなびいたという故事（『広録』偈頌81）。

【不行鳥道】〈ふぎょうちょうどう〉眼 余りにも濶く際限のない大空を飛び行く鳥は、行くともいいがたいことを不行という。行とも不行とも眼力の及ばない不行の鳥道の意で、ここの不行は無限の行と解すべきである（『眼蔵』坐禅箴巻、岩上・408）。

【不許夜行】〈ふきょやこう〉広 趙州の「死中に活を得るとき、如何」の問いに投子が答えた語。叢林では夜間は外出禁止。だが、夜明前には到着しているべきであるという。できるところとできないところのぎりぎりのところで、是非・順逆の縦横するところに肝要をみよ、というのである（『広録』上堂426）。『伝灯』十五・投子大同章（大51・319a）を参照。

【復言其……】〈ふくげんご……〉広 経典には「釈尊はまた涅槃に入ると示された」とある。建長二年（一二五〇）涅槃会の上堂（『広録』上堂367）。『法華経』寿量品（大9・42b）に出る。

【複（袱）子】〈ふくす〉眼 袱紗のこと。

【福増】〈ふくぞう〉眼広 梵名 Śrī-vaddhi（尸利苾提）。尸利提とも。『賢愚経』四（大4・376b）に出る王舎城の一長者で、百歳の老年にして舎利弗に請うて出家しようとしたが余りの老年なので許されず、のち仏陀に許されて出家修道し、阿羅漢果を得たという（『広録』上堂381）。

【覆蔵】〈ふくぞう〉眼広 心におおいかくすこと（『広録』上

堂400）。

【服労】〈ふくろう〉眼広 したがいつとめること（『広録』頌古6）。

【怖懅】〈ふげき〉広 おじけおどろくこと（『広録』上堂521）。

【附骨附髄】〈ふこつふずい〉広 全身すべて祖師達磨大師の境涯とならねばならない（『広録』自賛8）。

【不才を愧づ】〈ふさいをはづ〉広 全てを捨て切っているが故に、詩文を作らない風流心の無い不才を恥じる（『広録』偈頌105）。

【不作貴、不作賤……】〈ふさき、ふさせん……〉広 高くも安くもない値段で、いくらの値をつけるか（『広録』上堂529）。

【布衫】〈ふざん〉広 麻の布で作った編衫すなわち上衣のこと（『広録』上堂377、417、529）。

【傅師巌】〈ふしがん〉広（生没年不詳）。殷の高宗の宰相。字は説。殷の高宗は夢で聖人を得たので人をしてその聖人を捜し求め、傅（邑の名）の巌中に隠れて土工をしている説を探し出し宰相と成したという（『広録』上堂134）。

【不識不為、誰か知らん】〈ふしきふい、たれかしらん〉広 達磨の伝えた正伝の仏法を識らず、行わず（『広録』上堂382）。

【不思善不思悪】〈ふしぜんふしあく〉広 是非善悪の対立から超越した絶対の境涯に住すること（『広録』上堂441）。

【不著】〈ふじゃく〉広 目的を達し得ない（『広録』上堂87、341）。

【不錯底路】〈ふしゃくていろ〉広 絶対に誤りのない真実（『広録』上堂154）。

【不惜眉毛】〈ふしゃくびもう〉広 古来見当違いの仏法を説くと眉毛が抜け落ちる罰を被るとされるが、そのような大罪を犯してもなお、為人説法すること（『広録』上堂60）。

【浮生】〈ふしょう〉広 浮世、俗世間。世の中のこと（『広録』法語1）。

【不思量】〈ふしりょう〉眼広 一切の思量分別を停止することで、思量（考えること）の徹底した否定。また、不の思量。無我の絶対的な思いはかり（『広録』上堂99、373、389、524、『普勧坐禅儀』）。

【溥（溥）侍郎】〈ふじろう〉広 溥は人名、侍郎は官名で各省の次官にあたる（『広録』偈頌8、10）。

【不審】〈ふしん〉眼 普通には「いぶかし」と怪しみ疑う意。また中国における朝夕の挨拶に用いる語としては「御機嫌宜しきや」の意。

【普請作務】〈ふしんさむ〉(眼) 叢林において大衆一斉に作務（仕事）に従事することをいう（『眼蔵』行持下巻、(岩)中・21）。

【附子】〈ふす〉(広) 鳥冠の汁を日にさらして作った毒薬（『広録』上堂242、頌古36）。

【風情少なし】〈ふぜいすくなし〉(広) 詩文筆硯を捨て切っている故に、詩文を作ろうという風流心は少ない（『広録』偈頌105）。

【不是心仏】〈ふぜしんぶつ〉(広) 南泉普願の語。馬祖は「即心即仏（心こそが仏である）と云われたが、王老師（南泉普願）は「仏法の真実は、心でもなく、仏でもなく、物でもない。これに誤りがあるか」「江西馬祖説即心即仏。王老師不恁麼道。不是心・不是仏・不是物。恁麼道。還有過麼。」と云ったが、私（道元）は「さらに自分自身でもなく、人でもない。君たちの分別智の及ぶところではない。それは海中の消息は海神のみが知るように仏のみが知るのである」と云おう（『広録』上堂83）。『伝灯』八・南泉普願章（(大)51・257c）に出る。

【不是知音】〈ふぜちいん〉(広) 本当に音を理解できる者以外は聴いてはならない（『広録』上堂329）。⇩「南泉、有る時、衆に示して云く……」

【普説】〈ふせつ〉(眼)(広) 普く一切の正法を説いて衆人を開発する意。普説は陞座《しんぞ》して祝香を炷かず法衣を着けないで説法することをいう（『広録』上堂128）。

【扶桑】〈ふそう〉(広) 日本（『広録』上堂441）。

【不曾蔵】〈ふぞうぞう〉(眼)(広) 真実は蔵すこと無く至るところにありのままで顕現していること（『広録』上堂53、小参12、法語13）。

【布袋頭を結ぶ】〈ふたいとうをむすぶ〉(広) 布袋頭は布で作った袋の口。口を結ぶというのは結夏禁足のこと（『広録』上堂118）。

【不退不転】〈ふたいふてん〉(眼)(広) 退転しないこと。仏道修行の過程において得た功徳を退失させないこと。修行を後戻りさせないこと（『広録』上堂296、小参2）。

【不知不会】〈ふちふえ〉(広) 知らない、分からないの意だが、知の徹底としての不知、会の徹底としての不会を意味し、仏法を身心に徹底体得して、知も会も離脱している境地（『広録』自賛9）。

【仏印了元】〈ぶついんりょうげん〉(眼)（一〇三二～一〇九八）。開先善暹の法嗣。饒州浮梁林子の子。才群に秀で神童と称される。開先に投じて得法、南康軍雲居山に住して、四来の衆を接す。宋の神宗は高麗の磨衲金鉢を賜いて師の徳を表わしたという。東坡その化を受ける（『続灯』六・仏印禅師章、『会要』二十八・仏印元禅師章）。

【普通年】〈ふつうねん〉(広) 梁代（五二〇～五二六）の年号で唐土禅宗初祖菩提達磨西来の年代（『広録』上堂375）。

【仏、迦蘭陀に在して……三乗の道を成ず】〈ぶつ、からんだにましまして……さんじょうのみちをじょうず〉(広) 迦蘭陀は竹林精舎のこと。釈尊が迦蘭陀に五百の比丘と生活していたとき、迦葉の乞食について語り、その行法は三悪道（地獄・餓鬼・畜生）が無くなり、三乗の道（声聞・縁覚・菩薩）が成就するであろう、と説示した（『広録』上堂446）。『法華文句記』二上（(大)34・10b）に出る。

【仏口】〈ぶっく〉(眼)(広) 仏の口から説き示された教説、金口とも（『広録』上堂435）。

【仏化儀】〈ぶつけぎ〉(広) 教化するための仏の方便（『広録』上堂495）。

【仏見】〈ぶっけん〉(眼)(広) 諸法実相の道理を照見する仏の知見。また、仏に対する執著の見解（『広録』上堂178、法語1）。

【仏眼和尚】〈ぶつげんおしょう〉(広) ⇩「龍門清遠」

【仏向上事】〈ぶつこうじょうじ〉(眼)(広) 仏以上の事ではなく、仏の真実態の意味で、これを具現することが仏道修行であり、それは仏向上事を体得して始めて知りうることである、と、洞山が僧に教示した（『広録』上堂96、頌古50）。『伝灯』十五・洞山良价章（(大)51・322c）に出る。また、『眼蔵』仏向上事巻（(岩)上・413）にこの文を引く。

【仏光如満】〈ぶっこうにょまん〉(眼)（生没年不詳）。馬祖道一の法嗣。五台山の金閣寺で開法する（『伝灯』六・仏光如満章、(大)51・249a）。

【仏国禅師惟白】〈ぶっこくぜんじいはく〉(眼)（生没年不詳）。法雲法秀の法嗣。靖江の人。姓は冉氏。仏国は禅師号。得法の後、法雲寺に住して開法、宮中に出入してその尊崇を受け、建中靖国元年（一一〇一）『続灯』三十巻を撰述。のち明州天童山に住す（『普灯』六・仏国惟白章）。

【仏子住此地】〈ぶっしじゅうしち〉(広) 正法眼蔵は明暗を超越したものである。それゆえに経にも「仏子がこの地に住すのは、それは仏が受用されたのであり、仏が常にその人の中にあって経行し坐臥するのである」と説示した(『広録』上堂332)。『法華経』分別功徳品偈(大9・46b)に出る。

【仏樹和尚】〈ぶつじゅおしょう〉(広) 仏樹房明全(一一八四〜一二二五)。道元の師匠で、栄西の法嗣。仏樹房と号す。伊勢(三重県)の人。八歳で出家、横川椙井房を本房とし、明融阿闍黎の弟子となって顕密の学(天台学)を修め、十六歳で東大寺の戒壇院で具足戒を受け、延暦寺で円頓戒を受ける(『明全和尚戒牒奥書』)。その後、諸方を遊学、建仁寺の栄西の門下となり、一説にはその示寂後建仁寺の住職となったともいう。道元は、おそらくは栄西や横川の縁で、建保五年(一二一七)八月、明全に投じている。貞応二年(一二二三)二月二十二日、明全は死の床にある師の懇願を、仏法のためと意を決して(師の入宋に至る決意経過は『随聞記』に活写されている)、道元・廓然・亮照とともに入宋した。はじめ景福寺に詣で、次いで天童山の無際了派(一一四五〜一二二四)に参ずる。在宋三年、ようやくその名が知られるようになった矢先の宝慶元年(一二二五)五月二十七日、辰の刻(午前八時頃)天童山の了然寮にて示寂、享年四十二歳。師は、その死にのぞみ、衣装をととのえ、正身端坐のまま入寂した。二十九日、荼毘に付すと、火五色に変じ、白色の舎利三顆を得、拾うにつれて三百六十余顆となったという。その舎利は道元が帰国の時に持ち帰り、建仁寺開山堂の入定塔の前には明全の五輪塔が建てられている(『明全和尚戒牒奥書』『舎利相伝記』)。また、仏樹和尚(明全)忌には追善上堂(『広録』上堂435、504、真賛5)されている。

【仏乗】〈ぶつじょう〉(眼) 一仏乗または単に一乗ともいう。一切の衆生ことごとく成仏すべき道を説く教法の意。

【仏生会】〈ぶっしょうえ〉(眼)(広) 仏生会は釈尊降誕会のことで四月八日。仏涅槃会は二月十五日。成道会は十二月八日。

【仏性義を知らんと欲せば……】〈ぶっしょうぎをしらんとほっせば……〉(眼)(広) 北本『涅槃経』二十八・師子吼菩薩品(大12・532a)からの取意である(『眼蔵』仏性巻、(岩)上・318、『広録』法語12)。

【仏照禅師徳光】〈ぶっしょうぜんじとっこう〉(眼) ⇩「光仏照」

【仏性法泰】〈ぶっしょうほうたい〉眼広（生没年不詳）。圜悟克勤の法嗣。蜀の人、姓は李氏。圜悟の会に首座となり、のち出でて徳山に開法す。語録一巻がある（『会要』十六・法泰禅師章、『普灯』十四・仏性法泰章）。

【物色】〈ぶっしょく〉広 さがしもとめること（『広録』上堂170）。

【仏真法身、猶若虚空……】〈ぶっしんほっしん、ゆうにゃくこくう……〉眼広 仏の真法身は虚空のように常住不変であるが、その応化身は衆生に応じて形を現わし、衆生を教化するのは空の月が地の水の大小によって自由にその影を映しだすようなものだ。『金光明経』四天王品（大16・344b）に出る（『眼蔵』諸悪莫作巻、岩上・151、都機巻、岩中・159、『広録』上堂19、403）。

【仏祖の言句、家常の茶飯……】〈ぶっそのごんく、かじょうのさはんなり……〉広 投子とその嗣である芙蓉道楷との師資証契の公案。芙蓉の「日常・平常底の外に仏法があるのであろうか」との質問に、投子が「畿内の中では、尭・舜・禹・湯という聖天子の名を借らなくても、天子の勅で十分に統治されている」との答えに、芙蓉は、仏法の真実は日常性・平常性にこそある、と徹底したのである。故に、投子の呼び掛けにも応じないのである（『広録』頌古57）。『普灯』三・芙蓉道楷章を参照。『眼蔵』家常巻（岩上・371）にもこの因縁を挙げるが、これは『会要』二十八・浄因道楷章を出典とする。

【仏印】〈ぶっちん〉眼広 心印ともいう。詳しくは仏心印。印は印可の義で確証すること。師と弟子との心相契合して一体となったことを印証という、いわゆる以心伝心なり。印可証明を護持すること（『普勧坐禅儀』）。

【仏殿】〈ぶつでん〉眼広 禅院七堂伽藍の中心部に配置される建物で、仏堂・大殿・大仏宝殿・覚皇宝殿・香殿（この呼称は西域において使われる）などの呼び方がある。堂内の須弥壇には、弥陀・釈迦・弥勒の三尊や、釈迦を中心に文殊・普賢の両大士を添える方法がある。

【仏灯禅師守珣】〈ぶっとうぜんじしゅじゅん〉眼 何山守珣（一〇八〇～一一三四）という。太平慧懃の法嗣。南嶽下第十五世で、圜悟克勤はその師伯に当る。郡之施氏の子。慧懃の提撕に開悟し、圜悟の親切な指示を受ける。廬陵の禾山に住し、のち故郷に帰る。請によって何山、天寧に住して開

法す。南宋紹興四年（一一三四）示寂、寿五十六（『普灯』十六・仏灯守珣章）。

【仏仏授手】〈ぶつぶつじゅしゅ〉広 仏が自ら親しく手をさしのべて法を授け、祖師方が伝える（『広録』上堂172、290、336）。

【仏魔一等】〈ぶつまいっとう〉広 仏への執著から、仏が繋縛となり、修行を防げる悪魔となる、そのようなことが一様に（『広録』上堂314）。

【仏面祖面】〈ぶつめんそめん〉眼広 仏祖の面目こと（『広録』自賛7）。

【仏量】〈ぶつりょう〉広 仏祖の思量をいう。量は認識の手段、根拠を意味する（『広録』上堂99）。

【蒲桃】〈ふとう〉広 果実である葡萄のこと（『広録』上堂389）。

【普灯都正】〈ふとうとしょう〉広 普灯は人名で「都正」は「都《すべ》て正す」の意、「都主」の誤記、あるいは都僧正の略、宋代の地方僧官との説がある。（『広録』法語10）。

【不答話の工夫】〈ふとうわのくふう〉眼『趙州録』に出る、「問雪峰、古澗寒泉時如何。雪峰云、瞪目不見底。学云、飲者如何。峰云、不従口入、師聞之。曰、不従口入、従鼻孔裏入。其僧却問師、古澗寒泉時如何。師云、苦。学云、飲者如何。師云、死。雪峰聞師此語、讃云、古仏。古仏。雪峰後因此不答話。」の商量による（『眼蔵』古仏心巻、岩中・178）。

【不得不知】〈ふとくふち〉広 概念的思考の世界では知りえないことをいう（『広録』上堂22）。

【蒲団】〈ふとん〉眼広 坐禅時、臀の下に敷くもの。坐蒲のこと。

【富那夜舎尊者】〈ふなやしゃそんじゃ〉広 梵語 Punyayasas インドにおける禅宗相承第十一祖。馬鳴の師。

【布衲芒履】〈ふのうぼうり〉眼 布衣に藁草履。質素なる貌。

【布髪掩泥】〈ふはつえんでい〉眼（『眼蔵』行持下巻、岩中・51）⇩「掩泥の毫髪」

【不必】〈ふひつ〉眼（『眼蔵』空華巻、岩中・165）⇩「何必不必」

【附木依草】〈ふぼくえそう〉広 草や木に依付するもの。文字言句に謾らにとらわれて自由無礙でないものに対する蔑称（『広録』上堂523）。

【不昧因果不落因果】〈ふまいいんがふらくいんが〉眼 因果歴然

として、その支配を脱することができないことを不昧因果といい、因果を超越することを不落因果という（『眼蔵』菩提分法巻、㊓下・27）。『眼蔵』大修行巻（㊓下・56）を参照。

【父母未生以（已）前】〈ぶもみしょういぜん〉㊥㊧ 空王那畔と同じ。父母からまだ生まれる以前の迷悟を超絶した世界。父母未生以前には自己もまた存在しない。自己すでに無であれば、是非得失もなく、時空を超越する自分自身の本来的にもつ真の姿の境地のこと。

【芙蓉】〈ふよう〉㊥㊧ 投子義青の法嗣である芙蓉道楷は、芙蓉山に宗風を振るった。

【芙蓉山霊訓】〈ふようざんれいくん〉㊥（生没年不詳）。馬祖の法孫で、帰宗至真に嗣法した。寂後に弘照大師と諡す（『伝灯』十・芙蓉山霊訓章、㊅51・280c）。

【芙蓉道楷】〈ふようどうかい〉㊥㊧（一〇四三～一一一八）。投子義青の法嗣。沂州の人、姓は崔氏。幼くして神仙を学び、辟穀の術を得て伊陽山に隠れる。その後京師（北京）に遊び、諸方を遊歴し、投子山において義青に謁して心要を得、大陽・大洪等諸処に開法して大いに洞上の宗風を揚げる。紫衣並びに定照禅師の号を賜うが固辞して受けず、刑に逢って淄州に到る。のち許されて芙蓉山に結菴し、居常枯淡にして古聖の勝躅を範とする。勅して華厳禅寺という。宋政和八年（一一一八）示寂、寿七十六。定照と称する。語要一巻がある（『会要』二十八・道楷禅師章、『普灯』三・芙蓉道楷章）。『眼蔵』行持下巻（㊓下・59）を参照。

【芙蓉の枝、丹山の児なり……】〈ふようのし、たんざんのこなり……〉㊧ 芙蓉道楷や丹霞子淳の法孫（『広録』上堂256）。

【不落別処】〈ふらくべっしょ〉㊧ わずかのしたたりすらも別のところには落ちないとは、万法の帰趨・自己の落処を示したもの（『広録』上堂155、236）。

【富蘭那迦葉】〈ふらんなかしょう〉㊧ 梵語 Purana Kassapa 六師外道の第一で、善悪の業報を信ぜず、道徳否定論を展開した（『広録』上堂485）。

【分外底】〈ぶんげてい〉㊧ 分不相応の（『広録』上堂84、173）。

【粉骨の先蹤】〈ふんこつのせんしょう〉㊥ 常啼菩薩の肉を売って般若を求めた故事。『大般若経』三百九十八・常啼品（㊅6・1063a）に出る（『眼蔵』谿声山色巻、㊓上・135）。

【紛擾】〈ふんじょう〉㊍ みだれる。みだれ（『広録』上堂269）。

【分聖極聖】〈ぶんしょうごくしょう〉㊍ 分聖位・極聖位をいう。分聖は菩薩修行の五十二位の中の第四十一位から五十位をいう。十住・等覚位とも。極聖は妙覚位といい、菩薩修行の最後の位で煩悩を断尽し智慧の円満なる位をいう（『広録』上堂301）。

【噴声】〈ふんせい〉㊍ くしゃみをして妄執迷悟の鬱気を散じるように、大虚空を吹き飛ばす（『広録』偈頌15）。

【糞掃衣】〈ふんぞうえ〉㊎ 不浄または弊破のために棄てられたものを拾い集めて作った衣の意。古代インドでは塚間その他に破棄された弊衣を洗浣し、補縫して袈裟を作る。故に袈裟を糞掃衣という。『眼蔵』袈裟功徳巻を参照。

【分疏不下】〈ぶんそふげ〉㊍ 説明することができない、言いわけができない。言詮不及（『広録』上堂86、173）。

【芬陀利華】〈ふんだりげ〉㊍ 梵語 puṇḍarīka 白色の睡蓮の一種。この花は阿耨達池に多く生ずるが、普通世間（人間界）にはめったに咲かない花とされる（『広録』上堂491）。

【噴地】〈ふんち〉㊎ 噴は嚏、地は助字、くしゃみをすること。

【紛飛】〈ふんぴ〉㊍ こころが乱れ散る。迷妄する（『卍山本』偈頌71）。

【分奉】〈ぶんぶ〉㊎ 奉は承けるの意で、分けてもらうこと。

【噴噴地】〈ふんぷんち〉㊍ くしゃみをするさま（『広録』偈頌52）。

【蚊虻】〈ぶんぼう〉㊍ 蚊はか、虻はあぶ。微小なもの。

【文本官人】〈ぶんほんかんじん〉㊍（『広録』偈頌9）⇩「文本秀才」

【文本秀才】〈ぶんほんしゅうさい〉㊍ 文本は人の名、秀才は当時の科挙の試験科目の名で、それに合格した人。文本秀才は、行政官でありながら、儒教・道教・仏教にも精通している、そうとう高度な知識人であったのであろう。道元の偈頌からは、文本秀才のまさに秀才ぶりが窺われる。道元の、後の三教批判などの知識も、こうした中国の知識人たちとの交流があったからこそである（『広録』偈頌2）。

【汾陽禅師】〈ふんようぜんじ〉㊎㊍ 汾陽善昭（九四七〜一〇二四）。首山省念の法嗣。太原兪氏の子。遊方して七十一員の知識に謁し、最後に首山に到って啓発を受け、汾陽の太子院に開法する。無徳禅師と諡す。語録三巻がある（『伝灯』十三・善昭章、㊅51・305a)。

へ

【炳焉】〈へいえん〉㊕㊘ 明らかなるさま。

【米価、廬陵に定む】〈べいか、ろりょうにさだむ〉㊘ 廬陵は中国における良米の産地。青原行思が一僧の仏法の大意を問うのに「廬陵米価作麼価」(『汾陽無徳語録』中、㊅47・610c)と答えたものにちなむ。青原は、仏法が概念化抽象化されるのを嫌い、仏法を日常茶飯の生活に即した面から示した(『広録』上堂148、400、527)。

【炳鑑】〈へいかん〉㊘ あきらかなるさま。仏祖が衆生の心を明らかに照見すること(『広録』上堂185)。

【併却咽喉唇吻】〈へいきゃくいんこうしんぷん〉㊘ 併却はかたづけ仕末すること。のどや唇を使わないで。声ではなく、つまり言葉を用いないでということ(『広録』上堂164)。

【米胡】〈べいこ〉㊕㊘ ⇩「京兆米胡」

【米胡、僧をして仰山に問わしむ……】〈べいこ、そうをしてきょうざんにとわしむ……〉㊘ 京兆米胡が僧をして仰山に問わしめたことに対して、仰山が「悟りは現実に確かにあるが、第二頭(能所対立の所を示す、対象として求められるもの)に落ちて困る」と答えた。悟りはあくまでも無所得・無所悟の当体でなければならないことを示したのである(『広録』頌古47)。『眼蔵』大悟巻(㊔中・394)に古文を引いている。『宏智録』二・拈古(㊅48・24a)に出る。

【米頭】〈べいじゅう〉㊘ 典座下で衆僧への粥飯の米を掌る役(『広録』頌古14)。

【平常心是道】〈へいじょうしんぜどう〉㊕㊘「びょうじょうしんぜどう」とも読む。平常心というのは行住坐臥の日常生活のことで、日常の喫茶喫飯が全て道と一体となって、それが悟りそのものであるとする立場で、不染汚の行をいう。「道不用修、但莫汚染。何為汚染。但有生死心、造作趣向、皆是汚染。若欲直会其道、平常心是道」(『伝灯』二十八・大寂道一章、㊅51・440a『広灯』八・馬祖道一章)これは馬祖道一によって初めて唱えられ、中唐以後の禅思想の根本命題となった(『眼蔵』仏性巻、㊔上・316、『広録』上堂292、法語2)。

【炳然】〈へいぜん〉㊛ あきらか、明白なること（『広録』上堂420）。
【平旦寅】〈へいたんとら〉㊛ 明け七つ・五更、午前三時〜午前五時（『広録』偈頌116）。
【平田万年寺】〈へいでんまんねんじ〉㊐ 百丈懐海の法嗣、天台山普岸示寂の地に建立した禅院。
【米湯】〈べいとう〉㊐ 極めて薄い粥、おも湯のようなもの。
【閉炉】〈へいろ〉㊛ 冬期間、暖房のために開いていた炉を閉じる日。古くは陰暦の二月一日であったが、『瑩山清規』では三月一日、現今は四月一日となっている（『広録』上堂122、489）。
【壁観】〈へきかん〉㊛ 達磨の仏法を悟道すること。壁のごとく身心ともに寂静不動。堅住不移なる坐禅（『広録』上堂268、272、307、318、525、真賛3）。
【碧澗の松、寒巣の鶴……】〈へきかんのまつ、かんそうのつる……〉㊛ 碧澗（谷間）の松のように、寒巣に住む鶴のように、その性は閑《すず》やかで、全身は卓々（高く秀れている）としている。谷は名月に照らされて深く、山は彩雲に色どられて広々としている。このような点を見ると十方世界はまことに爽快である。それが禅僧の境界である（『広録』上堂468）。『宏智録』六・真賛を参照。
【璧珠】〈へきじゅ〉㊛ 璧玉ともいう。璧は形が平円で中央に孔があいた玉。珠は真珠等の丸い玉（『広録』上堂25）。
【壁上耳棒頭耳】〈へきじょうにぼうとうに〉㊐ 壁に耳ありの言葉のごとく、全てが耳なりの意（『眼蔵』無情説法巻、㊖中・277）。
【劈面】〈へきめん〉㊛ 面と向かって、正面から（『広録』上堂217、321）。
【劈面来】〈へきめんらい〉㊐ 真正面より来ること。
【壁立万仞】〈へきりゅうばんじん〉㊛ 高く突き立った壁には手のかけようがないように、分別・知解の思量では及びがたいこと。また端坐の姿（『広録』上堂241）。
【霹靂】〈へきれき〉㊐㊛ 激しく鳴り響く雷、雷のはげしく鳴りひびく音。転じて迅雷のように激しく鋭い機峰。
【別羯磨】〈べつかつま〉㊐ 羯磨（梵語 karman）は比丘の受戒または懺悔するときの作法で、これには法・事・人・界の四法具足することを要する。別羯磨とはこの四法によらない任意非法の所立をいう。

【篾束牛皮】〈べつそくごひ〉(広) 篾は竹の皮あるいはひご。年月を数えるために竹のひごで牛皮（仏法）を束ねた用具という。住山以来、毎日仏法を敷衍しての意も持つ（『広録』自賛15）。

【瞥地】〈べっち〉(広) ちらっと見ること。定まらぬさま。眼が霞んでよく見えないこと。悟る時節。地は助詞（『広録』上堂141、270、法語11、真賛2、偈頌55、『普勧坐禅儀』）。

【瞥地の智通】〈べっちのちつう〉(広) 僅かに仏法に通達したこと（『普勧坐禅儀』）。

【別なるかな大いなるかな人情を動かす】〈べつなるかなおおいなるかなにんじょうをうごかす〉(広) 李大人の徳は特別に大きなもので（『広録』偈頌49）。

【遍界】〈へんがい〉(眼)(広) 偏界とも。全世界あまねく仏法のはたらきで満ちている。遍法界、全世界。

【遍界不曾蔵】〈へんがいふぞうぞう〉(眼)(広) 宇宙に存在する全ては少しも蔵すことなく、そのまま真実のすがたを呈露している様子をいう（『眼蔵』仏性巻、(岩)上・316、行仏威儀巻、(岩)上・348、349、坐禅箴巻、(岩)上・407、授記巻、(岩)中・81、『広録』上堂53）。

【遍吉】〈へんきち〉(広) 普賢菩薩をいう（『広録』上堂326）。

【便宜に処して双脚を伸べん】〈べんぎにしょしてそうきゃくをのべん〉(広) 好都合にも自在の働きを得てゆったりと両足を伸ばす。『山註』は「一年の中に、両度の立春がきたまでよ」と注している（『広録』偈頌97）。

【偏局】〈へんきょく〉(広) 煩悩迷妄による邪見。かたよった、かぎられた見解（『広録』上堂17）。

【偏枯】〈へんこ〉(眼)(広) 偏狭で慢心。趙州が一方では「有」といい、また他方では「無」といった偏した頑固さをいう（『眼蔵』仏性巻、(岩)上・327、『広録』法語14、頌古73）。

【返魂香】〈へんごんこう〉(広) 反魂香とも。聚窟州の人鳥山のその香は数里に及ぶという。楓に似た返魂樹の根から作る。驚精魂・返生・振檀・却死の別名をもち、この香を焚くと死んだ人の霊魂を呼びもどすという（『広録』上堂235）。

【弁肯】〈べんこう〉(眼)(広) 弁道と同義。仏道に精進すること。事実を分別すること。

【遍参】〈へんざん〉(眼)(広) 偏参とも。遍く諸方の善知識を歴訪して参学することであるが、道元は、遍く道理である仏法に参じることとする。『眼蔵』遍参巻を参照。

【褊衫】〈へんざん〉(眼) 掩腋衣と覆肩衣とを縫い合せたもの。法衣の一種。現今の法衣はこれと裙とを合せて作った直《じき》裰《とつ》である。

【扁鵲】〈へんじゃく〉(広) 中国の春秋戦国期の伝説的名医(『広録』法語10)。

【偏正】〈へんしょう〉(広) 洞山良价が、正(平等)と偏(差別)を五形式に組み合わせて仏法の大意を示したもの。正位却偏・偏位却正・正位中来・偏位中来・相兼帯来をいう。洞山良价の法嗣の曹山本寂は、その名称を、正中偏・偏中正・正中来・偏中至・兼中到と改めた(『広録』上堂514)。

【変相】〈へんそう〉(眼) 浄土の荘厳、または地獄の相状等を描き示した図をいう。

【偏中兼正至】〈へんちゅうけんしょうし〉(広) 洞山良价が創始した五位説の正中偏・偏中正・正中来・偏中至・兼中到を略して五文字で表わしたもの(『広録』偈頌114)。洞山は、法の実体と仏法の大意を正(平等)と偏(差別)に分類し、それを五つに組み合わせて示し、平等即差別、事理円融である仏法の究極を、修行によって体得するための五つの標準として示した。曹洞宗では、洞山の五位説は、その法嗣である曹山本寂によって、「偏正五位」として、正中偏(平等な真実と差別の種々な現象が相即〈一つにとけあって区別できない〉している道理を正位を中心にしてみる)・偏中正(正と偏の相即の道理を偏位を中心にみたもの)・正中来(全ての事象は正位の中での現象として、不生・不滅・不動とみる)・偏中至(現実の現象は仮のものに過ぎないが否定しえないとみる)・兼中到(正位と偏位が相即円融している世界の真実相としてみる)と改められ大成され展開される。が、臨済宗では、列位や名称が、汾陽善昭は正中来・正中偏・偏中性・兼中至・兼中到とし、その弟子石霜楚円は正中偏・偏中正・正中来・兼中至・兼中到と変えて伝えられた。この五位説を日本に紹介したのは道元であるが、道元は宗師家が修行者を導くための手段とした、臨済の三玄・三要・四照用、また、この五位説を用いなかった。が、日本曹洞宗では、峨山韶碩以降、中世期から今世にかけて、曹洞禅を特色づける教説として盛んに用いられた。
【匾匜】〈へんてい〉㊧ 平たく薄いこと。
【弁的】〈べんてき〉㊧ 判断の基準。
【弁道】〈べんどう〉㊪㊧ 仏道に精進すること。仏道修行のこと。仏道を成就すること。坐禅・修行を功夫する意。『眼蔵』弁道話巻を参照。
【弁得】〈べんとく〉㊧ 弁別し理解する（『広録』上堂35）。
【辺表】〈へんぴょう〉㊧ ほとり・きわ、また相対の世界に滞ること。辺際（『広録』偈頌25）。
【返本還源】〈へんぽんげんげん〉㊧『十牛図頌』の第九位にみられる語で、本源のところにかえる当体をいう。悟道した結果、本来成仏であることを認識すること（『広録』偈頌35）。

ほ

【歩】〈ほ〉㊧ ただ、行ぜよ、の意（『広録』上堂498）。
【鉢盂】〈ほう〉㊪㊧ ⇩「はつう」

【謗】〈ぼう〉㊧ そしること（『広録』上堂134、294、330、381、446、458、482）。
【方一寸】〈ほういっすん〉㊧ ほんの少し（『広録』頌古16）。
【蓬瀛】〈ほうえい〉㊧ 神仙のすむという蓬莱のこと。ここでは仏法の悟境をいう（『広録』偈頌9）。
【法演】〈ほうえん〉㊪㊧ ⇩「五祖法演」
【法王身】〈ほうおうしん〉㊧ 仏身を讃えた名称で、諸々一切の執著を離れた仏身（『広録』上堂233）。
【宝王刹】〈ほうおうのせつ〉㊧ 七宝で荘厳された寺院（『広録』上堂315、458、500）。
【飽学措大】〈ほうがくそだい〉㊪ 広学措大ともいう。学道に飽満して大事を了畢すること（『眼蔵』行持巻、㊨中・52、授記巻、㊨中・79）。
【法儀】〈ほうぎ〉㊪㊧ 如法の儀式。仏祖の作法。
【封疆】〈ほうきょう〉㊧ 境界。国境（『広録』上堂221）。
【法行】〈ほうぎょう〉㊪ 信行に対す。他の教導によらずに自ら仏所説の法を思惟し、法のままに随順して修行する利根の者をいう。
【放行】〈ほうぎょう〉㊪㊧ 一切を許し与え、自由自在にその行動を任せること。「把住」の対。⇩「把定放行」

【宝慶記】〈ほうきょうき〉道元著、一巻。道元の入宋時代の宝慶元年（一二二五）から同三年にかけて本師如浄から慈誨された正伝の仏法の真髄を、四十数項目にわたって整理した書。本書は、道元入滅後に弟子の懐弉によって発見され、道元が如浄に参学していた時代の暦名をとって書名とした。

【宝慶二年丙戌】〈ほうきょうにねんへいじゅつ〉(眼)(広) 日本の後堀河帝嘉禄二年（一二二六）。道元は貞応二年（一二二三）、明全等と入宋し、天童山景徳寺に掛錫し、如浄の印可を得て、安貞元年（一二二七）に帰国した（『広録』偈頌初頭に出る）。

【放行把住】〈ほうぎょうはじゅう〉(広)（『広録』上堂311、341）⇩「把定放行」

【放行把定】〈ほうぎょうはじょう〉(広)（『広録』上堂10）⇩「把定放行」

【法鼓】〈ほうく〉(眼) 法堂にある大鼓で、法式のときに用いる。

【方隅】〈ほうぐう〉(広) ありとあらゆるところ、四方八方（『広録』上堂501）。

【報化】〈ほうけ〉(広) 報身や化身としての仏（『広録』上堂119）。

【方外】〈ほうげ〉(広) 世俗以外の世界。仏道を実践する世界をさす（『広録』法語5）。

【放下】〈ほうげ〉(眼)(広) 下に置く。打ち捨てる、手放す意（『広録』法語10）。

【放下著】〈ほうげじゃく〉(眼) 手を放してしまえの意。

【法見】〈ほうけん〉(眼)(広) 法に固執するよこしまな見解（『広録』上堂375）。

【法眼】〈ほうげん〉(眼)(広) 真実を徹見する智慧の眼。

【法眼云く、一得、一失】〈ほうげんいわく、いっとく、いっしつ〉(広) 法眼は坐っている時、眼の前の簾を指さした。その時、二人の僧がいて、簾を巻き上げた。すると法眼が「一得一失」、つまり簾を指さしたからといって巻き上げろといったわけではない。その二僧の行為は当たってもいるし、当たってもいない、と表詮した。それに対して道元は「池を作るのに、その地に月が映ずることを期待しなくとも、池ができれば、月はその美しい姿をおのずと池に映すのだ」と説示した（『広録』上堂186）。以下の語話は『宏智録』四・上堂語（(大)48・35b）に出る。

【法眼宗】〈ほうげんしゅう〉(眼) 中国禅宗五家の一、法眼文益を中心とした宗風をいう。

【法眼禅師に問うて曰く、如何なるか是、古仏……】〈ほうげんぜんじにとうていわく、いかなるかこれ、こぶつ……〉(広) 昔、法眼にある僧が「古仏とは何か」と質問すると、法眼は「今、まさに質問している君が古仏である」と答えた。また「一日中、どのように行動すればよいか」と尋ねると「一歩一歩確実に歩め」と説示し、さらに「出家人は、時と節に随え。寒ければ寒いように、暑ければ暑いように。仏性（仏の真実のはたらき、悟りの自覚の智慧）を知りたければ、時節因縁を見極めよ。自己の本分を守り、時に随って過ごすのがよい」と説示された（『広録』法語12）。以下の語話は『伝灯』二十四・法眼文益章（(大)51・399a）に見える。

【法眼蔵中一点の塵】〈ほうげんぞうちゅういってんのちり〉(広) 質問したり答えたりするのは、正法眼蔵（仏法）中に塵を生じるようなものだの意（『広録』偈頌67）。

【法眼文益】〈ほうげんもんえき〉(眼)(広)（八五五～九五八）。羅漢桂琛の法嗣。余杭の人。姓は魯氏。七歳で出家し、越州開元寺において具戒し、久しく長慶慧稜に参じ、後に桂琛の会下に投じて「行脚のこと作麼生」の商量によって豁然と大悟し、その法を嗣ぐ。請によって崇寿院に住し、さらに江南の国主の請によって報恩禅院に住し、浄慧と署す。また建康の清涼院に遷り、四方の叢林ことごとくその風を仰いだという。後周顕徳五年（九五八）示寂、寿七十四。大法眼禅師と諡し、のち重ねて大智蔵大導師と諡す。『宗門十規論』の著者。語録一巻がある。法嗣に徳韶・文遂・慧炬等六十三人いて、よくその宗風を挙揚して、法眼宗の名をなした（『伝灯』二十四・法眼文益章、(大)51・399a）。

【房玄齢】〈ぼうげんれい〉(眼)（五七八～六四八）。唐の太宗に仕えた賢臣。字は喬幼、斉州臨淄の人、十八歳で進士に挙げられ、後に宰相たること十五年、貞観二十二年（六四八）死去、薨年七十一。

【法語】〈ほうご〉(眼)(広) 学人に対して師家が仏道修行者を教え導くために仏法の道理を示した語話で、これには漢文は勿論、和文・韻文・散文と種々のものがある。

【方広】〈ほうこう〉(眼) 梵語 vaipulya（毘仏略）の訳語。理の方正なることを方といい、詞の広博なることを広と名づく。総じて大乗教の通名。十二部経も諸種あり一定ではないため、不相応と考える。

【放曠】〈ほうこう〉(広) 広大無辺なること（『広録』上堂472、法語5）。

【龐公鏡磚】〈ほうこうきょうせん〉(広) 龐公は龐蘊居士。馬祖道一・石頭希遷の処で修行弁道した。その際、居士は瓦を研いで鏡にするとは如何なることかを明らめた力量（『広録』法語14）。

【飽餇餇（餉餉）】〈ほうこうこう〉(広) 飽はあきること、満ちること。餇は牛が食にあきること。飽食すること。『眼蔵』礼拝得髄巻（(岩)上・122）に『広灯』十三からの引用文を和訳しての拈提がある（『広録』頌古32）。

【放光説法】〈ほうこうせっぽう〉(広) 仏は眉間の白毫、また体中の毛穴から放光を発して衆生救済の説法をされたという（『広録』小参16、法語5）。

【龐居士蘊公】〈ほうこじおんこう〉(眼) 龐蘊（?～八〇八）。衡州衡陽県の人。字は道玄。一般には龐居士と呼ばれ、震旦（中国）の維摩居士と称される。世々儒を業とする。公は少なくして処労を厭いて真諦を志求し、はじめ石頭希遷に参じ、さらに馬祖道一に参侍してその法を嗣ぎ、居士として諸方の禅客と交わりよく宗要を宣べる。寂年は唐元和三年（八〇八）と推定されている。詩偈三百余篇を遺す（『眼蔵』神通巻、(岩)上・380、『伝灯』八・龐蘊章、(大)51・263b）。

【抛散】〈ほうさん〉(広) 抛撒とも。こぼすこと。なげまくこと（『広録』上堂416）。

【迸散】〈ほうさん〉(広) ほとばしりちる、飛び散ること（『広録』頌古1）。

【放参鐘】〈ほうさんしょう〉(眼) 晩参（晩間の法益）を放免することを報ずる鐘。

【方子】〈ほうし〉(広) 薬の処方箋。方便、方法のこと（『広録』法語10）。

【報慈庵】〈ほうじあん〉(広) 道元が中国留学中に会った参禅者。道元はこの者の悟道を祝して偈を送った（『広録』偈頌33、34）。

【鳳子鳳を生ず……】〈ほうしほうをしょうず……〉(広) 鳳は鳳

凰のこと。雄を鳳、雌を凰という。羽には五色の文様があり、梧桐に棲み、竹の実を食し、豊泉を飲み、飛べば群鳥これに従うという鳥類の首長で、聖主が出現すると現われるという瑞鳥。この場合は三祖が四祖を得たこと（『広録』頌古6）。『伝灯』十四・丹霞天然章には「師曰。龍生龍子鳳生鳳児」（(大)51・310c）とある。

【保社】〈ほうしゃ〉(広) 相互に保護しあう組合のことで、この場合は叢林のこと（『広録』上堂401）。

【方迹】〈ほうしゃく〉(眼) 方は方角、迹は動いた蹤跡。

【望州亭】〈ぼうしゅうてい〉(眼)(広) 福州雪峰山二十三景の一。

【望州亭・烏石嶺・僧堂前】〈ぼうしゅうてい・うせきれい・そうどうぜん〉(広) この公案に出る望州亭は雪峰山中にある二十三景の一として往時よりその名の聞こえる亭。また烏石嶺は烏石山ともいわれ、九化山と対峙し、坐禅石・天台橋・般若台があり勝景に富むが、ここでは、それらの特定の場所を指すとは限らない。三処の相見は絶対の相見である故に、鵞湖は保福の質問に答えずに走って方丈に帰り、保福は僧堂に入るという行動を示す（『広録』上堂454）。

【法住法位】〈ほうじゅうほうい〉(広) 法が不変の理として恒にあることで、常住不変の真理であること（『広録』上堂91、459、504）。

【法住法位世相常住】〈ほうじゅうほういせそうじょうじゅう〉(眼) 花は咲く咲く常住実相、花は散る散る常住実相といわれるような妙有の立場をいう（『眼蔵』諸法実相巻、(岩)中・237）。『眼蔵』法性巻に「開華葉落これ如是性なり」（(岩)中・283）と示される意味に同じ。『法華経』方便品に「是法住法位、世間相常住」（(大)9・9b）と出る。

【迸出】〈ほうしゅつ〉(広) ほとばしりでる（『広録』偈頌5）。

【方書】〈ほうしょ〉(広) 薬の処方書（『広録』法語10）。

【方丈】〈ほうじょう〉(眼) 禅院における住持職の居室をいう。転じて住持人をも方丈と称する。

【防相国】〈ぼうしょうこく〉(眼) 防は一本昉に作り、また裴に作る。裴休のこと（『眼蔵』弁道話巻、(岩)上・71）。⇩「裴休」

【芳躅】〈ほうしょく〉(広) すぐれた仏道修行のあと。

【報身】〈ほうじん〉(眼) 菩薩として長い間の願行に報いられた福智円満の仏身をいう。三身の一。

【法塵】〈ほうじん〉(広) 六塵の一で、意根の対象としての法のほかにも、執著の対象として法の意がある。仏法に執著するあまりに、かえって法を遠離することをいう（『広録』上堂192）。

【逢人不逢人】〈ほうじんふほうじん〉㊥ 親友相い逢うときは自他の対立がない故に、人に逢って人に逢わず、自他ともにその面目を失う極めて親密な消息を表す（『眼蔵』仏向上事巻、㊨上・413）。

【邈真話】〈ぼうしんわ〉㊣ 邈は貌。真は肖像。肖像を画く話（『広録』上堂494）。

【抛塼（磚）引玉】〈ほうせんいんぎょく〉㊥㊣ 塼は卑しいもの、玉は尊いものの喩え。煩悩を捨てて菩提を得ること（『眼蔵』坐禅箴巻、㊨上・402、『広録』上堂251）『伝灯』十六・雪峰義存章（㊅51・328a）を参照。

【方相】〈ほうそう〉㊣ 四角に描く姿（『広録』小参10）。

【宝蔵】〈ほうぞう〉㊥㊣ 各自に具有されている智慧仏性（『普勧坐禅儀』）。なお、『学道用心集』の「仏道は必ず行に依て証入すべき事」章に「況んや行の招く所は証なり、自家の宝蔵他より来らず」とある。

【宝蔵仏】〈ほうぞうぶつ〉㊥ 宝海梵志の子、出家成道して宝蔵如来と号す。阿弥陀仏ないし釈迦牟尼仏はみなこの仏によって発心成道するという。

【宝陀】〈ほうだ〉㊣『卍山本』には補陀とある。この偈頌は『卍山本』では45番目となっているように、偈頌45「詣昌国県補陀洛迦山因題」の次に来るべきものか（『広録』偈頌28）。道元は、嘉禄二年（一二二六）、浙江省寧波府の舟山列島の観音霊場、補陀洛迦に参詣している。この霊場には、「梵音洞」「長陽洞」があり、海崖の下には「潮音洞」があって、海崖にぶつかる荒波が雷音のように轟く。その音に耳をそばだてていると観音菩薩が出現するという説明書が現地に出ている。

【滂沱】〈ぼうだ〉㊣ 大雨。流れるさま（『広録』上堂379）。

【法泰】〈ほうたい〉㊣（『広録』上堂179）⇩「仏性法泰」

【法達】〈ほうたつ〉㊥㊣（生没年不詳）。六祖慧能門下。中国洪州豊城の人。七歳で出家し、『法華経』を誦念するのみでその内容に不明だと悟り、後に慧能の啓発を受けてついにその印可を受ける（『伝灯』五・法達章、㊅51・237c）。『眼蔵』法華転法華巻（㊨上・252−253）、看経巻（㊨上・304）を参照。

【報地】〈ほうち〉㊐㊎ 報土ともいう。修行の結果、報いられた国土の意。善因を修したその果報によって自然に感得した依報の国土を果報土といい、菩薩の願行に報いられて成った浄土を実報土という。そのような仏土に到達できることを願う。

【峰頂】〈ほうちょう〉㊎ 吉祥山の峰頭、吉祥山永平寺のこと（『広録』上堂190、小参9、頌古56）。

【訪道登高】〈ほうどうとこう〉㊎ 二祖神光慧可の、深雪の夜中、腰まで没する雪中にずっと立ち通し、仏法のために雪中断臂した故事（『広録』偈頌98）。道元は、この断臂の故事を単なる物語とはせずに、『眼蔵』行持下巻（㊧中・52）に「静かに思いめぐらしてみるに、初祖が、たとえ幾千万人中国に来られたとしても、もし二祖大師のこうした行持がなかったならば、参学を尽くして大事を明らめた人は今日出なかったであろう。幸い、われわれが今、このようにして正法を見聞することができるのは二祖のお陰なのである」と述べ、『広録』上堂392でも、建長二年（一二五〇）十二月十日の上堂に「立雪断臂」の故事を説き讃仰している。

【法爾】〈ほうに〉㊐ 法の自ら爾るの謂で、自然というに同じ。

【法爾如然】〈ほうににょねん〉㊎ 人為を加えず自然のまま、ありのまま（『広録』上堂113、190）。

【法爾不爾】〈ほうにふに〉㊎ 法の自ら然ることとそうでないこと（『広録』上堂269）。

【宝貝】〈ほうばい〉㊎ 宝物、金銭（『広録』上堂393、小参14、18）。

【封皮】〈ほうひ〉㊎ 封筒（『広録』上堂224）。

【報仏】〈ほうぶつ〉㊐ 報身仏の略。⇩「報身」

【法法変通】〈ほうぼうへんずう〉㊎ 自在無礙の境界。あらゆるものが自在無礙に変化し適応し少しも滞らないこと（『広録』自賛4）。

【方来】〈ほうらい〉㊎ 四方から修行僧が集まって来る（『広録』上堂157、法語6）。

【法輪】〈ほうりん〉㊎ 仏の説法（『広録』上堂9、13、46、138、190、220、228、231、315、362、366、416、458、461、500、偈頌5）。

【鳳暦】〈ほうれき〉㊎ 暦のこと。鳳は天時を知るということから暦に冠したもの（『広録』上堂247）。

【外入ら教めず、内出で教めず】〈ほかいらしめず、うちいでしめず〉(広) 外は外、内は内で互いに迎合しないさま。そのままのありよう。『広録』上堂333には「外不放入、内不放出」とある。

【外放入せず、内放出せず】〈ほかほうにゅうせず、うちほうしゅつせず〉(広) 内・外という差別のない境。『如浄語録』下(大48・127b)に出る(『広録』上堂333、471)。

【牧牛の人】〈ぼくぎゅうのひと〉(広) 牛を飼う者は杖をもって牛を監視し、人の稲の苗を荒させない(『広録』上堂383、頌古11)。

【北洲】〈ほくしゅう〉(眼)(広) 北倶盧洲。須弥山の北方にあるとされ、そこでは寿命は一千歳であるが、見仏・聞法はないとされる。

【睦州】〈ぼくしゅう〉(広)(『広録』上堂133)⇩「睦州陳尊宿」

【睦州陳尊宿】〈ぼくしゅうちんそんしゅく〉(眼)(生没年不詳)。陳尊宿は後人の敬称で、睦州道明、睦州道蹤ともいう。黄檗希運の法嗣。江南の人、姓は陳氏。得法ののち睦州龍興寺に住す。いくばくもなく寺を出て隠れる。自ら製した草履を密かに道路に置き、行人に使用させる。人これを陳蒲鞋と称する。師は人と接するに峻烈、臨済義玄・雲門文偃等はその指示を蒙る。語録一巻がある(『眼蔵』行持上巻、(岩)中・34)。

【木人】〈ぼくじん〉(広) 木でつくった人形。思慮分別を超越した境涯に喩える(『広録』上堂187、法語2、9、頌古62、64、偈頌66)。

【卜度】〈ぼくたく〉(広) 占い度ること。思量分別すること。是非善悪を思慮分別すること(『広録』上堂484、486、518、法語6、8、14)。

【幞頭】〈ぼくとう〉(眼) 官人の用いる冠。

【北塔祚】〈ほくとうそ〉(広) 智門光祚(世寿不詳)。香林澄遠の法嗣(『広録』上堂254)。

【北斗裏蔵身】〈ほくとりぞうしん〉(広) 禅僧の没蹤跡、神通妙用をいう(『広録』上堂143、262)。

【撲鼻】〈ぼくび〉(広) 鼻をつく、鼻をうつ(『広録』上堂360)。

【撲落】〈ぼくらく〉(眼)(広) 打ち落とす。抜けてなくなる。脱落すること。

【撲落して是塵に不ず】〈ぼくらくしてこれちりにあらず〉(広) 興教延寿の悟道偈に「撲落は他物にあらず、縦横これ塵にあらず、山河並びに大地、全発身を露わす」（『広灯』二十七・洪寿禅師章）とある。撲落は無くなること、「散り乱れること。物が無くなると言っても、それは別の物が無くなった訳ではない。ありとあらゆる物が一塵の汚れもない。山河大地、それがそのまま仏法を顕現しているのだ」の意（『広録』偈頌119）。『眼蔵』唯仏与仏巻（㊨下・234）に「撲落も他物にあらず、縦横これ論にあらず、山河および大地、すなはち全露法王身なり」と出る。

【菩薩】〈ぼさつ〉㊐ 梵語 bodhisattva（菩提薩埵）の略。覚有情・大心衆生等と訳す。仏果を志求する仏道の修行者をいう。二乗と異なるのは、菩提の大道に向上するとともに、衆生の利済に精進する、悲智双備、二利具足の修行人であることである。

【菩薩戒】〈ぼさつかい〉㊐ 大乗戒または仏性戒ともいう。大乗の菩薩の受持すべき戒律。『梵網経』に説く十重禁戒・四十八軽戒等があたる。宗門の所伝は三帰・三聚浄・十重禁の十六条戒をもって菩薩戒とする。

【晡時申】〈ほじさる〉㊛ 昼七つ、十一更、午後三時～午後五時（『広録』偈頌122）。

【補処】〈ほしょ〉㊐㊛ ふしょとも読む。一生補処の菩薩の略（『広録』上堂410、472、514）。⇩「一生補処菩薩」

【菩提薩埵】〈ぼだいさった〉㊐ ⇩「菩薩」

【菩提心】〈ぼだいしん〉㊐㊛ 仏果菩提を求めて仏道を行ぜんとする心。自分自身が本来的にもつ真の姿のこと。具体的には「菩提心とは無常を観ずる心」（『学道用心集』一則）、また「菩提心をおこし、仏道修行におもむく」（『眼蔵』発菩提心巻、㊨中・208）となって菩薩道が現出するとされる。

【菩提多羅】〈ぼだいたら〉㊛ 菩提達磨の俗名とされる（『広録』頌古3）。⇩「菩提達磨」

【菩提達磨】〈ぼだいだるま〉㊐㊛ 梵語 Bodhi-dharma 達磨大師のこと。中国禅宗第一祖。禅宗伝灯のインドにおける第二十八祖で、南香至国の第三王子とされる。『眼蔵』行持下巻（㊨中・42-43）を参照。

【菩提流支三蔵】〈ぼだいるしさんぞう〉㊐ 梵語 Bodhiruci 道希と訳す。北インドの人、魏の宣武帝のとき洛陽に来て多くの諸経論を翻す。

【補陀路（洛）迦山】〈ほだろかさん〉㊛ 中国浙江省寧波府の

舟山島にある観世音菩薩の霊場。ちなみに、補陀洛迦山はインドの観音霊地の potalaka の漢音訳（『広録』偈頌44）。

【北倶盧洲】〈ほっくるしゅう〉㊗眼 梵語 Uttarakuru（鬱多羅拘楼・鬱単越）。鬱多羅は北方・勝生・最上等と訳す。倶盧は種姓の名。須弥四洲の中、北方の大洲で、前世に十善業を修したものがここに生まれ、欲楽多くして悦楽にふけるという。

【北闕】〈ほっけつ〉㊗広 宮城の北の門。ここでは内裏をさす（『広録』上堂247）。

【法華涌出品文、始見我身、聞我所説……】〈ほっけゆじゅっぽんもん、しけんがしん、もんがしょせつ……〉㊗広 『法華涌出品文』に「始めて我が身を見、我が説法を聞き、それらをみな信受すれば、如来の智慧を得ることになろう」（『広録』上堂182）。『法華経』涌出品（㊅9・40b）に出る。

【法顕】〈ほっけん〉㊗眼（三三七〜四二二）。平陽武陽の人、姓は龔氏。東晋隆安三年（三九九）長安を発して中インドに到り、在住六年、戒律・梵語等を学び、帰路三年を経て青州に達する。後に京師の道場寺において経律を訳出する。永初三年（四二二）示寂、世寿八十六。そのインド旅行記として『法顕伝』がある。

【払拳棒喝の証契】〈ほっけんぼうかつのしょうかい〉㊗広 祖師の為人接化の活手段。払は石頭がはじめて青原に参じたとき、青原が払子を竪起した故事。拳は黄檗が拳を捏って「天下の老和尚すべて這裏にあり」といった故事。棒は徳山の行棒の故事。喝は臨済四喝の故事。証契は各祖師がその活手段によって学人を仏法に証契せしめた事実（『普勧坐禅儀』）。

【法歳周円】〈ほっさいしゅうえん〉㊗眼広 法歳は出家後、夏安居を円満に修めた年数で、法臘ともいう。一夏九旬（四月十六日から七月十五日までの九十日）を一歳とする。また、解制の日の七月十五日をいう。周円は無事に全てが円成すること（『眼蔵』安居巻、㊑下・94、『広録』上堂130、183、341、442、小参7）。

【払拭】〈ほっしき〉㊗広 塵埃を払いぬぐうことで、煩悩を払いのけ清浄離塵して悟りを開くこと（『普勧坐禅儀』）。

【払袖】〈ほっしゅう〉㊗広 袖を打ち払って決然と座を起つこと（『広録』上堂13、131、170）。

【法性寺】〈ほっしょうじ〉㊗眼広 広州（広東省）広東城にあ

る。儀鳳元年（六七六）、六祖慧能が五祖弘忍より得法の後、『涅槃経』を講じている僧に会い、風動幡動の問答によって認められ受具した寺。

【法身】〈ほっしん〉(眼)(広) 仏法を体現する身体。

【発心】〈ほっしん〉(眼)(広) 発菩提心と同じ。⇩「発菩提心」

【払子】〈ほっす〉(眼)(広) 獣毛などを束ね、それに柄をつけたもの。インドにおいて僧侶を苦しめる蚊虻等を払うために用いた法具で、釈尊がその使用を許したものとされる。後世では仏事や法要に際して導師が手にして威儀を整える法具として用いられている。

【踔（勃）跳】〈ぼっちょう〉(広) 不意に飛び跳ねること（『広録』上堂69、88、105、234、289、475）。

【発菩提心】〈ほつぼだいしん〉(眼)(広) 無上の菩提を志求する心を発すること。

【布袋】〈ほてい〉(眼)(広) 布袋和尚（?～九一六）。その寝臥は処に随い、常に一杖を持って布袋《ふたい》を荷って歩き、かつて雪中に寝臥しても雪もその身を濡らさなかったという。また吉凶・晴雨を予見して外すことがなかったという。世人は弥勒の化身とも称し、日本では、七福神の一としている。

【保任】〈ほにん〉(眼) 保護任持するの意。自己の責任において生命を賭して護持すること。

【保寧仁勇】〈ほねいにんゆう〉(眼) ほねいじんゆうとも。（生没年不詳）。楊岐方会の法嗣。四明の人、俗姓は竺氏。天台の学に通じるが、衣を更えて雪竇明覚に参じ、その啓発により楊岐に参じて心要を明らめる。楊岐の寂後、同門の白雲守端とともに四遊する。後に金陵の保寧に住す。語録一巻がある（『続灯』十四・保寧仁勇章、『会要』十五・保寧仁勇章、『普灯』四・保寧仁勇章）。

【暮八百朝三千】〈ぼはっぴゃくちょうさんぜん〉(広) 朝打三千暮打八百のこと。朝から暮まであらゆることに留意しながら弁道精進すること。また、学人接化の厳格さ、親切さに喩える（『広録』上堂193、414）。

【輔弼】〈ほひつ〉(広) 補助すること（『広録』上堂416）。

【保福従展】〈ほふくじゅうてん〉(眼)(広)（?～九二八）。雪峰義存の法嗣。青原下。福州の人、姓は陳氏。十五歳で雪峰に師事し、十八歳で大中寺に具戒して雪峰に帰る。雪峰に侍すること多年、師兄の長慶慧稜に指示を受けることが多い。

漳州刺史王公これを敬慕し、保福禅苑を創してここに住まわせ、学徒常に七百を下らなかったという。後唐天成三年（九二八）示寂。『圜悟語録』十七（大47・794c）に出る（『伝灯』十九・保福従展章、大51・354b）。

【保福船を指す……】〈ほふくふねをさす……〉広 保福が船を指して長慶慧稜を説得した故事（『広録』小参15）。『伝灯』十九・保福従展章（大51・354b）に出る。

【暮夜の風】〈ぼやのかぜ〉広 六祖慧能「風動幡動」の話。風動か幡動かの議論に対して、六祖は、風が動くのでも、幡が動くのでもない、自分自身の心が動くのだと喝破した公案（『広録』頌古8）。

【奔逸絶塵】〈ほんいつぜつじん〉広 全てが、すぐにあとかたも無くなること（『広録』上堂266）。

【本有】〈ほんう〉眼広 ほんぬとも読む。本来具有、本来固有の意。または三有の一。

【翻憶】〈ほんおく〉眼広 ひるがえって思うこと。

【本覚】〈ほんがく〉眼 始覚に対す。本有の覚性の謂で、法爾として実在する平等法身の覚体をいう。

【翻巾斗】〈ほんきんと〉眼広 翻筋斗とも書く。巾斗は斤斗、木を斫るための道具で頭が重く柄が軽く、これを投げると自ら転返する。これを翻斤斗という。いわゆる「トンボ返り」のこと。よって身を翻して従来の迷妄を解脱し悟りを求めて努力すること（『眼蔵』身心学道巻、岩中・124、遍参巻、岩中・357、『広録』上堂163、276）。

【本劫本見末劫末見】〈ほんごうほんけんまつごうまっけん〉眼 本劫とは過去時、本見とは過去において常見を起すこと。末劫とは未来時、末見とは未来世において断見を起すこと。本劫本見に十八見、末劫末見に四十四見、合せて六十二見を、世尊在世のインド一般の諸見とする（『眼蔵』供養諸仏巻、岩下・180）。

【本師】〈ほんし〉眼広 受業師（得度の師）・法幢師（立職の師）・本師（嗣法の師）の三師のうちの一師で、嗣法相続の師をさすのが一般的だが、この場合は教祖の意。

【本師釈迦牟尼仏大和尚、先世に瓦師作りしとき……】〈ほんししゃかむにぶつだいおしょう、せんぜにがしたりしとき……〉広「我が本師釈迦牟尼仏大和尚は、前世では瓦職人で大光明といった。その時、釈迦牟尼仏と名づける仏がいた。その仏は来世の五種の汚濁の世に生まれて仏となり、仏と弟子の寿命・名称・国土・身量・正法・像法等、一切全てみな、今の釈迦牟尼仏と異なることのないようにありたいと誓願を立てたが、私、道元もそのように誓願する（『広録』上堂182）。『大智度論』三（大25・83c）を参照。

【禀受】〈ぼんじゅ〉眼 嗣承相続の意。

【本性】〈ほんしょう〉広 人間が本来具えている真実性（『広録』上堂41、402、偈頌30）。

【本証妙修】〈ほんしょうみょうしゅ〉眼 道元は参禅学道は悟りを得る手段ではなく、本証つまり、本来、人の具えている悟りの上にたった修行にある、その修行こそが仏行としての坐禅であると説く（『眼蔵』弁道話巻、岩上・66）。

【凡聖】〈ぼんしょう〉眼広 迷える衆生と悟りを開かれた仏陀（『広録』上堂257、322、401、418、頌古52、54、偈頌40）。

【翻身】〈ほんしん〉眼広 本来の意はとんぼ返りをすることだが、転じて、転迷開悟すること（『広録』上堂10、79、107、144、法語2、4、11、偈頌29、32、42、51、94）。

【翻身廻首】〈ほんしんかいしゅ〉広 迷身を翻転して悟道に達すること（『広録』偈頌94）。

【翻身退歩】〈ほんしんたいほ〉広 翻身は迷身を翻転して悟境に達すること。退歩は根本にもどること。仏法を知解分別で追及することを止めて、本来の自己のありようそのものに立ち返ること（『広録』偈頌29）。

【梵世】〈ぼんせ〉眼 梵世界の略。色界諸天の総称、婬欲を離れた梵天の住処。

【梵刹】〈ぼんせつ〉眼広 梵語 brahma-kṣetra 清浄なる国土の意。転じて寺院のことをいう（『広録』上堂404）。『宏智録』二（大48・18c）を参照。

【梵壇】〈ぼんだん〉眼 梵語 brahma-daṇḍa 黙擯と訳す。非法の者を擯斥して絶交すること。あるいは、梵王の宮前に壇を設けて、如法ならざる天部あれば壇上に立たせてこれと交わらない、故に梵天治法と名づくと。

【梵天】〈ぼんてん〉眼広 梵語 brahma-deva 仏の説法を聴き、仏教に帰依し、仏教を保護する神（『広録』上堂69、204、440）。

【梵天帝釈】〈ぼんてんたいしゃく〉広 梵天は仏典では仏の説法を聴き仏教に帰依し仏教を保護する神。また、帝釈は地上最高の須弥山にある三十三天の最高宮である善見城に住み他界を支配し、梵天とともに仏法を守護する神（『広録』上堂440）。

【本耳縁】〈ほんにえん〉㊄（『広録』偈頌42）⇩「木耳縁」

【梵王】〈ぼんのう〉㊅⇩「大梵王」

【煩悩障】〈ぼんのうしょう〉㊅ 所知障に対す。聖道を障え、涅槃を得させない情意の惑をいう。

【梵音】〈ぼんのん〉㊅㊄ 梵は清浄の意味で、如来の美しく清浄なる音声。三十二相の一という（『広録』上堂381）。

【本分人】〈ほんぶんにん〉㊅ 本来の面目に安住する人の意。

【本命元辰】〈ほんみょうがんしん〉㊄ 本命は人間の生まれ年の干支。人の生は陰陽二星の下に支配され陰六陽八の推歩によって見出されるのを元辰という。人の吉凶禍福が、陰陽、北斗七星、本命、元辰の案配によってきまっている。禅林では自己の本分をいう（『広録』上堂441）。

【梵網菩薩戒経】〈ぼんもうぼさつかいきょう〉㊅ 詳しくは『梵網経盧舎那仏説菩薩心地戒品』という。後秦鳩摩羅什訳。大衆の戒律、十重禁戒・四十八軽戒を説いた経文。

【本来心】〈ほんらいしん〉㊄ 自己の生かされてある生命の活動。本来の姿（『広録』上堂246）。

【本来人】〈ほんらいにん〉㊄ 各人が本来具えている自性清浄な真実人のこと（『広録』上堂57、328、509）。

【本来面目】〈ほんらいのめんもく〉㊅㊄ 面目は顔の意味で、その人自身が本来的にもつ真実ありのままの姿そのものをいう。また仏性や法性のありようを示す場合もある（『普勧坐禅儀』）。

【本来無一物】〈ほんらいむいちもつ〉㊄ 六祖の無相偈。全ての真の姿は本来執すべき何物もないこと（『眼蔵』古鏡巻、㊉上・286、『広録』上堂53、526）。

ま

【売貴買賤】〈まいきまいせん〉(広) 高く売って、安く買うこと（『広録』上堂135、206）。

【枚枚】〈まいまい〉(広) 一つ一つ。一回ごとの（『広録』上堂127）。

【摩訶迦葉】〈まかかしょう〉(眼)(広) 梵語 Mahākāśyapa 釈尊十大弟子の一人。はじめ婆羅門教を奉じたが、釈尊成道後三年にして帰仏し、頭陀（衣食住での厳格で簡素な生活）第一といわれ、仏の教団中の上首として重んぜらた。釈尊は、霊鷲山での説法の際、金波羅華を拈じられた。その意味を理解し破顔微笑したのは迦葉尊者一人であった。そこで、釈尊は尊者に正法眼蔵涅槃妙心を付され、尊者はインド付法の第一祖となったとして尊崇する。また、尊者は釈尊の般涅槃の後、第一回の仏典編集会議（結集）を開き、仏法の教法や律を結集し後世に伝えたという。尊者は正法を阿難尊者に付した後、鶏足山に隠れて、弥勒の出世を待つために入定し、今に至るまで入滅せずと伝えられる（『会要』一・摩訶迦葉章）。『眼蔵』行持上巻（(岩)中・17-18）を参照。

【摩訶僧祇律】〈まかそうぎりつ〉(眼) 東晋の仏陀跋陀羅・法顕共訳、四十巻。四大広律の一。十章に分けてもろもろの戒律を明かす。

【摩竭陀国】〈まかだこく〉(眼) 梵語 Magadha 中インドの国名で釈尊の成道及び最初の伝道地である（『眼蔵』安居巻、(岩)下・79）。

【摩竭掩室】〈まかつえんしつ〉(眼) 摩竭は釈尊説法の地である摩竭陀国のこと。釈尊が摩竭陀国にあって真実の仏法は言語をもっては示すことができないとし、室を閉じて坐禅されたことをいう（『眼蔵』安居巻、(岩)下・79）。

【摩訶般若波羅蜜】〈まかはんにゃはらみつ〉(眼)(広) すぐれた般若の大智慧。『眼蔵』般若波羅蜜巻を参照。

【摩訶般若波羅蜜、今日、大普請……】〈まかはんにゃはらみつ、きょう、だいふしん……〉(広) 最高にすぐれている般若の大智慧が普く衆を請して大勤労している（『広録』上堂209）。

【磨鏡破鏡】〈まきょうはきょう〉(眼) 磨鏡は六祖門下神秀上座

の偈に「身是菩提樹、心如明鏡台、時時勤払拭、莫使惹塵埃」とあるのをいい、破鏡は華厳休静の「破鏡不重照」から来る（『眼蔵』行持上巻、㊧中・16）。『眼蔵』大悟巻（㊧上・391）を参照。

【驀箚】〈まくさつ〉㊥ まくとうとも読む。驀は直にまたは率直にの意、箚は刺すの義、または「あらわれる」の義。驀箚はさし措かず急所をつくこと。あるいは思いがけなく現われたこと。

【驀直】〈まくじき〉㊥㊄ まともに、すぐに、まっしぐらに。

【莫妄想】〈まくもうぞう〉㊥㊄ 妄想とは、二つの相い対立する見解や分別心のことで、莫妄想は妄念することなければ直に菩提の果が得られる、それにとらわれるなという意味。この言葉は、唐代より師家が学人を接化する語としてしばしば答えとして用いられている。

【摩睺羅伽】〈まごらが〉㊥ 梵語 mahoraga（摩呼洛伽）。八部衆の一。人身蛇首の大蟒神で、地龍という。

【将に暮なんとす孟冬】〈まさにくれなんとすもうとう〉㊄ 陰暦十月の末に（『広録』偈頌87）。

【麻三斤】〈まさんぎん〉㊄ 本来は売買流通の単位であった三斤の分量の麻の皮をいい、「仏とは何か」という命題に洞山守初が答えた言葉として知られるが、この場合は単に物の少量の単位であろう（『広録』上堂69、法語11、頌古68）。⇩「洞山麻三斤」

【磨磚（塼）作鏡】〈ませんさきょう〉㊥㊄「磚を磨いて鏡と作す」というのは、南嶽懐譲と、その弟子馬祖道一との師資証契の問答として有名で「南嶽磨磚」ともされる公案。坐禅が、六祖慧能の『金剛経』を中心とした無所得に徹するから、南嶽においてもこの坐禅が継承され、何物も求めずただ行ずるものとして、南嶽が、その弟子馬祖に磚を磨いてみせて、坐禅の根本また師資証契に関する疑問をも明確に示したもの。つまり、磚を磨くのは鏡をつくることではないと同様、坐禅は仏となる手段ではない（「不図作仏」）。磚を磨くそのこと自体が修行そのものであり、坐禅そのものが悟証そのものであることを示したもので、『伝灯』五・南嶽懐譲章（㊅51・240c）に出る。道元は、坐禅は無所得無所悟でなければならぬというので、図作仏を諫めたものととるのが普通である。『眼蔵』では古鏡巻（㊧上・300）に、六祖が南嶽に参じた故事を説いた後に「この一段の大事、むかしより数百歳のあいだ、人多く思えらくは、南嶽ひとへに馬祖を勧励せしむると。いまだかなずしもしかあらず。大聖の行履、はるかに凡聖を出離せるのみなり。大聖もし磨磚の法なくば、いかでか為人の方便あらん。為人のちからは仏祖の骨髄なり」と説かれている。坐禅箴巻（(岩)上・399-404）には本公案を事細かに引用しその一々に懇切な提唱が見られる。また『広録』では上堂270、277、281、453、497、頌古38、偈頌52にも見える。

【磨磚打車】〈ませんたしゃ〉(広) 磨磚は瓦を磨くこと。打車は車を打つこと。各々は本来無駄な行為を指すが、転じてどちらも無所得無所悟の坐禅弁道をいう（『広録』上堂522）。

【也大有】〈またたいう〉(広) また、はなはだおおいにあり。大きなはたらきがある。感嘆の語（『広録』上堂82）。

【也、甚だ奇怪……】〈また、はなはだきかい……〉(眼)(広) また怪しいまでに素晴らしい言葉である。また珍しいことだが、私が点検すればすぐ解ろうという意（『眼蔵』道得巻、(岩)中・142、『広録』頌古71）。

【末山尼了然】〈まっさんにりょうねん〉(眼)（生没年不詳）。唐代の人。高安大愚の法嗣。筠州（江西省）の末山に住した尼（『伝灯』十一・末山尼了然章、(大)51・289a）。

【末上】〈まつじょう〉(眼) 最初の意。

【末法】〈まっぽう〉(眼)(広) 正法・像法が終って一万年存続するとされる、教法のみがあって、修行・証悟の無い時代。

【摩騰迦】〈まとうが〉(眼) 梵語 Kāśyapamataṅga（迦葉摩騰迦）の略。中インドの人、後漢永平十年（六七）に竺法蘭とともに初めて中国に仏法を伝えた人。

【摩尼珠】〈まにじゅ〉(眼) 梵語 mani 珠・宝・離垢・如意等と訳す。珠玉の総称。珠玉は全て悪を除去し、濁水を澄まして、災禍を取り去る徳があるとされる。

【摩尼宝】〈まにほう〉(広)（『広録』上堂440）⇩「摩尼珠」

【魔波旬】〈まはじゅん〉(広) 波旬のことで悪者・悪魔のこと（『広録』上堂35、360、438）。

【魔魅魍魎】〈まみもうりょう〉(広) 衆生を惑わす悪魔（『広録』上堂279）。

【摩耶】〈まや〉(広) 梵語 Māyā 摩耶夫人。摩訶摩耶。釈尊の生母（『広録』上堂320、427、495）。

【摩耶、灌沐す、誕生の身】〈まや、かんもくす、たんじょうのしん〉(広) 摩耶夫人は釈尊を洗った（『広録』上堂320）。

【麻谷宝徹】〈まよくほうてつ〉(眼)（生没年不詳）。馬祖道一の法嗣。蒲州麻谷山に開法する（『伝灯』七・麻谷宝徹章、(大)51・253c）。

【瞞】〈まん〉(広) 欺くこと（『広録』上堂15、138、166、167、171、178、184、etc.…）。

【縵衣】〈まんえ〉(眼) 縵は漫にして、条相のない袈裟をいう。

【万行】〈まんぎょう〉(眼)(広) 八万細行・八万四千行すなわち無量の行持（『広録』上堂503、小参20）。

【満業引業】〈まんごういんごう〉(眼) 引業とは総報の果体を感得する業。満業とは別報の果体を感得する業。例えば人間に貧富貴賤の別あっても等しく人間であり、この人間に生まれてきた業を引業といい、貴賤貧富男女等の別あらしめた業を満業という（『眼蔵』四禅比丘巻、(岩)下・218）。

【万劫千生】〈まんごうせんしょう〉(広) 長い時間、永久に（『広録』法語2）。

【万斛の船、牛轍に於て行かんや】〈まんこくのふね、ごてつにおいてゆかんや〉(広) 大船は路の轍の水たまりを航海などはしない（『広録』小参20）。

【曼珠（殊）沙華】〈まんじゅしゃげ〉(眼)(広) 梵語mañjuṣaka 柔軟華・白円華などと訳す。花は白く鮮かで、もろもろの天人は自在に散華して衆生の悪気を離れさせるといわれている。また、見る者は自ら悪業を離れるという。日本では彼岸花ともいう（『広録』上堂11）。

【万象の中に独露し……】〈まんぞうのなかにどくろし……〉(広)「仏身は森羅万象の中に現われるのであるから、百草の上においても仏身に会うのだ。その時、我は自分以外の自分を見ることはない。また、万象も百草もそれ以外のものを見るわけではない。三十年という永い年月をかけてもそれは言葉では表現できない（分疏下せず）ところである。一日中、どんなに説いたところで言いうることはできない。ゆえに、神通妙用（不可思議なはたらき）でもなく、法爾如然（自然のあるがままのすがた）でもない、というのである」（『広録』上堂173）。『宏智録』三・上堂に出る。

【曼陀羅華】〈まんだらけ〉(眼) 梵語māndāra 天妙華・悦意華・白華適意草・悦意華などと訳す。花の名。花の色彩が豊かで香りが非常によいのでこの名がある。極楽に咲く華という。

【漫天】〈まんてん〉㊐㊘ 天一面に広がること。全世界（『広録』偈頌56）。

【謾天】〈まんてん〉㊘ 満天（『広録』偈頌21）。

【満分戒】〈まんぶんのかい〉㊘ 在家人や沙弥が受ける五戒・八戒に対して、出家である比丘・比丘尼の受ける大戒（具足戒）をいう（『広録』上堂430）。

【万法帰一】〈まんぽういつにきす〉㊘ 僧肇の『宝蔵論』に出る。差別の万法が平等一味の理に帰入すること（『広録』上堂377、391、417）。『趙州録』上、『圜悟語録』五（㊅48・181c）、『如浄語録』下（㊅48・131c）、『会要』六にも出る。

み

【未在】〈みざい〉㊐㊘ まだよく解っていない（『広録』上堂72、74、頌古18、88）。

【未在、更に道え】〈みざい、さらにいえ〉㊘ まだまだだめだ、十分ではないから、さらに言ってみよ（『広録』頌古18、88）。

【微笑】〈みしょう〉㊐ ⇩「拈華瞬目」

【微笑破顔】〈みしょうはがん〉㊘（『広録』上堂188、334、441、463、488）⇩「拈華瞬目」

【自ら家に到る】〈みずからいえにいたる〉㊘ 帰家穏坐、仏道修行に励み自分の心証に徹すること（『広録』偈頌6）。

【自らを管せず……】〈みずからをかんせず……〉㊘ 法のおのずからのはたらきによるので、自らが教行証を自分のものにするかしないかにはかかわらないことをいう（『広録』法語11）。

【水瓶裏に在り……】〈みずびょうりにあり……〉㊘ 薬山の「水は水耕の中にある」という語による。薬山は仏法を問われて、雲は青天にあり、水は水瓶にあると答え、保福は心を聞かれて、船を指さし、地蔵は仏法について、田植えをし、そして喫飯するという日常底を示した。それぞれのものがそれぞれの場所で絶対の存在としてあることを説示している（『広録』小参15）。

【溝に塡ちて壑に塞ぐ】〈みぞにみちてたににふさぐ〉㊘ 溝にも谷にも満ちている。宇宙に遍満していること（『広録』上堂9、408)。

【三たび投子に上り、九たび洞山に到る】〈みたびとうすにのぼり、くたびとうざんにいたる〉(広) 雪峰義存は投子山に三度も登って大同和尚に、また洞山に九度も登って良价和尚に参学したという(『広録』法語2)。

【猥りに禅宗と号する】〈みだりにぜんしゅうとごうする〉(広) 道元は正伝の仏法を禅宗と称する誤りを「禅宗の称たれか称しきたる、諸仏諸祖の禅宗と称するいまだあらず。しるべし、禅宗の称は魔波旬の称するなり」(『眼蔵』仏道巻、(岩)中・217)と徹底して批判した(『広録』上堂491)。初出は『宝慶記』である。

【路の滑らか】〈みちのなめらか〉(広) 石頭路滑の公案。馬祖道一の弟子、鄧隠峰が馬祖のもとを辞し、石頭希遷に参じようとした時に、馬祖は「石頭路滑」(路が滑って進み難いぞ)つまり、石頭の禅風は円転自在で容易には入門を許されないぞ、と注意したのである(『広録』偈頌86)。『広録』上堂31を参照。

【三日耳聾】〈みっかじろう〉(広) 一喝であらゆる思慮分別・心作用が止み、鼓膜がやぶれて三日も何も聞こえなくなる状態で、百丈懐海がその師馬祖道一の下で大悟を得た体験の語から出る。馬祖が払子に一切万物独立不倚、没蹤跡の相を託した公案(『広録』上堂50、頌古82)。『伝灯』六・百丈懐海章((大)51・249c)に出る。

【密機】〈みっき〉(広) 祖宗の綿密な道機(『広録』偈頌8)。

【密機声】〈みっきせい〉(広) 密機は密語に同じ。絶対的な奥義のことば(『広録』偈頌20)。

【三月禁足】〈みつききんそく〉(広) 夏安居中の三ヶ月間、禅林の扉を閉じて、往来を禁じること。

【明庵】〈みょうあん〉(広) みんなんとも読む(『広録』上堂441)。⇩「栄西和尚」

【妙益】〈みょうえき〉(広) 仏法のすぐれた功徳(『広録』偈頌46)。

【妙覚】〈みょうがく〉(眼) 一仏の無上正覚にして、自覚覚他して覚行を円満する仏果をいう。五十二位の階位としては菩薩の修行が成満する最後の位。

【明教】〈みょうきょう〉(広) 智門師寛(生没年不詳)のこと。雲門文偃の法嗣。明教は賜号(『広録』上堂32、97)。

【妙行密行】〈みょうぎょうみつぎょう〉(広) 妙行は不可思議な

行、密行は仏祖と一体となった行（『広録』上堂498）。

【妙高台】〈みょうこうだい〉(眼) 天童山景徳寺の大方丈をいう。

【命根】〈みょうこん〉(眼)(広) 生命そのもの。

【明珠の掌に在るが如き、胡来漢現……】〈みょうじゅのたなごころにあるがごとき、こらいかんげん……〉(広) 以下の公案は、全ての人に具わる本来の面目を、無心の明珠に映る「胡来れば胡現じ、漢来れば漢現ず」ということによって明確に示したもの。『趙州録』上に出る（『広録』上堂339）。

【明星出現の時、我と大地有情と同時に成道なり】〈みょうじょうしゅつげんのとき、われとだいちうじょうとどうじにじょうどうなり〉(広) 明星が現われた時、釈尊は悟りを開かれたが、それと同時に我らも大地の有情全てが成道した、の意だが、この語話については、『眼蔵』谿声山色巻（(岩)上・139–140）、古鏡巻（(岩)上・295）、行持上巻（(岩)中・17）、説心説性巻（(岩)中・205）、発無上心巻（(岩)中・401）を参照（『広録』上堂37、240）。⇩「大地有情同時成道」

【妙真禅人】〈みょうしんぜんにん〉(広) 不詳。如浄膝下の修行僧か（『広録』偈頌28）。

【妙真如】〈みょうしんにょ〉(広) 真は真実。如はその性がありのままにあること。仏法の根本的理念（『広録』偈頌29）。

【名相の沙石】〈みょうそうのしゃせき〉(眼) 名相とは仏教教学において名目や法相を種々に分類して解説すること。その数はなはだ多いために沙石に喩える（『眼蔵』行持下巻、(岩)中・42）。

【妙触宣明】〈みょうそくせんみょう〉(広) 六塵の一である触（受・想・思等の心作用）がはっきりあらわれること（『広録』上堂236）。

【妙存卓卓】〈みょうそんたくたく〉(広) 妙なるものとして存在する。卓卓とは抜きんでるさま。すぐれてたかいさま（『広録』上堂286）。

【猫児、狸奴を生ずる】〈みょうに、りぬをしょうずる〉(広) 狸奴は猫の異称。猫が猫を生むという、あたりまえで特別に変ったことではないこと（『広録』上堂226）。

【妙溥】〈みょうふ〉(広) 不詳。面山瑞方の『山註』は「この妙溥は比丘尼にて天童山に来って永平和尚に見え、偈を呈したる時の和と見えたぞ」と注している。が、何故比丘尼とするかは不明（『広録』偈頌19）。

【名聞利養】〈みょうもんりよう〉(広) 名聞は世間に名誉のひろ

まること。利養は利益をあげて身を養うこと（『広録』上堂383、492）。

【名利】〈みょうり〉㊛ 名聞利養の略。（『広録』上堂383、513、小参2、10、法語1、偈頌71）⇩「名聞利養」

【弥綸（淪）】〈みりん〉㊛ ひろがりゆきわたること（『広録』上堂19）。

【弥勒】〈みろく〉㊥ 梵語 Maitreya（梅呾麗耶・未怛唎耶）。慈氏と訳す。未来この娑婆世界に出世して釈迦仏に次いで成仏する菩薩。よって一生補処の菩薩という。

む

【無為】〈むい〉㊥㊛ 有為に対す。為は為作の義。因縁による造作なく、従って生住異滅の四相の転変のない実在的の法をいう。自由自在でありながらその痕跡をもとどめない没蹤跡の行履をいう。

【無為軍】〈むいぐん〉㊛ 無為は安徽省の県名。軍は宋代における行政上の区画名（『広録』小参2）。

【無為人手好】〈むいにんしゅこう〉㊛ 接化の手段の無いこと。好は肯定の助詞（『広録』上堂18）。

【無為郷】〈むいのさと〉㊛ 出家の世界（『広録』上堂524）。

【無廻避】〈むかいひ〉㊥㊛ 差別無く。

【無学】〈むがく〉㊥ 阿羅漢果をいう。煩悩を断尽してさらに修学すべきものがないという意。

【古曾悞って桃源に入りし客】〈むかしあやまってとうげんにいりしきゃく〉㊛ 晋の太元中に、武陵の漁師が路に迷って桃源郷に入った故事（『広録』頌古72）。陶潜の『桃花源記』に出る。

【無記性】〈むきしょう〉㊥ 三性の一。善とも悪とも区別できない中性をいう。

【麦をうけ蕨をとる】〈むぎをうけわらびをとる〉㊥ 麦をうくとは『中本起経』下・仏食馬麦品（㊅4・163b）の、仏が馬麦を受けて食した故事。蕨をとるとは伯夷叔斉が首陽山に隠れて蕨を採って食した故事（『眼蔵』行持下巻、㊔中・50）。

【無孔笛】〈むくてき〉㊛ 孔がなくて鳴らない笛。転じて言語を絶する説話に喩える（『広録』上堂138）。

【無孔拳頭】〈むくのけんとう〉㊛ 孔のない拳とは非思量の坐

禅のこと（『広録』偈頌122）。

【無口鉄鎚】〈むくのてっつい〉㊣ 無口は無孔、孔《あな》のない、つまり柄のない鉄鎚のこと。手のつけようのないことの喩え。無孔の鉄鎚。（『広録』偈頌116）。

【無孔鉄鎚】〈むくのてっつい〉㊣ 孔のない鎚、すなわち柄がつけられないところから、手のつけようのないこと（『広録』上堂298）。

【無間業】〈むけんごう〉㊞ 五逆罪のこと。五逆罪は決定して無間地獄に堕すという。余業余果の間隔することのない確定した罪だからだという。

【無根樹】〈むこんじゅ〉㊞（『眼蔵』夢中説夢巻、㊆中・133）

⇩「不陰陽地、喚不響谷」

【無根波羅夷】〈むこんはらい〉㊞ 梵語 pārājika（波羅夷）は極重罪で、犯せば懺悔すべき法がない罪。無根は根拠がない意。謂われなき罪で波羅夷とすること。

【無際和尚】〈むさいおしょう〉㊞ 無際了派（一一四五～一二二四）のこと。大慧宗杲の法孫で、仏照徳光の法嗣。道元入宋の頃天童山の住持職であった人。その示寂に際し、書を如浄に送ってその後席を嘱したという（『続伝灯』三十五、㊅51・707b、『増集続伝灯』一）。

【無際大師】〈むさいだいし〉㊞ ⇩「石頭希遷」

【無著】〈むじゃく〉㊣ 梵語 Asaṅga（阿僧伽）の訳名。世親は実弟。弥勒に従って後に瑜伽・唯識の教義の大成者となる（『広録』上堂138、180）。

【無手にして拳を行ずるが如し】〈むしゅにしてけんをぎょうずるがごとし〉㊣ 手なくて拳を揮うようなもの（『広録』上堂347）。

【無情説法、什麼人か聞くことを得る……】〈むじょうせっぽう、なんぴとかきくことをうる……〉㊣ 南陽慧忠の無情説法話にちなむ。道元は『眼蔵』無情説法巻（㊆中・272–273）の中で、尽十方世界における森羅万象は全て仏であり、仏として法を説いているが、この説法を聞くには、聞くものも人間のはからいを捨てた無情となってはじめて聞くことができることを示した（『広録』上堂452、頌古52）。「無情説法」の出典は『洞山録』（㊅47・519c–520a）に出る。

【無上尊】〈むじょうそん〉㊣（『広録』上堂360）⇩「大聖無上尊」

【無生忍】〈むしょうにん〉㊞（『眼蔵』供養諸仏巻、㊆下・173）

⇩「無生法忍」

【無生法忍】〈むしょうほうにん〉(眼)(広) 法空の智をいう。一切諸法の不生不滅の理を諦観して不退転の処に住すること。

【無上菩提】〈むじょうぼだい〉(眼)(広) 迷いを断絶して得た覚りの智慧。最高無為の正覚。仏祖の大道。

【無上菩提妙法】〈むじょうぼだいのみょうほう〉(広) 迷いを断ち切って得た、この上ない悟りの智慧。究極絶対なる真実(『広録』法語8)。

【無心是仏】〈むしんぜぶつ〉(広) 分別意識にわたらないことがそのまま仏である(『広録』上堂354、365)。

【無多子】〈むたし〉(広) 特に変わらないこと。普通。子は助辞(『広録』上堂58、頌古51)。

【無端】〈むたん〉(眼)(広) はしなく、思いがけなく、いわれないの意。または無造作の意、無限、非条理の意にも用いる。

【夢中】〈むちゅう〉(眼)(広)『眼蔵』嗣書巻(岩上・247)に「道元、台山より天童にかへる路程に、大梅山護聖寺の旦過に宿するに、大梅祖師きたりて、開華せる一枝の梅華をさずくる霊夢を感ず(中略)夢中と覚中と、おなじく真実なるべし。道元在宋のあいだ、帰国よりのち、いまだ人にかたらず」また、夢中説夢巻(岩中・136)に「覚中の発心修行菩提涅槃あり、夢裏の発心修行菩提涅槃あり、夢覚おのおの実相なり、大少せず、勝劣せず」とある。

【夢中に一重の関を透出す】〈むちゅうにいちじゅうのかんをとうしゅつす〉(広) 阿闍世王の夢に現われ、仏道修行の関門を透出させたという(『広録』真賛4)。

【無等輪】〈むとうりん〉(広) 比較することのできない法輪(『広録』法語12)。

【無熱池】〈むねっち〉(眼) 梵語 anavatapta(阿耨達)の訳語。インドの大雪山の北にある池で、菩薩等が龍となってこの中に住み、清涼の水を出すことで、他の龍の畜生として受ける三熱の苦を離れるという。⇩「阿那婆達池」

【無熱悩池】〈むねつのうち〉(広)(『広録』偈頌91)⇩「阿那婆達池」

【無仏性】〈むぶっしょう〉(広) 仏性を具有しないこと。また、無の仏性の意で、世の一切のものは仏性の顕れでないものはないが、その仏性自体に実体はなく、それは有無を超越した絶対の仏性である(『広録』上堂71、314、395、418、429、431、439、454、455、頌古39)。『眼蔵』仏性巻を参照。

【無分別】〈むふんべつ〉(広) もろもろの事理の思量識別を離

れた状態で真如の理の表われたことを無分別法という（『広録』上堂24）。

【無方所】〈むほうしょ〉㊛ 方位を超えて際限なく、無限に（『広録』偈頌46）。

【無縫塔】〈むほうとう〉㊞ 卵塔をいう。卵塔は一塊石をもって作るので縫目が無い、これを無縫塔という。無縫は無相の表示であるところから、転じて宗匠の脱落自由の境界を表すのに用いられる。また僧侶の墓塔にも用いられる『眼蔵』授記巻（㊐中・81–83）を参照。

【無方大道】〈むほうのだいどう〉㊛ 方角も無く何処にでも通ずる道、悟りのこと（『卍山本』偈頌43）。

【無明】〈むみょう〉㊞㊛ 無知で真理に暗いこと。あるいは十二因縁の第一、過去世における無始の煩悩の意。

【無明業識幢】〈むみょうごっしきどう〉㊛ 無知迷妄の法幢（『広録』上堂264）。

【無明の業識、豈、生縁ならん】〈むみょうのごっしき、あに、しょうえんならん〉㊛ 無知や迷妄が悟道への生縁でないことがあろうか（『広録』上堂277）。

【無聞比丘】〈むもんびく〉㊞ 禅のみを修して、正しい聞慧のない比丘。暗禅の師をいう（『眼蔵』四禅比丘巻、㊐下・209）。

【無影樹】〈むようじゅ〉㊛ 影をつくらない樹。実体のないこと（『広録』上堂52、253）。

【無来無去】〈むらいむこ〉㊛ 未来にかかわらず（『広録』上堂286）。

【無量劫】〈むりょうごう〉㊞㊛ 劫はとてつもなく永い時間。はかりしれぬほどの無限の時間。

【無漏】〈むろ〉㊞㊛ 有漏に対す。漏は漏泄・漏落の義で煩悩のこと。もろもろの煩悩を離れたことを無漏という。

め

【迷己逐物】〈めいきちくもつ〉㊛ 自己の本来を見失い外界の事象にとらわれること（『広録』上堂39）。

【明月清風、富一生】〈めいげつせいふう、ふいっしょう〉㊛ 自由無礙なる人は明月清風には一生不足しない（『広録』上堂340）。『宏智頌古』二（㊅48・24a）を参照。

【明皇雑録】〈めいこうのざつろく〉(広) 鄭処誨撰、二巻。『補遺』一巻。唐の元宗の事跡を雑録したもの。『雑録』は二十六条、『補遺』は十二条。『四庫提要』子・小説家類（『広録』上堂412）。

【迷悟の其位に依って】〈めいごのそのいによって〉(広) 迷いは迷い、悟りは悟り、そのままである（『広録』上堂308）。

【迷執虚名】〈めいしゅうきょめい〉(広) この虚名に迷ってから（『広録』上堂335）。

【明招、泉州の担長老の処に到る……】〈めいしょう、せんしゅうのたんちょうろうのところにいたる……〉(広) 明招は、明招徳謙（生没年不詳）。羅山道閑の法嗣。以下の語話は『会要』二十五・明招徳謙章に出る（『広録』上堂215）。

【明頭】〈めいとう〉(広) 明白。あきらか（『広録』上堂52、135、206、277、497）。

【明頭暗頭】〈めいとうあんとう〉(広) 明頭は差別偏位のことで分別的な立場をいい、暗頭は分別をこえた平等正位を指す。頭は助詞。また、明は言葉で表現し判断しうること、暗は言葉の領域をこえ判断しえないこと。分別智のある人にも無分別智の人の上にも自分自身が本来的にもつ真の姿は備わっていることをいう（『広録』上堂135、206、277、497）。

【迷頭認影】〈めいとうにんよう〉(眼) 鏡の中の影を自己と思うように、自分自身の本来的にもつ真の姿を外に求めて妄りに己の影を追うこと（『眼蔵』行仏威儀巻、(岩)上・354）。

【明頭来明頭打、暗頭来暗頭打】〈めいとうらいめいとうだ、あんとうらいあんとうだ〉(眼) 打は助字。明頭は明頭、暗頭は暗頭、昼は昼、夜は夜の意で、山是山、水是水と同じ意。または明暗去来等の全ての対立を打破して一法究尽の意を表す。この句は盤山宝積の法嗣、鎮州普化が常に誦した句という（『眼蔵』坐禅箴巻、(岩)上・407、海印三昧巻、(岩)中・76）。

【明得説得信得行得】〈めいとくせっとくしんとくぎょうとく〉(広) 明得は明らかに悟りを得ること。説得は十分に説きつくすこと。信得は疑いなくしっかりと身につけ信ずること。行得は行じきること（『広録』上堂251）。

【鳴板】〈めいばん〉(広) 板（版）を鳴らすこと。庫院の前には雲版、僧堂・方丈・衆寮等の前には木版が掛かっており、それぞれの用に応じてこれを打つ（『広録』上堂389）。

【明兄、俊なる哉】〈めいひん、しゅんなるかな〉(広) 明兄（清涼明のこと）は悟りに欠けるものがある（『広録』頌古70）。

【溟渤】〈めいぼつ〉㊧ 大海、蒼海（『卍山本』偈頌86）。

【明明百草頭、明明祖師意……】〈めいめいひゃくそうとう、めいめいそしい……〉㊧ 龐蘊と霊照尼との尽界仏性現成底を示した問答。龐居士が「百草が明明として現前している姿、そこに明明たる祖師意が現われている」と述べたのに対して、霊照尼が肯い、二人が機々投合した因縁（『広録』上堂9、329、法語5、頌古9）。

【明明百草頭、明明仏祖意……】〈めいめいひゃくそうとう、めいめいぶっそい……〉㊩ 百草頭は現象、森羅万象の世界、仏祖意は祖師意または祖師心というのと同じく真実の世界を意味する。全てのものの上に、祖師西来意が現成している事実をいう。現成公案と同意。『眼蔵』中ではしばしば各句独立して用いられる（『眼蔵』仏性巻、㊪上・320、授記巻、㊪中・82）。

【明明了了として絶対なり】〈めいめいりょうりょうとしてぜったいなり〉㊧ 瓦を研いて鏡としたり、鎚を磨いて針を作るようなことができたら、そこではすでに人間の身体や精神は相対の世界を超脱した絶対の境涯となる（『広録』上堂345）。

【滅尽定】〈めつじんじょう〉㊧ 一切の心のはたらきを滅し尽くしたところ。滅受想定とも（『広録』頌古73）。

【滅諦】〈めったい〉㊩㊧ 四諦の一。滅は涅槃寂滅の義。三界の有漏法の滅した涅槃をいう。

【馬鳴】〈めみょう〉㊩㊧ 二世紀頃の人。仏滅後六百年、迦膩色迦王時代に出世した大論師で、特に文芸の妙をもって仏教宣揚に貢献するところ多く、その著『仏所行讃』は有名。元々、仏教以外の教えに帰依していたが、脇尊者に論破され仏教道に帰依す。インドにおける禅宗相承第十二祖。特に曹洞宗では後代、阿那菩底と称した。『伝灯』富那夜舎章（㊅51・209b）に出る。

【面授相承】〈めんじゅそうじょう〉㊩ 禅宗の伝灯において仏法を伝えるには、人格相承を第一義とし、師の人格と弟子の人格とが面面相対して二者一体不二となるとき、正法がそのまま歴史の中に進展するのを正伝とする（『眼蔵』袈裟功徳巻、㊪上・170）。このことは特に道元の仏法信念の根基であり、詳しくは『眼蔵』嗣書巻（㊪上・238–239）、面授巻等を参照。

【面授二千二百年】〈めんじゅにせんにひゃくねん〉㊧『眼蔵』安

居巻（(岩)下・79）に「しかありしよりこのかた、すでに二千一百九十四年、当日本寛元三年乙巳歳」とある。つまり道元は寛元三年（一二四五）を仏滅二一九四年と見るのである（『広録』上堂519）。

【面壁九年】〈めんぺきくねん〉(眼)(広) 達磨の少林での面壁。『宏智頌古』二則に「遂渡江至少林、面壁九年」（(大)48・228b）とある（『眼蔵』行持下巻、(岩)中・61、『広録』上堂350、491）。

【面目】〈めんもく〉(眼)(広) 顔かたちのこと。根本義、骨髄、真諦などの意味にも使われる。⇩「本来面目」

も

【毛寒】〈もうかん〉(広) 毛先まで凍るような寒さ（『広録』偈頌83）。

【濛鴻】〈もうこう〉(広) 天地未分以前をいう（『広録』偈頌30）。

【孟春】〈もうしゅん〉(眼)(広) 旧正月の異称。春のはじめの頃。

【孟春猶寒】〈もうしゅんゆうかん〉(眼)(広) 春になったばかりでまだ寒い。

【猛壮】〈もうそう〉(広) きびしく強固に（坐禅を）する（『広録』上堂432）。

【妄想】〈もうぞう〉(眼)(広) 妄想は二見にわたる分別心、実体のない妄念のこと。妄念なければ直に菩提果が得られるとし、学人の所問に対して、唐代以降、師家はしばしばこの語を使用している。

【孟冬】〈もうとう〉(眼)(広) 陰暦十月の末に。

【猛劈】〈もうへき〉(広) 勇猛劈裂（『広録』上堂471）。

【目撃道存】〈もくげきどうぞん〉(広) 『荘子』田子方篇にある孔子の言葉で、撃はふれる意。目のふれるところ、どこにでも道はあるの意。現在使われる「目撃する」の原語（『広録』法語2）。

【木杓】〈もくしゃく〉(眼)(広) 木製の杓。木杓破、破木杓という語句があり、それは無用で役に立たないという意味から、転じて身心脱落・解脱の意に喩えられる。『眼蔵』仏教巻（(岩)上・365）に「仏心というは仏の眼睛なり、破木杓なり」、菩提分法巻（(岩)下・37）に「活計ひさしくもちゐきたりて、木杓破なり」、阿羅漢巻（(岩)中・99）に「已尽は木杓の渾身跳出なり」とある。

【目銖機鍽】〈もくしゅきりょう〉(眼)（『眼蔵』夢中説夢巻、(岩)中・135）⇩「目機銖鍽」

【黙照禅】〈もくしょうぜん〉臨済宗系の看話禅に対して、曹洞宗系の公案を用いない只管打坐の禅風をさし、宏智正覚によって大成された。黙照禅は、坐禅を悟りへの手段ではなく、本来あるがままの仏の真実の姿とする。

【目前無法、意在目前】〈もくぜんむほう、いざいもくぜん〉(広) 夾山善会のいう目前というのは対象としての目前であって、仏法はこのような感覚的な対象ではない。それ故に「目前に法無し」という。仏法においては、感覚以前の生きている事実こそが自分自身が本来的にもつ真の姿であり、これこそが正法眼蔵涅槃妙心といわれ、この事実を指摘しているのがこの公案である（『広録』頌古35）。『伝灯』十五・夾山善会章（(大)51・323c）に出る。

【木耳縁】〈もくにえん〉(広)『祖山本』は「本耳縁」とする。木耳縁を借りて宿債を償うようなことはしない。『伝灯』二・迦那提婆伝に「一日、園の樹、大きさ耳のごとき菌を生ず。味甚だ美し。唯だ長者と第二子羅睺羅多、取りて之を食らう。取り已れば随いて長ず」（(大)51・211b）とあるように、美味なキノコが何度も生え変わるのは、昔、この家で一人の比丘を世話したのだが、悟りの開けないこの比丘がキノコとなって報恩しているのだという故事（『広録』偈頌42）。

【目連】〈もくれん〉(眼)(広) ⇩「目犍連」

【目連鶖子】〈もくれんしゅうし〉(眼)(広) 目連は神通第一と称せられ、鶖子は舎利弗のことで、智慧第一と称せられた。ともに釈尊十大弟子の一人で、目連と舎利弗は釈尊に帰依する以前は二人で同一処に住んでいたと伝えられる。

【木老】〈もくろう〉(広) 木像の釈迦老漢（『広録』上堂143、253）。

【木楼子】〈もくろじ〉(眼) 菩提樹の実、主として数珠の珠に用いる。

【若し有ることを知らずんば、争んぞ恁麼道を解せん……】〈もしあることをしらずんば、いずくんぞいんもをどうをげせん……〉(広) この語は『宏智録』一・普照寺上堂語に「もしあることを知らずんば、いかでか恁麼に道うを解せん。もしあることを知らずんば、いかでか恁麼に道うを肯んぜん」、同二・頌古に基づくものであろう。洞山が師の雲巌の肖像画を供養した際、ある僧が「雲巌のいう只這是《ただこれこれ》とは何か」と尋ねた。洞山は「私はその当時、先師の趣旨を誤解していた」と答えた。僧はさらに「雲巌はその事実を知っていたのか」と問う。それに対して洞山は次のように答えた。「その事実のあることを知らなければ、そのようには答えられなかったであろう。もしその事実を知れば、そのようにいうことは肯定しなかったであろう」(『広録』上堂494、小参1)。

【摸象に習って、真龍を怪しむこと勿れ】〈もぞうにならって、しんりゅうをあやしむことなかれ〉(広) 思慮分別心をもって仏道を了解したと自負することへの誡め(『普勧坐禅儀』)。

【摸枕子】〈もちんす〉(眼)(広) 摸はさがす、枕子はまくら。くらやみの中で、手探りでまくらをさがすことから、全身を集中させ、無作のはたらきをすることをいう(『広録』上堂200)。

【木患(槵)子】〈もっかんす〉(眼)(広) 木欒子とも。むくろじ科の落葉高木で、むくろの実のことをいう。その種子は黒く堅く、数珠の料に供せられる。初唐の頃にこれで数珠を作ったことが『続高僧伝』二十・道綽伝(大)50・594a)に見える。

【木槵子に換却せられ……】〈もっかんすにかんきゃくせられ……〉(眼)(広) 分別的見解を般若の無分別知に換えること(『眼蔵』仏向上事巻、(岩)上・416、十方巻、(岩)中・340、『広録』上堂389、小参11)。

【目機銖両(錙)】〈もっきしゅりょう〉(広) 雲門三句の一。物事を見分けるのに機敏なことをいう。目機は目分量のこと、銖錙は極めて少ない量目。一目でわずかな分量がわかること(『広録』法語10)。

【物外】〈もつげ〉(広) 現実の条件を超越した絶対の境界(『広録』上堂13、法語14)。

【没絃琴】〈もつげんきん〉(広) 陶淵明が無絃の琴をもって酒席に出たという故事から、転じて禅門では言外の妙旨をいい、特に不立文字・教外別伝の宗旨を表現する意とする(『広録』上堂52、頌古71)。

【目犍連】〈もっけんれん〉(眼) 梵名 Maudgalyāna(目犍羅夜耶)。采菽氏と訳す。通常は略して目連という。舎利弗と並び称される釈尊十大弟子の一人、神通第一という。

【没柄破木杓】〈もっぺいはもくしゃく〉(眼)『眼蔵』阿羅漢巻、

[岩]中・99）⇩「破木杓脱底桶」

【没量大一段事】〈もつりょうだいいちだんじ〉[広] 思慮分別を超えた、仏法の一大事（『広録』小参16）。

【没量大人】〈もつりょうだいにん〉[眼] 思量忖度を超えた大悟底の人（『眼蔵』十方巻、[岩]中・339）。

【懶くして牛頭に似たり】〈ものうくしてごずににたり〉[広] 懶の字のつく三人の禅者の一人、四祖の法嗣・牛頭法融、懶融と呼ばれた。他の二人は、北宗系の神秀の法孫・嵩山普寂の法嗣、南嶽明賛（懶賛）と百丈懐海の法嗣・潙山懶安のこと。煩悩に起因する一切世間を懶しとして離脱した三人の禅者（『広録』自賛4）。

【摸未著】〈もみじゃく〉[眼] 摸索不著の意で、索り当てないこと。著は得の義なり。

【懡（㦄）㦬】〈もら〉[眼][広] 梵語 mūra（mūdha）。悪魔。恥辱、または笑い草等の意。

【門鶴】〈もんかく〉[広]（?～一六一五）。永平寺の第十九世祚玖（球）の法嗣で、同寺の第二十世。一説に上野（群馬）鳳仙寺の第三世の大円門鶴（廓）とも、信濃（長野）広沢寺九世より永平寺へ晋住したともいわれる（『広録』巻一、二奥書）。

【門外底波波地走】〈もんげていははちそう〉[広] 門外で忙しくそわそわ走り回ること（『広録』上堂221）。

【門垠】〈もんこん〉[広] 入口。敷居（『広録』上堂47）。

【文字習学の法師】〈もんじしゅうがくのほっし〉[眼] 教相の沙石を数える学者と同義。経論の文字の表面を概念的に理解する教学者をいう（『眼蔵』弁道話巻、[岩]上・62）。

【聞思修】〈もんししゅ〉[眼][広] 聞慧・思慧・修慧の三慧。聞慧は教法を聴聞して得る智慧、思慧はこれを自分で思惟して得る智慧、修慧は実践修行して得る智慧で、仏道修行の次第を述べたもの（『眼蔵』八大人覚巻、[岩]下・225、『広録』偈頌45）。

【問取】〈もんしゅ〉[眼][広] 問う、たずねる。取は著と同じ。

【文殊】〈もんじゅ〉[眼][広] 梵語 Mañjuśrī 文殊師利の略。上座部経典において初めて現われる菩薩で、諸菩薩の中で智慧第一とされ、俗に「文殊の智慧」の語がある。禅門には文殊にちなむ多くの公案商量がある。日本曹洞宗では、加賀の大乗寺の食堂に上座として安置された影響で、文殊が「聖僧」として僧堂に祀られるようになった。

【文殊三処に過夏す……】〈もんじゅさんじょにかげす……〉㊧ 文殊師利は、禁足すべき夏安居中の三ヶ月を波斯匿王の後宮で一ヶ月、童子の家で一ヶ月、最後の一ヶ月を婬女の家で過ごし、解制の日に仏のもとへ帰ってきたという故事がある（『広録』小参20）。『眼蔵』安居巻にも見えるが、語句は異なり「世尊一処安居。文殊三処安居なりといえども」（㊨下・98）とあり、それは『圜悟語録』十七（㊅47・792a）に見える。

【問処未尽】〈もんじょみじん〉㊧ 質問をするというその真実の処が尽くされていないの意（『広録』上堂131）。

【問訊】〈もんじん〉㊩㊧ 本来は合掌低頭して相手に敬意を表し、安否を訊ねること。後には合掌して曲躬低頭だけで問訊という礼法になる。

【門庭施設】〈もんていせせつ〉㊧ 師家が修行者を導くときの色々な方便。第二義門として仮に施すもので、第一義門である「入理深談」の対語（『広録』上堂266）。

【門内底堆堆地坐】〈もんないていついついちざ〉㊧ 門内で久しく坐して動かないこと（『広録』上堂221）。

【門牌】〈もんぱい〉㊧ 門のかけふだ。表札（『広録』頌古34）。

【門より入るは、是れ家珍にあらざる】〈もんよりいるは、これかちんにあらざる〉㊧ 真の宝は自分の家の中にある。悟りというのは自己が本来具えている仏性を明らかにすることで、外に向かって求めても得られないということ（『広録』上堂169）。『会要』二十一・雪峰義存章に出る。

や

【野干】〈やかん〉(眼)(広) 野狐の類。一説には狐より形小にしてよく樹に上り、狗のごとく群行して夜鳴けば、その声狼のごとしという。

【薬王菩薩】〈やくおうぼさつ〉(眼) 良薬を持して衆生に供養し、身心の病苦を除かんとの大誓願を起した菩薩で、大衆讃嘆して薬王菩薩と称す。

【薬嶠金毛の師子】〈やくきょうきんもうのしし〉(広) 薬嶠は薬山惟儼のこと。嶠は山の鋭く険しい様の形容で、薬山の峻厳高尚な性格に通じて用いるが、この場合は薬山の弟子雲巌曇晟をいう（『広録』上堂465）。

【薬山】〈やくさん〉(眼)(広) 石頭希遷の法嗣である薬山惟儼は湖南省岳州府にある薬山に住した。薬山は古来から芍薬が多かったことから芍薬山とも呼ばれ、山中に薬山寺（後の化城寺）がある。

【薬山惟儼】〈やくさんいげん〉(眼)(広) （七四五～八二八）。石頭希遷の法嗣。青原下。山西省祥州の人。十七歳のとき広東省の西山慧照に得度、二十九歳で衡岳寺希澡に受具、広く経論に通じ戒律を持す。後に石頭希遷に謁し、その法を嗣いだ。石頭に侍すること十三年にして湖南省の薬山（芍薬山）に住して開法する。唐太和二年（八二八）示寂、寿八十四。弘道大師と諡す。門下に道吾円智・雲巌曇晟・船子徳誠などを多出した。そして雲巌曇晟の下から、中国曹洞宗の祖となった洞山良价が出ている（『伝灯』十四・薬山惟儼章、(大)51・311b）。

【薬山、雲巌に問う、海兄、更に甚麼の法をか説く……】〈やくさん、うんがんにとう、かいひん、さらになんのほうをかとく……〉(広) 薬山には著作はないが、広く経論に通じ、戒律を厳守し、その端的な接化の家風は、よく一句をもって禅道仏法を道破するという風であったとされる（『広録』頌古20）。「薬山陞座」（『宏智頌古』七則、(大)48・231b）参照。

【薬山、雲巌に問う、汝、百丈に在りしを除いて……】〈やくさん、うんがんにとう、なんじ、ひゃくじょうにありしをのぞいて……〉(広) 薬山が雲巌に「百丈のところ以外どこで修行したか」と問うと、雲巌は「江南地方で」と答える。薬山が「広州の東門の大石が城主によってどかされたというが本当か」と聞くと、雲巌は「いえ、城主ばかりか国中の人が動かそうとしても動かない」と答える。道元はこれに対して「私も、城主ばかりでなく、国中の人、三世の諸仏、一切の諸師が力を尽くしても動かすことはできない」という。それは、薬山と雲巌との問答に字義・言説を超えた仏道の真実が語られているからである。この「広州の東門の大石」というのは、仏法を正しく受け継いだ雲巌その人の尊厳を象徴しているのである（『広録』小参14、18）。『伝灯』十四・雲巌曇晟章（(大)51・314c-315a）を参照。

【薬山、坐する次に……】〈やくさん、ざするついでに……〉(広) 薬山の坐禅は、何の働きもない坐禅ではなく、思量分別を超越した絶対の真実を表す坐禅であることを示したものである。この出典は『伝灯』十四・薬山惟儼章（(大)51・311c）である（『広録』上堂524）。また、『眼蔵』坐禅箴巻（(岩)上・397）にもその拈提がある。

【薬山、久しく陞堂せず……】〈やくさん、ひさしくしんどうせず……〉(眼)(広)「薬山陞座」といわれる有名な公案。薬山が説法に一言も垂れなかったところにこそ薬山の活説法が厳然と現われていることを示す。経師は経を説き、論師が論を説くのは、いずれも仏法の一面しか説いていない。この薬山の一挙手一投足の進退の挙揚こそが説法の活三昧なのである（『広録』上堂492、小参15）。この公案は『宏智頌古』七則（(大)48・231b）に見える。『眼蔵』看経巻（(岩)上・303-304）にこれを引く。

【鑰匙】〈やくし〉(広) 錠を開ける鍵（『広録』上堂100、483）。

【薬石】〈やくせき〉(眼) 禅院における晩食のこと。僧は午を過ぎれば食しないのを制としたために、晩間に粥を喫することを、饑渇を医する薬石と称したことによる。

【薬縷】〈やくる〉(広) 薬玉のこと。麝香・沈香・丁子などを錦の袋に入れ、蓬・菖蒲などを結び、五色の糸をたれさげたもの。端午の節句にこれを柱に掛けたり身につけ邪気・不浄を払い長命息災を祈るもので、長命縷・続命縷《しょくめいる》・五色縷ともいわれる（『広録』上堂169）。

【野公大夫】〈やこうたいふ〉(広) 不詳だが、『広録』偈頌62に「与野助光帰大宰府」と題された偈頌が見えるところから、おそらくは、大宰府の儒者であり、野姓で名は助光なる人物と類推される（『広録』法語5）。⇩「野助光」

【野狐精】〈やこぜい〉(眼)(広) 百丈野狐の公案にちなむ語。取るに足らぬつまらぬ禅者をいう。似而非《エセ》禅者に対する蔑称。

【野狐禅】〈やこぜん〉(広) 真実の大悟承当の境涯に達しないにもかかわらず、それをよそおう似而非禅のこと（『広録』上堂244、298、368、385）。

【野山忍禅人】〈やさんにんぜんにん〉(広) 不詳。野山は高野山のことか。高野山で修行していた忍という僧が道元に参学したのであろう（『広録』偈頌52）。

【夜叉】〈やしゃ〉(眼) 梵語 yakṣa 八部鬼衆の一。人を傷害し喰うなど暴悪を事とする鬼類。多くは羅刹と併称される。

【野助光】〈やじょこう〉(広) 野は氏、助光は字。不詳だが『広録』法語5には「大宰府野公大夫、乃儒林学士」と見えるので、儒者で道元に禅を学んだ人と知れる。その野助光氏が任期が終ったものか、大宰府に帰るに際して与えた偈頌である。この作頌は、おそらくは道元の京都時代のもの（『広録』偈頌62）。

【夜深衆慈、伏惟珍重】〈やしんしゅじ、ふいちんちょう〉(広) 夜も更けた、大衆よ、身体を大事にせよ。衆慈は大衆の慈悲心。珍重は別れを告げる語で「お大事に」の意（『広録』小参13）。

【也太奇（奇）】〈やたいき〉(眼)(広) 直訳は「また、大いに、寄なり」で、意味は「素晴らしいことだ」となる。賞讃の意を表す感嘆詞。

【夜半伝衣】〈やはんでんえ〉(眼)（『眼蔵』説心説性巻、(岩)中・205、優曇華巻、(岩)中・393）⇩「黄梅夜半の伝衣」

【夜半に靴を穿いて去く……】〈やはんにくつをはいてゆく……〉(広) 夜中に達磨の眼球を盗んで、靴をはいて出てゆくものがあるかと思うと、夜明けに帽子をかぶり、西堂の鼻を引っぱるものがある。全てが思慮分別を超越した自由自在な境涯のはたらきを示す（『広録』上堂258）。『伝灯』二十九（(大)51・455c）に出る。

【夜半の烏児……天明に啞子酌んで】〈やはんのちょうに……てんめいにあしくんで〉(広) 夜半は真っ暗闇のこと。烏児はカラスのこと。黒白の差別を絶した世界。天明啞子は言語を絶した世界に喩える。『虚堂集』四に「僧、谷山縁禅師に問う、如何が是れ祖師西来の意、山云く、半夜烏児頭に雪を載き、天明に瘂子頭を抱き帰る」とある。また、半夜以下の句は『丹霞子淳語録』下・頌古にも出る（『広録』偈頌73)。

【冶父道川】〈やぶどうせん〉㊞(生没年不詳)。無為郡崑山狄子の子という。東斎の謙首座の法席に列して大悟し、旧名狄三を改めて道川と名づける。『金剛経』の注釈をなし、十七家の一として盛んに世に行なわれる。南宋隆興の初め冶父に開法する(『普灯』十七・道川禅師章 ㊅51・675c)。

【山に在って漸く覚ゆ山の声色】〈やまにあってようやくおぼゆやまのしょうしき〉㊘ 山居してこそ山の本来の姿・消息がわかる(『広録』偈頌104)。

【夜明簾】〈やみょうのれん〉㊘ 水晶・白玉で作った簾で夜中でも明るく輝くという。悟りの境涯に喩えられる(『広録』頌古88)。

【夜来、雪に立つ身】〈やらい、ゆきにたつみ〉㊘ 二祖神光慧可が嵩山少林寺に面壁坐禅している達磨大師を訪ねた雪中断臂得髄の故事(『広録』偈頌72)。道元は、慧可の雪中断臂の故事を、建長二年(一二五〇)の十二月十日の断臂会の上堂(『広録』上堂392)に「永平、今朝昨夜に逢い並びに冬雪を見る毎に、嵩山少室峰の当初を翻憶して、感涙非涙胸に満ち襟を霑すのみなり。永平、今、仏法のため師を敬うがために雪に立ち臂を断つことは、実に難しとすべからず。ただ、恨むらくは、未だその師の有らざることを」と讃仰している。道元は、近来の算沙の学者のごとく、達磨大師にまつわるもろもろの故事、あるいは慧可の断臂の故事などを、一方的に史実ではない、後代の付加、フィクションであるなどとして片付けはしない。確かに、慧可の断臂については、『続高僧伝』十六(㊅50・552b)は慧可は賊に遭って臂を断たれたと伝えており、北宗系の『楞伽師資記』(㊅85・1286a)などが慧可断臂求法の話を創作したともされ、史実性に乏しい面があるのもまた事実ではある。が、であるからといって、特に、慧可の断臂求法について、求法上の壮絶な二祖慧可誕生の単なる物語などとはしないのである。道元は、法のための断臂は難事ではないと断言しているように、むしろそうした求法の故事を、捨身し断臂しなければ嗣続しえない我が自内証の故事へと昇華し、〝信〟の絶対なる世界を描き出しているのである。『眼蔵』行持下巻(㊎中・52–53)では、「このような慧可大師の労苦は、インドにおいても聞いたことはなく、中国においてはじめて行われたことなのであった。（中略）世尊が拈花して迦葉尊者が微笑したという仏法の真髄の伝承は、インドの昔に聞いている。が、初祖に『汝、吾が髄を得たり』といわれたことは、まさにこの二祖慧可大師に学ぶのである。静かに思いめぐらしてみるに、初祖が、たとえ幾千万人中国に来られたとしても、もし二祖大師のこうした行持がなかったならば、参学を尽くして大事を明らめた人は今日出なかったであろう。幸い、われわれが今、このようにして正法を見聞することができるのは二祖のお陰なのである」（意訳）と述べている。

ゆ

【唯願すらく、我独り六度の宝車に乗じ】〈ゆいがんすらく、われひとりろくどのほうしゃにじょうじ〉㊛ 原典である『賢愚経』四（㊅4・377b）には、唯願の「願」は無い。また、『卍山本』はこの部分を欠く。『賢愚経』からの引用としては『祖山本』の方が正確である（『広録』上堂381）。

【維摩】〈ゆいま〉㊗㊛ 梵語 Vimalakirti（維摩詰）のこと。浄名、または無垢称と訳す。通常は略して維摩という。『維摩経』の中心人物として知られる。インド毘舎離国の人。在家にしてよく菩薩行を行じたという。釈尊在世中の長者。在家の身で大乗菩薩の行を修し、弁才無礙であった。

【維摩詰】〈ゆいまきつ〉㊗㊛ ⇩「維摩」

【維摩詰の燕黙】〈ゆいまきつのえんもく〉㊛ 維摩詰は、釈尊時代、在家の身で大乗菩薩の行業を修し、無生忍を得て弁才無礙であった大居士。その維摩居士が病気になったので、釈尊は舎利弗・目連・迦葉等に見舞いを命じたが、みなが辞退した。そこで、文殊に代行させる。文殊は維摩居士の方丈で不二の法門について問答する。すると、維摩居士は、不二の法門は不可説であるとして、唯一沈黙をもって示した故事（『広録』自賛20）。

【用】〈ゆう〉㊗㊛ 受用すること、またははたらき。

【熊耳山】〈ゆうじさん〉㊗ 河南府盧氏県西南に在る山。達磨大師を葬って塔を建てた所。

【游刃】〈ゆうじん〉㊛ 包丁を使うこと。『荘子』養生主に出る「游刃有余地」、つまり肉を割くとき、肉片と肉片のあいだの隙間に包丁を自在に使って肉片を傷つけずに料理するというのが原義で、転じて、事を処するに逍遙として余裕のあることをいう（『広録』頌古10）。

【有人高楼に在って……】〈ゆうじんこうろうにあって……〉(広)『人天宝鑑』（宋の曇秀編）上・光孝安の章に出る（『広録』上堂388）。

【幽洞】〈ゆうどう〉(広) 静かな洞穴（『広録』上堂7）。

【右筆】〈ゆうひつ〉(広) 本来の右筆は書史・祐筆をいうが、『広録』偈頌98の場合は助筆の意で書き添える意。

【油油】〈ゆうゆう〉(広) 従容として迫らぬさま（『広録』自賛6）。

【瑜伽論】〈ゆがろん〉(広)『瑜伽師地論』の略。玄奘訳、百巻。瑜伽行者の境行果を説き、唯識中道の理に悟入すべきことを強調する（『広録』上堂390、464）。

【雪に立って法を得たり……】〈ゆきにたってほうをえたり……〉(広) 二祖慧可が雪中断臂して達磨に入室を許された因縁（『広録』法語14）。

【行くに従って踏断】〈ゆくにしたがってとうだん〉(広) 雲門文偃の「日日是好日」に対する雪竇重顕の頌古。坐禅して得た、さらにその上の境涯は「徐に歩いて行って流水の音を踏み破り、思うがままに飛ぶ鳥の跡を写し出すようなものだ」という（『広録』上堂450）。『卍山本』上堂446には「徐行踏断」とある。『碧巌録』六則・雲門十五日話（(大)48・146b）参照。

【遊戯三昧】〈ゆげざんまい〉(広) 無心に遊ぶように、邪心に捉われず法に自在であること（『広録』法語5）。

【由旬】〈ゆじゅん〉(眼) 梵語 yojana 限量・合応等と訳す。距離の一単位。帝王の一日行軍の里程で、四十里または三十里をいう。

よ

【養家】〈ようか〉(広) 紀元前六世紀頃の人。百歩離れて柳葉を射落したという弓の名人、養由基のこと（『漢書』枚乗伝）（『広録』頌古28）。

【永嘉云く、河海に遊び……】〈ようかいわく、かかいにあそび……〉

広⃝ 永嘉玄覚が、『証道歌』に「海や河に遊学し、師を尋ね道を訪ねるのが参禅である」といったが、これは、我が出家者の参禅の様子である（『広録』法語5）。『証道歌』の一節に「遊江海渉山川、尋師訪道為参禅」（大⃝48・396a）、『伝灯』三十（大⃝51・460b）と見える。

【永嘉真覚】〈ようかしんかく〉眼⃝広⃝（六七五～七一三）。玄覚明道・永嘉玄覚という。永嘉の人、姓は戴氏。天台の法門に精通する。後に曹谿に六祖慧能を訪ね、相見後問答数番、直に印可を受け一泊して山を下りて温江に止まる。故に時の人これを「一宿覚」と称し、学徒その門に集まる。唐先天二年（七一三）示寂。寿三十八。真覚大師といい、また無相大師と諡す。その著『証道歌』『永嘉集』は広く世に行なわれる（『伝灯』五・永嘉玄覚章、大⃝51・241a）。

【楊岐方会】〈ようぎほうえ〉眼⃝（九九二～一〇四九）。慈明楚円の法嗣。袁州宜春の人、姓は冷氏。瑞州九峯に落髪。後に楚円に参侍して心要を得、慈明の興化に移るや辞して九峰に帰り、また請によって楊岐に住して禅風を挙揚する。後に潭州雲蓋山に移り、宋皇祐元年（一〇四九）示寂、寿五十八。後に世師の法系を楊岐派と称する。語録一巻・後録一巻がある（『続灯』七・楊岐方会章、『会要』十三・楊岐方会章、『普灯』三・楊岐方会章）。

【腰鼓】〈ようく〉広⃝ 胴の凹んだ細腰の鼓。紐で頸より掛け、腰の上、腹の前で、両手掌、または両手に持った桴で打ち鳴らす。細腰鼓とも（『広録』上堂389）。

【要且】〈ようしゃ〉眼⃝広⃝ 要するに。

【用著未磷】〈ようじゃくみれん〉眼⃝ 用いても尽きないの意。磷は臼の減ること。

【膺闍梨】〈ようじゃり〉広⃝ 闍梨は呼称で和尚の意。雲居道膺のこと（『広録』上堂61）。⇩「雲居道膺」

【揚声止響】〈ようしょうしきょう〉眼⃝ 黙れと声を揚げて喧騒を止めさせること。以楔抜楔と同じ。

【拗折】〈ようせつ〉広⃝ ねじおること（『広録』上堂497）。

【影質】〈ようぜつ〉広⃝ 「本質」の対語で、思慮分別によって心に映ずる種々相をいう（『広録』上堂282）。

【揚眉瞬目】〈ようびしゅんもく〉眼⃝広⃝ 眉を揚げたり、目をしばたいたりすることで、日常の普段の何でもない動作。そうした中にこそ仏法が生きている。「拈華瞬目」と同じ。

【用不何為】〈ようふいかん〉広⃝ もっていかんともせず。用いたとしても何の役にもたたない（『広録』上堂383）。

【用服す、袈裟と鉢盂】〈ようふくす、けさとはつう〉（広）鉢盂を用い、袈裟をつける（『広録』上堂353）。

【用不著】〈ようふじゃく〉（眼）役にたたない、不用のもの等の意。

【楊文公】〈ようぶんこう〉（眼）（広）楊億居士（九七四?～一〇二〇?）という。字は大年、建寧の人。はじめ仏教あることを知らず、汝州（河南省）の大守となるに及び、広慧元璉（九五一～一〇三六）に謁して、稀有の念を生じ、これより禅に帰し、参究日久しくして居士の名禅界に聞こえる。李維・王瑙等とともに過去七仏より法眼に至る一七〇一人の機語を収録した『景徳伝灯録』三十巻を裁定し序をなしている（『広灯』十八・文公楊億章、『普灯』二十三・張九成居士章）。

【用弁】〈ようべん〉（眼）日常の左之右之の動作をいう。

【媱坊酒肆】〈ようぼうしゅし〉（広）色街や酒場。酒場にたわむれに彷徨する。『眼蔵』安居巻（岩下・97）に「世尊於一処。九旬安居。至自恣日。文殊倏来在会。迦葉問文殊。今夏何処安居。文殊云。今夏在三処安居。……」とあって、その「三処」について、『大方広宝篋経』には「住在是舎衛大城波斯匿王后宮一月。復一月住童子学堂。復一月住諸媱女舎。」（大14・474a）とあり『御抄』には「魚行（魚行魔界）・瑤房・酒肆也」とある（『広録』法語1）。

【鷹峰山の口】〈ようほうせんのくち〉（広）釈尊が霊鷲山で説法されたときの口（『広録』上堂412）。『卍山本』上堂408は「鷹峰山」を「鷲峰山」とする。

【要妙】〈ようみょう〉（広）緊要玄妙の処。奥深い真理（『広録』上堂4）。

【要免即免】〈ようめんそくめん〉（広）免れたければ免れよ。免れんと願うことこそが煩悩である（『広録』上堂339）。

【用免作麼】〈ようめんそも〉（広）免れ得たといっても迷いは迷いとして現としてある（『広録』上堂339）。

【雍（擁）容】〈ようよう〉（眼）（広）心穏やかな姿。和らぎやすらか。ゆったりとした。

【溶溶曳曳】〈ようようえいえい〉（広）溶溶は水の盛んに流れる貌。曳曳は長く動いて延ぶることをいうが、この場合は雲がゆったりと流れ行くさま（『広録』上堂421）。『宏智録』参照。

【瓔珞経】〈ようらくきょう〉(広) 『菩薩瓔珞本業経』の略。竺仏念訳、二巻八品。三聚戒等を説く（『広録』上堂390、464）。

【用力】〈ようりき〉(広) 師の弟子を導く種々の努力（『広録』上堂87）。

【庸流】〈ようる〉(広) 平凡なもの（『広録』上堂483）。

【浴主】〈よくす〉(眼) 知浴ともいう。浴室の事を監掌する役職。

【浴仏】〈よくぶつ〉(眼)(広) 四月八日の釈迦の誕生日に、誕生仏の像に甘露水を擬して甘茶などの香湯をもって湯浴みさせる儀式。灌仏会・仏生会・降誕会とも。現代では「花祭り」と通称される。我が国では灌仏会を承和七年（八四〇）に清涼殿にて初めて行なったとされる。

【欲界自在】〈よっかいじざい〉(広) 欲界の最高位にある他化自在天のこと。仏教では、衆生の世界を六道に分け、その一つに天界がある。その天界にも、欲・色・無色の三界があり、その欲界にある六天を六欲天とし、その最上層の第六天を他化自在天と呼ぶ。天魔波旬・魔王と呼ばれる天のことで、常に多くの眷属を率いて人間界において仏道の防げをするという（『広録』上堂360）。

【余甘子】〈よのかんす〉(広) 果実の名。梵語 amalaka（菴摩勒）の異名。葉は羽状に分裂し、花は黄色。核は円く六・七の稜がある。これを食すと、はじめは渋いが、後に甘くなるので、余甘子と呼ぶ（『広録』上堂402）。

【居常】〈よのつね〉(広) 平常な日常生活（『広録』頌古63、自賛4）。

【尋常に僧の来るを見て便ち面壁す】〈よのつねにそうのきたるをみてすなわちめんぺきす〉(広) 魯祖宝雲が面壁によって学人を説得した公案。魯祖は参来の僧があると面壁してとりあわなかったという。魯祖の面壁はそれがそのまま学人への説得であり、そこに相見して、人人が自己の中に魯祖を会取しなければならないことを示している。魯祖面壁に対しては、南泉以下多くの古徳が論評しているが、中でも羅山の玄沙は「我当時もし見ば背上に五火抄を与えん」といったことから、「古徳火抄」なる語を派生している（『広録』頌古79）。

【余不の印】〈よふのいん〉(眼) 余不は地名。印は侯の印章。孔愉（敬康）が助けた亀が孔愉に報恩をした故事。『蒙求』下に「晋書、孔愉、字敬康、会稽山陰人、与同郡張茂偉康、丁潭世康、斉名。時人号曰会稽三康。建興初、出為亟相椽、後以討華軼功、封余不亭侯。愉嘗行経余不亭、見籠亀於路者。愉買而放之渓中、亀中流左顧者数回。及鑄侯印、而印亀左顧、三鑄如初。印工以告。愉乃悟遂佩焉」（晋書に次のようにある。孔愉は字を敬康という会稽山陰の人である。同郡の張茂偉康と丁潭世康と名が名が同じであったので時人は会稽の三康といっていた。建興の初めに亟相椽になり、後に華軼を討った功により余不亭の侯（長官・知事）に任じられた。その昔、彼は余不亭を通ったとき、籠に入れられた亀を見て、それを買いとり河に逃がしてやった。すると、亀は、河の途中まで行くと首を左に向けて何度もふり返った。彼は、その亀のことをすっかり忘れていたが、侯となったので侯印を鑄ることを工人に命じた。侯印の手に持つところは亀の形をしているのだが、工人が鑄ると亀の首が左に向いていた。鑄なおすこと三度とも首が左を向いていた。そのことを工人が孔愉に告げると、彼は昔のことを憶い出し、自分が余不亭の侯になれるのは、昔、助けた亀の報恩行であると感じたのである）と。この故事による（『眼蔵』行持下巻、(岩)中・49)。

【与麼】〈よも〉(広) そうであるならば（『広録』上堂125、167、469、509、頌古59、65）。

【与麼来を知って与麼去を知らず】〈よもらいをしってよもこをしらず〉(広) その来由をいうことはできるが、それを全て捨て去ることはできない意（『広録』上堂167、469）。

【預流果】〈よるか〉(眼) 小乗四果の第一。⇩「四果」

【夜静かに更闌けて北斗を望む】〈よるしずかにこうたけてほくとをのぞむ〉(広) 夜更けに、北斗星を望む（『広録』偈頌107）。

ら

【雷菴虚中】〈らいあんきょちゅう〉(眼)（一一四六～一二〇八）。諱は正受、字は虚中、雷菴と号す。蘇州常熟の人、姓は邵氏。幼にして儒学を修め、のち慧日寺心鑒に就いて出家、応菴曇華・月堂道昌等に謁し、さらに無菴全・瞎堂遠等に参ずる。『嘉泰普灯録』三十巻を撰す。師はもっぱら弘教に志して名利を斥け、しばしば名刹の招きを辞して迹を蔵した。南宋嘉定元年（一二〇八）示寂、寿六十五。

【来鴈遷鶯（鷺）】〈らいがんせんおう〉(広) 雁が渡って来、鶯が移っていくという季節の移り変わりは、祇園精舎の釈尊の仏事である（『広録』上堂285）。

【来去】〈らいきょ〉(広) 生死去来真実人体のこと。六道の間に生死去来する凡夫の身そのものがそのままが仏陀の法身である（『広録』小参10、偈頌38、44、50）。

【来去綿綿】〈らいきょめんめん〉(広) 生死去来綿綿として相続したところに親密本分の一路がある（『広録』偈頌12）。

【来生】〈らいしょう〉(眼)(広) 来世。

【来端】〈らいたん〉(広) 再来。来由（『広録』上堂230、314）。

【礼拝得髄】〈らいはいとくずい〉(眼)(広) 二祖慧可の得悟の因縁（『広録』上堂188）。『眼蔵』礼拝得髄巻、葛藤巻（(岩)中・190-191）を参照。

【来由】〈らいゆう〉(広) よってきたるところ（『広録』偈頌41）。

【羅漢】〈らかん〉(広)（『広録』上堂327、374、415、437、446、513）

⇨「阿羅漢」

【落処】〈らくしょ〉(眼)(広) 帰着点、境界または落ちつき処の意。

【酪の蘇と成る】〈らくのそとなる〉(広) 酪が蘇となるように成熟すること（『広録』頌古73）。

【落草六年花開一夜】〈らくそうろくねんけかいいちや〉(眼) 釈尊が六年苦行して正覚を成ぜられたことをいう（『眼蔵』菩提分法巻、(岩)下・37）。

【落第二頭】〈らくだいにとう〉(眼)(広) 『卍山本』では、「第二頭に落つること」とある（『広録』頌古47）。第二頭とは、第二義門のこと。第一義門は言語や思惟を超えた仏法の究極の宗義をいい、第二義門はその第一義門の最奥の宗義を離れて種々の手段で衆生の迷妄を断じて成仏得悟の道を示すことをいう。「第二頭に落つる」とは、宗乗の第一義から逸脱したこと（『眼蔵』大悟巻、岩上・394）。『眼蔵』大悟巻（岩上・395）に「落第二頭」について、「しかあるをさとりといふは、第二頭えおつるをいかんがすべきといひつれば、第二頭もさとりなりといふなり。第二頭といふは、さとりになりぬるといひや、さとりをうといひや、さとりきたれりといはんがごとし。なりぬといふも、きたれりといふも、さとりなりといふなり。しかあれば第二頭におつることをいたみながら、第二頭をなからしむるがごとし。さとりのなれらん第二頭は、またまことの第二頭なりともおぼゆ。しかあれば、たとひ第二頭なりとも、たとひ百千頭なりとも、さとりなるべし。第二頭あれば、これよりかみに第一頭のあるを、のこせるにはあらぬなり。たとへば昨日のわれをわれとすれども、昨日はけふを第二人といはんがごとし。而今のさとり、昨日にあらずとはいはず、いまはじめたるにあらず、かくのごとく参取するなり。しかあれば大悟頭黒なり、大悟頭白なり」と詳述されるように、第二頭も第一頭に即応することが示されている。

【落便宜】〈らくべんぎ〉眼広 煩悩迷妄を解脱して自由無礙・身心脱落、仏の境地を体験すること。

【落便宜得便宜】〈らくべんぎとくべんぎ〉眼広 宋代の喩えに「得便宜是落便宜」とあり、だましたはずが実はだまされているという意があるが、この場合は単に好都合の意（『眼蔵』谿声山色巻、岩上・145、『広録』上堂64）。

【洛浦】〈らくほ〉広 洛浦元安（八三四〜八九八）。夾山善会の法嗣（『広録』上堂10、498）。

【羅睺羅】〈らごら〉眼広 梵語 Rāhula 覆障と訳す。釈尊太子の時代に、耶蘇陀羅を母として生まれた子。のち出家して、密行第一と称され、釈尊十大弟子の一人と数えられる。

【羅睺羅阿修羅王】〈らごらあしゅらおう〉広 梵語 Rāhula-asura の音写。日蝕や月蝕をおこさせる悪魔。ラーフ（羅睺）は、不死の霊薬（アムリタ＝amṛta）を飲んでいたところをヴィシュヌ神に首を切られた。が、アムリタを飲んだ頭部のみが不死となり、ヴィシュヌ神に告げ口をした太陽と月を恨み蝕をおこすという。この羅睺羅阿修羅王と月にちなむ説話は『大智度論』十（(大)25・135b）に出る（『広録』上堂521）。

【羅睺羅多】〈らごらた〉(眼) 梵語 Rāhulabhadra（羅睺羅跋多羅）の略。インド付法蔵第十六祖の名。

【磊苴】〈らさ〉(広) 細事にかかわらない大きな気風。荒々しきこと。無頼、無法度とも（『広録』上堂128、自賛13）。

【羅刹】〈らせつ〉(眼) 梵語 rākṣasa 可畏・食人鬼等と訳し、悪鬼の通名。捷疾大力で人を魅し、あるいは人を食すという。

【羅刹国】〈らせつこく〉(広) 羅刹は悪鬼の通名。恐るべき悪鬼の国（『広録』上堂379）。

【裸腹空虚】〈らふくくうきょ〉(広) 全くの空腹。ここでは人間社会の小賢しい知識を捨て去ることをいう（『広録』偈頌31）。

【蘿蔔頭禅】〈らふとうのぜん〉(広) 蘿蔔は大根。大根は煮るとすぐに実が崩れてしまうことから、浅薄な安易な悟りに彷徨している禅をいう。また、日常そのままをよしとする安悟りをいう（『広録』小参7）。

【羅網】〈らもう〉(眼)(広) 浄土や天界にある宝網。荘厳具として、宝珠を編み連ね仏像に懸ける。

【籮（羅）籠】〈らろう〉(眼)(広) 羅は魚を捕える網、籠は鳥網、籠は鳥を容れるかご。網や籠に入れられて自由にならぬことから、身心の安隠を妨げる煩悩・妄想・執著・偏見等に喩える（『眼蔵』有時巻、(岩)上・162、坐禅箴巻、(岩)上・398、鉢盂巻、(岩)下・74、75、安居巻、(岩)下・77、出家巻、(岩)下・125、『広録』上堂88、101、359、『普勧坐禅儀』）。

【乱道】〈らんどう〉(眼)(広) みだりに道《い》う。自分の言句、詩文等を謙遜していう場合に用いる。

【蘭若】〈らんにゃ〉(広) 梵語 araṇya（阿蘭若）の略。十二頭陀行の一で、比丘が二三人で閑静な場所で修行すること。阿蘭若行（『広録』上堂446）。

【孄（爛）発】〈らんぱつ〉(広) ぴかぴかと咲く（『広録』上堂299）。

【闌夜】〈らんや〉(広) 深更、よふけ（『広録』偈頌36）。

り

【邐（驪）迤】〈りい〉(広) つらなるさま、斜めに連なるさま。また、連続して続くこと。

【邐（驪）迤行脚】〈りいあんぎゃ〉広 あちこちと行脚すること（『広録』上堂59、頌古16）。

【哩嗚囉了邏嗚稜】〈りうらりょうらうりん〉広 擬声語で笛の拍子をいう（『広録』上堂227）。

【籬華】〈りか〉広 まがきの花（『広録』法語1）。

【李奇成忠】〈りきせいちゅう〉広 不詳。『広録』偈頌30に成忠と出る、『卍山本』が成忠を削っているところなどを勘案すると李奇と成忠の二人かとも思われる（『広録』偈頌12）。

【履空の玄風】〈りくうのげんぷう〉眼『前漢書』に「唐尊衣敝履空、以瓦器飯食」とあり、履空とは底のぬけた履物を用いること。質素で栄華を事としない高風をいう（『眼蔵』行持上巻、岩中・27）。

【陸大夫】〈りくたいふ〉広 陸亘大夫のこと。字は景山。禅機を好み南泉普願に師事す（『広録』上堂267）。

【離鉤三寸】〈りこうさんずん〉広 鉤は師家の文字文句。宗師の言葉にとらわれない独創の一句をいうの意（『広録』上堂277、法語8、頌古22、28）。

【離車衆】〈りしゃしゅ〉眼 離車または梨昌は梵語 Lichavi（梨車毘）。王族の名で、薄皮と訳す。『翻訳名義集』二（大54・1084c）に、あるいは弥戻車（Mleccha）と名づけ、飜じて辺地主と名づくとあり、またこの意に見るべきか（『眼蔵』出家功徳巻、岩下・164）。

【驪珠】〈りじゅ〉眼広 驪龍（龍の一種である黒龍）の頷下に在る珠、得がたく尊い価千金の珠の意。

【梨昌】〈りしょう〉眼「離車」と同じ。⇩「離車衆」

【李相国】〈りしょうこく〉眼 李翺（七七二〜八四一）という。唐貞元十五年（七九九）朗州刺史となり、その後諸州の刺史に転ずる。朗州に在任の時、薬山惟儼に参じて啓発を受け、官務の余暇、諸方の禅匠に参じ、居士の名禅界に知られる。中唐を代表する文人の高弟（『会要』十九・李翺章）。

【離人の滴血】〈りじんのてきけつ〉眼 東山法演和尚の語に「君看陌上桃花紅、尽是離人眼中血」（『法演語録』、大47・62b）の句があり。転じて滴血は人体中にあっては暖かに、人体を離れては冷やかなるの意に用いる。滴血に冷暖の定性がないように、浄穢も無自性なることを例示する（『眼蔵』洗浄巻、(岩)上・116)。

【李枢密】〈りすうみつ〉(広) 李は人名、枢密は宋代では天下の武事を掌る最高官吏(『広録』偈頌48)。

【履践】〈りせん〉(広) 行ずること(『広録』上堂461)。

【李通判】〈りつうはん〉(広) 李は人名。通判は、宋代に藩鎮の権力を削るために一州の政事を監督した官名。『広録』偈頌12、30の李奇成忠のことか(『広録』偈頌40)。

【立雪断臂】〈りっせつだんぴ〉(眼)(広) 中国禅宗二祖神光慧可が、雪中にみずから臂を断って達磨大師に仏法を求めた故事。その故事にちなみ、十二月九日を曹洞宗では断臂会という(『眼蔵』行持巻、(岩)中・61、『広録』上堂392)。

【立僧】〈りっそう〉(眼) 僧堂後門の南頬の第一位を立僧位といい、特に有道の尊宿を請じて開法せしむるを、立僧首座と称してここに居らしむ。

【狸奴】〈りぬ〉(眼)(広) 狸奴は猫の類。文字・仏法を理解しえぬもの。転じて、機根の下劣なるものの喩え。

【離微】〈りび〉(広) 離は全ての束縛を離れること、微は万物と一体となること。大悟の境涯(『広録』上堂465)。

【李駙(附)馬】〈りふば〉(眼)(広) 李遵勗(?~一〇三八)という。字は公武。都尉の官に仕える。はじめ谷隠蘊聡(九六五~一〇三二)に参じて啓発を蒙り、居士としてその法嗣に列し、後に諸禅客と交わり、慈明楚円・楊大年居士と親交を結ぶ。宋宝元元年(一〇三八)卒去。『天聖広灯録』三十巻を撰述す(『普灯』二十二・李遵勗章)。

【龍牙……如何なるか是、祖師意】〈りゅうげ……いかなるかこれ、そしい〉(広) 以下の語話は『伝灯』十七・龍牙居遁章(大51・337b)参照。龍牙には、丹霞天然の嗣、翠微無学と臨済義玄とに祖師西来意を問法した因縁を扱った「龍牙過板」(『宏智頌古』八十則)なる公案もある。また龍牙と僧との問答話に「僧問龍牙、如何是祖師西来意、牙曰待石烏亀解語、即向汝道」(『請益録』七十八則、『空谷集』十五則)なるものもある。これは、石で作った亀はいつまでたっても言葉を理解するはずがないのと同様に、言語以前、表現以前の祖師西来意もそれをもって解釈すべきではなく、ただ実践の中に会得するしかないことを示した公案である(『広録』頌古60)。

【龍牙居遁】〈りゅうげこどん〉(眼)(広) (八三五~九二三)。洞山良价の法嗣。青原下。撫州南城の人、姓は郭氏。十四歳で出家、翠微和尚に参じ、次いで徳山宣鑑を訪い、のち洞山に謁して啓発を受け、湖南馬氏の請によって龍牙山妙済禅苑に住する。「貧学道」で知られる。後梁龍徳三年（九二三）示寂、寿八十九。証空大師と諡す（『伝灯』十七・龍牙居遁章（大）51・337b）。

【龍樹】〈りゅうじゅ〉(眼)(広) 梵語 Nāgārjuna 龍猛または龍勝と訳す。二〜三世紀の人で、南インド婆羅門出身。中観派の開祖で八宗の祖師として大乗仏教に対して初めて哲学的な理論づけ解釈をしたといわれる学匠として諸宗派に尊崇される。『大智度論』『中論』等を著す。禅宗においては、インド付法蔵の第十四祖に列す。『眼蔵』仏性巻（(岩)上・326）を参照。

【龍樹、人を接するに鉢水をもってす……】〈りゅうじゅ、ひとをせっするにはっすいをもってす……〉(広) 三世紀頃、南インドの迦那提婆が、生国の獅子国から仏道を極めんがために龍樹の下へやってきた。そこで龍樹は鉢に水を満たして弟子に持参させると、提婆は黙って鉢の水の中に針を投じたという故事。鉢の水が澄んでいるのは龍樹の知徳を示し、鉢に水が満ちているのは、龍樹の知徳の円満さを示し、提婆が針を投じて底につけしめたのは、提婆が龍樹の奥底を極めんとする意旨の現われとする（『広録』上堂531）。『会要』二・龍樹章を参照。

【龍象】〈りゅうぞう〉(眼)(広) 力量すぐれた修行者、または智と行を合わせ備えた高徳碩学をいう。

【龍蛇】〈りゅうだ〉(眼)(広) 聖者と凡人、具眼の人と無眼子。老少一如の世界をいう。

【龍蛇一弁】〈りゅうだいちべん〉(広) 龍蛇は聖と凡、また利と鈍。修行僧の中の優れたものも劣ったものも一緒になって懸命に弁道すること（『広録』上堂158）。

【龍潭】〈りゅうたん〉(眼)(広) 龍潭崇信（生没年不詳）のこと。唐代の人。天皇道悟に嗣法する。青原下。石頭希遷の法孫なり。渚宮売餅家の子と伝えられるが姓氏を明らかにせず。澧陽（湖南省）の龍潭に在って開法する。門下に徳山宣鑑あり（『伝灯』十四・龍潭崇信章、(大)51・313b）。

【龍頭蛇尾】〈りゅうとうだび〉(眼)(広) 頭でっかちで尻すぼみ。転じて、中途半端なこと。

【龍の消息、虎の大嘘】〈りゅうのしょうそく、とらのたいきょ〉(広) 龍の動き、虎の哮咆（『広録』偈頌95）。

【龍門三級】〈りゅうもんさんきゅう〉㊧ 兎三級浪とも。山西省黄河の上流で瀑布をなすのを龍門という。瀑水は三段に分かれ険にして船を通ぜず、これを龍門三級という。江海の大魚数千その下に集まったが上れず、上れば龍になるという。愚人は、夜中にその魚が龍と化したことも知らずに魚を求めてまわるところから、禅門では師家の拈提の落処を智解分別して方角違いに思考することにも用いる（『広録』頌古2）。『古註』はこの出典として「禹門三級浪。孟津即是龍門。禹帝鑿為三級。今三月三。桃花開時。天地所感。有魚透得龍門。頭上生角昂鬃鬣尾。拏雲而去。跳不得者点額而回」（『碧巌録』七則、㊀48・148a）を示す。

【龍門清遠】〈りゅうもんせいおん〉㊥（一〇六七～一一二〇）。五祖法演の法嗣。圜悟克勤と同門。臨邛李氏の子。龍門に化を振るうこと多年、仏眼禅師の号、及び紫衣を賜わる。宋宣和二年（一一二〇）示寂、寿五十四。語録八巻がある（『会要』十六・龍門清遠章、『普灯』十一・仏眼清遠章）。

【龍門無宿客】〈りゅうもんむしゅくかく〉㊧ 龍門は黄河中流山西省と陝西省の境にあり、山岳対峙する険所で、ここを通れば魚鼈の類はみな龍となるという伝説のあるところから、禅門では優れた師家のいる叢林に入れば、全て立派な衲子（僧）になることに喩える（『広録』上堂65）。『会要』二十五に出る。

【龍鱗金鱗】〈りゅうりんきんりん〉㊧ 監寺・典座の職にあたる人のことを指していう（『広録』上堂139）。

【龍鱗兎角亀毛を帯す】〈りゅうりんとかくきもうをたいす〉㊧ 龍鱗は龍の鱗、兎角は兎に角、それらは亀に毛のように本来ありえないもの、元来、無自性不可得の諸法に執著して有とみることに喩える。鯨が、龍の鱗・兎の角・亀の毛を帯びていること。ちなみに、以上の三つのほかに、塩の香・蛇の足・風の色等を実の無いものとする（『広録』偈頌86）。

【了庵門下】〈りょうあんもんか〉㊧ 仏照徳光、すなわち光仏照・拙庵徳光の住した了庵寺の門下（『広録』法語10）。

【稜角】〈りょうかく〉㊧ とがったもののかど。判然と眼に映ずるところやもの（『広録』偈頌93）。

【良久】〈りょうきゅう〉㊥㊧ 説法の際、しばしの間無言で学人に回光返照させる動作。

【両鏡相向、那箇最明……】〈りょうきょうそうこう、なこさいめい……〉㊝ 除夜の小参で、道元は役僧・大衆に対して一年間の労をねぎらい、偈頌をもって「永平寺の参学人は、大道心を成就するために香積如来の仏飯の功徳をもって庫院に入る……」と示され、趙州の明鏡の語話を次のように説示した。趙州は、ある僧に「二つの鏡が向かい合ったとき、どちらが明るいか」と問われると「お前のまぶたで須弥山が隠れてしまうよ」と答えたが、それは、二つの鏡が向かい合った状態で、どちらが明るいかなどと分別智で考えているときは、まぶたが垂れ下がってはっきりと現われている須弥山が見えないような状態である。故に目の前に展開している現実を事実として見極めよとの説示である（『広録』小参5）。以下の語話は『趙州録』に出る。

【了期】〈りょうご〉㊝ けりのつくとき（『広録』上堂319）。

【楞厳】〈りょうごん〉㊝『首楞厳経』とも。中国成立の偽経ともするが、瑯瑘慧覚の法嗣、長水子璿が『首楞厳経疏』十巻によって教禅一致を鼓吹した（『広録』上堂383、偈頌33）。

【亮座主】〈りょうざす〉㊞ 蜀の人で講経を事とし、一日馬祖道一の啓発を蒙って大悟し、洪州の西山に隠れて、消息なしという。語録一巻がある（『伝灯』八・亮座主章、㊅51・260a）。

【梁山縁観】〈りょうざんえんかん〉㊞（生没年不詳）。同安観志の法嗣。曹洞の系譜に属し、青原下第八世に列す。『眼蔵』空華巻（㊪中・174）に石門慧徹を梁山下の尊宿に列するが、諸録の系譜に見当らない（『伝灯』二十四、梁山縁観章、㊅51・406c）。

【霊鷲山】〈りょうじゅせん〉㊞ 梵語 Gṛdhrakūṭa（耆闍崛山）の訳で、略して霊山ともいう。摩竭陀国旧王舎城の東北に聳える高山で、釈尊説法の地として有名。

【両隻】〈りょうせき〉㊝ 二つとする（『広録』上堂277）。

【霊山の玄風】〈りょうぜんのげんぷう〉㊝ 霊山は霊鷲山。鷲台で釈尊が大迦葉に正法眼蔵涅槃妙心を付嘱せられたその家風をいう（『広録』上堂80）。

【霊山瞬目……二三万座管絃の楼】〈りょうぜんのしゅんもく……にさんまんざかんげんのろう〉㊝ 霊鷲山において釈尊拈華瞬目されたのは、その時だけのことではなく。迦葉尊者の微笑破顔はいまだに続き、釈尊の拈華は四五千条の華柳となって巷にあふれ、二三万座の管絃の音が高楼に鳴り響いている（『広録』上堂488）。『如浄語録』上・浄慈禅寺語録（(大)48・123c）参照。

【霊山の拈華】〈りょうぜんのねんげ〉(広) 霊鷲山での釈尊の拈花（『広録』上堂459）。

【霊山木杓力】〈りょうぜんのもくしゃくりき〉(広) 霊鷲山で伝えられた釈尊直々の仏法の効験を増進すること（『広録』上堂320）。

【霊山老古錐】〈りょうぜんろうこすい〉(広) 霊山は霊鷲山（釈尊説法の地）老古は師家に対する尊称。錐は鋭いきり、釈尊をさす（『広録』上堂171）。

【両足尊】〈りょうそくそん〉(眼) 仏の尊号。仏は両足を有する有情の中、最尊である故。

【遼天】〈りょうてん〉(広) 高い天のさま（『広録』上堂152）。

【両頭】〈りょうとう〉(眼)(広) 二方面。二つの見方。主観と客観。頭は接尾語（『広録』上堂169、171、248、341、509、法語12、14、頌古65）。

【領得】〈りょうとく〉(広) 会得（『広録』上堂370）。

【領念】〈りょうねん〉(広) 領は領会すること、念は念記すること。理解し記憶すること（『広録』法語4）。

【了然道者】〈りょうねんどうじゃ〉(広) 尼僧で道元の法嗣ともいうが、詳細不明（『広録』法語12）。

【梁武帝、初祖に問う、如何なるか、是、聖諦第一義……】〈りょうのぶてい、しょそにとう、いかなるか、これ、しょうたいだいいちぎ……〉(広) この公案は達磨廓然ともいう（『碧巌録』一則、(大)48・140a、『宏智頌古』二則）。梁の武帝と達磨との初相見のときの著名な問答（『広録』上堂304）。

【良馬は唯だ影鞭を待つのみに非ず……】〈りょうばはただようべんをまつのみにあらず……〉(広) 薬山門下のものたちが良馬であるならば、つまり、賢い馬は鞭の影を見ただけで走り出すように、薬山の叱咤する鞭を待つ必要がない。『宏智録』二・薬山不陞座の頌に「癡児刻意止啼銭、良駟追風顧影鞭」（(大)48・19a）とある。道元は『眼蔵』四馬巻(岩)下・143-144）において、馬と鞭を師による弟子への接化と解釈して「しかあれども、かならずしも調馬の法に鞭をもちゐるもあり。鞭をもちゐざるもあり。調馬かならず鞭のみにはかぎるべからず」と説示している。また、馬に、感の良い馬、鈍い馬など種々あるように人が仏道に入るにも、人それぞれの機根によるとする（『広録』小参15）。

【両般】〈りょうはん〉（眼）（広） 両頭、両箇、二種のこと。

【涼風方に度って秋の響きを覚る……】〈りょうふうまさにわたってあきのひびきをさとる……〉（広） 秋の風情に喩えて仏道修行の熟処をいう。涼風は迷悟を超脱した風（『広録』偈頌70）。

【両片皮】〈りょうへんぴ〉（眼）（広） 両片皮は上下の唇。饒舌に言葉を発すること。

【綾縫】〈りょうほう〉（広） 綾はあやぎぬ。種々の模様の地紋を浮きぼりにした絹織物。縫はぬいめ（『広録』上堂400）。

【繚乱】〈りょうらん〉（広） 繚は潦、撩。乱れあうさま（『広録』頌古5）。

【領覧】〈りょうらん〉（眼）（広） 領解・会得。

【料理】〈りょうり〉（眼）（広） きりもりする。処置する。

【両立春】〈りょうりっしゅん〉（広） 旧暦の閏年では、一年に二度の立春があることがある。道元の晩年では、宝治二年（一二四八）の一月三日と十二月十四日、建長三年（一二五一）の一月三日と十二月十八日である。この歳ばかりは、一月に立春を迎え、さらに十二月にもう一度立春を迎えることになる。第一句に「厳冬未極早春臻」とあるので、十二月の作頌と知れる。が、その年代は、宝治元年から同二年にかけては、鎌倉行化があった年であり、何とも忙しなく、両立春を作頌する雰囲気の年ではない。したがって、この作頌は建長三年十二月十八日と知れる。このように珍重すべき日については、日本では在原元方が「年のうちに春は来にけり　一年をこぞしはいはむ今年とやいはむ」（『新古今和歌集』春上）と詠み、中国では「寒暖都争一夜朧　始終速得両年春」とも詠まれている（『広録』頌古97）。

【寥寥】〈りょうりょう〉（眼）（広） 静かなさま。寂静、寥寞。

【了了常知】〈りょうりょうじょうち〉（眼）（広） 了了は明らかに。常知は真実が明確なこと（『眼蔵』説心説性巻、（岩）中・207、『広録』上堂185）。

【了了として……玄玄として……】〈りょうりょうとして……げんげんとして……〉（広） 了は終ること。了了は鮮明にはっきりと見解し悟了すること。玄は深遠な真実。同安常察（生没年不詳）に『十玄談』があり、それには、心印・祖意・玄機・塵異・仏教・還郷曲・破還郷曲・回機・転位・正位前のおのおのに七言律の頌を付したものがあり、そこに「了了了時無可了、玄玄玄処亦須何」とある（『広録』頌古89）。

【碌磚】〈りょくせん〉㊄ 碌は石の多いさま。磚は石の丸いさま。いずれも石の形状で、十方の古仏の全身も石のように動かないこと。迷妄のこと（『広録』上堂158、277）。

【驪龍】〈りりゅう〉㊄ 龍の一種で頷下に千金の珠をいだくという自在なる黒龍（『広録』上堂405）。

【李老君】〈りろうくん〉㊇ 老子のこと。

【霖霪】〈りんいん〉㊇㊄ 長雨。

【林間録】〈りんかんろく〉㊇『石門林間録』ともいう。臨済宗黄龍派の覚範慧洪（一〇七一～一一二八）が林間処士とともに、古人の言行・逸伝・聖訓・要語等、三百余項を集めたもので、二巻よりなり、宋大観元年（一一〇七）刊行。

【臨済、黄檗の会下に在って三年、行業純一なり……】〈りんざい、おうばくのえかにあってさんねん、ぎょうごうじゅんいつなり……〉㊄ 臨済義玄が黄檗会下に在って行持綿密に参学していたが、黄檗の老婆心切を悟り得ず、高安大愚の親語実話によって豁然と大悟した因縁で、これは師資因縁の容易ならざるを示している（『広録』頌古51）。『会要』八・臨済義玄章に出る。

【臨済義玄】〈りんざいぎげん〉㊇㊄（？～八六七）。黄檗希運の下で松杉を植えること三十年間にして法嗣となった。曹州南華の人、姓は刑氏。黄檗の会に在り、黄檗・睦州・高安大愚等の指導により啓発を受ける。後に郷党に還り城南の臨済禅苑に住する。機峰峻烈にして四料揀・三玄三要の施設がある。唐咸通七年（八六六）示寂。語録並びに行録があり盛んに伝唱される。門下より興化存奨・三聖慧然・灌谿志閑等を出し、その法脈大いに栄え、臨済宗となる（『伝灯』十二・臨済義玄章、㊅51・290a）。『眼蔵』行持上巻（㊢中・34-35）を参照。

【臨済宗】〈りんざいしゅう〉㊇ 中国禅宗五家の一。⇩「臨済義玄」

【臨済大師、三たび黄檗に参じて……】〈りんざいだいし、みたびおうばくにさんじて……〉㊄ 臨済大悟の話。黄檗会下の臨済義玄は行持綿密で、その師の黄檗希運に仏法的的の大意を三度質問するが、三度痛打され、その黄檗の老婆心切を悟り得ず、高安大愚のその親語の言下に豁然と大悟した因縁（『広録』法語2）。『真字』二十七則に同公案が収録されている。『臨済録』に「我二十年在黄檗先師処。三度問仏法的的大意。三度蒙他賜杖」（(大) 47・496c）とある。それ以後は同語録（(大) 47・504c）に見える。

【臨済徳山】〈りんざいとくさん〉(広) 臨済義玄と徳山宣鑑（『広録』上堂233、271、291）。

【臨済、二十年黄檗山に在って松杉を栽う……】〈りんざい、にじゅうねんおうばくさんにあってしょうさんをうう……〉(広) 臨済義玄の黄檗下にあっての修行（『広録』上堂291）。『広灯』十・臨済義玄章に出る。また『眼蔵』行持上巻（(岩)中・35）に若干語句の相違があるが拈提がある。

【臨済喝】〈りんざいのかつ〉(広) 黄檗希運の法を嗣いだ臨済義玄の学人接化の手段で、どんな僧が来ても一喝して門に入れなかった故事。この臨済の一喝の下には、何人も思慮分別をもって対応しきれず、自己が丸出しとならざるを得ないのである（『広録』法語5、11）。

【臨済赤肉団】〈りんざいのしゃくにくだん〉(広) 臨済は臨済義玄。赤肉団は肉体、赤裸々な生身の人間。『臨済録』に次のようにある。「臨済が上堂して『（諸君の）赤肉団上に一無位の真人（真の解脱人）がいて、常に諸君の口から出たり入ったりしている。まだこの真人を見届けていないものは（活眼を開いて）、よく看てみよ』といった。そのとき、一人の僧が進み出て『その無位の真人とは、どのような人でしょうか』と質問した。（すると、）臨済は席を下り、その僧の胸倉をつかまえ『さあ、云ってみよ』と詰問した。と、その僧はまごつきながらもなにかを云おうとした（その僧が無位の真人にこだわって無位の真人を台なしにしてしまった）ので、臨済は、その僧を突き放して『（自分自身が本来）無位の真人であるのに、これでは糞の棒同然だ』といって方丈に帰った」（(大) 47・496c）。すなわち、この公案は凡聖迷悟を超越し何物にもとらわれない真の解脱人は、赤裸々な生身の人間であるからこそ実現しうることを示したものである。ちなみに、同趣旨文は『宏智頌古』三十八則（(大) 48・252c）にも見られるが、最初の「赤肉団上」の四文字はない（『広録』上堂199、317）。『伝灯』十二・臨済義玄章（(大) 51・290c）を参照。

【臨済爺爺……末山嬢嬢】〈りんざいやや……まっさんじょうじょう〉(広) 臨済を我が法父とすれば、高安大愚の法嗣である末山了然という尼僧は法母であるの意（『広録』頌古32）。

【隣単隣肩】〈りんたんりんけん〉㊧ 坐禅堂に在って隣りに坐席を有する者をいう。同学または同参というに同じ（『眼蔵』安居巻、㊧下・91）。

【隣珍】〈りんちん〉㊧㊤ 隣人の財宝の意で、他人の所有する宝ということ。自分の利益には決してならない意（『眼蔵』神通巻、㊧上・383、『広録』上堂510）。

【輪王】〈りんのう〉㊧㊤ 転輪王の略。即位のとき、天から輪宝を感得し、それを転じて四方を降伏せしめるという。須弥四洲を統領する王。輪宝を転じて一切を威服する故に転輪王という。

【霖霖】〈りんりん〉㊧㊤ 雨が降り続くさま。雨が三日以上降り続くことを霖という。

る

【流落】〈るらく〉㊤ おちこむこと（『広録』上堂15、法語14）。

【琉（瑠）璃殿】〈るりでん〉㊤ 琉璃は中央アジアなどに産する玉。至宝の玉によって造られた宮殿（『広録』上堂341、514）。

【琉璃瓶（缻）子禅】〈るりへいすのぜん〉㊤ ルリガラス製の水さしのようにもろい禅。臨済宗楊岐派の大慧宗杲の禅を罵ってさす場合がある（『広録』小参7）。

れ

【霊雲笑う可し、百年の桃核より長ずることを】〈れいうんわらうべし、ひゃくねんのとうかくよりちょうずることを〉㊤ 霊雲志勤が桃李悟道した因縁の桃の花は百年前の桃の実から咲いたの意（『広録』上堂308）。

【霊雲曾て桃華の辺に悟る】〈れいうんかつてとうかのほとりにさとる〉㊤ 霊雲志勤が潙山霊祐に参じて悟道した因縁。霊雲の三十年間の修行中、桃花は咲いたり散ったりしていた。その厳然たる事実、今は桃花を見て不疑の境を得たという（『広録』上堂421）。

【霊雲志勤】〈れいうんしごん〉(眼)(広)（生没年不詳）。唐代の人。潙山霊祐の法嗣。南嶽下。長渓の人という。悟道の因縁及び偈は霊雲桃花として著名（『伝灯』十一・霊雲志勤章、(大)51・285a）。『眼蔵』谿声山色巻（(岩)上・138）を参照。

【霊雲、桃華を見ん】〈れいうん、とうかをみん〉(広) 霊雲志勤が潙山霊祐に参じて三十年間修行し、その間桃花は咲いたり散ったりしていたが、今はその桃花を見て不疑の境を得たという一見桃花の悟道の因縁（『広録』上堂317、457）。

【霊亀が六を蔵す】〈れいきがろくをかくす〉(広) 霊妙な亀が頭・尾・両手・両足を甲羅の中に蔵す。六根を収めた大道明心の道をいう（『広録』偈頌11）。

【霊機点】〈れいきてん〉(広) 霊妙不可思議なる作用、自在なはたらき。点は作用する、指し示す、火をつける（『広録』偈頌41）。

【霊光】〈れいこう〉(広) 仏道修行によって体得した叡智の輝き（『広録』偈頌14、25、40）。

【霊根】〈れいこん〉(広) 本来人間が具えている霊妙不可思議なはたらき、仏性（『広録』上堂82、小参9）。

【冷甑】〈れいそう〉(広) 冷たくなった瓦製の蒸し器（『広録』自賛16）。

【冷煖自知】〈れいだんじち〉(広) 水の寒暖はそれを飲む人のみが知ることであって、余人の知るところでは無い。と同様に、悟りの境涯もその人自身の問題であって、余人に窺い知れないことであること（『広録』上堂509）。

【令韜禅師】〈れいとうぜんじ〉(眼) 曹谿令韜（六六六～七六〇）のこと、行滔とも。吉州の張氏。六祖に就いて出家し、未だかつて左右離れず。六祖示寂ののちは、その衣を納めた塔に侍す。開元四年（七一六）代宗召すが疾と称して起たず、後に粛宗伝法の衣を内裏に迎えて供養するに、ともに入朝させせようとしたが、また辞して本山に終る。寿九十五。大暁禅師と諡す（『伝灯』五・曹谿令韜章、(大)51・244a）。

【嶺頭を待たずして好縁を見る】〈れいとうをまたずしてこうえんをみる〉(広) 山頂に着かないうちに素晴らしい縁を得たこと（『広録』頌古81）。

【嶺南人無仏性】〈れいなんじんむぶっしょう〉(広) 嶺南は、中国の中部と南部の境界をなす山脈を南嶺といい、その南の地方をいう。五祖弘忍が、広東の東南出身の慧能を指して、この地方の人は無知で仏たりえないと示したところ、慧能は人の出身に南北はあっても、仏法に南北はない、と答えた、という五祖と六祖との因縁（『広録』上堂431）。

【跉跰】〈れいへい〉(眼)(広) 伶併とも。さまよい、うろたえる。迷界に流浪すること（『広録』上堂289、法語14、偈頌35、44）。

【霊（羚）羊掛角】〈れいようかいかく〉(広) 羚羊（かもしか）は夜眠る時に角を樹木の枝に掛けて脚を地面から離して眠り、足跡を残さないということから、悟りの境涯の没蹤跡の作用に喩える（『広録』上堂167、469）。

【玲瓏】〈れいろう〉(広) 冴えてあざやかなさま（『広録』上堂19、219、頌古39、58、偈頌42、109）。

【玲瓏として自ら撥す……】〈れいろうとしてみずからはっす……〉(広) 潙山の言葉は極めて明瞭で、それは玉が回転しているようである（『広録』頌古39）。

【玲瓏八面】〈れいろうはちめん〉(眼)(広) 玲瓏は冴えてあざやかなさま。八面玲瓏は何れの方面にも透明で、心の中に何の邪念もないこと（『眼蔵』身心学道巻、(岩)中・126、三界唯心巻、(岩)中・197、『広録』上堂19）。

【瀝瀝】〈れきれき〉(広) 流れてやまないさま（『広録』上堂379）。

【列辟】〈れっぺき〉(眼) 辟は璧で璧玉を陳列する意か。『参本』に「列璧謂此外比類希。」と註す。

【連単】〈れんたん〉(眼) 隣単と同じ。（『眼蔵』行持上巻、(岩)中・37）⇩「隣単隣肩」

【恋犢】〈れんとく〉(広) 犢は子牛。子牛を思いやる心（『広録』偈頌1）。

【連袂】〈れんべい〉(広) 袂を連ねて（『広録』法語4）。

ろ

【漏】〈ろ〉(眼) 漏失または漏泄の義で煩悩の異名。貪・瞋・癡等の煩悩は絶えず六根門より漏泄して、身心を染汚し、善根を壊損する故である。

【盧行者】〈ろあんじゃ〉(眼)(広) 六祖大鑑慧能のこと。盧は六祖の俗姓、五祖弘忍のもとで行者として碓房に在ったことからこの名がある。⇩「大鑑慧能」

【盧行者五祖に詣ず……】〈ろあんじゃごそにもうず……〉㊧『眼蔵』仏性巻（㊨上・322–323）にこの問答が見える（『広録』上堂431）。

【盧医】〈ろい〉㊧ 兪氏、矯氏と並び称せられる三名医の一人（『広録』法語10）。

【螻蟻】〈ろうぎ〉㊧ けらとあり。とるにたらぬもの（『広録』上堂29）。

【老亀は必ず蓮に巣う、老人幾くか鏡を恠（怪）しむ】〈ろうきはかならずはちすにすくう、ろうじんいくばくかかがみをあやしむ〉㊧ 千年の寿命をもつ亀は神通をえて蓮に巣をつくり、老人は鏡を見て年老いた自分の顔を疑う。ごく当然のこと（『広録』上堂418）。『宏智頌古』八十一則・玄沙百戯話に出る。

【浪花】〈ろうけ〉㊧ 浪の動きを花に喩える（『卍山本』偈頌50）。

【朧月】〈ろうげつ〉㊧ おぼろづき（『広録』偈頌111）。

【臘月扇】〈ろうげつせん〉㊧ 十二月の扇子は不必要なものであることから無用なるものの意に転じ、さらに無所得の働きを意味する（『広録』上堂27、307、475）。

【臘月蓮】〈ろうげつのはちす〉㊧ 十二月は蓮の花が咲く時期ではない故に極めてまれなものをいう（『広録』上堂298、405、460）。

【老拳頭】〈ろうけんとう〉㊥㊧ 老は接頭語、頭は助詞。にぎりこぶし。転じて、各人が本来備えている真実の姿の意味をもつ（『眼蔵』阿羅漢巻、㊨中・103、他心通巻、㊨下・102、『広録』自賛6）。

【陋巷】〈ろうこう〉㊧ 貧しいちまた（『広録』上堂316）。

【漏刻】〈ろうこく〉㊧ 時刻を計る器。水時計。底に穴のある壺に水を入れ、下に漏水を受ける器を置き、その中に目盛りをした矢を立て、漏水の度を示す。この壺を漏壺、矢を漏箭、水を漏水という。この場合は昼夜を分かつこと（『広録』上堂413）。

【老樹優曇華】〈ろうじゅうどんげ〉㊧『山註』は老樹優曇華を梅花と注する。三千年に一度霊瑞の花を咲かせるという優曇華のように珍しい老樹の梅花が雪中に咲いた（『広録』偈頌92）。

【老樹梅華】〈ろうじゅばいか〉㊧ 優曇華のように珍しい老樹の梅花が雪中に咲いた。霜雪の中にあっても決して変節しない道元自身に喩える（『広録』偈頌77、78）。

【弄精魂】〈ろうぜいこん〉(眼)(広) 精力を尽くして苦心経営すること。通常は、妄想分別に心魂を消尽することをいうが、『眼蔵』においては、専心純一に弁道することをいう。『眼蔵』優曇華巻（(岩)中・395）に「弄精魂とは、祇管打坐脱落身心なり。仏となり祖となるを、弄精魂という。著衣喫飯を弄精魂というなり」とある。

【楼捜】〈ろうそう〉(広) 理由もなく人の言葉に従って多数が集まること（『広録』上堂145）。

【摟捜】〈ろうそう〉(広) 愚かな、愚鈍の人（『広録』自賛13）。

【老聃（聃）】〈ろうたん〉(広) 老子のこと。姓は李氏。名は耳。諡は聃。『老子道徳経』で無為自然を説く（『広録』上堂383）。

【弄泥団漢】〈ろうでいだんかん〉(広) 本来は泥のかたまりをこねる人の意。転じて思慮分別のみにたよっている人を罵る語（『広録』上堂215）。

【漏滴】〈ろうてき〉(広) 雨漏り（『広録』法語6）。

【老兎】〈ろうと〉(広) 月の異称（『広録』上堂424）。

【潦倒（到）】〈ろうとう〉(広) 老いて。老衰（『広録』上堂498、偈頌106、108）。

【潦倒して居を北山の北に占む】〈ろうとうしてきょをほくざんのきたにしむ〉(広) 道元が四十五歳で北越入山したこと（『広録』上堂498）。

【潦倒画図の質】〈ろうとうがずのすがた〉(広) 絵に書かれた老衰した姿（『広録』偈頌106）。

【臘梅一枝を拈ず】〈ろうばいいっしをねんず〉(広) 正法眼蔵涅槃妙心、優曇華のこと。釈尊は、十二月八日に成道後、悟られた真実をこの臘梅一枝として天下に往来し、値を付けて売る商売してきたが売り尽くせない。ただ、末期に、拈華微笑の古話にあるように、迦葉尊者一人のみが、それに値をつけてたので臘梅を売ることができた。つまり、臘梅一枝に託して仏法を嗣続させたのである（『広録』真賛1）。

【老梅樹】〈ろうばいじゅ〉(眼)(広) 霜雪苦辛を経た老いた梅の樹、これは凡木とは異なる。道元自身をさす（『広録』上堂438、自賛1）。

【撈波子】〈ろうはし〉(眼) 水中で魚貝等を掬う竹器。

【老婆心切】〈ろうばしんせつ〉(眼)(広) 臨済の慈心のきわみ（『眼

蔵』菩提分法巻、(岩)下・26）、『広録』上堂42、280、493、小参18、法語2、頌古51）。

【臘八】〈ろうはつ〉(広) 釈尊成道会の十二月八日（『広録』上堂88、136、213、297、360、406、475、506）。

【臘八成道会の上堂、落草六年老作家なり……】〈ろうはつじょうどうえのじょうどう、らくそうろくねんろうさっけなり……〉(広) 以下の語は『如浄語録』上（(大)48・122b）に見える（『広録』上堂136）。また『眼蔵』眼睛巻（(岩)中・368）を参照。

【臘八の上堂に云く、瞿曇老賊魔魅に入る……】〈ろうはつのじょうどうにいわく、くどんろうぞくまみにいる……〉(広) この上堂語は『如浄語録』上（(大)48・122c–123a）に基づくものか（『広録』上堂213）。それは、『眼蔵』梅華巻（(岩)中328）、眼睛巻（(岩)中368）にも引かれる。

【老婆汝が為に道う……】〈ろうばなんじがためにいう……〉(広) 徳山が南方の禅を論破せんとする途中、餅売りの老婆から「あなたは『金剛経』の権威だというが、『金剛経』に過去心不可得・現在心不可得・未来心不可得とあるが、どの心で餅を食べるのか」と質問されて答えに窮したという故事がある（『広録』頌古24）。

【廊廡】〈ろうぶ〉(広) ひさし、のきした（『広録』上堂430、頌古8）。

【老不老】〈ろうふろう〉(広) 兜率天で菩薩での三阿僧祇劫修行された老身と、人間界での永遠仏としての不老身。この語についての問答は『曹山録』下（(大)47・541b）に出る（『広録』上堂320）。

【瑯琊慧覚】〈ろうやえかく〉(眼)(広)（生没年不詳）。宋代の人。汾陽善昭の法嗣。西洛の人。父は衡陽の大守で任地に歿す。帰途薬山を過ぎたあたりに、故郷のような風情があり、入って出家すという。後に汾陽に得法し、瑯琊山開化寺に住し、臨済の宗義を挙揚した。勅して広照大師という。雪竇重顕と時を同じくして禅道を鼓吹したので、両人を二甘露門と称した。語録一巻がある（『会要』十二・瑯琊慧覚章、『普灯』二・広照慧覚章）。

【老野狐】〈ろうやこ〉(広) 大証国師、南陽慧忠のこと（『広録』上堂314）。⇩「南陽慧忠」

【籠羅】〈ろうら〉(眼)「羅籠」と同じ。籠籮とも書く（『眼蔵』心不可得巻、(岩)上・279）。⇩「羅（籮）籠」

【労侶】〈ろうりょ〉(眼)(広) 労役に従事する仲間のこと。『眼蔵』行持上巻（㊐中・35）に「黄檗のむかしは、捨衆して大安精舎の労侶に混迹して、殿堂を掃灑する行持あり」とある。

【老老大大】〈ろうろうだいだい〉㊗㊄「老大」を強めた語で、修行を極め態度も風貌も威風堂々としている長老・高徳の僧の意味もあるが、また、非難の意味ももつ。

【撈摝】〈ろうろく〉㊗㊄ 撈は水中に入って物を掬い揚げること。摝はふるいにかけて物をより分けること。撈摝は捜し求めるという意。海底に沈んでいるものを救い上げるというのが原意で、実参実究の意（『眼蔵』仏性巻、㊐上・324、行仏威儀巻、㊐上・354、都機巻、㊐中・163、『広録』上堂322）。

【蘆華】〈ろか〉㊄ あしの花。白色の花（『広録』上堂29、481、偈頌74）。

【盧外の望】〈ろがいののぞみ〉㊄ 草庵で生活する修行者の望み（『広録』偈頌61）。

【路伽（迦）耶陀】〈ろかやだ〉㊄ 順世外道のこと。インドにおける外道の一派で、地水火風の四元素のみの存在を認める感覚的な唯物論に立ち、身体即精神説を取り、極端な現世主義・快楽主義を主張し、また詭弁に耽る一派ともされた。その起源は紀元前六世紀を下らず、六師外道中にはこの種の思想が多いとされる。逆路迦耶陀は苦行説を主とす（『広録』上堂380）。

【六月半】〈ろくがつなかば〉㊄ 九旬安居の六月中旬過ぎを指し、夏安居はあと残すところ三十日ばかりとなる（『広録』偈頌79）。

【六群禿子】〈ろくぐんとくす〉㊗ 六群比丘のこと。仏在世に六人の悪比丘あり、党を結んで教団の規矩を乱す。仏の戒律制定は多く彼等を縁とする。六群比丘尼、十八群比丘等もいた（『眼蔵』山水経巻、㊐上・220）。

【六師】〈ろくし〉㊗㊄ 六師外道のこと。仏在世に行なわれた六派の外道をいう。

【六識】〈ろくしき〉㊗㊄ 六情と六塵とが和合して生じる我々の認識のこと。

【六趣】〈ろくしゅ〉㊗ 六道のこと。地獄趣・餓鬼趣・畜生趣・阿修羅趣・人趣・天趣とも。

【六十二見】〈ろくじゅうにけん〉㊄ 釈尊の時代を中心として、インドの思想界で唱えられた諸種の見解を総括分類したもので、身見の四句分別を、欲色二見の五蘊と、無色界の四蘊に配分して五十六。断常の二見を三界に分配して六。合計して六十二とする（『広録』上堂408、486）。『学道用心集』に「六十二見、以我為本也」とある。

【六親】〈ろくしん〉(広) 父・母・妻（夫）・子・兄（姑）・弟（妹）のこと（『広録』上堂430）。

【六塵】〈ろくじん〉(眼)(広) 六識の対境となる色・声・香・味・触・法。

【六神通】〈ろくじんずう〉(眼)(広) 六通ともいう。仏・菩薩が定慧力によって得た六種の無礙自在の妙用をいう。天眼通・天耳通・他心通・宿命通・神足通・漏尽通のこと。道元は、この六神通とは特殊な能力ではなく、日常底のあるがままが神通であると説く。『眼蔵』神通巻を参照。

【漉水嚢】〈ろくすいのう〉(眼) 飲料水の中にある虫の命を害さないために水を漉す嚢のこと。比丘六物の一。

【六祖】〈ろくそ〉(眼)(広) ⇩「大鑑慧能」

【六祖曹谿】〈ろくそそうけい〉(広)（『広録』上堂486）⇩「大鑑慧能」

【六祖壇経】〈ろくそだんきょう〉(眼) ⇩「壇経」

【六祖に問う、黄梅の意旨、什麼人か得る……】〈ろくそにとう、おうばいのいし、なにびとかえる……〉(広) 黄梅五祖弘忍と六祖慧能との付法の因縁（『広録』法語3）。『会要』二・六祖慧能章に出る。

【六代】〈ろくだい〉(広)（『広録』上堂9、50、172、379、383、法語5）⇩「六代の祖師」

【六代の祖師】〈ろくだいのそし〉(眼)(広) 初祖達磨から慧可、僧璨、道信、弘忍、慧能と続く中国禅宗六祖師のこと。

【六通三明】〈ろくつうさんみょう〉(眼) 六通とは六神通のこと。三明とはこの中の天眼・宿命・漏尽の三通をいう。⇩「三明」

【六天】〈ろくてん〉(眼)「六欲天」に同じ。⇩「六欲天」

【六道】〈ろくどう〉(眼)(広) りくどうとも読む。衆生の行動因縁によって到る地獄・餓鬼・畜生・修羅・人間・天上の六種の道。六趣とも。⇩「六趣」

【六耳】〈ろくに〉(広) 三人。六耳不同謀のこと。謀りごとは三人（耳六つ）であると必ず漏れるから、二人で行うべきであるということ。転じて仏法の極意は師資二人の間で面授されるべきだとしている（『広録』上堂50、偈頌116）。

【六耳七穿八穴】〈ろくにしちせんはっけつ〉㊛ 四方八方に穴をあけること。仏法の七通八達することをいう。自在無礙のはたらきの意に用いる（『広録』偈頌116）。

【六入】〈ろくにゅう〉㊞ 新訳には六処という。眼・耳・鼻・舌・身・意の六根、または色・声・香・味・触・法の六境をいう。六根を内の六入、六境を外の六入と称し、合して十二入という。

【六波羅蜜】〈ろくはらみつ〉㊞ 梵語 paramitā（波羅蜜多）。度、または到彼岸と訳す。故に六度または六度無極・六到彼岸とも称す。菩薩の修する大行で布施・持戒・忍辱・精進・禅定・智慧の六種をいう。

【六門】〈ろくもん〉㊛ 六道とも。衆生が輪廻する道途である六種の道、即ち、地獄・餓鬼・畜生・修羅・人間・天上の六界をいう（『広録』上堂187）。

【鹿野苑】〈ろくやおん〉㊛ 中インド波羅奈国にあり、釈尊が成道後、初めて説法された地。現在のベナレスの北にあり、今は公園として保存されている（『広録』上堂412、法語2）。

【鹿野苑の眼】〈ろくやおんのまなこ〉㊛ 鹿野苑で釈尊が五比丘のために、初めて法を説かれた時の眼（『広録』上堂412）。

【六葉】〈ろくよう〉㊛『山註』に「草木の花は陽数にして五葉に開くなり。雪の性は水なり。水は陰の数にして六つなるほどに、雪をば六出花と言うなり」とある（『広録』偈頌88）。

【六欲天】〈ろくよくてん〉㊞ 欲界に六重の天があり、六欲天という。四王天・忉利天（三十三天）・夜摩天・兜率天・楽変化天（化楽天）・他化自在天のこと。

【漉漉】〈ろくろく〉㊛ だらだら流れるさまをいう（『広録』上堂379）。

【轆轆】〈ろくろく〉㊞㊛ 車の走る音の形容。

【六六三十六】〈ろくろくさんじゅうろく〉㊛ 六×六が三十六であり、式と答えで内容が変わらないことから、分別を超越したあるがままの姿をさす（『広録』上堂195）。

【露迥迥（廻廻）】〈ろけいけい〉㊞ 洗い上げたように美しく一点の染汚もないこと。脱塵の境界をいう（『眼蔵』一顆明珠巻、㊣上・90、行持上巻、㊣中・22、家常巻、㊣中・374）。

【盧居士】〈ろこじ〉㊞ 大鑑慧能のこと。盧はその俗姓、未出家のときをさして居士という（『眼蔵』出家功徳巻、㊣

下・161)。⇩「大鑑慧能」

【廬山】〈ろざん〉(眼)(広) 江西省鄱陽湖西畔に在り。一に匡山という。殷周の際匡裕がここに結菴し、漢の高祖のとき廬裕がこの山に入ったためにその名がある。達摩多羅がここに住し、慧遠がここに白蓮社を結び、東林常総がここで東坡居士蘇軾を接得した。

【廬山移取して……】〈ろざんいしゅして……〉(広) 巌頭坐却著縁の話（『真字』七十五則、『会要』二十一・巌頭全豁章）として知られる。禅の境涯は対境の如何にこだわらず常に尽十方世界をもって身心とすることを示している（『広録』頌古30）。

【鷺鷥】〈ろし〉(広) さぎ。全身白色（『広録』上堂29）。

【驢腮馬觜】〈ろしばし〉(眼) 客観界の千差万別であることをいう（『眼蔵』仏性巻、(岩)上・319）。

【露地白牛】〈ろじびゃくご〉(眼)(広) 露地は門外の青天井、平安無事な場所。白牛は清浄なるもの。『法華経』では白牛を一乗の教えに喩える。一点の汚れもない清浄の意（『眼蔵』家常巻、(岩)中・374、『広録』上堂203）。

【驢事未去、馬事到来】〈ろじみこ、ばじとうらい〉(眼)(広) 霊雲驢事馬事とも。驢と馬とは、かのことが終らないうちに、このことが来ていること。甲乙・彼此・彼れ是れ、または一事他事というような軽い意味で、一事が未だ成らないのに、他事の迫り来ること。日常生活における不断の造作をいう。仏法の大意を驢事馬事の話で誘導し、真実の悟りが意識の著述、即ち思慮分別を超えた境涯であることを説く公案。道元は『眼蔵』中でもこの言葉を用い提唱している。例えば諸悪莫作巻（(岩)上・153）では「莫作および奉行は、驢事未去、馬事到来なり」とされる。仏道修行が絶え間なく続くこと（『広録』頌古29）。

【驢事未了】〈ろじみりょう〉(広) 一つのことが終らないうちに、次のことがやって来ることを意味する言葉で、仏道修行が絶え間なく継続することをいう（『広録』上堂390、399）。

【驢事未了、馬事到来】〈ろじみりょう、ばじとうらい〉(広)（『広録』上堂399）⇩「驢事未去、馬事到来」

【驢前馬後】〈ろぜんばご〉(広) 他人の言行のみに従い、自己独特の機用のないこと、常に人に従ってばかりいて、随処に主（絶対自由の境地にあること）となれないこと（『広録』上堂4、頌古26）。

【驢前馬後漢】〈ろぜんばごかん〉㊥ 驢馬の前後に随従する人。事の前後に附随して、その真髄を捉えることのできない者をいう。前に言った言葉と後に言った言葉がそぐわない人。この二つとも悟りの周辺に低迷する人、似非なるものを悟りあやまる人をさす（『眼蔵』仏性巻、㊧上・341）。

【魯祖宝雲】〈ろそほううん〉㊦（生没年不詳）。中唐時代の人。馬祖道一の法嗣。南嶽下。魯祖は魯祖面壁等の機縁の語を多少残すのみで、その行実は定かではない（『広録』頌古79）。

【驢胎と馬胎】〈ろたいとばたい〉㊦ 異類中行の妙用、衆生済度のために六道に輪廻すること（『広録』上堂128、276）。『眼蔵』菩提分法巻（㊧下・24）を参照。

【驢胎馬腹】〈ろたいばふく〉㊦ 驢や馬のような畜生となること（『広録』小参7）。

【驢胎を迸出して馬腹より生ず】〈ろたいをほうしゅつしてばふくよりしょうず〉㊦ 入驢胎馬腹と同義語。異類中行の妙用。衆生済度のためにすすんで六道に輪廻すること（『広録』偈頌5）。

【盧脱】〈ろだつ〉㊦ 全てを離しての意（『広録』小参11）。

【露柱】〈ろちゅう〉㊥㊦ 法堂・仏殿などのむきだしの円柱。牆壁・瓦礫などと同様に無情・非情なものの意を示す。

【露柱懐胎】〈ろちゅうかいたい〉㊥㊦ あらわにむきだしの柱が子を孕む。転じて無心に活動することに喩える（『広録』上堂501）。『眼蔵』龍吟巻（㊧中・379）に「乾不尽のゆえに露柱懐胎生なり」とある。

【露柱皺眉】〈ろちゅうしゅうび〉㊦ むき出しの柱が、人がするように眉に皺を寄せるということで、本来ありえぬこと。「露柱生児」「露柱開花」「露柱開口」等に同じ（『広録』上堂4）。

【露柱禅】〈ろちゅうぜん〉㊦ 無情・非情なものをよしとする禅（『広録』上堂52）。

【露柱灯籠】〈ろちゅうとうろう〉㊥ 露柱も灯籠も、ともに無情物を意味し、直に目前の事象を指示して、立処皆真の意を表す（『眼蔵』有時巻、㊧上・159、大悟巻、㊧上・392、道得巻、㊧中・138、説心説性巻、㊧中・206、家常巻、㊧中・373）。

【路中に趺を著くる】〈ろちゅうにあなひらをつくる〉㊦ 路につ

まずき倒れること（『広録』小参2）。

【六境】〈ろっきょう〉(眼) 眼・耳・鼻・舌・身・意の六根所対の境なる色・声・香・味・触・法を六境という。

【六戸冷じくして秋の如し……】〈ろっこすさまじくしてあきのごとし……〉(広) 寒村。また、六戸は六根（目・耳・鼻・舌・身・意）の喩え（『広録』上堂397）。

【六根】〈ろっこん〉(眼)(広) 身体を構成する六つの感覚器官、眼・耳・鼻・舌・身の五官と意とを六根といい、対象認識のための器官である。

【六根互用（融）】〈ろっこんごゆう〉(広) 六根は対象認識の器官。その対象は六境（色・声・香・味・触・法）であるが、その執著から脱すること（『広録』上堂152）。

【露堂堂】〈ろどうどう〉(眼)(広) 全体蔵れることなく堂々と露われていることをいう（『眼蔵』家常巻、(岩)中・374、『広録』小参12）。

【驢年】〈ろねん〉(広) 十二支に驢の年の無いところから、その時期の無いことに喩える（『広録』自賛2）。

【炉（鑪）鞴】〈ろはい〉(眼)(広) 炉は火牀、鞴は送風器（ふいご）をいう。故に炉鞴とは、金属を鍛錬する場所及び道具。転じて人物を鍛錬する師家、または道場をいう（『眼蔵』仏向上事巻、(岩)上・416、家常巻、(岩)中・373、『広録』上堂14）。

【露布】〈ろふ〉(広) 路布・露版ともいい、制書等の対緘するものに対し、広く公衆の目に触れせしめる手紙・上書・報告書をいう。転じて文字や言語で人々に言い広め、また世間に吹聴することなどに転用される（『広録』上堂87）。

【盧陵米価】〈ろりょうべいか〉(広) 盧陵は中国良米の産地。仏法の大意を質問する一僧に対しての、青原行思の答え。仏法の抽象化・観念化されることを避けて生活即事的な例によって仏法のありようを示したもの（『広録』上堂400、422）。

【盧陵米価高、鎮州蘿蔔大】〈ろりょうべいかこう、ちんしゅうらふだい〉(広) 青原行思がある僧に仏法の大意を問われて「盧陵の米の値段はいくらか」と答えた公案と、趙州従諗にある僧が「南泉に会われたというが、本当ですか」と問うと「鎮州では大きな大根を産出す」と答えた公案が典拠となっている。この二つは仏法が観念化・抽象化されることを避けて、現実を直視し「今を真剣に生きる」ことを示したもの（『広録』上堂148）。

【魯連が一箭】〈ろれんがいっせん〉㊗ 魯連は魯仲連のこと。紀元前三世紀頃の人。戦国、斉の人、高踏にして官に仕えず、人のために喜んで難を排し、紛を解いた高潔の士。一箭は一本の矢、一矢。『漢書』の「班固・答賓戯」に「是故魯連飛一矢而蹶千金、虞卿以顧眄而損相印」とある。また『史記』八十三には一年余攻撃しても落ちない城に矢文を射込んだところ燕将はその書を見て三日間泣いた後に自害したという（『広録』頌古32）。

【論議師】〈ろんぎし〉㊗ 仏法を問答によって、その理否を分別討論するもの（『広録』上堂381）。

【論力】〈ろんりき〉㊝ 外道の名。論議の力最大なりと自負し、釈尊と毘舎離国で論議を行なったという（『眼蔵』四禅比丘巻、㊠下・224、225）。

わ

【淮河】〈わいが〉（広） 河南省桐柏山に発する古代中国四大河の一つ（『広録』頌古70）。

【我が脚、何ぞ驢脚に似たる……】〈わがあし、なんぞろきゃくににたる……〉（広） 黄龍慧南が学人接化の手段として用いた、いわゆる黄龍三関の一。第一は学人の生縁。第二は自分の手と釈迦の手の似ていること。第三は自分の脚と驢馬の脚とが似ていること。以上の問題提起によって、学人の相対的差別に陥っている執著を取り除いた活手段（『広録』上堂420、小参6）。

【我が纓且く滄浪に濯うべし】〈わがえいしばらくそうろうにあらうべし〉（広） 『孟子』離婁章句上の「滄浪之水清兮、可以濯我纓、滄浪之水濁兮、可以濯我足」とする、いわゆる「滄浪歌」が出典。その意は、滄浪の水が清ければ、冠の紐が洗われ、濁っていれば泥足が洗われるということで、何事も時勢の成り行きに任すべきを歌ったもの。世の中が治まっていれば出て仕え、世の中が乱れていれば隠棲すべきことを寓し、また自業自得の意を寓したもの（『広録』頌古29）。

【我が王庫内、無如是刀】〈わがおうこない、むにょぜとう〉（広） 仏の祖祖が単伝した仏法は、分別智による概念的な言語では伝え得ない。たとえ力を尽くして言葉で言い表そうとしても、二祖慧可のように臂を断って、達磨から吾が髄を得た、と云われる辛苦をしたとしても、山僧《わたし》（道元）に呈示するならば、私は「我が王庫内（正伝の仏法の宗旨の中）にはそのような刀は無い」という。つまり、仏法というのは、あくまでも現実のあるがままの姿であるので、それを刀で切るような鋭い言語をもって説示するような対象ではないとの説示（『広録』上堂99、129）。『広灯』八・黄檗断際章に出る。

【和竿】〈わかつ〉（広） 我が国の矢はず。熊本市本妙寺蔵の嘉禄三年（一二二七）画像賛には、「和竿折」とある（『広録』自賛18）。

【我手】〈わがて〉（広） 黄龍慧南が学人接化に用いた三関の一（『広録』上堂420、453）。

【我が不語話の時を待て……】〈わがふごわのときをまて……〉(眼)(広) 私が話をしないときを待て。言語を超越したところにこそ仏向上の事があることをいう（『眼蔵』仏向上事巻、(岩)上・413、415、『広録』頌古50）。

【和光応迹】〈わこうおうしゃく〉(眼) 和光同塵ともいう。諸仏菩薩が自己本来の智光を包み和らげ、衆生の機類に応同して迹を垂れ接化救済することをいう（『眼蔵』四禅比丘巻、(岩)下・216）。

【和修】〈わしゅ〉(眼)(広) 梵語 Śāṇavāsin 商那和修。インド付法第三祖。生まれながらに袈裟を着ていたと伝えられる（『眼蔵』袈裟功徳巻、(岩)上・176、『広録』上堂380）。『仏祖統記』五（(大)49・171b）を参照。⇩「商那和修」

【和泥合水】〈わでいがっすい〉(広) 慈悲方便の作略によって人を済度すること（『広録』上堂208、234）。

【話頭】〈わとう〉(眼)(広) 話題、問題点の意であるが、禅門では特に古則公案の一則または一節をいう。頭は助字。話則ともいう（『眼蔵』古鏡巻、(岩)上・295、光明巻、(岩)中・114、115、118、119、面授巻、(岩)中・319、龍吟巻、(岩)中・378、『広録』上堂32、531）。

【和南】〈わなん〉(眼)(広) 梵語 vandana の音訛。おなとも読む。盤淡・煩淡・婆南・盥睇・畔睇等とも書き、稽首・礼拝等の意（『眼蔵』出家功徳巻、(岩)下・160、『広録』真賛4）。

【和柔】〈わにゅう〉(広) おだやかでなごやか（『広録』上堂398）。

【和羅】〈わら〉(広) 食器。鉢（『広録』上堂173）。

【和羅飯】〈わらはん〉(広) 鉢和羅飯のこと。鉢に盛った飯。解夏（七月十五日）の僧自恣の日に衆僧に供養する餅飯《もちいい》のことともいう（『広録』小参16）。

【我れ青州に在って一領の布衫を作る……】〈われせいしゅうにあっていちりょうのふさんをつくる……〉(広) 青州は山東省益都県に位置する。この公案は仏法の真意の帰するところは、布衫を作るという日常底にあることを示す（『広録』上堂377、417）。

【我れ滅度すと言わば、吾が弟子眷属に非ず……】〈われめつどすといわば、わがでしけんぞくにあらず……〉(広) 我が釈迦牟尼仏は「私が入滅したと云うものは私の弟子でも眷属（親族）でもない。また入滅したくないというのも我が弟子でも眷属でもない」と云われた（『広録』上堂418）。『会要』

一・世尊章に出る。

【我れ山を愛する時、山主を愛す】〈われやまをあいするとき、やまぬしをあいす〉(広)『眼蔵』山水経巻（(岩)上・227）に「山かならず主を愛するとき、聖賢高徳やまにいるなり」と見える（『広録』偈頌102）。また宝治二年（一二四八）三月十四日、鎌倉より帰った翌日の上堂の帰山底の一句にも「……今日山に帰れば雲喜ぶ気あり、山を愛するの愛初めより甚だし」（『広録』上堂251）、また『広録』偈頌103にも「山主人を愛し我山に入る」などと見られる。この山を愛するという気持ちは、道元の山居に対する徹底した感慨である。それは釈尊の言として「山林に睡眠するは、仏歓喜し、聚落に精進するは、仏喜ばず」と僧の生活基盤はあくまでも山居にあることの確固たる認識である。その感慨は山居の偈頌十五首（『広録』偈頌巻）に結実している。

【我れ裏許に在って十万億仏を供養す】〈われりきょにあってじゅうまんおくぶつをくようす〉(広)そこで十万億仏を供養する（『広録』上堂377）。

【剜掘】〈わんくつ〉(広)えぐりほる（『広録』偈頌86）。

【宏智結夏の上堂、凡聖通同等……】〈わんしけつげのじょうどう、ぼんしょうつうどうとう……〉(広)宏智の結夏上堂語は道元の宝治二年（一二四八）の結夏上堂（『広録』上堂257）さらに建長元年（一二四九）の結夏上堂（『広録』上堂322）にも次のように提示されている。「凡聖通同して一家に共す。寂光の田地に生涯を看、而今、選仏に心空しもて去く、因みに丘園に覚華を開くことあり。禁足九旬、未だ歩を挙げず、前の処所を看る。護生三月、不触物底の身心を体《さと》る。……」（凡夫も仏も共に生活する、寂光とした静かな中で人生を見極め、坐禅の中に心と安んじ、仏道修行の成果を己のものとする。夏安居九十日の間禁足し、只管に打坐し、以前の自分を見つめ本質をつかむ。三ヶ月の間、物質を離れた心身を体《さと》るのだ。……）と安居の真意義を説示している。そして、道元は宝治二年には「宏智古仏、如来と合すといえども、未だ如来と安居を同じくせず。永平今日宏智と和合し、如来と同参す」と説示し、建長元年の結夏上堂にも、同じく宏智の上堂を引き、同じく「宏智と和合し、如来と同参す」と述べ、「手をとって共に仏殿に詣り、眉毛を相い結び僧堂に入らん」とその決意を示している。『宏智録』三・結夏上堂を参照。

【宏智古仏】〈わんしこぶつ〉㊥㊰ 宏智正覚のこと。道元が「古仏」と称して尊崇する禅者の一人。⇩「宏智正覚」

【宏智古仏……清涼境界、一壺の爽気秋を涵す……】〈わんしこぶつ……せいりょうきょうがい、いっこのそうきあきをかんす……〉㊰ 宏智の中秋の上堂に「なんと清涼なる境界であることよ、一壺（宇宙全体）が実にさわやかである。身心すらもが、夜半の晴空が月を抱き、思議を超えてあらゆるものを照らし常に虚心である。生滅の因縁を断ち切り、有無の情感を超えている。諸人よ、この世界の境界に至り、この世界に行いうるか。良久して月中の桂を折り尽くせば、月の清光はさらに増すであろう」とある（『広録』上堂344）。『宏智録』を参照。

【宏智古仏……僧、浄果に問う、如何なるか是、本来心んらいしん……】〈わんしこぶつ……そう、じょうかにとう、いかなるかこれ、ほんらいしん……〉㊰ 宏智の上堂に「僧が浄果守澄に『本来心とは何か』と問うと、浄果は『犀は月を翫ぶことによって角に紋（模様）が入るのであり、象は雷に驚かされるから牙に花模様が入る』と答えた。宏智《わたし》は『君の心は、本来心と君の心、犀と月、象と雷のように、付かず離れず、取らず捨てず、東からも西からも入れるし、誰が上か下かなどと区切りのないものだ。この本来心は俗に従って云えば真実の功を失するし、真実に応ずれば俗の功を借りることもないのだ。さあ、どのように体得したかな。珠の中、つまり自分自身の中に火があるのだ、このことは信じなければならぬ。天に向かって太陽を探し求めてはならぬ」（『広録』上堂246）。以下の語話は『宏智録』三・上堂語に出る。

【宏智古仏……雪、千峰に覆う時、如何……】〈わんしこぶつ……ゆき、せんぽうにおおうとき、いかん……〉㊰ 以下の語話は『宏智録』三・上堂語に出る（『広録』上堂203）。

【宏智正覚】〈わんししょうがく〉㊥㊰（一〇九一～一一五七）。丹霞子淳の法嗣。俗姓は李氏。温州の人。十一歳で出家し、枯木法成の指示によって丹霞子淳に謁し、執侍多年、三十一歳首座となる。泗州の普照に住し、長蘆山に開法する。三十九歳で天童山景徳寺に三十年住山し、正伝の仏法を挙揚した故に天童中興の祖と称せらる。各方の請に応じて寧日なく、当時大慧の唱道する看話の禅風を打破せんと努め、『坐禅箴』『黙照銘』等を著す。大悟を求めず、ひたすら坐禅に徹することを主張した。時に人これを称して黙照禅または宏智禅と称す。また文辞に巧みで、雪竇と並んで孔門の游・夏、詩壇の李・杜に比せられ、禅門にあっては、臨済宗の大慧宗杲とともに二大甘露門とも称される。南宋紹興二十七年（一一五七）示寂、寿六十七。宏智禅師と諡す。『宏智録』六巻がある。また百則の頌古は、万松行秀の評唱とともに『従容録』として世に行なわれる。道元もその語を度々引用されるように、その語録は特に日本曹洞宗の禅者に大きな影響をあたえている（『普灯』九・宏智正覚章）。

【宏智禅師頌して云く、来来去去山中の人……】〈わんしぜんじじゅしていわく、らいらいきょきょさんちゅうのひと……〉㊛ 宏智は次のように頌した。「仏道に徹底して生きる山中の人々は知っている、青山が自分の身体とひとつであることを。青山が自分自身であり、その自分自身のほかに我という存在のないことを。であるならば、感覚的な迷いなど一体どこに着くのか」（『広録』頌古25）。以下の頌は『宏智録』三・上堂語に出る。

【宏智禅師、初めて丹霞に参ず。霞問う。如何なるか是、空劫已前の自己……】〈わんしぜんじ、はじめてたんかにさんず。かとう。いかなるかこれ、くうごういぜんのじこ……〉㊛ 宏智がその師丹霞子淳に参ずると、師は「空劫已前の自己（何物も生まれていないときの自分）とは何か」と質問した。宏智は「井底の蝦蟆、月を呑却す。三更に夜明けの簾を借らず（井戸の中に住む何も知らないガマが月を飲み込んだと思っても、月は真夜中に簾など必要とせず、月は依然として天上に輝いてる、自己の存在はそのようなもの）つまり、空劫以前の自己は本来的に不言説であることを示した」つまり、ガマが月を呑みこもうとも月は月として存在し、月の光は夜明簾の光を借りなくても皓皓として輝いている、と。すると丹霞は「まだまだ、さらに言ってみよ」と迫る。そこで宏智がさらに言うとすると丹霞は払子を一振りして「また借りずなどというのか」という。この一喝で宏智はさとりを得て礼拝する。しかし丹霞は「どうして一句で表現しないのか」とさらに迫る。そこで宏智は「失銭遭罪」と答えた。つまり、当時の法律で銭を失ったものは罰せられたので、損をした上に損を重ねるようなものだと言ったのである。宏智は丹霞の問いに対して、非言語の世界を言葉をもって、分別智的理屈で答えようとした過ちに気づいたからである（『広録』頌古88）。以下の語話は『宏智録』四・宏智禅師行業記に出る。

【腕頭】〈わんとう〉㊍うで（『広録』上堂169）。

『永平広録』搭載 仏祖師略法系図

○ — 毘婆尸仏 — 尸棄仏 — 毘舎浮仏 — 拘留孫仏 — 拘那含牟尼仏 — 迦葉仏

— 釈迦牟尼仏 — 摩訶迦葉 — 阿難陀 — 商那和修 — 優波毱多 — 提多迦 — 弥遮迦 — 婆須蜜(多) — 仏陀難提

— 伏駄蜜多 — 波栗湿縛(脇) — 富那夜奢 — 馬鳴 — 迦毘摩羅 — 龍樹 — 迦那提婆 — 羅睺羅多 — 僧伽難提

— 伽耶舎多 — 鳩摩羅多 — 闍夜多 — 婆修盤頭 — 摩拏羅 — 鶴勒那 — 師子 — 婆舎斯多 — 不如蜜多

— 般若多羅 — 菩提達磨

菩提達磨
- 二祖慧可 487～593頃
  - 三祖僧璨 ?～606
    - 四祖道信 580～651
      - 五祖弘忍 601～674
        - 六祖慧能 638～713 —
        - 嵩山慧安 582～709
        - 玉泉神秀 ?～706
          - 嵩山普寂 651～739
      - 牛頭法融 594～657
        - 無著 不詳
        - 智巌 600～677 — 慧方 629～695 — 法持 635～702 —
- 道育 不詳
- 道副 464～524
- 尼総持 不詳

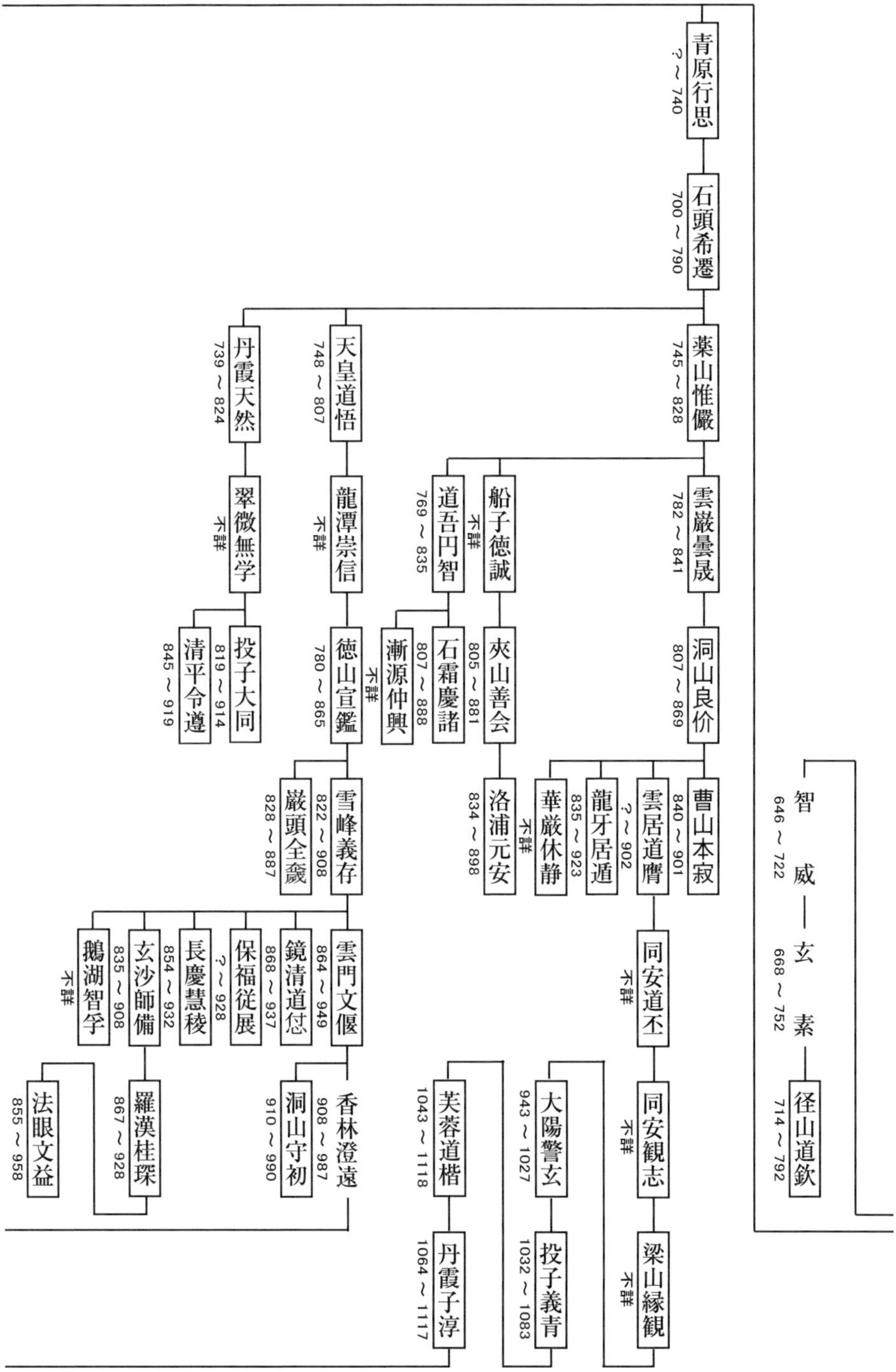

青原行思 ?～740
石頭希遷 700～790
薬山惟儼 745～828
天皇道悟 748～807
丹霞天然 739～824
雲巌曇晟 782～841
船子徳誠 不詳
道吾円智 769～835
龍潭崇信 不詳
翠微無学 不詳
洞山良价 807～869
夾山善会 805～881
石霜慶諸 807～888
漸源仲興 不詳
徳山宣鑑 780～865
投子大同 819～914
清平令遵 845～919
曹山本寂 840～901
雲居道膺 ?～902
龍牙居遁 835～923
華厳休静 不詳
洛浦元安 834～898
雪峰義存 822～908
巌頭全奯 828～887
智威 646～722
玄素 668～752
径山道欽 714～792
雲門文偃 864～949
鏡清道怤 868～937
保福従展 ?～928
長慶慧稜 854～932
玄沙師備 835～908
鵝湖智孚 不詳
同安道丕 不詳
同安観志 不詳
梁山縁観 不詳
大陽警玄 943～1027
投子義青 1032～1083
芙蓉道楷 1043～1118
丹霞子淳 1064～1117
香林澄遠 908～987
洞山守初 910～990
羅漢桂琛 867～928
法眼文益 855～958

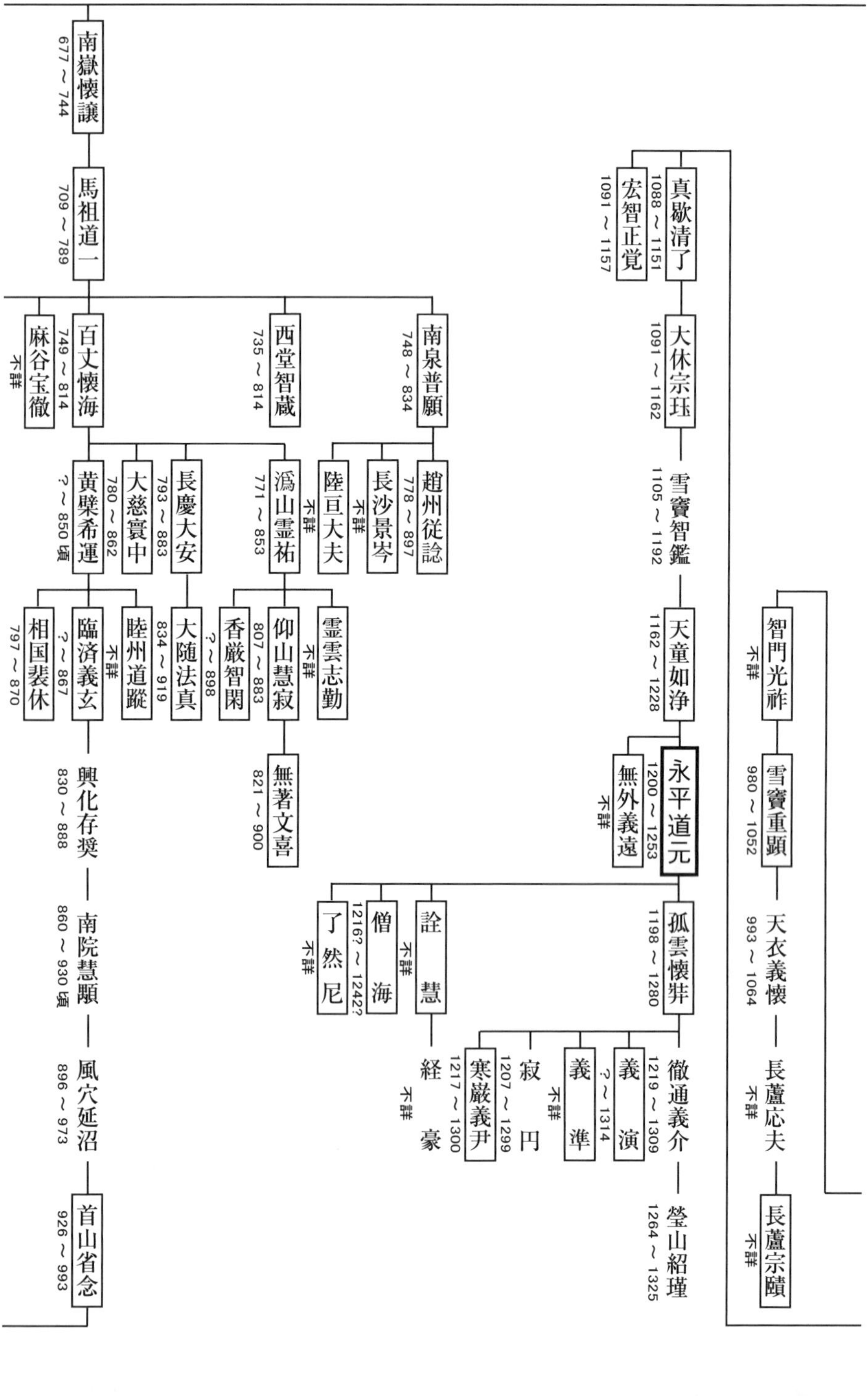
南嶽懐譲 677～744
馬祖道一 709～789
南泉普願 748～834
西堂智蔵 735～814
百丈懐海 749～814
麻谷宝徹 不詳
趙州従諗 778～897
長沙景岑 不詳
陸亘大夫 不詳
潙山霊祐 771～853
長慶大安 793～883
大慈寰中 780～862
黄檗希運 ?～850頃
霊雲志勤 不詳
仰山慧寂 807～883
香厳智閑 ?～898
大随法真 834～919
睦州道蹤 不詳
臨済義玄 ?～867
相国裴休 797～870
無著文喜 821～900
興化存奨 830～888
南院慧顒 860～930頃
風穴延沼 896～973
首山省念 926～993
智門光祚 不詳
雪竇重顕 980～1052
天衣義懐 993～1064
長蘆応夫 不詳
長蘆宗賾 不詳
真歇清了 1088～1151
宏智正覚 1091～1157
大休宗珏 1091～1162
雪竇智鑑 1105～1192
天童如浄 1162～1228
永平道元 1200～1253
無外義遠 不詳
孤雲懐奘 1198～1280
詮慧 不詳
僧海 1216?～1242?
了然尼 不詳
経豪 不詳
徹通義介 1219～1309
義演 ?～1314
義準 不詳
寂円 1207～1299
寒巌義尹 1217～1300
瑩山紹瑾 1264～1325

- 永嘉玄覚 675～713
- 南陽慧忠 ?～775
  - 耽源応真 不詳
  - 粛宗皇帝 711～762
  - 代宗皇帝 726～779
- 荷沢神会 684～758 ― 磁州法如 723～811 ― 荊南惟忠 705～782 ― 遂州道円 不詳 ― 圭峰宗密 780～841

- 塩官斉安 ?～842
- 東寺如会 744～823
- 西堂智蔵 735～814
- 鵞湖大義 745～819
- 五洩霊黙 747～818
- 南源道明 不詳
- 魯祖宝雲 不詳
- 盤山宝積 不詳
- 帰宗智常 不詳 ― 高安大愚 不詳 ― 末山了然 不詳
- 石鞏慧蔵 不詳
- 大梅法常 752～839 ― 杭州天龍 不詳 ― 金華倶胝 不詳
- 龐蘊居士 ?～808

- 汾陽善昭 947～1024
  - 石霜楚円 986～1039
    - 黄龍慧南 1002～1069 ― 晦堂祖心 1025～1100
      - 霊源惟清 ?～1117 ― 長霊守卓 1065～1123
        - 無示介諶 1080～1148 ― 心聞曇賁 不詳 ― 雪庵従瑾 1117～1200
          - 虚庵懐敞 不詳 ― 明菴栄西 1141～1215
      - 死心悟新 1043～1114
    - 楊岐方会 992～1049 ― 白雲守端 1025～1072 ― 五祖法演 ?～1104
      - 圜悟克勤 1063～1135
        - 大慧宗杲 1089～1163 ― 拙庵徳光 1121～1203 ― 大日能忍 不詳
          - 仏地覚晏 不詳 ― 懐鑑 ?～1251?
      - 仏眼清遠 1067～1120
  - 瑯琊慧覚 不詳

次頁「道元禅師中国諸山歴遊の行実」へ

道元禅師中国諸山歴遊の行実（参考）

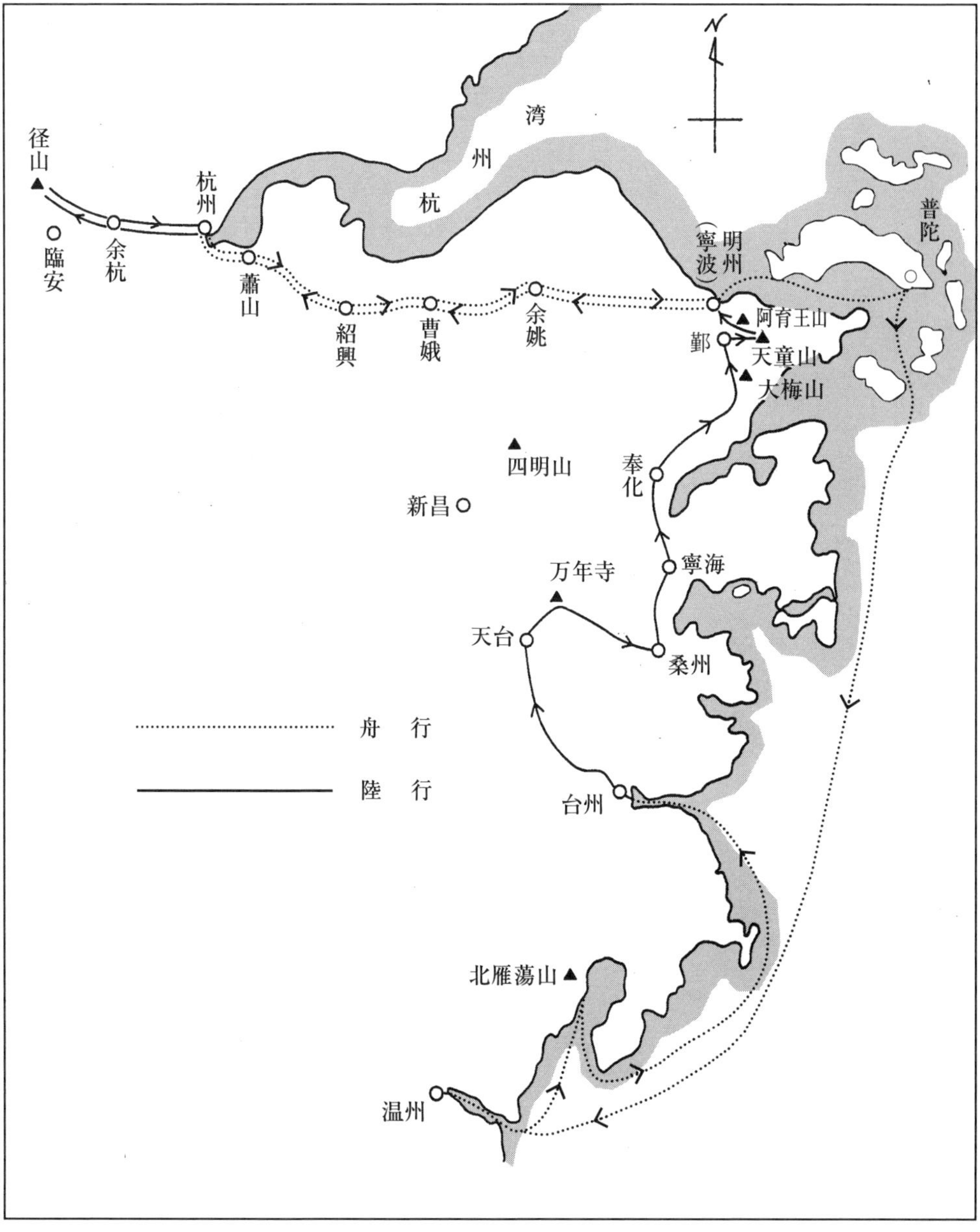

道元禅師総年表

西暦	年次（中国）	干支	年齢	生涯	著述など	周辺史
一二〇〇	正治 二	庚申	1	正月二日、京都の松殿別邸で誕生。 父通親（52）母伊子（32）		正月、頼朝一周忌法要。栄西が導師を勤める。 八月四日、通親の妻範子、没。 この年、幕府、念仏宗を禁止す。 北条政子、栄西を開山として鎌倉扇谷に寿福寺建立。 公暁、誕生。
一二〇一	三 建仁 元	辛酉 2・13	2			三月一六日、通親水無瀬第に影供歌合、後鳥羽上皇臨行。 七月二七日、和歌所を設置し、通親、通具、寂蓮ら寄人となる。 一一月三日、通具ら『新古今和歌集』の撰者となる。 この年、親鸞、比叡山を下りて法然の弟子となる。
一二〇二	二	壬戌	3	一〇月二一日、父通親（54）、没。		正月一三日、後の聖一国師円爾弁円、駿河国安部郡藁科に誕生。 七月二三日、源頼家、征夷大将軍に補せらる。 この年、源頼家、栄西を開山として建仁寺開創。
一二〇三	三	癸亥	4	父一周忌法要後、伊子の法華経読誦を伴誦する。 この冬、『李嶠百詠』を読む。		三月三日、拙庵徳光（83）、寂。 北条時政、頼家を伊豆修善寺に幽す。 九月、北条政子・時政、比企能員・頼家嫡子一幡を殺害。 九月七日、頼家の弟千幡（12）、「実朝」となり征夷大将軍に補せらる。 九月二九日、承明門院、故通親の一周忌仏事をなす。
一二〇四	四 元久 元	甲子 2・20	5			七月一八日、頼家、幽閉先の伊豆修善寺で暗殺される。 一一月、法然坊源空、『七箇条起請文』を定む。 この年、後の正覚禅尼（信子）、鎌倉に下向し、実朝の正室となる。
一二〇五	二	乙丑	6			三月二六日、通具ら『新古今和歌集』奏進。 閏七月一九日、北条時政、実朝を殺さんとして失脚。出家の後、伊豆へ。
一二〇六	三 建永 元	丙寅 4・27	7			二月一四日、興福寺衆徒、法然坊源空らを訴う。 三月七日、摂政九条良経（38）、没。

西暦	年次（中国）	干支	年齢	生涯	著述など	周辺史
						三月二八日、公胤、園城寺長吏に補せらる。 五月一七日、通具、帯剣を許される。 六月四日、俊乗房重源（86）、寂。 九月二五日、延暦寺堂衆、狼藉。後鳥羽上皇、これを討たしむ。 一一月、明恵、高山寺創建。
一二〇七	二 承元 元	丁卯 10・25	8	一二月上旬、母伊子（36）、逝去。		二月一八日、法然坊源空、四国へ配流。 四月五日、九条兼実（59）、沒。 七月四日、公胤、僧正に任ぜらる。 一〇月二一日、承明院、故通親の遠忌を修す。 この冬、寂円、誕生。
一二〇八	二	戊辰	9	この春、世親の『倶舎論』を読む。		一月一六日、幕府問注所、火災。 二月三日、金峯山衆徒、多武峯の堂舎を焼討ち。 閏四月一五日、京、大火。
一二〇九	三	己巳	10	このころ、藤原師家の猶子となるか。		九月二九日、公胤、幕府の招きにより、鎌倉下向。
一二一〇	四	庚午	11			一〇月五日、如浄、建康府清涼寺に入寺。 一〇月二五日、実朝、聖徳太子十七条憲法・四天王寺法隆寺の重宝などの記を覧る。 一一月二五日、土御門（16）、弟順徳（14）に譲位。 この年、大風により鴨川・桂川氾濫し、七〇〇軒が倒壊す、四一三三人が被害。
一二一一	五 建暦 元	辛未 3・9	12			四月二三日、俊芿（46）、宋より帰国、建仁寺に入る。後に崇福寺に入る。 一〇月一三日、鴨長明、鎌倉に至り、実朝に謁す。 一二月二八日、実朝、栄西に明年の歳厄を祓わしむ。 冬、法然坊源空、帰洛かなう。
一二一二	二	壬申	13	春、元服の日、迫る。木幡の山荘を出て、比叡山麓の良観の室に入り出家を求め、ついで横川般若谷の千光房		一月二五日、法然坊源空（80）、洛東の禅房にて寂。 三月二二日、新制二一条を下す。 三月二六日、守貞親王（後高倉院）、出家。

西暦	年次(中国)	干支	年齢	生涯	著述など	周辺史
				に入る。		一一月二三日、明恵『摧邪輪』を著し、『選択本願念仏集』を批判する。 この年、鴨長明、『方丈記』を著す。
一二一三	三 建保 元 二	癸酉 12・6	14	四月九日、第七〇代天台座主公円について剃髪し、仏法房道元となる。 翌一〇日、戒壇院において菩薩戒を受け、比丘となる。		一月一一日、公円、第七〇代天台座主に任ぜらる。 二月三日、僧貞慶、寂。 三月二九日、延暦寺衆徒、蜂起す。 三月三〇日、行勇、寿福寺で実朝の命により大師伝絵銘字を訂正。 五月四日、栄西、大師号を許されず、権僧正に任ぜられる。 七月七日、鎌倉大地震。 八月三日、延暦寺・清水寺闘争。 一〇月、大風により京に大火発生。 一〇月一三日、鴨長明、寂。 一一月一六日、興福寺、延暦寺と争い、春日神木を奉じて入洛せんとす。 一一月一九日、天台座主公円罷め、慈円還補。 この年、蘭渓道隆、誕生。
一二一四	二	甲戌	15	春、園城寺の公胤僧正を訪れ疑義を質す。 初秋、京都建仁寺の栄西を訪れ、入宋の望みをいだく。		二月四日、栄西、実朝に茶を勧め、『喫茶養生記』を録進する。 四月一五日、延暦寺衆徒、園城寺を焼討。 六月三日、実朝、栄西に『法華経』を転読、雨を祈らしむ。 八月七日、興福寺衆徒、春日神木を奉じて強訴を企てるが、朝廷は、武士をしてその入洛を防がしむ。 一〇月一五日、栄西、大慈寺で舎利会を始行す。 一一月三〇日、土御門上皇御所火災。 この年、栄西、法勝寺九重塔修復完了を祝うため鎌倉下向。
一二一五	三	乙亥	16			一月六日、北条時政（78）、没。 七月五日、栄西（75）寂。僧徒の武勇禁止。 八月一八日、鎌倉大風。 九月、鎌倉しばしば地震、地鎮祭を行い祈祷す。
一二一六	四	丙子	17	初春、公胤を再訪し、入宋の望みを強		閏六月二〇日、公胤（72）、寂。

西暦	年次(中国)	干支	年齢	生涯	著述など	周辺史
				く述べる。		この年、公暁、鶴岡八幡別当となる。
一二一七	五	丁丑	18	八月二五日、建仁寺明全の室に入る。 九月、明全のもとで衣を換える。 一一月、僧伽梨衣を受ける。		三月一八日、空阿弥陀仏の念仏会、延暦寺衆徒蜂起の風聞により逃散。 三月二二日、源通光、右馬寮御監兼任。 一〇月、公暁、千日籠に入る。 この年、義尹、誕生。 良観、園城寺長吏職に就くも、まもなく示寂。
一二一八	六	戊寅	19	この間、建仁寺にあり。		九月一六日、延暦寺衆徒、強訴。 一一月一三日、北条政子(62)、従二位に叙す。 この年、懐奘、延暦寺戒壇院で菩薩戒を受く。 公暁、参籠・祈祷す。
一二一九	七 承久 元	己卯 4・12	20			一月二七日、実朝(28)、鶴岡八幡宮で公暁に殺される。 公暁(20)も同日殺される。 一月二八日、実朝正室信子・他御家人衆百余人、故将軍の菩提を弔うため、行勇の下で落髪。 二月二日、義介、誕生。 四月二日、京、大火。 六月三日、九条道家(28)の子頼経(2)、将軍として鎌倉に下る。
一二二〇	二	庚辰	21			二月、行勇、鎌倉を出て高野山禅定院に入る。 二月二六日、土御門上皇の皇子邦仁(後嵯峨天皇)、誕生。 三月二六日、清水寺、全焼。 八月五日、京、大風雨・洪水。 この年、慈円、『愚管抄』を著す。
一二二一	三	辛巳	22	九月一三日、建仁寺明全和尚より師資の相伝あり。師資の印可、円禅二戒を受く。 明全筆『師資相承偈』あり。 この頃より、入宋の準備を始める。 これまでに『大蔵経』を周覧するこ		五月一五日、後鳥羽上皇、義時追討の院宣を下し、承久の乱起る。 六月三日、波多野義重、宇治川の瀬の戦で右目を失う。 六月一五日、承久の乱、終結。源定通閉居。 六月、六波羅探題、創設。 七月八日、後高倉院、院政を敷く。 七月九日、仲恭廃位。後堀河天皇(10)、践祚。

西暦	年次(中国)	干支	年齢	生涯	著述など	周辺史
				と二回。		七月一三日、後鳥羽上皇、隠岐に配流。 七月二〇日、通光・定通・通方、謹慎処分に処せられる。 七月二一日、順徳上皇を佐渡に配流。 八月一六日、後高倉院に太上天皇の尊号を奉る。 八月一六日以後、明全、後高倉院に菩薩戒を授ける。 九月二八日、僧栄朝、長楽寺創建。 一二月一日、後堀河天皇即位。 この年、土御門上皇を土佐に配流。 波多野義重、六波羅探題の評定衆に抜擢され、越前志比庄の地頭職となる。
一二二二	四 貞応 元 4・13	壬午	23	建仁寺にあり。		二月一六日、日蓮、誕生。 七月二日、京、火災、承明門院御所、被災す。 七月二三日、鎌倉大地震。 七月二五日、源通方、第、被災す。 一〇月一九日、藤原基房、高野山に参詣。
一二二三	二 (嘉定一六)	癸未	24	二月二一日、入宋の印宣と下知状が下る。 二月二二日、明全・廓然・亮照等と共に京を出て入宋の途につく。 三月初旬、博多着。 三月下旬、博多出航。 四月上旬、宋の明州慶元府着。 五月四日、船中にて阿育王山の老典座に相見す。 五月一三日、明全、下船する。 七月、明州天童山景徳寺に掛錫し、無際了派に相見す。 この秋、阿育王山広利禅寺に至り、		三月三日、万松行秀、天童宏智正覚の頌古を評唱し、著語を付して湛然故事に与う。 五月一四日、後高倉法皇(45)、崩。 五月、土御門上皇(29)、阿波に遷る。 六月一五日、新補地頭の得分制定。 九月二六日、鎌倉大地震。

西暦	年次（中国）	干支	年齢	生涯	著述など	周辺史
				三十三祖の変相をみる。 隆禅により龍門仏眼派の嗣書を拝覧する。 この年、宗月長老により雲門宗の嗣書を拝覧する。		五月一七日、一向専修の乱行停止の奏上により隆寛ら追放。 六月一三日、北条義時（62）、沒。 秋、無際了派（76）、寂。 閏七月三日、義時の側室伊賀氏の陰謀事件。 八月、専修念仏禁止令、再び出される。 九月二八日、基房の子最守、天台座主円基に戒を受く。 一〇月、俊芿、鎌倉に下向。 一一月六日、源通光、石清水八幡宮に五部大乗経供養。 この年、如浄、浄慈寺を退き天童山に住す。 親鸞、『教行信証』を著す。
一二二四	三 元仁 元 （嘉定一七） 二	甲申 11・20	25	一月二一日、知庾により天童山了然寮にて、無際了派の嗣書を拝覧する。 七月五日、栄西一〇回忌追善報恩供養会が営まれる。 仲秋、諸山雲遊の旅に出る。		
一二二五	嘉禄 元 （宝慶 元）	乙酉 4・20	26	杭州径山万寿寺の浙翁如琰の門を訪う。 春、台州小翠巌の盤山思卓を訪う。 天台山平田の万年寺において住持元鼒和尚に会い、嗣書を拝覧す。 天童山への帰路、大梅山護聖寺の旦過寮に宿し、大梅法常より梅花を授かる霊夢を感ず。 晩春、天童山に帰る。 五月一日、天童如浄禅師に初めて相見す。 五月一七日、明全、天童山内の延寿堂から了然寮に戻る。		三月、藤原頼実、空阿弥陀仏を中山迎講に招く。 五月、金峯山衆徒、高野山僧徒と争う。 六月一〇日、大江広元（78）、沒。 七月一一日、北条政子（69）、沒。 九月三日、九条教家（弘誓院）、出家。 九月二五日、慈円（71）、寂。 一二月二一日、幕府評定衆を置き、大番の制を定む。 この年、浙翁如琰（75）、寂。

西暦	年次（中国）	干支	年齢	生涯	著述など	周辺史
				五月二四日、明全より『栄西僧正記文』を授かる。 五月二七日、明全（42）、天童山了然寮で示寂。 五月二九日、明全の遺体を荼毘に付す。 六月初旬、葬送儀御礼のため阿育王山広利禅寺に至り、西蜀の成桂知客と語り、晦巌大光和尚と相見する。 七月二日、初めて如浄禅師の方丈に親しく参ず。 夏安居のうち、大事を了畢。 八月九日、天童山千光法師祠堂内に「日本国千光法師祠堂記碑」建立。 九月一八日、如浄禅師から仏祖正伝菩薩戒を授かる。 この年、環渓惟一により法眼宗の嗣書を拝覧する。		
一二二六	二 （宝慶 二）	丙戌	27	この年、如浄禅師の会下にあり。 春三月、大光明蔵において、大梅法常住山の因縁、霊山釈迦牟尼仏安居の因縁などの普説を聴く。 この年、昌国県補陀洛迦山に詣ず。	この年、道俗の人々と偈頌を交換す。（『永平広録』巻10）	一月二七日、頼経（9）、征夷大将軍に任ぜられる。 八月一日、鎌倉大地震。 一〇月、通具の土倉破られ、財物奪わる。 一二月二四日、京、大地震。 この年、九州の民、高麗沿岸を侵す。 旱魃飢饉、疫病流行、群盗横行する。
一二二七	三 安貞 元 （宝慶 三）	丁亥 12・10	28	如浄禅師から嗣書を相承し、また芙蓉道楷の法衣、『宝鏡三昧』、『五位顕訣』、頂相等を受ける。 『仏果碧巌破関撃節』書写。 七月上旬、明州を出航。		二月三日、京、大地震・寒波にみまわる。 三月、群盗横行。後鳥羽上皇・土御門上皇、還京の風聞あり。 閏三月八日、泉涌寺俊芿（62）、寂。 七月、延暦寺衆徒、入京し、念仏僧を迫害する。 多武峯・興福寺衆徒の争い激化。

西暦	年次（中国）	干支	年齢	生涯	著述など	周辺史
				八月、肥後川尻に帰国。 九月中旬、建仁寺に入り、明全の遺骨を納める。 一〇月、紀伊西方寺の額篆書を書く。 この年の暮れ、寂円、天童山より来日。	この年、『普勧坐禅儀』撰述。	九月二日、育夫通具（58）、沒。 九月四日、通具葬儀。 一〇月一日、霊隠寺高原祖泉、『如浄語録』に跋し、校勘す。 一〇月一五日、葛山景倫、紀伊西方寺建立。心地覚心、開山となる。
一二二八	二（紹定 元）	戊子	29	七月一七日、天童如浄禅師（66）、示寂。		四月二三日、興福寺衆徒、多武峯を焼討。また、延暦寺衆徒と争う。 五月一五日、鎌倉大地震。 七月二〇日、京、大風雨・洪水。 一一月二八日、高野山僧徒の武装禁止。
一二二九	三 寛喜 元 3・5	己丑	30	建仁寺にあり。 一一月、懐奘、道元に建仁寺において初相見し、入門を約す。		四月七日、寛徳以後の荘園禁止。 六月頃、『如浄語録』開刻上梓す。 九月、奈良僧徒の武装禁止。 一二月一九日、鎌倉大地震。
一二三〇	二	庚寅	31	叡山の圧迫あり。 春、建仁寺より山城深草極楽寺のほとり、安養院へ移る。		六月九日、武蔵・美濃に降雪。 七月、霜降り。以後、大雨風来襲。草木枯れる。 一二月二八日、藤原基房（87）、沒。 この年、異常な天候不順。大飢饉。万松行秀、万寿寺に住す。
一二三一	三	辛卯	32	七月、深草安養院において、了然尼に法要を説く。	七月『示了然尼法語』 八月一五日『弁道話』	一月一五日、京四条町より出火。 一〇月一日、土御門上皇（37）にて崩。 この年、徹通義介、越前波著寺懐鑑に剃髪を受く。大飢饉。餓死者道路に充満する。
一二三二	四 貞永 元 4・2	壬辰	33			一月一九日、明恵（60）、寂。 八月一日、泰時、『貞永式目』五十一条を制定す。 一〇月二日、藤原定家（71）、『新勅撰和歌集』撰進。 この年、義介、比叡山に上り受戒する。
一二三三	二 天福 元 4・15	癸巳	34	この春、藤原教家・正覚尼等の請により、深草の極楽寺旧蹟に、観音導利興聖宝林寺を開く。	夏安居日「摩訶般若波羅蜜」 七月一五日『普勧坐禅儀』浄書 八月一五日「現成公案」鎮西の俗弟子楊光秀	二月二〇日、延暦寺衆徒、闘争。 五月五日、京、大雨。鴨川氾濫。 この年、猿楽流行する。

西暦	年次（中国）	干支	年齢	生涯	著述など	周辺史
				四月、越前妙覚寺鎮守勧進の文を撰す。	に与える。	
一二三四	二 文暦 元	甲午 11・5	35	文暦改元後、懐奘参随。以後、『正法眼蔵随聞記』筆録始まる。	三月九日『学道用心集』	六月三〇日、幕府、専修念仏禁止。 初秋、仏地覚晏、寂。 九月一六日、京、大地震。
一二三五	二 嘉定 元	乙未 9・19	36	八月一五日、明全所伝の戒脈を僧理観に授ける。 同日、『仏祖正伝菩薩戒法』を懐奘に授ける。 一二月中旬、興聖寺僧堂建立の勧進を興す。	一一月『真字正法眼蔵三百則序』 一二月『僧堂勧進疏』	一月二七日、幕府、京都及び鎌倉僧侶の兵仗を帯びるを禁ず。 六月二三日、石清水神人、興福寺僧徒と闘争。 七月二三日、延暦寺衆徒、神輿を奉じて入京。 九月二〇日、公円、寂。 一二月二三日、興福寺僧徒強訴入洛せんとしたため、六波羅探題出兵す。円爾（34）、入宋。 九条教実（26）、沒。
一二三六	二	丙申	37	正覚禅尼、興聖寺法堂を完成させる。弘誓院教家、法堂に安置する法座を造作し寄進する。 一〇月一五日、興聖寺僧堂開堂。これを祝して衆を集めて説法す。 一二月除夜、懐奘を興聖寺の首座に任じ、秉払を行わせる。 この年、詮慧、上堂を開き道元門下となる。	一〇月一五日、興聖寺僧堂開堂に因み、日本最初の上堂をする。	四月、九条道家、霊夢を感じ、一大伽藍の建立を発願す。 八月八日、山門の僧徒、幕府に抗して諸堂を鎖し日吉神輿を中堂に移す。 一〇月五日、幕府、興福寺僧徒鎮圧のため、その荘園を収め、大和に守護地頭を置く。 一一月、これを止む。
一二三七	三	丁酉	38		春『典座教訓』一巻 『出家受戒作法』一巻	三月一〇日、摂政九条道家、職を近衛兼経に譲る。 六月一日、京、大地震。 この頃、日蓮（16）、清水寺で出家得度か。
一二三八	四 暦仁 元	戊戌 11・23	39	改元以前、懐奘の『正法眼蔵随聞記』の筆録終る	四月一八日「一顆明珠」	二月一七日、将軍頼経、入京。 四月二五日、九条道家、法性寺別荘において出家す。 一〇月四日、松殿師家（67）、沒。
一二三九	二 延応 元	己亥 2・7	40	興聖寺重雲堂建立。 除夜、慧運を直歳に充てる。	四月二五日「重雲堂式」撰 五月二五日「即心是仏」	二月二二日、後鳥羽上皇（60）、隠岐に崩ず。 一二月五日、三浦義村、沒。

西暦	年次（中国）	干支	年齢	生涯	著述など	周辺史
					一〇月二三日「洗浄」「洗面」	
一二四〇	二 仁治 元 7・16	庚子	41	興聖寺照堂建立。	三月七日「礼拝得髄」 四月二〇日「渓声山色」 八月一五日「諸悪莫作」 一〇月一日「有時」「伝衣」「袈裟功徳」。一八日「山水経」 （この年までの上堂回数、祖山本三一回、卍山本三三回）	五月一四日、延暦寺衆徒、専修念仏禁止を幕府に請う。 五月二五日、御家人らの公卿に所領を譲与することを禁止。 一〇月一五日、伊子の弟、師家、没。 北条時房（66）、没。
一二四一	二	辛丑	42	春、多武峯覚晏門下の懐鑑・義介・義尹・義演・義準等、興聖寺の道元に参随す。	正月三日「仏祖」 三月二七日「嗣書」 夏安居日「法華転法華」、夏安居中「心不可得」 九月九日「古鏡」。一五日「看経」 一〇月一四「仏性」。中旬「行仏威儀」 一一月一四日「仏教」。一六日「神通」 一一月、慧運直歳に法語を与う。 （この年の上堂回数、祖山本五八回、卍山本五五回）	二月、瑞巌寺無外義遠、如浄の遺文を集録して道元に送る。 七月、円爾（40）、宋から帰国。 七月一五日、行勇（79）、寂。 八月二〇日、藤原定家（80）、没。 一一月三日、幕府博打を停止。 一二月一日、幕府奢侈を禁止。 一月二〇日、甥の邦仁王、土御門殿にて元服、その後践祚の儀行われ、後醍醐天皇となる。
一二四二	三	壬寅	43	四月一二日、京で前関白近衛兼経に会い、法談す。 五月一日、義尹に大事を授ける。 『護国正法義』を朝廷に奏聞し、朝廷はこれを比叡山の佐法印に判ぜしめ、二乗縁覚の所解ということで却下される。 八月五日、『天童如浄和尚語録』が宋から到着。 この年、由良西方寺の開山心地覚心（36）、来って菩薩戒を受ける。	正月二八日「大悟」 三月一八日「坐禅箴」。二〇日「恁麼」。二三日「仏向上事」 四月五日「行持（下）」。二〇日「海印三昧」。二五日「授記」。二六日「観音」 五月一五日「阿羅漢」。二一日「柏樹子」 六月二日「光明」 八月六日、『如浄禅師語録』到着に因む上堂。 九月一日『一葉観音画賛』撰 九月九日「身心学道」。二一日「夢中説夢」 一〇月五日「道得」	一月二〇日、近衛兼経、関白となる。 三月二五日、関白近衛兼経罷め、二条良実代る。 六月一五日、北条泰時（60）、没。 後鳥羽上皇の怨霊の風聞しきりに起る。 八月、東福寺起工。 九月一二日、順徳上皇、佐渡で崩ず。 日蓮、比叡山に上る。

西暦	年次（中国）	干支	年齢	生涯	著述など	周辺史
				晩秋、僧海(27)、寂。 一二月一七日、京に赴き、義重邸にて説法。	一一月五日「画餅」 一二月一七日「全機」。雍州六波羅蜜寺側前雲州刺史幕下にて示衆。 僧海のための上堂。 （この年の上堂回数、祖山本二六回、卍山本二五回）	
一二四三	四 寛元 元 2・26	癸卯	44	四月二九日、義重に招かれて再上洛。六波羅蜜寺にて説法。これを機に道元に対する比叡山の圧力が拡大する。 五月六日未明、興聖寺の一部破却される 七月七日、興聖寺での最後の説法で「葛藤」を示衆する。 七月一七日、波多野義重の招きにより興聖寺を義準と詮慧に任せて深草を発ち、越前に向かう。 七月末、越前吉峰寺に到着。 九月二四日、吉峰古寺草庵に掛錫。	正月六日「都機」。一八日「行持（上）」 三月一〇日「空華」 四月二九日「古仏心」 五月五日「菩提薩埵四摂法」 七月七日「葛藤」 閏七月一日「三界唯心」（［七五巻本］） 九月一六日「仏道」。二〇日「密語」。二四日「嗣書」。 九月中「諸法実相」。「仏経」で三教一致を批判。 一〇月二日「無情説法」。二〇日「面授」、「洗面」を再示。 一〇月中「法性」 一一月六日「梅花」。一三日「十方」。一九日「見仏」。二七日「遍参」 一一月中「坐禅儀」 一二月一七日「眼睛」「家常」。二五日「龍吟」 同年中「説心説性」「陀羅尼」 （この年の上堂回数、祖山本、卍山本共に六回）	五月三日、鎌倉光明寺成り、記主禅師然阿良、忠開山と成る。 五月、京、疱瘡流行す。 六月一四日、祇園御霊会、武士・僧徒と闘争す。 閏七月二日、後嵯峨天皇、今出河殿に行幸。久仁親王（後深草天皇）の生誕五〇日の儀行わる。 八月、円爾（42）、湛慧の推挙と摂政道家の招きにより上洛。禅要を説く。道家、東福寺を創建し円爾を住持とする。 一〇月二四日、五節調度の華美を禁ず。 この年、円爾、東福寺の普門院にあり。
一二四四	二	甲辰	45	二月二五日、吉峰の天満天神に参詣。 二月二九日、越前志比庄に大仏寺法堂造営の工を起こす。	正月二七日「大悟」を再示。 二月四日「祖師西来意」。一二日「優曇華」。一四日「発菩提心」（「発無上心」と通称）	二月一六日、幕府、人身売買等の諸法制定。 四月二八日、将軍頼経を退け、嗣子頼嗣を征夷大将軍とする。 八月九日、奈良の僧徒、闘争。六波羅探題、兵を派して鎮定す。

西暦	年次（中国）	干支	年齢	生涯	著述など	周辺史
				四月二一日、大仏寺法堂、立柱。翌日、上棟。 この頃、興聖寺以来の信者、生蓮房と妻静の来訪を受け、手製の袈裟地を奉納される。 七月一七日、如浄忌辰にあたり、身心脱落の話を門弟らにする。 七月一八日、大仏寺開堂供養説法。 九月一日、大仏寺法堂、竣工し、開堂法会。 一一月三日、大仏寺僧堂上棟。 義介を大仏寺典座に充てる。	二月一五日「如来全身」「三昧王三昧」。二四日「三十七品菩提分法」。二七日「転法輪」。二九日『自証三昧』 三月九日「大修行」 三月二一日『対大己五夏闍梨法』一巻 同年中「春秋」を再示。	九月七日、義準、深草興聖寺より木犀樹を越前大仏寺に送る。 一一月三日、鎌倉、洪水。 一一月七日、京、大雪。 一二月二六日、鎌倉、出火。幕府政所、執権経時・時頼等の邸焼失。
一二四五	三	乙巳	46	四月、大仏寺結制。 五月、法語を波多野広長に与う。 九月二五日、初雪の歌を詠ず。	三月六日「虚空」。一二日「鉢盂」 四月頃、『弁道法』撰述。 四月一五日、大仏寺結制の上堂。 六月一三日「安居」 七月四日「他心通」 一〇月二二日「王索仙陀婆」 （この年の上堂回数、祖山本一五回、卍山本一六回）	一月七日、京、大地震。 一月九日、幕府、西国諸社神職の狼藉を禁ず。 一月一三日、京、綾小路・万里小路、火災。 一月、鎌倉、雷電大風。 三月、彗星、現れる。四月・五月、京で地震しばしば起る。朝廷・幕府天変祈祷。 一一月、京、連日火災。 一一月二九日、京、日光無く、暗夜の如し。大風あり。 一二月一七日、幕府、諸国守護人に令して、凶徒を隠匿せるものの所領を没収さす。 北条朝時（53）、没。
一二四六	四	丙午	47	六月一五日、大仏寺を永平寺と改名し、上堂す。 七月一〇日、永平寺仏前斎粥供養侍僧の順位（第一比丘懐弉、第二比丘覚仏）を定める。	六月一五日、永平寺と改名の上堂。 六月一五日『日本国越前永平寺知事清規』一巻撰。 七月一七日、天童如浄忌上堂。 八月六日『永平寺示庫院文』	一月二九日、後嵯峨天皇、後深草天皇に譲位。自ら上皇となり、院政を敷く。 三月一一日、後深草天皇、即位。 三月二三日、北条時頼（20）、執権となる。 四月七日、万松行秀、寂。

西暦	年次（中国）	干支	年齢	生涯	著述など	周辺史
					九月一五日「出家」 （この年の上堂回数、祖山本七五回、卍山本七六回）	五月二四日、名越光時、頼経と謀り時頼を除かんとして失脚す。 六月一四日、頼経帰洛の報で京の人心動揺す。 七月二八日、頼経、帰洛。 宋僧蘭渓道隆（44）、来日。
一二四七	五 宝治 元	丁未 2・28	48	一月一五日、永平寺にて布薩説戒を行う。 時に五色の彩雲、方丈の正面に映ず。 夏、義介を永平寺監寺に充てる。 七月半ば、義重から鎌倉へ招くための書状が届く。 八月三日、鎌倉へ向かう。 八月二二日、鎌倉名越の白衣舎に留錫。 八月二三日、鶴岡八幡宮参詣。 八月二四日、義重に戒話。 八月二五日、北条時頼に阿闍世王・六大臣の示誡をする。 北条時頼に、仏祖正伝菩薩大戒を授ける。 この年、北条時頼の夫人の請により和歌一〇首を献ず。	春『立春大吉文』撰 『弘法大吉文』撰 （この年の上堂回数、祖山本三五回、卍山本三三回）	一月一九日、摂政一条実経を退け、近衛兼経摂政に還任。 六月五日、三浦光村・泰村、幕府に誘発されて挙兵。三浦一族滅す。 七月二七日、幕府、北条重時をもって連署とする。 九月九日、幕府の諸士、菊花・詠歌を献じ菊を北面庭中に栽植す。 九月一三日、時頼、頼朝の法華堂仏事に参詣す。 一一月一六日、波多野義重、三浦盛時と随兵の前後を争い、これを訴う。
一二四八	二	戊申	49	二月一四日、相模鎌倉郡名越の白衣舎に、阿闍世王・六大臣の法語を草す。 二月下旬、鎌倉出発。 三月一三日、永平寺に帰り、翌日上堂する。 四月、永平寺僧堂に芳香の瑞相現れる。 この夏（四月以前）、山城生蓮房の妻が献じた麻布をもって自ら袈裟	三月一四日、鎌倉より帰山しての上堂。 一二月二一日『永平寺庫院規則五箇条』撰。 （この年の上堂回数、祖山本五二回、卍山本五一回）	五月一六日、幕府、兄弟の訴訟に父母を引きて証人とする事を禁ず。 九月一〇日、陸奥・津軽に人魚漂着すと報ず。 鎌倉に黄蝶群飛し広さ数丈にも及ぶ。 藤原隆英（道正庵主）、没。興聖寺の後山に葬られる。

西暦	年次（中国）	干支	年齢	生涯	著述など	周辺史
				を縫う。 五月、玄明、自領出去す。		
一二四九	三 建長 元	己酉 3・18	50	一月一日、羅漢供養会を行う。 八月、観月画像に自賛す。 九月一〇日、尽未来際吉祥山（永平寺）を離れないことを誓う。	正月『十六羅漢現瑞記』『吉祥山永平寺衆寮箴規』撰。 一〇月一八日『永平寺住侶心得九箇条』制定。 一二月八日、成道会上堂。 （この年の上堂回数、祖山本、卍山本共に五八回）	三月二三日、京、大火。六角堂・蓮華王院・摂政兼経第宅・承明門院御所、火災。 三月二八日、心地覚心（42）、入宋。 一〇月八日、沽価法を制定。 一二月九日、幕府、引付衆を設置。
一二五〇	二	庚戌	51	年初、義重より『大蔵経』献納の知らせ届く。 二月下旬、義重、『大蔵経』を書写せしめて永平寺に供養す。 この年、後嵯峨上皇、道元に紫衣を賜う。	一月一一日「洗面」重示。 六月一〇日、祈晴上堂。 一二月一〇日、断臂会上堂。 （この年の上堂回数、祖山本五一回、卍山本五〇回）	九月二六日、北条時頼の第宅火災。 一一月二四日、源通忠、没。 一一月二八日、源具実、内大臣を退く。
一二五一	三	辛亥	52	一月五日、志比庄霊山院の庵室で、花山院宰相入道と仏法を談ず。	五月二七日、明全和尚二十七回忌に因む上堂。 一二月、先妣忌辰の上堂。 （この年の上堂回数、祖山本五一回、卍山本五〇回）	この春、義介、覚晏所伝の嗣書を懐鑑に受く。 一二月、僧了行の謀反あり。在京の頼経と関係ありと伝えられ配流。後、死刑。
一二五二	四	壬子	53	夏以降、健康すぐれず。	五月二七日、明全忌辰上堂。 七月五日、栄西忌辰上堂。 七月一七日、天童如浄忌辰上堂。 八月一五日、観月の偈頌競作を止めるも上堂す。 九月二日、源亜相二十七回忌上堂。 一〇月中、最後の上堂がなされる。 （この年の上堂回数、祖山本、卍山本共に五一回）	二月二一日、九条道家（60）、没。
一二五三	五	癸丑	54	一月六日、これより先、永平寺に『仏	一月六日「八大人覚」。永平寺に書す。	五月、日蓮、鎌倉名越に入り、『法華経』を誦す。

西暦	年次（中国）	干支	年齢	生涯	著述など	周辺史
				遺教経』を提唱。 七月八日、病、重ねてあつし。義介侍る。 七月一四日、永平寺住職を懐奘に譲り、自縫の袈裟一領を付す。 七月二八日、他出より帰寺した義介に永平寺の将来の経営を託し、老婆心の訓戒をなす。 八月五日、義重の勧めに従い、上洛の途に就く。京、高辻西洞院覚念の邸に入る。 八月一五日、仲秋の和歌を詠ず。 八月二七日、柱に「妙法蓮華経庵」と書く。 八月二八日、寅の刻、入滅。 八月二九日、東山赤辻において荼毘す。 九月六日、懐奘、舎利を収めて京を発し、越前に向かう。 九月一〇日、舎利、永平寺に着く。 九月一二日、懐奘等、入涅槃の儀式を行う。 一二月一〇日、懐奘、永平寺方丈にて『宝慶記』一巻を浄書す。	三月九日以降「三時業」補筆（「六〇巻本」系の関連から推測）。 ◇　◇　◇　◇　◇ 《年月不記》 「出家功徳」「受戒」「供養諸仏」「帰依仏法僧宝」「深信因果」「四馬」「四禅比丘」「一百八法明門」（以上、一二巻本所収） 「秘本仏向上事」「唯仏与仏」「生死」「仏道（道心）」（以上、二八巻本所収）	七月一二日、新制十八条を下す。 七月二三日、義介、六日間の暇を道元に請うて永平寺を出で次いで帰寺す。 八月六日、義介、越前脇本の宿に道元と別れ、永平寺に帰る。 一一月二五日、鎌倉建長寺成り、これを供養、蘭渓道隆開山となる。 一二月、義雲、京に誕生。 この年、義尹、入宋す。
一八五四	嘉永　七 （安政　元）			「仏性伝東国師」の謚号を賜る。		
一八七九	明治一二			「承陽大師」の謚号を賜る。		

大谷　哲夫（おおたに・てつお）

1939年，東京生まれ。早稲田大学第一文学部卒業，同大学院文研東洋哲学専攻修了。駒澤大学大学院文研・仏教学専攻博士課程満期退学。曹洞宗宗学研究所所員・幹事・講師を経て，駒澤大学に奉職。同大学副学長，学長，総長，大本山永平寺『眼蔵会』講師を歴任。現在，市ヶ谷長泰寺住職。主な著書に『祖山本　永平広録　考注集成』（上・下二巻，一穂社），『卍山本　永平広録　祖山本対校』（一穂社），『おりおりの法話』（曹洞宗宗務庁），『訓註　永平広録』（上・下二巻，大蔵出版），『永平の風 ―道元の生涯』（文芸社），『道元「永平広録・上堂」選』（講談社学術文庫），『道元「小参・法語・普勧坐禅儀」』（講談社学術文庫），『道元「永平広録・頌古」』（講談社学術文庫），『日本人のこころの言葉　道元』（創元社）などがある。その他論文は多数。

『正法眼蔵《しょうぼうげんぞう》』『永平広録《えいへいこうろく》』用語辞典《ようごじてん》

2012年 4月25日　第1版第1刷発行

編著者　大谷哲夫
発行者　石原大道
発行所　有限会社 大法輪閣
〒150-0011　東京都渋谷区東2-5-36　大泉ビル
TEL　03-5466-1401（代表）
FAX　03-5466-1408
印　刷　三協美術印刷 株式会社
製　本　株式会社 若林製本工場

ISBN978-4-8046-1332-1 C0515